DICCIONARI CASTELLÀ-CATALÀ CATALÀ-CASTELLÀ

petit

DICCIONARI
CASTELLÀ-CATALÀ
CATALÀ-CASTELLÀ
petit

per
SANTIAGO ALBERTÍ

ALBERTÍ EDITOR, SL
Bruc 154
08037 Barcelona

Composició de text
Elisenda Albertí

Correcció
Xavier Lasauca

Disseny i maquetació
Ròmul Brotons

Coordinació i planificació
Elisenda Albertí

Primera edició: maig 1975

Quinzena edició: setembre 2005

Bruc 154 - 08037 Barcelona

Dipòsit legal: B.28.964-2005
ISBN: 84-7246-077-0

Impressió: A&M Gràfic SL
Ctra N-152 km. 14,9. Recint Arpesa, nau 28
08130 Santa Perpètua de la Mogoda

Abreviaturas/Abreviatures

a	adjetivo/adjectiu
adv	adverbio/adverbi
agr	agricultura/agricultura
anat	anatomía/anatomia
aprox	aproximadamente/ aproximadament
arit	aritmética/aritmètica
arq	arquitectura/arquitectura
art	artículo/article
astron	astronomía/astronomia
aviac	aviación/aviació
biol	biología/biologia
bot	botánica/botànica
conj	conjunción/conjunció
entom	entomología/entomologia
esp	especialmente/especialment
f	substantivo femenino/ substantiu femení
fam	familiar/familiar
farm	farmacia/farmàcia
fig	figurado/figurat
filos	filosofía/filosofia
fís	física/física
gén/gèn	género/gènere
geog	geografía/geografia
geol	geología/geologia
geom	geometría/geometria
gram	gramática/gramàtica
her	heráldica/heràldica
ictiol	ictiología/ictiologia
impr	imprenta/imprempta
interj	interjección/interjecció
jur	lenguaje jurídico/ llenguatge jurídic
loc adv	locución adverbial/ locució adverbial
loc prep	locución prepositiva/ locució prepositiva
m	substantivo masculino/ substantiu masculí
mat	matemáticas/matemàtiques
med	medicina/medicina
mil	militar/militar
mús	música/música
náut/nàut	náutica/nàutica
onomat	onomatopeya/onomatopeia
ornit	ornitología/ornitologia
p ext	por extensión/per extensió
pl	plural/plural
poét/poèt	poética, poéticamente/ poètica, poèticament
prep	preposición/preposició
pron	pronombre/pronom
quím	química/química
s	substantivo masculino y femenino/ substantiu masculí i femení
sing	singular/singular
v	verbo/verb
V	Véase (indica sinonimia)/ Vegeu (indica sinonímia)
vet	veterinaria/veterinària
v intr	verbo intransitivo/ verb intransitiu
v pron	verbo pronominal/verb pronominal
v tr	verbo transitivo/verb transitiu
vulg	vulgar/vulgar
zool	zoología/zoologia

Signos convencionales

1 (o ***2***, ***3***, etc.) distingue las diversas acepciones.

1 (o 2, 3, etc.) indica la acepción a que se remite.

|| separación usada para distinguir cambios relativos a partes de la oración, género o número. También para distinguir el uso de una voz en modismos, locuciones, refranes, nombres de más de un término, etc.

CASTELLÀ-CATALÀ

A

a *prep* a (denotant direcció, proximitat, terme final d'un espai de temps, i objecte indirecte del verb), en (darrere certs verbs de moviment, i quan precedeix els demostratius o els mots **un** i **algun**).
abacería *f* botiga (de comestibles).
abad *m* abat (d'un monestir).
abadejo *m ictiol* abadeig (*Gadus* [*Pollachius*] *pollachius*).
abadesa *f* abadessa.
abadía *f* abadia.
abajar *v tr* abaixar.
abajo *adv 1* baix, a baix. *2* avall, enjús. *3* daltabaix. || **a. firmado** o **firmante** sotasignat, sotascrit, infrascrit.
abalanzar *v tr 1* equilibrar unes balances. *2* llançar. || *v pron* abalançar-se.
abandonar *v tr 1* abandonar. *2* relinquir. || *v pron fig* abandonar-se, entregar-se.
abandono *m* abandó, abandonament.
abanicar *v tr* ventar, ventallar. || *v pron* ventar-se.
abanico *m* ventall, vano.
abaratar *v tr* abaratir.
abarcar *v tr 1* abraçar (comprendre). *2* abastar.
abarrotar *v tr 1* barrotar, barrar (una porta o tanca). *2* abarrotar. *3* barrotar (les cartes). *4* atapeir.
abastar *v tr*, **abastecer** *v tr* abastar, proveir, fornir, munir.
abastecimiento *m* abastament, abast, proveïment, forniment, fornitura (*f*).
abasto *m* abast, abastament.
abate *m* abat (d'ordes menors).
abatimiento *m 1* abatiment. *2* aclaparament.
abatir *v tr 1* abatre, aterrar, estassar. *2* abatre, arriar. || *v pron* posar-se més avall, en situació inferior.
abdicar *v tr* abdicar.
abdomen *m anat* abdomen.
abecé *m*, **abecedario** *m 1* abecé, abecedari. *2* beceroles (*f*), beabà.
abedul *m bot* bedoll (*Betula pendula*).
abeja *f entom* abella (*Apis mellifica*).
abejorro *m entom* borinot, abellot (*gèn Bombus*).
aberración *f* aberració.
abertura *f 1* obertura (acció). *2* obertura (forat, esquerda). *3* obertura (angular). *4* desclosa (acció).
abeto *m bot* avet (*Abies alba*).
abigarrar *v tr* bigarrar.
abismar *v tr* abismar. || *v pron* abismar-se, capficar-se.
abismo *m* abisme, abís.
abjurar *v tr* abjurar.
ablación *f med* ablació.
ablandar *v tr* i *pron* estovar, ablanir, amollir.
ablativo *m gram* ablatiu.
ablución *f* ablució.
abnegación *f* abnegació.
abnegado, da *a* abnegat.
abocar *v tr 1* embocar. *2 nàut* atansar, atracar. *3* abocar. *4 nàut* embocar.
abochornar *v tr 1* acalorar, abrusar. *2* apitrar.
abofetear *v tr* bufetejar.
abogado, da *s jur* advocat (*m*), advocada (*f*), advocadessa (*f*).
abogar *v intr* advocar.
abolengo *m* avior (*f*), llinatge, paratge.
abolición *f* abolició, aboliment (*m*).
abolir *v tr* abolir.
abolladura *f* bony (*m*), abonyegadura, abonyec (*m*), abonyegament (*m*).
abollar *v tr* abonyegar.
abollonar *v tr* embotir (repussar).
abominable *a* abominable.
abominar *v tr* abominar.
abonamiento *m V* **abono** 1.
abonar *v tr 1* abonar. *2* pagar. *3 agr* adobar, engreixar (la terra).
abono *m 1* abonament (acció i efecte). *2* abonament (a un teatre, etc.). *3 agr* adob (per a la terra). *4* pagament, paga (*f*) (acció).
abordaje *m nàut* abordatge.
abordar *v tr nàut V* **atracar** 1. || *v tr 1 nàut* abordar (per a un combat naval). *2 fig* abordar (un afer).
aborigen *a* i *s* aborigen.
aborrecer *v tr* avorrir.
abortamiento *m med V* **aborto**.
abortar *v tr* i *intr fig* fer fracassar. || *v intr med* avortar, afollar-se, malparir.
aborto *m med* avortament, afollament.
abotagarse *v pron*, **abotargarse** *v pron* embotornar-se, embotir-se, botir-se, botinflar-se.
abotonar *v tr V* **abrochar**. || *v intr agr* borronar (les plantes).
abrasador, a *a 1* abrasador. *2* abrusador, brusent.
abrasar *v tr 1* abrasar. *2* abrusar, brusir.
abrazadera *f* abraçadora.
abrazar *v tr* abraçar.
abrazo *m* abraçada (*f*).
abrebotellas *m* obreampolles, obridor.
abrelatas *m* obrellaunes, obridor.
abrevadero *m* abeurador.
abrevar *v tr* abeurar (donar beure).
abreviación *f* abreujament (*m*), abreviació.
abreviar *v tr* abreujar, abreviar.
abreviatura *f* abreviatura.

abridor, ra *a* i *s* obridor.
abrigar *v tr 1* abrigar (defensar del fred). *2* abrigar, arrecerar, redossar. *3 V* **arropar** 1. *4 nàut* abrigar (una nau).
abrigo *m 1* abrigament (acció). *2* recer, redós. *3* abric (peça de vestir, lloc). *4 fig* abric (protecció).
abril *m* abril.
abrillantar *v tr* abrillantar.
abrimiento *m V* **abertura** 1.
abrir *v tr* i *pron 1* obrir, badar. *2* descloure (separar). *3* desclucar (els ulls).
abrochar *v tr* cordar, botonar, afiblar.
abrojo *m bot* abriülls (*Tribulus terrestris*).
abroncar *v tr* esbroncar, escridassar.
abrumar *v tr* aclaparar. || *v pron* embromar-se.
abrupto, ta *a 1* abrupte, espadat. *2* escarpat, rost.
absceso *m med* abscés.
abscisa *f geom* abscissa.
ábside *m arq* absis, àbsida (*f*).
absolución *f* absolució.
absoluto, ta *a* absolut.
absolver *v tr* absoldre.
absorbente *a* i *m* absorbent.
absorber *v tr 1* absorbir. *2* rebeure.
absorto, ta *a* absort.
abstemio, ia *a* i *s* abstemi.
abstención *f* abstenció.
abstencionismo *m* abstencionisme.
abstencionista *a* i *s* abstencionista.
abstenerse *v pron* abstenir-se, estar-se.
abstracción *f* abstracció.
abstracto, ta *a* abstracte.
abstraer *v tr* i *pron* abstreure, abstraure.
absurdidad *f V* **absurdo** (*m*).
absurdo, da *a* absurd. || *m* absurditat (*f*).
abuchear *v tr* escridassar.
abuelo, la *s* avi (*m*), àvia (*f*), jai (*m*), jaia (*f*).
abulia *f med* abúlia.
abultar *v tr 1* engruixir, engruixar, engrossir. *2* fer embalum, fer gruix.
abundancia *f* abundor, abundància, esplet (*m*). || **en a.** a balquena; a dojo; a manta.
abundar *v intr* abundar.
aburrimiento *m* avorriment, enuig, fastig, ensopiment.
aburrir *v tr* avorrir, fastiguejar. || *v pron 1* avorrir-se. *2* ensopir-se.
abusar *v intr 1* abusar. *2* composar.
abuso *m* abús, abusió (*f*).
acá *adv 1* aquí. *2* ençà.
acabar *v tr 1* acabar, enllestir, finir. *2* perfer.
acacia *f bot* acàcia (*gèn Acacia*).
academia *f* acadèmia.
académico, ca *a* i *s* acadèmic.
acaecer *v intr V* **acontecer**.
acalambrarse *v pron* enrampar-se.
acallar *v tr* fer callar, emmudir.
acalorar *v tr* i *pron* acalorar.
acampar *v tr* i *intr* acampar.
acanalar *v tr* acanalar.
acantilado *m* penya-segat.
acantonar *v tr mil* acantonar.
acaparar *v tr* acaparar, abassegar, agabellar.
acarar *v tr*, **acarear** *v tr* acarar, encarar, afrontar (persones).
acariciar *v tr* acariciar, amanyagar, acaronar, amoixar.
acarrear *v tr* carretejar, carrejar, traginar.
acaso *m* atzar, casualitat (*f*). || *adv* potser, per ventura. || **si a.** si de cas.
acatar *v tr* acatar.
acatarrarse *v pron med* acatarrar-se.
acaudalado, da *a 1* acabalat. *2* cabalós.
acaudalar *v tr* acabalar.
acaudillar *v tr* acabdillar.
acceder *v intr 1* accedir. *2* abellir-se (*pron*).
acceso *m* accés.
accesorio, ia *a* i *m* accessori.
accidentado, da *a* accidentat.
accidentar *v tr* causar un accident. || *v pron* accidentar-se.
accidente *m* accident.
acción *f* acció.
accionar *v tr* i *intr* accionar.
accionista *s* accionista.
acechar *v tr* sotjar, aguaitar.
acecho *m* aguait. || **al a.** *loc adv* a l'aguait.
aceite *m* oli (en general).
aceitera *f V* **alcuza**. || *f pl V* **angarillas** 4.
aceituna *f* oliva.
acelerador, a *a* i *m* accelerador.
acelerar *v tr* accelerar.
acelga *f bot* bleda, bledera (*Beta vulgaris var cicla*).
acento *m* accent.
acentuar *v tr* accentuar.
acepción *f* accepció.
aceptación *f* acceptació.
aceptar *v tr* acceptar.
acequia *f* sèquia, rec (*m*), síquia.
acera *f* voravia, vorera, andana.
acerbo, ba *a* acerb.
acerca de *loc prep* sobre, tocant a, pel que fa a.
acercar *v tr* acostar, atansar, apropar, aproximar.
acero *m* acer, cer.
acérrimo, ma *a* acèrrim.
acertamiento *m V* **acierto** 1.
acertar *v tr* encertar.
acertijo *m* endevinalla (*f*).
acetato *m quím* acetat.
achacar *v tr* atribuir, imputar, allevar, llevar.
achacoso, sa *a* xacrós, xaquiós, xacrat.
achantarse *v pron V* **agazaparse**.
achaparrado, da *a* rabassut, xaparro, xapàs.
achaque *m 1* xacra (*f*). *2* assumpte.
achatar *v tr* aplatar.
achicar *v tr 1* enxiquir, empetitir. *2 nàut* exhaurir, treure l'aigua d'una nau.
achicharrar *v tr* i *pron 1* socarrar. *2* salsir. *3 fig* rostir.
achicoria *f bot* xicoira (*Cichorium intybus*).
achocharse *v pron* repapiejar (*intr*), fer catúfols, fer caducs, fer cadufs.
achuchar *v tr 1* aürtar. *2 V* **azuzar** 1.
achuchón *m* aürt.
aciago, ga *a* atziac.

acicalar *v tr* *1* empolainar, empolistrar. *2* brunyir, forbir.
acicate *m* *1* esperó. *2* *fig* agulló, esperó.
acidez *f* acidesa, aciditat.
ácido, da *a* i *m* àcid.
acierto *m* *1* encert (acció i efecte). *2* encert (coincidència favorable).
aclamación *f* aclamació.
aclamar *v tr* aclamar.
aclaración *f* *1* aclariment (*m*). *2* aclarida (acció i efecte). *3* clarícia.
aclarar *v tr* *1* aclarir. *2* esbaldir, esbandir (el sabó de la roba, de les mans, etc.). || *v pron* *1* aclarir-se. *2* esclarissar-se (el cel).
aclimatar *v tr* aclimatar.
acné *f* *med* acne.
acobardar *v tr* i *pron* acovardir, acoquinar.
acogedor, a *a* acollent, acollidor.
acoger *v tr* acollir.
acogida *f*, **acogimiento** *m* acull (*m*), acolliment (*m*), acollença (*f*).
acolchar *v tr* enconxar, encoixinar.
acólito, ta *s* acòlit.
acometer *v tr* escometre, abrivar-se (*pron*).
acometida *f* *1* *V* **acometimiento**. *2* presa (en una conducció).
acometimiento *m* escometiment, escomesa (*f*).
acomodado, da *a* benestant, acomodat.
acomodador, a *a* i *s* acomodador.
acomodar *v tr* *1* acomodar. *2* encabir, enquibir.
acompañar *v tr* *1* acompanyar. *2* acomboiar.
acompasar *v tr* compassar.
acondicionador *m* condicionador (d'aire).
acondicionar *v tr* *1* condicionar. *2* aconduir.
aconsejar *v tr* aconsellar, consellar.
acontecer *v intr* esdevenir-se (*pron*), succeir, passar, ocórrer, acomplir-se (*pron*).
acontecimiento *m* esdeveniment.
acopiar *v tr* amassar, replegar.
acoplar *v tr* acoblar.
acoquinar *v tr* i *pron* *V* **acobardar**.
acorazado *m* *nàut* cuirassat.
acorazar *v tr* cuirassar.
acordar *v tr* acordar. || *v pron* *1* recordar (*tr*), recordar-se. *2* acordar-se.
acorde *a* concorde. || *m* *mús* acord.
acordeón *m* *mús* acordió.
acordonar *v tr* acordonar.
acorralar *v tr* *1* acorralar. *2* encorralar.
acortar *v tr* escurçar. || *v pron* quedar-se curt, fer curt.
acosamiento *m* *V* **acoso**.
acosar *v tr* encalçar, empaitar, acuitar.
acoso *m* encalç, encalçament, acuit.
acostar *v tr* *1* colgar, ficar al llit. *2* *V* **arrimar**. *3* *V* **acercar**.
acostumbrar *v tr* i *pron* acostumar, habituar. || *v intr* acostumar, soler.
acotación *f* *1* acotació. *2* cota.
acotar *v tr* acotar.
acoyundar *v tr* *agr* junyir, enjovar.
acracia *f* acràcia (anarquia).
ácrata *a* i *s* àcrata (anarquista).
acrecentar *v tr* acréixer (augmentar).
acrecer *v tr* *jur* acréixer.
acreditar *v tr* acreditar.
acreedor, a *a* i *s* creditor.
acribillar *v tr* crivellar, cosir.
acrílico, ca *a* *quím* acrílic.
acrobacia *f* acrobàcia.
acróbata *s* acròbata.
acta *f* acta.
actitud *f* actitud.
activar *v tr* activar.
actividad *f* activitat.
activo, va *a* actiu.
acto *m* acte.
actor *m* actor.
actriz *f* actriu.
actuación *f* actuació.
actual *a* actual.
actualidad *f* actualitat.
actualizar *v tr* actualitzar.
actuar *v tr* i *intr* actuar.
acuarela *f* *pint* aquarel·la.
acuario *m* *1* aquari, aquàrium (instal·lació per a peixos). *2* *astron* Aquari (constel·lació i signe del Zodíac).
acuartelar *v tr* i *pron* *mil* aquarterar.
acuático, ca *a* aquàtic.
acuchillar *v tr* acoltellar, coltellejar.
acucia *f* deler (*m*), delera.
acuciamento *m* *1* acuit. *2* pressa (*f*).
acuciar *v tr* *1* acuitar, cuitar. *2* delerar, delejar, delir-se (*pron*). || *v intr* córrer pressa.
acuclillarse *v pron* aclofar-se (posar-se a la gatzoneta).
acudir *v intr* acudir, fer cap.
acueducto *m* aqüeducte.
acuerdo *m* acord. || **de a.** *loc* d'acord. || **de común a.** *loc* acordadament, de comú acord.
acuitamiento *m* cuita (*f*), destret.
acullá *adv* allà, enllà.
acumulador, a *a* i *m* acumulador.
acumular *v tr* i *pron* acumular.
acunar *v tr* bressolar, bressar.
acuñar *v tr* *1* encunyar, batre (moneda). *2* falcar, tasconar.
acuoso, sa *a* aquós.
acupuntura *f* *med* acupuntura.
acurrucarse *v pron* arrupir-se.
acusación *f* acusació, acusament (*m*).
acusado, da *a* i *s* acusat.
acusador, a *a* i *s* acusador.
acusar *v tr* acusar.
acusativo *m* *gram* acusatiu.
acuse *m* acusament (de recepció).
acusica *s*, **acusón, ona** *s* acuseta, espieta.
acústico, ca *a* acústic. || *f* acústica.
adalid *m* *1* adalil. *2* capdavanter.
adaptación *f* adaptació.
adaptar *v tr* adaptar.
adarga *f* darga.
adecentar *v tr* agençar.
adecuación *f* *1* adequació. *2* escaiença.
adecuado, da *a* adequat, adient, escaient.

adecuar *v tr* adequar. || *v pron* adequar-se, adir-se.
adelantar *v tr* avançar, avençar.
adelante *adv* i *interj* endavant, avant.
adelanto *m* avenç, avanç, avançament, avançada (*f*).
adelfa *f bot* baladre (*m*) (*Nerium oleander*).
adelgazar *v tr 1* aprimar, aflaquir. *2* esgruixar. || *v pron* aprimar-se.
ademán *m* gest, posat.
además *adv* a més, a més a més. || **a. de** ultra; les formes precedents seguides de la *prep* **de**.
adentrarse *v pron* endinsar-se, apregonar-se.
adentro *adv* endins, endintre. || *interj* endavant! (per indicar a algú que entri, que passi). || *m pl* fur (*sing*) intern.
adepto, ta *a* adepte.
aderezar *v tr 1* amanir (el menjar). *2* adobar.
adeudar *v tr* deure.
adeudo *m* deute, dèbit.
adherencia *f* adherència.
adherir *v tr* i *pron* adherir.
adhesión *f 1* adhesió. *2* adheriment (*m*).
adhesivo, va *a* i *m* adhesiu.
adicción *f* addicció.
adición *f mat* addició, suma.
adicional *a* addicional.
adicto, a *a* addicte. || *s* partidari.
adiestrar *v tr* ensinistrar.
adiós *interj* adéu, adéu-siau. || *m* adéu, comiat.
adiposo, sa *a* adipós.
adir *v tr* adir.
adivinanza *f V* **acertijo**.
adivinar *v tr* endevinar.
adjetivo, a *a* i *m* adjectiu.
adjudicar *v tr* adjudicar.
adjuntar *v tr* adjuntar.
adjunto, ta *a* i *s* adjunt.
adminículo *m* adminicle.
administración *f* administració.
administrador, a *a* i *s* administrador.
administrar *v tr* administrar.
administrativo, va *a* i *s* administratiu.
admiración *f* admiració.
admirador, a *a* i *s* admirador.
admirar *v tr* admirar.
admisión *f* admissió.
admitir *v tr* admetre.
adobar *v tr 1* adobar. *2* adobar, assaonar (les pells).
adobe *m* tova (*f*).
adobo *m* adob.
adocenado, da *a* adotzenat, carrincló.
adoctrinar *v tr* adoctrinar.
adolecer *v intr 1* emmalaltir. *2* patir (d'un defecte).
adolescencia *f* adolescència.
adolescente *a* i *s* adolescent.
adonde *adv* on, a on.
adondequiera *adv* onsevulla, onsevulga, on que, arreu.
adopción *f* adopció.
adoptar *v tr* adoptar.
adoptivo, va *a* adoptiu.
adoquín *m* llamborda (*f*).
adoración *f* adoració.
adorar *v tr* adorar.
adormecer *v tr* adormir. || *v pron V* **adormilarse**.
adormecimiento *m* adormiment, endormiscament.
adormidera *f bot* cascall (*m*) (*Papaver somniferum*).
adormilarse *v pron*, **adormitarse** *v pron* endormiscar-se, adormissar-se, abaltir-se.
adornamiento *m* adornament (acció i efecte).
adornar *v tr* adornar, ornar.
adorno *m* adorn (cosa que adorna).
adosar *v tr* adossar.
adquirir *v tr* adquirir.
adquisición *f* adquisició.
adrede *adv* a posta, a dretes, a dretcient, a gratcient.
adrenalina *f* adrenalina.
adscribir *v tr* adscriure.
aduana *f* duana.
aducir *v tr* adduir.
adueñarse *v pron* ensenyorir-se, emparar-se, apropiar-se.
adulación *f* adulació.
adular *v tr fig* adular, ensabonar, llepar.
adulón, ona *a* i *s fig* llepa, llepaire.
adulteración *f* adulteració.
adulterar *v tr* i *intr* (també en ús *fig*) adulterar.
adulterio *m* adulteri.
adúltero, ra *a* i *s* adúlter.
adulto, ta *a* i *s* adult.
adustez *f 1* adustesa. *2 fig* esquerperia, sorruderia.
adusto, ta *a 1* adust. *2 fig* esquerp, sorrut, eixut.
advenedizo, za *a 1* forà, foraster. *2* adventici, aplegadís.
advenidero, ra *a* advenidor, venidor, esdevenidor.
advenimiento *m* adveniment.
adventicio, ia *a* adventici.
adverbial *a gram* adverbial.
adverbio *m gram* adverbi.
adversario, ia *a* i *s* adversari.
adversidad *f 1* adversitat. *2* maltempsada.
adverso, sa *a* advers.
advertencia *f 1* advertiment (*m*). *2* advertència.
advertir *v tr 1* advertir (avisar). *2* advertir (adonar-se).
adyacente *a* adjacent.
aéreo, ea *a* i *s* aeri.
aeróbic *m*, **aerobic** *m* aeròbic.
aerodinámico, ca *a fís* aerodinàmic. || *f fís* aerodinàmica.
aeródromo *m* aeròdrom.
aeroespacial *a* aeroespacial.
aerolito *m astron* aeròlit.
aeronáutico, ca *a aviac* aeronàutic. || *f aviac* aeronàutica.
aeroplano *m aviac* aeroplà.
aeropuerto *m aviac* aeroport.
aerosol *m* aerosol.
afabilidad *f* afabilitat.
afable *a 1* afable. *2* festós.
afán *m 1* afany. *2* deler, delera (*f*).

afanar *v intr*, **afanarse** *v pron* ***1*** afanyar-se. ***2*** escarrassar-se. ***3*** delejar, delerar.
afanoso, a *a* afanyós.
afeamiento *m* ***1*** enlletgiment. ***2*** blasme.
afear *v tr* ***1*** enlletgir. ***2*** *fig* blasmar.
afección *f* ***1*** afecció (modificació). ***2*** *med* afecció. ***3*** *V* **afición**.
afectación *f* afectació.
afecto, ta *a* afecte. || *m* afecte.
afectuoso, sa *a* ***1*** afectuós. ***2*** festós.
afeitado *m* afaitada (*f*), afaitat.
afeitar *v tr* afaitar. || **máquina de a.** màquina d'afaitar.
afeite *m* afait.
afeminado, da *a* efeminat.
aferrar *v tr* aferrar.
afgano, na *a* i *s* afganès.
afianzar *v tr* afermar.
afición *f* afecció, afició (inclinació, gust).
aficionado, da *a* i *s* ***1*** afeccionat, aficionat. ***2*** amateur.
aficionar *v tr* fer agafar afecte. || *v pron* afeccionar-se, afectar-se, aficionar-se.
afilado, da *a* esmolat.
afilar *v tr* ***1*** afilar, esmolar, molar. ***2*** refilar (fer acabar en punta).
afiliación *f* afiliació.
afiliar *v tr* i *pron* afiliar.
afín *a* i *s* afí.
afinar *v tr* afinar.
afinidad *f* afinitat.
afirmación *f* ***1*** afirmació. ***2*** afermament (*m*).
afirmar *v tr* ***1*** afirmar. ***2*** afermar.
afirmativo, va *a* afirmatiu.
aflicción *f*, **afligimiento** *m* aflicció (*f*), afligiment (*m*).
afligir *v tr* i *pron* afligir.
aflojar *v tr* i *intr* afluixar.
afluente *a* i *m* afluent.
afluir *v intr* afluir.
afonía *f med* afonia.
afónico, ca *a* afònic.
aforamiento *m* aforament.
aforismo *m* aforisme.
aforo *m* aforament.
afortunado, da *a* afortunat, sortós, sortat, benaventurós, benaurat.
afrenta *f* afront (*m*), afrontament (*m*).
afrentar *v tr* afrontar (fer un afront).
africano, na *a* i *s* africà.
afrodisíaco, ca *a* i *m*, **afrodisiaco, ca** *a* i *m* afrodisíac.
afrontamiento *m* afrontament.
afrontar *v tr* afrontar, acarar.
afuera *adv* fora, a fora, enfora.
afueras *f pl* afores (*m pl*), foranies.
agachar *v tr* ajupir, acotar. || *v pron* ajupir-se, abaixar-se.
agalla *f* ***1*** *bot* agalla. ***2*** *anat V* **amígdala**. ***3*** *anat* ganya (dels peixos i dels ocells). || *f pl fig V* **ánimo** 2.
ágape *m* ***1*** àgape. ***2*** àpat, convit, àgape.
agarrada *f V* **altercación**.
agarradero *m V* **asidero**.
agarrar *v tr* ***1*** agafar, aferrar, agarrar. ***2*** engrapar (amb la mà).
agarro *m* arrapament.
agarrotar *v tr* i *pron* garrotar.
agasajar *v tr* afalagar.
agave *f bot* atzavara, pita (*Agave americana*).
agazaparse *v pron* agotnar-se.
agencia *f* agència.
agenciar *v tr* agenciar.
agenda *f* agenda.
agente *a* i *s* agent.
agigantar *v tr* agegantar, engegantir.
ágil *a* àgil, llambresc.
agilidad *f* agilitat.
agitación *f* agitació, agitament (*m*).
agitador, a *a* i *s* agitador.
agitar *v tr* agitar.
aglomeración *f* aglomeració.
aglomerar *v tr* aglomerar.
aglutinar *v tr* i *pron* aglutinar.
agnosticismo *m filos* agnosticisme.
agobiar *v tr* ***1*** aclaparar. ***2*** afeixugar.
agobio *m* ***1*** aclaparament. ***2*** afeixugament. ***3*** *fig* angoixa (*f*), acubament.
agolpar *v tr* amuntegar, apilotar.
agonía *f* agonia.
agónico, ca *a* agònic.
agonizante *a* i *s* agonitzant.
agonizar *v intr* agonitzar.
agorero, ra *a* malastruc, malaventurós.
agosto *m* agost.
agotador, a *a* esgotador, exhauridor.
agotamiento *m* ***1*** esgotament, exhauriment. ***2*** *fig* cruiximent, capolament. ***3*** extenuament.
agotar *v tr* i *pron* ***1*** esgotar, exhaurir, eixugar. ***2*** *fig* cruixir, capolar.
agraciar *v tr* agraciar.
agradable *a* agradable, plaent, plaïble.
agradar *v tr* agradar, plaure.
agradecer *v tr* agrair, regraciar.
agradecimiento *m* agraïment, regraciament.
agrado *m* ***1*** grat, gust, plaer, pler. ***2*** agradabilitat (*f*).
agrandar *v tr* engrandir.
agrario, ia *a* agrari.
agravamiento *m* agreujament.
agravante *a* i *m* agreujant.
agravar *v tr* agreujar, greujar.
agraviar *v tr* agreujar (inferir un greuge).
agravio *m* greuge.
agredir *v tr* agredir.
agregado, da *a* i *s* agregat.
agregar *v tr* agregar (afegir).
agresión *f* agressió.
agresivo, va *a* agressiu.
agresor, a *a* i *s* agressor.
agreste *a* agrest, isard.
agrícola *a* agrícola.
agricultor, a *s* agricultor.
agricultura *f agr* agricultura.
agrietar *v tr* i *pron* esquerdar, clivellar, aclivellar.
agrio, ia *a* agre.

agro *m* camp (en general).
agrupación *f* agrupació.
agrupamiento *m* agrupament.
agrupar *v tr* agrupar.
agua *f* aigua.
aguacero *m* xàfec, bàtec, bategada (*f*).
aguaducho *m* ***1*** *V* **aguacero**. ***2*** *V* **acueducto**.
aguafiestas *s* esgarriacries (persona).
aguafuerte *m* aiguafort.
aguamanil *m* ***1*** gerro. ***2*** aiguamans, rentamans, palangana (*f*), gibrella (*f*).
aguanieve *f* aiguaneu.
aguantar *v tr* aguantar. || *v intr* aguantar (resistir).
aguante *m* aguant.
aguar *v tr* i *pron* aigualir.
aguardar *v tr* esperar.
aguardiente *m* aiguardent.
aguarrás *m quím* aiguarràs.
agudeza *f* agudesa.
agudizar *v tr* i *pron* aguditzar.
agudo, da *a* agut.
agüero *m* auguri, averany.
aguerrir *v tr* aguerrir.
aguijar *v tr* agullonar.
aguijón *m* ***1*** agulló. ***2*** fibló, fible. ***3*** *fig V* **acicate** 2.
aguijonar *v tr* agullonar.
aguijonear *v tr* fiblar, fiblonejar.
águila *f ornit* àguila, àliga (*gèn Hieraetus* i algunes altres espècies de falcònids).
aguileño, ña *a* aguilenc.
aguinaldo *m* estrenes (*f pl*).
aguja *f* agulla.
agujerear *v tr* foradar.
agujero *m* forat.
aguzar *v tr* afuar, agusar, aguar, refilar.
¡ah! *interj* ah!
ahí *adv* aquí.
ahijado, da *s* ***1*** afillat. ***2*** fillol.
ahijar *v tr* ***1*** afillar. ***2*** *agr* guaixar.
ahilar *v intr* afilerar-se (*pron*). || *v pron* decandir-se, defallir (*intr*).
ahincar *v tr* ***1*** delerar, delejar. ***2*** percaçar, acaçar.
ahínco *m* ***1*** deler constant i eficaç. ***2*** percaçament, acaçament.
ahitar *v tr* i *pron* enfitar, empapatxar.
ahogar *v tr* ***1*** ofegar. ***2*** escanyar. ***3*** *V* **anegar** 2.
ahogo *m* ***1*** *V* **ahoguío**. ***2*** ofegor (*f*). ***3*** pressa (*f*).
ahoguío *m* ofec.
ahondar *v tr* i *intr* enfondir, aprofundir, apregonar.
ahora *adv* ara. || **a. bien** ara bé. || **por a.** per ara, ara com ara.
ahorcar *v tr* penjar, enforcar.
ahorrar *v tr* ***1*** estalviar, alforrar, avençar. ***2*** plànyer (un esforç, etc.).
ahorro *m* estalvi, avenç.
ahuecamiento *m* ***1*** estufament. ***2*** buidament, buidada (*f*).
ahuecar *v tr* i *pron* ***1*** estufar, esponjar. ***2*** buidar. || *v pron* balmar-se. || **a. el ala** *fam* fúmer el camp; guillar.
ahumar *v tr* i *pron* ***1*** cobrir de fum. ***2*** fumar, fumejar.
ahuyentar *v tr* esquivar, foragitar.
airado, da *a* irat, felló.
airamiento *m* aïrament.
airar *v tr* enfellonir (irritar). || *v pron* aïrar-se.
aire *m* ***1*** aire. ***2*** tirat (de la cara).
airear *v tr* i *pron* airejar, orejar (exposar a l'aire).
airoso, sa *a* airós.
aislamiento *m* aïllament.
aislar *v tr* aïllar, isolar. || *v pron* aïllar-se, retirar-se.
ajar *v tr* ***1*** afiganyar, rebregar, masegar, atrotinar. ***2*** matxucar.
ajardinar *v tr* enjardinar.
ajedrez *m* escacs (*pl*).
ajeno, na *a* ***1*** d'altri, alié. ***2*** forà.
ajetrearse *v pron* ***1*** escarrassar-se, esfreixurar-se. ***2*** atrafegar-se
ajetreo *m* atrafegament.
ajiaceite *m* allioli (salsa).
ajironar *v tr* i *pron* esparracar, esquinçar, estripar, espellifar.
ajo *m bot* all (*Allium sativum*).
ajuar *m* aixovar, parament de casa.
ajuiciado, da *a* assenyat.
ajustar *v tr* ***1*** ajustar. ***2*** trossar (una peça de roba).
ajuste *m* ajust, ajustament.
ajusticiar *v tr* ajusticiar.
al *contr* ***1*** al. ***2*** en (davant infinitiu).
ala *f* ***1*** ala. ***2*** ràfec (*m*), volada.
alabanza *f* lloança, lloa, llaor, alabança.
alabar *v tr* lloar, alabar.
alabastro *m* alabastre.
alabeado, da *a* guerxo, guerxat.
alabear *v tr* guerxar. || *v pron* balcar-se, guerxar-se, torcejar, tortejar.
alacrán *m zool* escorpí, alacrà (*Buthus occitanus*).
alado, da *a* alat.
alambique *m quím* alambí.
alambrada *f* filferrada, reixat (*m*) de filferro.
alambre *m* filferro.
álamo *m bot* àlber (*gèn Populus*).
alarde *m* ***1*** *mil* parada (*f*). ***2*** ostentació (*f*) vanagloriosa. ***3*** ufana (*f*). ***4*** galeig.
alardear *v intr* vanagloriejar-se (*pron*), vanagloriar-se (*pron*), gloriar-se (*pron*), gloriejar-se (*pron*).
alargamiento *m* allargament, allarg.
alargar *v tr* allargar.
alargas *f pl* allargs (*m*), allargues.
alarido *m* ***1*** alarit. ***2*** udol, udolament (crit planyívol).
alarma *f* ***1*** alarma, esverament (*m*). ***2*** alarma (dispositiu).
alarmante *a* alarmant, esverador.
alarmar *v tr* i *pron* alarmar, esverar.
alba *f* ***1*** alba, aurora. ***2*** *V* **amanecer**.
albacea *s* marmessor.
albahaca *f bot* alfàbrega (*Ocimum basilicum*).
albalá *m* ***1*** albarà (document). ***2*** rètol (d'un pis per llogar).

albanés, esa *a* i *s* albanès.
albañil *s* paleta, mestre de cases.
albarán *m V* **albalá**.
albaricoque *m bot* albercoc (fruit).
albatros *m ornit* albatros (*gèn Diomedea*).
albergar *v tr* i *pron V* **alojar**.
albergue *m 1 V* **alojamiento**. *2* fonda (*f*), alberg, posada (*f*).
albóndiga *f* mandonguilla.
albornoz *m* barnús.
alborotar *v tr 1* esvalotar. *2* avalotar.
alboroto *m 1 V* **asonada**. *2* xivarri. *3* escàndol.
alborozar *v tr* i *pron* alegrar.
alborozo *m* joia (*f*), gran alegria (*f*).
albufera *f geog* albufera, bufera.
álbum *m* àlbum.
alcachofa *f bot* carxofa, escarxofa.
alcahuete, ta *s* alcavot.
alcalde *m* alcalde, batlle.
alcaldesa *f* alcaldessa, batllessa.
alcaldía *f* alcaldia.
alcalino, na *a quím* alcalí.
alcance *m 1* abast. *2* allargada (*f*) (d'una arma). *3* assoliment.
alcancía *f* guardiola.
alcanfor *m quím* càmfora (*f*).
alcantarilla *f* claveguera.
alcanzar *v tr 1* abastar, aconseguir, assolir, atènyer. *2* copsar. *3* allargar, arribar (una arma). *4* pervenir.
alcaparra *f bot* tàpera.
alcayata *f* clau (*m*) de ganxo.
alce *m zool V* **ante**.
alcoba *f* alcova, alcovat (*m*), dormitori (*m*).
alcohol *m quím* alcohol, esperit de vi.
alcornoque *m bot* surera (*f*), surer, alzina (*f*) surera (*Quercus suber*).
alcurnia *f* nissaga.
alcuza *f* setrill (*m*).
aldaba *f* armella, anella, argolla, picaporta (de porta).
aldea *f* llogarret (*m*), aldea.
aldeano, na *a* i *s* aldeà.
aldehído *m quím* aldehid.
aleación *f* aliatge (*m*), lliga.
aleatorio, ia *a* aleatori.
aleccionador, a *a* alliçonador.
aledaño *m pl* voltants.
alegación *f V* **alegato**.
alegar *v tr* al·legar.
alegato *m* al·legat, al·legació (*f*).
alegoría *f* al·legoria.
alegrar *v tr* i *pron* alegrar.
alegre *a 1* alegre. *2 fig* alegre, un xic begut.
alegría *f* alegria. || *f pl* alegrois (*m*).
alejamiento *m 1* allunyament. *2* bandejament, bandeig.
alejar *v tr 1* allunyar. *2 fig* bandejar.
alelar *v tr* embajanir. || *v pron* tocar-se (de l'ala, del bolet, del cap).
aleluya *f 1* al·leluia. *2* auca. || *interj* al·leluia!
alemán, ana *a* i *s* alemany.
alentador, a *a* encoratjador.
alentar *v tr* encoratjar, donar cor. || *v intr* alenar.
alergia *f med* al·lèrgia.
alero *m* ràfec, volada (*f*).
alerón *m aviac* aleró.
alerta *adv*, *f* i *interj* alerta.
alertar *v tr* alertar.
alerto, ta *a* amatent.
aleve *a* pèrfid, traïdor.
alevín, a *a* i *s* aleví.
alevosía *f jur* traïdoria.
alfabético, ca *a* alfabètic.
alfabeto *m* alfabet.
alfalfa *f bot* alfals (*m*), userda, melga (*Medicago sativa*).
alfarería *f* terrisseria.
alféizar *m* rebaix (d'una porta o d'una finestra).
alférez *s mil* alferes.
alfiler *m* agulla (*f*) de cap.
alfombra *f* catifa.
alfombrar *v tr* encatifar.
alforja *f* alforja.
alga *f bot* alga.
algarabía *f 1* algaravia, llengua o dialecte àrab. *2* guirigall (*m*).
algarroba *f* garrofa, garrova.
algazara *f* gatzara, bullícia, bullici (*m*).
álgebra *f mat* àlgebra.
álgido, da *a med* àlgid.
algo *pron* alguna cosa, quelcom, res. || *adv* quelcom, una mica, un xic.
algodón *m* cotó.
alguien *pron* algú, qualcú.
algún, una *a*, **alguno, na** *a* algun, cap, qualque.
alguno, na *pron* algú, qualcú.
alhaja *f* joiell (*m*), joia.
alhama *f V* **aljama**.
alharaca *f 1* manifestació extremosa, exagerada. *2* escarafalls (*m pl*), escarufs (*m pl*).
aliado, da *a* i *s* aliat.
alianza *f* aliança, lliga, lligança.
aliar *v tr* i *pron* aliar.
alias *m* i *adv* àlies.
alicates *f pl* alicates.
aliciente *m* al·licient.
alícuota *a* alíquota.
alienación *f* alienació.
alienado, da *a* i *s* alienat.
alienar *v tr* alienar (transmetre, allunyar).
aliento *m* alè, hàlit.
aligar *v tr* alligar.
aligerar *v tr* alleugerir, alleugerar.
alimentación *f* alimentació.
alimentar *v tr* i *pron* alimentar.
alimentario, ia *a* alimentari.
alimenticio, ia *a* alimentós, alimentari.
alimento *m* aliment.
alimentoso, sa *a V* **alimenticio**.
alindar *v tr 1* atermenar, termenar, partionar. *2* termenejar.
alinear *v tr 1* alinear, arrastellar, afilerar. *2* arrenglerar.
aliñar *v tr* amanir.
aliño *m* amaniment.

alioli *m V* **ajiaceite**.
alisadura *f* allisada. || *f pl* allisadures.
alisar *v tr* allisar.
alistar *v tr* i *pron* allistar.
aliviamiento *m V* **alivio**.
aliviar *v tr* alleujar.
alivio *m* alleujament.
aljaba *f* aljava, carcaix (*m*), buirac (*m*).
aljama *f 1* aljama (junta de sarraïns o jueus). *2* call (*m*), aljama, jueria. *3* sinagoga, aljama.
aljibe *m* aljub, cisterna (*f*), tanc.
allá *adv* allà, lla.
allanar *v tr 1* aplanar. *2* esplanar. || *v pron* avenir-se.
allegado, da *a* acostat. || *s* parent.
allegar *v tr 1* aplegar, arreplegar, replegar. *2 V* **acercar**.
allí *adv* allí, allà.
alma *f* ànima.
almacén *m* magatzem.
almacenar *v tr* emmagatzemar.
almanaque *m 1* almanac. *2* calendari.
almeja *f zool* cloïssa.
almena *f* merlet (*m*).
almendra *f* ametlla.
almendro *m bot* ametller (*Prunus amygdalus*).
almiar *m agr* paller (amb pal central).
almíbar *m* almívar.
almidón *m* midó.
almidonar *v tr* emmidonar.
almirante, ta *s nàut* almirall, almirallessa (*f*).
almirez *m* morter (recipient).
almizcle *m bot* mesc, almesc.
almogávar *m* almogàver.
almohada *f 1* coixí (*m*) (per al cap). *2 V* **almohadón**. *3* coixinera (funda).
almohadón *m* coixí.
almoneda *f* encant (*m*), subhasta.
almorranas *f pl med* morenes, hemorroides.
almorzar *v tr* i *intr* esmorzar.
almuérdago *m bot* vesc (*Viscum album*).
almuerzo *m 1* esmorzar. *2 p ext* dinar. *3* esmorzada (*f*).
alocado, da *a* esbojarrat, esvalotat.
alocución *f* al·locució.
alojamiento *m* allotjament, alberg.
alojar *v tr* i *pron* allotjar, albergar.
alondra *f ornit* alosa (*Alauda arvensis*).
alpargata *f* espardenya.
alpinismo *m* alpinisme.
alpiste *m bot* escaiola (*f*) (*Phalaris canariensis*).
alquería *f* masia, mas (*m*).
alquilar *v tr* llogar.
alquiler *m* lloguer.
alquimia *f* alquímia.
alquitrán *m* quitrà.
alrededor *adv* al voltant, entorn, a l'entorn, tot a l'entorn, engir, girientorn. || *m pl* voltants, volts, foranies (*f*).
alta *f* alta.
altanería *f 1* altivesa, altivitat, superbueria. *2* altesa.
altanero, ra *a V* **altivo** 1.
altar *m* altar.
altavoz *m* altaveu.
alteración *f* alteració.
alterar *v tr 1* alterar. *2* pertorbar.
altercación *f*, **altercado** *m* altercat (*m*), altercació (*f*), agarrada (*f*).
altercar *v intr* altercar, alterquejar.
alternar *v tr* i *intr* alternar.
alternativa *f* alternativa.
alterno, na *a* altern.
alteza *f* altesa.
altibajos *m pl* alts i baixos, desigualtats (*f*).
altillo *m 1* entresolat, terrabastall. *2* golfa (*f*).
altiplanicie *f*, **altiplano** *m geog* altiplà (*m*).
altisonante *a* altisonant.
altitud *f 1* altitud. *2* alçària (dimensió).
altivez *f V* **altanería** 1.
altivo, va *a 1* altiu, soberg. *2* altívol.
alto, ta *a* alt. || *adv* alt. || *m* i *interj* alto. || *m V* **altura** 2.
altruismo *m* altruisme.
altura *f 1* altura, alçada, alçària. *2 geog* cim (*m*), cimadal (*m*).
alubia *f bot* mongetera, mongeta, fesoler (*m*), fesolera (*m*), fesol (*m*) (*Phaseolus Mongeta*).
alucinación *f* al·lucinació.
alucinado, da *a* i *s* al·lucinat.
alucinante *a* al·lucinant.
alucinar *v tr* i *intr* al·lucinar. || *v intr* desvariejar.
alucinógeno, na *a* i *m* al·lucinogen.
alud *m* allau (*f*).
aludir *v intr* al·ludir.
alumbrado, da *a* il·luminat. || *m* enllumenat.
alumbramiento *m 1* enllumenament. *2 med* infantament, part, deslliurament.
alumbrar *v tr 1* il·luminar. *2* enllumenar. *3* fer llum. *4 med* infantar, parir, deslliurar, donar a llum.
aluminio *m quím* alumini.
alumno, na *s* alumne.
alusión *f* al·lusió.
alusivo, va *a* al·lusiu.
aluvión *m 1 V* **avenida** 2 i 4. *2* al·luvió, inundació (*f*), negament.
álveo *m geog* llit, mare (*f*), jaç, llera (*f*) (d'un corrent d'aigua).
alvéolo *m* alvèol.
alza *f 1* alça, puja. *2* alça (d'una arma).
alzada *f 1* alçada. *2 impr* alçada.
alzamiento *m 1* alçada (*f*), alçament. *2* insurrecció (*f*), alçament, aixecament. *3 jur* aixec (fallida fraudulenta).
alzar *v tr* i *pron 1* alçar, aixecar. *2* collir.
ama *f* mestressa, madona, senyora. || **a. de llaves** majordona, casera. || **a. de cría** dida.
amabilidad *f* amabilitat.
amable *a* amable.
amado, da *a* i *s* amat, estimat.
amaestrar *v tr* ensinistrar.
amago *m* indici, símptoma o senyal d'alguna cosa.
amainar *v tr* i *intr* amainar (minvar).
amalgama *f* amalgama.

amamantar *v tr* alletar, lactar.
amanecer *v intr* llostrejar, llustrejar, clarejar (a la matinada).
amanecer *m* alba (*f*), albada (*f*), aurora (*f*).
amanerar *v tr* i *pron* amanerar.
amansar *v tr* amansir, amansar.
amante *a* i *s* amant.
amañar *v tr* i *pron* manegar.
amapola *f bot* rosella (*Papaver rhoeas*).
amar *v tr* amar, estimar.
amarar *v intr* amarar.
amargar *v intr* ***1*** amargar. ***2*** amargantejar.
amargo, ga *a* amarg, amargant.
amargor *m* amargor (*f*), amarguesa (*f*), amargura (*f*).
amargura *f* amargura, amargor, amarguesa.
amarillo, lla *a* i *m* groc.
amarra *f nàut* amarra.
amarrar *v tr* amarrar.
amartillar *v tr* ***1*** muntar (una arma). ***2*** amartellar.
amasar *v tr* pastar, amassar, maurar.
ambages *m pl* ambages, embuts.
ámbar *m* ambre.
ambición *f* ambició.
ambicionar *v tr* ambicionar.
ambicioso, sa *a* ambiciós.
ambientar *v tr* ambientar.
ambiente *m* ambient.
ambigüedad *f* ambigüitat.
ambiguo, ua *a* ambigu.
ámbito *m* àmbit.
ambos *a pl* ambdós, tots dos.
ambulancia *f* ambulància.
ambulante *a* ambulant.
amén *interj* amén.
amenaza *f* ***1*** amenaça. ***2*** amenaçament (*m*).
amenazar *v tr* amenaçar.
amenguar *v tr* i *intr* minvar, menyscabar.
amenidad *f* amenitat.
amenizar *v tr* amenitzar.
ameno, na *a* amè.
amerar *v tr* ***1*** amerar, amarar. ***2*** amarar (el vi).
americana *f* americana (peça de vestir).
americano, na *a* i *s* americà.
amerindio, ia *a* i *s* amerindi.
ametralladora *f* metralladora.
ametrallar *v tr* metrallar.
amianto *m* amiant.
amigable *a* amigable.
amígdala *f anat* amígdala.
amigo, ga *a* i *s* amic.
amistad *f* amistat.
amistoso, sa *a* amistós.
amnesia *f med* amnèsia.
amnistía *f* amnistia.
amo *m* amo, senyor.
amodorrarse *v pron* ensopir-se.
amojonar *v tr* amollonar, fitar.
amoldar *v tr* emmotllar. || *v pron fig* emmotllar-se.
amollar *v tr* amollar (afluixar).
amonal *m* amonal (explosiu).
amonestación *f* amonestació.
amonestar *v tr* amonestar.
amoníaco *m quím* amoníac.
amontonar *v tr* amuntegar.
amor *m* amor (o *f*).
amordazar *v tr* emmordassar.
amorfo, fa *a* amorf.
amorío *m fam* enamorament.
amoroso, sa *a* amorós, amorosenc.
amorrar *v intr* acotar (el cap).
amortiguador, a *a* i *m* esmorteïdor. || *m* amortidor.
amortiguar *v tr* esmorteir, esmortir.
amortizar *v tr jur* amortitzar.
amotinar *v tr* i *pron* amotinar.
amparar *v tr* ***1*** emparar. ***2*** agombolar.
amparo *m* ***1*** empara (*f*), recobre. ***2*** emparament, empara (acció i efecte).
amperio *m fís* amper.
ampliación *f* ampliació.
ampliar *v tr* ampliar.
amplificador, a *a* i *m* amplificador.
amplificar *v tr* amplificar (augmentar).
amplio, ia *a* ampli.
amplitud *f* amplitud.
ampolla *f* ***1*** *med* butllofa. ***2*** ampolla. ***3*** bombolla.
ampulosidad *f* ampul·lositat.
amputar *v tr* amputar.
amueblar *v tr* moblar.
amuleto *m* amulet.
anacardo *m bot* anacard (fruit i planta).
anacoreta *s* anacoreta.
anacrónico, ca *a* anacrònic.
anacronismo *m* anacronisme.
ánade *m* ànec, ànet (en general).
anagrama *m* anagrama.
anales *m pl* annals.
analfabetismo *m* analfabetisme.
analfabeto, ta *a* i *s* analfabet.
analgésico, ca *a* i *m med* analgèsic.
análisis *m* anàlisi (*f*).
analizar *v tr* analitzar.
analogía *f* analogia.
análogo, ga *a* anàleg.
anarquía *f* anarquia.
anarquismo *m* anarquisme.
anarquista *a* i *s* anarquista.
anatema *m* anatema.
anatomía *f anat* anatomia.
anatómico, ca *a anat* anatòmic.
anca *f anat* anca.
ancho, cha *a* ample. || *m V* **anchura**.
anchoa *f*, **anchova** *f ictiol* anxova, seitó (*m*) en conserva.
anchura *f* amplària, amplada, ample (*m*).
anciano, na *a* i *s* ancià, vellard, jai.
ancla *m nàut* àncora.
anclar *v intr nàut* ancorar, fondejar, sorgir.
áncora *f nàut V* **ancla**.
ancorar *v intr V* **anclar**.
¡anda! *interj* ***1*** au!, apa!, vés! ***2*** manoi!, alça!
andaluz, a *a* i *s* andalús.
andamio *m* bastida (*f*).
andana *f* andana.
¡andando! *interj* apa!, au!, som-hi!

andar *v intr* caminar.
andas *f pl* baiard (*m sing*), civera (*sing*).
andén *m* ***1*** andana (*f*), moll. ***2*** andador (de sínia).
andino, na *a* i *s* andí.
andorrano, na *a* i *s* andorrà.
andrajo *m* parrac, cassigall, escassigall.
andrajoso, sa *a* esparracat, espellifat.
andróminas *f pl* andròmines.
andurrial *m* (usat generalment en *pl*) andola (*f*), veral, endreçúria (*f*), topants.
anécdota *f* anècdota.
anecdótico, ca *a* anecdòtic.
anegación *f*, **anegamiento** *m* *V* **aluvión** 2.
anegar *v tr* i *pron* ***1*** negar (inundar). ***2*** negar, ofegar.
anejo, ja *a* i *s* *V* **anexo**.
anemia *f med* anèmia.
anémico, ca *a* i *s med* anèmic.
anestesia *f med* anestèsia.
anestesiar *v tr med* anestesiar.
anexar *v tr* annexar.
anexión *f* annexió.
anexionar *v tr* annexionar.
anexo, xa *a* i *s* annex, annexat.
anfibio, ia *a* i *m* amfibi.
anfiteatro *m* amfiteatre.
anfitrión, ona *s* amfitrió.
ánfora *f* àmfora.
angarillas *f pl* ***1*** baiard (*m sing*), civera (*sing*). ***2*** àrguens. ***3*** *agr* bladeres. ***4*** setrilleres.
ángel *m* àngel.
angina *f med* angina.
angosto, ta *a* angost.
angostura *f* estretor (d'un terreny).
anguila *f ictiol* anguila (*gèn Anguilla*).
angula *f ictiol* angula.
ángulo *m geom* angle.
anguloso, sa *a* ***1*** angulós. ***2*** cantellut.
angustia *f* angúnia, angoixa.
anhelo *m* ***1*** anhel. ***2*** deler, delera (*f*).
anhídrido *m quím* anhídrid.
anilina *f quím* anilina.
anilla *f* ***1*** anella. ***2*** baga.
anillo *m* anell.
ánima *f* ***1*** *V* **alma**. ***2*** ànima (d'un objecte).
animación *f* animació.
animador, a *a* i *s* animador.
animadversión *f* animadversió.
animal *a* i *m* animal.
animar *v tr* animar.
ánimo *m* ***1*** ànim, confort. ***2*** *fig* ànim, cor, estrenuïtat (*f*), gallardia (*f*), braó, esma (*f*).
animosidad *f* animositat.
animoso, sa *a* animós.
aniquilar *v tr* anorrear, anihilar, aniquilar, delir.
anís *m* ***1*** *bot* anís (*Pimpinella anisum*). ***2*** anís (licor).
aniversario *m* aniversari.
ano *m anat* anus.
anoche *adv* anit, anit passada.
anochecer *v intr* vesprejar, fosquejar, envesprir, llostrejar, llustrejar, fer-se fosc.
anochecer *m*, **anochecida** *f* vesprada (*f*), vespre (*m*).
anodino, na *a* anodí.
anomalía *f* anomalia.
anómalo, la *a* anòmal.
anonimato *m* anonimat.
anónimo, ma *a* i *m* anònim.
anorak *m* anorac.
anorexia *f med* anorèxia.
anormal *a* anormal.
anotación *f* anotació.
anotar *v tr* ***1*** anotar. ***2*** apuntar.
anquilosar *v tr* anquilosar.
ánsar *m ornit* oca (*f*) (*Anser anser*).
ansia *f* ***1*** ànsia. ***2*** *med* ànsia, basca, basqueig (*m*), nàusea, oi (*m*).
ansiar *v tr* ansiejar.
ansiedad *f* ansietat.
ansioso, sa *a* ansiós.
antagonismo *m* antagonisme.
antagonista *a* i *s* antagonista.
antaño *adv* antany, antanyasses.
antártico, ca *a* antàrtic.
ante *m zool* ant (*gèn Alces*).
ante *prep* davant.
anteayer *adv* abans d'ahir, despús-ahir, dellà-ahir.
antebrazo *m anat* avantbraç.
antecedente *a* i *m* antecedent.
anteceder *v tr* antecedir.
antecesor, a *s* antecessor.
antedicho, cha *a* susdit.
antelación *f* antelació.
de antemano *adv* per endavant; a la bestreta.
antena *f* ***1*** antena (en general). ***2*** antena, banya (d'insecte o cargol).
anteojo *m* ullera (*f*) (de llarga vista). || *m pl* ***1*** binocle. ***2*** *V* **antiparras**.
antepasado, da *a* i *s* avantpassat.
antepenúltimo, ma *a* antepenúltim.
anteponer *v tr* anteposar.
anteproyecto *m* avantprojecte.
anterior *a* anterior.
antes *a* i *adv* abans (més aviat, més d'hora). || **cuanto a. mejor** *loc adv* com més aviat millor. || *conj* ans.
antiaéreo, ea *a* i *m* antiaeri.
antibiótico, ca *a* i *m med* antibiòtic.
anticiclón *m* anticicló.
anticipación *f* anticipació.
anticipar *v tr* ***1*** anticipar. ***2*** avençar. || **por anticipado** a la bestreta, per endavant.
anticipo *m* ***1*** avenç, bestreta (*f*). ***2*** acompte.
anticuado, da *a* antiquat.
anticuario, ia *s* antiquari.
anticuerpo *m biol* anticòs.
antídoto *m med* antídot.
antifaz *m* antifaç.
antigualla *f* antigalla.
antigüedad *f* ***1*** antiguitat (qualitat d'antic). ***2*** antigor, vellúria, vellura. || *f pl* antiguitats.
antiguo, ua *a* antic. || **a la antigua** *loc adv* a l'antiga.
antílope *m zool* antílop.
antimonio *m quím* antimoni.

antioxidante *a* i *m* antioxidant.
antiparras *f pl* ulleres.
antipatía *f* antipatia.
antipático, ca *a* antipàtic.
antípoda *s* antípoda.
antiséptico, ca *a* i *m med* antisèptic.
antítesis *f* antítesi.
antojarse *v pron* antullar-se.
antojo *m 1* antull, caprici, rampell. *2* desig (durant l'embaràs; marca en el fill).
antología *f* antologia.
antonomasia *f* antonomàsia.
antorcha *f* torxa, atxa, teia.
antracita *f* antracita.
antro *m* antre.
antropófago, ga *a* antropòfag.
antropología *f* antropologia.
anual *a* anual, anyal.
anuario *m* anuari.
anublarse *v pron* ennuvolar-se.
anudar *v tr* nuar.
anuencia *f* anuència.
anular *a* anular. || *m* anular (dit).
anular *v tr* anul·lar.
anunciar *v tr* anunciar.
anuncio *m* anunci.
anverso *m* anvers.
anzuelo *m* ham.
añadir *v tr* afegir.
añejo, ja *a 1* vell. *2* anyenc.
añicos *m pl* miques (*f*), bocins.
año *m* any, anyada (*f*).
añoranza *f 1* enyorança, enyorament (*m*), enyor (*m*). *2* migrança, migrament (*m*).
añorar *v tr* enyorar.
aorta *f anat* aorta.
apacentar *v tr* péixer, apeixir. || *v pron* pasturar, péixer (*intr*).
apache *s* apatxe (indi).
apaciguador, a *a* i *s* apaivagador.
apaciguar *v tr* apaivagar.
apadrinar *v tr* apadrinar, padrinejar.
apagar *v tr* apagar.
apagón *m* apagada (*f*).
apaisar *v tr* apaïsar.
apalabrar *v tr* emparaular.
apalear *v tr* bastonejar.
apañar *v tr 1* apanyar, apariar, adobassar. *2* manegar (un afer). || *v pron* apanyar-se, arranjar-se, arreglar-se.
apaño *m* arranjament.
apañuscar *v tr* amanyogar.
aparador *m 1* aparador. *2* aparador (moble).
aparar *v tr* parar (les mans).
aparato *m 1* aparat (ostentació). *2* aparell (instrument). *3* aparell (conjunt d'òrgans).
aparatoso, sa *a* aparatós.
aparcamiento *m 1* aparcament (acció). *2* aparcament, pàrquing (lloc).
aparcar *v tr* aparcar.
aparear *v tr* apariar, acoblar, aparellar.
aparecer *v intr* aparèixer.
aparejador, a *a* i *s* aparellador.
aparejar *v tr 1* ormejar, guarnir. *2* aparellar, apariar.
aparejo *m 1* aparell, aparellament. *2* ormeig.
aparentar *v tr 1* aparentar. *2* aparençar.
aparente *a* aparent.
aparición *f* aparició.
apariencia *f* aparença, parença.
apartamento *m* apartament.
apartar *v tr* apartar.
aparte *m* apart. || *adv* a part; a banda.
apasionar *v tr* apassionar.
apatía *f* apatia.
apático, ca *a* apàtic.
apeadero *m 1* baixador. *2* descavalcador.
apear *v tr 1* desmuntar, descavalcar. *2* travar (un cavall).
apechugar *v tr 1* apitrar. *2* acceptar una cosa malgrat els seus inconvenients.
apedazar *v tr 1* trossejar. *2* apedaçar, aparracar.
apedrear *v tr 1* apedregar. *2* lapidar.
apego *m* afecció (*f*), tirada (*f*).
apelación *f* apel·lació.
apelar *v intr* apel·lar.
apellidar *v tr 1* cognomenar. *2* apellar. *3* anomenar.
apellido *m* cognom.
apenar *v tr V* **afligir**.
apenas *adv* a penes, tot just, amb prou feines, envides.
apéndice *m* apèndix.
apendicitis *f med* apendicitis.
apeonar *v intr* peonar.
apercibir *v tr 1* agibellar (disposar) . *2 jur* comminar.
aperitivo, va *a* i *m* aperitiu.
apero *m* ormeig *esp* agrícola.
aperrearse *v pron* esfreixurar-se, escarrassar-se.
apertura *f 1 V* **abertura** 1. *2* obertura (de sessions; d'un testament).
apestar *v tr med* empestar (causar la peste). || *v intr* pudir, empudegar, empudeir, empudentir, empestar.
apestoso, sa *a* pudent, empudegador.
apetecer *v tr* apetir. || *v intr* abellir, venir de gust.
apetencia *f*, **apetito** *m 1* apetit (*m*), apetència (*f*) (en general). *2* gana (*f*), apetit (*m*), talent (*m*), apetència (*f*), mengera (*f*).
apetitoso, sa *a 1* apetitós. *2* mengívol.
apiadar *v tr* causar pietat. || *v pron* apiadar-se, compadir-se.
ápice *m 1* àpex (punta, cim). *2 fig* mica (*f*).
apilar *v tr* i *pron* apilar, apilonar, empilar.
apiñar *v tr* apinyar, apilotar.
apio *m bot* api (*Apium graveolens*).
apiolar *v tr 1 fam* pelar, carregar-se (*pron*) (matar). *2 fam* enxampar (detenir). *3* empiular.
apisonadora *f 1* piconadora. *2* aplanadora.
apisonar *v tr* piconar, maçonar.
aplacar *v tr* aplacar, apaivagar.
aplanar *v tr V* **allanar** 1 i 2.
aplastar *v tr 1* aixafar, xafar. *2* esclafar.
aplaudir *v tr* aplaudir.
aplauso *m* aplaudiment.

aplazar *v tr* ajornar.
aplicación *f 1* aplicació. *2* aplicament (*m*).
aplicado, da *a* aplicat.
aplicar *v tr* i *pron* aplicar.
aplique *m* aplic.
aplomar *v tr* i *pron* aplomar.
aplomo *m* aplom.
apocalipsis *f* apocalipsi.
apocar *v tr 1* apoquir, empoquir. *2 fig* apocar.
apócope *f gram* apòcope.
apodar *v tr* motejar, sobrenomenar.
apoderado, da *a* i *s* apoderat.
apoderar *v tr* i *pron* apoderar. || *v pron* emparar-se.
apodo *m* motiu, malnom, renom.
apogeo *m* apogeu, auge.
apolillar *v tr* arnar, tinyar.
apología *f* apologia.
apoltronarse *v pron* endropir-se.
apoplejía *f med* apoplexia, feridura.
aporrear *v tr* copejar, colpejar.
aportación *f 1* aportació. *2* aportament (*m*).
aportar *v tr* aportar.
aposentar *v tr* i *pron* aposentar.
aposento *m 1* cambra (*f*), estança (*f*). *2* posada (*f*) (lloc on hom s'està).
apósito *m med* apòsit.
apostar *v tr 1* apostar (posar algú en un indret). *2* apostar, jugar-se (*pron*).
apóstol *m* apòstol.
apostrofar *v tr gram* apostrofar.
apóstrofe *m gram* apòstrofe.
apóstrofo *m* apòstrof.
apotema *f geom* apotema.
apoteosis *f* apoteosi.
apoyar *v tr 1* recolzar. *2* fer costat. || *v pron 1* repenjar-se, penjolar-se. *2* recolzar (*intr*). *3* recolzar-se.
apoyo *m 1* suport, descans. *2 fig* ajut, favor.
apreciar *v tr* apreciar.
aprecio *m* estima (*f*), estimació (*f*).
apremiante *a* apressant, pregnant.
apremiar *v tr 1* apressar, atabuixar, cuitar. *2* compel·lir, constrènyer.
apremio *m 1* pressa (*f*). *2* atabuix, atabuixada (*f*). *3* constrenyiment.
aprender *v tr* aprendre.
aprendiz, a *s 1* aprenent. *2* macip.
aprendizaje *m* aprenentatge.
aprensión *f* aprensió.
aprensivo, va *a* aprensiu.
apresamiento *m* captura (*f*).
apresar *v tr* capturar.
apresto *m 1* aprest. *2* empesa (*f*). *3* recapte (provisió).
apresurar *v tr* apressar. || *v pron* apressar-se, afanyar-se, acuitar-se.
apretar *v tr 1* estrènyer. *2* serrar (estrènyer). *3* comprimir. *4* atapeir. *5* ensardinar. *6* pitjar. *7* collar. *8* prémer. *9* fer força. *10* venir estret. *11* ésser forta, viva o intensa alguna acció o sensació.
apretón *m 1* estreta (*f*). *2* encaixada (*f*) (de mà). *3* pitjada (*f*). *4* premuda (*f*).
apretujar *v tr V* **apretar** 3 i 8, *esp* amb força.
apretura *f 1 V* **aprieto** 1. *2* estretall (*m*).
aprieto *m 1* estretor (*f*). *2 V* **apuro**. || **poner en un a.** *fig* posar en un compromís.
aprisa *adv* de pressa.
aprisco *m* pleta (*f*).
aprisionar *v tr* empresonar.
aprobación *f* aprovació.
aprobado, da *a* i *m* aprovat.
aprobador, a *a* i *s* aprovador.
aprobar *v tr* aprovar.
aprontar *v tr* apromptar.
apropiación *f* apropiació.
apropiar *v tr* i *pron* apropiar.
aprovechamiento *m* aprofitament.
aprovechar *v tr, intr* i *pron* aprofitar. || **que aproveche** bon profit.
aprovisionar *v tr* aprovisionar.
aproximación *f* aproximació.
aproximar *v tr V* **acercar**.
aptitud *f 1* aptitud (capacitat). *2* aptesa (qualitat d'apte).
apto, ta *a* apte.
apuesta *f* aposta, juguesca.
apuesto, ta *a* plantós, ben plantat.
apuntalamiento *m* apuntalament.
apuntalar *v tr* i *pron* apuntalar, estintolar, estontolar.
apuntar *v tr 1* apuntar. *2* amotar.
apunte *m* apunt. || *m pl* apunts.
apuñalar *v tr* apunyalar.
apurar *v tr 1* apurar, depurar. *2* amoïnar. *3* apurar (verificar).
apuro *m* destret, trifulga (*f*).
aquel, lla *a* i *pron* aquell.
aquello *pron* allò.
aquende *adv* ençà, deçà, aquèn.
aquí *adv* aquí, ací.
aquiescencia *f* aquiescència.
aquietar *v tr* aquietar.
ara *f* ara (altar).
árabe *a* i *s* àrab.
arabismo *m* arabisme.
arácnido *m entom* aràcnid.
arada *f V* **aradura**.
arado *m agr* arada (*f*), llaura (*f*).
aradura *f agr* llaurada (acció de llaurar).
aragonés, esa *a* i *s* aragonès.
arancel *m* aranzel.
arandela *f* virolla (anella).
aranés, esa *a* i *s* aranès.
araña *f entom* aranya (aràcnid).
arañar *v tr 1* esgarrapar, arpar, arrapar, unglejar. *2* esgarrinxar, esgarrinyar, esgarrar, esgardissar.
arañazo *m 1* esgarrapada (*f*), esgarrap, arrap, arrapada (*f*). *2* esgarrinxada (*f*) *3* rascada (*f*).
arar *v tr agr* llaurar (la terra).
arbitraje *m* arbitratge.
arbitrar *v tr* arbitrar.
arbitrario, ia *a* arbitrari.
arbitrio *m* arbitri.
árbitro, ra *s* àrbitre.
árbol *m* arbre.

arbolado, da *a* arborat. || *m bot* arbrat.
arbolar *v tr 1 nàut* arborar. *2* arborar, posar dret.
arboleda *f bot* arbreda, arboreda.
arborescencia *f bot* arborescència.
arbusto *m bot* arbust.
arca *f* arca.
arcabuz *m* arcabús.
arcada *f 1* tragit (*m*). *2 arq* arcada. *3 med* arcada.
arcaduz *m 1* canó (de conducció). *2* catúfol, caduf, cadup.
arcaico, ca *a* arcaic.
arcaísmo *m gram* arcaisme.
arce *m bot* erable (*gèn Acer*).
arcén *m* vorera (*f*) d'emergència (d'una carretera).
archipiélago *m geog* arxipèlag.
archivador *m* arxivador.
archivar *v tr* arxivar.
archivo *m* arxiu.
arcilla *f* argila.
arco *m* arc. || **a. iris** arc de sant Martí, arc iris, arc del cel.
arder *v intr* cremar.
ardid *m* ardit, estratagema (*f*).
ardiente *a* ardent, cremós.
ardilla *f zool* esquirol (*m*) (*gèn Sciurus*).
ardimiento *m 1 V* **arrojo**. *2* cremada (*f*).
ardite *m fig* cosa de no res.
ardor *m 1* ardor (*m* o *f*), ardència (*f*), ardentor (*f*), xardor (*f*), cremor (*f*). *2* calda (*f*).
arduo, ua *a* ardu.
área *f* àrea.
arena *f* sorra, arena.
arenal *m* areny, sorral.
arengar *v tr* arengar.
arenisca *f* sauló (*m*).
arenque *m ictiol* areng (*Clupea harengus*).
argamasa *f 1* argamassa. *2* mortero (*m*).
árganas *f pl V* **angarillas** 1, 2 i 3.
argelino, na *a* i *s* algerià.
argentar *v tr* argentar.
argentino, na *a* i *s* argentí.
argolla *f* argolla.
argón *m quím* argó.
argucia *f* argúcia.
argüir *v tr* i *intr* argüir.
argumentación *f* argumentació.
argumentar *v intr* argumentar.
argumento *m* argument.
aridez *f* aridesa, ariditat.
árido, da *a* àrid.
Aries *m astron* Àries (constel·lació i signe del zodíac).
arisco, ca *a* bròfec.
arista *f 1* aresta. *2* caire (*m*).
aristocracia *f* aristocràcia.
aristócrata *s* aristòcrata.
aristocrático, ca *a* aristocràtic.
aritmético, ca *a* i *s* aritmètic. || *f* aritmètica.
arlequín *m* arlequí.
arma *f* arma.
armada *f mil* armada (forces navals).
armador, a *a* i *s* armador.
armadura *f* armadura.
armamento *m* armament.
armar *v tr 1* armar. *2* parar.
armario *m* armari.
armatoste *m* baluerna (*f*).
armazón *m 1* armadura (*f*). *2* carcassa (*f*).
armenio, ia *a* i *s* armeni.
armería *f 1* armeria. *2 her* armoria, heràldica, blasó (*m*).
armero, ra *s* armer. || *m* armer.
armiño *m zool* ermini (*Mustela erminea*).
armisticio *m jur* armistici.
armonía *f* harmonia.
armónica *f mús* harmònica.
armónico, ca *a* harmònic. || *m* harmònic.
armonioso, sa *a* harmoniós.
armonizar *v tr* harmonitzar.
arnés *m mil* arnès.
árnica *f* àrnica.
aro *m 1* cèrcol, rutlla (*f*). *2* rotllana (*f*). *3* rodell (rotllana).
aroma *m* aroma (*f*).
aromático, ca *a* aromàtic.
arpa *f mús* arpa.
arpegio *m mús* arpegi.
arpía *f* harpia.
arpillera *f* arpillera, xarpellera.
arpón *m nàut* arpó.
arponear *v tr nàut* arponar.
arquear *v tr* arquejar, arcar.
arqueo *m* arqueig.
arqueología *f* arqueologia.
arqueológico, ca *a* arqueològic.
arquetipo *m* arquetip, arquetipus.
arquitecto, ta *s arq* arquitecte. || *f arq* arquitectessa.
arquitectónico, ca *a arq* arquitectònic.
arquitectura *f arq* arquitectura.
arrabal *m* raval.
arracada *f* arracada (amb penjoll).
arraigar *v intr* i *pron* arrelar, prendre.
arrancadura *f*, **arrancamiento** *m 1* arrencament (*m*), arrencada (*f*). *2* arrabassada (*f*), arrabassament (*m*).
arrancar *v tr 1* arrencar, arrancar. *2* arrabassar (una planta, etc.).
arranque *m 1 V* **arrancadura** 1. *2 fig* rauxa (*f*), rampell, caparrada (*f*), baterola (*f*). *3* arrencada (*f*), embranzida (*f*). *4 arq* arrencada (*f*).
arrapar *v tr* arrabassar.
arrapiezo *m 1* noi petit. *2* nyèbit.
arras *f pl jur 1* arres, paga i senyal (*sing*). *2* escreix (*m sing*) (del dot).
arrasamiento *m* arrasament.
arrasar *v tr 1* arrasar, arranar. *2* rasar.
arrastrar *v tr* arrossegar, rossegar.
¡arre! *interj* arri!
¡arrea! *interj 1* apa! *2* caram!
arrear *v tr 1* arriar. *2 fig* clavar, ventar, fúmer, etzibar, endinyar. *3 fam* sallar, pencar. *4 fig* atiar.
arrebañar *v tr 1* arramassar. *2* agabellar. *3* escurar (el contingut d'un atuell).

arrebatado, da *a* ***1*** arrauxat. ***2*** ravatat. ***3*** sobtat (una vianda).
arrebatamiento *m V* **arrebato**.
arrebatar *v tr* ***1*** arrabassar. ***2*** arrapar. || *v pron* ***1*** arravatar-se. ***2*** sobtar-se (una vianda).
arrebato *m* ***1*** rampell, rauxa (*f*), baterola (*f*). ***2*** arravatament, alienament furiós. ***3*** ravata (*f*). ***4*** arrapament (èxtasi). ***5*** arrabassada (*f*), arrabassament.
arrebolar *v tr* envermellir, enrogir.
arrebozar *v tr* arrebossar.
arrebujar *v tr* amanyogar.
arrechucho *m* tropell (de salut).
arreciar *v tr* créixer, pujar, augmentar. || *v intr* refermar (fer-se més ferm).
arrecife *m* ***1*** baix (d'esculls). ***2*** camí ral, calçada.
arrecirse *v pron V* **aterirse**.
arreglamiento *m* ***1*** arreglament. ***2*** arranjament, agençament.
arreglar *v tr* ***1*** arreglar, subjectar a una regla. ***2*** arreglar, arranjar, agençar, agibellar. ***3*** manegar (un afer). || *v pron V* **apañar**.
arreglo *m* ***1*** arreglament, arranjament. ***2*** *mús* arranjament. || **con a.** d'acord amb.
arrellanarse *v pron* repapar-se, arrepapar-se, aclofar-se.
arremangar *v tr* arremangar, arromangar, arregussar, retrossar, trossar.
arremeter *v tr* i *intr* arremetre.
arremolinar *v tr* arremolinar, arrombollar, rombollar.
arrendador, a *a* i *s* ***1*** arrendador. ***2*** arrendatari.
arrendamiento *m jur* arrendament.
arrendar *v tr* arrendar.
arreo *m* part dels arreus o ornaments de vestir. || *m pl* arreus d'un cavall, mul, etc.
arreo *adv* arreu, sense interrupció.
arrepentimiento *m* penediment.
arrepentirse *v pron* penedir-se, apitrar-se.
arrequives *m pl* ***1*** arreus. ***2*** ets i uts.
arrestar *v tr* arrestar, detenir.
arresto *m* arrest, detenció (*f*).
arriada *f* ***1*** arriada. ***2*** *V* **avenida** 2 i 4.
arriadura *f V* **arriada** 1.
arriar *v tr nàut* arriar, calar, abaixar.
arriba *adv* ***1*** dalt, a dalt. ***2*** amunt. ***3*** damunt. || **de a. a abajo** ***1*** de dalt a baix. ***2*** de cap a peus. ***3*** daltabaix.
arribada *f nàut* arribada.
arribar *v intr nàut* arribar.
arribo *m* arribada (*f*).
arriendo *m jur V* **arrendamiento**.
arriero, ra *s* traginer, arrier.
arriesgar *v tr* i *pron* arriscar.
arrimar *v tr* arrambar, arrimar, atansar.
arrinconar *v tr* arraconar.
arriscar *v tr* i *pron V* **arriesgar**.
arritmia *f med* arrítmia, arítmia.
arroba *f* rova, arrova.
arrobamiento *m V* **arrobo**.
arrobar *v tr* embadalir, arrapar.
arrobo *m* arrapament.
arrodillar *v tr* i *pron* agenollar.
arrogancia *f* arrogància.
arrogante *a* arrogant.
arrogarse *v pron* arrogar-se.
arrojadizo, za *a* llancívol, de git.
arrojado, da *a* abrivat.
arrojar *v tr* ***1*** llançar, tirar, gitar, llençar. ***2*** treure, expulsar, foragitar. ***3*** vomitar, perbocar, gitar. ***4*** rebotre. ***5*** donar (un resultat, etc., parlant de documents, comptes, etc.).
arrojo *m* bravesa (*f*), bravura (*f*), bravor (*f*).
arrollar *v tr* ***1*** enrotllar, cargolar. ***2*** *V* **atropellar**.
arropar *v tr* ***1*** abrigar, abrigallar. ***2*** acotxar. ***3*** arropar.
arrope *m* arrop.
arrostrar *v tr* afrontar, plantar cara, fer front.
arroyada *f* xaragall (*m*), aragall (*m*), escorranc (*m*), córrec (*m*), corregall (*m*), xòrrec (*m*), xorregall (*m*).
arroyar *v tr* ***1*** aixaragallar, escorrancar, xorrencar. ***2*** ploure a bots i barrals.
arroyo *m* ***1*** rierol, rieró. ***2*** riera (*f*).
arroz *m bot* arròs (*Oryza sativa*).
arruga *f* ***1*** arruga, ruga, rufa. ***2*** séc (*m*).
arrugar *v tr* i *pron* arrugar.
arruinar *v tr* ***1*** arruïnar. ***2*** demolir, derrocar, derruir.
arrullar *v tr* amanyagar, parrupar, parrupejar, marrucar.
arrullo *m* amanyac, parrup, marruc.
arsenal *m* arsenal.
arsénico *m quím* arsènic.
arte *s* art.
artefacto *m* artefacte, giny.
artejo *m anat* artell.
arteria *f* ***1*** *anat* artèria. ***2*** artèria (via de comunicació).
arteriosclerosis *f*, **arterioesclerosis** *f med* arteriosclerosi.
artero, ra *a* arterós (astut).
artesa *f* pastera.
artesanía *f* artesania.
artesano, na *s* artesà.
artesón *m* ***1*** cassetó. ***2*** plafó. ***3*** motllura (*f*). ***4*** *arq V* **artesonado** (*m*).
artesonado, da *a* enteixinat. || *m arq* enteixinat.
artesonar *v tr arq* enteixinar.
ártico, ca *a* àrtic.
articulación *f* articulació.
articular *v tr* articular.
articulista *s* articulista.
artículo *m* article.
artífice *s* artífex.
artificial *a* artificial.
artificialidad *f* artificialitat.
artificio *m* artifici.
artillería *f mil* artilleria.
artilugio *m* artefacte (en sentit despectiu).
artimaña *f* artifici (*m*).
artista *s* artista.
artístico, ca *a* artístic.
artritis *f med* artritis.
artrosis *f med* artrosi.
as *m* as.

asa *f* nansa, ansa.
asado *m* rostit.
asador *m* ***1*** ast (varilla). ***2*** rostidor.
asalariado, da *a* i *s* assalariat.
asalariar *v tr* assalariar.
asaltar *v tr* assaltar.
asalto *m* assalt, assaltament.
asamblea *f* assemblea.
asar *v tr* i *pron* rostir.
asaz *adv* prou.
ascendencia *f* ascendència.
ascender *v tr* i *intr* ascendir.
ascendiente *m* ascendent.
ascensión *f* ascensió.
ascenso *m* ascens.
ascensor *m* ascensor.
asceta *s* asceta.
asco *m* ***1*** fàstic. ***2*** *med V* **ansia** 2. || **dar a.** fer fàstic.
asear *v tr* endreçar, polir, agençar, acondiciar.
asechanza *f* trampa.
asediar *v tr* ***1*** assetjar, assitiar. ***2*** *fig* assetjar, importunar amb insistència.
asedio *m* setge, assetjament.
asegurar *v tr* assegurar.
asemejar *v tr* imitar. || *v intr* assemblar-se a (*pron*). || *v pron* assemblar-se.
asenderear *v tr* obrir un camí.
asentar *v tr* ***1*** assentar. ***2*** assetiar.
asentimiento *m* ***1*** assentiment. ***2*** consentiment.
asentir *v intr* assentir.
aseo *m* ***1*** agençament, endreç, condícia (*f*). ***2*** acondiciament.
asepsia *f med* asèpsia.
asequible *a* assequible.
aserenar *v tr* i *pron* asserenar.
aserradero *m* serradora (*f*).
aserrar *v tr* serrar.
asesinar *v tr* assassinar.
asesinato *m* assassinat.
asesino, na *a* i *s* assassí.
asesor, ra *a* i *s* assessor.
asesoramiento *m* assessorament.
asesorar *v tr* assessorar.
asesoría *f* assessoria.
asestar *v tr* assestar.
aseverar *v tr* asseverar, asserir.
asfaltar *v tr* asfaltar.
asfalto *m* asfalt.
asfixia *f* asfíxia.
asfixiante *a* asfixiant.
asfixiar *v tr* asfixiar.
así *adv* així. || **así, así** així així; mig mig. || **a. sea** així sia. || **a.... como...** així... com... || **a. como a.** així com així. || **a. que** ***1*** de manera que. ***2*** tan bon punt; així que. || **a. y todo** així i tot; tanmateix.
asiático, ca *a* i *s* asiàtic.
asidero *m* agafador, agafall, aferrall, aferrador.
asiduidad *f* assiduïtat.
asiduo, ua *a* assidu.
asiento *m* seient.
asignación *f* assignació.
asignar *v tr* assignar.
asignatura *f* assignatura.
asilar *v tr* asilar.
asilo *m* asil.
asimetría *f* asimetria.
asimilación *f* assimilació.
asimilar *v tr* i *pron* assimilar.
asimismo *adv* també, així mateix.
asir *v tr* agafar.
asistencia *f* assistència.
asistente *a* i *s* assistent.
asistir *v tr* i *intr* assistir.
asma *f med* asma.
asna *f zool* somera, ruca, burra.
asno *m* ***1*** *zool* ase, ruc, burro (*Equus asinus*). ***2*** *fig* ase, ruc.
asociación *f* ***1*** associació. ***2*** associament (*m*).
asociacionismo *m* associacionisme.
asociado, da *a* i *s* associat.
asociar *v tr* i *pron* associar.
asolamiento *m* assolament.
asolear *v tr* ***1*** assolellar. ***2*** banyar el sol.
asomar *v tr* ***1*** treure (fer sortir). ***2*** traspuntar. || *v pron* abocar-se.
asombrar *v tr* ***1*** sorprendre. ***2*** ombrejar, ombrar (fer ombra).
asombroso, sa *a* ***1*** sorprenent. ***2*** esbalaïdor.
asomo *m* sospita (*f*). || **ni por a.** de cap manera.
asonada *f* aldarull (*m*), avalot (*m*).
asonante *a* assonant.
asonar *v intr* assonar.
aspa *f* aspa.
aspaviento *m* ***1*** escarafall. ***2*** manifestació (*f*) extremosa.
aspecto *m* ***1*** aspecte. ***2*** parença (*f*).
aspereza *f* ***1*** aspror, asprositat, aspresa, asperitat, aspredat (qualitat d'aspre). ***2*** asprivesa, asprivor. ***3*** raspor (al tacte).
áspero, ra *a* ***1*** aspre. ***2*** aspriu, asprós. ***3*** raspós. ***4*** *fig* malagradós.
aspersión *f* aspersió.
aspersor *m* aspersor.
áspid *m zool* àspid (*Vipera aspis*).
aspillera *f* espitllera.
aspiración *f* aspiració.
aspirador, a *a* i *m* aspirador.
aspirante *a* i *s* aspirant.
aspirar *v tr* i *intr* aspirar.
asquear *v intr* fastiguejar.
asqueroso, sa *a* fastigós.
asta *f* ***1*** asta, pal (*m*), tija. ***2*** llança. ***3*** *anat* banya.
astenia *f med* astènia.
asterisco *m* asterisc.
asteroide *m astron* asteroide.
astigmatismo *m med* astigmatisme.
astil *m* ***1*** mànec. ***2*** tija (*f*).
astilla *f* ***1*** estella. ***2*** ascla. ***3*** resquill (*m*). ***4*** esberla, berla.
astillero *m nàut* drassana (*f*).
astral *a astron* astral.
astringente *a* i *m* astringent.
astringir *v tr* estrènyer.
astro *m astron* astre.

astrolabio *m astron* astrolabi.
astrología *f astron* astrologia.
astronauta *s* astronauta.
astronomía *f* astronomia.
astrónomo, ma *s* astrònom.
astroso, sa *a* ***1*** malforjat, malgirbat, malfardat. ***2*** infaust.
astucia *f* astúcia.
astucioso, sa *a*, **astuto, ta** *a* astut.
asumir *v tr* assumir.
asunción *f* assumpció.
asunto, ta *a* assumpte. || *m* assumpte, afer.
asustadizo, za *a* espantadís, espantívol.
asustar *v tr* i *pron* ***1*** espantar. ***2*** espaterrar, espatarrar, esglaiar.
atacante *a* i *s* atacant.
atacar *v tr* atacar.
atadero *m* ***1*** *V* **atadura** 3. ***2*** fermador.
atado *m* lligada (*f*), lligall, lligadura (*f*).
atadura *f* ***1*** lligament (*m*) (acció). ***2*** lligam (*m*).
atajar *v tr* ***1*** atallar, sortir a l'encontre. ***2*** atallar, estalviar camí.
atajo *m* drecera (*f*), atall.
atalaya *f* talaia.
atañer *v intr* (usat només en tercera persona) ***1*** pertocar (pertànyer). ***2*** afectar, fer referència.
ataque *m* ***1*** atac. ***2*** atacament.
atar *v tr* ***1*** lligar. ***2*** fermar.
atarazana *f nàut* drassana, arsenal (*m*) (taller).
atardecer *m* vespre, hora (*f*) baixa, horabaixa (*f*).
atareado, da *a* enfeinat, atrafegat, aqueferat.
atarearse *v pron* atrafegar-se.
atarugar *v tr* falcar.
atascadero *m* ***1*** empantanec, entrebanc. ***2*** aturador, atura (*f*).
atascamiento *m V* **atasco**.
atascar *v tr* ***1*** embussar. ***2*** encallar (un vehicle). ***3*** empantanegar. || *v pron* ***1*** embussar-se. ***2*** *V* **atollarse**. ***3*** empantanegar-se. ***4*** enferritjar-se. ***5*** engargussar-se (una cosa en un conducte).
atasco *m* ***1*** aturall (impediment). ***2*** embús. ***3*** embussada (*f*), embussament. ***4*** empantanegament. ***5*** encallament, encallada (*f*).
ataúd *m* taüt, bagul, caixa (*f*), fèretre.
ataviar *v tr* abillar. || *v pron* abillar-se, quillar-se.
atávico, ca *a* atàvic.
atavío *m* ***1*** abillament. ***2*** indumentària (*f*).
ateísmo *m* ateisme.
atemorizar *v tr* i *pron* atemorir, esporuguir.
atención *f* ***1*** atenció. ***2*** esment (*m*).
atender *v tr* i *intr* atendre.
ateneo *m* ateneu.
atenerse *v pron* ***1*** atenir-se. ***2*** arrossar-se.
atentado *m* atemptat.
atentar *v intr* atemptar.
atento, ta *a* ***1*** atent. ***2*** amatent.
atenuante *a* i *m* atenuant.
atenuar *v tr* atenuar.
ateo, ea *a* i *s* ateu.
aterecerse *v pron V* **aterirse**.
aterido, da *a* balb.
aterirse *v pron* balbar-se, embalbir-se, embalbar-se.
aterrada *f nàut* aterratge (*m*).
aterrador, a *a* i *s* ***1*** aterrador. ***2*** aterridor, terrorífic, terrífic.
aterraje *m* ***1*** *aviac V* **aterrizaje**. ***2*** *nàut V* **aterrada**.
aterrar *v tr* ***1*** aterrar, terrejar. ***2*** *V* **aterrorizar**.
aterrizaje *m aviac* aterratge.
aterrizar *v intr aviac* aterrar.
aterrorizar *v tr* terroritzar, aterrir.
atesorar *v tr* atresorar, tresorejar.
atestado, da *a* atestat. || *m jur* atestat.
atestar *v tr* ***1*** *jur* atestar, testificar. ***2*** atapeir.
atestiguar *v tr* testimoniar, testimoniejar, atestar.
atezar *v tr* colrar.
atiborrar *v tr* atapeir, farcir, reblir. || *v pron V* **atracarse**.
ático, ca *a* i *s* àtic. || *m* àtic.
atiesar *v tr* tesar, encarcarar.
atildamiento *m* agençament.
atildar *v tr* ***1*** polir, agençar. ***2*** titllar.
atinar *v intr* ***1*** encertar (el punt precís, triar bé, fer bé). ***2*** acudir-se (*pron*).
atípico, ca *a* atípic.
atirantar *v tr* tibar.
atisbar *v tr* aguaitar, sotjar.
atisbo *m* aguait.
¡atiza! *interj* bufa!, manoi!
atizar *v tr* ***1*** atiar. ***2*** bufar, manxar. ***3*** burxar.
atlántico, ca *a* i *s* atlàntic.
atlas *m* ***1*** atles, atlas (de mapes). ***2*** *anat* atles.
atleta *s* atleta.
atlético, ca *a* atlètic.
atletismo *m* atletisme (esport).
atmósfera *f* atmosfera.
atollarse *v pron* encallar-se, empantanegar-se.
atolón *m geog* atol, ató.
atómico, ca *a fís* atòmic.
átomo *m fís* àtom.
atonía *f med* atonia.
atónito, ta *a* atònit.
átono, a *a* àton.
atontar *v tr V* **aturdir**.
atorar *v tr V* **atascar** 1.
atormentar *v tr* turmentar.
atornillar *v tr* cargolar, collar.
atortolar *v tr V* **aturdir**.
atosigar *v tr* i *pron* ***1*** emmetzinar, entuixegar, enverinar. ***2*** *fig* atabuixar (apressar).
atrabiliario, ia *a* atrabiliari.
atracada *f nàut* atracada, atansada.
atracador, a *s* atracador (malfactor).
atracar *v tr* ***1*** *nàut* atracar, atansar, abordar. ***2*** atracar (per robar). || *v pron* afartar-se.
atracción *f* atracció.
atraco *m* ***1*** atracament. ***2*** *nàut* atracament.
atracón *m* fart, panxó, panxada (*f*), fartada (*f*).
atractivo, va *a* ***1*** atractiu. ***2*** atractívol. || *m* atractiu.
atraer *v tr* atreure, atraure.
atraillar *v tr* ***1*** acoblar (els gossos). ***2*** *fig* dominar.
atrancar *v tr* barrar, barrotar.
atrapar *v tr* atrapar.

atrás *adv* enrere, enrera, endarrere, endarrera, arrere, arrera.
atrasar *v tr* ***1*** endarrerir. ***2*** retardar (un rellotge).
atraso *m* ***1*** endarreriment. ***2*** ròssec.
atravesado, da *a* i *s* guenyo, guerxo, guerx.
atravesar *v tr* ***1*** travessar, creuar. ***2*** travessar (apostar).
atreverse *v pron* atrevir-se, gosar (*intr*).
atrevido, da *a* ***1*** atrevit. ***2*** *V* **audaz**.
atrevimiento *m* ***1*** atreviment. ***2*** *V* **audacia**.
atribuir *v tr* ***1*** atribuir. ***2*** *V* **achacar**.
atribular *v tr* atribular, tribular.
atributo *m* atribut.
atril *m* faristol.
atrincherar *v tr* i *pron* atrinxerar.
atrio *m* ***1*** *arq* atri. ***2*** *anat* atri.
atrocidad *f* atrocitat.
atrofia *f med* atròfia.
atrofiar *v tr* atrofiar.
atropellamiento *m V* **atropello**.
atropellar *v tr* atropellar.
atropello *m* atropellament.
atroz *a* atroç.
atuendo *m* vestit, guarniment.
atún *m ictiol* tonyina (*f*) (*Thunnus thynnus*).
aturdir *v tr* ***1*** atordir, atabalar. ***2*** estabornir.
aturrullar *v tr* atorrollar.
atusar *v tr* ***1*** esmotxar. ***2*** allisar.
audacia *f* audàcia, gosadia, atreviment (*m*), ardiment (*m*), ardidesa.
audaz *a* audaç, audaciós, atrevit, ardit, gosat, agosarat.
audible *a* audible, oïble.
audición *f* audició.
audiencia *f* audiència.
audífono *m* audífon.
audiovisual *a* i *m* audiovisual.
auditivo, va *a* auditiu.
auditorio *m* auditori.
auge *m* auge.
augur *m* àugur.
augurar *v tr* augurar.
augurio *m V* **agüero**.
augusto, ta *a* august.
aula *f* aula.
aullar *v intr* udolar, ulular, ganyolar.
aullido *m*, **aúllo** *m* udol, udolament, ganyol.
aumentar *v tr* i *intr* augmentar.
aumento *m* augment.
aún *adv* encara (temporal).
aun *adv* fins, fins i tot, encara, àdhuc. || **a. así** així i tot.
aunamiento *m* ajuntament, conjuminació (*m*).
aunar *v tr* unir, conjuminar.
aunque *conj* encara que; tot i que; baldament; per bé que; per més que; bé que.
¡aúpa! *interj* upa! || *m* upa.
aupar *v tr* ***1*** ajudar a pujar, a alçar-se, a prosperar. ***2*** *fig* enaltir.
aura *f* aura (vent).
áureo, ea *a* auri.
aureola *f* aurèola.
aureolar *v tr* aureolar.
aurícula *f anat bot* aurícula.
auricular *a* i *m* auricular.
auriga *s* auriga.
aurora *f* aurora, alba.
auscultar *v tr med* auscultar.
ausencia *f* absència.
ausentar *v tr* i *pron* absentar.
ausente *a* absent.
auspicio *m* auspici.
austeridad *f* austeritat.
austero, ra *a* auster.
austral *a* austral.
australiano, na *a* i *s* australià.
austríaco, ca *a* i *s*, **austriaco, ca** *a* i *s* austríac.
autenticidad *f* autenticitat.
auténtico, ca *a* autèntic.
auto *m jur* acte.
auto *m V* **automóvil**.
autobiografía *f* autobiografia.
autobús *m* autobús, autoòmnibus, bus.
autocar *m* autocar.
autóctono, na *a* autòcton.
autodeterminación *f* autodeterminació.
autodidáctico, ca *a* autodidàctic.
autodidacto, ta *a* autodidacte.
autoescuela *f* autoescola.
autógrafo *m* autògraf.
autómata *m* autòmat.
automático, ca *a* automàtic.
automoción *f* automoció.
automóvil *m* automòbil, auto.
automovilista *a* i *s* automobilista.
autonomía *f* autonomia.
autónomo, ma *a* autònom.
autopista *f* autopista.
autopsia *f med* autòpsia.
autor, a *s* autor.
autoridad *f* autoritat.
autoritario, ia *a* autoritari.
autorización *f* autorització.
autorizar *v tr* autoritzar.
autoservicio *m* autoservei.
autostop *m* autoestop.
autosugestión *f* autosuggestió.
autovía *f* autovia.
auxiliar *a* i *s* auxiliar.
auxiliar *v tr* auxiliar.
auxilio *m* auxili.
aval *m* aval.
avalador, a *a* i *s* avalador.
avalancha *f V* **alud**.
avalar *v tr* avalar.
avaluar *v tr* avaluar, valorar.
avance *m* ***1*** avanç, avançament, avançada (*f*). ***2*** avançada (*f*), pagament anticipat.
avante *adv nàut* avant.
avanzada *f* avançada, grup (*m*) davanter.
avanzar *v tr* i *intr* avançar, avençar.
avaricia *f* avarícia.
avaricioso, sa *a* i *s*, **avaro, ra** *a* i *s* avar, avariciós.
avasallar *v tr* asservir.
avatar *m* avatar.

ave *f* ocell (*m*), au.
avecinar *v tr*, **avecindar** *v tr* aveïnar.
avellana *f* avellana.
avena *f bot* civada, avena (*Avena sativa*).
avenencia *f* avinença (conveni, conformitat).
avenida *f 1* avinguda. *2* riuada, riada, barrumbada, avinguda. *3* barrancada. *4* rierada, ramblada.
avenimiento *m* avinença (*f*) (acció i efecte d'avenir-se).
avenirse *v pron 1* avenir-se. *2* avinençar-se.
aventajar *v tr* avantatjar.
aventar *v tr* ventar, esventar.
aventura *f* aventura.
aventurar *v tr* aventurar.
aventurero, ra *s* aventurer.
avergonzar *v tr* avergonyir. || *v pron* avergonyir-se, vergonyar-se.
avería *f 1* avaria. *2* pana (d'un motor).
averiar *v tr* i *pron* avariar.
averiguación *f* esbrinament (*m*).
averiguar *v tr* esbrinar.
averío *m* aviram (*m* o *f*).
aversión *f* aversió.
avestruz *m ornit* estruç (*Struthio camelus*).
avezar *v tr* avesar.
aviación *f aviac* aviació.
aviador, a *a* i *s* aviador (persona).
aviar *v tr 1* aparellar (arranjar). *2* despatxar.
avícola *a* avícola.
avicultor, a *s* avicultor.
avicultura *f* avicultura.
avidez *f 1* avidesa, aviditat. *2 quím* aviditat.
ávido, da *a* àvid.
avío *m* recapte (provisió).
avión *m aviac* avió.
avioneta *f aviac* avioneta.
avisar *v tr* avisar.
aviso *m 1* avís, avisament. *2 nàut* avís (nau). *3* avisament (sagacitat).
avispa *f entom* vespa (*Vespa maculata* i congèneres).
avispado, da *a* eixerit, espavilat.
avispar *v tr* espavilar.
avispero *m* vesper.
avistar *v tr* albirar.
avituallar *v tr* avituallar.
avivamiento *m* avivament.
avivar *v tr* avivar.
avizorar *v tr V* **acechar**.
axila *f 1 bot* axil·la. *2 anat* aixella, axil·la.
axioma *m* axioma.
¡ay! *interj* ai!, ui!
ayer *adv* ahir.
ayo *m* mentor, institutor.
ayuda *f 1* ajut (*m*), ajuda. *2 med* ajuda, lavativa.
ayudante *a* i *s* ajudant.
ayudar *v tr* ajudar, aidar.
ayunar *v intr* dejunar.
ayuno *m* dejuni.
ayuno, na *a* dejú. || **en ayunas** *loc adv* en dejú.
ayuntamiento *m* ajuntament, consistori.
azabache *m* atzabeja (*f*).
azada *f agr* aixada.
azadón *m agr 1* aixadella (*f*). *2* càvec.
azafata *f 1* hostessa (*esp* d'un avió). *2* hostessa.
azafrán *m bot* safrà, safranera (*f*) (*Crocus sativus*).
azahar *m* tarongina (*f*), flor (*f*) del taronger.
azalea *f bot* azalea (*gèn Rhododendron*).
azar *m* atzar.
azarar *v tr* i *pron* turbar. || *v pron* fer-se malbé, malmetre's.
azogue *m* argent viu, mercuri.
azor *m ornit* astor (*Accipiter gentilis*).
azorar *v tr 1* astorar, esparverar. *2* torbar (l'ànim).
azotaina *f* surra.
azotar *v tr* assotar, fuetejar, flagel·lar, fustigar.
azote *m 1* assot, fuet, flagell. *2* assot, fuetada (*f*). *3 fig* flagell, plaga (*f*).
azotea *f* terrat (*m*).
azteca *a* i *s* asteca.
azúcar *m* sucre.
azucarar *v tr* ensucrar.
azucarera *f 1* sucrera (recipient). *2* sucrera, sucreria (fàbrica).
azucarero *m V* **azucarera** 1.
azucena *f bot* assutzena (*Lilium candidum*).
azud *m* assu, resclosa (*f*).
azufre *m quím* sofre.
azul *a* i *m* blau. || *m* blavor (*f*).
azular *v tr* emblavir.
azulejo *m* rajola (*f*) de València, rajoleta (*f*).
azuzar *v tr 1* aquissar, abordar (els gossos). *2* abrivar.

B

baba *f* bava.
babear *v intr* bavejar, bavar.
babero *m* pitet, bavosall.
babieca *s* tòtil, tòtila, enze.
babón, ona *a V* **baboso**.
babor *m nàut* babord.
babosa *f zool* llimac (*m*), llimaga (*gèn Lymax*).
babosear *v intr V* **babear**.
baboso, sa *a 1* bavós. *2* bavallós.
babucha *f* babutxa.

baca *f* baca.
bacalao *m ictiol* bacallà (*Gadus morrhua*).
bacanal *a* i *f* bacanal.
bache *m* clot, sot (en un carrer, en un camí).
bachiller, a *s* batxiller.
bachillerato *m* batxillerat.
bacilo *m med* bacil.
bacín *m* ***1*** bací, orinal, gibrelleta (*f*). ***2*** bacina (*f*).
bacinete *m* bacinet.
bacteria *f med* bacteri (*m*).
báculo *m* bàcul, crossa (*f*).
badajo *m* ***1*** batall. ***2*** *fig* persona que parla molt sense substància.
badén *m* ***1*** escorranc, córrec, corregall. ***2*** gual (en una carretera).
badulaque *m fam* baliga-balaga (*s*), taral·lirot, tarit-tarot, barliqui-barloqui.
bagaje *m* bagatge.
bagatela *f* bagatel·la, fotesa.
¡bah! *interj* bah!
bahía *f geog* badia, si (*m*) (en una costa).
bailar *v tr* i *intr* ballar, dansar. || *v intr fig* tenir joc.
baile *m* ball, dansa (*f*).
baja *f* baixa.
bajada *f* ***1*** baixada, baixament (*m*), davallada, davallament (*m*), descens (*m*), descendiment (*m*), descensió. ***2*** baixada, baixant (*m*), baixest (*m*) (camí).
bajamar *f* baixamar.
bajar *v tr* ***1*** abaixar, baixar. ***2*** acalar. || *v intr* baixar, davallar.
bajeza *f* baixesa.
bajío *m* baix (elevació del fons que dificulta la navegació).
bajo *m* ***1*** *V* **bajío**. ***2*** baix (part baixa; s'usa generalment en *pl*). ***3*** baix (cantant).
bajo *prep* sota, davall.
bajo *adv* ***1*** baix. ***2*** avall.
bajo, ja *a* baix.
bala *f* ***1*** bala (fardell). ***2*** bala (projectil).
baladí *a* ***1*** fútil, frívol. ***2*** brèvol, de nyigui-nyogui.
baladrero, ra *a* i *s* baladrer, cridaner.
baladronada *f* bravata.
baladronar *v intr*, **baladronear** *v intr* gallejar, bravejar, bravatejar, fanfarronejar.
baladronería *f* fanfarroneria.
balance *m* balanç.
balancear *v intr* balançar, balancejar, balandrejar, bransolejar. || *v pron* balancejar-se.
balanceo *m* balanceig, balandreig, bransoleig.
balancín *m* balancí.
balandro *m nàut* balandre.
balanza *f* balança.
balar *v intr* ***1*** belar, belegar, begallar. ***2*** esbiegar (la cabra).
balazo *m* ferida (*f*) de bala.
balbucear *v tr* i *intr* balbucejar, balbucitar, balbejar, balbotejar.
balbuceo *m* balbuceig.
balbucir *v tr* i *intr* *V* **balbucear**.
balcón *m arq* balcó.
balda *f* prestatge (*m*), lleixa.
baldar *v tr* baldar. || *v pron* baldar-se, tolir-se.
balde *m nàut* bujol. || **de b.** de franc, gratis, debades, endebades. || **en b.** *V* **baldíamente**.
baldíamente *adv* en va, debades, endebades.
baldío, ía *a* ***1*** erm. ***2*** sense motiu.
baldosa *f* rajola, rajol (*m*).
balear *a* *V* **baleárico**. || *s* balear.
baleárico, ca *a* baleàric, balear.
balido *m* ***1*** bel. ***2*** esbiec (de la cabra).
ballena *f zool* balena (*Balaena mysticetus*).
ballesta *f* ballesta.
ballet *m* ballet.
balneario, ia *a* i *m* balneari.
balompié *m* futbol.
balón *m* baló.
baloncesto *m* basquetbol, bàsquet (esport).
balonmano *m* handbol (esport).
balonvolea *m* voleibol (esport).
balsa *f* ***1*** bassa. ***2*** safareig (*m*). ***3*** *nàut* rai (*m*), raig (*m*), bot (de transport).
bálsamo *m* bàlsam.
baluarte *m* baluard.
balumba *f* embalum (*m*).
balumbo *m* baluerna (*f*), embalum.
bambolear *v intr* balandrejar.
bambú *m bot* bambú (*Bambusa arundinacea*).
banana *f bot* banana, plàtan (*m*).
banano *m*, **bananero** *m bot* bananer, plàtan (*Musa sapientium*).
banca *f* banca.
bancal *m* ***1*** *agr* bancal, parada (*f*), capçada (*f*). ***2*** *agr* feixa (*f*) (en esglaó).
bancario, ia *a* bancari.
bancarrota *f* bancarrota, fallida.
banco *m* ***1*** banc. ***2*** mola (*f*), mota (*f*), banc, vol (de peixos).
banda *f* ***1*** banda (cinta). ***2*** banda (costat).
bandada *f* bandada, volior, vol (*m*), estol (*m*), esbart (*m*), ramada.
bandeja *f* safata.
bandera *f* bandera.
banderín *m* banderí.
bandido, da *s* bandit.
bando *m* ban, edicte.
bandolero, ra *s* bandoler.
bandurria *f mús* bandúrria.
banjo *m mús* banjo.
banquero, ra *s* banquer.
banqueta *f* banqueta.
banquete *m* banquet.
banquillo *m* ***1*** banc dels acusats. ***2*** banquet.
bañador *m* banyador.
bañar *v tr* i *v pron* banyar.
bañera *f* banyera.
bañista *s* banyista.
baño *m* ***1*** bany. ***2*** banyada (*f*).
baqueta *f* baqueta.
bar *m* ***1*** bar (de begudes). ***2*** *fís* bar.
baraja *f* baralla, joc (*m*) complet de cartes.
barajar *v tr* ***1*** escartejar, remenar, barrejar (les cartes). ***2*** *fig* barrejar (mesclar).
baranda *f* *V* **barandilla**.

barandal *m* sola (*f*) (dels balustres).
barandilla *f* barana.
barata *f* *1* bescanvi (*m*), barata. *2* barateria (engany).
baratería *f* barateria, barat (*m*), transacció enganyosa.
baratija *f* cosa de quincalla. || *f pl* requincalla (*sing*).
baratillo *m* encants (*pl*). || **de b.** de poc preu i molt escassa qualitat.
barato, ta *a* barat. || *adv* barat.
baratura *f* barator.
barba *f* *1* barba. *2* *anat* *V* **barbilla**.
barbacoa *f* barbacoa.
barbaridad *f* barbaritat.
barbarie *f* barbàrie.
barbarismo *m* *gram* barbarisme.
bárbaro, ra *a* i *s* bàrbar.
barbecho *m* *agr* guaret.
barbería *f* barberia.
barbero, ra *s* barber.
barbilampiño, ña *a* barbamec.
barbilla *f* *anat* mentó (*m*), barbó (*m*), barba, barbeta.
barbitúrico, ca *a* i *m* barbitúric.
barbo *m* *ictiol* barb (*gèn Barbus*).
barboquejo *m* galtera (*f*), queixera (*f*).
barbudo, da *a* barbut.
barca *f* *nàut* barca.
barcaza *f* *nàut* barcassa.
barcelonés, esa *a* i *s* barceloní, barcelonès.
barco *m* *nàut* vaixell, nau (*f*), navili, bastiment, embarcació (*f*).
bario *m* *quím* bari.
barniz *m* vernís.
barnizar *v tr* envernissar.
barómetro *m* baròmetre.
barón *m* baró (títol nobiliari).
baronesa *f* baronessa.
barquero, ra *s* barquer.
barquillo *m* neula (*f*) (pasta prima).
barra *f* barra.
barrabasada *f* *1* barrabassada. *2* mala passada.
barraca *f* barraca.
barranco *m*, **barranquera** *f* *geog* *1* barranc (*m*), corregada (*f*).
barrear *v tr* barrar, barrotar.
barrena *f* barrina.
barrenar *v tr* barrinar.
barreno *m* *1* barrinadura (*f*), barrinada (*f*) (forat de barrina). *2* barrinada (*f*). *3* barrobí.
barreño *m* cossi.
barrer *v tr* escombrar, agranar.
barrera *f* barrera, barratge (*m*).
barretina *f* barretina.
barriada *f* *V* **barrio**.
barricada *f* barricada.
barriga *f* panxa, ventre (*m*), tripa, buc (*m*).
barrigón, ona *a*, **barrigudo, da** *a* panxut, panxarrut, ventrut, ventrellut.
barril *m* *1* barril. *2* bóta (*f*).
barrillo *m* *med* barb (de la pell).
barrio *m* *1* barri (d'una població). *2* barriada (*f*).
barrizal *m* fangar, fanguissar.
barro *m* *1* *med* *V* **barrillo**. *2* fang, llim. *3* fanguer, fangueig, llotim.
barroco, ca *a* i *m* barroc.
barrote *m* *1* barrot. *2* bernat.
barruntar *v tr* conjecturar, sospitar.
barrunte *m* indici.
barrunto *m* *1* conjectura (*f*), sospita (*f*), maliciada (*f*). *2* *V* **barrunte**.
a la bartola *loc adv* sense preocupació (usada amb els verbs **echarse**, **tenderse** i **tumbarse**).
bártulos *m pl* fòtils, estris.
barullo *m* desori, torb.
basa *f* *arq* base.
basalto *m* basalt.
basar *v tr* basar.
basca *f* (usat generalment en *pl*) *med* basca, nàusea, basqueig (*m*).
báscula *f* bàscula.
base *f* *1* base. *2* *arq* repeu (*m*), base.
básico, ca *a* bàsic.
basílica *f* *arq* basílica.
basquear *v tr* basquejar, produir basques. || *v intr* basquejar-se (*pron*), tenir basques.
basta *f* basta.
¡basta! *interj* prou!
bastante *adv* *1* bastant. *2* prou (suficient).
bastar *v intr* bastar, haver-n'hi prou.
bastardo, da *a* i *s* bastard.
baste *m* bast.
bastida *f* bastida.
bastidor *m* *1* bastidor, bastigi. *2* bastiment, bastidor (automòbil).
bastimento *m* *nàut* bastiment, vaixell.
bastión *m* bastió.
basto *m* *V* **baste**.
basto, ta *a* bast, barroer.
bastón *m* bastó (vara).
bastonada *f*, **bastonazo** *m* bastonada (*f*).
bastonear *v tr* bastonejar.
basura *f* escombraries (*pl*), brossa.
basurero, ra *s* escombriaire. || *m* abocador (d'escombraries).
bata *f* bata.
batacazo *m* batut, patacada (*f*), esclatarada (*f*).
batalla *f* batalla.
batallar *v intr* batallar.
batallón *m* *mil* batalló.
batata *f* *bot* batata, moniato (*m*) (*Ipomoea batatas*).
batea *f* safata.
batel *m* *nàut* barca (*f*), bot.
batería *f* *1* *mil* bateria (d'artilleria). *2* *mús* bateria. *3* bateria (elèctrica).
batiborrillo *m*, **batiburrillo** *m* *fig* *V* **baturrillo**.
batida *f* *1* batuda (de caça). *2* batuda (de la policia).
batido *m* batut (beguda).
batiente *a* batent. || *m* batent.
batir *v tr* *1* batre, debatre. *2* batre, encunyar. *3* batre, vèncer. || *v pron* batre's, debatre's.
batracio *m* *zool* batraci.
baturrillo *m* *fig* poti-poti, batibull, barrija-barreja (*f*), barrejadissa (*f*), samfaina (*f*).

batuta *f mús* batuta.
baúl *m 1* bagul (d'equipatge). *2 fam V* **barriga**.
bautismo *m* baptisme.
bautizar *v tr* batejar.
bautizo *m* bateig.
baya *f agr* baia.
bayeta *f* baieta.
bayoneta *f mil* baioneta.
baza *f* basa. ‖ **meter b.** *1* ficar-hi cullerada. *2* dir-hi la seva.
bazar *m* basar.
bazo *m anat* melsa (*f*).
bazofia *f 1* gasòfia, rescalfó (*m*), rescalfat (*m*). *2* menjussa.
bazuca *m mil* bazuca, llançagranades.
be *f* be, nom de la lletra B.
beato, ta *a* i *s* beat, devot.
bebé *m* bebè, nadó.
bebedero *m 1* abeuradora (*f*) (atuell). *2* abeurador (lloc).
bebedizo *m* poció (*f*).
bebedor, a *a* i *s* bevedor.
beber *v tr* i *intr* beure.
bebida *f* beguda.
bebido, da *a* begut, borratxo, embriac.
bebistrajo *m* beuratge, beguda (*f*) extravagant o desagradable.
beca *f* beca (d'estudiant).
becada *f ornit* becada (*Scolopax rusticola*).
becar *v tr* becar (donar una beca).
becario, ia *s* becari.
becerro, rra *s zool* vedell.
bedel, a *s* bidell.
beduino, na *a* i *s* beduí.
befa *f 1* befa, burla. *2* rialla, riota.
begonia *f bot* begònia (*Begonia rex* i algunes congèneres).
beige *a* i *m* beix.
béisbol *m* beisbol (esport).
bejuco *m bot* liana (*f*).
belén *m 1* pessebre, naixement, representació del naixement de Jesús. *2 V* **barullo**.
belga *a* i *s* belga.
bélico, ca *a* bèl·lic.
beligerante *a* i *s* bel·ligerant.
bellaco, ca *a* i *s V* **bribón**.
bellaquear *v intr V* **bribonear**.
belleza *f* bellesa, bellor.
bello, lla *a* bell.
bellota *f bot* gla, aglà (*m* o *f*).
bemol *m mús* bemoll.
bencina *f quím* benzina.
bendecir *v tr* beneir.
bendición *f* benedicció.
bendito, ta *a* benaurat.
beneficencia *f* beneficència.
beneficiar *v tr* i *pron* beneficiar.
beneficio *m* benefici.
beneficioso, sa *a* beneficiós.
benéfico, ca *a* benèfic.
benemérito, ta *a* benemèrit.
beneplácito *m* beneplàcit.
benevolencia *f* benevolència.
benévolo, la *a* benèvol.
bengala *f* bengala.
benignidad *f* benignitat.
benigno, na *a* benigne.
benjamín *m* benjamí (*s*).
beodo, da *a* i *s V* **borracho**.
berberecho *m zool* escopinya (*f*), copinya (*f*) (*gèn Cerastoderma* i *Cardium*).
berbiquí *m* filaberquí, belaberquí.
bereber *a* i *s*, **beréber** *a* i *s*, **berebere** *a* i *s* berber, bereber. ‖ *m* berber (llengua).
berenjena *f bot* albergínia.
bermejo, ja *a* i *m*, **bermejón, ona** *a* roig.
bermellón *m* vermelló.
bermudas *f pl* bermudes.
berrear *v intr 1* bramular, braolar, mugir (els jònecs). *2* bramar. *3* marranejar (plorar un nen).
berrido *m 1* bramul, braol, bruel, mugit, mugiment (dels jònecs). *2* bram.
berrinche *m 1* maliciada (*f*) (enrabiada). *2* rabiola (*f*), esclató. *3* enravenxinament.
berro *m bot* créixens (*pl*) (*Nasturtium officinale*).
berza *f bot* col (*Brassica oleracea*).
besamanos *m* besamans, besamà.
besar *v tr* i *pron* besar, apetonar.
beso *m* petó, besada (*f*), bes, besament, besar.
bestezuela *f* bestiola.
bestia *f* bèstia, animal (*m*).
bestial *a* bestial.
besugo *m ictiol* besuc (*Pagellus acarne*).
betún *m* betum.
bezo *m 1 anat* llavi. *2 med* llavi d'una ferida. *3 med* carnot, carnositat (*f*), carnús.
biberón *m* biberó.
Biblia *f* Bíblia.
bibliófilo, la *s* bibliòfil.
bibliografía *f* bibliografia.
biblioteca *f* biblioteca.
bibliotecario, ia *s* bibliotecari.
bicarbonato *m quím* bicarbonat.
bíceps *m anat* bíceps.
bicho *m 1* animaló, bestiola (*f*). *2 entom* cuca (*f*). ‖ **b. viviente** ànima (*f*) vivent. ‖ **mal b.** mala bèstia (*f*) (o peça).
bicicleta *f* bicicleta.
bicoca *f 1 mil* bicoca. *2 V* **bagatela**. *3 fig fam* ganga, bicoca.
bidón *m* bidó.
biela *f* biela.
bien *m* bé. ‖ *m pl* béns.
bien *adv 1* bé. *2* ben. ‖ *conj* bé. ‖ **ahora b.** ara bé. ‖ **b... b...** bé... bé... ‖ **más b.** més aviat. ‖ **pues b.** doncs bé. ‖ **si b.** si bé. ‖ **¡bien!** *interj* bé!
bienal *a* i *f* biennal.
bienaventurado, da *a* i *s* benaventurat.
bienaventuranza *f* benaventurança.
bienestar *m* benestar.
bienhechor, a *a* i *s* benefactor.
bienio *m* bienni.
bienvenida *f* benvinguda.
bienvenido, da *a* benvingut.
bies *m* biaix. ‖ **al b.** al biaix.

bifurcación *f* bifurcació, entreforc (*m*).
bifurcarse *v pron* bifurcar-se.
bigamia *f* bigàmia.
bigote *m* (usat sovint en *pl*) bigoti, bigot, mostatxo.
bikini *m V* **biquini**.
bilateral *a* bilateral.
bilingüe *a* bilingüe.
bilioso, sa *a* biliós.
bilis *f* bilis.
billar *m* billar (joc).
billete *m* bitllet.
billón *m mat* bilió.
bingo *m* bingo.
binóculo *m* binocle.
binomio, ia *a* i *m mat* binomi.
biografía *f* biografia.
biología *f* biologia.
biombo *m* paravent, mampara (*f*).
biopsia *f med* biòpsia.
biplano *m aviac* biplà.
biquini *m* biquini.
birlador, a *a* afanador. || *s* afaneta, afanador, pispa.
birlar *v tr* pispar, afanar, robar.
birmano, na *a* i *s* birmà.
birria *f* ***1*** mamarratxo (*m*). ***2*** cosa lletja o poc reeixida.
bis *adv*, *interj* i *m* bis.
bisabuelo, la *s* besavi.
bisagra *f* frontissa, xarnera.
bisar *v tr* bisar.
bisbisar *v tr*, **bisbisear** *v tr* xiuxiuejar, mussitar, xiuxiuar.
bisectriz *f geom* bisectriu.
bisiesto *a* bixest, de traspàs.
bismuto *m quím* bismut.
bisnieto, ta *s* besnét, renét.
bisojo, ja *a med V* **bizco**.
bisonte *m zool* bisó (*Bos bison*).
bisoñé *m* perruquí.
bisoño, ña *a* novell, novençà.
bistec *m*, **bisté** *m* bistec.
bistrecha *f* bestreta.
bisturí *m med* bisturí.
bisutería *f* bijuteria.
bitácora *f nàut* bitàcola.
bizantino, na *a* i *s* bizantí.
bizarría *f fig* ànim (*m*), cor (*m*), gallardia, braó (*m*).
bizarro, rra *a* animós, gallard.
bizcar *v tr* fer l'ullet. || *v intr* mirar guerxo, mirar guenyo.
bizco, ca *a* i *s med* guenyo, guerxo, estràbic, guerx.
bizcocho *m* ***1*** bescuit. ***2*** melindro.
biznieto, ta *s V* **bisnieto**.
bizquear *v intr* i *tr V* **bizcar**.
bizquera *f med* guerxesa, estrabisme (*m*).
blanco, ca *a* i *s* blanc. || *m* ***1*** blanc. ***2*** fitó, fit. || **en b.** en blanc.
blancor *m*, **blancura** *f* blancor (*f*), blancúria (*f*).
blandengue *a* fluix, tou (dit de persones).
blandir *v tr* brandar, brandejar, brandir.
blando, da *a* bla, tou, moll, flonjo.
blandura *f* ***1*** blanesa, blanor, tovor, mollesa. ***2*** flongesa, flonjor.
blanquear *v tr* blanquejar.
blanqueo *m* blanqueig.
blasfemar *v intr* blasfemar, flastomar, blastomar.
blasfemia *f* blasfèmia, flastomia, blastomia.
blasón *m her* ***1*** blasó (figura heràldica). ***2*** heràldica (*f*), blasó, armoria (*f*).
blindaje *m* blindatge.
blindar *v tr* blindar.
bloc *m* ***1*** bloc (de paper). ***2*** *V* **bloque**.
blonda *f* blonda.
blondo, da *a* ros.
bloque *m* bloc.
bloquear *v tr* bloquejar.
bloqueo *m* bloqueig.
blusa *f* brusa.
boa *f* ***1*** *zool* boa (*Boa constrictor*). ***2*** boà.
bobada *f* idiotesa, beneiteria, bestiesa.
bobina *f* ***1*** bobina. ***2*** debanall (*m*) (de paper o cartró).
bobo, ba *a* i *s* beneit, tanoca.
boca *f* ***1*** boca (dels éssers vius). ***2*** *fig* boca (obertura; entrada; sortida). ***3*** *V* **bocaza** 2. ***4*** *fig* cresta, crestall, perboc (*m*) (d'eina). ***5*** *fig* bocam, boca. ***6*** *fig* boca (com a òrgan de la paraula). ***7*** *fig* boca (com a consumidor d'aliments). || **a b. de jarro** a boca de canó. || **b. abajo** de bocaterrosa, boca avall, a bocons, de bocadents. || **b. arriba** boca per amunt, de panxa enlaire.
bocacalle *f* embocadura o cap de carrer.
bocadillo *m* entrepà, sandvitx.
bocado *m* ***1*** bocada (*f*), bocí. ***2*** mos. ***3*** mossegada (*f*) (acció; ferida). ***4*** mos (part del fre).
bocal *m* bocal.
bocallave *f* forat (*m*) del pany, ull (*m*) del pany.
bocamanga *f* bocamàniga, bocamànega.
bocamina *f* bocamina.
bocana *f* freu (*m*) (entre una illa i el continent).
bocanada *f* glopada.
bocaza *f* ***1*** bocassa, boca gran. ***2*** bocana, boca (de forn).
boceto *m* esbós.
bochorno *m* ***1*** xafogor (*f*), botorn, xardor (*f*), bovor (*f*). ***2*** calrada (*f*).
bochornoso, sa *a* xafogós, xardorós.
bocina *f* botzina.
bocio *m* goll, gotirló.
boda *f* boda, casament.
bodega *f* ***1*** celler (*m*). ***2*** taverna. ***3*** rebost (*m*). ***4*** bodega.
bodegón *m* ***1*** *V* **bodega** 2. ***2*** *pint* natura (*f*) morta, bodegó.
bofe *m* *f* freixura (*f*), coradella (*f*), lleu, perdiu (*f*). || **echar los bofes** treure el fetge per la boca.
bofetada *f*, **bofetón** *m* bufetada (*f*), bufa (*f*), bolet (*m*), nata (*f*), galeta (*f*), galtada (*f*), cleca (*f*).
bogar *v intr nàut* vogar.
bogavante *m zool* llamàntol (*Homarus gammarus*).
bohemia *f* bohèmia.

bohemio, ia *a* i *s* bohemi.
boicot *m* boicot.
boicotear *v tr* boicotejar, boicotar.
boicoteo *m* boicot.
boina *f* boina.
boj *m*, **boje** *m bot* boix (*Buxus sempervirens* i *B. balearica*).
bol *m* bol.
bola *f* ***1*** bola, cos (*m*) esfèric. ***2*** bola, mentida.
bolchevique *a* i *s* bolxevic.
boldo *m bot* boldo (*Peumus boldus*).
boleta *f* ***1*** butlleta, bolleta. ***2*** bitllet (*m*).
boletín *m* butlletí, bolletí.
boleto *m V* **boleta**.
bólido *m* bòlid.
bolígrafo *m* bolígraf.
boliviano, na *a* i *s* bolivià.
bollo *m* ***1*** pastís, *esp* de pa de pessic. ***2*** cóc.
bolsa *f* ***1*** bossa. ***2*** coixinera (per al pa, etc.). ***3*** bossa, arruga d'un vestit. ***4*** bossa (béns). ***5*** borsa.
bolsillo *m* butxaca (*f*).
bolso *m* ***1*** portamonedes. ***2*** bossa de mà.
bomba *f* ***1*** bomba. ***2*** manxa.
bombacho *m* bombatxo. || *a* i *m pl* bombatxos.
bombardear *v tr* bombardejar, bombejar.
bombardeo *m* bombardeig, bombeig.
bombardero *m* bombarder.
bombear *v tr* ***1*** *V* **bombardear**. ***2*** donar bombo. || *v pron* donar-se bombo.
bombeo *m* ***1*** *V* **bombardeo**. ***2*** bombament, bombat.
bombero, ra *s* bomber.
bombilla *f* bombeta (elèctrica).
bombín *m* bolet (barret).
bombo *m* bombo. || **dar b.** donar bombo. || **a b. y platillos** a bombo i platerets.
bombón *m* bombó.
bombona *f* bombona.
bonanza *f* bonança.
bondad *f* bondat.
bonete *m* ***1*** bonet. ***2*** gorra (*f*).
boniato *m bot V* **batata**.
bonificar *v tr* bonificar.
bonito, ta *a* ***1*** bonic, bufó, joliu. ***2*** *fam* maco.
bonito *m ictiol* bonítol (*Sarda sarda*).
bono *m* bo.
boqueada *f* badall (*m*) (com a indici de mort pròxima).
boquear *v intr* ***1*** boquejar, moure la boca. ***2*** estar a punt de morir.
boquerón *m ictiol* seitó, anxova (*f*) (*Engraulis encrasicholus*).
boquete *m* ***1*** bretxa (*f*). ***2*** forat.
boquiabierto, ta *a* bocabadat.
boquilla *f* ***1*** broquet (*m*). ***2*** filtre (*m*) (cigarret).
borbotón *m* borboll.
borda *f* borda.
bordado *m*, **bordadura** *f* brodat (*m*), brodadura (*f*), brodaria (*f*).
bordar *v tr* brodar.
borde *m* ***1*** vora (*f*). ***2*** caire. ***3*** *nàut V* **bordo**. ***4*** vora (*f*), vorada (*f*), marge. || **al b.** *loc adv* a frec, al caire.
borde *a* i *s* ***1*** bord (silvestre). ***2*** bord, bastard.
bordear *v tr* vorejar.
bordillo *m* vorada (*f*), vorera (*f*).
bordo *m nàut* bord.
boreal *a* boreal.
borla *f* borla.
borne *m* born (d'un aparell).
bornear *v intr* borniar. || *v pron* balcar-se, enguerxir-se, torcejar (*intr*), tortejar (*intr*).
boro *m quím* bor.
borona *f bot* mill (*m*) (*Panicum miliaceum*).
borra *f* ***1*** borra (fibra tèxtil). ***2*** borró (*m*) (de pols).
borracha *f* botella, borratxa (per a dur-hi vi).
borrachera *f* borratxera.
borracho, cha *s* borratxo.
borrador *m* ***1*** esborrany. ***2*** esborrador.
borrar *v tr* i *pron* esborrar.
borrasca *f* borrasca.
borrascoso, sa *a* borrascós, borrasquer, rúfol.
borrego, ga *s* ***1*** borrec (be). ***2*** *fig* xai.
borrica *f* ***1*** *zool V* **burra** 1. ***2*** *fig* ruca.
borrico *m zool V* **burro**.
borrón *m* ***1*** esborrall (taca de tinta). ***2*** *V* **boceto**.
borroso, sa *a* borrós.
bosnio, ia *a* i *s* bosnià.
bosque *m* bosc.
bosquejar *v tr* ***1*** esbossar. ***2*** croquisar.
bosquejo *m* ***1*** esbós. ***2*** esboscassament. ***3*** croquis.
bostezar *v intr* badallar.
bostezo *m* badall (de son, de gana, etc.).
bota *f* ***1*** bota (calçat). ***2*** bóta (per a guardar-hi vi, etc.). ***3*** *V* **borracha**.
botadura *f nàut* avarada, avarament (*m*), varada.
botánico, ca *a bot* botànic. || *f bot* botànica.
botar *v tr* ***1*** llançar, llençar, gitar. ***2*** *nàut* avarar, varar (posar en mar una nau). || *v intr* botre, botar, saltar.
bote *m* ***1*** bot, salt. ***2*** bot (d'una pilota). ***3*** *nàut* bot. ***4*** pot. || **lleno de b. en b.** ple de gom a gom.
botella *f* ampolla, botella.
botica *f* apotecaria, farmàcia.
boticario, ria *s* apotecari, apotecariessa (*f*), farmacèutic.
botijo *m* ***1*** càntir. ***2*** poal (mena de càntir).
botín *m* ***1*** botí (bens). ***2*** botí (calçat).
botiquín *m* farmaciola (*f*).
botón *m* ***1*** *bot* borró, botó, gemma (*f*) (d'una planta). ***2*** *bot* botó, capoll, poncella (*f*). ***3*** botó (de cordar). ***4*** botó (en esgrima). ***5*** botó, trucador (de timbre, etc.).
botonadura *f* botonada, botonadura.
botones *s* grum (persona).
bou *m* bou (pesca i barca).
bóveda *f arq* volta.
bovino, na *a* boví, bouenc, vaquí.
boxeador, a *a* i *s* boxador, boxejador.
boxear *v intr* boxar, boxejar.
boxeo *m* boxa (*f*) (esport).
boya *f nàut* boia.
boyante *a* sortós, sortat (feliç).
bozal *a m* morrió, boç.

bozo *m* borrissol, pèl moixí.
bracear *v intr* *1* bracejar. *2* fer braça.
bracero, ra *a* llancívol, de git. || *s* bracer. || **de b.** *V* **de bracete**.
de bracete *loc adv* de bracet.
braga *f* braga.
bragueta *f* bragueta.
bramar *v intr* bramar.
bramido *m* bram.
branquia *f anat* brànquia (del peix).
brasa *f* brasa.
brasero *m* braser.
brasileño, ña *a* i *s* brasiler.
bravata *f V* **baladronada**.
bravear *v intr V* **baladronar**.
braveza *f V* **bravura**.
bravío, ía *a V* **bravo** 1.
bravo, va *a 1* brau, fer. *2* brau (excel·lent). *3* brau (dit d'una costa).
bravo *interj* i *m* bravo.
bravuconada *f V* **baladronada**.
bravuconería *f V* **baladronería**.
bravura *f* bravesa, bravura, bravor (d'un animal).
brazalete *m* braçalet, polsera (*f*).
brazo *m 1 anat* braç. *2* branca (de certs objectes). || **b. de mar** braç de mar. || **b. de río** braç de riu.
brazuelo *m* braó (de quadrúpede).
brea *f* brea.
brebaje *m* beuratge.
brecha *f 1* bretxa, portell (*m*). *2* trenc (*m*) (en el cap).
brega *f V* **bronca** 2.
bregar *v intr 1* bregar. *2* breguejar.
breña *f*, **breñal** *m* garrotxa (*f*).
breva *f 1* figaflor, bacora. *2* breva (cigar). *3 fig* moma, ganga.
breve *a* breu, curt. || *m* breu. || *f mús* breu. || **en b.** en breu.
brevedad *f* brevetat.
brezo *m bot* bruc (*Erica multiflora*).
briba *f* briva.
bribón, ona *a* i *s* brivall, bergant, truà.
bribonada *f* brivallada.
bribonear *v intr* bergantejar, belitrejar.
bricolaje *m* bricolatge.
brida *f* brida.
brigada *s mil* brigada. || *f* brigada.
brillante *a 1* lluent, brillant, brillós. *2 fig* brillant, lluït. || *m* brillant (diamant).
brillantez *f* brillantor.
brillar *v intr* lluir, brillar, lluentejar.
brillo *m* lluentor (*f*), lluïssor (*f*), brillantor (*f*).
brincar *v intr* saltar, saltironar, botejar, botar.
brinco *m* salt, saltiró, bot.
brindar *v tr* brindar (oferir). || *v intr* brindar.
brindis *m* brindis.
brío *m 1* puixança (*f*). *2 mús* brio.
brioche *m* brioix.
brisa *f 1* brisa (aire). *2* brisa (residu).
británico, ca *a* i *s* britànic.
brizna *f 1* bri (*m*). *2 fig* bri (*m*), mica, gota.
broca *f 1* broca (barrina). *2* broca (del filaberquí). *3* broca (clau de cabota quadrada). *4* broca (bobina).
brocha *f* brotxa.
broche *m* fermall, afiblall, tancadura (*f*).
bróculi *m bot* bròquil, colibròquil (*Brassica oleracea, var botrytis*).
brollar *v intr* brollar (un líquid).
broma *f 1* broma, xanxa, facècia, folga, verba. *2 zool* broma (*Teredo navalis*).
bromear *v intr* bromejar.
bromista *a* i *s* bromista.
bromo *m quím* brom.
bromuro *m quím* bromur.
bronca *f 1* broma pesada. *2* baralla, brega. *3* esbronc (*m*).
bronce *m* bronze.
bronceado *m* bronzejament, bronzejat.
bronquio *m anat* bronqui.
bronquitis *f med* bronquitis.
broqueta *f* ast (*m*).
brota *f bot V* **brote** 1.
brotar *v intr 1 bot* brotar, llucar. *2 bot* brostar. *3 fig* brollar, sorgir.
brote *m 1 bot* brot, brotó. *2 bot* lluc. *3 med* brotada (*f*).
broza *f 1* brossa (residus vegetals en general). *2* brossa, sotabosc (*m*). *3 fig* brossa, palla, fullaraca.
de bruces *loc adv 1* de boca terrosa, a bocons, de bocadents, boca per avall. *2* bocaterrós.
bruja *f* bruixa.
brujería *f* bruixeria.
brujo *m* bruixot.
brújula *f* brúixola.
bruma *f* broma, boira (en el mar).
brumoso, sa *a* bromós, boirós.
bruñir *v tr* brunyir.
brusco, ca *a* brusc.
brusquedad *f* brusquedat.
brutal *a* brutal.
brutalidad *f* brutalitat.
bucal *a anat* bucal.
buceador, a *s* bussejador.
bucear *v intr* bussejar.
buche *m V* **bolsa** 3.
bucle *m* bucle.
bucólico, ca *a* bucòlic.
budín *m* púding.
budismo *m* budisme.
buen *a* (apòcope de **bueno**) bon.
buenaventura *f* bonaventura.
buenísimo, ma *a* boníssim.
bueno, na *a 1* bo. *2* bo, sa. || *m* bé (qualificació). || **¡bueno!** *interj* bé!, bo! || **a buenas** *loc adv* a les bones.
buey *m zool* bou (*Bos taurus*).
búfalo, la *s zool* búfal, brúfol (*Bos bubalus*).
bufanda *f* bufanda.
bufar *v intr* bufar, bufegar, brufolar.
bufido *m* bufec, esbufec.
bufón, ona *a* i *s* bufó, joglar còmic.
bufonada *f* bufonada.
buharda *f V* **buhardilla** 1.

buhardilla *f 1* mansarda. *2* golfa, golfes (*pl*).
búho *m ornit* duc, brúfol (*Bubo bubo*).
buitre *m ornit* voltor (comú) (*Gyps fulvus*).
bujía *f 1* bugia, espelma, candela. *2* bugia (d'un motor, etc.). *3* bugia (unitat). *4* candeler (*m*).
bula *f* butlla.
bulbo *m bot* bulb, cabeça (*f*).
buleto *m V* **breve** (*m*).
bulevar *m* bulevard.
búlgaro, ra *a* i *s* búlgar.
bulla *f* rebombori (*m*), borrombori (*m*), xivarri.
bullanga *f* bullanga (aldarull).
bullicio *m 1* bullícia (*f*), bullici, renou. *2* bullanga.
bullicioso, sa *a* bulliciós.
bullir *v intr 1* bullir. *2* bellugar.
bulto *m 1* bony. *2* volum. *3* embalum. *4* tossa (*f*).
bumerang *m* bumerang.
bungaló *m* bungalou.
buñuelo *m 1* bunyol. *2 fig* bunyol, nyap, patafi, pitafi, cagada (*f*).
buque *m 1 nàut* buc, casc de la nau. *2 nàut V* **barco**.
burbuja *f* bombolla.
burbujear *v intr* bombollejar, bombollar.
burdel *m* bordell.
burdo, da *a V* **baste**.
burgo *m* burg.
burgués, esa *a* i *s* burgès.
burguesía *f* burgesia.
buril *m* burí.
burla *f* burla, trufa.
burlar *v tr 1* esquivar. *2* enganyar. || *v pron 1* burlar-se, trufar-se, mofar-se. *2* fúmer-se.
burlesco, ca *a* burlesc.
burlón, ona *a* i *s* burleta, burler, mofeta.
burocracia *f* burocràcia.
burócrata *s* buròcrata.
burra *f 1 zool* burra, somera, ruca. *2 fig fam* ruca, burra.
burrada *f fig* burrada, rucada, ximpleria.
burro, rra *s zool* ase, ruc, burro, somer (*Equus asinus*). || *a* i *m fig* ase, burro.
bursátil *a* borsari.
burujón *m* banya (*f*), blaverol, botija (*f*), bony.
bus *m* autobús.
busca *f* recerca, cerca.
buscar *v tr 1* buscar, cercar. *2* percaçar.
busilis *m* entrellat (nus o punt essencial d'una qüestió).
búsqueda *f V* **busca**.
busto *m* bust.
butaca *f* butaca.
butano *m quím* butà.
butifarra *f* botifarra.
buzón *m* bústia (*f*).

C

¡ca! *interj* ca!
cabal *a* just. || **no estar** (uno) **en sus cabales** no ésser-hi tot.
cabalgar *v tr* i *intr* cavalcar.
caballería *f* cavalleria.
caballero, ra *s* cavaller, genet. || *m* cavaller.
caballeroso, sa *a* cavallerós.
caballete *m 1* cavallet, poltre (de tortura). *2* cavallet, capitell (suport). *3 agr V* **caballón**. *4* cavallet (de pintor, per a pissarres, etc.).
caballito *m* **c. de mar** *ictiol* cavallet de mar (*gèn Hippocampus*).
caballo *m 1 zool* cavall (*Equus caballus*). *2* cavall (de serrar). *3* cavall (d'escacs). *4* cavall (naip). *5* cavall (de força). *6* cavall (de gimnàstica).
caballón *m agr* cavalló, llom, crestall.
cabaña *f* cabanya, cabana.
cabaret *m* cabaret.
cabe *prep* prop de.
cabecear *v intr 1* cabotejar, capcinejar, capotejar (moure el cap). *2* cabotejar, capcinejar, becar. *3 nàut* capficar (una nau). *4* capejar (els cavalls). *5* capcinejar (oscil·lar).
cabecera *f 1* capçal (*m*), capçalera (part superior del llit). *2* cap (*m*) de taula. *3 geog* capçalera (de riu). *4 impr* capçalera. || **médico de c.** *s* metge de capçalera.
cabecilla *s* capitost.
cabellera *f* cabellera.
cabello *m* cabell. || *m pl* cabellera (*f sing*), flocall (de la panotxa de moresc).
caber *v intr* cabre, caber.
cabestro *m* cabestre, ronsal.
cabeza *f 1 anat* cap (*m*), testa (d'home o d'animal). *2* cucurell (*m*) (del cap). *3* cap (*m*) (extrem). *4* cabota. *5 geog V* **cima** 1. *6 V* **cacumen** 2. *7 fig* cap (*m*) (persona). *8 fig* cap (*m*) (de bestiar). *9 fig* cap (*m*) (capital). *10 bot* cabeça (d'alls). || *s 1* cap (*m*) (superior, capitost). *2* cap (*m*) (de casa).
cabezada *f 1* caparrada. *2* becaina, beca, cabotada, capcinada. *3* capcinada (de salutació). *4* cabeçada, morralles (*pl*), cabeçó (*m*). *5 nàut* capficall (*m*). *6* capçada (d'un relligat).
cabezón, ona *a V* **cabezudo**. || *s* persona tossuda.
cabezudo, da *a* capgròs. || *s 1* nan, cap gros. *2 V* **cabezón**.
cabida *f 1* cabuda. *2* tinença, tinguda (d'un receptacle).
cabina *f* cabina.

cabizbajo, ja *a* capbaix, capcot.
cable *m 1* cable. *2 V* **cablegrama**.
cablegrama *m* cablegrama, cable.
cabo *s mil* caporal. || *m 1 V* **cabeza** 3. *2* cap (corda). *3 geog* cap. || **al c.**; **al fin y al c.** al capdavall. || **atar cabos** lligar caps. || **cabos sueltos** caps per lligar. || **de c. a rabo**; **de punta a c.** de cap a cap.
cabotaje *m nàut* cabotatge.
cabra *f zool* cabra (*Capra hircus*). || **c. montés** *zool* cabra salvatge (*C. hispanica*).
cabreo *m vulg* cabrejada (*f*), cabrejament, cabreig, emprenyament.
cabrestante *m nàut* cabrestant, argüe.
cabriola *f* cabriola.
cabrito *m 1 zool* cabrit. *2 vulg* cabrit (epítet).
cabrón *a* i *m vulg* cabró (que fa cabronades). || *m zool* cabró.
cabronada *f fam* cabronada.
caca *f* caca.
cacahuete *m bot* cacauet.
cacao *m 1 bot* cacau, cacauer (*Theobroma cacao*). *2* cacau (llavor).
cacarear *v intr* escatainar.
cacatúa *f ornit* cacatua (*gèn Cacatua* i afins).
cacería *f* cacera.
cacerola *f 1* casserola. *2* cassola (amb nanses).
cachar *v tr* bocinejar, esbocinar, esmicolar.
cacharro *m 1* padellàs (per a posar-hi una planta). *2 fig* trast, trasto.
cachaza *f 1* cançoneria. *2 fig* flegma, fetge (*m*).
cachazudo, da *a 1* cançoner. *2* flegmàtic, fetjut.
cachear *v tr* escorcollar.
cacheo *m* escorcoll, escorcollament.
cachete *m 1* plantofada (*f*), mastegot. *2* bufetada (*f*), bolet, bufa (*f*), cleca (*f*).
cachimba *f* pipa.
cachivache *m* andròmina (*f*), estri, trasto, rampoina (*f*).
cacho *m* bocí, tros, mica (*f*).
cachorro, rra *s zool* cadell (de certs animals).
cacique *m* cacic.
caciquismo *m* caciquisme.
caco *m 1* lladregot, pispa (*s*). *2* saltaparets (*s*).
cacto *m*, **cactus** *m bot* cactus.
cacumen *m 1* lluc (aptitud). *2* cap, capissola (*f*), clepsa (*f*), cervell.
cada *a* cada. || **c. cual**, **c. uno** *1* cadascun, cada un, cascun. *2* cadascú, cada u, cascú.
cadalso *m* cadafal, patíbul.
cadáver *m* cadàver.
cadejo *m 1* embull (de cabell). *2* madeixa (*f*) (de fil o seda).
cadena *f* cadena.
cadencia *f* cadència.
cadera *f anat* maluc (*m*), flanc (*m*), costat (*m*).
cadete *s mil* cadet.
cadmio *m quím* cadmi.
caducar *v intr* caducar.
caduco, ca *a* caduc.
caducidad *f* caducitat.
caer *v intr 1* caure. *2* escaure's. || *v pron* caure (*intr*). || **al c.** leri-leri.
café *m 1* cafè. *2 bot V* **cafeto**.
cafeína *f quím* cafeïna.
cafetera *f* cafetera (recipient, màquina).
cafeto *m bot* cafè (*Coffea arabica*).
cagada *f* tova, tifarada.
cagar *v tr* i *intr* cagar.
caída *f 1* caiguda, caïment (*m*) (acció i efecte). *2* caiguda, caïment (*m*) (part penjant d'una peça de roba). *3* caient (*m*), jaient (*m*).
caimán *m zool* caiman (*gèn Caiman*).
caimiento *m 1 V* **caída** 1. *2* decaïment.
caja *f 1* caixa (receptacle). *2* capsa (receptacle). *3* caixada, caixa (contingut d'una caixa). *4* caixa (de cabals). *5* caixa, fèretre (*m*), taüt (*m*), bagul (*m*). *6* calaix (*m*) (de la llançadora). *7* caixa (d'un vehicle). *8 mús* timbal (*m*), tambor (*m*). *9* caixer (*m*), ull (*m*) (de l'escala). *10* caixa (d'un establiment, un banc, etc.). *11 impr* caixa. || **c. de ahorros** caixa d'estalvis.
cajero, ra *s* caixer.
cajetilla *f* paquet (*m*) (de cigarrets).
cajón *m 1* caixó (caixa gran). *2* calaix (de moble).
cal *f quím* calç.
cala *f geog* cala.
calabacín *m bot* carbassó (*Cucurbita pepo var oblonga*).
calabaza *f bot* carbassa, carabassa.
calabozo *m* calabós.
calado *m 1* trepat. *2 nàut* calat (d'una nau). *3* calat (de l'aigua). *4* calat, reixat (en una tela).
calamar *m zool* calamars, calamar (*Loligo vulgaris*).
calambre *m 1 med* rampa (*f*) (muscular). *2* enrampada (*f*).
calamidad *f 1* calamitat. *2* tropell (*m*) (greu pertorbació).
calamitoso, sa *a* calamitós.
calaña *f 1* mena, casta. *2* nissaga.
calar *v tr 1* calar, amarar, amerar, xopar. *2* calar (penetrar). *3* tatxar. *4* calar (una lligadura o capell). *5 fig* calar, filar (endevinar la intenció o el secret). *6 nàut* calar. *7* calar (tirar les xarxes). || *v intr* calar (una nau dins l'aigua). || *v pron fig* calar-se (un motor).
calavera *s fig* calavera, perdis. || *f* calavera.
calcar *v tr* calcar (copiar).
calceta *f* mitja, calça.
calcetín *m* mitjó.
calcinar *v tr quím* calcinar.
calcio *m* calci (metall).
calco *m* calc.
calcular *v tr* calcular.
cálculo *m 1* càlcul (acció). *2 mat* càlcul. *3 med* càlcul, pedra (*f*).
caldear *v tr 1* caldejar (escalfar). *2* caldejar (arroentar).
caldera *f* caldera.
caldo *m 1* brou, caldo. *2* suc (d'un guisat). || *m pl* sucs (*esp* vins, olis).
caldoso, sa *a* sucós.
calefacción *f 1* escalfament (*m*), escalfada, calefacció. *2* calefacció (aparells).

calefactor *m* calefactor.
calendario *m* calendari.
calentador, a *a* i *m* escalfador.
calentamiento *m V* **calefacción** 1.
calentar *v tr* ***1*** escalfar, calfar. *2* calefactar. *3 fig* calfar (excitar, animar). || *v pron* escalfar-se, calfar-se.
calentura *f med* febre.
calibrar *v tr* calibrar.
calibre *m* calibre.
calidad *f* qualitat (condició).
cálido, da *a* càlid.
caliente *a* calent, cald. || **en c.** *loc adv* de calent en calent.
calificar *v tr* qualificar.
calígine *f* ***1*** boira. *2* foscor, fosquedat, fosca.
caligrafía *f* cal·ligrafia.
cáliz *m* calze.
callar *v intr* i *tr* callar.
calle *f* carrer (*m*).
callejear *v intr* dardar, rodar.
callejón *m* ***1*** canar. *2* carrerany, call. || **c. sin salida** cul-de-sac, atzucac.
callejuela *f* carreró (*m*).
callista *s med* callista, pedicur.
callo *m* ***1*** *anat* durícia (*f*), call, duralló. *2* mula (*f*) (durícia a les mans). ***3*** *med* ull de poll. ***4*** retorn (d'una ferradura). ***5*** call (d'un os). || *m pl* tripes (*f*) (per a menjar).
calma *f* ***1*** calma (tranquil·litat). *2* calma (absència de vent).
calmante *a* i *m med* calmant.
calmar *v tr* i *pron* calmar.
calmoso, sa *a* calmós, calm.
caló *m* caló (argot).
calofrío *m* calfred.
calor *m* ***1*** calor (*f*). *2* escalfor (*f*). ***3*** calentor (*f*).
caloría *f fís* caloria.
calumnia *f* calúmnia.
calumniar *v tr* calumniar.
caluroso, sa *a* calorós.
calva *f* ***1*** calba (del cap). *2* clariana, clapa, pelat (*m*) (en un teixit). *3 V* **claro** 4.
calvero *m* ***1*** gredar. *2* clariana (*f*), clap (en un bosc).
calvicie *f* calbesa, calvície.
calvo, va *a* calb.
calza *f* ***1*** tascó (*m*) (per a un carruatge, un automòbil). *2 V* **calceta**.
calzada *f* calçada (d'un carrer).
calzado, da *a* calçat. || *m* calçat.
calzador *m* calçador.
calzar *v tr* ***1*** calçar (posar calçat). *2* enllandar. ***3*** falcar, tasconar. ***4*** llossar. ***5*** perbocar (una eina). ***6*** calçar (tenir el peu certa llargària).
calzón *m* calces (*f pl*), calçons (*pl*).
calzoncillos *m pl* calçotets, eslip (*sing*).
cama *f* ***1*** llit (*m*), jaç (*m*). *2 agr* cameta. || **guardar c.** fer llit.
camafeo *m* camafeu.
camaleón *m zool* camaleó (*gèn Chamaleon*).
camamila *f bot* camamilla, camamil·la (*Matricaria chamomilla*).
cámara *f* ***1*** sala, cambra. *2* cambra (junta, congrés). ***3*** cambra (cavitat en general). ***4*** cambra (d'arma de foc). ***5*** càmera (en fotografia).
camarada *s* camarada, company.
camaradería *f* companyonia.
camarero, ra *s* cambrer.
camarón *m zool* gambeta (*f*) (*Leander serratus*).
camarote *m nàut* cabina (*f*) (d'una nau).
cambiar *v tr* i *intr* ***1*** canviar. *2* tombar (l'opinió, el temps).
cambio *m* ***1*** canvi. *2* canviament, canvi. ***3*** tombada (*f*) (d'opinió, dels temps). ***4*** bescanvi, barata (*f*). || **en c.** *loc adv* en canvi.
camboyano, na *a* i *s* cambodjà.
camelia *f bot* ***1*** camèlia, (*Camellia japonica*). ***2*** camèlia (flor).
camello *m zool* camell (*Camelus bactrianus*).
camerino *m* camerino.
camilla *f* ***1*** llitera (per a dur ferits o malalts). ***2*** taula per a adaptar-hi un braser.
caminador, a *a* i *s* caminador.
caminar *v tr* i *intr* caminar.
caminata *f* caminada.
camino *m* ***1*** camí. *2* tresquera (*f*). ***3*** senda (*f*). ***4*** vereda (*f*). || **c. adelante** camí enllà. || **c. asendereado, c. trillado** camí fressat, camí batut.
camión *m* camió.
camioneta *f* camioneta.
camisa *f* camisa.
camiseta *f* samarreta, camiseta.
camisón *m* camisa (*f*) de dormir.
camorra *f* baralla, brega. || **buscar c.** breguejar, moure brega.
camorrista *s* cerca-raons, busca-raons.
campal *a* campal (al camp).
campamento *m* campament, camp.
campana *f* campana.
campanario *m arq* campanar.
campanilla *f* ***1*** campaneta (campana petita). ***2*** *anat* campaneta, gargamelló (*m*), úvula.
campante *a fig* campal, content.
campaña *f* ***1*** campanya (plana de camps). ***2*** *mil* campanya. *3 fig* campanya.
campechano, na *a fam* trempat (en el tracte).
campeón, ona *s* campió.
campeonato *m* campionat.
campesino, na *a V* **campestre**. || *s* camperol, pagès.
campestre *a* campestre, camperol, campanyol.
camping *m* càmping.
campiña *f* camp (*m*).
campo *m* ***1*** camp. *2 V* **campamento**. || **a c. traviesa** camps a través.
camposanto *m V* **cementerio**.
camuflaje *m* camuflament, camuflatge.
can *m* ***1*** *zool* ca, gos (*Canis familiaris*). ***2*** gallet (disparador).
cana *f* cabell (*m*) blanc.
canadiense *a* i *s* canadenc.
canal *m* canal. || *f* ***1*** canalera, correra (teula). ***2*** *arq* canaleta, canal. ***3*** canal (en un cos). || **en c.** en canal.
canalizar *v tr* canalitzar.

canalla *s* canalla, brétol, bandarra. || *f fam* canalla, púrria.
canallada *f* canallada, bretolada (acció pròpia d'un canalla).
canana *f* canana.
canapé *m* canapè.
canario *m ornit* canari (*Serinus canarius*).
canasta *f* encistellada, cistella, bàsquet (*m*).
cancel *m* cancell.
cancela *f* reixat (*m*) (en un portal).
cancelación *f* cancel·lació.
cancelar *v tr* cancel·lar.
cáncer *m* ***1*** *med* càncer. ***2*** Càncer, Cranc (constel·lació i signe del zodíac).
cancha *f* ***1*** trinquet (*m*) (local). ***2*** frontó (*m*) (local). ***3*** gallera (local). ***4*** camp d'un trinquet (*m*) o frontó (*m*).
canciller, a *s* canceller.
canción *f* cançó.
cancionero *m mús* cançoner.
candado *m* cadenat.
candela *f* ***1*** candela, espelma. ***2*** *V* **candelero** 1 i 2. ***3*** foc (*m*) (combustible encès). || **dar c.** donar foc.
candelabro *m* canelobre.
candelero *m* ***1*** candeler (estri). ***2*** llumenera (*f*).
candidato, ta *s* candidat.
candidatura *f* candidatura.
candidez *f* candidesa.
cándido, da *a* càndid, candi.
candil *m* ***1*** llum de ganxo. ***2*** llantiol. || **pescar al c.** pescar a l'encesa.
candileja *f* gresola. || *f pl* llums (d'un escenari).
candor *m* candor (*m* o *f*).
canela *f bot* canyella.
cangilón *m* catúfol, caduf, cadup.
cangrejo *m* ***1*** *zool* cranc (en general). ***2*** *V* **cáncer** 2 (constel·lació).
canguro *s* cangur (de nens i nenes). || *m zool* cangur (*gèn Macropus*).
caníbal *a* i *s* caníbal.
canica *f* bala (bola per a jugar).
canícula *f* canícula.
canijo, ja *a* neulit, escanyolit, malsurat.
canilla *f* ***1*** *anat* canyella, canella (de la cama). ***2*** pitxolí (*m*) (aixeta).
canje *m* canvi.
canjear *v tr* canviar.
cano, na *a* *V* **canoso** 2.
canoa *f* canoa.
canon *m* cànon.
canónigo *m* canonge.
canonizar *v tr* canonitzar.
canoso, sa *a* ***1*** canós, canut. ***2*** cabellblanc, capblanc.
cansado, da *a* cansat, las.
cansancio *m* cansament, fatiga (*f*), lassitud (*f*), fadiga (*f*), fatigació (*f*).
cansar *v tr* i *pron* cansar, fatigar, ujar.
cantal *m* *V* **canto** 5.
cantante *s* cantant, cantor.
cantar *v tr* i *intr* cantar.
cantar *m mús* corranda (*f*) (cançó breu).
cántara *f* càntera.
cántaro *m* cànter, càntir, gerra (*f*). || **llover a cántaros** ploure a bots i barrals.
cantautor, a *s mús* cantautor.
cantera *f* pedrera, pedrissa.
cantero *m* cantell, crostó, rumbell.
cántico *m mús* càntic.
cantidad *f* quantitat.
cantilena *f* ***1*** cantilena. ***2*** cantarella.
cantimplora *f* cantimplora.
cantina *f* cantina.
cantinela *f* *V* **cantilena**.
cantizal *m* pedregar, pedreguer.
canto *m* ***1*** *mús* cant. ***2*** caire. ***3*** cantell. ***4*** *V* **cantero** (*m*). ***5*** roc, pedra (*f*), cantal, còdol, mac. || **c. rodado** palet, còdol, codís. || **de c.** de cantell.
cantón *m* ***1*** cantonada (*f*), cantó. ***2*** cantó (territori).
cantor, ra *a* i *s* cantor, cantaire.
canturrear *v intr* cantussejar, cantussar.
caña *f* ***1*** *bot* canya (*Arundo donax*). ***2*** *bot* canya (tija de les gramínies). ***3*** canya (de pescar). ***4*** canya (d'un calçat). ***5*** *nàut* arjau (*m*). ***6*** *anat* *V* **canilla** 1. ***7*** canya, xop (*m*) (de cervesa).
cañada *f* ***1*** canal (espai entre muntanyes). ***2*** carrerada.
cañamazo *m* canemàs.
cáñamo *m* ***1*** *bot* cànem (*Cannabis sativa*). ***2*** cànem (fibra).
cañería *f* canonada (conducció).
caño *m* ***1*** canella (*f*). ***2*** canó (peça tubular curta). ***3*** *mús* tub (d'un orgue). ***4*** gola (*f*) (d'una badia, d'un port). ***5*** raig, doll.
cañón *m* ***1*** canó (objecte tubular). ***2*** canó (d'una ploma). ***3*** *mil* canó (d'artilleria). ***4*** *mil* canó (d'una arma). ***5*** broquet (de pipa). ***6*** *geog* canyó.
cañonazo *m mil* canonada (*f*).
cañonear *v tr* canonejar.
cañoneo *m* canoneig.
caos *m* caos.
capa *f* capa.
capacho *m* cabàs.
capacidad *f* ***1*** capacitat. ***2*** habilior.
capacitar *v tr* capacitar.
capar *v tr* *V* **castrar**.
caparazón *m* ***1*** carcanada (*f*), carcassa (*f*), corpenta (*f*). ***2*** *anat* closca.
capataz, a *s* capatàs.
capaz *a* capaç.
capcioso, sa *a* capciós.
capear *v tr* ***1*** capejar (un brau). ***2*** *fig fam* evitar.
capellán *m* capellà.
capicúa *m* capicua.
capilar *a* capil·lar.
capilla *f* capella.
capital *a* ***1*** capital (mortal). ***2*** capital, cabdal. || *m* capital (de riquesa). || *f* ***1*** capital (ciutat). ***2*** capital, majúscula.
capitalismo *m* capitalisme.
capitalista *a* i *s* capitalista.
capitán, ana *s* capità.
capitel *m arq* capitell (de columna).
capitolio *m arq* capitoli.
capitoste *s* *V* **cabecilla**.

capitulación *f* capitulació.
capitular *v tr* i *intr* capitular, capitulejar.
capítulo *m* capítol.
capó *m* capot (d'un motor).
capolar *v tr* capolar (tallar a trossos).
capón *m* ***1*** capó, caponat (animal castrat). ***2*** caponat, eunuc. ***3*** *agr* garbó (de sarments). ***4*** *nàut* capó.
caporal *s* caporal.
capricho *m* ***1*** caprici, capritx. ***2*** capritxada (*f*).
caprichoso, sa *a* capriciós, capritxós.
Capricornio *m astron* Capricorn.
cápsula *f* càpsula.
captación *f* captació.
captar *v tr fig* captar, percebre (comprendre).
captura *f* captura, capció.
capturar *v tr* capturar.
capucha *f* ***1*** *V* **capucho**. ***2*** *impr* caputxa.
capucho *m* caputxa (*f*), capulla (*f*).
capuchón *m* caputxó.
capullo *m* ***1*** *entom* capell (del cuc de seda, etc.). ***2*** *bot* capoll, poncella (*f*), botó. ***3*** *anat* prepuci.
capuzar *v tr* capbussar, cabussar.
cara *f* cara.
carabela *f nàut* caravel·la.
carabina *f* ***1*** carrabina. ***2*** *fig* senyora de companyia.
caracol *m zool* cargol (en general).
caracola *f* closca de cargol de mar.
carácter *m* caràcter.
característica *f* característica.
caracterizar *v tr* caracteritzar.
caradura *s* barra, barrut, penques, galtes (*pl*).
carajillo *m* cigaló (conyac amb cafè).
¡caramba! *interj* caram!, renoi!, manoi!
carámbano *m* caramell, candela (*f*) (de glaç).
caramelo *m* caramel.
carantoña *f pl* carantoines, caranques, magarrufes.
carátula *f* caràtula.
caravana *f* ***1*** caravana (cua). ***2*** caravana, rulot.
¡caray! *interj* carai!, carat!
carbón *m quím* carbó (combustible).
carbónico, ca *a quím* carbònic.
carbonizar *v tr* i *pron* carbonitzar.
carbono *m quím* carboni.
carburador *m* carburador.
carburante *a* i *m* carburant.
carburar *v tr* carburar.
carburo *m quím* carbur.
carca *a* i *s* carca, de la crosta.
carcajada *f* riallada.
carcamal *a* xacrós, xacrat.
carcasa *f* carcassa.
cárcel *f* presó, càrcer.
carcelero, ra *s* escarceller, carceller.
carcoma *f entom* corc (*m*), corcó (*m*) (*gèn Anobium*).
carcomer *v tr* corcar.
cardenal *m* ***1*** cardenal. ***2*** *med* morat, moradura (*m*), macadura (*m*), macadís, blau.
cardenillo *m bot quím* verdet.
cardíaco, ca *a* i *s anat med* cardíac.
cardinal *a* cardinal.
cardiología *f med* cardiologia.
cardo *m bot* card d'ase (*gèn Carduus*).
cardumen *m* mola (*f*), mota, (*f*) vol, banc (de peix).
carear *v tr* ***1*** *jur* acarar, confrontar. ***2*** *V* **cotejar**.
carecer *v intr* mancar, no tenir.
carenar *v tr* carenar.
carencia *f* carència, manca, mancança.
careo *m jur* acarament, confrontació (*f*), confront.
carestía *f* ***1*** carestia. ***2*** caror, encariment (*m*).
careta *f* careta, carota, màscara.
carga *f* càrrega.
cargar *v tr* ***1*** carregar. ***2*** *fig* papar.
cargo *m* càrrec.
cariarse *v pron med* cariar-se, corcar-se.
caricatura *f* caricatura.
caricia *f* carícia, amanyac (*m*), amanyagament (*m*), amanyagadura, moixaina, manyaga.
caridad *f* caritat.
caries *f med* càries.
cariño *m* afecte, estima (*f*).
cariñoso, sa *a* afectuós, estimador, festós.
carisma *m* carisma.
caritativo, va *a* caritatiu.
cariz *m* ***1*** carés (de l'atmosfera). ***2*** *fig* carés, caire.
carlinga *f* ***1*** *nàut* carlinga. ***2*** *aviac* cabina, carlinga.
carlista *a* i *s* carlí, carlista.
carmesí *a* i *m* carmesí.
carmín *a* i *m* carmí (color). || *m* pintura (*f*) de llavis.
carnal *a* carnal.
carnaval *m* carnaval, carnestoltes.
carne *f* carn.
carné *m* ***1*** carnet. ***2*** targeta (*f*), tarja (*f*).
carnero *m zool* moltó.
carnet *m* *V* **carné**.
carnicería *f* ***1*** carnisseria (establiment). ***2*** carnatge (*m*), carnisseria.
carnicero, ra *a* carnisser.
carnívoro, ra *a* carnívor.
carnosidad *f* ***1*** *med* carnot (*m*), carnositat, carnús (*m*). ***2*** carnositat (qualitat de carnós; excés de carn).
caro, ra *a* ***1*** car (benvolgut). ***2*** car (de preu elevat). || *adv* car.
carótida *f anat* caròtida.
carpa *f ictiol* carpa (*Cyprinus carpa*).
carpeta *f* carpeta.
carpintería *f* fusteria.
carpintero, ra *s* fuster.
carraspera *f med* raspera.
carrejo *m* *V* **corredor**.
carrera *f* ***1*** correguda. ***2*** *V* **curso** 1. ***3*** travessera (carrer que abans era camí). ***4*** carrera, curs (*m*) (d'una processó, d'un acte públic). ***5*** cursa (competició). ***6*** cós (*m*) (competició). ***7*** *agr* carrell (*m*). ***8*** carrera (camí que hom fa durant la vida). ***9*** carrera (estudis, professió). ***10*** carrera (ruta).
carrerilla *f* ***1*** correguda curta per prendre embranzida. ***2*** corredissa.

carreta *f* carreta.
carrete *m 1* rodet, carret. *2* bobina (*f*). *3* carret (de fotografia).
carretear *v tr* carretejar, carrejar.
carretera *f* carretera.
carretilla *f* bolquet (*m*), carretó (*m*). ‖ **de c.** de memòria.
carretón *m* carretó (de dues o quatre rodes).
carril *m 1* rodera (*f*), carrerany, clapera (*f*). *2 agr* solc (de l'arada). *3* carril, rail.
carrillera *f* galtera, queixera.
carrillo *m* queix.
carro *m 1* carro. *2 astron* Óssa Major, Carro.
carrocería *f* carrosseria.
carroña *f* carronya.
carroza *f* carrossa (carruatge).
carruaje *m* carruatge.
carta *f 1* carta, lletra. *2* carta (escrit d'exhortació; acta o escriptura; certificat; mapa; naip; constitució).
cartabón *m* cartabó.
cartapacio *m* cartipàs.
cartearse *v pron* cartejar-se, lletrejar-se.
cartel *m* cartell.
cartelera *f* cartellera.
cárter *m mec* càrter.
cartera *f* cartera.
cartero, ra *s* carter (persona).
cartílago *m anat* tendrum, cartílag.
cartilla *f 1* cartilla (quadern). *2* cartilla, beceroles (*pl*), beabà (*m*), abecé (*m*), abecedari (*m*).
cartografía *f* cartografia.
cartón *m* cartó, cartró.
cartuchera *f mil* cartutxera.
cartucho *m 1* cartutx. *2 V* **cucurucho**.
cartulina *f* cartolina.
casa *f 1* casa (edifici). *2* casa, habitacle (*m*), domicili (*m*). *3* casa (llinatge). *4 V* **casilla** 2. *5* casa (establiment, raó social).
casaca *f* casaca.
casación *f jur* cassació.
casamiento *m* casament, boda (*f*).
casar *v tr 1* casar. *2 jur* cassar.
cascabel *m* cascavell, picarol.
cascada *f* cascada, saltant (*m*).
cascar *v tr 1* trencar, esbocinar (un atuell). *2* trencar, esberlar (nous, avellanes, etc.). *3* espinyar. *4* ventar, cascar (cops).
cáscara *f 1* closca, clofolla, casca, esclova, esclofa, esclòfia, esclofolla (d'ou). *2 V* **corteza** 1 i 2.
cascarilla *f* pellofa, pellerofa (d'un fruit, d'un llegum).
cascarón *m* closca (*f*) (*esp* la d'un ou).
casco *m 1 V* **cráneo**. *2* test (bocí). *3* casc.
cascote *m* runa (*f*).
casería *f* masoveria.
caserío *m 1* caseriu. *2 V* **casería**.
caserna *f* caserna.
casero, ra *a* casolà. ‖ *s* amo, propietari (de casa).
caserón *m* casalot.
caseta *f* cabina, caseta.
casete *m 1* casset (*f*) (cinta). *2* casset (*f*) (aparell).
casi *adv* gairebé, quasi.
casilla *f 1* caseta, casella. *2* casa, casella (d'un tauler d'escacs, de dames, etc.). *3* casella (d'un paper). *4* casella (compartiment). ‖ **sacar de casillas** treure de polleguera.
casino *m* casino.
caso *m* cas.
casona *f* casal (*m*), casalici (*m*).
casorio *m* casori, casament.
caspa *f* caspa.
casquete *m* casquet.
casquillo *m 1* punta (*f*) de fletxa. *2* part metàl·lica del cartutx de cartó. *3* casquet (cartutx metàl·lic buit).
cassette *f V* **casete**.
casta *f* casta, llinatge (*m*).
castaña *f 1 bot* castanya (fruit). *2* castanya (de cabell). *3 fig* castanya (cop).
castañera *f* castanyera (atuell).
castañeta *f* castanyeta.
castaño, ña *a* i *m* castany. ‖ *m bot* castanyer (*Castanea sativa*).
castañuela *f mús* castanyola, esclafidor (*m*).
castellano, na *a* i *s* castellà. ‖ *m* castellà, espanyol (idioma).
castidad *f* castedat.
castigar *v tr* castigar, punir.
castigo *m* càstig, punició (*f*), puniment.
castillo *m* castell.
casto, ta *a* cast.
castor *m zool* castor (*Castor fiber*).
castrar *v tr* castrar, capar, sanar, crestar.
casual *a* casual, venturer.
casualidad *f* casualitat.
casucha *f* casinyot (*m*), casull (*m*).
cata *f 1* tast (*m*), tastament (*m*), degustació, gustació. *2* tast (*m*), tastet (*m*).
cataclismo *m* cataclisme.
catacumbas *f pl* catacumbes.
catadura *f V* **cata** 1.
catafalco *m* cadafal, túmul.
catalán, ana *a* i *s* català, catalanesc. ‖ *m* català (idioma).
catalanismo *m* catalanisme.
catalanista *a* i *s* catalanista.
catalanoparlante *a* i *s* catalanoparlant.
catalejo *m* ullera (*f*) de llarga vista.
catálisis *f quím* catàlisi.
catalogar *v tr* catalogar.
catálogo *m* catàleg.
cataplasma *f* cataplasma (*m*).
catapulta *f* catapulta.
catar *v tr 1* tastar, degustar. *2* mirar.
catarata *f 1 V* **cascada**. *2 med* cataracta.
catarro *m med* catarro.
catástrofe *f* catàstrofe.
catecismo *m* catecisme.
cátedra *f* càtedra.
catedral *f* catedral, seu.
catedrático, ca *a* i *s* catedràtic.
categoría *f* categoria.
categórico, ca *a* categòric.
catequizar *v tr* catequitzar.
cateto, ta *s fam* aixafaterrossos. ‖ *m geom* catet.

catolicismo *m* catolicisme.
católico, ca *a* i *s* catòlic.
catorce *a* i *m* catorze.
catre *m* ***1*** catre. ***2*** *fam* llit.
cauce *m* ***1*** *geog* mare (*f*), llit, buc, llera (*f*), jaç. ***2*** canal (d'aigua).
caucho *m* cautxú.
caudal *m* ***1*** mota (*f*). ***2*** cabals (*pl*). ***3*** cabal (quantitat d'aigua).
caudaloso, sa *a* cabalós (d'aigua).
caudillo *m* capitost, cabdill.
causa *f* causa.
causal *a* causal.
causalidad *f* causalitat.
causante *a* i *s* causant.
causar *v tr* causar.
cáustico, ca *a* càustic.
cautela *f* cautela.
cauteloso, sa *a* cautelós.
cautivar *v tr* ***1*** captivar (retenir captiu). ***2*** corprendre, captivar.
cautiverio *m*, **cautividad** *f* captivitat (*f*).
cautivo, va *a* i *s* captiu.
cauto, ta *a* caut.
cava *f* ***1*** celler (*m*). ***2*** *anat* cava.
cava *m* cava (vi).
cavar *v tr* cavar.
caverna *f geog* caverna, cavorca.
cavernoso, sa *a* cavernós.
caviar *m* caviar.
cavidad *f* cavitat.
cavilar *v tr* i *intr* cavil·lar, barrinar.
cayado *m* gaiata (*f*), gaiato, crossa (*f*), bàcul.
cayo *m geog* ***1*** illot. ***2*** niell.
caza *f* caça. || *m aviac* caça.
cazador, a *a* i *s* caçador.
cazar *v tr* caçar.
cazo *m* ***1*** cassó. ***2*** cassa (*f*). ***3*** cussol.
cazuela *f* cassola (atuell).
cebada *f bot* ordi (*m*) (*Hordeum vulgare*).
cebar *v tr* ***1*** encebar (animals). ***2*** *nàut* escar, esquerar. ***3*** grumar, grumejar. || *v pron* ***1*** acarnissar-se (en una tasca). ***2*** *fig* rabejar-se, encruelir-se.
cebo *m* ***1*** enceball. ***2*** esquer. ***3*** grumeig. ***4*** enceb. ***5*** aliment que duen els ocells als seus petits.
cebolla *f bot* ceba (*Allium cepa*).
cebra *f zool* zebra (*Equus zebra* i espècies afins).
ceceante *a* papissot.
cecear *v intr* papissotejar, parlar papissot.
ceceoso, sa *a V* **ceceante**. || *s* papissot.
cedazo *m* sedàs
ceder *v tr* i *intr* cedir.
cedro *m bot* cedre (*Cedrus atlantica*).
cédula *f* cèdula (tros de paper).
céfiro *m* zèfir.
cegar *v tr* ***1*** eixorbar (llevar els ulls). ***2*** orbar, cegar (llevar la vista). ***3*** encegar, cegar (privar momentàniament de la vista). ***4*** *fig* cegar (ofuscar). ***5*** embussar.
cegato, ta *a* i *s* llosc, curt de vista, que hi veu poc.
ceguedad *f*, **ceguera** *f* ceguesa, orbetat.
ceja *f anat* cella.
cejar *v intr* ***1*** retrocedir, recular. ***2*** *fig* cedir, afluixar (en un afer, etc.).
cejijunto, ta *a* cellajunt.
celada *f* ***1*** celada. ***2*** emboscada. ***3*** *fig* parany (*m*), aguait (*m*).
celar *v tr* ***1*** zelar. ***2*** celar (ocultar).
celda *f* cel·la.
celebración *f* celebració.
celebrar *v tr* celebrar.
célebre *a* cèlebre.
celebridad *f* celebritat.
celeridad *f* celeritat.
celeste *a* celeste.
celestial *a* celestial.
celo *m* ***1*** zel (interès, cura). ***2*** zel (desig de procrear). || *m pl* gelosia (*f sing*) (passió).
celofán *m* cel·lofana (*f*).
celosía *f* gelosia.
celoso, sa *a* ***1*** gelós. ***2*** zelós.
célula *f* cèl·lula.
celulitis *f med* cel·lulitis.
cementerio *m* cementiri, fossar, fossana (*f*).
cemento *m* ***1*** ciment. ***2*** cement.
cena *f* ***1*** sopar (*m*). ***2*** cena.
cenáculo *m* cenacle.
cenagoso, sa *a* fangós.
cenar *v intr* i *tr* sopar.
cencerro *m* esquellot.
cenefa *f* sanefa.
cenicero *m* cendrer.
cenit *m astron* zenit.
ceniza *f* cendra.
censo *m* ***1*** cens, padró. ***2*** *jur* censal. ***3*** *jur* cens.
censor, a *s* censor.
censura *f* censura.
censurar *v tr* censurar.
centella *f* ***1*** llamp (*m*) de poca intensitat. ***2*** centella, guspira, espurna, xàldiga.
centellear *v intr* ***1*** centellejar, guspirejar, espurnejar. ***2*** llampurnar, llampurnejar.
centena *f* centena.
centenar *m* centenar.
centenario, ia *a* i *m* centenari.
centeno *m bot* sègol, sègal, sègle (*Secale cereale*).
centígrado, da *a* centígrad.
centigramo *m* centigram.
centilitro *m* centilitre.
centímetro *m* centímetre.
céntimo *m* cèntim.
centinela *s mil* sentinella, bada.
centollo *m zool* cabra (*f*), cranca (*f*) (*Maja squinado*).
central *a* i *f* central.
centralización *f* centralització.
centralizar *v tr* centralitzar.
centrar *v tr* centrar.
céntrico, ca *a* cèntric.
centrifugadora *f* centrifugadora.
centro *m* centre.
centuria *f* ***1*** centúria, segle (*m*). ***2*** *mil* centúria, centenar (*m*).

ceñidor *m 1* cenyidor. *2* trossador.
ceñir *v tr 1* cenyir. *2* trossar (una peça de roba).
cepa *f 1* soca (d'arbre). *2* rabassa. *3 bot* cep (*m*) (soca de vinya). *4 fig* soca (origen).
cepillar *v tr* raspallar.
cepillo *m 1* ribot. *2* raspall.
cepo *m 1 bot* branca (*f*) (d'arbre). *2* soc (d'enclusa). *3* cep (per a subjectar). *4* cep (parany).
cera *f* cera.
cerámica *f* ceràmica.
cerca *adv* prop, a la vora.
cerca *f 1* tanca, tancat (*m*), closa. *2* barrat (*m*).
cercado *m 1* clos, tancat. *2* cleda (*f*). *3 V* **cerca**.
cercanía *f* proximitat. || *f pl V* **contornos**.
cercano, na *a* vorer, pròxim, proper, acostat.
cercar *v tr V* **circundar**.
a cercén *loc adv* arran.
cercenar *v tr* retrinxar, escurçar.
cerciorar *v tr* i *pron* encertir, cerciorar.
cerco *m 1* setge, assetjament. *2* marc, bastiment.
cerda *f 1* cerra, crin, clin. *2 zool* bacona, truja, porca, verra.
cerdo *s fig* porc. || *m zool* porc, bacó (*gèn Sus*).
cereal *a* i *m agr* cereal.
cerebelo *m anat* cerebel.
cerebral *a* cerebral.
cerebro *m anat* cervell.
ceremonia *f* cerimònia.
ceremonioso, sa *a* cerimoniós.
cereza *f bot* cirera.
cerilla *f 1* cerilla (candela). *2* llumí (*m*), cerilla.
cerner *v tr* cerndre. || *v intr* ploviscar, plovisquejar. || *v pron fig* planar (*intr*).
cero *m* zero.
cerradura *f 1 V* **cerramiento** 1. *2* pany (*m*), tancadura (d'una porta, etc.).
cerrajero, ra *s* manyà, serraller.
cerramiento *m 1* tancament. *2* barratge. *3* aclucament, aclucada (*f*).
cerrar *v tr 1* tancar. *2* barrar. *3* cloure. *4* aclucar. *5* plegar (un centre de treball). *6* serrar (estrènyer).
cerril *a 1* feréstec, ferest, de mala petja. *2 fig* feréstec, ferest, esquerp.
cerro *m 1* bescoll, batcoll. *2 geog* turó, alturó, monticle, altura (*f*), serral, serradell, muntitjol.
cerrojo *m 1* forrellat. *2* pany (d'arma de foc).
certamen *m* certamen.
certero, ra *a 1* precís (en el tir). *2* encertat.
certeza *f*, **certidumbre** *f* certesa, certitud.
certificado *m* certificat.
certificar *v tr* certificar.
cerveza *f* cervesa.
cesante *a* i *s* cessant.
cesar *v intr 1* cessar. *2* plegar (la feina).
césar *m* cèsar (emperador).
cesión *f* cessió.
césped *m* gespa (*f*), herbei.
cesta *f 1* panera, cistella. *2 V* **cesto**. *3 V* **canasta**.
cesto *m* cistell, cistella (*f*), paner.
cetáceos *m pl zool* cetacis.
cetrería *f* falconeria (art).
cetro *m* ceptre.
chabacano, na *a* xaró.
chabola *f* barraca.
chacal *m zool* xacal (*Canis aureus*).
cháchara *f V* **charla** 3 i 4.
chafar *v tr* aixafar, xafar.
chaflán *m* xamfrà.
chal *m* xal.
chalado, da *a* bojament enamorat. || *a* i *s V* **chiflado**.
chalar *v tr fig V* **chiflar**. || *v pron 1 V* **chiflarse**. *2* enamorar-se bojament.
chalé *m V* **chalet**.
chaleco *m* armilla (*f*).
chalet *m* xalet, torre (*f*).
chamba *f* xamba.
champán *m*, **champaña** *m* xampany.
champiñón *m bot* xampinyó (*Agaricus bisporus*).
champú *m* xampú.
chamuscadura *f V* **chamusquina**.
chamuscar *v tr* i *pron* socarrar, fogonejar, socarrimar.
chamusquina *f* socarrada, socarrament (*m*). || **olor a ch.** olor de socarrim.
chancear *v intr* i *pron* verbejar, bromejar.
chanchullo *m* manifasseria (*f*), tripijoc per a lucrar-se.
chancleta *f* xancleta.
chándal *m* xàndal, xandall.
chanfaina *f* samfaina.
chantaje *m* xantatge.
chanza *f* xanxa, verba, folga, broma.
chapa *f 1* xapa. *2* fullola. || *f pl* xapes (joc).
chaparro, rra *a* rabassut. || *s* xaparro.
chaparrón *m* ruixat, ruixada (*f*), xàfec.
chapear *v tr* xapar, enllaunar.
chapotear *v intr* xipollejar, xipollar, clapotejar.
chapucear *v tr* pastifejar, xapotejar, potinejar.
chapucería *f* potineria, matusseria (cosa mal feta).
chapurrar *v tr*, **chapurrear** *v tr* xampurrejar.
chapuzar *v tr* capbussar, cabussar. || *v pron* capbussejar (*intr*).
chapuzón *m* cabotí.
chaqueta *f* jaqueta.
charanga *f 1 mús* xaranga, fanfara. *2 fig* xaranga.
charca *f* tolla, badina.
charco *m* toll, bassal.
charcutería *f* xarcuteria.
charla *f 1* xerrada. *2* xerra. *3* xerrameca, claca, rall (*m*), vèrbola. *4* xerrada, xerradissa, xerramenta, enraonadissa, enraonamenta, xerra, taral·la.
charlador, a *a* i *s V* **charlatán**.
charlar *v tr 1* xerrar, garlar. *2* verbejar.
charlatán, ana *a* i *s 1* xerraire, garlaire, rallador. *2* bocamoll, llenguallarg, llengut, llenguerut. || *s* xarlatà.
charlatanería *f 1* xerrameca, rall (*m*), vèrbola. *2* xarlatanisme (*m*).
charlotear *v tr V* **charlar**.
charloteo *m V* **charla** 3 i 4.
charnela *f 1* frontissa, xarnera. *2* golfo (*m*). *3 anat* xarnera (de mol·lusc).

charol *m* xarol.
charretera *f mil* xarretera.
chárter *a* i *m aviac* xàrter.
chascar *v intr* ***1*** esclafir (la llengua). ***2*** clacar, espetegar (la llengua).
chascarrillo *m* contarella (*f*), acudit.
chasco *m* ***1*** miquel, moc. ***2*** perboc (contratemps inesperat).
chasis *m* xassís.
chasquear *v tr* i *intr* ***1*** esclafir, fer petar. ***2*** espetegar, esclafir, petar. ***3*** mocar (donar un moc o miquel).
chasquido *m* ***1*** esclafit, pet. ***2*** espetec, pet. ***3*** espetec (de llengua).
chatarra *f* ferralla, ferro (*m*) vell.
chato, ta *a* esmús, carrat, rom, toix, mus. || *a* i *s* xato, camús.
chaval, a *s* noi, minyó, xicot, xaval.
chavea *m V* **chiquillo**.
chaveta *f* xaveta.
checo, ca *a* i *s* txec.
chef *s* xef.
chepa *f fam* gep (*m*), gepa.
cheque *m* xec, taló.
chequeo *m med* revisió (*f*) mèdica sistemàtica.
chicarrón, ona *s* pallard, galifardeu.
chicharrón *m* llardó, greixó.
chichón *m* nyanyo, banya (*f*), blaverol, botija (*f*).
chichonera *f* gorra de cop.
chicle *m* xiclet (goma de mastegar).
chico, ca *a* petit, xic. || *s* ***1*** *V* **chiquillo**. ***2*** *V* **chaval**.
chiflado, da *a* i *s* sonat, guillat, boig.
chifladura *f* bogeria, follia, guilladura.
chiflar *v tr fig* beure molt. || *v intr* xiular, *esp* amb un xiulet. || *v pron* guillar-se, enfollir-se.
chileno, na *a* i *s* xilè.
chillar *v intr* ***1*** xisclar. ***2*** esgaripar. ***3*** güellar. ***4*** *fig* virolar (els colors).
chillido *m* ***1*** xiscle, xisclet. ***2*** esgarip. ***3*** güell.
chillón, ona *a* ***1*** *fig* cridaner, llampant. ***2*** *fig* virolat. || *a* i *s fam* cridaner.
chimenea *f* ***1*** xemeneia (conducte). ***2*** llar.
chimpancé *m zool* ximpanzè (*Simia satyrus*).
china *f* còdol (*m*).
chinche *m* ***1*** *entom* xinxa (*f*) (*Cimex lectularius*). ***2*** *V* **chincheta**.
chincheta *f* xinxeta.
chino, na *a* i *s* xinès.
chip *m* xip. || *a* i *f pl* xips (patates).
chipirón *m zool* calamarset, calamars petit.
chipriota *a* i *s* xipriota.
chiquillada *f* criaturada, brivallada, al·lotada, ninada, canallada.
chiquillería *f* mainada, canalla, xicalla, quitxalla, criaturam (*m*), al·lotam (*m*).
chiquillo, lla *s* nen, nin, vailet, marrec, xic, criatura, brivall
chirimbolo *m* estri.
chirimoya *f* xirimoia (fruita).
chiripa *f V* **chamba**.
chirlo *m* ganyada (*f*), xiribec, trenc.
chirona *f vulg* presó, garjola, càrcer.
chirriar *v intr* ***1*** xerricar. ***2*** grinyolar, garranyigar, carrisquejar.
chirrido *m*, **chirrío** *m* ***1*** xauxineig. ***2*** xerric. ***3*** grinyol, carrisqueig.
chisme *m* ***1*** xafarderia (*f*) (dita). ***2*** estri petit. || *m pl* xafarderies (*f*).
chismear *v intr*, **chismorrear** *v intr* xafardejar.
chismorreo *m* xafardeig.
chismoso, sa *a* i *s* xafarder.
chispa *f* ***1*** guspira, espurna, espira, centella, xàldiga. ***2*** *fam* gràcia. ***3*** *fig* mica, engruna.
chispazo *m* guspireig, espurneig.
chispear *v intr* ***1*** guspirejar, espurnejar. ***2*** *fig* llagrimejar (ploure).
chisporrotear *v intr* espeterregar (la llenya, el carbó) produint espurnes.
chistar *v intr fam* piular, piulejar, proferir un so. || **sin ch.** sense dir ni piu; sense piular.
chiste *m* acudit, facècia (*f*), plasenteria (*f*).
chistera *f* barret (*m*) de copa.
chistoso, sa *a* faceciós, graciós, plasent, bromista.
¡chito! *interj*, **¡chitón!** *interj* moixoni!, mutis!
chivato, ta *s* ***1*** *zool V* **chivo**. ***2*** *fam* espieta, acuseta.
chivo, va *s zool* segall.
chocante *a* xocant.
chocar *v intr* xocar, topar, aïrtar, petar.
chochear *v intr* repapiejar, fer catúfols, fer cadufs, fer caducs, caduquejar.
chocolate *m* xocolata (*f*).
chofer *s*, **chófer** *s* xofer, xòfer.
chola *f*, **cholla** *f* ***1*** closca, clepsa (pelada), xolla. ***2*** *fam* cervell (*m*).
chopo *m bot* pollancre, poll, xop (*Populus nigra*).
choque *m* xoc, topada (*f*), topament, cop.
chorizo *m* xoriço.
chorreadura *f* regalim (*m*) (senyal).
chorrear *v tr* i *intr* ***1*** rajar. ***2*** adollar-se (*pron*). ***3*** regalimar, regalar. ***4*** salicar, saliquejar.
chorreo *m* ***1*** rajada (*f*). ***2*** salic, salicall.
chorrillo *m* regalim.
chorro *m* doll, raig, broll. || **a ch.** a doll, a raig (fet).
choto, ta *s zool* cabrit.
choza *f* ***1*** cabana, cabanya. ***2*** borda.
chubasco *m* xafegada (*f*), xarrabascat, terrabastada (*f*).
chubasquero *m* impermeable.
chuchería *f* ***1*** galindaina (adorn, etc.). ***2*** llaminaduraa.
chucho *m fam* gos.
chufa *f bot* xufla (*Cyperus esculentus var sativus*).
chulear *v tr* gallejar, pinxejar, bravejar, bravatejar.
chulería *f* fatxenderia.
chuleta *f* ***1*** costella, llonza. ***2*** *fig fam* apunts (*pl*) (per als exàmens).
chulo, la *s* fatxenda. || *m fam* gall, pinxo.
chumbera *f bot* figuera de moro, nopal (*m*) (*Opuntia ficus-indica*).

chumbo *a bot* dit de la figuera o de la figa de moro.
chunga *f* rifada, passejada.
chunguearse *v pron* rifar-se, passejar-se, mofar-se.
chupada *f* ***1*** pipada. ***2*** *V* **chupadura**.
chupadura *f* xuclada, xumada.
chupar *v tr* ***1*** xuclar, xumar. ***2*** pipar. ***3*** xopar (els vegetals).
chupete *m* xumet.
chupetón *m* xuclet.
churro *m* xurro (pasta).
churrupear *v intr* xarrupar, xarrupejar.
chusco, ca *a* graciós. || *m* pa en forma de panet gran.
chusma *f fam* xusma, xurma, canalla, púrria.
chut *m* xut.
chutar *v intr* xutar.
cianuro *m quím* cianur.
ciática *f med* ciàtica.
cibernética *f* cibernètica.
cicatería *f* gasiveria.
cicatero, ra *a* i *s* gasiu, garrepa (avar).
cicatriz *f* cicatriu.
cicatrizar *v tr* i *intr* cicatritzar.
ciclamen *m bot* ciclamen (*gèn Cyclamen*).
cíclico, ca *a* cíclic.
ciclismo *m* ciclisme.
ciclo *m* cicle.
ciclomotor *m* ciclomotor.
ciclón *m* cicló.
ciego, ga *a* i *s* cec, orb. || *m* cec (intestí).
cielo *m* cel.
ciempiés *m entom* centpeus (*gèn Scolopendra*).
cien *a V* **ciento** (apòcope usat sempre davant de *s*).
ciénaga *f* ***1*** aiguamoll, indret ple de llot. ***2*** pantà (*m*).
ciencia *f* ciència.
cieno *m* llot, tarquim, llaquim.
científico, ca *a* i *s* científic.
ciento *a* i *m* cent.
cierre *m* ***1*** *V* **cerramiento**. ***2*** closa (*f*) (acció). ***3*** tancament (clausura temporal). ***4*** tanca (de porta, de porticó, etc.). ***5*** afiblall, fermall.
ciertamente *adv* certament, cert, sens dubte.
cierto, ta *a* cert. || **¿no es c.?** no és cert?, no és veritat?, oi? || *adv V* **ciertamente**.
ciervo *m zool* cérvol, cervo (*Cervus elaphus*).
cierzo *m* cerç (vent).
cifra *f* xifra.
cifrar *v tr* xifrar.
cigala *f zool* escamarlà (*m*) (*Nephrops norvegicus*).
cigarra *f entom* cigala (*Cicada plebeja*).
cigarrillo *m* cigarret, cigarreta (*f*).
cigarro *m* cigar. || **c. puro** cigar.
cigüeña *f ornit* cigonya (*gèn Ciconia*).
cilindrada *f* cilindrada, cubicatge (*m*).
cilindro *m* cilindre.
cima *f* ***1*** *geog* cim (*m*), cimadal (*m*). ***2*** cimall (*m*).
cimbrar *v tr* ***1*** *arq* cintrar. ***2*** *V* **cimbrear**.
cimbrear *v tr* fiblar (una vara flexible). || *v pron* fimbrar (*intr*), zumzejar (*intr*).
cimiento *m* fonament.
cinc *m* zinc, zenc.
cincel *m* cisell.
cinco *a* i *m* cinc.
cincuenta *a* i *m* cinquanta.
cine *m* cinema, cine.
cineclub *m* cineclub.
cinefórum *m* cinefòrum.
cinema *m V* **cine**.
cinematografía *f* cinematografia.
cínico, ca *a* cínic.
cinismo *m* cinisme.
cinta *f* ***1*** cinta, veta. ***2*** cinta.
cinto *m* cinyell, cint, cintó.
cintura *f* cintura
cinturón *m* cinturó, cintó.
ciprés *m bot* xiprer, xifrer (*Cupressus sempervivens*).
cipriota *a* i *s* xipriota.
circo *m* circ.
circuición *f* circuïció, encerclament (*m*), circumval·lació.
circuir *v tr V* **circundar**.
circuito *m* circuit.
circulación *f* circulació.
circular *a* i *f* circular.
circular *v intr* circular.
circulatorio, ia *a* circulatori.
círculo *m* cercle.
circuncidar *v tr* circumcidar.
circuncisión *f* circumcisió.
circundante *a* circumdant, encerclador, envoltant, enrotllador.
circundar *v tr* circumdar, encerclar, envoltar, voltar, cerclar, enrotllar.
circunferencia *f geom* circumferència.
circunflejo *a* i *m* circumflex.
circunloquio *m* circumloqui.
circunscripción *f* circumscripció.
circunspecto, ta *a* circumspecte.
circunstancia *f* circumstància.
circunvalación *f V* **circuición**.
circunvalar *v tr V* **circundar**.
cirio *m* ciri.
ciruela *f bot* pruna.
cirugía *f med* cirurgia.
cirujano, na *s med* cirurgià.
cisma *m* cisma.
cisne *m ornit* cigne (*gèn Cygnus*).
cisterna *f* cisterna, aljub (*m*).
cita *f* cita.
citación *f* citació.
citar *v tr* ***1*** citar. ***2*** esmentar.
cítara *f mús* cítara.
cítrico, ca *a* cítric.
ciudad *f* ciutat.
ciudadano, na *a* i *s* ciutadà.
ciudadela *f* ciutadella.
cívico, ca *a* cívic.
civil *a* civil.
civilización *f* civilització.
civilizar *v tr* civilitzar.
civismo *m* civisme.

cizaña *f 1 bot* jull (*m*), zitzània (*Lolium temulentum*). *2 fig* discòrdia.
clamar *v tr 1* clamar. *2* bagolar.
clamor *m 1* clamor (*m* o *f*), clam. *2* bagol.
clamoroso, sa *a* clamorós.
clan *m* clan.
clandestinidad *f* clandestinitat.
clandestino, na *a* clandestí.
claqué *m* claqué (ball).
clara *f* clara.
claraboya *f* claraboia.
claramente *adv* clarament.
clarear *v intr* clarejar.
claridad *f 1* claredat. *2* claror.
clarificar *v tr* clarificar.
clarín *m mús* clarí.
clarinete *m mús* clarinet.
clarividencia *f* clarividència.
claro *m 1* lluerna (*f*). *2* clar (en un escrit). *3* clar (en una formació). *4* clapa (*f*), clar (entre els sembrats). *5 V* **calvero** 2. *6* clariana (*f*), clap, clapa (*f*), clar (en el cel). *7* serena (*f*) (clap de cel blau).
claro, ra *a* clar.
clase *f 1* classe. *2* mena.
clásico, ca *a* i *m* clàssic.
clasificación *f* classificació.
clasificar *v tr* classificar.
claudicación *f* claudicació.
claudicar *v intr* claudicar.
claustro *m arq* claustre.
cláusula *f jur* clàusula.
clausura *f* clausura.
clava *f* clava, porra.
clavado, da *a 1* clavat (molt escaient). *2* clavat, pastat (molt semblant). *3 fig* palplantat.
clavar *v tr 1* clavar (un clau). *2* clavar (una agulla, una punxa, etc.). *3* clavar (amb claus). *4 fig* clavar, fixar. *5 fig* clavar (posar).
clave *m mús* clavecí. || *f 1* clau (explicació). *2 arq* clau. *3 mús* clau.
clavel *m bot 1* clavell. *2 V* **clavellina**. || **c. de especia** *bot V* **clavo** 2.
clavellina *f bot* clavellina (*Dianthus caryophillus*).
clavicordio *m mús* clavicordi.
clavícula *f anat* clavícula.
clavo *m 1* clau. *2 bot* clavell d'espècia, clau d'espècia.
claxon *m* clàxon.
clemencia *f* clemència.
clemente *a* clement.
clérigo *m* clergue.
cliché *m V* **clisé**.
cliente *s* client.
clientela *f* clientela.
clima *m* clima.
climatización *f* climatització.
climatología *f* climatologia.
clínico, ca *a* clínic. || *s* clínic (metge). || *f* clínica.
clip *m* clip.
clisé *m* clixé.
cloaca *f* claveguera.
cloquear *v intr* cloquejar.
clorhídrico *a quím* clorhídric.
cloro *m quím* clor.
clorofila *f bot* clorofil·la.
cloroformo *m quím* cloroform.
cloruro *m quím* clorur.
clown *m* clown, pallasso (*s*).
club *m* club.
clueca *f* lloca, cloca.
coacción *f* coacció.
coaccionar *v tr* coaccionar.
coactivo, va *a* coactiu.
coadyuvar *v tr* coadjuvar.
coagular *v tr V* **cuajar**.
coágulo *m V* **cuajarón**.
coalición *f* coalició, alligança.
coalicionarse *v pron* coalitzar-se.
coartada *f* coartada.
coartar *v tr* coartar.
cobarde *a* i *s* covard.
cobardía *f* covardia.
cobaya *zool* conillet (*m*) d'Índies, cobai (*m*) (*Cavia porcellus*).
cobertizo *m arq* rafal, cobert, porxo.
cobertura *f 1 V* **cubierta** 1. *2* cobertura. *3* tapadura. *4* tapall (*m*).
cobijar *v tr* i *pron 1* cobrir. *2* aixoplugar, soplujar. *3* arrecerar.
cobijo *m 1* alberg. *2* aixopluc, sopluig. *3* recer.
cobra *f zool* cobra (*Naia tripudians*).
cobranza *f V* **cobro**.
cobrar *v tr* cobrar.
cobre *m 1 quím* coure. *2* aram (coure en planxa).
cobro *m* cobrament (acció i efecte).
coca *f 1 bot* coca (*Erythroxylon coca*). *2* bolet (*m*) (cop).
cocaína *f quím* cocaïna.
cóccix *m anat* còccix.
cocer *v tr 1* coure (amb foc). *2* amarar, amerar.
cochambre *f 1* engrut (*m*). *2* brutícia.
cochambroso, sa *a 1* llardós. *2* brut.
coche *m* cotxe.
cochevira *f* llard (*m*).
cochina *f zool V* **cerda** 2.
cochinada *f 1 V* **cochambre** 2. *2* marranada (acció o paraula indecents, brutes).
cochinera *f* soll.
cochinilla *f entom* cotxinilla (*Coccus cacti*).
cochinillo *m zool* garrí, godall, marranxó, verratell.
cochino *m zool V* **cerdo**.
cocido, da *a* cuit. || *m* olla (*f*), carn (*f*) d'olla.
cociente *m mat* quocient.
cocina *f* cuina.
cocinar *v tr* cuinar.
coco *m 1 bot V* **cocotero**. *2 bot* coco. *3 fam* papu.
cocodrilo *m zool* cocodril (*gèn Crocodylus*).
cocotero *m bot* cocoter (*Cocos nucifera*).
cóctel *m* còctel.
códice *m* còdex.
codicia *f 1* cobdícia. *2* cobejança, cobejament (*m*), sedega.
codiciar *v tr* cobejar, sedegar.

codicioso, sa *a 1* cobdiciós. *2* cobejós.
codificación *f* codificació.
codificar *v tr* codificar.
código *m* codi.
codo *m 1 anat* colze (del braç). *2* colze (de la màniga). *3* colze (d'una canonada). *4* colzada (*f*), colza (*f*) (mesura). *5* recolzada (*f*), colze, recolze, colzada (*f*). ‖ **hablar por los codos** xerrar pels descosits.
codoñate *m* codonyat.
codorniz *f ornit* guatlla (*Coturnix coturnix*).
coeficiente *m* coeficient.
coercer *v tr* coercir.
coercitivo, va *a* coercitiu.
coetáneo, ea *a* i *s* coetani.
coexistencia *f* coexistència.
coexistir *v intr* coexistir.
cofa *f nàut* cofa.
cofia *f* còfia.
cofradía *f* confraria.
cofre *m* cofre.
coger *v tr 1* agafar. *2* prendre. *3* tomar. *4* collir.
cogida *f* enganxada, agafada.
cogollo *m bot 1* cabdell (d'hortalissa). *2* brot, brotó. *3 bot* rebrot, grífol.
cogote *m anat* clatell, nuca (*f*).
cohabitación *f* cohabitació.
cohabitar *v intr* cohabitar.
cohechar *v tr* subornar.
cohecho *m* suborn, subornació (*f*), subornament.
coherencia *f* coherència.
coherente *a* coherent.
cohesión *f* cohesió.
cohete *m* coet.
cohibir *v tr* cohibir.
cohombro *m bot* cogombre (*Cucumis sativa*).
cohorte *f* cohort.
coincidencia *f* coincidència.
coincidir *v intr* coincidir.
coito *m biol* coit, concúbit.
cojear *v intr* coixejar.
cojera *f* coixesa, coixària.
cojín *m* coixí (no pas de llit).
cojinete *m mec* coixinet.
cojo, ja *a 1* rancallós, ranc (persones o animals). *2* ranc (dit d'una cama o pota). ‖ *a* i *s* coix (persones, animals, etc.).
cojón *m 1 vulg* colló, ou, testicle. *2 fig vulg* colló (en algunes expressions ponderatives de sentit peculiar).
col *f bot* col (*Brassica oleracea*).
cola *f 1* cua. *2* cola (per enganxar).
colaboración *f* col·laboració.
colaborador, a *s* col·laborador.
colaborar *v intr* col·laborar.
colada *f 1 V* **coladura** 1. *2* bugada. *3 geol* goleró (*m*), forat (*m*) (entre cingles).
coladero *m 1 V* **colador**. *2 geol V* **colada** 3.
colador *m* colador.
coladura *f 1* colament (*m*). *2* planxa, ficada de peus.
colapsar *v tr* col·lapsar.
colapso *m* col·lapse.
colar *v tr 1* colar. *2* bugadejar. *3 fig* passar (amb engany). ‖ *v intr* esmunyir-se (*pron*). ‖ *v pron 1* esquitllar-se. *2* colar-se. *3 vulg* cagar-la. *4* fer planxa; ficar la pota.
colateral *a* i *s* col·lateral.
colcha *f* vànova, cobrellit (*m*), cobertor (*m*).
colchón *m* matalàs.
colear *v intr* cuejar, cuetejar.
colección *f 1* col·lecció. *2 p ext* colla. *3* recull (*m*).
coleccionar *v tr* col·leccionar.
coleccionismo *m* col·leccionisme.
colecta *f 1* col·lecta (de certs impostos). *2 V* **cuestación**.
colectar *v tr* recaptar, col·lectar, acaptar.
colectividad *f* col·lectivitat.
colectivismo *m* col·lectivisme.
colectivo, va *a* i *m* col·lectiu.
colega *s* col·lega.
colegial *a* i *s* col·legial.
colegiar *v tr* col·legiar.
colegio *m* col·legi.
colegir *v tr* col·legir.
cólera *f 1* bilis, còlera. *2* còlera (irritació). ‖ *m med* còlera.
colesterol *m med* colesterol.
coleta *f* cua (de cabell).
colgador *m* penjador.
colgajo *m 1* penjarolla (*f*), penjarella (*f*), penjoll, penjaroll. *2* pelleringa (*f*) (de roba). *3* penjoll, penjaroll (de fruits o flors). *4* penjall. *5* penjoll, penjaroll, carràs, carroll.
colgante *a* penjant. ‖ *m 1 arq* fistó. *2* penjoll (joia).
colgar *v tr 1* penjar, suspendre. *2* penjar (fer morir algú penjant-lo). *3 fig* imputar, penjar. ‖ *v intr* penjar.
colibrí *m ornit* colibrí (*gèn Trochilus* i afins).
cólico, ca *a* i *m med* còlic.
coliflor *f bot* coliflor (*Brassica oleracea var botrytis subvar cauliflora*).
colilla *f* punta, burilla, llosca.
colina *f geog* pujol (*m*), turó (*m*).
colindar *v intr V* **confrontar** 3.
colirio *m med* col·liri.
coliseo *m* coliseu.
colisión *f* col·lisió.
colitis *f med* colitis.
collada *f*, **collado** *m geog* collada (*f*), coll (*m*).
collar *m* collar.
colmado, da *a 1* curull. *2* ple. ‖ *m* adrogueria (*f*), tenda.
colmar *v tr 1* curullar. *2 fig* omplir.
colmena *f* arna, rusc (*m*), abell (*m*).
colmillo *m anat* ullal, clau.
colmo *m 1* curull, caramull. *2* súmmum.
colocación *f* col·locació.
colocar *v tr* col·locar, posar (situar).
colofón *m* colofó.
colombiano, na *a* i *s* colombià.
colon *m anat* còlon.
colonia *f 1* colònia. *2* aigua de Colònia.
colonización *f* colonització.
colonizador, a *a* i *s* colonitzador.
colonizar *v tr* colonitzar.

colono, na *s* colon.
coloquio *m* col·loqui.
color *s* color.
colorado, da *a* i *m* vermell.
colorante *a* i *m* colorant.
colorar *v tr* acolorir, colorar.
colorear *v tr* acolorar.
colorete *m* coloret.
colorido *m* colorit.
colorín *m* coloraina (*f*)
colosal *a* colossal.
coloso *m* colós.
columbrar *v tr* albirar, afigurar.
columna *f* columna.
columpiar *v tr* i *pron* gronxar, engronsar, gronxejar, agrunsar.
columpio *m* gronxador, engronsadora (*f*), agrunsadora (*f*).
colza *f bot* colza (*Brassica napus var oleifera*).
coma *m med* coma. || *f* coma (signe ortogràfic).
comadre *f 1 med V* **comadrona**. *2* comare.
comadreja *f zool* mostela (*Mustela nivalis*).
comadrón *m med* llevador.
comadrona *f med* llevadora.
comandante, ta *s* comandant.
comandar *v tr* comandar.
comando *m 1* comandament. *2* comando.
comarca *f geog* comarca.
comatoso, sa *a med* comatós.
comba *f 1* enguerximent (*m*), guerxesa. *2* bombament (*m*), bombat (*m*). || **jugar a la c.** saltar a corda.
combar *v tr 1* flectir. *2* guerxar. || *v pron* guerxar-se, enguerxir-se, torcejar, tortejar.
combate *m 1* combat, barreja (*f*). *2* combatiment.
combatiente *a* i *s* combatent.
combatir *v tr* i *intr* combatre.
combativo, va *a* combatiu.
combinación *f 1* combinació. *2* conjuminació.
combinar *v tr 1* combinar. *2* conjuminar.
comburente *a* i *m quím* comburent.
combustible *a* i *m* combustible.
combustión *f* combustió.
comedia *f* comèdia.
comediante, ta *s* comediant.
comedido, da *a* mesurat.
comedimiento *m* mesura (*f*) (tarannà).
comedor *m* menjador.
comensal *s* comensal.
comentar *v tr* comentar.
comentario *m* comentari, coment.
comentarista *s* comentarista.
comenzar *v tr* començar.
comer *m V* **comida** 1.
comer *v tr 1* menjar, manducar, prendre. *2* dinar. *3 fig* matar (en el joc). || *v pron* cruspir-se, clavar-se.
comercial *a* comercial.
comercialización *f* comercialització.
comercializar *v tr* comercialitzar.
comerciante *a* comerciant. || *s* comerciant.
comerciar *v intr* comerciar, comerciejar.
comercio *m* comerç.
comestible *a* i *m* comestible.
cometa *m astron* cometa. || *f* estel (*m*), grua.
cometer *v tr* cometre.
cometido *m* comesa (*f*).
comezón *f 1* pruïja, picor. *2 fig* pruïja, frisança, frisor.
comicidad *f* comicitat.
comicios *m pl* comicis.
cómico, ca *a* i *s* còmic.
comida *f 1* menjar (*m*). *2* àpat (*m*). *3* dinar (*m*). *4* menjada, menjament (*m*).
comienzo *m 1* començament. *2* inici.
comillas *f pl* cometes.
comilón, ona *a* i *s* golafre.
comilona *f* tec (*m*), tiberi (*m*).
comino *m bot* comí (*Cuminum cyminum*).
comisar *v tr* comissar, decomissar.
comisaría *f* comissaria.
comisario, ria *s* comissari.
comisión *f* comissió.
comiso *m jur* comís, decomís.
comisura *f anat* comissura.
comité *m* comitè.
comitiva *f* comitiva.
como *adv 1* com (de la mateixa manera que). *2* com (en sentit comparatiu). *3* com (de la manera que). *4* com a.
cómo *adv* (interrogatiu) com (de quina manera). || **¿cómo es que...?** com és que...?, què ho fa que...?
cómoda *f* calaixera, còmoda.
comodidad *f* comoditat.
comodín *m* jòquer.
cómodo, da *a* còmode.
compacto, ta *a* compacte.
compadecer *v tr* compadir, compatir, plànyer, complànyer. || *v pron V* **condolerse**.
compadre *m* compare.
compaginación *f* compaginació.
compaginar *v tr* compaginar.
compaña *f V* **compañía**.
compañerismo *m* companyonia (*f*).
compañero, ra *s* company, companyó.
compañía *f* companyia.
comparable *a* comparable.
comparación *f* comparació.
comparar *v tr* comparar.
comparecencia *f* compareixença.
comparecer *v intr* comparèixer.
comparsa *f 1* comparseria. *2* comparsa (*s*) (en una cavalcada, un seguici, etc.).
compartimento *m* compartiment.
compartir *v tr* compartir.
compás *m* compàs.
compasar *v tr* compassar.
compasión *f* compassió.
compasivo, va *a* compassiu.
compatibilidad *f* compatibilitat.
compatible *a* compatible.
compeler *v tr* compel·lir.
compendio *m* compendi.
compenetración *f* compenetració.
compenetrarse *v pron* compenetrar-se.
compensación *f* compensació.

compensar *v tr* compensar.
competencia *f* competència.
competente *a* competent.
competer *v intr* competir (incumbir).
competición *f* competició.
competir *v intr* competir (emular).
compilar *v tr* compilar.
compinche *s* camarada, company, companyó.
complacencia *f* complaença.
complacer *v tr* ***1*** complaure. ***2*** fer content.
complejidad *f* complexitat.
complejo, ja *a* i *m* complex.
complementar *v tr* i *pron* complementar.
complemento *m* complement.
completar *v tr* completar.
completo, ta *a* complet.
complexión *f* complexió.
complicación *f* complicació.
complicar *v tr* i *pron* complicar.
cómplice *s jur* còmplice.
complot *m* complot.
componenda *f* ***1*** conxorxa, consòrcia. ***2*** componiment (*m*), avinença.
componente *a* i *s* component.
componer *v tr* ***1*** compondre (formar un tot). ***2*** compondre (formar, constituir). ***3*** endreçar, endegar, arranjar, arreglar, agençar. ***4*** apariar. ***5*** empolainar, empolistrar. ***6*** conjuminar. ***7*** compondre (obres literàries, artístiques, etc.). ***8*** *impr* compondre. || *v pron* compondre's. || **componérselas** compondre-s'ho, compondre-se-les.
comportamiento *m V* **conducta**.
comportar *v tr* i *pron* comportar.
composición *f* composició.
compositor, a *a* i *s mús* compositor.
compostura *f* ***1*** endreç (*m*). ***2*** endreça, endreçament (*m*), arranjament (*m*). ***3*** apariament (*m*). ***4*** conjuminació.
compota *f* compota.
compra *f* compra. || **ir a la c.** anar a plaça. || **ir de compras** anar a comprar; sortir a comprar.
comprador, a *a* i *s* comprador.
comprar *v tr* comprar.
comprender *v tr* ***1*** comprendre (abraçar, contenir). ***2*** comprendre, copsar, capir.
comprensible *a* comprensible.
comprensión *f* comprensió.
comprensivo, va *a* comprensiu.
compresa *f med* compresa.
compresión *f* compressió.
compresor, a *a* i *m* compressor.
comprimir *v tr* i *pron* comprimir.
comprobación *f* comprovació, constatació.
comprobante *m* comprovant.
comprobar *v tr* comprovar, constatar.
comprometer *v tr* i *pron* comprometre.
compromiso *m* compromís.
compuerta *f* comporta, cadiral (*m*).
compuesto, ta *a* i *m* compost.
compulsar *v tr* compulsar.
compunción *f* compunció, compungiment (*m*).
compungir *v tr* i *pron* compungir.
compungivo, va *a* coent.
computador, a *a* i *s* computador. || *m V* **computadora**. || *f* computadora.
computar *v tr* computar.
cómputo *m* còmput.
comulgar *v tr* i *intr* combregar.
común *a* comú. || *m* ***1*** comú (majoria de la gent). ***2*** comuna (*f*).
comunicación *f* comunicació.
comunicado *m* comunicat.
comunicar *v tr* i *pron* comunicar.
comunicativo, va *a* comunicatiu.
comunidad *f* comunitat.
comunión *f* comunió.
comunismo *m* comunisme.
comunista *a* i *s* comunista.
comunitario, ia *a* i *s* comunitari.
comúnmente *adv* comunament.
con *prep* amb.
conato *m* conat.
concavidad *f* concavitat.
cóncavo, va *a* còncau.
concebimiento *m V* **concepción**.
concebir *v tr* concebre.
conceder *v tr* concedir.
concejal, la *s* regidor, edil, conseller, paer.
concejo *m* ***1*** consell, consistori. ***2*** consell (assemblea).
concentración *f* concentració.
concentrar *v tr* i *pron* concentrar.
concepción *f* ***1*** concepció, concebiment (*m*). ***2*** concepció (procés mental; idea).
concepto *m* concepte.
conceptuar *v tr* conceptuar.
concernir *v tr* i *intr* concernir.
concertar *v tr* concertar.
concesión *f* concessió.
concha *f* ***1*** *zool* conquilla, curculla, copinya, petxina. ***2*** *zool* clòtxina. ***3*** coverol (*m*), copinya (d'apuntador). ***4*** *geog* badia profunda i molt tancada.
conchabanza *f* conxorxa, consòrcia.
conciencia *f* consciència.
concienzudo, da *a* conscienciós.
concierto *m* concert.
conciliación *f* conciliació.
conciliar *v tr* i *pron* conciliar.
concilio *m* concili.
concisión *f* concisió.
conciso, sa *a* concís.
concitar *v tr* concitar.
conciudadano, na *s* conciutadà.
concluir *v tr* ***1*** concloure. ***2*** perfer.
conclusión *f* ***1*** conclusió. ***2*** cloenda.
concluyente *a* concloent.
concomerse *v pron* frisar (*tr*).
concomitancia *f* concomitància.
concordancia *f* concordança.
concordar *v tr* i *intr* concordar.
concordia *f* concòrdia.
concreción *f* concreció.
concretar *v tr* i *pron* concretar.
concreto, ta *a* concret.
concúbito *m biol V* **coito**.

conculcación *f* conculcació.
conculcar *v tr fig* conculcar (abatre, humiliar).
concupiscencia *f* concupiscència.
concurrencia *f* ***1*** concurrència. ***2*** *V* **concurso** 1.
concurrir *v intr* concórrer.
concursante *s* concursant.
concursar *v tr* i *intr* concursar.
concurso *m* ***1*** concurs (ajut, contribució). ***2*** concurs (oposició, competència). ***3*** concurs (de creditors).
condado *m* comtat.
conde *m* comte.
condecoración *f* condecoració.
condecorar *v tr* condecorar.
condena *f* condemna.
condenar *v tr* i *pron* ***1*** condemnar. ***2*** damnar.
condensación *f* condensació.
condensar *v tr* i *pron* condensar.
condesa *f* comtessa.
condescendencia *f* condescendència.
condescender *v intr* condescendir, abellir-se (*pron*).
condición *f* condició.
condicionar *v tr* condicionar (sotmetre a condicions).
condimentar *v tr* condimentar, amanir.
condimento *m* condiment.
condiscípulo, la *s* condeixeble.
condolencia *f* condol (*m*), condolença (dolor).
condolerse *v pron* condoldre's, complànyer-se, compadir-se.
condominio *m jur* condomini.
condón *m med* condó, preservatiu.
condonar *v tr* condonar.
cóndor *m ornit* còndor (*Vultur gryphus*).
conducción *f* conducció.
conducir *v tr* ***1*** conduir, menar. ***2*** conduir (guiar). ***3*** conduir (un vehicle, un negoci). ***4*** conduir, treure cap. || *v pron* conduir-se.
conducta *f* conducta, comportament (*m*), capteniment (*m*).
conducto *m* conducte.
conductor, a *a* conductor. || *s* ***1*** conductor (de vehicle). ***2*** conduïdor (guia, cabdill).
conectar *v tr* connectar.
conector *m* connector.
coneja *f zool* conilla.
conejo *m zool* conill (*Lepus cuniculus*).
conexión *f* connexió.
confabular *v intr* i *pron* confabular.
confección *f* confecció.
confeccionar *v tr* confeccionar.
conferencia *f* conferència.
conferenciar *v tr* conferenciar.
conferir *v tr* conferir.
confesar *v tr* i *pron* confessar.
confesión *f* confessió.
confesor, a *s* confessor.
confeti *m* confeti, paperets (*pl*).
confianza *f* confiança, fiança, refiança.
confiar *v tr* e *intr* ***1*** confiar, refiar-se (*pron*), fiar-se (*pron*), fiar (tenir confiança). ***2*** fiar (lliurar en confiança). ***3*** fiar (fer saber en confiança).
confidencia *f* confidència.
confidente *a* i *s* confident.
configurar *v tr* configurar.
confín *m* confí.
confinar *v tr* confinar.
confirmación *f* ***1*** confirmació (acció i efecte). ***2*** refermança.
confirmar *v tr* ***1*** confirmar. ***2*** refermar.
confiscar *v tr* confiscar.
confitar *v tr* confitar.
confitura *f* confitura.
conflagración *f* conflagració.
conflicto *m* conflicte.
confluencia *f* ***1*** confluència (acció i efecte). ***2*** confluència, conflent (*m*), aiguabarreig (*m*), enforcall (*m*), forcall (*m*), entroncament (*m*). ***3*** cruïlla, cruïllada, encreuament (*m*), enforcall (*m*).
confluir *v intr* ***1*** confluir. ***2*** junyir-se (*pron*) (dos corrents d'aigua).
conformar *v tr* i *pron* conformar.
conforme *a* i *m* conforme.
confort *m* confort.
confortable *a* confortable.
confortar *v tr* ***1*** confortar. ***2*** conhortar. ***3*** retornar (donar vigoria, etc.).
confraternizar *v intr* confraternitzar.
confrontación *f* ***1*** *jur V* **careo**. ***2*** confrontació, afrontació.
confrontar *v tr* ***1*** *jur V* **carear** 1. ***2*** *V* **cotejar**. ***3*** confrontar. ***4*** confrontar (ésser conforme).
confundido, da *a* confós.
confundir *v tr* ***1*** confondre, barrejar. ***2*** confondre (identificar falsament). ***3*** confondre (torbar; avergonyir). || *v pron* confondre's.
confusión *f* ***1*** confusió. ***2*** barreja.
confuso, sa *a* confús.
congelación *f* congelació.
congelador *m* congelador.
congelar *v tr* i *pron* congelar.
congeniar *v intr* congeniar.
congénito, ta *a* congènit.
congestión *f* congestió.
congestionar *v tr* i *pron* congestionar.
congoja *f* angoixa, angúnia.
congoleño, ña *a* i *s*, **congolés, esa** *a* i *s* congolès.
congraciarse *v pron* congraciar-se.
congregar *v tr* i *pron* congregar.
congreso *m* congrés.
cónico, ca *a* cònic.
conjetura *f* conjectura.
conjeturar *v tr* conjecturar.
conjugación *f* conjugació.
conjugar *v tr* conjugar.
conjunción *f* conjunció.
conjunto, ta *a* i *m* conjunt.
conjura *f*, **conjuración** *f* conjuració, conjura.
conjuro *m* conjur, conjurament.
conmemorar *v tr* commemorar.
conminar *v tr* comminar.
conmiseración *f* commiseració.
conmoción *f* commoció.
conmover *v tr* commoure.
conmutador, a *a* i *m* commutador.

conmutar *v tr* commutar.
connivencia *f* connivència.
cono *m* con.
conocedor, a *a* i *s* coneixedor.
conocer *v tr* i *pron* conèixer.
conocimiento *m* ***1*** coneixement (facultat i acte de conèixer). ***2*** coneixença (*f*), coneixement (enteniment, intel·ligència). ***3*** coneixement (sentit, consciència). ***4*** sabuda (*f*). ***5*** esment.
conque *conj* de manera que.
conquista *f* conquesta, conquista.
conquistador, a *a* i *s* conqueridor, conquistador.
conquistar *v tr* conquerir, conquistar.
consagrar *v tr* i *pron* consagrar.
consciente *a* conscient.
consecuencia *f* conseqüència.
consecutivo, va *a* consecutiu.
conseguir *v tr* aconseguir (obtenir).
consejero, ra *s* conseller.
consejo *m* consell.
consenso *m* ***1*** consentiment (assentiment comú). ***2*** consens.
consentimiento *m* consentiment.
consentir *v tr* i *intr* ***1*** consentir. ***2*** aviciar. || *v pron* consentir-se.
conserje *s* conserge.
conserva *f* conserva.
conservación *f* conservació, conservament (*m*).
conservador, a *a* i *s* conservador.
conservar *v tr* i *pron* conservar.
considerable *a* considerable.
consideración *f* consideració.
considerar *v tr* considerar.
consigna *f* consigna.
consignar *v tr* consignar.
consigo *forma pronominal* amb ell, amb ella, amb ells, amb elles.
consiguiente *a* i *f* consegüent. || **por c.** per consegüent.
consistencia *f* consistència.
consistente *a* consistent.
consistir *v intr* consistir.
consolación *f* consolació.
consolar *v tr* i *pron* consolar.
consolidar *v tr* i *pron* consolidar, refermar.
consomé *m* consomé.
consonancia *f* consonància.
consonante *a* i *s* consonant.
consorcio *m* consorci.
consorte *s* consort.
conspicuo, ua *a* conspicu.
conspiración *f* conspiració.
conspirador, a *s* conspirador.
conspirar *v intr* conspirar.
constancia *f* constància.
constante *a* constant.
constar *v intr* constar.
constelación *f* constel·lació.
consternar *v tr* consternar.
constipado *m med* constipat.
constipar *v tr med* constipar.
constitución *f* constitució.
constituir *v tr* constituir.
constreñir *v tr* constrènyer.
construcción *f* ***1*** construcció (acció i efecte). ***2*** bastiment (*m*).
construir *v tr* ***1*** construir. ***2*** edificar.
consuelo *m* consol.
consueta *s* consueta.
cónsul *s* cònsol.
consulado *m* consolat.
consulta *f* consulta, consultació.
consultar *v tr* consultar.
consultorio *m* consultorio.
consumación *f* consumació (acció i efecte).
consumar *v tr* consumar.
consumición *f* ***1*** *V* **consunción** 1. ***2*** *V* **consumo**. ***3*** consumició (en un bar, cafè, etc.).
consumidor, a *a* i *s* consumidor.
consumimiento *m* *V* **consunción** 1.
consumir *v tr* consumir. || *v pron fig* consumir-se.
consumo *m* consum.
consunción *f* ***1*** consumpció (acció i efecte). ***2*** consumpció, consumiment (*m*) (extenuació). ***3*** migrança, migrada, migrament (*m*). ***4*** *fig* corsecament (*m*).
contabilidad *f* comptabilitat.
contabilizar *v tr* comptabilitzar.
contable *a* i *s* comptable.
contacto *m* contacte.
contado, da *a* ***1*** clar, comptat, escàs. ***2*** comptat (determinat). || *loc adv* **al c.** al comptat. || **por de c.** per descomptat.
contagiar *v tr* i *pron* contagiar, encomanar.
contagio *m* contagi, encomanament.
contagioso, sa *a* contagiós, encomanadís.
contaminación *f* contaminació.
contaminar *v tr* i *pron* contaminar.
contante *a* comptant, efectiu.
contar *v tr* ***1*** contar. ***2*** comptar.
contemplación *f* contemplació.
contemplar *v tr* contemplar.
contemporáneo, ea *a* i *s* contemporani.
contemporizar *v intr* contemporitzar.
contender *v intr* contendre, contendir.
contenedor, a *a* i *m* contenidor.
contener *v tr* contenir.
contenido *m* contingut.
contentamiento *m* *V* **contento** (*m*).
contentar *v tr* acontentar.
contento, ta *a* content. || *m* contentació (*f*).
contestación *f* contestació.
contestar *v tr* ***1*** contestar, respondre. ***2*** *jur* contestar (en plet). ***3*** contestar, replicar.
contexto *m* context.
contienda *f* contesa.
contigo *forma pronominal* amb tu.
contiguo, gua *a* contigu.
continencia *f* continència.
continental *a* continental.
continente *a* i *m* continent.
contingencia *f* contingència.
contingente *a* contingent, venturer. || *m* contingent.
continuación *f* continuació.
continuar *v tr* continuar.

continuidad *f* continuïtat.
continuo, ua *a* continu. || **de c.** de continu.
contonearse *v pron fig* remenar (*tr*) (en caminar).
contoneo *m fig* remenada (*f*) (en caminar).
contorno *m* contorn, entorn. || *m pl* voltants, volts, encontorns, environs, rodalia (*f sing*).
contorsión *f* contorsió.
contra *prep* contra. || *m* contra (per oposició a "pro").
contraatacar *v intr* contraatacar.
contraataque *m* contraatac.
contrabajo *m mús* contrabaix, verra (*f*) (*fam*).
contrabandista *s* contrabandista.
contrabando *m* contraban.
contracción *f* contracció.
contradecir *v tr* i *pron* contradir.
contradicción *f* contradicció.
contradictorio, ia *a* contradictori.
contraer *v tr* contreure, contraure.
contrafuerte *m* contrafort.
contrahacer *v tr* contrafer, estrafer.
contrahecho, cha *a* contrafet.
contraindicación *f* contraindicació.
contraluz *s* contrallum (*m*).
contraofensiva *f mil* contraofensiva.
contrapartida *f* contrapartida.
a contrapelo *loc adv* a contrapèl, a repèl.
contrapeso *m* ***1*** contrapès. ***2*** torna (*f*).
contraponer *v tr* i *pron* contraposar.
contrariar *v tr* contrariar, contrariejar.
contrariedad *f* contrarietat.
contrario, ia *a* contrari, contrariós. || *s* contrari. || **al c.** *loc adv* al contrari.
contrarrestar *v tr* contrarestar.
contrasentido *m* contrasentit.
contraseña *f* contrasenya.
contrastar *v tr* contrastar.
contraste *m* ***1*** contrastament (acció). ***2*** contrast.
contratar *v tr* contractar.
contratiempo *m* contratemps.
contrato *m* contracte.
contravenir *v tr* contravenir.
contrayente *a* i *s* contraent.
contribución *f* contribució.
contribuir *v intr* contribuir.
contribuyente *s* contribuent.
contrincante *s* contrincant.
control *m* control.
controlar *v tr* controlar.
controversia *f* controvèrsia.
controvertir *v tr* i *intr* controvertir.
contubernio *m* contuberni.
contumacia *f* contumàcia.
contumaz *a* contumaç.
contundente *a* contundent.
contusión *f* contusió.
contusionar *v tr* contusionar.
convalecencia *f* convalescència.
convalecer *v intr* refer-se (*pron*) (d'una malaltia).
convaleciente *a* i *s* convalescent.
convalidar *v tr* convalidar.
convencer *v tr* i *pron* convèncer.
convencimiento *m* convenciment, convicció (*f*).
convención *f* ***1*** convenció. ***2*** convinença, convenció (acord).
conveniencia *f* conveniència.
conveniente *a* convenient (útil, oportú).
convenio *m* conveni.
convenir *v tr* i *intr* convenir.
convento *m* convent.
convergencia *f* convergència.
convergente *a* convergent.
converger *v intr*, **convergir** *v intr* convergir.
conversación *f* conversa, conversació.
conversar *v intr* ***1*** conversar, conversejar, departir. ***2*** conversar (fer conversió).
conversión *f* conversió, convertiment (*m*).
convertir *v tr* i *pron* convertir.
convexo, xa *a* convex.
convicción *f V* **convencimiento**.
convicto, ta *a jur* convicte.
convidar *v tr* convidar.
convincente *a* convincent.
convite *m* ***1*** convit. ***2*** àpat, àgape (*f*), convit.
convivencia *f* convivència.
convivir *v intr* conviure.
convocar *v tr* convocar.
convocatoria *f* convocatòria.
convoy *m* comboi.
convulsión *f* convulsió.
conyugal *a* conjugal.
cónyuge *s* cònjuge.
cooperar *v intr* cooperar.
cooperativa *f* cooperativa.
coordenada *f* coordenada.
coordinar *v tr* coordinar.
copa *f* ***1*** copa (vas). ***2*** copa (contingut). ***3*** *bot* brancada, capça, capçada, copa. ***4*** copa (d'un barret). ***5*** copa (naip).
copete *m* ***1*** tupè. ***2*** cresta (*f*) (del plomatge de certs ocells). ***3*** serrell (d'un cavall). ***4*** caramull (d'un gelat).
copia *f* còpia.
copiar *v tr* copiar.
copioso, sa *a* copiós.
copla *f* cobla (composició poètica).
copo *m* ***1*** cóp. ***2*** borralló, cóp, floc, volva (*f*) (de neu). ***3*** floca (*f*). ***4*** borrall, volva (*f*). ***5*** tofa (*f*) (de filaments, de neu, etc.).
coproducción *f* coproducció.
copto, ta *a* i *s* copte.
cópula *f bot gram zool* còpula.
copular *v intr* copular (unir-se carnalment).
copulativo, va *a gram* copulatiu.
coquetear *v intr* coquetejar.
coquetería *f* coqueteria.
coraje *m* ***1*** coratge, valor (*m* o *f*), valentia (*f*), coratgia (*f*). ***2*** ira (*f*).
coral *a mús* coral. || *f mús* coral. || *m zool* coral, corall (*Corallium rubrum*).
Corán *m* Alcorà.
coraza *f* cuirassa.
corazón *m* ***1*** *anat* cor. ***2*** coratge (disposició del cor). ***3*** *fig* cor, delit.
corbata *f* corbata.

corchete *m* ***1*** gafet. ***2*** escarabat (de fuster). ***3*** *impr* claudàtor ([ ]).
corcho *m* suro.
¡córcholis! *interj* caram!, carat!, manoi!
cordel *m* cordill, cordell.
cordera *f zool* xaia, ovella, cordera.
cordero *m zool* be, xai, anyell, corder, marrec.
cordial *a* cordial. || *m* cordial (beguda o medicament).
cordialidad *f* cordialitat.
cordillera *f geog* serralada.
cordón *m* cordó.
cordura *f* seny (*m*).
coreano, na *a* i *s* coreà.
corear *v tr* corejar.
coreografía *f* coreografia.
corista *s* corista.
cormorán *m ornit* cormorà (*Phalacrocorax carbo*).
cornada *f* banyada, cornada.
cornamusa *f mús* sac (*m*) de gemecs, gaita, cornamusa.
córnea *f anat* còrnia.
corneta *s mús* corneta. || *f mús* corneta.
cornisa *f arq* cornisa.
coro *m* cor (massa coral; part cantada; part de l'església).
corola *f bot* corol·la.
corona *f* corona.
coronar *v tr* coronar.
coronel *s mil* coronel.
coronilla *f* coroneta, coronell (*m*).
corpiño *m* cosset.
corporación *f* corporació.
corporal *a* i *m* corporal.
corporativo, va *a* corporatiu.
corpulencia *f* corpulència.
corpulento, ta *a* corpulent.
corral *m* corral, cortal.
correa *f* corretja.
correaje *m* corretjam.
corrección *f* ***1*** correcció. ***2*** esmena.
correcto, ta *a* correcte.
corredizo, za *a* ***1*** escorredor. ***2*** corredís.
corredor, a *a* corredor. || *s* corredor. || *m* corredor, passadís. || *f* corredora.
corregidor, a *a* i *s* corregidor.
corregir *v tr* ***1*** corregir. ***2*** esmenar.
correlación *f* correlació.
correlativo, va *a* correlatiu.
correntío *m V* **corriente** 1.
correo *m* correu.
correoso, sa *a* corretjós, corretjut, estireganyós.
correr *v tr* ***1*** córrer, fer córrer (una cosa sobre una altra o fer-la anar d'un cantó a l'altre). ***2*** girar (la clau). ***3*** córrer, tirar (un forrellat). ***4*** córrer (un risc). ***5*** escórrer (un llaç). ***6*** sallar. ***7*** enretirar. || *v intr* ***1*** córrer (caminar amb velocitat). ***2*** córrer, escolar-se (*pron*), escórrer-se (*pron*) (fluids o líquids). ***3*** córrer (bufar el vent). ***4*** córrer (els rius). ***5*** córrer (estendre's tot al llarg). ***6*** córrer (el temps). ***7*** córrer (anar amb presses a fer una cosa). || *v pron* ***1*** esllavissar-se (terres, roques, etc.). ***2*** enretirar-se. ***3*** *fig* escór-rer-se (tenir un orgasme). || **dejar c.** deixar córrer.
correspondencia *f* correspondència.
corresponder *v intr* correspondre.
correspondiente *a* i *s* corresponent.
corresponsal *a* i *s* corresponsal.
corriente *a* corrent. || *f* ***1*** corrent (*m*), correntia. ***2*** *fig* corrent (*m*) (curs). ***3*** corrent (*m*) (elèctric).
corrillo *m V* **corro** 1.
corro *m* ***1*** rotllat, rotlle, rotllada (*f*). ***2*** rodona (*f*), rotllana (*f*).
corroborar *v tr* corroborar.
corroer *v tr* ***1*** corroir. ***2*** arrosegallar.
corromper *v tr* i *pron* corrompre.
corrompido, da *a V* **corrupto**.
corrompimiento *m V* **corrupción**.
corrupción *f* corrupció.
corrupto, ta *a* i *s* corrupte.
corsario, ia *a* i *s* corsari.
corsé *m* cotilla (*f*).
corta *f* tallada (d'arbres, etc.).
cortacésped *m* tallagespa.
cortadura *f* tall (*m*).
cortante *a* tallant.
cortar *v tr* ***1*** tallar (dividir, separar). ***2*** tallar (donar forma amb unes tisores, etc.). ***3*** tallar, fendir, fendre (un fluid, un líquid, etc.). ***4*** escapçar (els naips). ***5*** *fig* tallar (l'aire, el fred). ***6*** tallar (intersectar). ***7*** tallar (interrompre). ***8*** estassar (l'herba, etc.). || *v pron* ***1*** tallar-se (travar-se en el parlar). ***2*** tallar-se (l'epidermis). ***3*** tallar-se (la roba). ***4*** tallar-se (una emulsió).
corte *m* ***1*** tall, fil (d'arma o d'eina). ***2*** tallament, tallat (operació de tallar). ***3*** tallat (manera d'estar tallada una cosa). ***4*** *V* **cortadura**. ***5*** llos. ***6*** crestall, cresta (*f*) (de certes eines). ***7*** tall (acció de tallar un vestit, un calçat). ***8*** tall (art de tallar un vestit, un calçat). ***9*** tall (quantitat de roba que cal per un vestit). ***10*** *V* **corta**. ***11*** tall (geològic). ***12*** tallada (de cabell).
corte *f* ***1*** cort (d'un rei). ***2*** establia, establa, estable (*m*), cort. || **hacer la c.** *V* **cortejar**. || *f pl* corts (legislatives).
cortedad *f* curtedat, curtesa, curtària.
cortejar *v tr* cortejar, fer la cort, festejar.
cortejo *m* seguici.
cortés *a* cortès.
cortesía *f* cortesia.
corteza *f* ***1*** escorça, escorxa, corfa, pela (d'un arbre). ***2*** clofolla, clovella, clovell (*m*), clova, clòfia, esclòfia, esclofolla, closca, esclova, casca, corfa (de fruits, etc.). ***3*** crosta.
cortijo *m* mas, masia (*f*), casa (*f*) de camp.
cortina *f* cortina.
corto, ta *a* ***1*** curt. ***2*** *fig* burro.
cosa *f* cosa.
coscorrón *m* carbassotada (*f*), calbot.
coscurro *m V* **cuscurro**.
cosecha *f* collita.
cosechadora *f agr* recol·lectora (màquina).
cosechar *v tr* collir (fruïts).
coseno *m mat* cosinus.
coser *v tr* cosir. || **c. y cantar** bufar i fer ampolles.

cosido *m* costura (*f*), cosit (acció de cosir).
cosmético, ca *a* i *m* cosmètic. || *f* cosmètica.
cósmico, ca *a* còsmic.
cosmopolita *a* i *s* cosmopolita.
cosmos *m* cosmos.
coso *m* born, lliça (*f*), reng.
cosquillas *f pl* pessigolles.
cosquilleo *m* pessigolleig.
costa *f* ***1*** *V* **coste**. ***2*** costa, costera, litoral (*m*). || *f pl jur* costes.
costado *m* ***1*** costat, cantó, flanc. ***2*** *mil* costat, costanera (*f*). ***3*** costat, banda (*f*), cantó.
costanero, ra *a* ***1*** costerut, coster, costerós, rost. ***2*** costaner, costenc.
costar *v intr* costar.
costarriqueño, ña *a* i *s* costa-riqueny.
coste *m* cost.
costear *v tr* costejar (pagar el cost). || *v tr* i *intr nàut* costerejar, costejar.
costero, ra *a* *V* **costanero** 2.
costilla *f* ***1*** *anat* costella, costa (os). ***2*** *fig* costella (muller). ***3*** *nàut* *V* **cuaderna** 1.
costo *m* *V* **coste**.
costoso, sa *a* costós.
costra *f* ***1*** *V* **corteza** 3. ***2*** *med* crostís (*m*), crosta. ***3*** moc (*m*), moquís (*m*), moquim (*m*).
costumbre *f* costum (*m*), consuetud, hàbit (*m*), habitud, avés (*m*).
costura *f* ***1*** *V* **cosido**. ***2*** costura (art de cosir). ***3*** costura, cosit (*m*), cosidura.
costurero *m* cosidor, costurer.
costurón *m* xiribec, trenc (cicatriu).
cota *f* ***1*** cota (armadura). ***2*** cota, acotació. ***3*** *V* **cuota**. ***4*** cota (alçada).
cotejar *v tr* confrontar, acarar (coses).
cotidiano, na *a* quotidià.
cotilleo *m* xafarderia (*f*).
cotización *f* cotització.
cotizar *v tr* i *intr* cotitzar.
coto *m* vedat.
cotorra *f ornit* cotorra (*gèn Amazona* i afins).
coxis *m anat* *V* **cóccix**.
coyote *m zool* coiot (*Canis latrans*).
coyuntura *f* ***1*** conjuntura. ***2*** desllorigador (*m*).
coz *f* guitza, bitzac (*m*).
cráneo *m* ***1*** *anat* crani. ***2*** *fam* closca (*f*).
crápula *s* cràpula.
craso, sa *a* cras.
cráter *m* cràter (d'un volcà).
creación *f* creació.
creador, a *a* i *s* creador.
crear *v tr* crear.
creatividad *f* creativitat.
crecer *v intr* ***1*** créixer. ***2*** revenir (un riu).
creces *f pl* ***1*** creiximoni (*m sing*). ***2*** escreix (*m sing*). || **con c.** amb escreix.
crecida *f* ***1*** crescuda, reveniment (*m*), revinguda, creixent (*m*) (d'un riu). ***2*** riuada, riada, barrumbada. ***3*** ramblada, rierada. ***4*** torrentada.
creciente *a* creixent. || *f* creixent, creixa, plena.
crecimiento *m* creixença (*f*).
credencial *a* i *f* credencial.
crédito *m* crèdit.
credo *m* credo.
crédulo, la *a* crèdul.
creencia *f* creença.
creer *v tr* creure.
creíble *a* creïble.
crema *a* i *m* crem, crema (*f*) (color). || *f* ***1*** crema, nata. ***2*** *gram* dièresi.
cremallera *f* cremallera. || *m* cremallera (ferrocarril).
crematorio, ia *a* i *m* crematori.
crencha *f* clenxa, ratlla.
crepitar *v intr* crepitar.
crepúsculo *m* crepuscle.
crespo, pa *a* cresp.
crespón *m* crespó.
cresta *f* cresta.
cretino, na *a* i *s* cretí.
creyente *a* i *s* creient.
cría *f* ***1*** cria. ***2*** *V* **crío**.
criada *f* criada, minyona.
criado, da *a* criat. || *s* criat.
criador, a *a* i *s* criador. || *a* criador (un país; una terra). || *s* criador.
crianza *f* criança.
criar *v tr* ***1*** *V* **crear**. ***2*** criar.
criatura *f* ***1*** criatura (ésser creat). ***2*** *V* **crío**. ***3*** infant (*m*), criatura.
criba *f* garbell (*m*), crivell (*m*).
cribar *v tr* garbellar.
crimen *m* crim.
criminal *a* i *s* criminal.
crin *f* ***1*** crina, crinera, cabellera, serrellera. ***2*** crinera, cabellera (d'un lleó).
crío, ía *s* criatura, criançó.
criollo, lla *a* i *s* crioll.
cripta *f* cripta.
crisálida *f zool* crisàlide.
crisantemo *m bot* crisantem (*gèn Chrysanthemum*).
crisis *f* crisi.
crisol *m* gresol.
crispar *v tr* crispar.
cristal *m* cristall.
cristalería *f* cristalleria.
cristalino, na *a* cristal·lí. || *m anat* cristal·lí.
cristalizar *v intr* i *tr* cristal·litzar.
cristianismo *m* cristianisme.
cristiano, na *a* i *s* cristià.
criterio *m* criteri.
crítica *f* crítica.
criticar *v tr* criticar.
crítico, ca *a* i *s* crític.
croar *v intr* raucar.
croata *a* i *s* croat.
cromo *m quím* crom.
crónico, ca *a* crònic. || *f* crònica.
cronista *s* cronista.
cronología *f* cronologia.
cronológico, ca *a* cronològic.
cronometrar *v tr* cronometrar.
cronómetro *m* cronòmetre.
croqueta *f* croqueta.
croquis *m* croquis.

cruce *m* ***1*** cruïlla (*f*) (formant creu). ***2*** travessada (*f*), travessia (*f*). ***3*** encreuament (acció de creuar-se). ***4*** interferència (*f*) (de telèfon).
crucero *m* ***1*** *arq* creuer (d'una església). ***2*** creuer (viatge). ***3*** creuer (campanya). ***4*** creuer (vaixell de guerra).
crucial *a* crucial.
crucificar *v tr* crucificar.
crucifijo *m* crucifix.
crucigrama *m* mots encreuats (passatemps).
crudeza *f* cruesa, cruditat, cruor.
crudo, da *a* cru. || *m* petroli brut, petroli cru.
cruel *a* i *s* cruel.
crueldad *f* crueltat.
cruento, ta *a* cruent.
crujido *m* ***1*** cruixit (en general). ***2*** escarritx, carrisqueig, cruixit (de dents).
crujir *v intr* ***1*** cruixir (en general). ***2*** escarritxar, cruixir, carrisquejar (de dents).
crustáceo, ea *a* i *s zool* crustaci.
cruz *f* ***1*** creu (figura). ***2*** creu (patíbul, suplici). ***3*** creu (senyal dels cristians). ***4*** creu (insígnia). ***5*** creu (d'una moneda). ***6*** creuera, creu (d'un quadrúpede). ***7*** creu, entreforc (*m*) (d'un arbre). ***8*** creu (signe o marca). ***9*** *fig* creu (càrrega, pena).
cruzada *f* croada.
cruzado *m* croat.
cruzamiento *m* ***1*** *biol* encreuament (de races, espècies, etc.). ***2*** *V* **cruce** 2 i 3 .
cruzar *v tr* ***1*** creuar, passar. ***2*** *biol* encreuar (races, espècies, etc.). ***3*** barrar (un xec). || *v pron* ***1*** encreuar-se (persones o coses). ***2*** entravessar-se (interposar-se).
cuaderna *f nàut* quaderna, costella.
cuaderno *m* quadern.
cuadra *f* quadra, establa.
cuadrado, da *a* ***1*** quadrat (de forma quadrada). ***2*** carrat. || *m geom* quadrat.
cuadrante *m* quadrant.
cuadrar *v tr* i *pron* quadrar.
cuadrícula *f* quadrícula.
cuadrilla *f* colla, quadrilla.
cuadro *m* quadre.
cuadrúpedo, da *a* i *s zool* quadrúpede.
cuajada *f* quallada, llet presa.
cuajar *v tr* quallar, coagular. || *v intr fig* quallar, reeixir. || *v pron* ***1*** quallar-se, coagular-se, prendre's. ***2*** agrumollar-se. ***3*** aglevar-se.
cuajarón *m* ***1*** gleva (*f*) (de sang). ***2*** coàgul.
cual *pron* qual.
cuál *pron* quin.
cualesquier, a *pron* qualssevol, qualssevulla.
cualidad *f* qualitat (atribut).
cualquier *a* (anteposat al nom) *V* **cualquiera**.
cualquiera *a* i *pron* qualsevol, qualsevulla.
cuando *adv* quan. || **aun c.** encara que. || **de c. en c.**; **de vez en c.** de tant en tant; adesiara.
cuantía *f* quantia.
cuanto, ta *a* i *pron* quant. || *adv* quant. || **c. a** *V* **en c. a.** || **c. antes mejor** com més aviat millor. || **en c. a** quant a; pel que fa a. || **por c.** per tal com.
cuarenta *a* i *m* quaranta.
cuarentena *f* quarantena.
cuaresma *f* quaresma.
cuartel *m* ***1*** *her* quarter. ***2*** *mil* quarter (en campanya). ***3*** *mil* quarter (comandància). ***4*** *mil* caserna (*f*), quarter. ***5*** *mil* quarter (bon tracte al vençut). ***6*** *nàut* quarter (en una escotilla).
cuartilla *f* quartilla.
cuarto, ta *a* i *m* quart. || *m* ***1*** quarter (quarta part). ***2*** cambra (*f*), habitació (*f*), estança (*f*). || *m pl fam* calés, pasta (*f sing*) (diners).
cuarzo *m* quars.
cuasi *adv V* **casi** (usat generalment com a prefix).
cuatro *a* quatre. || *m* quatre (signe).
cuatrocientos, as *a* i *m* quatre-cents.
cuba *f* bóta grossa.
cubano, na *a* i *s* cubà.
cubertería *f* coberteria.
cubicar *v tr* cubicar.
cúbico, ca *a* cúbic.
cubierta *f* ***1*** coberta (cosa que cobreix). ***2*** sobre (*m*), coberta (d'una carta). ***3*** coberta (d'un llibre). ***4*** coberta (d'un edifici). ***5*** *nàut* coberta (d'una nau).
cubierto, ta *a* ***1*** cobert. ***2*** cobertat. ***3*** cobertorat. || *m* ***1*** cobert (construcció). ***2*** cobert, servei (de taula). ***3*** cobert (menjar).
cubil *m* ***1*** cau, catau (de fera). ***2*** *geog V* **cauce** 1.
cubito *m* glaçó.
cubo *m* ***1*** galleda (*f*). ***2*** cubell, tina (*f*). ***3*** *geom* cub. ***4*** *arit* cub.
cubrecama *m V* **colcha**.
cubrir *v tr* ***1*** cobrir. ***2*** colgar.
cucaracha *f* ***1*** *entom V* **cochinilla**. ***2*** *entom* cuca molla, escarabat (*m*) de cuina, panerola (*Blatta germanica* i espècies afins).
cuchara *f* cullera.
cucharada *f* cullerada.
cucharilla *f* cullereta.
cucharón *m* culler, cullerot, llossa (*f*).
cuchichear *v intr* xiuxiuejar, xiuxiuar.
cuchicheo *m* xiuxiueig, xiu-xiu.
cuchilla *f* ***1*** ganiveta. ***2*** fulla (de tall).
cuchillada *f* ganivetada, coltellada.
cuchillo *m* ganivet, coltell. || **a c.** *loc adv* a matadegolla.
cuchufleta *f* humorada (festiva).
en cuclillas *loc adv* a la gatzoneta.
cuclillo *m ornit* cucut (*Cuculus canorus*).
cuco, ca *a fig fam* bufó, galanxó. || *m ornit V* **cuclillo**.
cucurucho *m* cucurull, cucurutxo, paperina (*f*).
cuello *m* ***1*** coll (d'home o d'animal). ***2*** coll (de certs atuells). ***3*** coll (del vestit o camisa).
cuenca *f* ***1*** conca (recipient). ***2*** *geog* conca.
cuenco *m* bol.
cuenta *f* ***1*** compte (*m*) (acció). ***2*** compte (*m*) (càlcul). ***3*** compte (*m*) (estat d'operacions, factura, etc.). ***4*** compte (*m*) (exposició, report). ***5*** gra (*m*) (d'enfilall). ***6*** compte (*m*) (consideració). ***7*** *V* **cuidado** 1. ***8*** compte (*m*) (obligació). || **a c.** a compte. || **a la c.** a bon compte. || **caer en la c.** caure-hi. || **¡cuenta!** *interj V* **¡cuidado!** || **dar c.**

(de una cosa) retre compte (d'una cosa). || **darse c.** adonar-se. || **en resumidas cuentas** comptat i debatut.
cuentista *a* i *s* ***1*** *fig* camanduler. ***2*** contista.
cuento *m* ***1*** conte. ***2*** rondalla (*f*), contarella (*f*).
cuerda *f* ***1*** corda. ***2*** cordada.
cuerno *m* ***1*** *anat* banya (*f*), corn (d'animal). ***2*** banyó. ***3*** banya (*f*) (d'insecte, de cargol). ***4*** banya (*f*) (matèria). ***5*** *mús* banya (*f*), corn (instrument). ***6*** forcó. || **mandar al c.** engegar a dida, a pastar fang, a entomar vent.
cuero *m* cuir, cuiro.
cuerpo *m* cos, còrpora (*f*), corpenta (*f*).
cuervo *m* *ornit* corb (*Corvus corax*).
cuesta *f* costa, coster (*m*), rost (*m*), pendís (*m*), pendent (*m*), baixant (*m*). || **a cuestas** a coll; a l'esquena; a les espatlles; a collibè.
cuestación *f* col·lecta, capta.
cuestión *f* qüestió.
cuestionar *v tr* qüestionar.
cueva *f* cova, cavorca.
cuévano *m* cove.
cuidado, da *a* acurat. || *m* ***1*** compte, cura (*f*). ***2*** cura (*f*) (atenció, sol·licitud). ***3*** esguard (consideració). ***4*** angoixa (*f*). ***5*** quimera (*f*). ***6*** zel. ***7*** reguard. || **de c.** *fam* de pronòstic (reservat) (perillós).
¡cuidado! *interj* compte!
cuidadoso, sa *a* curós.
cuidar *v tr* ***1*** curar, cuidar, tenir cura. ***2*** agombolar. || *v pron* cuidar-se.
cuita *f* aflicció.
culata *f* culata.
culebra *f* *zool* colobra.
culebrón *m* telesèrie (*f*)
culinario, ia *a* culinari.
culminar *v tr* i *intr* culminar.
culo *m* cul.
culpa *f* culpa.
culpable *a* culpable.
culpar *v tr* culpar.
cultivable *a* cultivable, conradís, conrador.
cultivación *f* *V* **cultivo**.
cultivador, a *a* i *s* conreador, cultivador (en general). || *s* conrador, conreador, cultivador (d'una terra).
cultivar *v tr* cultivar, conrear.
cultivo *m* cultiu, conreu, conró (*f*), cultura (*f*).
culto *m* culte.
cultura *f* ***1*** *V* **cultivo**. ***2*** cultura (coneixements, etc.).
cultural *a* cultural.
cumbre *f* *geog* *V* **cima** 1.
cumpleaños *m* natalici, aniversari.
cumplido, da *a* complit. || *m* compliment (expressió de cortesia).
cumplimentar *v tr* complimentar.
cumplimiento *m* compliment.
cumplir *v tr* ***1*** acomplir. ***2*** complir.
cúmulo *m* ***1*** cúmul (munt). ***2*** futral, futralada (*f*), gavadal. ***3*** cúmulus.
cuna *f* bressol (*m*), bressola.
cundir *v intr* ***1*** créixer (estendre's). ***2*** fer torna.
cuneta *f* cuneta.
cuña *f* falca, tascó (*m*), cuny (*m*), pitja.
cuñado, da *s* cunyat.
cuño *m* encuny.
cuota *f* quota, tant (*m*).
cuotidiano, na *a* *V* **cotidiano**.
cupo *m* quota (*f*).
cupón *m* cupó.
cúpula *f* *arq* cúpula.
cura *m* capellà.
cura *f*, **curación** *f* ***1*** *med* guariment (*m*), guarició. ***2*** *med* curació, cura.
curar *v tr* ***1*** guarir, sanar. ***2*** curar. ***3*** adobar (la carn).
curdo, da *a* i *s* curd, kurd.
cureña *f* curenya.
curia *f* cúria.
curiosear *v intr* ***1*** tafanejar. ***2*** furetejar.
curiosidad *f* ***1*** curiositat. ***2*** tafaneria.
curioso, sa *a* i *s* ***1*** curiós, tafaner (que sent curiositat). ***2*** curiós (que provoca la curiositat). ***3*** curiós (net, polit).
cursar *v tr* cursar.
cursi *a* cursi.
cursillo *m* curset.
cursiva *f* cursiva.
curso *m* ***1*** curs (camí recorregut o a recórrer). ***2*** curs (d'estudis, lliçons, etc.).
curtido *m* pell (*f*) adobada.
curtir *v tr* ***1*** adobar, assaonar. ***2*** *fig* colrar, rostir. ***3*** *fig* avesar (a una vida dura).
curva *f* ***1*** corba. ***2*** revolt (*m*) (de carretera).
curvar *v tr* i *pron* corbar.
curvo, va *a* corb.
cuscurro *m* crostó de pa.
cúspide *f* ***1*** *geog* pic (*m*), tuc (*m*), cúspide. ***2*** *geom* cúspide.
custodia *f* custòdia.
cutáneo, ea *a* *anat* cutani.
cutis *m* cutis.
cuyo, ya *pron* del qual (precedit d'"el" més el substantiu).

D

dable *a* donable.
dactilar *a* dactilar.
dádiva *f* do (*m*), regal (*m*).
dado *m* dau.
dador, a *a* i *s* dador.
dama *f* dama. || *f pl* dames (joc).
danés, esa *a* i *s* danès.
danza *f* dansa, ball (*m*).
danzar *v intr* i *tr* dansar, ballar.
dañar *v tr* danyar, noure.
dañino, na *a V* **dañoso**.
daño *m* ***1*** dany. ***2*** desprofit. ***3*** mal.
dañoso, sa *a* danyós, damnós, malfaent, nociu.
dar *v tr* ***1*** donar (cedir, concedir, lliurar, transferir). ***2*** donar (produir). ***3*** donar (un resultat). ***4*** donar, fer (organitzar i oferir). ***5*** donar (dictar, pronunciar, comunicar, expressar). ***6*** donar (subministrar). ***7*** fer (causar). ***8*** pegar. || *v intr* ***1*** tocar (un rellotge, una campana). ***2*** tocar (incidir el sol, l'aire, la pluja). || *v pron* ***1*** donar-se (esdevenir-se). ***2*** donar-se, retre's. ***3*** donar-se (proporcionar-se, procurar-se).
[*prep* seguida pel *v*] **dar a** (+ *s*) donar a (mirar a, obrir-se a). || **d. a luz** parir
dardo *m* dard.
dársena *f nàut* dàrsena.
data *f* data.
datar *v tr* i *intr* datar.
dátil *m bot* dàtil (fruit).
dativo *m gram* datiu.
dato *m* dada (*f*), claríc ia (*f*).
de *prep* de (o d' davant vocal precedida de h o no).
deambular *v intr* deambular.
debajo *prep* sota. || *adv* sota, dessota, al dessota, davall.
debate *m* debat.
debatir *v tr* debatre (discutir). || *v pron* debatre's.
debe *m* deure (en un compte corrent).
deber *m* deure.
deber *v tr* deure.
débil *a* ***1*** dèbil. ***2*** feble.
debilidad *f* ***1*** debilitat, feblesa, debilesa. ***2*** fal·lera.
debilitar *v tr* i *pron* debilitar, afeblir.
débito *m* dèbit.
década *f* dècada.
decadencia *f* decadència.
decaer *v intr* decaure, anar a menys.
decaimiento *m* decaïment, deixament, fallió.
decano, na *s* degà.
decantación *f* decantació, decantament (*m*) (d'un líquid).
decantar *v tr* ***1*** decantar (un líquid). ***2*** decantar, ponderar. || *v pron* decantar-se.
decapitar *v tr* decapitar, escapçar (llevar el cap a algú).
decena *f* desena.
decencia *f* decència.
decente *a* decent.
decepción *f* decepció.
decepcionar *v tr* decebre.
dechado *m fig* mirall (model, exemple).
decibel *m*, **decibelio** *m fís* decibel.
decidir *v tr* i *pron* decidir.
decimal *a* i *m* decimal.
decímetro *m* decímetre.
décimo, ma *a* desè. || *m* dècim.
decir *v tr* i *pron* dir.
decir *m* ***1*** *V* **dicho** 1. ***2*** dir (acció i efecte).
decisión *f* decisió.
decisivo, va *a* decisiu.
declamar *v tr* i *intr* declamar.
declaración *f* declaració.
declarar *v tr* i *pron* declarar. || *v intr jur* declarar.
declinación *f* declinació.
declinar *v tr* i *intr* declinar.
declive *m* declivi (*m*).
decomisar *v tr* comissar, decomissar.
decomiso *m jur* comís, decomís.
decoración *f* decoració.
decorado *m* ***1*** decoració (*f*) (d'una casa) ***2*** decorat.
decorar *v tr* decorar.
decorativo, va *a* decoratiu.
decoro *m* decòrum.
decoroso, sa *a* decorós.
decrecer *v intr* decréixer.
decrépito, ta *a* decrèpit.
decretar *v tr* decretar.
decreto *m* decret.
dedal *m* didal (per cosir).
dedicar *v tr* i *pron* dedicar.
dedicatoria *f* dedicatòria.
dedo *m anat* dit.
deducción *f* deducció.
deducir *v tr* deduir.
defecar *v tr* i *intr* defecar.
defección *f* defecció.
defecto *m* defecte.
defectuoso, sa *a* defectuós.
defender *v tr* i *pron* ***1*** defensar, defendre. ***2*** defendre (vedar).
defensa *f* defensa.
defensivo, va *a* defensiu. || *f* defensiva.
deferencia *f* deferència.

deficiencia *f* deficiència.
deficiente *a* i *s* deficient.
déficit *m* dèficit.
definición *f* definició.
definir *v tr* i *pron* definir.
definitivo, va *a* definitiu. || **en definitiva** *loc adv* en definitiva.
deformación *f* deformació.
deformar *v tr* deformar, desformar.
deforme *a* *1* deforme (lleig, desplaent). *2* diforme (desproporcionat). || *a* i *s* esguerrat.
deformidad *f* *1* deformitat (qualitat; persona o cosa). *2* diformitat (condició).
defraudar *v tr* defraudar.
defuera *adv* defora.
defunción *f* defunció.
degenerar *v intr* degenerar.
degollar *v tr* degollar.
degradación *f* degradació.
degradar *v tr* i *pron* degradar.
dehesa *f* devesa.
deidad *f* deïtat
dejadez *f* deixadesa.
dejado, da *a* i *s* deixat.
dejamiento *m* *1* deixament (negligència). *2* *V* **decaimiento.**
dejar *v tr* *1* deixar. *2* gicar, relinquir (abandonar). || *v pron* deixar-se. || **déjalo correr**; **déjalo estar** deixa-ho; deixa-ho córrer.
dejillo *m*, **dejo** *m* *1* deix (en el parlar). *2* deixat (regust).
delantal *m* davantal.
delante *adv* davant, al davant, enfront.
delantera *f* *1* davantera, avantguarda. *2* davantera (d'un equip).
delantero, ra *a* davanter, frontaler. || *s* davanter.
delatar *v tr* delatar.
delator, a *a* i *s* *1* delator. *2* *fam* espieta, delator.
delectación *f* *V* **deleite.**
delegación *f* delegació.
delegado, da *a* i *s* delegat.
delegar *v tr* delegar.
deleitar *v tr* delectar, delitar.
deleite *m* delectació (*f*), delectança (*f*), delit, adelitament.
deletéreo, ea *a* deleteri.
deletrear *v tr* lletrejar, confegir.
deleznable *a* *1* fràgil. *2* brèvol. *3* esmunyedís, escorredís.
delfín *m* *1* *zool* dofí (*gèn Delphinus*). *2* delfí (hereu).
delgadez *f* *1* primor, primesa. *2* primària. *3* esprimatxament (*m*).
delgado, da *a* prim.
deliberación *f* deliberació.
deliberar *v tr* i *intr* deliberar.
delicadeza *f* *1* delicadesa. *2* delicadura. || *f pl* delicadeses, delicadures.
delicia *f* delícia.
delicioso, sa *a* deliciós.
delimitar *v tr* delimitar, termenar.
delincuencia *f* delinqüència.
delincuente *s* delinqüent.
delinear *v tr* delinear.
delinquir *v intr* delinquir.
deliquio *m* *V* **desfallecimiento.**
delirante *a* delirant.
delirar *v intr* delirar.
delirio *m* deliri.
delito *m jur* delicte.
delta *m geog* delta (d'un riu).
demacrado, da *a* demacrat.
demagogia *f* demagògia.
demanda *f* demanda.
demandar *v tr jur* demandar.
demarcación *f* demarcació.
demás *a* tots els altres, qualsevol. || **los d.** els altres, tots els altres, els restants, la resta. || **lo d.** la resta, el restant.
demasía *f* demesia. || **en d.** excessivament, massa.
demasiado, da *a* demesiat. || *adv* *V* **en demasía.**
demencia *f med* demència, follia, follor.
demente *a* i *s* dement, foll.
democracia *f* democràcia.
demografía *f* demografia.
demoler *v tr* demolir, derrocar, enderrocar, derruir.
demonio *m* *V* **diablo**.
demora *f* *1* demora. *2* demor (*m*).
demorar *v tr* retardar, demorar. || *v intr* demorar (fer estada).
demostración *f* *1* demostració. *2* demostrança.
demostrar *v tr* demostrar.
demostrativo, va *a* i *m* demostratiu.
denegación *f* denegació, negativa, refús (*m*).
denegar *v tr* denegar, refusar.
denigrar *v tr* denigrar.
denodado, da *a* abrivat.
denominar *v tr* denominar.
denostar *v tr* injuriar, aporrinar, apitrar.
denotar *v tr* denotar.
densidad *f fís* densitat.
denso, sa *a* dens.
dentadura *f* dentadura.
dentellada *f* dentada, dentegada.
dentición *f anat* dentició.
dentífrico, ca *a* i *m* dentifrici.
dentista *s* dentista.
dentro *adv* dins, dintre.
denuedo *m* abrivament, bravura (*f*), bravesa (*f*), bravor (*f*).
denuesto *m* injúria (*f*).
denuncia *f* denúncia.
denunciar *v tr* denunciar.
deparar *v tr* *1* fornir, proporcionar. *2* presentar (oferir).
departamento *m* departament.
departir *v intr* departir, conversar, conversejar.
depauperar *v tr* depauperar.
dependencia *f* dependència.
depender *v intr* dependre.
dependienta *f* dependenta (d'una botiga).
dependiente *a* dependent. || *m* dependent (d'una botiga).
depilación *f* depilació.
depilar *v tr* depilar.

deplorable *a* deplorable.
deplorar *v tr* deplorar.
deponer *v tr 1* deposar (abandonar, renunciar a). *2* deposar (dipositar, col·locar). *3* deposar (destituir). || *v tr* i *intr* deposar (declarar).
deportación *f* deportació.
deportar *v tr* deportar || *v pron 1* deportar-se. *2* esbargir-se.
deporte *m* esport.
deportivo, va *a* esportiu.
deposición *f* deposició.
depositar *v tr* dipositar.
depósito *m* dipòsit.
depravar *v tr* depravar.
depreciar *v tr* i *pron* depreciar.
depresión *f* depressió.
deprimente *a* depriment.
deprimir *v tr* i *pron* deprimir.
depurar *v tr* depurar.
derecha *f V* **diestra**.
derechista *a* i *s* dretà.
derecho, cha *a* dret. || *m 1* dret (ciència jurídica). *2* sendera (*f*), sender, senda (*f*).
derechura *f* dretor, dretura.
deriva *f* deriva.
derivar *v tr* i *intr* derivar.
derogar *v tr* derogar.
derramar *v tr 1* vessar. *2* derramar (repartir). || *v pron* vessar-se (un recipient).
derrapar *v intr* derrapar.
derredor *m* entorn, contorn, engir. || **en d.** a l'entorn, al voltant.
derretimiento *m* fosa (*f*).
derretir *v tr* fondre. || *v pron* fondre's.
derribar *v tr 1 V* **demoler**. *2* abatre. *3* estassar, aterrar, tirar.
derrochar *v tr* malgastar.
derroche *m 1* malbaratament. *2* desfet.
derrota *f 1 nàut* rumb (*m*). *2* derrota.
derrotar *v tr* derrotar (vèncer).
derrotero *m 1 nàut V* **derrota** 1. *2 fig* direcció (*f*).
derrotismo *m* derrotisme.
derruir *v tr V* **demoler**.
derrumbar *v tr* estimbar. || *v pron* ensulsiar-se, esllavissar-se, enfonsar-se, ensorrar-se.
desaborido, da *a* insípid, insuls, dessabeït.
desabotonar *v tr* desbotonar, descordar (els botons).
desabrido, da *a V* **desaborido**.
desabrigar *v tr* i *pron* desabrigar.
desabrochar *v tr 1* descordar. *2 V* **desabotonar**.
desacato *m* desacatament.
desacertado, da *a* desencertat.
desacierto *m* desencert, malencert.
desacostumbrar *v tr* i *pron* desacostumar, desavesar, deshabituar, desvesar.
desacreditar *v tr* i *pron* desacreditar.
desacuerdo *m* desacord, desacordança (*f*).
desafectar *v tr* desafectar.
desafiar *v tr* desafiar.
desafinar *v tr* i *intr mús* desafinar.
desafío *m 1* desafiament. *2 V* **duelo** 1.
desaforado, da *a* forassenyat.
desafortunado, da *a* desafortunat.
desafuero *m* desafur.
desagradable *a 1* desagradable. *2* descomplaent. *3* malgustós.
desagradar *v intr 1* desagradar. *2* descomplaure.
desagradecer *v tr* desagrair.
desagradecido, da *a* i *s* desagraït, malagraït.
desagrado *m* desgrat.
desagravio *m* desgreuge.
desaguadero *m* desguàs.
desaguar *v tr* desguassar (treure l'aigua). || *v intr* desguassar (un corrent d'aigua).
desagüe *m 1* desguàs (acció). *2 V* **desaguadero**.
desahogado, da *a 1 V* **descarado**. *2 fig* folgat (benestant).
desahogar *v tr* alleujar (algú) dels treballs, les penes, etc. || *v pron fig* desfogar-se, esbravar-se.
desahogo *m 1* alleujament de la pena, del treball, etc. *2 fig* esbravament, esplai.
desahuciar *v tr* desnonar.
desahucio *m jur* desnonament, comiat.
desairado, da *a 1 V* **desgarbado**. *2* desairós.
desaire *m* manca de gentilesa o de gràcia.
desajuste *m* desajust.
desalado, da *a* adelerat.
desalentar *v tr 1* descoratjar, desencoratjar. *2* desesmar. || *v pron* desalenar-se.
desaliento *m 1* descoratjament, descoratge, desànim. *2* desesma (*f*), desesme.
desaliñado, da *a 1* desendreçat. *2* esplomatgegat.
desaliñar *v tr* desendreçar.
desaliño *m* desendreçament.
desalmado, da *a 1* mancat de consciència. *2* malvat, malànima. || *s* malànima.
desalojamiento *m* desallotjament.
desalojar *v tr* i *intr* desallotjar.
desalterar *v tr* desalterar (calmar).
desamortizar *v tr* desamortitzar.
desamparar *v tr* desemparar.
desamparo *m* desemparament, desemparança (*f*).
desangrar *v tr* i *pron* dessagnar. || *v pron* escolar-se.
desanimar *v tr 1* desanimar. *2* desesmar. || *v pron* desanimar-se.
desánimo *m V* **desaliento**.
desaparecer *v tr* desaparèixer.
desaparición *f* desaparició.
desaprensivo, va *a* desaprensiu.
desaprobación *f* desaprovació.
desaprobar *v tr* desaprovar.
desaprovechar *v tr* desaprofitar.
desarmar *v tr* i *intr* desarmar.
desarme *m* desarmament.
desarraigar *v tr* i *pron* desarrelar.
desarreglar *v tr* desarreglar, desagençar, desarranjar.
desarreglo *m* desarreglament, desagençament, desarranjament.
desarrollar *v tr 1 V* **desenrollar**. *2* desenvolupar, desenrotllar. || *v pron* desenrotllar-se, desenvolupar-se.
desarrollo *m* desenvolupament, desenrotllament.
desarticular *v tr* desarticular.

desaseado, da *a V* **desaliñado** 1.
desasear *v tr V* **desaliñar**.
desaseo *m V* **desaliño**.
desasir *v tr* i *pron* desagafar (desprendre).
desasistir *v tr V* **desamparar**.
desasosegar *v tr* i *pron 1* desassossegar. *2* neguitejar.
desasosiego *m 1* desassossec. *2* neguit.
desastre *m* desastre.
desastroso, sa *a* desastrós.
desatar *v tr* i *pron* deslligar. || *v pron fig* desencadenar-se.
desatender *v tr* desatendre.
desatinado, da *a* esmaperdut.
desatino *m 1 V* **desacierto.** *2* atzagaiada (*f*), endemesa (*f*).
desautorización *f* desautorització.
desautorizar *v tr* desautorizar.
desavenencia *f* desavinença.
desayunar *v tr* prendre per a esmorzar. || *v tr* i *pron* desdejunar, esmorzar.
desayuno *m* desdejuni, esmorzar.
desbandada *f* desbandada.
desbandarse *v pron* desbandar-se.
desbarajuste *m* desgavell, desgavellament.
desbaratar *v tr* desbaratar. || *v intr* dir bestieses.
desbordamiento *m* desbordament.
desbordar *v tr*, *intr* i *pron* desbordar.
desbrevarse *v pron* esbravar-se (un líquid).
desbrozar *v tr* esbrollar, esbrossar, desbrollar, desbrossar.
descabalgar *v intr* descavalcar, desmuntar.
descabellar *v tr V* **despeinar**.
descabezar *v tr 1 V* **decapitar**. *2* escabotar.
descaecer *v intr 1* decandir-se (*pron*). *2* anar a menys (el poder, l'autoritat).
descaecimiento *m* candiment.
descafeinar *v tr quím* descafeïnar.
descalabradura *f* trenc (*m*), xiribec (*m*).
descalabro *m* daltabaix, desfeta (*f*).
descalificación *f* desqualificació.
descalificar *v tr* desqualificar.
descalzar *v tr* i *pron* descalçar.
descalzo, za *a* descalç.
descambiar *v tr* descanviar, bescanviar, escanviar.
descaminar *v tr* descaminar, esgarriar.
descampado *m* camp obert, descampat.
descansar *v intr* descansar.
descansillo *m* replà, saplà (d'escala).
descanso *m 1* descans (repòs, quietud). *2 V* **descansillo**.
descarado, da *a* i *s* descarat.
descaramiento *m V* **descaro**.
descararse *v pron* descarar-se.
descarga *f 1* descàrrega, descarregada. *2 mil* descàrrega (d'armes de foc). *3* descàrrega (elèctrica). *4 fig* descàrrega.
descargar *v tr* i *intr* descarregar.
descargo *m jur* descàrrec.
descarnar *v tr* descarnar.
descaro *m* descaradura (*f*).
descarriar *v tr 1 V* **descaminar**. *2* esgarriar (alguna bèstia).
descarrilamiento *m* descarrilament.
descarrilar *v intr* descarrilar.
descarte *m* descart.
descendencia *f* descendència.
descendente *a* descendent.
descender *v tr 1* davallar. *2* baixar. || *v intr* descendir, baixar.
descendiente *a V* **descendente**. || *s* descendent.
descendimiento *m* davallada (*f*), descens, descendiment, descensió (*f*), davallament.
descenso *m 1* descens. *2 V* **descendimiento.**
descentralización *f* descentralització.
descentralizar *v tr* descentralitzar.
descentrar *v tr* i *pron* descentrar.
descerrajar *v tr* espanyar, despanyar.
descifrar *v tr* desxifrar.
descocado, da *a V* **descarado**.
descocar *v tr agr* escucar. || *v pron fam* descarar-se.
descoco *m V* **descaro**.
descodificar *v tr* descodificar.
descolgar *v tr* i *pron* despenjar.
descolocar *v tr* descol·locar.
descombrar *v tr* desenrunar.
descombro *m* desenrunament.
descomponer *v tr* i *pron* descompondre.
descomposición *f* descomposició.
descompostura *f 1 V* **descomposición**. *2 V* **desaliño**. *3 V* **descaro**.
descomunal *a* descomunal.
desconcertar *v tr* desconcertar, destarotar.
desconchado *m* esvoranc, escrostonament (en una paret).
desconchar *v tr* i *pron* esvorancar, escrostonar (una paret).
s *m* desconcert.
desconectar *v tr* desconnectar.
desconfianza *f* desconfiança, malfiança.
desconfiar *v tr* desconfiar, malfiar-se (*pron*).
descongelar *v tr* descongelar.
desconocer *v tr* desconèixer.
desconocido, da *a* i *s* desconegut.
desconocimiento *m* desconeixement, desconeixença (*f*).
desconsolar *v tr* desconsolar.
desconsuelo *m 1* desconsol, desconsolació (*f*). *2* mal de cor.
descontar *v tr* descomptar.
descontentamiento *m V* **descontento** (*m*).
descontento, ta *a* descontent, malcontent. || *m* descontentament, malcontentament.
descorazonar *v tr V* **desalentar** 1. || *v pron* descoratjar-se.
descorchador *m* llevataps, tirabuixó.
descorchar *v tr 1* llevar (el suro de les sureres). *2* destapar (una ampolla).
descorrer *v tr* descórrer, escórrer.
descortezar *v tr agr* escorçar, escorxar, pelar.
descoser *v tr* i *pron* descosir.
descosido, da *a* i *m* descosit.
descotar *v tr* escotar.
descote *m* escotat, escot, escotadura (*f*), escollat, escolladura (*f*) (tall, obertura).
descrédito *m* descrèdit.

descreído, da *a* descreient, menyscreient. || *s* descregut.
describir *v tr* descriure.
descripción *f* descripció.
descriptivo, va *a* descriptiu.
descuartizar *v tr* esquarterar.
descubierto, ta *a* descobert. || *m* descobert. || **al d.** al descobert. || **en d.** en descobert.
descubrimiento *m* descobriment, descoberta (*f*).
descubrir *v tr* descobrir.
descuento *m* descompte.
descuidado, da *a 1* descurat, desacurat. *2* descurós, malcurós.
descuidar *v tr* descurar.
descuido *m 1* descuit. *2* descurança (*f*), badada (*f*).
desde *prep* des, des de, d'ençà de, de... ençà. || **d. luego** naturalment; no cal dir-ho; no cal dir que; és clar. || **d. que** des que, d'ençà que.
desdecir *v intr* i *pron* desdir.
desdén *m* desdeny.
desdeñar *v tr* desdenyar.
desdeñoso, sa *a* i *s 1* desdenyós. *2 fig* desmenjat.
desdicha *f 1* dissort. *2 V* **desventura**.
desdichado, da *a 1* dissortat. *2 V* **desventurado**.
desdoblamiento *m* desdoblament.
desdoblar *v tr 1* desdoblegar. *2* desdoblar.
desdoro *m 1* desdaurament. *2 fig* deslluïment.
desear *v tr* desitjar.
desecar *v tr* i *pron* dessecar.
desechar *v tr 1* rebutjar, excloure. *2 fig* llençar.
desecho *m 1* rebuig, repussall, rebutjall. *2* deixalla (*f*).
desembalar *v tr* desembalar.
desembarazar *v tr 1* desembarassar. *2* desenganyar. || *v pron* desempallegar-se.
desembarazo *m 1* desembaràs. *2* desembarassament, desempallegament.
desembarcar *v tr* desembarcar.
desembarco *m*, **desembarque** *m* desembarcament.
desembocadura *f* desembocadura, desguàs (*m*).
desembocar *v intr* desembocar.
desembolsar *v tr* desemborsar, desembossar, desembutxacar.
desembolso *m* desembors, desembós.
desempatar *v tr* desempatar.
desempate *m* desempat.
desempeñar *v tr 1* desempenyorar. *2* acomplir, fer.
desempolvar *v tr* desempolsar, desempolsegar, espolsar.
desencadenar *v tr* i *pron* desencadenar.
desencajar *v tr* i *pron* desencaixar..
desencallar *v tr* desencallar.
desencaminar *v tr* desencaminar, descarrerar, desencarrilar.
desencantamiento *m V* **desencanto**.
desencantar *v tr* i *pron* desencantar, desencisar.
desencanto *m* desencantament, desencant, desencís.
desenchufar *v tr* desendollar.
desenfado *m 1 V* **desenvoltura**. *2* esplai (*m*) o diversió (*m*) de l'ànim.
desenfocar *v tr* desenfocar.
desenfreno *m* desenfrenament.
desengañar *v tr* i *pron* desenganyar.
desengaño *m* desengany.
desenlace *m* desenllaç.
desenlazar *v tr* desenllaçar.
desenredar *v tr* desembolicar, desenredar.
desenrollar *v tr* descargolar, desenrotllar (el que està cargolat).
desenroscar *v tr* i *pron 1* descollar. *2* desentortolligar.
desentenderse *v pron* desentendre's.
desenterrar *v tr* desenterrar, descolgar.
desentrañar *v tr 1* desentranyar. *2 fig* esbrinar, desbrinar. || *v pron fig* desentranyar-se.
desentumecer *v tr* i *pron* desembalbar, desembalbir, desbalbar.
desenvoltura *f* desimboltura.
desenvolver *v tr 1 V* **desliar**. *2* desembolcar, desembolcallar. *3 V* **desenrollar**. *4 fig V* **desarrollar** 2.
desenvuelto, ta *a* desimbolt.
deseo *m* desig (acció de desitjar).
deseoso, sa *a* desitjós.
desequilibrar *v tr* i *pron* desequilibrar.
desequilibrio *m* desequilibri.
deserción *f* deserció.
desertar *v intr* desertar.
desértico, ca *a V* **desierto** 1.
desertor, a *a* i *s* desertor.
desescombrar *v tr V* **descombrar**.
desescombro *m V* **descombro**.
desesperación *f* desesperació, desesper (*m*).
desesperanza *f* desesperança.
desesperanzador, a *a* desesperançador.
desesperanzar *v tr* desesperançar, desesperar.
desesperar *v tr* i *intr 1 V* **desesperanzar**. *2* desesperar (causar la desesperació). || *v pron* desesperar-se.
desestimar *v tr 1* desestimar. *2 V* **denegar**.
desfachatez *f V* **descaro**.
desfalco *m* desfalc, desfalcament.
desfallecer *v tr* i *intr* defallir.
desfallecimiento *m* defalliment, defallença (*f*), deliqui.
desfavorable *a* desfavorable.
desfavorecer *v tr 1* desfavorir. *2* desparençar.
desfigurar *v tr* i *pron 1* desfigurar. *2* desparençar.
desfiladero *m geog* congost, frau (*f*), afrau (*f*), osca (*f*), gorja (*f*).
desfilar *v intr* desfilar (en formació).
desfile *m* desfilada (*f*), mostra (*f*).
desfogar *v tr* i *intr* desfogar.
desgaire *m* gest de menyspreu.
desgajar *v tr 1* esqueixar (una branca). *2* escuixar.
desgana *f* desgana, desmenjament (*m*).
desganado, da *a* desganat, desmenjat.
desganar *v tr* desganar. || *v pron* desganar-se, desmenjar-se.
desgañitarse *v pron* esgargamellar-se.
desgarbado, da *a* desairós, malairós.
desgarrado, da *a fig* esqueixat.

desgarrar *v tr* esquinçar, estripar, esbellegar.
desgastar *v tr* i *pron* desgastar.
desgaste *m* desgast.
desgracia *f* desgràcia.
desgraciado, da *a* i *s* desgraciat.
desgraciar *v tr* i *pron* desgraciar.
desguace *m* desballestament (d'una nau, d'un automòbil).
desguarnecer *v tr* desguarnir.
deshabitado, da *a* deshabitat.
deshabitar *v tr* deshabitar.
deshabituar *v tr V* **desacostumbrar**.
deshacer *v tr* i *pron* desfer.
deshecho *m* devessall, desfet.
deshelar *v tr* i *pron* desglaçar, desgelar.
desheredar *v tr* desheretar.
deshidratar *v tr* i *pron* deshidratar.
deshielo *m* desglaç, desglaçament, desgel.
deshinchar *v tr* i *pron* ***1*** desinflar. ***2*** desembotornar.
deshojar *v tr* i *pron* esfullar, desfullar.
deshonesto, ta *a* deshonest.
deshonor *m* deshonor.
deshonra *f* deshonra.
deshonrar *v tr* i *pron* deshonrar.
deshora *f* deshora. ‖ **a d.** (o **deshoras**) *loc adv* a deshora; fora d'hora.
deshuesar *v tr* desossar.
deshumanizar *v tr* i *pron* deshumanitzar.
desidia *f* desídia.
desidioso, sa *a* desidiós.
desierto, ta *a* ***1*** desert. ***2*** *fig* desert. ‖ *m* desert.
designar *v tr* designar.
designio *m* designi.
desigual *a* desigual.
desigualdad *f* desigualtat.
desilusión *f* desil·lusió.
desilusionar *v tr* i *pron* desil·lusionar.
desinfectante *a* i *m* desinfectant.
desinfectar *v tr* desinfectar.
desinflar *v tr* desinflar. ‖ *v pron* esventegar-se, desinflar-se.
desintegración *f* desintregació.
desintegrar *v tr* i *pron* desintegrar.
desinterés *m* desinterès.
desinteresar *v tr* i *pron* desinteressar.
desistir *v intr* desistir.
desleal *a* deslleial.
deslealtad *f* deslleialtat.
deslenguado, da *a* llengut, llenguerut.
desliar *v tr* desembolicar (el que està embolicat).
desligar *v tr V* **desatar**.
deslindar *v tr* termenar, atermenar, partionar.
desliz *m* ***1*** *V* **deslizamiento**. ***2*** *fig* relliscada (*f*) (caiguda en falta).
deslizamiento *m* ***1*** relliscada (*f*), lliscada (*f*). ***2*** escorriment, esmunyiment.
deslizar *v tr* esmunyir. ‖ *v pron* ***1*** relliscar (*intr*), resquitllar (*intr*), lliscar (*intr*), llenegar (*intr*). ***2*** escórrer-se, esmunyir-se.
deslucir *v tr* deslluir.
deslumbrar *v tr* enlluernar.
desmantelar *v tr* desmantellar.
desmañado, da *a* desmanyotat.
desmayado, da *a* desmaiat.
desmayar *v tr* i *pron* desmaiar.
desmayo *m* ***1*** *med* desmai, basca (*f*). ***2*** acubament. ***3*** *bot* desmai (*Salix babylonica*).
desmedrado, da *a* desnerit, migrat, mínvol, neulit.
desmedrar *v tr* malmetre. ‖ *v pron* ***1*** neulir-se. ***2*** rebordonir-se.
desmedro *m* ***1*** neuliment. ***2*** rebordoniment.
desmejorar *v tr* ***1*** desmillorar. ***2*** desparençar. ‖ *v pron* desmillorar-se, pedrejar-se.
desmembrar *v tr* i *pron* desmembrar.
desmentir *v tr* desmentir.
desmenuzar *v tr* ***1*** esmicolar, esbocinar, capolar. ***2*** concassar. ***3*** trinxar. ‖ *v pron* esmicolar-se, esbocinar-se.
desmerecer *v tr* i *intr* desmerèixer.
desmesura *f* desmesura.
desmilitarizar *v tr* desmilitaritzar.
desmitificar *v tr* desmitificar.
desmochar *v tr* esmotxar, escapçar.
desmontar *v tr* ***1*** desboscar, desforestar (despullar de bosc). ***2*** rebaixar (un terreny). ***3*** desmuntar. ‖ *intr V* **descabalgar**.
desmoralización *f* desmoralització.
desmoralizar *v tr* i *pron* desmoralitzar.
desmoronar *v tr* corroir. ‖ *v pron* esllavissar-se, esfondrar-se, ensulsiar-se, ensorrar-se, enfonsar-se.
desmovilización *f* desmobilització.
desmovilizar *v tr* desmobilitzar.
desnatar *v tr* desnatar.
desnivel *m* desnivell.
desnivelar *v tr* desnivellar.
desnucar *v tr* i *pron* desnucar.
desnudar *v tr* i *pron V* **desvestir**.
desnudez *f* nuesa, nuditat.
desnudo, da *a* nu, despullat. ‖ *m* nu.
desnutrición *f med* desnutrició.
desobedecer *v tr* desobeir.
desobediencia *f* desobediència.
desobediente *a* desobedient, malobedient, malcreient.
desocupación *f* ***1*** desocupació (acte de desocupar). ***2*** desocupació, desenfeinament (*m*), desvagament (*m*).
desocupado, da *a* ***1*** desocupat, buit. ***2*** badívol. ***3*** desenfeinat, desaqueferat, desqueferat, desvagat.
desocupar *v tr* desocupar.
desodorante *a* i *m* desodorant.
desoír *v tr* desoir.
desolación *f* desolació.
desolar *v tr* i *pron* desolar.
desollar *v tr* espellar, escorxar.
desorbitar *v tr* i *pron* desorbitar.
desorden *m* ***1*** desordre. ***2*** *fam* cacau.
desordenado, da *a* desordenat, malordenat.
desordenar *v tr* i *pron* desordenar.
desorganización *f* desorganització.
desorganizar *v tr* i *pron* desorganitzar.
desorientar *v tr* i *pron* desorientar.
desosar *v tr V* **deshuesar**.
desovillar *v tr* descabdellar.

despabilado, da *a* eixerit, espavilat.
despabilar *v tr 1* esmocar, mocar, espavilar (un llum). *2* espavilar, deixondir. || *v pron* deixondir-se (despertar).
despachar *v tr* despatxar. || *v intr* apressar-se (*pron*), cuitar, afanyar-se (*pron*). || *v pron* desempallegar-se.
despacho *m* despatx.
despachurrar *v tr* esbotzar.
despacio *adv* a poc a poc; xau-xau.
despacioso, sa *a* triganer, trigós.
despanzurrar *v tr* esventrar.
desparejar *v tr 1* desparellar, desaparionar, desparionar. *2* desapariar, despariar.
desparejo, ja *a* despurió.
desparpajado, da *a* deseixit.
desparpajo *m* desimboltura.
desparramar *v tr* escampar.
despatarrante *a* espatarrant, espaterrant.
despatarrar *v tr 1* eixancarrar, eixancar, eixarrancar. *2 fig* espatarrar, espaterrar. || *v pron* eixancarrar-se, eixancar-se, eixarrancar-se.
despavorir *v intr* esglaiar. || *v pron* esglaiar-se.
despechar *v tr* despitar.
despecho *m* despit. || **a d.** a despit.
despechugar *v tr* llevar el pit d'una au. || *v pron* espitregar-se.
despedazar *v tr* trossejar, esbocinar.
despedida *f 1* comiat (*m*), adéu (*m*). *2* comiat (*m*), acomiadament (*m*).
despedir *v tr 1* llançar, gitar. *2* donar comiat, acomiadar. *3* acomiadar, dir adéu. *4* foragitar. || *v pron* acomiadar-se, prendre comiat.
despegado, da *a* esquerp (en el tracte).
despegar *v tr 1* desenganxar. *2* desagafar. *3 aviac* envolar-se (*pron*), enlairar-se (*pron*).
despegue *m aviac* envol, enlairament.
despeinar *v tr* i *pron* despentinar.
despejado, da *a 1 V* **desenvuelto**. *2 V* **despabilado**. *3 V* **desocupado** 2. *4* espaiós.
despejar *v tr 1 V* **desembarazar** 1. *2 fig* posar en clar. || *v pron* esclarir-se, arrasir-se (el cel, etc.).
despejo *m 1 V* **desembarazo** 2. *2* deseiximent (condició).
despeluzar *v tr* descabellar. || *v pron* eriçar-se.
despeluznante *a* esborronant, horripilant.
despeluznar *v tr* horripilar.
despenalizar *v tr* despenalitzar.
despensa *f* rebost (*m*).
despeñadero *m* timba (*f*), timbera (*f*), precipici, estimball.
despeñar *v tr* i *pron* estimbar, despenyar.
desperdiciar *v tr 1* malbaratar, malgastar. *2 V* **desaprovechar**.
desperdicio *m 1* malbaratament. *2* deixies (*f pl*). || *m pl* deixalles (*f*).
desperdigar *v tr* escampar, disseminar.
desperfecto *m* espatlladura (*f*), desperfecte.
despertador, a *a* i *s* despertador. || *m* despertador (rellotge).
despertar *v tr, intr* i *pron* despertar.
despiadado, da *a* despietat.
despido *m V* **despedida** 2.
despierto, ta *a 1* despert. *2 fig* despert, deseixit (eixerit).
despilfarrar *v tr* malversar, malbaratar, balafiar.
despilfarro *m* malversació (*f*), malbaratament, balafiament, balafiu.
despintar *v tr* i *pron* despintar.
despistar *v tr* i *pron* despistar.
despiste *m 1* distracció (*f*). *2* confusió (*f*).
desplazamiento *m* desplaçament.
desplazar *v tr* i *pron* desplaçar.
desplegar *v tr* i *pron* desplegar.
despliegue *m* desplegament.
desplomar *v tr* sobreplomar. || *v pron* desplomar-se.
desplumar *v tr 1* plomar. *2 fig* plomar (algú del seu diner).
despoblado, da *a* i *m* despoblat.
despoblar *v tr* despoblar.
despojo *m 1* despullament (acció). *2* despulla (*f*) (*esp* d'un animal). *3 fig* despulla (*f*). || *m pl* desferra (*f sing*), despulles (*f*).
desposar *v tr* i *pron* esposar, casar.
desposeer *v tr* i *pron* desposseir.
déspota *s* dèspota.
despótico, ca *a* despòtic.
despotricar *v intr* malparlar.
despreciable *a* menyspreable.
despreciar *v tr* menysprear.
desprecio *m* menyspreu, menyspreament, menyspreança (*f*).
desprender *v tr* desprendre. || *v pron 1* desprendre's (desunir-se). *2* desprendre's, deseixir-se.
desprendido, da *a* desprès.
despreocuparse *v pron* despreocupar-se, desencaboriar-se.
desprevenido, da *a* desprevingut.
despropósito *m* despropòsit.
desproveer *v tr* desproveir.
desprovisto, ta *a* desproveït.
después *adv* després, aprés.
despuntar *v tr 1* espuntar, despuntar. *2 agr* brullar. *3* traspuntar.
desquiciar *v tr 1* treure de polleguera (una cosa). *2* desballestar, desguitarrar.
desquitar *v tr* rescabalar. || *v pron 1* revenjar-se. *2* resquitar-se, rescabalar-se.
desquite *m* revenja (*f*).
desrazonable *a* desenraonat.
destacamento *m mil* destacament.
destacar *v tr, intr* i *pron* destacar.
destapar *v tr* destapar (treure la tapa). || *v pron* destapar-se.
destartalado, da *a* desmarxat.
destartalar *v tr* esgavellar, esbalandrar, desmanegar.
destellar *v intr* llampeguejar.
destello *m* llampada (*f*), llampec (de llum).
destemplado, da *a* destemperat.
destemplar *v tr* destrempar, destemprar.
desteñir *v tr* i *pron* destenyir, destintar.
desternillarse *v pron* trencar-se, petar-se (de riure).
desterrar *v tr 1* exiliar, bandejar, desterrar. *2* desterrar (les arrels).

a destiempo *loc adv* fora de temps, inoportunament.
destierro *m* bandeig, bandejament, exili, desterrament.
destilación *f* destil·lació.
destilar *v tr* i *intr* destil·lar.
destilería *f* destil·leria.
destinación *f* destinació (acció).
destinar *v tr* destinar.
destino *m* ***1*** destí. ***2*** destinació (*f*) (lloc).
destitución *f* destitució.
destituir *v tr* destituir.
destornillador *m* tornavís.
destornillar *v tr* descargolar.
destreza *f* destresa.
destripar *v tr* esbudellar, estripar, desbudellar, esventrar.
destronar *v tr* destronar.
destrozar *v tr* ***1*** destrossar. ***2*** esbardellar.
destrozo *m* destrossa (*f*).
destrucción *f* destrucció.
destructor, a *a* i *s* destructor. || *m nàut* destructor.
destruir *v tr* destruir.
desunión *f* desunió.
desunir *v tr* i *pron* desunir.
desusado, da *a* desusat.
desuso *m* desús, desuetud (*f*).
desvaído, da *a* ***1*** prim i malairós. ***2*** pàl·lid (dit d'un color).
desvainar *v tr* esbajocar, estavellar.
desvalido, da *a* i *s* desvalgut.
desvalijar *v tr* desvalisar.
desvalorar *v tr* desvalorar (llevar el valor).
desvalorizar *v tr* desvalorar (disminuir el valor).
desván *m arq* golfa (*f*), antosta (*f*).
desvanecer *v tr* esvair. || *v pron* ***1*** esvanir-se, esvair-se. ***2*** acubar-se.
desvanecimiento *m* ***1*** esvaïment. ***2*** esvaniment. ***3*** acubament.
desvariar *v intr* desvariar, desvariejar.
desvarío *m* desvari, desvariejament.
desvelar *v tr* i *pron* desvetllar.
desvelo *m* desvetllament.
desvencijar *v tr V* **desquiciar** 2. || *v tr* i *pron* esgavellar.
desventaja *f* desavantatge (*m*).
desventura *f* desventura, malaventura, malaurança.
desventurado, da *a* desventurat, malaventurat, malaurat.
desvergonzado, da *a* i *s* desvergonyit.
desvergonzarse *v pron* desvergonyir-se.
desvergüenza *f* desvergonyiment (*m*).
desvestir *v tr* i *pron* desvestir, despullar.
desviación *f*, **desviamiento** *m* desviació (*f*), desviament (*m*).
desviar *v tr* i *pron* desviar, trasviar.
desvío *m* *V* **desviación**.
desvirgar *v tr vulg* desvirgar.
desvirtuar *v tr* desvirtuar.
desvivirse *v pron* escarrassar-se, esfreixurar-se.
detallar *v tr* detallar.
detalle *m* detall.
detectar *v tr* detectar.
detective *s* detectiu.
detector, a *a* i *s* detector.
detención *f* ***1*** detenció, arrest (*m*). ***2*** *V* **detenimiento**.
detener *v tr* ***1*** detenir, deturar, aturar, parar (impedir). ***2*** detenir (guardar). ***3*** detenir, arrestar, agafar. || *v pron* detenir-se (no moure's).
detenido, da *a* i *s* detingut.
detenimiento *m* deteniment, detenció (*f*) (dilació; minuciositat).
detergente *a* i *m* detergent.
deterioración *f* deterioració, deteriorament (*m*).
deteriorar *v tr* i *pron* deteriorar.
deterioro *m* *V* **deterioración**.
determinación *f* ***1*** determinació, determini (*m*) (acció i efecte). ***2*** determinació (qualitat).
determinar *v tr* determinar. || *v pron* determinar-se (decidir-se).
detestar *v tr* detestar.
detonación *f* detonació.
detonador *m* detonador.
detonar *v intr* detonar.
detractor, a *a* i s detractor.
detrás *adv* darrere, darrera, rere, rera. || *m* darrere, darrera.
detrimento *m* detriment.
detrito *m*, **detritus** *m* detritus, detrit.
deuda *f* deute (*m*).
deudo, da *s* parent. || *m* parentiu, parentat.
deudor, a *a* i *s* deutor.
devaluación *f* devaluació.
devaluar *v tr* devaluar.
devanar *v tr* debanar.
devanear *v intr* delirar, desvariejar, desvariar.
devaneo *m* ***1*** deliri, desvari, desvariejament. ***2*** amor passatger, encaterinament.
devastación *f* devastació.
devastar *v tr* devastar.
devengar *v tr* meritar (una retribució).
devoción *f* devoció.
devolución *f* devolució.
devolver *v tr* ***1*** tornar, restituir, retre. ***2*** *fam* vomitar.
devorador, a *a* i *s* devorador.
devorar *v tr* devorar.
devoto, ta *a* i *s* devot.
día *m* dia, jorn.
diabetes *f med* diabetis.
diabético, ca *a* i *s med* diabètic.
diabla *f* diablessa.
diablo *m* diable, dimoni.
diabólico, ca *a* diabòlic, dimonial.
diácono *m* diaca.
diadema *f* diadema.
diáfano, na *a* diàfan.
diafragma *m* diafragma.
diagnosis *f med* diagnosi, diagnòstic (*m*).
diagnosticar *v tr* diagnosticar.
diagnóstico, ca *a* i *m med* diagnòstic.
diagonal *a* i *f* diagonal.
diagrama *m* diagrama.
dial *m* dial.

dialéctica *f* dialèctica.
dialéctico, ca *a* i *s* dialèctic.
dialecto *m* dialecte.
diálisis *f med* diàlisi.
dialogar *v intr* dialogar (conversar).
diálogo *m* diàleg.
diamante *m* diamant.
diámetro *m geom* diàmetre.
diana *f* diana.
diantre *m* diantre, diastre.
¡diantre! *interj fam* diantre!
diapasón *m mús* diapasó.
diapositiva *f* diapositiva.
diario, ia *a* i *m* diari.
diarrea *f med* diarrea.
diatriba *f* diatriba.
dibujante *s* dibuixant.
dibujar *v tr* i *pron* dibuixar.
dibujo *m* dibuix.
dicción *f* dicció.
diccionario *m* diccionari.
dicha *f* felicitat, ventura, benaurança.
dicho *m* ***1*** dita. ***2*** dita (opinió, frase feta)
dichoso, sa *a* feliç, benaurat.
diciembre *m* desembre.
dictado *m* dictat.
dictador, a *s* dictador.
dictadura *f* dictadura.
dictamen *m* dictamen.
dictaminar *v intr* dictaminar.
dictar *v tr* dictar.
dictatorial *a* dictatorial.
dicterio *m* dicteri.
didáctico, ca *a* didàctic. || *f* didàctica.
diecinueve *a* i *m* dinou, denou.
dieciocho *a* i *m* divuit, devuit.
dieciséis *a* i *m* setze.
diecisiete *a* i *m* disset, desset.
diedro *a* i *m geom* díedre.
diente *m* dent (*f*).
diéresis *f* dièresi.
diestro, ra *a* destre. || *f* destra, dreta. || **a d. y siniestro** a destra i sinistra.
dieta *f* dieta.
dietario *m* dietari.
dietético, ca *a* dietètic. || *f* dietètica.
diez *a* i *m* deu.
diezmar *v tr* delmar.
diezmo *m* delme.
difamación *f* difamació.
difamador, a *a* i *s* difamador.
difamar *v tr* difamar, malfamar.
diferencia *f* diferència.
diferenciación *f* diferenciació.
diferenciar *v tr* i *pron* diferenciar.
diferente *a* diferent. || *a f pl* diferents, alguns.
diferir *v tr* i *intr* diferir.
difícil *a* difícil.
dificultad *f* dificultat.
dificultar *v tr* dificultar.
dificultoso, sa *a* dificultós, travessós.
difteria *f med* diftèria.
difuminar *v tr* difuminar.
difundir *v tr* i *pron* difondre.
difunto, ta *a* i *s* difunt, finat.
difusión *f* difusió.
difuso, sa *a* difús.
difusor, a *a* i *s* difusor.
digerir *v tr* digerir, pair.
digestión *f* digestió, païment (*m*), païda.
digestivo, va *a* digestiu. || *m med* digestiu.
digital *a* digital.
digitalizar *v tr* digitalitzar.
dígito, ta *a* i *m* dígit.
dignarse *v pron* dignar-se.
dignatario, ia *s* dignatari.
dignidad *f* dignitat.
dignificar *v tr* i *pron* dignificar.
digno, na *a* digne.
digresión *f* digressió.
dilación *f* dilació.
dilapidación *f* dilapidació.
dilapidar *v tr* dilapidar.
dilatación *f* dilatació.
dilatar *v tr* i *pron* dilatar.
dilecto, ta *a* dilecte.
dilema *m* dilema.
diligencia *f* diligència.
diligente *a* ***1*** diligent. ***2*** cuitós (que es dóna ànsia).
dilucidar *v tr* dilucidar, escatir.
diluir *v tr* i *pron* diluir.
diluviar *v intr* diluviar.
diluvio *m* diluvi.
dimanar *v intr* dimanar.
dimensión *f* dimensió.
diminutivo, va *a* i *m* diminutiu.
diminuto, ta *a* diminut.
dimisión *f* dimissió.
dimitir *v intr* dimitir, demetre.
dinámico, ca *a* dinàmic. || *f fís* dinàmica.
dinamismo *m* dinamisme.
dinamita *f* dinamita.
dínamo *f*, **dinamo** *f* dinamo.
dinastía *f* dinastia.
dinero *m* diner.
dinosaurio *m* dinosaure.
dintel *m arq* llinda (*f*).
diñar *v tr,* **diñarla** *vulg fam* dinyar-la, morir, petar.
diócesis *f* diòcesi.
dioptría *f fís med* diòptria.
diorama *m* diorama.
Dios *m* Déu.
diosa *f* deessa, dea.
dióxido *m quím* diòxid.
diploma *m* diploma.
diplomacia *f* diplomàcia.
diplomático, ca *a* i *s* diplomàtic.
diptongo *m gram* diftong.
diputación *f* diputació.
diputado, da *s* diputat.
diputar *v tr* diputar.
dique *m nàut* dic.
dirección *f* ***1*** direcció. ***2*** adreça.
directivo, va *a* i *s* directiu.

directo, ta *a* directe.
director, a *a* i *s* director.
directorio, ia *a* i *m* directori.
dirigente *a* i *s* dirigent.
dirigible *a* i *m* dirigible.
dirigir *v tr* dirigir. || *v pron* dirigir-se.
dirimir *v tr* dirimir.
discernir *v tr* discernir.
disciplina *f* disciplina.
disciplinar *v tr* disciplinar.
discípulo, la *s* deixeble.
disco *m* disc.
discografía *f* discografia.
díscolo, la *a* díscol.
discontinuo, ua *a* discontinu.
discordancia *f* discordança.
discordante *a* discordant.
discordia *f 1* discòrdia. *2* divís (*m*).
discoteca *f* discoteca.
discreción *f* discreció.
discrepancia *f* discrepància.
discrepar *v intr* discrepar.
discreto, ta *a* discret.
discriminación *f* discriminació.
discriminar *v tr* discriminar.
disculpa *f* disculpa, disculpació.
disculpar *v tr* i *pron* disculpar.
discurrir *v tr* i *intr* discórrer.
discurso *m* discurs.
discusión *f* discussió.
discutible *a* discutible.
discutir *v tr* i *intr* discutir.
disecar *v tr* dissecar.
disección *f* dissecció.
diseminar *v tr* disseminar.
disensión *f* dissensió.
disentería *f med* disenteria.
disentimiento *m* dissentiment.
disentir *v intr* dissentir.
diseñador, a *s* dissenyador.
diseño *m* disseny.
diseñar *v tr* dissenyar.
disertación *f* dissertació.
disertar *v intr* dissertar.
disfavor *m* desfavor.
disforme *a V* **deforme**.
disformidad *f V* **deformidad**.
disfraz *m* disfressa (*f*) (vestit).
disfrazar *v tr* i *pron* disfressar.
disfrutar *v tr* i *intr* fruir, gaudir.
disfrute *m* gaudi, fruïció.
disfunción *f* disfunció.
disgregar *v tr* i *pron* disgregar.
disgustar *v tr* i *pron* disgustar.
disgusto *m* disgust.
disidencia *f* dissidència.
disidente *a* i *s* dissident.
disimular *v tr* i *intr* dissimular.
disipar *v tr* i *pron* dissipar.
dislexia *f med* dislèxia.
dislocar *v tr* i *pron* dislocar.
disminución *f* disminució.
disminuir *v tr* i *intr* disminuir.
disociar *v tr* i *pron* dissociar.
disolución *f* dissolució.
disoluto, ta *a* dissolut.
disolvente *a* i *m* dissolvent.
disolver *v tr* i *pron* dissoldre.
disonar *v intr* dissonar.
dispar *a 1 V* **desigual**. *2 V* **diferente**.
disparar *v tr* disparar, engegar, tirar. || *v intr* disparar, fer foc, tirar.
disparate *m* disbarat, poca-soltada (*f*).
disparejo, ja *a V* **diferente**.
disparidad *f* disparitat.
disparo *m* tret, tir (descàrrega).
dispendio *m* dispendi.
dispensa *f* dispensa.
dispensar *v tr* dispensar.
dispensario *m med* dispensari.
dispersar *v tr* i *pron* dispersar.
displicencia *f* displicència.
disponer *v tr* i *intr* disposar.
disponible *a* disponible.
disposición *f* disposició.
dispositivo, va *a* i *m* dispositiu.
dispuesto, ta *a* dispost.
disputa *f* disputa, disputació.
disputar *v tr* i *intr* disputar.
disquete *m* disquet.
disquisición *f* disquisició.
distancia *f* distància.
distanciar *v tr* i *pron* distanciar.
distante *a* distant.
distar *v intr* distar.
distender *v tr* distendre.
distensión *f* distensió.
distinción *f* distinció.
distinguir *v tr* i *pron* distingir.
distintivo, va *a* i *m* distintiu.
distinto, ta *a* distint.
distorsión *f* distorsió.
distracción *f* distracció.
distraer *v tr* i *pron* distreure, distraure.
distribución *f* distribució.
distribuir *v tr* distribuir.
distrito *m* districte.
disturbio *m* disturbi.
disuadir *v tr* dissuadir.
disyuntiva *f* disjuntiva.
diurno, na *a* diürn.
divagación *f* divagació.
divagar *v intr 1* divagar. *2* vaguejar.
diván *m* divan.
divergencia *f* divergència.
divergir *v intr* divergir.
diversidad *f* diversitat.
diversificación *f* diversificació.
diversificar *v tr* i *pron* diversificar.
diversión *f 1* diversió. *2 V* **divertimiento**.
diverso, sa *a* divers. || *m pl* diversos, alguns.
divertimiento *m* divertiment, diversió (*f*).
divertir *v tr* i *pron* divertir.
dividendo *m* dividend.
dividir *v tr* i *pron* dividir.
divinal *a V* **divino**.

divinidad *f* divinitat.
divino, na *a* diví, divinal.
divisa *f* divisa.
divisar *v tr* albirar, destriar, entreveure, entrellucar.
divisible *a* divisible.
división *f* ***1*** divisió. ***2*** divís.
divisor *m* divisor.
divo, va *s* divo (cantant).
divorciar *v tr* i *pron* divorciar.
divorcio *m* divorci.
divulgación *f* ***1*** divulgació. ***2*** esbombament (*m*).
divulgar *v tr* i *pron* divulgar.
do *m mús* do (nota musical).
dobladillo *m* vora (*f*).
doblaje *m* doblatge (cinema).
doblar *v tr* ***1*** doblar. ***2*** doblar (una pel·lícula, un actor). ***3*** doblegar, plegar. ***4*** flectir (vinclar). || *v intr* ***1*** doblar (esdevenir doble). ***2*** tombar. || *v pron* doblar-se.
doble *a* doble.
doblegar *v tr* i *pron* doblegar.
doblez *f* ***1*** doblec (*m*), séc (*m*). ***2*** falsia.
doce *a* i *m* dotze.
docena *f* dotzena.
docencia *f* docència.
docente *a* docent.
dócil *a* dòcil.
docto, ta *a* docte.
doctor *m* doctor.
doctora *f* doctora, doctoressa.
doctorado *m* doctorat.
doctrina *f* doctrina.
doctrinal *a* doctrinal.
documentación *f* documentació.
documental *a* i *s* documental.
documentar *v tr* i *pron* documentar.
documento *m* document.
dogal *m* dogal.
dogma *m* dogma.
dólar *m* dòlar (moneda).
dolencia *f med* ***1*** malaltia, mal (*m*). ***2*** xacra.
doler *v intr* ***1*** dolorejar. ***2*** doldre, doler. ***3*** fer mal. ***4*** adolorir. ***5*** saber greu. || *v pron* doldre's.
dolmen *m* dolmen.
dolor *m* ***1*** dolor. ***2*** mal. ***3*** sentida (*f*).
doloroso, sa *a* dolorós.
domar *v tr* domar.
domeñar *v tr* dominar (amansir).
domesticar *v tr* domesticar.
doméstico, ca *a* i *s* domèstic.
domiciliación *f* domiciliació.
domiciliar *v tr* i *pron* domiciliar.
domicilio *m* domicili.
dominación *f* dominació.
dominar *v tr*, *intr* i *pron* dominar.
domingo *m* diumenge.
dominicano, na *a* i *s* dominicà (de la República Dominicana).
dominio *m* domini.
don *m* ***1*** *V* **dádiva**. ***2*** do (facilitat). ***3*** senyor, En (tractament).
donación *f* donació.
donaire *m* sortida (*f*).
donante *a* i *s* donador.
donar *v tr V* **dar** 1.
donativo *m* donatiu.
doncel *m* ***1*** donzell (jove noble). ***2*** donzell (noi verge).
doncella *f* donzella, poncella, verge, puella.
doncellez *f* virginitat.
donde *adv* on.
dondequiera *adv* ***1*** onsevulga, onsevulla. ***2*** arreu, pertot, pertot arreu.
doña *f* senyora, Na (tractament).
dopar *v tr* i *pron* dopar.
dopaje *m* dopatge, dòping.
doquier, doquiera *adv V* **dondequiera**. || **por d.** *V* **dondequiera**.
dorada *f ictiol* orada, daurada (*Sparus aurata*).
dorar *v tr* daurar.
dormida *f* dormida.
dormilón, ona *a* dormilec. || *s* dormilec, dormilega.
dormir *v tr* i *intr* dormir. || *v pron* adormir-se.
dormitar *v intr* dormitar, dormisquejar.
dormitorio *m* dormitori.
dorso *m* ***1*** dors, esquena (*f*). ***2*** dors, revers.
dos *a* dos (*f* dues)..
doscientos, tas *a* i *m* dos-cents (*f* dues-centes).
dosel *m* dosser.
dosificación *f* dosificació.
dosificar *v tr* dosificar.
dosis *f* dosi, dosatge (*m*).
dossier *m* dossier.
dotación *f* dotació.
dotar *v tr* dotar.
dote *m* (o *f*) dot (*m*).
dovela *f arq* dovella.
draga *f* draga (aparell).
dragar *v tr* dragar (netejar amb la draga).
dragón *m* drac, víbria (*f*), quimera (*f*).
drama *m* drama.
dramático, ca *a* i *s* dramàtic.
dramatizar *v tr* dramatitzar.
drástico, ca *a* dràstic.
drenaje *m* drenatge.
drenar *v tr* drenar.
droga *f* droga.
drogadicción *f* drogoaddicció.
drogar *v tr* i *pron* drogar.
drogodependencia *f* drogodependència.
droguería *f* drogueria.
dromedario *m zool* dromedari (*Camellus dromedarius*).
dual *a* i *m* dual.
dubitativo, va *a* dubitatiu.
ducado *m* ducat.
ducha *f* dutxa.
duchar *v tr* i *pron* dutxar.
ducho, cha *a* expert, experimentat, destre.
dúctil *a* dúctil.
ductilidad *f* ductilitat.
duda *f* dubte (*m*).
dudar *v tr* i *intr* dubtar.
dudoso, sa *a* dubtós.
duela *f* doga.

duelo *m* ***1*** duel. ***2*** dolença (*f*). ***3*** dol (demostració de sentiment per una mort). ***4*** dol (aflicció). ***5*** dol (assistents). || *m pl* fatics, treballs.
duende *m* follet (esperit entremaliat).
dueña *f* ***1*** mestressa. ***2*** majordoma. ***3*** senyora.
dueño *m* amo, senyor.
dueto *m mús V* **dúo**.
dulce *a* i *m* dolç.
dulcería *f* confiteria.
dulzor *m*, **dulzura** *f* dolçor (*f*), dolcesa (*f*).
duna *f* duna.
dúo *m mús* duo, duet.
duodécimo, ma *a* i *s* dotzè.
duodeno *m anat* duodè.
dúplex *a* i *m* dúplex.
duplicado, da *a* duplicat (repetit). || *m* duplicat (còpia).
duplicar *v tr* duplicar.
dúplice *a V* **doble**.
duplicidad *f* duplicitat.
duplo, la *a* i *m* duple.
duque *m* duc.
duquesa *f* duquessa.
dura *f V* **duración**.
durabilidad *f* durabilitat.
durable *a V* **duradero**.
duración *f* durada, duració.
duradero, ra *a* durador, durable.
durante *adv* durant.
durar *v intr* durar.
dureza *f* duresa.
duro, ra *a* dur.

E

e *conj* i (davant de mots començats per "i" o "hi" [llevat de "hie"]).
¡ea! *interj* hala!, eia!
ebanistería *f* ebenisteria.
ébano *m bot* banús, eben (*gèn Diospyros*).
ebriedad *f V* **embriaguez**.
ebrio, ia *a* i *s* ebri, begut, borratxo.
ebullición *f* ebullició.
echamiento *m* llançament.
echar *v tr* ***1*** llançar, llençar, tirar, gitar (fer que una cosa vagi a un altre). ***2*** llançar, llençar (treure una cosa de si). ***3*** expulsar. ***4*** foragitar, treure. ***5*** acomiadar. ***6*** llençar (una cosa per inservible). ***7*** abocar. ***8*** llançar, llençar (mirades, etc.). || *v pron* ***1*** estirar-se. ***2*** tirar-se.
ecléctico, ca *a* i *s* eclèctic.
eclipsar *v tr* i *pron* eclipsar.
eclipse *m astron* eclipsi.
eco *m* eco.
ecografía *f med* ecografia.
ecología *f biol* ecologia.
ecologismo *m biol* ecologisme.
economía *f* economia.
económico, ca *a* econòmic.
economizar *v tr* economitzar.
ecuación *f* equació.
ecuador *m geog* equador.
ecuánime *a* equànime.
ecuatoriano, na *a* i *s* equatorià.
ecuestre *a* eqüestre.
eczema *m med* èczema.
edad *f* edat.
Edén *m* Edèn.
edición *f* edició.
edicto *m* edicte.
edificación *f* edificació.
edificar *v tr* edificar.
edificio *m* edifici.
edil *m* edil.
editar *v tr* editar.
editor, a *a* i *s* editor.
editorial *a* editorial. || *f* editorial (empresa). || *m* editorial (article).
edredón *m* edredó.
educación *f* educació.
educar *v tr* educar.
educativo, va *a* educatiu.
efectividad *f* efectivitat.
efectivo, va *a* efectiu.
efecto *m* efecte.
efectuar *v tr* i *pron* efectuar.
efervescencia *f* efervescència.
eficacia *f* eficàcia.
eficaz *a* eficaç.
eficiencia *f* eficiència.
eficiente *a* eficient.
efigie *f* efígie.
efímero, ra *a* efímer.
efluvio *m* efluvi.
egipcio, ia *a* i *s* egipci.
egoísmo *m* egoisme.
egoísta *a* i *s* egoista.
egregio, ia *a* egregi.
¡eh! *interj* eh!, ei!, ep!
eje *m* ***1*** eix. ***2*** fusell, arbre. ***3*** pern.
ejecución *f* execució.
ejecutar *v tr* executar.
ejecutivo, va *a* i *s* executiu.
ejecutor, a *a* i *s* executor.
ejemplar *a* i *m* exemplar.
ejemplo *m* exemple.
ejercer *v tr* i *intr* exercir.

ejercicio *m* exercici.
ejercitar *v tr* i *pron* exercitar.
ejército *m* exèrcit.
el *art m* el, l'.
él *pron m* ell.
elaboración *f* elaboració.
elaborar *v tr* elaborar.
elasticidad *f* elasticitat.
elástico, ca *a* elàstic. || *m* elàstic (teixit).
elección *f 1* elecció. *2* tria.
elector, a *a* i *s* elector.
electorado *m* electorat.
electoral *a* electoral.
electricidad *f* electricitat.
electricista *a* i *s* electricista.
eléctrico, ca *a* elèctric.
electrizar *v tr* i *pron* electritzar.
electrocardiograma *m med* electrocardiograma.
electrocutar *v tr* i *pron* electrocutar.
electrodo *m fís* elèctrode.
electrodoméstico, ca *a* i *m* electrodomèstic.
electroencefalograma *m med* electroencefalograma.
electrólisis *f quím* electròlisi.
electrón *m fís* electró.
electrónico, ca *a* electrònic. || *f* electrònica.
elefante *m zool* elefant (*gèn Elephas*).
elegancia *f* elegància.
elegante *a* i *s* elegant.
elegía *f* elegia.
elegir *v tr* elegir.
elemental *a* elemental.
elemento *m* element.
elevación *f* elevació.
elevar *v tr* i *pron* elevar.
eliminar *v tr* eliminar.
elipse *f geom* el·lipse.
elipsis *f gram* el·lipsi.
elite *f*, **élite** *f* elit.
elixir *m*, **elíxir** *m* elixir.
ella *pron* ella.
ellas *pron* elles.
ello *prep* això, allò.
ellos *pron* ells.
elocuencia *f* eloqüència.
elogiar *v tr* i *pron* elogiar, lloar, gabar.
elogio *m* elogi, lloança (*f*).
eludir *v tr* eludir, defugir.
emanar *v intr* emanar.
emancipar *v tr* i *pron* emancipar.
embadurnar *v tr* empastifar.
embajada *f* ambaixada.
embajador, a *s* ambaixador.
embalaje *m* embalatge.
embalar *v tr* i *pron* embalar.
embaldosar *v tr* enrajolar.
embalsamamiento *m* embalsamament.
embalsamar *v tr* embalsamar.
embalsar *v tr* i *pron* embassar.
embalse *m 1* embassament, embassada (*f*) (acció). *2* embassament, pantà.
embarazada *a* i *f* embarassada, prenyada, encinta.
embarazar *v tr* embarassar.
embarazo *m 1* embaràs (per un fill). *2* embaràs (nosa).
embarazoso, sa *a* embarassós.
embarcación *f nàut* embarcació.
embarcadero *m nàut* embarcador, moll.
embarcar *v tr* i *pron 1 nàut* embarcar, envaixellar. *2 fig* embarcar (algú, en alguna cosa).
embargar *v tr* embargar.
embargo *m* embarg, embargament. || **sin e.** *adv* malgrat tot, tanmateix.
embarque *m* embarcada (*f*), embarcament.
embarrancar *v intr nàut* embarrancar.
embarullar *v tr V* **enmarañar**.
embate *m* embat, flat.
embaucar *v tr* engalipar, entabanar, ensarronar.
embebecerse *v pron* embadalir-se.
embeber *v tr* i *pron* xopar.
embelesar *v tr* i *pron* embadalir, encisar.
embellecer *v tr* i *pron* embellir, emboniquir.
embellecimiento *m* embelliment.
emberrenchinarse *v pron*, **emberrincharse** *v pron* enravenxinar-se, ravenxinar-se.
embestida *f* envestida.
embestir *v tr* envestir.
emblandecer *v tr V* **enmollecer**. || *v pron fig* entendrir-se.
emblanquecer *v tr* i *pron* emblanquir.
emblema *m* emblema.
embobar *v tr* i *pron* embadalir, embadocar.
embocadura *f 1 mús* embocadura (d'un instrument). *2* embocadura, gola.
embocar *v tr* embocar.
embolia *f med* embòlia.
émbolo *m med* èmbol.
embolsar *v tr* i *pron* embossar, embutxacar.
embolso *m* embós, embutxacada (*f*).
emborrachar *v tr V* **embriagar**.
emboscada *f* emboscada.
emboscar *v tr* emboscar.
embotar *v tr* esmussar (una eina).
embotellar *v tr* embotellar.
embozar *v tr* i *pron* emboçar.
embragar *v tr* embragar.
embrague *m* embragatge, embragament.
embriagar *v tr* i *pron* embriagar, emborratxar.
embriaguez *f* embriaguesa.
embrión *m biol* embrió.
embrolla *f V* **embrollo**.
embrollar *v tr* embrollar, embullar.
embrollo *m* embrolla (*f*), embolic, garbuix, garbull, pastell, patolla (*f*).
embrujamiento *m* embruixament.
embrujar *v tr* embruixar.
embrujo *m* embruix.
embudo *m* embut.
embuste *m* mentida (*f*).
embustero, a *a* i *s* mentider.
embutido *m* embotit.
embutir *v tr 1* embotir, farcir. *2* entatxonar.
emergencia *f* emergència.
emerger *v intr* emergir.
emigración *f* emigració.

emigrante *a* i *s* emigrant.
emigrar *v intr* emigrar.
eminencia *f* eminència.
eminente *a* eminent.
emir *m* emir.
emisario, ia *s* emissari.
emisión *f* emissió.
emisor, a *a* i *s* emissor. || *m* emissor (aparell). || *f* emissora.
emitir *v tr* emetre. || *v intr* emetre (ràdio).
emoción *f* emoció.
emocionante *a* emocionant.
emocionar *v tr* i *pron* emocionar.
emotivo, va *a* emotiu.
empachar *v tr* i *pron* empatxar, enfitar.
empacho *m* empatx, enfitament, enfit, indigestió (*f*).
empadronar *v tr* i *pron* empadronar.
empalagar *v tr* embafar.
empalar *v tr* empalar.
empalizada *f* estacada.
empalmadura *f V* **empalme** 1.
empalmar *v tr* i *intr* ***1*** empalmar, empiular. ***2*** unir.
empalme *m* ***1*** empalmament. ***2*** empiuladura (*f*). ***3*** unió (*f*).
empanada *f* empanada.
empanar *v tr* ***1*** empanar. ***2*** arrebossar.
empantanar *v tr* ***1*** empantanar. ***2*** *fig* empantanegar.
empañar *v tr* ***1*** bolcar, embolcallar. ***2*** entelar. || *v pron* entelar-se.
empapado, da *a* xop, moll.
empapar *v tr* amarar, amerar, xopar.
empapelado *m* empaperat.
empapelar *v tr* empaperar.
empaquetar *v tr* empaquetar.
emparedado *m* emparedat (amb pa).
emparedar *v tr* emparedar, aparedar.
emparejamiento *m* acoblament, apariament.
emparejar *v tr* ***1*** aparellar, apariar. ***2*** igualar. || *v pron* aparellar-se.
emparentar *v intr* i *pron* emparentar.
empastar *v tr* empastar.
empaste *m* ***1*** empastament. ***2*** *med* obturació (*f*) (d'una dent).
empatar *v intr* i *pron* empatar.
empate *m* empat.
empedernido, da *a* empedreït.
empedrado *m* empedrat.
empeine *m* empenya (*f*) (del calçat i del peu).
empeñar *v tr* empenyorar, pignorar. || *v pron V* **emperrarse** 1.
empeño *m* empenyorament.
empeorar *v tr*, *intr* i *pron* empitjorar, pitjorar.
empequeñecer *v tr* empetitir, enxiquir.
emperador, a *s* emperador.
emperatriz *f* emperadriu.
emperezar *v tr* donar allargues a un assumpte. || *v intr* i *pron* emmandrir, emperesir.
emperifollar *v tr* i *pron* empolainar, empolistrar.
empero *conj* però, emperò, mes.
emperrarse *v pron* ***1*** entossudir-se, entestar-se, entercar-se. ***2*** irritar-se.
empezar *v tr* començar, iniciar. || *v intr* iniciar-se (*pron*).
empinar *v tr* i *pron* empinar. || *v tr* i *intr fig fam* beure, trascolar. || *v pron* ***1*** posar-se de puntetes. ***2*** *V* **encabritarse**.
empírico, ca *a* i *s* empíric.
emplasto *m med* emplastre.
emplazamiento *m* emplaçament.
emplazar *v tr* ***1*** emplaçar, plaçar. ***2*** *jur* citar.
empleado, da *s* empleat (treballador).
emplear *v tr* ***1*** emprar, usar. ***2*** ocupar, donar feina. ***3*** esmerçar, invertir.
empleo *m* ***1*** ocupació (*f*), col·locació (*f*), feina (*f*). ***2*** ús, emprament, esmerç.
empobrecer *v tr* i *intr* empobrir. || *v pron* anar a menys.
empollar *v tr* ***1*** covar, incubar. ***2*** *fig* cremar-se les celles estudiant.
empollón, ona *a* excessivament estudiós.
emponzoñar *v tr* i *pron V* **envenenar**.
empotramiento *m* encast.
empotrar *v tr* encastar.
emprendedor, a *a* i *s* emprenedor.
emprender *v tr* ***1*** emprendre. ***2*** *fam* escometre.
empreñar *v tr* prenyar.
empresa *f* empresa.
empresarial *a* empresarial.
empresario, ia *a* i *s* empresari.
empréstito *m* emprèstit.
empujar *v tr* empènyer.
empuje *m* ***1*** empenyiment. ***2*** *V* **empujón**. ***3*** *fig* arrencada (*f*), impuls.
empujón *m* empenta (*f*), espenta (*f*).
empuñadura *f* empunyadura.
empuñar *v tr* empunyar.
emular *v tr* emular.
emulgente *a* emulgent.
émulo, la *a* i *s* èmul.
emulsión *f quím* emulsió.
en *prep* ***1*** en. ***2*** a. ***3*** amb (precedint facultativament el nom d'algun vehicle i seguint verbs de moviment).
enaguas *f pl* enagos (*m*).
enajenación *f* demència.
enaltecer *v tr* enaltir.
enamorado, da *a* i *s* enamorat.
enamorar *v tr* i *pron* enamorar.
enano, na *a* i *s* nan.
enarbolar *v tr nàut* enarborar, arborar.
enarcar *v tr* enarcar.
enardecer *v tr* i *pron* enardir, abrivar.
encabezar *v tr* encapçalar.
encabritarse *v pron* encabritar-se.
encadenar *v tr* encadenar.
encajadura *f* encaix (*m*).
encajar *v tr* ***1*** encaixar. ***2*** *fig* engaltar.
encaje *m* ***1*** encaix (de dues peces). ***2*** punta (*f*), randa (*f*).
encallar *v intr* encallar.
encamar *v tr* ajeure, ajaure. || *v pron* allitar-se, enllitar-se.
encaminar *v tr* i *pron* encaminar.
encantador, a *a* i *s* encantador.

encantamiento *m* encantament.
encantar *v tr* encantar.
encante *m 1* encant, subhasta (*f*). *2* encants (*sing*).
encanto *m* encant (atractiu).
encañonar *v tr* encanonar.
encapotar *v tr* encapotar.
encapricharse *v pron* encapritxar-se, encaterinar-se.
encaramarse *v pron* enfilar-se.
encaramiento *m* encarament.
encarar *v intr* i *pron* encarar.
encarcelación *f*, **encarcelamiento** *m* empresonament (*m*).
encarcelar *v tr* empresonar.
encarecer *v tr*, *intr* i *pron* encarir.
encargar *v tr* encarregar, encomanar. || *v pron* encarregar-se.
encargo *m* encàrrec, comanda (*f*), encomanda (*f*).
encariñar *v tr* i *pron* posar afecte, agafar tirada.
encarnación *f* encarnació.
encarnado, da *a* encarnat, vermell, roig. || *m* vermell, roig.
encarnar *v tr* i *intr* encarnar. || *v pron* encarnar-se.
encarnizarse *v pron* aferrussar-se, acarnissar-se.
encarrilamiento *m* encarrilament.
encarrilar *v tr* i *pron* encarrilar.
encartar *v tr* encartar.
encarte *m* encartament.
encasillar *v tr* encasellar.
encauzar *v tr* i *pron* canalitzar.
encéfalo *m anat* encèfal.
encendedor, a *a* i *m* encenedor.
encender *v tr 1* encendre, abrandar. *2* ablamar.
encendido, da *a* encès. || *m* encesa (*f*) (d'un motor).
encentar *v tr* i *pron* encetar.
encerar *v tr* encerar.
encerrar *v tr* i *pron* tancar.
encerrona *f* parany (*m*).
encestar *v tr 1* encistellar (en el basquetbol). *2* encestar.
encharcar *v tr* entollar. || *v pron* embassar-se.
enchufar *v tr* endollar.
enchufe *m 1* endoll (acció). *2* endoll (estri).
encía *f anat* geniva.
enciclopedia *f* enciclopèdia.
encierro *m* tancament.
encima *adv* damunt, dessús. || **por e.** per damunt.
encimar *v tr V* **encumbrar**.
encina *f bot* alzina (*Quercus ilex*).
encinta *a* i *f V* **embarazada**.
enclavar *v tr* enclavar.
enclave *m* enclavament.
enclenque *a* escanyolit.
encoger *v tr 1* arronsar. *2* encongir, arrupir-se (*pron*) (els músculs del cos). || *v pron 1* embeure's. *2* encongir-se (la roba).
encogimiento *m 1* arronsament, arronsada (*f*). *2* encongiment.
encolar *v tr* encolar.
encolerizar *v tr* i *pron* enfellonir, empixonar, encolerir.
encomendar *v tr* i *pron V* **encargar**.
encomiar *v tr* encomiar.
encomienda *f 1 V* **encargo**. *2 jur* comenda.
encomio *m* encomi.
enconar *v tr* i *pron* enverinar.
encono *m* rancúnia (*f*).
encontradizo, za *a* topadís, trobadís.
encontrado, da *a* oposat.
encontrar *v tr 1* trobar (allò que hom cercava). *2* trobar (allò que hom no cercava). *3* trobar (veure, observar). || *v intr* topar. || *v pron 1* trobar-se. *2* encontrar-se.
encorajinar *v tr* i *pron V* **encolerizar**.
encorvar *v tr* i *pron* encorbar, corbar.
encrespar *v tr 1* encrespar, crespar. *2* eriçar (*esp* els cabells). || *v pron fig* encrespar-se (enfurismar-se).
encrucijada *f* cruïlla, encreuament (*m*), enforcall (*m*), forcall (*m*), cruïllada.
encuadernación *f* enquadernació, relligat (*m*), relligadura.
encuadernador, a *s* enquadernador, relligador.
encuadernar *v tr* enquadernar, relligar.
encuadramiento *m 1* emmarcament. *2* enquadrament.
encuadrar *v tr 1* enquadrar, emmarcar. *2* encaixar.
encubrimiento *m* encobriment.
encubrir *v tr* encobrir, tapar.
encuentro *m 1* encontre. *2* trobament, trobada (*f*).
encuesta *f* enquesta.
encumbrar *v tr* encimbellar, enlairar.
endeble *a* minso, dèbil.
endeblez *f* frevolesa, feblesa.
endémico, ca *a med* endèmic.
endemoniar *v tr* endimoniar, endiablar.
enderezamiento *m* adreçament, redreçament.
enderezar *v tr 1* adreçar, redreçar. *2* dreçar. || *v pron fig* adreçar-se (encaminar-se).
endeudamiento *m* endeutament.
endeudarse *v pron* endeutar-se.
endiablar *v tr V* **endemoniar**.
endibia *f bot* endívia (*Cichorium intybus*).
endilgar *v tr* encolomar, endossar.
endosar *v tr* endossar.
endulzar *v tr* i *pron* endolcir.
endurar *v tr* endurar.
endurecer *v tr* i *pron* endurir.
enebro *m bot* ginebre (*Juniperus communis*).
enema *m med* ènema, lavativa (*f*).
enemigo, ga *a* i *s* enemic.
enemistad *f* enemistat, desamistat.
enemistar *v tr* i *pron* enemistar.
energía *f* energia.
enérgico, ca *a* enèrgic.
energúmeno, na *s* energumen.
enero *m* gener.
enervar *v tr* i *pron* enervar.
enésimo, ma *a* i *m mat* enèsim.
enfadar *v tr V* **enojar**.
enfado *m V* **enojo**.
enfadoso, sa *a V* **enojoso**.
énfasis *s* èmfasi.

enfermar *v tr, intr* i *pron* emmalaltir.
enfermedad *f med* malaltia.
enfermería *f* infermeria.
enfermero, ra *s med* infermer.
enfermizo, za *a* malaltís.
enfermo, ma *a* i *s med* malalt.
enfilar *v tr V* **ensartar**.
enfisema *m med* emfisema.
enfocar *v tr* enfocar.
enfoque *m* enfocament.
enfrascarse *v pron* encaparrar-se.
enfrentamiento *m* enfrontament.
enfrentar *v tr, intr* i *pron* enfrontar, confrontar.
enfrente *adv* enfront, davant, davant per davant.
enfriamiento *m* refredament, enfredoriment, enfredorament.
enfriar *v tr, intr* i *pron* refredar, enfredorir. || *v pron med* constipar-se.
enfrontar *v tr* i *intr V* **enfrentar**.
enfundar *v tr* enfundar.
enfurecer *v tr* i *pron* enfuriar, enfurismar. || *v pron* enfutismar-se.
enfurecimiento *m* enfuriament.
enfurruñarse *v pron* enfurrunyar-se, emmurriar-se.
engalanar *v tr* engalanar.
enganchar *v tr* enganxar.
enganche *m* enganxament.
engañar *v tr 1* enganyar. *2 V* **engatusar**. || *v pron* enganyar-se.
engañifa *f* enganyifa.
engaño *m* engany.
engarce *m* enfilada (*f*).
engarzar *v tr* enfilar (amb fil de metall).
engastar *v tr* encastar (*esp* en joieria).
engatusar *v tr* engalipar, entabanar.
engendrar *v tr* engendrar.
engendro *m 1* fetus. *2 fig* monstre. *3* esguerro.
englobar *v tr* englobar.
engolado, da *a* engolat (dit de la veu, etc.).
engomar *v tr* engomar.
engordar *v tr, intr* i *pron* engreixar.
engorde *m* engreix, engreixament.
engorroso, sa *a* embarassós, molest.
engranaje *m* engranatge.
engrandecimiento *m* engrandiment.
engrasar *v tr* greixar, engreixinar.
engreir *v tr* i *pron V* **envanecer**.
engrescar *v tr* i *pron* engrescar.
engrosar *v tr* engrossir, engruixir, engruixar. || *v pron* engreixar-se.
engrudo *m* engrut, verrim, pastetes (*f pl*).
engullida *f* engolida.
engullidor, a *a* i *s* engolidor.
engullir *v tr* engolir, empassar-se (*pron*).
enhebrar *v tr* enfilar (amb un fil, un cordill, etc.).
enhiesto, ta *a* dret.
enhorabuena *f* enhorabona.
enhoramala *adv* en mala hora.
enigma *m* enigma.
enigmático, ca *a* enigmàtic.
enjabonar *v tr* ensabonar.
enjambre *m* eixam, abell.
enjardinar *v tr* enjardinar.
enjaular *v tr* engabiar.
enjertar *v tr* empeltar.
enjerto *m* empelt.
enjuagadura *f* esbaldida, esbandida.
enjuagar *v tr 1* glopejar. *2* esbaldir, esbandir.
enjuague *m V* **enjuagadura**.
enjugar *v tr* i *pron* eixugar, assecar.
enjuiciamiento *m jur* enjudiciament.
enjuiciar *v tr jur* enjudiciar.
enjundia *f 1* greix (*m*). *2* força, vigor (*m*). *3* manera d'ésser.
enjuto, ta *a* eixut, magre.
enlace *m 1* enllaç, enllaçament. *2* casament. *3* enllaç (*s*).
enladrillar *v tr V* **embaldosar**.
enlatar *v tr* enllaunar.
enlazadura *f*, **enlazamiento** *m V* **enlace** 1.
enlazar *v tr* i *intr* enllaçar.
enloquecer *v tr* i *intr* enfollir, embogir.
enmarañar *v tr* embullar.
enmasillar *v tr* massillar.
enmendar *v tr* i *pron* esmenar.
enmienda *f* esmena.
enmohecer *v tr* i *intr* rovellar. || *v pron 1* rovellar-se. *2* florir-se. *3* cobrir-se de verdet.
enmohecido, da *a 1* rovellós, rovellat. *2* florit. *3* cobert de verdet.
enmollecer *v tr* ablanir, estovar.
enmudecer *v tr* i *intr* emmudir.
enmugrecer *v tr* engreixinar, enllardar.
enmustiar *v tr* i *pron* emmusteir.
ennegrecer *v tr* i *pron* ennegrir.
ennoblecer *v tr* i *pron* ennoblir.
enojar *v tr* i *pron* enutjar, enfadar, empipar.
enojo *m* enuig, empipament.
enojoso, sa *a* enutjós, enfadós, empipador.
enorgullecer *v tr* i *pron* enorgullir.
enorme *a* enorme.
enquistarse *v pron biol med* enquistar-se.
enraizar *v intr* arrelar.
enramada *f 1 bot* enramada, verdesca, brancatge (*m*), brancam (*m*). *2* enramada, verdesca (cobert).
enrarecer *v tr* i *pron* enrarir, rarificar. || *v tr* i *intr* fer escassejar.
enrasar *v tr* enrasar.
enredadera *f bot* enfiladissa (planta).
enredador, a *a* i *s* enredaire.
enredar *v tr 1* enxarxar, enredar. *2* enredar. *3 V* **embrollar**. || *v pron* embolicar-se, enredar-se.
enredo *m 1* embull (*esp* de fils, cabells). *2* enredada (*f*). *3 fam V* **embrollo**. || *m pl* trastets.
enrevesado, da *a* enrevessat.
enriquecer *v tr* i *pron* enriquir.
enriquecimiento *m* enriquiment.
enrojecer *v tr* i *intr* envermellir, enrogir. || *v pron* envermellir-se.
enrollamiento *m* enrotllament.
enrollar *v tr* enrotllar.
enronquecer *v tr* i *pron* enronquir, enrogallar-se.
enronquecimiento *m med* ronquera (*f*), rogall, enrogallament.

enroscar *v tr* i *pron* ***1*** enroscar, entortolligar. ***2*** cargolar, enroscar.
ensacar *v tr* ensacar.
ensaimada *f* ensaïmada.
ensalada *f* amanida, ensalada.
ensaladilla *f* ***1*** *V* **ensalada**. ***2*** menjar fred (semblant a l'ensalada russa).
ensalzar *v tr* exalçar.
ensanchamiento *m* eixamplament.
ensanchar *v tr* i *pron* eixamplar.
ensanche *m* ***1*** eixample. ***2*** eixamples (*f pl*) (roba sobrant).
ensangrentar *v tr* i *pron* ensangonar, ensagnar.
ensañar *v tr* irritar. || *v pron* rabejar-se, acarnissar-se.
ensartar *v tr* ***1*** enfilar (passar un fil). ***2*** *V* **enhebrar**.
ensayar *v tr* assajar.
ensayo *m* ***1*** assaig. ***2*** assajament.
ensenada *f geog* badia petita.
enseñanza *f* ensenyament (*m*), ensenyança (*f*).
enseñar *v tr* ensenyar.
enseres *m pl* ***1*** béns (coses). ***2*** estris, trastets, fòtils.
ensillar *v tr* ensellar.
ensimismarse *v pron* abstreure's.
ensoberbecer *v tr* i *pron* ensuperbir.
ensordecer *v tr* ***1*** ensordir. ***2*** eixordar.
ensortijar *v tr* ***1*** rullar, arrissar, cargolar. ***2*** enroscar. || *v pron* enrinxolar-se.
ensuciar *v tr* i *pron* embrutar.
ensueño *m* ***1*** somni. ***2*** somieig.
entablar *v tr* entaular.
entallar *v tr* ***1*** entallar. ***2*** cossar (ajustar el cossatge).
ente *m* ***1*** ens, ésser. ***2*** ens (organisme).
entendederas *f pl fam* capissola (*sing*), cervell (*m sing*), enteniment (*m sing*).
entendedor, a *a* i *s* entenedor.
entender *v tr* entendre.
entendido, da *a* i *s* entès.
entendimiento *m* enteniment.
enterar *v tr* assabentar, fer saber. || *v pron* assabentar-se, saber.
entercarse *v pron V* **emperrarse** 1.
entereza *f* enteresa.
enternecer *v tr* i *pron* entendrir.
enternecimiento *m* entendriment.
entero, ra *a* enter, sencer. || *m mat* enter.
enterrador, a *s* enterrador, enterramorts.
enterramiento *m V* **entierro**.
enterrar *v tr* i *pron* enterrar, soterrar, colgar.
entibiar *v tr* i *pron* entebeir, entebionar.
entidad *f* ***1*** entitat. ***2*** *V* **ente** 2.
entierro *m* ***1*** enterrament (acció i efecte). ***2*** enterrament, enterratge, sepeli.
entintar *v tr* tintar.
entiznar *v tr* i *pron* emmascarar.
entomología *f* entomologia.
entonación *f* entonació.
entonar *v tr* i *intr* entonar.
entonces *adv* aleshores, llavors.
entontecer *v tr, intr* i *pron* embajanir. || *v tr* ensopir.
entorno *m* entorn.
entorpecer *v tr* ***1*** entrebancar. ***2*** *fig* enterbolir.
entorpecimiento *m* ***1*** entrebanc. ***2*** *fig* enterboliment.
entrada *f* entrada. || **e. y salida** entra-i-surt (*m*), visita breu.
entramado *m* entramat.
entrampar *v tr* i *pron* entrampar.
entrante *a* i *s* entrant.
entraña *f anat* entranya. || *f pl* entranyes.
entrañable *a* entranyable.
entrañar *v tr* ***1*** enfonsar, endinsar. ***2*** contenir, encloure, comportar.
entrar *v tr* i *intr* entrar.
entre *prep* entre.
entreabrir *v tr* i *pron* entreobrir.
entreacto *m* entreacte.
entrecejo *m anat* entrecella (*f*).
entrecomar *v tr* comar, posar entre comes.
entrecot *m* entrecot, llom de porc.
entrecruzar *v tr* i *pron* encreuar.
entredicho *m* entredit.
entrega *f* ***1*** lliurament (*m*), remesa. ***2*** fascicle (*m*).
entregador, a *a* i *s* lliurador.
entregar *v tr* lliurar, remetre, fer a mans, entregar. || *v pron* lliurar-se, donar-se, entregar-se.
entrelazar *v tr* i *pron* entrellaçar.
entremedias *adv* entremig.
entremés *m* ***1*** entremès, entreteniment (plat). ***2*** entremès (peça dramàtica).
entremeterse *v pron* entremetre's (tafanejar).
entremetido, da *a* i *s* entremetedor, manefla.
entrenador, a *a* i *s* entrenador.
entrenamiento *m* entrenament.
entrenar *v tr, intr* i *pron* entrenar.
entrepierna *f* entrecuix (*m*).
entrepunzadura *f med* zub-zub (*m*).
entresacar *v tr V* **escoger**.
entresuelo *m* entresòl.
entretanto *adv* entretant, en l'endemig, mentrestant.
entretener *v tr* i *pron* entretenir.
entretenimiento *m* entreteniment.
entretiempo *m* entretemps, migtemps.
entrever *v tr* entreveure.
entreverar *v tr* barrejar.
entrevista *f* entrevista.
entrevistar *v tr* i *pron* entrevistar.
entristecer *v tr* i *pron* entristir.
entrometerse *pron V* **entremeterse**.
entrometido, da *a* i *s V* **entremetido**.
entroncamiento *m* entroncament (acció i efecte).
entroncar *v tr* i *intr* entroncar.
entronque *m* entroncament (parentiu).
entuerto *m* tort, malifeta (*f*), greuge.
entullecer *v intr* tolir-se (*pron*), baldar-se (*pron*).
entumecer *v tr* enrampar, entumir.
entumirse *v pron* enrampar-se.
enturbiamiento *m* enterboliment.
enturbiar *v tr* i *pron* enterbolir.
entusiasmar *v tr* i *pron* entusiasmar.
entusiasmo *m* entusiasme.
enumeración *f* enumeració.

enumerar *v tr* enumerar.
enunciado *m* enunciat.
enunciar *v tr* enunciar.
envainar *v tr* embeinar.
envalentonar *v tr* i *pron* envalentir. || *v pron* encoratjar-se, fer el valent.
envanecer *v tr* i *pron* envanir.
envarar *v tr* encarcarar.
envasar *v tr* envasar.
envase *m* ***1*** envàs. ***2*** envàs, envasament, envasatge (acció i efecte).
envejecer *v tr*, *intr* i pron envellir.
envejecimiento *m* envelliment.
envenenar *v tr* i *pron* ***1*** emmetzinar, enverinar, entuixegar. ***2*** enverinosar.
envergadura *f nàut* envergadura.
envés *m* ***1*** revés, revers, dors. ***2*** *fam* esquena (*f*) (d'una persona).
enviada *f V* **envío**.
enviado, da *s* enviat.
enviar *v tr* trametre, enviar.
envidar *v tr* envidar.
envidia *f* enveja.
envidiar *v tr* envejar.
envidioso, sa *a* i *s* envejós.
envilecedor, a *a* envilidor.
envilecer *v tr* i *pron* envilir, envilanir.
envío *m* tramesa (*f*), enviament.
envite *m* envit.
envoltorio *m* ***1*** fardell, farcell. ***2*** embolcall.
envoltura *f* embolcall (*m*).
envolver *v tr* ***1*** embolicar. ***2*** *V* **empañar** 1. ***3*** embolcar, embolcallar. ***4*** envolupar.
envuelto, ta *a* envolt.
enyesar *v tr* enguixar.
épica *f* èpica.
epicentro *m geol* epicentre.
épico, ca *a* i *s* èpic.
epidemia *f* ***1*** *med* epidèmia, passa. ***2*** *vet* marfuga.
epidérmico, ca *a anat* epidèrmic.
epidermis *f anat bot* epidermis.
epígrafe *m* epígraf.
epilepsia *f med* epilèpsia.
epílogo *m* epíleg.
episodio *m* episodi.
epístola *f* epístola.
epitafio *m* epitafi.
epíteto *m* epítet.
época *f* època.
epopeya *f* epopeia.
equidad *f* equitat.
equidistancia *f* equidistància.
equilátero, ra *a geom* equilàter.
equilibrar *v tr* i *pron* equilibrar.
equilibrio *m* equilibri.
equimosis *m med* equimosi (*f*), sangtraït.
equino, na *a* equí. || *m zool* equí.
equinoccio *m astron* equinocci.
equipaje *m* equipatge.
equipar *v tr* equipar.
equiparación *f* equiparació.
equiparar *v tr* equiparar.
equipo *m* ***1*** equip, equipament. ***2*** equip.
equitación *f* equitació.
equitativo, va *a* equitatiu, equitable.
equivalencia *f* equivalència.
equivalente *a* i *m* equivalent.
equivaler *v intr* equivaler.
equivocación *f* ***1*** equivocació, equívoc (*m*). ***2*** erra, errada.
equivocar *v tr* i *pron* equivocar.
equívoco, ca *a* equívoc. || *m* ***1*** *V* **equivocación** 1. ***2*** malentès.
era *f* ***1*** era (època). ***2*** *agr* era (per a batre, de conreu).
erario *m* erari.
erección *f* ***1*** erecció. ***2*** *fam* trempera.
eremita *s* eremita, ermità.
erguimiento *m* redreçament.
erguir *v tr* dreçar, redreçar.
erial *a* erm, inculte. || *m agr* erm, ermàs, terramper, terrella (*f*).
erigir *v tr* i *pron* erigir.
erisipela *f med* erisipela.
eritreo, ea *a* i *s* eritreu.
erizar *v tr* eriçar, esborrifar. || *v pron* eriçar-se, arrufar-se.
erizo *m zool*: eriçó (*Erinaceus europaeus*). || **e. de mar** garota (*f*), eriçó de mar (*Panacentrotus lividus*).
ermita *f* ermita.
ermitaño, ña *s* ermità.
erosión *f* erosió.
erosionar *v tr* erosionar.
erótico, ca *a* eròtic. || *f* eròtica.
erotismo *m* erotisme.
errabundo, da *a V* **errante**.
errada *f* espifiada, pífia.
erradicar *v tr med* eradicar.
errado, da *a* errat.
errante *a* errant, errabund.
errar *v intr* errar, vagar. || *v tr* ***1*** errar (no complir). ***2*** *V* **equivocar**.
errata *f* errata.
erróneo, ea *a* erroni.
error *m* error.
eructación *f V* **eructo**.
eructar *v intr* eructar, rotar.
eructo *m* eructació (*f*), eructe, rot.
erudición *f* erudició.
erudito, ta *a* i *s* erudit.
erupción *f* erupció.
esbelto, ta *a* esvelt.
esbirro *m fam* esbirro, galifardeu, saig.
esbozar *v tr* ***1*** esbossar. ***2*** *fig* plomejar.
esbozo *m* esbós.
escabeche *m* escabetx.
escabel *m* escambell.
escabroso, sa *a* escabrós.
escabullimiento *m* escapoliment, esquitllada (*f*), esmunyiment.
escabullirse *v pron* escapolir-se, esquitllar-se, esmunyir-se, fer-se escàpol.
escacharrar *v tr* i *pron* ***1*** esbocinar. ***2*** *fig* espatllar, fer malbé (alguna cosa).

escafandra *f nàut* escafandre (*m*).
escala *f* escala.
escalabrar *v tr* escalabrar.
escalada *f* escalada, escalament (*m*).
escalado *m* escalat.
escalador, a *a* i *s* escalador.
escalafón *m* escalafó.
escalamiento *m V* **escalada**.
escalar *v tr* escalar.
escaldado, da *a* escaldat.
escaldar *v tr* i *pron* escaldar.
escaleno *a geom* escalè.
escalera *f* escala (de esglaons).
escalfador *m* escalfador.
escalinata *f arq* escalinata, graonada.
escalofrío *m med* calfred, esgarrifança (*f*).
escalón *m* graó, esglaó, escalaró, escaló.
escalonamiento *m* escalonament, esglaonament.
escalonar *v tr* i *pron* escalonar, esglaonar.
escalope *m* escalopa (*f*).
escama *f* ***1*** escama. ***2*** escata. ***3*** *fig* recel (*m*).
escamar *v tr* ***1*** escatar. ***2*** escamar.
escamoso, sa *a* escamós, escatós.
escamotear *v tr* escamotejar.
escampar *v intr* cessar de ploure.
escanciar *v tr* abocar, servir (el vi).
escandalera *f* xivarri (*m*).
escandalizar *v tr* i *pron* escandalitzar.
escándalo *m* escàndol.
escandinavo, va *a* i *s* escandinau.
escáner *m* escàner.
escaño *m* escó, escon.
escapada *f* ***1*** escapada, escapament (*m*). ***2*** fuga, fuita, fugida.
escapamiento *m V* **escapada** 1.
escapar *v tr*, *intr* i *pron* escapar. || *v pron* fugir (*intr*).
escaparate *m* ***1*** escaparata (*f*). ***2*** aparador.
escapatoria *f* ***1*** *V* **escapada** 1. ***2*** *fam* escapatòria, capgirada. ***3*** sortida.
escape *m* ***1*** *V* **escapada** 1. ***2*** escapament (d'un mecanisme). ***3*** fuita (*f*).
escarabajo *m entom* escarabat.
escaramuza *f* escaramussa.
escarbar *v tr* ***1*** esgarrapar (la terra). ***2*** *fig* furgar. ***3*** escarbotar.
escarcha *f* gebre (*m*), blancor.
escarlata *f* escarlata (color).
escarlatina *f med* escarlatina.
escarmentar *v tr* i *intr* escarmentar, escamnar.
escarmiento *m* escarment.
escarnecer *v tr* escarnir, escarnufar.
escarnio *m* escarn, escarni, escarnot.
escarola *f bot* escarola (*Cichorium endivia*).
escarpa *f* escarpa.
escarpado, da *a* ***1*** escarpat, rost. ***2*** espadat, escarpat.
escasear *v tr* i *intr* ***1*** escassejar, curtejar, poquejar, rarejar, justejar, magrejar, manquejar. ***2*** clarejar.
escasez *f* escassetat, escassesa.
escaso, sa *a* escàs.
escatimar *v tr* escatimar.
escayola *f* ***1*** escaiola. ***2*** *V* **estuco**.
escena *f* escena.
escenario *m* escenari.
escénico, ca *a* escènic.
escenificación *f* escenificació.
escenificar *v tr* escenificar.
escenografía *f* escenografia.
escepticismo *m* escepticisme.
escéptico, ca *a* i *s* escèptic.
escindir *v tr* escindir.
esclarecer *v tr* esclarir.
esclarecimiento *m* esclariment.
esclavitud *f* esclavitud, esclavatge (*m*).
esclavizar *v tr* esclavitzar.
esclavo, va *a* i *s* esclau.
esclerosis *f med* esclerosi.
esclusa *f* resclosa (d'un canal).
escoba *f* escombra, granera, agraner (*m*).
escobar *v tr* escombrar.
escobilla *f* escombreta, raspallet (*m*).
escocedura *f V* **escozor** 1.
escocer *v intr* coure.
escocés, esa *a* i *s* escocès.
escocimiento *m V* **escozor** 1.
escoger *v tr* escollir, triar.
escogimiento *m* escolliment, escollida (*f*), tria (*f*), triada (*f*).
escolar *a* i *s* escolar.
escolarse *pron* escolar-se.
escolaridad *f* escolaritat.
escolarizar *v tr* escolaritzar.
escollera *f* escullera.
escollo *m* escull.
escolta *f* escorta.
escoltar *v tr* escortar.
escombrar *v tr* desenrunar.
escombro *m* enderroc, derroc, runa (*f*).
esconder *v tr* ***1*** amagar. ***2*** entaforar. || *v pron* amagar-se.
a escondidas *adv*, **a escondidillas** *adv* d'amagat, d'amagatons, d'amagatotis.
escondite *m* ***1*** *V* **escondrijo**. ***2*** fet (joc).
escondrijo *m* amagatall, entaforall.
escopeta *f* escopeta.
escoplo *m* enformador.
escorar *v tr* i *intr nàut* escorar.
escoria *f* ***1*** escòria, carrall (*m*). ***2*** *fig* terregada (gent).
escorpión *m* ***1*** *zool* escorpí, alacrà (*Buthus occitanus*). ***2*** *astron* Escorpió, Escorpí.
escotado *m*, **escotadura** *f* escotat (*m*), escot (*m*), escotadura,.
escote *m* ***1*** *V* **escotado**. ***2*** escot (part del bust, adorn).
escotilla *f* escotilla.
escozor *m* ***1*** coïssor (*f*), coïtja (*f*), cremor (*f*). ***2*** coentor.
escribiente *s* escrivent.
escribir *v tr* i *pron* escriure.
escrito *m* escrit.
escritor, a *s* escriptor.
escritorio *m* escriptori.
escritura *f* escriptura.

escriturar *v tr* escripturar.
escroto *m anat* escrot.
escrúpulo *m* escrúpol.
escrupuloso, sa *a* i *s* escrupolós.
escrutador, a *a* i *s* escrutador.
escrutar *v tr* escrutar.
escrutinio *m* escrutini.
escuadra *f* ***1*** esquadra, estol (*m*). ***2*** escaire (*m*). ***3*** escairador (*m*) (instrument).
escuadrar *v tr* ***1*** escairar. ***2*** carrar.
escuadrilla *f* esquadreta, esquadrilla.
escuadrón *m mil* esquadró.
escuálido, da *a* ***1*** brut. ***2*** escanyolit.
escualos *m pl ictiol* esquals.
escucha *f* escolta.
escuchar *v tr* i *pron* escoltar.
escuchimizado, da *a* escarransit, neulit, desnerit.
escudar *v tr* i *pron* escudar.
escudo *m* escut.
escudriñar *v tr* escodrinyar, escorcollar.
escuela *f* escola.
escuerzo *m zool* gripau, galàpet, calàpet, tòtil (*Bufo vulgaris*).
escueto, ta *a* concís.
esculpir *v tr* esculpir.
escultismo *m* escoltisme.
escultista *s* escolta (*esp* qui practica l'escoltisme).
escultor, a *s* escultor.
escultura *f* escultura.
escupido *m V* **esputo**.
escupidura *f V* **escupitajo**.
escupir *v tr* i *intr* escopir.
escupitajo *m* escopinada (*f*).
escurreplatos *m* escorreplats.
escurridero *m* escorredor.
escurridor *m* escorredora (*f*).
escurriduras *f pl* escorrialles.
escurrir *v tr* escórrer. || *v intr V* **escurrir** (*pron*). || *v pron* lliscar (*intr*), llenegar (*intr*), esmunyir-se.
esdrújulo, la *a* i *m gram* esdrúixol.
ese, esa *a* i *pron* aquest, aqueix. || **ni por esas** de cap manera, ni així.
esencia *f* essència.
esencial *a* essencial.
esfera *f* esfera.
esférico, ca *a* esfèric.
esfinge *s* esfinx.
esfínter *m anat* esfínter.
esforzado, da *a* esforçat
esforzar *v tr* i *intr* ***1*** enfortir. ***2*** encoratjar. || *v pron* ***1*** esforçar-se. ***2*** maldar (*intr*).
esfuerzo *m* esforç.
esfumar *v tr* i *pron* esfumar.
esgrafiado *m* esgrafiat.
esgrafiar *v tr* esgrafiar.
esgrima *f* esgrima.
esgrimir *v tr* esgrimir.
esguince *m* ***1*** ganyota (*f*), ganyot. ***2*** revinclada (*f*), revencillada (*f*). ***3*** *med* esquinç.
eslabón *m* ***1*** baula (*f*), baga (*f*), anella (*f*). ***2*** foguer, llança (*f*).
eslavo, va *a* i *s* eslau.
eslogan *m* eslògan.
eslora *f nàut* eslora.
eslovaco, ca *a* i *s* eslovac.
esloveno, na *a* i *s* eslovè.
esmaltar *v tr* esmaltar.
esmalte *m* esmalt.
esmerado, da *a* acurat, curós.
esmeralda *f* maragda, esmaragda.
esmero *m* cura (*f*).
esmirriado, da *a* esmerlit.
esnifada *f* ***1*** esnifada (aspiració). ***2*** esnifada (dosi).
esnifar *v tr* esnifar.
eso *pron* això.
esófago *m anat* esòfag.
esoterismo *m* esoterisme.
espabilar *v tr* espavilar, esmocar. || *v intr* i *pron fig* espavilar, eixorivir.
espachurrar *v tr* i *pron* aixafar.
espacial *a* espacial.
espaciar *v tr* i *pron* ***1*** espaiar. ***2*** espargir, escampar.
espacio *m* espai.
espacioso, sa *a* espaiós.
espada *f* espasa.
espagueti *m* espagueti.
espalda *f* esquena.
espantada *f* espantada.
espantajo *m* ***1*** *V* **espantapájaros**. ***2*** *fig* espantall, cosa que espanta.
espantapájaros *m* espantall, espantador, espantaocells, babarota (*f*), bubota (*f*).
espantar *v tr* i *pron* espantar.
espanto *m* espant.
espantoso, sa *a* espantós.
español, a *a* i *s* espanyol. || *m* espanyol, castellà (llengua).
españolada *f* espanyolada.
esparadrapo *m med* esparadrap.
esparcimiento *m* ***1*** espargiment, escampament, escampada (*f*), esparpellament. ***2*** esbargiment, esbarjo, esplai.
esparcir *v tr* ***1*** espargir, escampar, esparpallar. ***2*** esbargir. ***3*** *fig* escampar.
espárrago *m* ***1*** *bot* espàrrec. ***2*** espàrrec (peça).
esparto *m bot* espart (*Stipa tenacissima*).
espasmo *m med* espasme.
espátula *f* espàtula.
especia *f* espècia.
especial *a* especial.
especialidad *f* especialitat.
especializar *v intr* i *pron* especialitzar.
especie *f* espècie, mena.
especificación *f* especificació.
especificar *v tr* especificar.
específico, ca *a* i *m* específic.
espectacular *a* espectacular.
espectáculo *m* espectacle.
espectador, a *a* i *s* espectador.
espectro *m* espectre.
especulación *f* especulació.
especulador, a *a* i *s* especulador.
especular *v tr* especular.

espejismo *m* miratge.
espejo *m* mirall, espill.
espeluznante *a* esborronador, esgarrifós, horripilant.
espeluznar *v tr* esborronar, esgarrifar, horripilar.
espeluzno *m med* esgarrifança.
espera *f* espera.
esperanto *m* esperanto.
esperanza *f* esperança, esper (*m*).
esperanzar *v tr* esperançar.
esperar *v tr* i *intr*esperar.
esperma *m* (o *f*) *1* esperma (*f*). *2 biol* semen (*m*).
espermatozoide *m*, **espermatozoo** *m biol* espermatozoide, espermatozou.
esperón *m V* **espolón** 2.
esperpento *m* cosa molt lletja.
espesar *v tr* i *pron* espessir, espesseir.
espeso, sa *a 1* espès. *2* tofut.
espesor *m 1* gruix, gruixa (*f*), gruixària (*f*). *2 V* **espesura** 1.
espesura *f 1* espessor. *2* tofa, forra.
espetar *v tr fig* engegar, etzibar.
espía *s* espia.
espiar *v tr* i *intr* espiar.
espiga *f 1* espiga. *2 V* **espoleta**. *3* piu (*m*).
espigar *v tr agr* espigolar. || *v intr* espigar, espiguejar. || *v pron* espigar-se.
espigón *m 1 agr* espigall, panotxa (*f*), panolla (*f*). *2 arq* espigó (massís d'obra).
espina *f 1* espina. *2* estellicó (*m*).
espinaca *f bot* espinac (*m*) (*Spinacea oleracea*).
espinazo *m anat* espinada (*f*).
espingarda *f 1 mil* espingarda. *2 fig V* **estantigua**.
espinilla *f 1 anat* canella, canyella (de la cama). *2* barb (*m*) (en la pell).
espino *m bot* arç (*Crataegus oxyacantha*).
espinoso, sa *a* espinós.
espionaje *m 1* espionatge, espiament. *2* espionatge (servei).
espira *f* espira.
espiral *a* espiral. || *f* espiral, espira, torterol (*m*).
espiritado, ada *a* esperitat.
espiritismo *m* espiritisme.
espíritu *m* esperit.
espiritual *a* espiritual.
esplendidez *f* esplendidesa.
espléndido, da *a* esplèndid.
esplendor *m* esplendor (*f*).
espliego *m bot* espígol (*Lavandula spica*).
espolear *v tr* esperonar, esperonejar, brocar.
espoleta *f* espoleta.
espolín *m V* **espuela**.
espolio *m* espoli.
espolón *m 1 anat* esperó (de les gallinàcies). *2* esperó (de vaixell). *3* esperó, mur, muralla (*f*) de mar.
espolvorear *v tr* espolsar, desempolsar, desempolsegar.
espolvorizar *v tr* ensalgar, salpicar.
esponja *f zool* esponja.
esponjar *v tr* esponjar, estufar, fer més porós. || *v pron fig* envanir-se, estufar-se.
esponjoso, sa *a 1* esponjós. *2* flonjo.
espontaneidad *f* espontaneïtat.
espontáneo, ea *a* espontani.
espora *f bot* espora.
esporádico, ca *a* esporàdic.
esposar *v tr* emmanillar.
esposas *f pl* manilles, manyoteres.
esposo, sa *s* espòs.
espot *m* espot.
espray *m* esprai.
espuela *f* esperó (*m*).
espuerta *f* cabàs (*m*), sarri (*m*), senalla.
espuma *f* escuma, escumera, espuma, bromera, broma.
espumajear *v intr* bromerejar, escumejar.
espumajo *m V* **espumarajo**.
espumante *a* escumejant.
espumar *v tr* i *intr* escumar, bromar.
espumarajo *m* salivera (*f*), bromera (*f*).
espumear *v tr* i *intr* escumejar, escumar, bromerejar.
espumoso, sa *a* espumós, escumós.
espúreo, ea *a*, **espurio, ia** *a 1* espuri. *2 fig* bord.
esputo *m med* esput.
esquejar *v tr agr* esqueixar (fer esqueixos).
esqueje *m agr* esqueix.
esquela *f* esquela.
esqueleto *m anat* esquelet, carcanada (*f*), carcassa (*f*).
esquema *m* esquema.
esquí *m* esquí.
esquiador, a *s* esquiador.
esquiar *v intr* esquiar.
esquila *f* esquella.
esquilar *v tr* esquilar, tondre, xollar, tosquirar.
esquilimoso, sa *a* llepafils, llamenc.
esquilmar *v tr agr* espletar, explotar.
esquilmo *m agr* esplet, collita (*f*).
esquimal *a* i *s* esquimal.
esquina *f 1* cantonada, cantó (*m*). *2* caire (*m*).
esquinado, da *a* cantellut.
esquirla *f* resquill (*m*).
esquirol *s* esquirol (treballador que no secunda una vaga).
esquivar *v tr* esquivar.
esquizofrenia *f med* esquizofrènia.
estabilidad *f* estabilitat.
estabilizar *v tr* i *pron* estabilitzar.
estable *a* estable.
establecer *v tr* i *pron* establir.
establecimiento *m* establiment.
establo *m* establa (*f*), estable, establia (*f*).
estaca *f* estaca.
estacada *f 1* estacada. *2 V* **estacado**.
estacado *m* lliça (*f*), reng.
estacar *v tr* estacar.
estación *f* estació.
estacionamiento *m* estacionament.
estacionar *v tr* i *pron* estacionar.
estacionario, ia *a* estacionari.
estada *f* estada, sojorn (*m*), estaria.
estadio *m* estadi.
estadista *s* estadista.

estadístico, ca *a* estadístic. || *f* estadística.
estadizo, za *a* estantís. || **de e.** (olor) de resclosit.
estado *m* estat.
estafa *f* estafa, estafada.
estafador, a *s* estafador, estafa.
estafar *v tr* estafar.
estafermo *m* ***1*** estaferm, caramot, estaquirot. ***2*** *fig* caramot (persona parada).
estafeta *f* estafeta.
estalactita *f geol* estalactita, caramell (*m*).
estalagmita *f geol* estalagmita.
estallar *v intr* esclatar, rebentar, esclafir, espetegar, petar.
estallido *m* ***1*** esclat, esclatada (*f*), esclató. ***2*** esclafit, esclafiment, espetec, pet.
estambre *m* estam.
estamento *m* estament, braç.
estampa *f* estampa.
estampar *v tr* ***1*** estampar. ***2*** empremtar, encunyar.
de estampía *loc adv* d'improvís; d'una manera precipitada. || **salir de e.** pirar; fugir.
estampida *f* ***1*** *V* **estampido**. ***2*** fuga precipitada dels animals.
estampido *m* espetec.
estancar *v tr* i *pron* estancar.
estancia *f* ***1*** estada, sojorn (*m*), estaria. ***2*** habitació, peça, cambra, estança. ***3*** *V* **estrofa**.
estanco, ca *a* estanc. || *m* estanc.
estandarte *m* estendard.
estanque *m* estany.
estante *a* estant. || *m* estant, prestatge.
estantería *f* prestatgeria.
estantigua *f fig fam* pallanga, espingarda.
estaño *m* estany (metall).
estar *v intr* ***1*** estar. ***2*** ser, ésser. ***3*** viure, habitar. || *v pron* estar-se.
estatal *a* estatal.
estático, ca *a* estàtic. || *f* estàtica.
estatua *f* estàtua.
estatura *f* estatura, talla.
estatuto *m* estatut.
este *m* est.
este, esta *a* i *pron* aquest.
estela *f* ***1*** deixant (*m*). ***2*** *arq* estela..
estelar *a* estel·lar, sideral.
estentóreo, ea *a* estentori.
estepa *f* estepa.
estera *f* estora.
estercolar *v tr agr* femar, femejar. || *v intr* excrementar (un animal).
estercolero *m* femer, merder (lloc brut).
estéreo *m*, **estereofonía** *f* estereofonia, estèreo (*m*).
estéril *a* estèril, eixorc.
esterilidad *f* esterilitat, eixorquia.
esterilización *f* esterilització.
esterilizar *v tr* esterilitzar.
esternón *m anat* estèrnum.
estertor *m med* ranera (*f*).
estético, ca *a* i *m* estètic. || *f filos* estètica.
estevado, da *a* i *s* garrell.
estiba *f* estiba.
estibar *v tr* estibar.
estiércol *m* fem, femta (*f*).
estigma *m* estigma.
estigmatizar *v tr* estigmatitzar.
estilete *m* estilet.
estilizar *v tr* estilitzar.
estilo *m* estil.
estima *f* estima.
estimación *f* estimació.
estimar *v tr* estimar.
estimulante *a* i *s* estimulant.
estimular *v tr* estimular.
estímulo *m* estímul.
estío *m* estiu.
estipendio *m* estipendi, remuneració (*f*).
estipular *v tr* estipular.
estirado, da *a* estirat, tibat, entonat.
estiramiento *m* estirada (*f*).
estirar *v tr* ***1*** estirar. ***2*** tibar. || *v pron* estirar-se.
estirón *m* estirada (*f*).
estirpe *f* estirp.
estival *a* estival, estiuenc.
esto *pron* això, açò.
estocada *f* estocada, burxada.
estofa *f* estofa (teixit).
estofado *m* estofat (guisat).
estoicismo *m filos* estoïcisme.
estoico, ca *a* i *s* estoic.
estomacal *a* i *m* estomacal.
estómago *m anat* estómac, païdor, ventrell.
estoniano, na *a* i *s*, **estonio, ia** *a* i *s* estonià.
estopa *f* estopa.
estoque *m* estoc.
estorbar *v tr* destorbar, fer nosa.
estorbo *m* destorb, nosa (*f*).
estornino *m ornit* estornell (vulgar) (*Sturnus vulgaris*).
estornudar *v intr* esternudar.
estornudo *m* esternut.
estrábico, ca *a* i *s med* estràbic, guenyo, guerxo, guerx.
estrabismo *m med* estrabisme.
estrada *f* estrada, camí (*m*).
estrado *m* estrada (*f*).
estragar *v tr* ***1*** espatllar. ***2*** extenuar, esgotar. ***3*** causar estrall.
estrago *m* estrall.
estragón *m bot* estragó (*Artemisia dracunculus*).
estrambótico, ca *a* estrambòtic.
estrangulación *f* ***1*** estrangulació. ***2*** escanyament (*m*).
estrangulamiento *m* *V* **estrangulación** 1.
estrangular *v tr* ***1*** estrangular. ***2*** escanyar.
estratagema *f* estratagema (*m*), ardit (*m*).
estratega *s* estrateg, estratègic.
estrategia *f* estratègia.
estratégico, ca *a* estratègic. || *s* *V* **estratega**.
estrato *m* ***1*** estrat. ***2*** estratus, estrat.
estratosfera *f* estratosfera.
estrechamiento *m* estrenyiment.
estrechar *v tr* i *pron* ***1*** estrènyer, estretir. ***2*** estrènyer, serrar. ***3*** estrènyer, constrènyer.
estrechez *f* ***1*** estretesa, estretor, estrenyor. ***2*** *fig* estretor, destret (*m*).

estrecho, cha *a* estret. || *m geog* estret, pas, bòsfor.
estrechura *f* ***1*** estretall (*m*). ***2*** *V* **estrechez** 1.
estrella *f* ***1*** *astron* estel (*m*), estrella. ***2*** *fig* estrella, destí (*m*). ***3*** estrella, artista. || **e. de mar** *zool V* **estrellamar**.
estrellado, da *a* estelat, estrellat.
estrellamar *f zool* estrella de mar (*gèns Astropecten, Asterina* i afins).
estrellar *v tr* estavellar. || *v pron* estavellar-se, petar (*intr*).
estremecer *v tr* fer tremolar, escruixir, esgarrifar. || *v pron* estremir-se.
estremecimiento *m* estremiment, escruiximent, esgarrifament.
estrenar *v tr* i *pron* estrenar.
estreno *m* estrena (*f*) (acció i efecte).
estreñimiento *m med* restrenyiment.
estreñir *v tr med* restrènyer.
estrepada *f nàut* estrebada.
estrépito *m* estrèpit, fragor (*f*), terrabastall.
estrepitoso, sa *a* estrepitós.
estrés *m med* estrès.
estresar *v tr* i *pron* estressar.
estría *f* estria, canaleta, canal (*m*).
estriar *v tr* estriar.
estribación *f geog* estrep (*m*).
estribar *v intr* estrebar.
estribillo *m* ***1*** tornada (*f*), retronxa (*f*) (d'un poema). ***2*** *mús* responement, recoble, respòs (de cançó).
estribo *m* ***1*** estrep. ***2*** *arq* estrep, contrafort. ***3*** *geog* estrep, contrafort.
estribor *m nàut* estribord.
estricto, ta *a* estricte.
estridencia *f* estridència.
estridente *a* estrident.
estrofa *f* estrofa, estanca, posada.
estrógeno *m biol* estrògen.
estroncio *m quím* estronci.
estropajo *m* fregall.
estropajoso, sa *a* farfallós (dit de la llengua).
estropear *v tr* i *pron* ***1*** estropellar, malmetre, fer malbé, espatllar. ***2*** maganyar. ***3*** esguerrar, frustrar.
estropicio *m* destrossa (*f*), trencadissa (*f*).
estructura *f* estructura.
estructurar *v tr* estructurar.
estruendo *m V* **estrépito**.
estruendoso, sa *a V* **estrepitoso**.
estrujar *v tr* ***1*** prémer. ***2*** maurar, masegar. ***3*** rebregar. || *v tr* i *pron V* **exprimir**.
estuario *m geog* estuari (del mar).
estuche *m* estoig.
estuco *m* estuc.
estudiante *s* estudiant.
estudiar *v tr* estudiar.
estudio *m* estudi.
estudioso, sa *a* estudiós.
estufa *f* estufa.
estulticia *f* estultícia.
estulto, ta *a* estult.
estupefacción *f* estupefacció.
estupefaciente *a* estupefaent. || *m med* estupefaent.
estupefacto, ta *a* estupefacte.
estupendo, da *a* estupend.
estupidez *f* estupidesa.
estúpido, da *a* i *s* estúpid.
estupor *m* estupor.
esturión *m ictiol* esturió (*Acipenser sturio*).
esvástica *f* esvàstica, creu gammada.
etapa *f* etapa.
etcétera *loc adv* etcètera.
éter *m* èter.
etéreo, ea *a* eteri.
eternidad *f* eternitat.
eternizar *v tr* i *pron* eternitzar.
eterno, na *a* etern.
ético, ca *a* ètic. || *f* ètica.
etileno *m quím* etilè.
etimología *f* etimologia.
etíope *a* i *s* etíop.
etiqueta *f* etiqueta.
etiquetar *v tr* etiquetar.
etnia *f* ètnia.
étnico, ca *a* ètnic.
eucalipto *m bot* eucaliptus (*Eucalyptus globulus*).
eufemismo *m* eufemisme.
euforia *f* eufòria.
eunuco *m* eunuc, caponat.
euro *m* euro (moneda de la Unió Europea).
europeo, ea *a* i *s* europeu.
éuscaro, ra *a* i *s* èuscar. || *m* èuscar, basc (llengua).
éusquero, ra *a* i *s V* **éuscaro**.
eutanasia *f* eutanàsia.
evacuación *f* evacuació.
evacuar *v tr* evacuar.
evadir *v tr* i *pron* evadir.
evaluar *v tr* avaluar, valorar, apreuar.
evaporación *f* evaporació.
evaporar *v tr* i *pron* evaporar.
evasión *f* evasió.
evasiva *f* evasiva.
evento *m* esdeveniment imprevist.
eventual *a* eventual.
eventualidad *f* eventualitat.
evidencia *f* evidència.
evidenciar *v tr* evidenciar.
evidente *a* evident.
evitar *v tr* evitar.
evocación *f* evocació.
evocar *v tr* evocar.
evolución *f* evolució.
evolucionar *v intr* evolucionar.
exabrupto *m* exabrupte.
exacción *f jur* exacció.
exacerbar *v tr* i *pron* exacerbar.
exactitud *f* exactitud.
exacto, ta *a* exacte.
exageración *f* exageració.
exagerar *v tr* i *intr* exagerar.
exaltación *f*, **exaltamiento** *m* exaltació (*f*).
exaltar *v tr* i *pron* exaltar.

examen *m* examen.
examinar *v tr* i *pron* examinar.
exangüe *a* exsangüe.
exasperación *f* exasperació.
exasperar *v tr* i *pron* exasperar.
excavación *f* excavació.
excavar *v tr* excavar.
excedencia *f* excedència.
excedente *a* i *m* excedent.
exceder *v tr 1* excedir. *2* ultrapassar, ultrar. || *v pron* excedir-se.
excelencia *f* excel·lència. || **por e.** per excel·lència; en grau eminent.
excelente *a* excel·lent.
excelso, sa *a* excels.
excentricidad *f* excentricitat.
excéntrico, ca *a* i *s* excèntric.
excepción *f* excepció.
excepcional *a* excepcional.
excepto *prep* excepte, llevat de, tret, tret de.
exceptuación *f V* **excepción**.
exceptuar *v tr* exceptuar.
excesivo, va *a* excessiu.
exceso *m 1* excés. *2* sobrepuig.
excitación *f* excitació, excitament (*m*).
excitante *a* i *s* excitant.
excitar *v tr* i *pron* excitar.
exclamación *f* exclamació.
exclamar *v tr* i *pron* exclamar.
excluir *v tr* i *pron* excloure.
exclusión *f* exclusió.
exclusiva *f* exclusiva.
exclusive *adv* exclusivament.
exclusivo, va *a* exclusiu.
excrecencia *f med* excrescència.
excrementar *v tr* excrementar, deposar, femtar.
excremento *m* excrement, femta (*f*).
excrescencia *f med V* **excrecencia**.
excursión *f* excursió.
excursionismo *m* excursionisme.
excursionista *a* i *s* excursionista.
excusa *f 1 V* **excusación**. *2* excusa, pretext (motiu).
excusación *f* excusació, excusa.
excusado, da *a* excusat. || *m* excusat.
excusar *v tr* i *pron* excusar.
execrar *v tr* execrar.
exégesis *f* exegesi.
exención *f* exempció.
exentar *v tr* i *pron V* **eximir**.
exento, ta *a* exempt.
exequias *f pl* exèquies, funerals (*m*).
exhalación *f 1* exhalació. *2* estel (*m*) fugaç.
exhalar *v tr* exhalar.
exhaustivo, va *a* exhaustiu.
exhausto, ta *a* exhaust.
exhibición *f* exhibició.
exhibir *v tr* i *pron* exhibir.
exhortar *v tr* exhortar.
exhumar *v tr* exhumar, desenterrar.
exigencia *f* exigència.
exigente *a* i *s* exigent.
exigible *a* exigible.
exigir *v tr* exigir.
exiguo, ua *a* exigu.
exilado, da *a* i *s*, **exiliado, da** *a* i *s* exiliat.
exiliar *v tr* i *pron* exiliar.
exilio *m* exili, desterrament.
eximio, ia *a* eximi.
eximir *v tr* i *pron* eximir.
existencia *f* existència.
existente *a* existent.
existir *v intr* existir.
éxito *m* èxit, succés, reeixida (*f*), reeiximent.
ex libris *m* ex-libris.
éxodo *m* èxode.
exorbitante *a* exorbitant.
exorcismo *m* exorcisme.
exorcizar *v tr* exorcitzar.
exordio *m* exordi.
exótico, ca *a* exòtic.
expandir *v tr* i *pron* expandir.
expansión *f* expansió.
expectación *f* expectació.
expectar *v tr* expectar.
expectativa *f* expectativa.
expedición *f* expedició.
expediente *a* i *m* expedient.
expedir *v tr* expedir.
expeditivo, va *a* expeditiu.
expedito, ta *a* expedit.
expeler *v tr* expel·lir.
expender *v tr 1* gastar. *2* expendre (vendre).
expensas *f pl* expenses. || **a e.** a càrrec, a compte.
experiencia *f* experiència.
experimentado, da *a V* **experto**.
experimentar *v tr* experimentar.
experimento *m* experiment.
expertez *f* expertesa.
experto, ta *a* expert, experimentat. || *s* expert.
expiar *v tr* expiar.
expirar *v intr 1* expirar, finar. *2 fig* expirar, finir.
explanada *f* esplanada.
explanar *v tr* explanar.
explayar *v tr 1* estendre. *2* esplaiar.
explicable *a* explicable.
explicación *f* explicació.
explicaderas *f pl* manera d'explicar-se pròpia de cadascú.
explicar *v tr* i *pron* explicar.
explícito, ta *a* explícit.
exploración *f* exploració.
explorador, a *a* i *s* explorador.
explorar *v tr* explorar.
explosión *f* explosió.
explosivo, va *a* i *m* explosiu.
explotación *f* explotació.
explotador, a *a* i *s* explotador.
explotar *v tr 1* explotar. *2 agr fig* explotar, espletar, recollir el fruit, treure'n un profit. || *v intr* explotar, esclatar, rebentar.
expoliar *v tr* espoliar.
exponente *m* exponent.
exponer *v tr* i *pron* exposar.
exportable *a* exportable.
exportación *f* exportació.

exportar *v tr* exportar.
exposición *f* exposició.
expósito, ta *a* i *s* expòsit, bord, bordet.
expositor, a *a* i *s* expositor.
exprés *a* i *m V* **expreso**.
expresamente *adv V* **ex profeso**.
expresar *v tr 1* expressar. *2* fer avinent. || *v pron* expressar-se.
expresión *f* expressió.
expresionismo *m* expressionisme.
expresivo, va *a* expressiu.
expreso, sa *a* i *m* exprés.
exprimir *v tr* i *pron* esprémer.
ex profeso *adv* exprés, a dretes, a dretcient, a posta, expressament.
expropiación *f jur* expropiació.
expropiar *v tr jur* expropiar.
expuesto, ta *a* exposat.
expulsar *v tr 1* expulsar. *2* foragitar, forallançar.
expulsión *f 1* expulsió. *2* foragitament (*m*).
exquisitez *f* exquisitat, exquisidesa. || *f pl* delicadeses, delicadures.
exquisito, ta *a* exquisit.
extasiar *v tr* i *pron* extasiar.
éxtasis *m* èxtasi.
extemporal *a*, **extemporáneo, ea** *a* extemporani.
extender *v tr 1 V* **explayar** 1. *2* escampar. || *v pron* estendre's.
extensión *f* extensió.
extensivo, va *a* extensiu.
extenso, sa *a* extens.
extenuar *v tr* i *pron* extenuar.
exterior *a* i *m* exterior.
exterminación *f* exterminació.
exterminar *v tr* exterminar.
exterminio *m* extermini.
externo, na *a* i *s* extern.
extinción *f* extinció.
extinguir *v tr* i *pron* extingir.
extinto, ta *a* extint. || *a* i *s* mort, finat.
extintor, a *a* i *m* extintor.
extirpación *f* extirpació.
extirpar *v tr* extirpar.
extorsión *f* extorsió.
extorsionar *v tr* extorquir, extorsionar.
extra *a* i *m* extra. || *s* extra (figurant).
extracción *f 1* extracció. *2* origen (*m*).
extractar *v tr* extractar.
extracto *m* extracte, extret.
extradición *f jur* extradició.
extraer *v tr* extreure, extraure.
extralimitación *f* extralimitació.
extralimitarse *v pron* extralimitar-se.
extramuros *adv* extramurs.
extranjería *f* estrangeria.
extranjero, ra *a* i *s* estranger.
extrañación *f jur V* **extrañamiento** 1.
extrañamiento *m 1 jur* estranyament. *2* estranyesa (*f*).
extrañar *v tr 1* desterrar. *2* estranyar (causar estranyesa). || *v pron 1* estranyar-se. *2* negar-se a fer alguna cosa.
extrañeza *f* estranyesa.
extraño, ña *a* i *s 1* estrany. *2* rar.
extraordinario, ia *a* i *m* extraordinari.
extraterrestre *a* i *s* extraterrestre.
extravagancia *f* extravagància.
extravagante *a* i *s* extravagant.
extraviar *v tr 1* extraviar. *2* perdre. || *v pron 1* extraviar-se. *2* perdre's.
extravío *m 1* pèrdua (*f*). *2* foraviament.
extremado, da *a* extremat.
extremar *v tr* extremar.
extremidad *f* extremitat.
extremismo *m* extremisme.
extremo, ma *a* i *m* extrem.
extrínseco, ca *a* extrínsec.
exuberancia *f* exuberància.
exuberante *a* exuberant.
exultante *a* exultant.
exultar *v intr* exultar.
eyaculación *f* ejaculació.
eyacular *v tr* ejacular.

F

fábrica *f* fàbrica.
fabricación *f* fabricació.
fabricante *a* fabricador.
fabricar *v tr* fabricar.
fábula *f* faula.
fabuloso, sa *a* fabulós.
facción *f* facció, bàndol (*m*). || *f pl* faccions, faiçons (*m pl*).
faccioso, sa *a* i *s* facciós.
faceta *f* faceta.
facha *f* fatxa, fila.
fachada *f arq* façana, fatxada, enfront (*m*).
fachenda *a* i *s* parencer. || *f* fatxenda, faroneria, faramalla (condició).
fachendear *v intr* fatxendejar, fatxendar, faronejar, gallejar, fer-s'hi veure.
fachendoso, sa *a* i *s 1* fatxender, fatxenda. *2 V* **fachenda**.
facial *a anat* facial.
fácil *a 1* fàcil. *2* avinent.
facilidad *f* facilitat.
facilitar *v tr* facilitar.

factible *a* factible.
factor *m* factor.
factoría *f* factoria.
factura *f* factura.
facturación *f* facturació.
facturar *v tr* facturar.
facultad *f* facultat.
facultar *v tr* facultar.
facultativo, va *a* i *s* facultatiu.
facundia *f* facúndia.
faena *f* feina.
fagot *m mús* fagot.
faisán *m ornit* faisà (*Phasianus colchicus*).
faja *f* faixa.
fajar *v tr* i *pron* faixar.
fajo *m* feix, lligall, plega (*f*).
falacia *f* fal·làcia.
falangeta *f anat* falangeta.
falangina *f anat* falangina.
falaz *a* fal·laç, fal·laciós.
falda *f* ***1*** falda. ***2*** faldilles (*pl*). ***3*** *geog* baldana, falda, faldar (*m*).
fallar *v tr* ***1*** fallar (no encertar). ***2*** fallar (jugant a cartes). || *v intr* ***1*** fallar (frustrar-se). ***2*** fallar, fallir (no funcionar).
falleba *f* lleba, falleba.
fallecer *v intr* morir, finar.
fallecimiento *m* mort (*f*), defunció (*f*), decés.
fallo *m* ***1*** *jur* veredicte. ***2*** fallada (*f*). ***3*** falliment.
falo *m* fal·lus.
falsear *v tr* falsejar.
falsedad *f* falsetat.
falsificación *f* falsificació.
falsificar *v tr* falsificar.
falso, sa *a* ***1*** fals, ful. ***2*** falsiós. || **en falso** en fals.
falta *f* ***1*** falta, manca, mancança. ***2*** falta, defalt (*m*) (defecte). ***3*** *geol* falla. ***4*** mancament (*m*).
faltar *v intr* ***1*** faltar, mancar. ***2*** fallir.
falto, ta *a* faltat, mancat.
fama *f* fama.
famélico, ca *a* famolenc, famèlic.
familia *f* família.
familiar *a* i *m* familiar.
famoso, sa *a* famós.
fan *s* fan (admirador).
fanal *m* fanal.
fanático, ca *a* i *s* fanàtic.
fanatismo *m* fanatisme.
fanfarria *s V* **fanfarrón**. || *f* ***1*** *V* **fanfarronada**. ***2*** *mús* fanfara, xaranga.
fanfarrón, ona *a* fanfarró. || *s* fanfàrria, fanfarró.
fanfarronada *f* fanfarronada, fanfarroneria, fanfàrria.
fanfarronear *v intr* fanfarronejar.
fanfarronería *f* fanfarroneria (condició de fanfarró).
fango *m* ***1*** fang. ***2*** llaquim, llot, tarquim.
fangoso, sa *a* fangós.
fantasear *v intr* fantasiar, fantasiejar.
fantasía *f* fantasia.
fantasma *s* ***1*** fantasma (*m* o *f*). ***2*** bubota (*f*).
fantástico, ca *a* fantàstic.
fantoche *m* fantotxe.
faquir *s* faquir.
farándula *f* faràndula.
faraón *m* faraó.
fardo *m* fardell, fardot.
faringe *f anat* faringe.
farmacéutico, ca *a* farmacèutic. || *s* farmacèutic, apotecari. || *f* apotecariessa.
farmacia *f* farmàcia, apotecaria.
faro *m nàut* far, farell, farola (*f*).
farol *m* ***1*** fanal, faró. ***2*** *fig* bluf. ***3*** farola (*f*). ***4*** catxa (*f*). || **¡adelante con los faroles!** endavant les atxes!
farolear *v intr V* **fachendear**.
farra *f* tabola, xerinola.
fárrago *m* ***1*** *fig* fullaraca (*f*), palla (*f*), virosta (*f*), brossa (*f*), fardam. ***2*** poti-poti.
farsa *f* farsa.
fascículo *m* fascicle.
fascinación *f* fascinació.
fascinar *v tr* fascinar.
fascismo *m* feixisme.
fase *f* fase.
fastidiar *v tr* fastiguejar, fúmer, enfastijar, enfastidir, emprenyar, fotre, fer la guitza. || *v pron* fastiguejar-se.
fastidio *m* ***1*** fastig, emprenyament. ***2*** *fig* fàstic.
fastidioso, sa *a* fastijós, emprenyador.
fasto, ta *a V* **feliz.** || *m V* **fausto**.
fastuoso, sa *a* fastuós.
fatal *a* fatal.
fatalidad *f* fatalitat.
fatalismo *m* fatalisme.
fatídico, ca *a* fatídic.
fatiga *f*, **fatigación** *f* fatiga, fadiga, fatigació, cansament (*m*), lassitud. || *f pl* fatics (*m pl*) (neguits).
fatigar *v tr* i *pron* fatigar, cansar, ujar.
fatuo, ua *a* i *s* fatu.
fauces *f pl* gola (*sing*).
fauna *f zool* fauna.
fausto *m* luxe, pompa (*f*).
fausto, ta *a* faust.
favor *m* favor.
favorable *a* favorable.
favorecer *v tr* afavorir, favorejar.
favorito, ta *a* favorit. || *s* favorit.
fax *m* fax, telefax.
faz *f* faç, visatge (*m*), semblant (*m*), rostre (*m*).
fe *f* fe.
fealdad *f* lletgesa, lletjor.
febrero *m* febrer.
febroso, sa *a* febrós.
fecha *f* data.
fechar *v tr* datar.
fechoría *f* malifeta, mala acció, forfet (*m*).
fécula *f* fècula.
fecundar *v tr* fecundar.
fecundidad *f* fecunditat.
fecundizar *v tr* fecunditzar.
fecundo, da *a* fecund.
federación *f* federació.
federal *a* i *s* federal.

federar *v tr* i *pron* federar.
fehaciente *a jur* fefaent.
felicidad *f* felicitat, ventura, benastrugança.
felicitación *f* felicitació.
felicitar *v tr* i *pron* felicitar.
felino, na *a* i *m zool* felí.
feliz *a* feliç.
felpa *f* pelfa.
femenino, na *a* femení.
feminidad *f* feminitat.
feminismo *m* feminisme.
fémur *m anat* fèmur.
fenecer *v intr* ***1*** finir. ***2*** perir. ***3*** *V* **finar**.
fenecimiento *m* ***1*** finiment. ***2*** *V* **fallecimiento**.
fenómeno *m* fenomen.
feo, a *s* lleig.
feraz *a* feraç.
féretro *m* ***1*** fèretre, bagul, taüt, caixa (*f*). ***2*** fèretre (baiard).
feria *f* fèria.
fermentación *f* fermentació.
fermentar *v tr* i *intr* fermentar.
fermento *m* ferment.
ferocidad *f* ferocitat, ferotgia.
feroz *a* feroç, ferotge.
férreo, ea *a* ferri.
ferretería *f* ferreteria.
ferrocarril *m* ferrocarril.
ferroso, sa *a quím* ferrós.
ferroviario, ia *a* i *s* ferroviari.
fértil *a* fèrtil.
fertilidad *f* fertilitat.
fertilizante *a* i *m* fertilitzant.
fertilizar *v tr* fertilitzar.
festejo *m* festeig.
festín *m* festí, tiberi.
festival *m* festival.
festividad *f* festivitat.
fétido, da *a* fètid, fetorós.
feto *m* fetus.
feudal *a* feudal.
feudalismo *m* feudalisme.
feudo *m* feu.
fiable *a* fiable.
fiambre *m* ***1*** carn freda. ***2*** *fam* cadàver.
fiambrera *f* carmanyola.
fianza *f* ***1*** fiança (obligació). ***2*** fiança, fermança.
fiar *v tr* ***1*** fiançar. ***2*** fiar (vendre sense cobrar al comptat). || *v intr* ***1*** fiar, confiar, refiar-se (*pron*). ***2*** fiar, confiar (lliurar en confiança). ***3*** fiar, confiar (fer confiança). || *v pron* fiar-se.
fibra *f* fibra.
ficción *f* ficció.
ficha *f* fitxa.
fichar *v tr* i *intr* fitxar.
fichero *m* fitxer.
ficticio, ia *a* fictici.
ficus *m bot* ficus (*gèn Ficus*).
fidedigno, na *a* fidedigne.
fidelidad *f* fidelitat.
fideo *m* fideu.
fiduciario, ia *a jur* fiduciari.
fiebre *f med* febre.
fiel *a* i *s* fidel.
fieltro *m* feltre.
fiera *f* fera.
fiereza *f* feresa, feror.
fiero, ra *a* ***1*** fer. ***2*** feréstec, ferest.
fiesta *f* ***1*** festa. ***2*** diada.
figura *f* figura.
figurar *v tr* i *intr* figurar.
figurín *m* figurí.
figurón *m fig* patum (*f*) (fals prohom).
fijación *f* fixació.
fijar *v tr* fixar.
fijeza *f* fixesa, fixedat.
fijo, ja *a* ***1*** fix. ***2*** fit.
fila *f* fila, rengle (*m*), renglar (*m*), renguera, rest (*m*), reng (*m*), rastellera, rastell (*m*).
filamento *m* filament.
filarmónico, ca *a* i *s mús* filharmònic.
filatelia *f* filatèlia.
filatura *f* filatura.
filete *m* filet.
filiación *f* filiació.
filial *a* filial.
filigrana *f* filigrana.
filipino, na *a* i *s* filipí.
film *m* film, pel·lícula (*f*).
filmar *v tr* filmar.
filmoteca *f* filmoteca.
filo *m* ***1*** tall, fil. ***2*** llos. ***3*** *fig* crestall, cresta (*f*).
filología *f* filologia.
filón *m* filó, mener.
filosofía *f* filosofia.
filósofo, fa *s* filòsof.
filtración *f* filtració.
filtrar *v tr* i *pron* filtrar.
filtro *m* filtre.
fimosis *f med* fimosi.
fin *m* ***1*** fi (*f*), final. ***2*** fi, finalitat (*f*). || **al f.** a la fi; a l'últim. || **al f. y al cabo** al capdavall. || **en f.** en fi. || **por f.** per fi. || **a f. de** a fi de. || **a f. de que** a fi que.
finado, da *a* finat, difunt.
final *a* final. || *m* final, fi.
finalidad *f* finalitat, fi (*m*).
finalizar *v tr* i *intr* finalitzar.
financiar *v tr* finançar.
financiero, ra *a* i *s* financer.
finanzas *f pl* finances, finança (*sing*).
finar *v intr* finar, morir.
finca *f* finca. || **f. rústica** *V* **fundo**.
fineza *f* finesa.
fingir *v tr* i *pron* fingir.
finito, ta *a* finit.
finlandés, esa *a* i *s* finlandès.
fino, na *a* fi.
finura *f* finor.
fiord *m*, **fiordo** *m geog* fiord.
firma *f* ***1*** signatura, firma. ***2*** signament (*m*).
firmamento *m astron* firmament.
firmante *a* i *s* signant, signatari, signador. || **abajo f.** sotasignat, sotascrit.
firmar *v tr* signar, firmar.
firme *a* ferm. || *m* ***1*** reblum, grava (*f*). ***2*** ferm,

grava (*f*). || *adv* ferm, fermament. || **de f.** de valent, de ferm. || **en f.** en ferm.
firmeza *f* fermesa, fermetat.
fiscal *a* i *s* fiscal.
fiscalía *f jur* fiscalia.
fisco *m jur* fisc.
fisgar *v tr,* **fisgonear** *v tr* escorniflar.
físico, ca *a* i *s* físic. || *f fís* física
fisiología *f med* fisiologia.
fisión *f fís* fissió.
fisioterapia *f med* fisioteràpia.
fisonomía *f* fisonomia, carura, fesomia.
fisura *f* fissura.
flaco, ca *a* i *m* flac.
flacura *f* flacor.
flagelar *v tr* assotar.
flagelo *m* ***1*** flagell, fuet, esclafidor. ***2*** *fig* flagell. ***3*** *biol* flagel.
flagrante *a* flagrant.
flamante *a* flamant, llampant, nou de trinca.
flamear *v intr* ***1*** flamar, flamejar. ***2*** flamejar (fer flama).
flamenco *m ornit* flamenc (*Phoenicopterus ruber*).
flan *m* flam.
flanco *m* flanc, costat.
flaquear *v intr* flaquejar.
flaqueza *f* ***1*** flaquesa. ***2*** flaquedat, debilitat.
flato *m med* flatositat (*f*), flat.
flauta *f mús* flauta.
flautillo *m mús* ***1*** caramella (*f*). ***2*** flabiol.
flautín *m mús* flautí.
flebitis *f med* flebitis.
flecha *f* fletxa, sageta.
flechazo *m* ***1*** cop de sageta. ***2*** amor sobtat.
fleco *m* serrell.
flema *f med* flegma.
flemático, ca *a* i *s* flegmàtic.
flemón *m med* flegmó.
flequillo *m* serrell (*esp* de cabells).
fletar *v tr nàut* noliejar.
flete *m nàut* noli, nòlit.
flexibilidad *f* flexibilitat.
flexible *a* flexible, vincladís.
flexión *f* flexió.
flojear *v intr* fluixejar.
flojo, ja *a* fluix.
flor *f bot* flor.
flora *f* flora.
floración *f bot* floració.
florecer *v intr* florejar, florir. || *v pron* florir-se.
florecilla *f bot* floreta (flor petita).
florecimiento *m* floriment, florida (*f*).
florero *m* florera (*f*).
florista *s* florista.
flota *f* flota, estol (*m*).
flotador, ra *a* i *s* flotador.
flotar *v intr* flotar, surar.
a flote *loc adv* a flor d'aigua.
fluctuar *v intr* fluctuar.
fluidez *f* fluïdesa.
fluído, da *a* i *m* fluid.
fluir *v intr* fluir.
flujo *m* ***1*** fluix. ***2*** flux.
flúor *m quím* fluor.
fluorescente *a* fluorescent.
fluoruro *m quím* fluorur.
fluvial *a* fluvial.
fobia *f* fòbia.
foca *f zool* foca (*gèn Phoca*).
foco *m* focus.
fofo, fa *a* fofo, tofenc.
fogarada *f* foguerada, flamarada, xera.
fogata *f* fogaina, fogata.
fogón *m* ***1*** fogó, fogona (*f*). ***2*** fogaina (*f*).
fogonazo *m* fogonada (*f*).
fogoso, sa *a* fogós.
foguear *v tr* foguejar.
foie-gras *m* foie gras.
folclore *m* folklore.
folio *m* foli.
follaje *m* fullam, fullatge.
folletín *m* fulletó.
folleto *m* opuscle, fullet.
fomentar *v tr* fomentar.
fomento *m* foment.
fonda *f* fonda, posada.
fondear *v tr* i *intr nàut* fondejar, ancorar.
fondo *m* fons, cul, fonadura (*f*), sòl.
fonema *m* fonema.
fonética *f* fonètica.
fontanería *f* fontaneria.
foráneo, ea *a* forà.
forastero, ra *a* i *s* foraster.
forcejar *v intr*, **forcejear** *v intr* forcejar.
forcejeo *m*, **forcejo** *m* forcejament.
forestal *a* forestal.
forja *f* forja.
forjar *v tr* forjar.
forma *f* forma.
formación *f* formació.
formal *a* formal.
formalidad *f* formalitat.
formalizar *v tr* i *pron* formalitzar.
formar *v tr*, *intr* i *pron* formar.
formativo, va *a* formatiu.
formato *m* format.
fórmica *f* fòrmica.
formidable *a* formidable.
formol *m quím* formol.
fórmula *f* fórmula.
formular *v tr* formular.
formulario, ia *a* i *m* formulari.
formulismo *m* formulisme.
fornicación *f* fornicació, fornici (*m*).
fornicar *v intr* fornicar.
fornido, da *a* fornit, cepat.
fornitura *f* fornitura, forniment (*m*).
foro *m* ***1*** fòrum. ***2*** for.
forraje *m agr* farratge.
forrar *v tr* folrar.
forro *m* folre, folradura (*f*), folro.
fortalecer *v tr V* **fortificar** 1.
fortaleza *f* fortalesa, fortitud.
fortificación *f* ***1*** fortificació, fortificament (*m*). ***2*** *mil* fortificació.

fortificar *v tr 1* fortificar, enfortir. *2 mil* fortificar. || *v pron* fortificar-se, enfortir-se.
fortuito, ta *a* fortuït.
fortuna *f 1* fortuna. *2* benastrugança.
forzado, da *a* i *s* forçat. || *m* forçat.
forzar *v tr* forçar.
forzoso, sa *a* forçós.
forzudo, da *a* forçut.
fosa *f* fossa, sepultura, fossana.
fosfato *m quím* fosfat.
fósforo *m 1 quím* fòsfor. *2* llumí, cerilla (*f*), misto.
fósil *a* i *m* fòssil.
foso *m 1* fossat, vall. *2 mil* cava (camí en trinxera).
foto *f V* **fotografía**.
fotocopia *f* fotocòpia.
fotocopiadora *s* fotocopiadora (màquina).
fotocopiar *v tr* fotocopiar.
fotografía *f* fotografia.
fotografiar *v tr* fotografiar.
fotógrafo, fa *s* fotògraf.
fotograma *m* fotograma.
fracasar *v intr* fracassar.
fracaso *m 1* fracàs. *2* terrabastall, tabust.
fracción *f* fracció.
fraccionar *v tr* i *pron* fraccionar.
fractura *f* fractura.
fracturar *v tr* i *pron* fracturar.
fragancia *f* fragància.
fragante *a* fragant.
fragata *f nàut* fragata.
frágil *a* fràgil.
fragilidad *f* fragilitat.
fragmentar *v tr* i *pron* fragmentar.
fragmento *m* fragment.
fragor *m 1* fragor (*m* o *f*), estrèpit, baluern, terrabastall, tabust. *2* fressa (*f*).
fragoroso, sa *a* fragorós.
fragoso, sa *a 1* fragós, aspriu. *2 V* **fragoroso**.
fragua *f* farga, fornal.
fraguar *v tr* fargar. || *v intr* prendre's (la calç, el guix, el ciment, etc.).
fraile *m* frare.
frambuesa *f bot* gerd (*m*), gerdó (*m*).
francachela *f* xeflis (*m*), xefla.
francés, esa *a* i *s* francès.
franco, a *a 1* franc, lliure. *2* franc, sincer. || *a* i *s* franc (de l'antiga França). || **puerto f.** port franc.
franela *f* franel·la.
franja *f* franja.
franquear *v tr* i *pron* franquejar.
franqueo *m* franqueig.
franqueza *f* franquesa.
frasco *m* flascó (ampolla).
frase *f* frase.
fraternidad *f* fraternitat.
fraterno, na *a* fratern.
fraude *m* frau (engany).
fraudulento, ta *a* fraudulent, fraudulós.
frazada *f* flassada.
frecuencia *f* freqüència.
frecuentar *v tr* freqüentar.
frecuente *a* freqüent.
fregadero *m* aigüera (*f*), fregador.
fregado *m* fregament.
fregamiento *m V* **frote**.
fregar *v tr 1* fregar (el terra, plats, etc.). *2* fregar, refregar.
freidora *f* fregidora.
freír *v tr* i *pron* fregir.
frenar *v tr* frenar.
frenazo *m* frenada (*f*).
frenesí *m* frenesia (*f*), frenesí.
frenético, ca *a* frenètic.
frenillo *m 1 anat* tel de la llengua. *2 anat* tel del prepuci.
freno *m* fre.
frente *f anat* front (*m*). || *m* front. || **f. a** davant, enfront. || **f. a f.** cara a cara. || **f. por f.** davant per davant. || **al f.** al capdavant.
fresa *f bot* maduixa, fraula (fruit).
fresca *f* fresca.
fresco, ca *a* fresc. || *m 1 V* **fresca**. *2* fresc (pintura).
frescor *m* frescor (*f*).
frescura *f 1 V* **frescor**. *2 fig* frescor.
fresno *m bot* freixe (*Fraxinus excelsior*).
fresón *m bot* maduixot.
frialdad *f* fredor.
fricción *f* fricció.
friega *f med* frega.
frigidez *f* frigidesa, frigiditat.
frígido, da *a* frígid.
frigorífico, ca *a* i *m* frigorífic.
fríjol *m bot* fesolet, fesolí (*Dolichos melanophtalmus*).
frío, a *a 1* fred. *2* fredorós. || *m* fred.
friolento, ta *a V* **friolero**.
friolera *f V* **fruslería**.
friolero, ra *a* fredolic, fredeluc, fredolec.
frisar *v tr* frisar (teixits). || *v intr 1* gairebé tocar. *2* ranejar.
friso *m arq* fris.
fritada *f*, **fritanga** *f* fregitel·la.
frito *m 1* fregit. *2 V* **fritada**.
fritura *f V* **fritada**.
frivolidad *f* frivolitat.
frívolo, la *a* frívol.
fronda *f bot* fronda, fullatge (*m*).
frondoso, sa *a* frondós.
frontera *f* frontera.
frotación *f*, **frotadura** *f* fregada, fregatel·la.
frotamiento *m V* **frote**.
frotar *v tr* i *pron* fregar, refregar.
frote *m* fregament.
fructificar *v intr* fructificar, fruitar.
fructuoso, sa *a* fructuós, fruitós.
frugal *a* frugal.
fruición *f* fruïció, gaudi (*m*).
fruir *v intr* fruir, gaudir.
fruncir *v tr 1* frunzir. *2* arrufar.
fruslería *f* fotesa, cosa de no res, futilitat.
frustración *f 1* frustració. *2* malguany (*m*).
frustrar *v tr* i *pron* frustrar.

fruta *f* fruita.
frutar *v intr V* **fructificar**.
frutería *f* fruiteria.
fruto *m* fruit.
fuego *m* foc. || **prender f.** calar foc, afogar.
fuel *m*, **fuel-oil** *m* fuel, fueloil.
fuelle *m* manxa (*f*).
fuente *f* ***1*** font, deu. ***2*** plàtera, plata. ***3*** font (construcció).
a fuer de *loc adv* com a.
fuera *adv* fora.
fuero *m* fur.
fuerte *a* fort. || *m* ***1*** fort. ***2*** pic.
fuerza *f* ***1*** força. ***2*** *fig* habilior.
fuga *f* ***1*** fugida, fuga, fuita. ***2*** *mús* fuga.
fugaz *a* fugaç.
fugitivo, va *a* i *s* fugitiu.
fulano, na *s* tal, en tal.
fulgor *m* fulgor (*m* o *f*).
fulgurar *v intr* fulgurar.
fulminante *a* i *m* fulminant.
fulminar *v tr* ***1*** fulminar. ***2*** llampar (amb el llamp).
fullero, ra *a* i *s* trampós.
fumada *f* ***1*** fumada, acció de fumar. ***2*** pipada, xuclada de fum.
fumar *v tr*, *intr* i *pron* fumar (tabac).
fumigación *f* fumigació.
fumigar *v tr* fumigar.
función *f* funció.
funcionamiento *m* funcionament.
funcionar *v intr* ***1*** funcionar. ***2*** *fig* rutllar.
funcionario, ia *s* funcionari.
funda *f* funda.
fundación *f* fundació.
fundamentar *v tr* fonamentar.
fundamento *m* fonament.
fundar *v tr* fundar.
fundible *a* fusible.
fundición *f* ***1*** fosa. ***2*** foneria.
fundir *v tr* i *pron* fondre.
fundo *m* heretat (*f*), hisenda (*f*), finca (*f*).
fúnebre *a* fúnebre.
funeral *a* i *m* funeral.
a la funerala *loc adv* a la funerala.
funesto, ta *a* funest.
funicular *a* i *m* funicular.
furgón *m* furgó.
furgoneta *f* furgoneta.
furia *f* fúria.
furibundo, da *a* furibund.
furioso, sa *a* furiós, furient.
furor *s* furor.
furtivo, va *a* furtiu.
furúnculo *m med* furóncol.
fusible *a V* **fundible**. || *m* plom, fusible.
fusil *m* fusell (arma).
fusilar *v tr* afusellar.
fusión *f* fusió.
fusta *f V* **flagelo** 1.
fuste *m* ***1*** fusta (*f*). ***2*** *arq* fust. || **de buen f.** de bona fusta.
fustigación *f* fustigació.
fustigar *v tr* fustigar, fuetejar, flagel·lar, xurriaquejar, cinglar.
fútbol *m* futbol.
futbolín *m* futbolí.
futbolista *s* futbolista.
futesa *f V* **fruslería**.
fútil *a* fútil.
futurismo *m* futurisme.
futuro, ra *a* futur. || *m* futur, esdevenidor, venidor.

G

gabardina *f* gavardina.
gabinete *m* gabinet.
gacela *f zool* gasela (*gèn Gazella*).
gacho, cha *a* cot, jup. || **a gachas** *loc adv V* **a gatas**.
gafa *f* ***1*** gafa (per a ajuntar, subjectar). ***2*** gafa, croc (*m*) (de la ballesta). || *f pl* ulleres.
gafe *s* malastruc, malaventurós.
gaita *f* ***1*** *mús* gaita, cornamusa, sac (*m*) de gemecs. ***2*** *fig* murga.
gajo *m* ***1*** gotim, escarràs. ***2*** *bot* grill, grilló, galló (d'un fruit).
gala *f* gala.
galáctico, ca *a* galàctic.
galán *m* galant.
galano, na *a* galà, garrit.
galante *a* galant.
galantear *v tr* galantejar, festejar.
galanteo *m* galanteig, festeig.
galantería *f* galanteria.
galardón *m* guardó.
galardonar *v tr* guardonar.
galaxia *f astron* galàxia.
galbana *f fam* galvana, mandra.
galera *f nàut* galera (embarcació).
galerada *f* galerada.
galería *f* galeria.
galgo, ga *a zool* llebrer. || *m* llebrer, gànguil.
galimatías *m* galimaties.
gallardía *f* gallardia.
gallardo, da *a* gallard.
gallear *v intr* gallejar, fer el gall.
gallego, ga *a* i *s* gallec.
galleta *f* ***1*** galeta. ***2*** *V* **guantazo**. ***3*** galeta, galtada (cleca.)

gallina *f ornit* gallina (*Gallus domesticus*, femella). || *s fam* gallina, covard.
gallinero *m* galliner.
gallo *m ornit* gall (*Gallus gallus*).
galocha *f* esclop (*m*).
galón *m* galó.
galopar *v intr* galopar.
galope *m* galop (de cavall).
galvanizar *v tr* galvanitzar.
gamba *f zool* gamba (*Parapenaeus longirrostris*).
gamberrada *f* gamberrada.
gamberro, rra *a* i *s* trinxeraire, trinxa.
gambiano, na *a* i *s* gambià.
gamo *m zool* daina (*f*) (*Cervus dama*).
gamuza *f* ***1*** *zool* isard, camussa (*gèn Rupicapra*). ***2*** camussa (pell).
gana *f* ***1*** gana (desig, voluntat). ***2*** gana, talent (*m*), mengera, apetit (*m*), apetència.
ganadería *f* ramaderia.
ganado *m* bestiar, bestiam.
ganador, a *a* i *s* guanyador.
ganancia *f* guany (*m*).
ganancioso, sa *a* guanyador.
ganar *v tr* i *pron* guanyar.
gancho *m* ganxo, croc.
gandul, a *a* i *s* gandul.
gandulear *v intr* gandulejar.
gandulería *f* ganduleria.
ganga *f* ganga.
ganglio *m anat med* gangli.
gangoso, sa *a* i *s* que fa veu de nas.
gangrena *f med* gangrena.
gánguil *m nàut* gànguil (embarcació).
ganoso, sa *a* desitjós.
ganso *m ornit* oca (vulgar) (*Anser anser*).
ganso, sa *a* i *s* ganso, gansoner.
ganzúa *f* rossinyol (*m*) (ferro).
gañán *m* mosso.
gañido *m* grinyol, guinyol.
gañir *v intr* grinyolar.
garabato *m* gargot, burot. || *m pl* escarabats.
garaje *m* garatge.
garambaina *f* galindaina (adorn).
garante *a* i *s* garant.
garantía *f* garantia.
garantir *v tr*, **garantizar** *v tr* garantir.
garbanzo *m bot* cigró, ciuró.
garbino *m* garbí, llebeig.
garbullo *m* garbuix, garbull.
gardenia *f bot* gardènia (*gèn Gardenia*).
garfio *m* garfi.
gargajo *m* ***1*** gargall, carcàs. ***2*** escopinada (*f*).
garganta *f* ***1*** *anat* gola, gorja, coll (*m*). ***2*** *geog* congost (*m*), afrau, osca, gorja (entre muntanyes). ***3*** *geog* call (*m*) (de riu). || **dolor de g.** mal de coll.
gargantilla *f* collaret (*m*).
gárgara *f* gàrgara.
gárgola *f arq* gàrgola.
garguero *m anat* gargamella (*f*), ganyot, canyó.
garita *f* garita.
garito *m* casa (*f*) de joc.
garra *f anat* urpes (*pl*).
garrafa *f* garrafa.
garrafón *m* damajoana (*f*).
garrapata *f entom* ***1*** paparra (*Ixodes risinus*). ***2*** llagasta, llagast (*m*) (*Melophagus ovinus*).
garrido, da *a V* **galano**.
garroba *f bot* garrofa, garrova.
garrocha *f* pica.
garrofa *f bot V* **garroba**.
garrotazo *m* garrotada (*f*), buscallada (*f*), cop d'estaca.
garrote *m* garrot.
garrucha *f* corriola, politja.
garza *f ornit* agró (*m*) (*Ardea purpurea*).
gas *m fís quím* gas.
gasa *f* gasa, glassa.
gaseoso, sa *a* gasós. || *f* gasosa (refresc).
gasóleo *m quím* gasoil, gasoli.
gasolina *f quím* gasolina.
gasolinera *f* gasolinera.
gastar *v tr* ***1*** gastar, consumir. ***2*** despendre. ***3*** gastar, deteriorar. || *v pron* gastar-se.
gasto *m* despesa (*f*), messió (*f*).
gástrico, ca *a* gàstric.
gastritis *f med* gastritis.
gastronomía *f* gastronomia.
gastrónomo, ma *s* gastrònom.
gata *f* gata.
a gatas *loc adv* de quatre grapes, de quatre potes.
gatear *v intr* ***1*** grimpar. ***2*** gatejar (anar de quatre grapes). ***3*** esgarrapar (el gat).
gatillo *m* gallet (disparador).
gato *m* ***1*** *zool* gat, moix (*Felis catus*). ***2*** cric, gat.
gavilán *m ornit* esparver (*Accipiter nisus*).
gavilla *f* ***1*** garbó (*m*) (de sarments). ***2*** garba (de blat, d'espigues). ***3*** gavella.
gavillar *v intr agr* garbonar.
gaviota *f ornit* gavina (*vulg*) (*Larus ridibundus*).
gay *a* i *s* homosexual, gai.
gazapo *m zool* catxap.
gaznápiro, ra *s* beneitó.
gaznate *m anat V* **garguero**.
gazofia *f* gasòfia.
gazpacho *m* gaspatxo.
gazuza *f fam* cassussa, fam.
geiser *m geol* guèiser.
gelatina *f* gelatina.
gélido, da *a* gèlid, geliu.
gema *f* ***1*** *biol bot* gemma. ***2*** sema (d'una biga).
gemelo, la *a* i *s* bessó. || *m pl* ***1*** binocles. ***2*** botons de puny.
gemido *m* gemec.
Géminis *m astron* Gèminis.
gemir *v intr* gemegar, gemir.
gen *m*, **gene** *m biol* gen.
gendarme *s* gendarme.
genealogía *f* genealogia.
generación *f* generació.
generador, a *a* i *m* generador.
general, la *a* i *s* general (*m*), generala (*f*).
generalidad *f* generalitat.
generalizar *v tr* generalitzar.
generar *v tr* generar.

genérico, ca *a* genèric.
género *m* gènere.
generosidad *f* generositat.
generoso, sa *a* generós.
genético, ca *a* genètic. || *f biol* genètica.
genial *a* genial.
genio *m* geni.
genital *m anat* genital.
genitivo *m gram* genitiu.
genocidio *m* genocidi.
gente *f* gent.
gentil *a* i *s* gentil.
gentileza *m* gentilesa.
gentilicio, ia *a* gentilici.
gentío *m* gentada (*f*), gernació (*f*).
genuflexión *f* genuflexió.
genuino, na *a* genuí.
geografía *f geog* geografia.
geógrafo, fa *s* geògraf.
geología *f geol* geologia.
geometría *f geom* geometria.
georgiano, na *a* i *s* georgià.
geranio *m bot* gerani (*gèn Geranium* i *Pelargonium*).
gerencia *f* gerència.
gerente *s* gerent.
germen *m* ***1*** *biol bot* germen. ***2*** *fig* germen, llavor (*f*).
germinación *f bot* germinació.
germinar *v intr bot* germinar.
gerundense *a* i *s* gironí, gironès, gerundense.
gerundio *m gram* gerundi.
gesta *f* gesta.
gestación *f* gestació.
gestear *v intr*, **gesticular** *v intr* gesticular.
gestión *f* gestió.
gestionar *v tr* gestionar.
gesto *m* ***1*** gest. ***2*** ganyota (*f*), ganyot. ***3*** *fig* gest.
gestor, a *a* i *s* gestor.
gestoría *f* gestoria.
ghanés, a *a* i *s* ghanès.
giba *f* gep (*m*), gepa.
gibado, da *a V* **giboso** 1.
giboso, sa *a* i *s* ***1*** geperut. ***2*** gibós.
giganta *f* geganta.
gigante *a* i *m* gegant.
gigantesco, ca *a* gegantesc, gegantí.
gimnasia *f* gimnàstica.
gimnasio *m* gimnàs.
gimnástica *f V* **gimnasia**.
gimotear *v intr* ploriquejar, plorinyar.
gimoteo *m* ploricó, ploriqueig.
gincana *f* gimcana.
ginebra *f* ginebra.
gineta *f zool* gat mesquer, geneta (*Viverra civetta*).
girar *v tr* lliurar. || *v intr* girar, voltar.
girasol *m bot* gira-sol (*Helianthus annus*).
giratorio, ia *a* giratori.
giro *m* ***1*** gir, volta (*f*), volt. ***2*** tomb. ***3*** tombada (*f*). ***4*** lliurament. ***5*** gir (postal, etc.).
gitano, na *a* i *s* gitano.
glacial *a* glacial.
glaciar *m geol* glacera (*f*).
gladiador *m* gladiador.
gladiolo *m bot* gladiol (*Gladiolus communis*).
glande *m anat* gland.
glándula *f anat* glàndula.
gleba *f* gleva (tros de terra).
glicerina *f quím* glicerina.
global *a* global.
globo *m* globus.
glóbulo *m* glòbul.
gloria *f* glòria.
gloriar *v tr V* **glorificar**. || *v pron* gloriejar-se, gloriar-se, glorificar-se.
glorieta *f* glorieta.
glorificar *v tr* glorificar.
glorioso, sa *a* gloriós.
glosa *f* glossa.
glosar *v tr* glossar.
glosario *m* glossari.
glotón, ona *a* i *s* golut, llefre.
glotonería *f* fartaneria, aferrissament (*m*), aferrussament (*m*).
glucosa *f quím* glucosa.
gluten *m quím* gluten.
glúteo, ea *a anat* gluti.
gnomo *m* gnom.
gobernador, a *a* i *s* governador.
gobernante *a* i *s* governant.
gobernar *v tr* governar.
gobierno *m* govern.
goce *m* ***1*** gaudi, gaudiment. ***2*** fruïció (*f*).
gol *m* gol.
gola *f* ***1*** *anat V* **garganta** 1. ***2*** *mil* gola. ***3*** gola (de port o de badia). ***4*** embocadura, gola (de riu).
golear *v tr* golejar.
golf *m* golf (joc).
golfo, fa *s fig* trinxeraire, trinxa (*m*). || *m geog* golf.
golondrina *f ornit* oreneta (*Hirundo rustica*).
golosina *f* llaminadura, llamí (*m*), llepolia.
goloso, sa *a* i *s* llaminer, llèpol.
golpazo *m* trompada (*f*), patacada (*f*).
golpe *m* ***1*** cop, colp (encontre violent i brusc, el seu efecte). ***2*** *fig* cop, colp (infortuni). ***3*** *fig* cop, colp (temptativa). ***4*** tust. || **de g.; de g. y porrazo** de cop; de cop i volta; de cop sobte; tot d'una.
golpear *v tr* ***1*** copejar, colpejar. ***2*** tustar.
goma *f* goma.
góndola *f nàut* góndola.
gordinflón, ona *a* gras i fofo.
gordo, da *a* ***1*** gras (que té molta carn). ***2*** *V* **grueso**. || *m* ***1*** gras. ***2*** *fam* grossa (*f*) (loteria).
gordura *f* ***1*** *V* **grasa** 1. ***2*** grassesa, grassor.
gorgojo *m entom* corc, corcó, jaumet (*gèn Bruchus*).
gorgoritear *v intr* refilar (fer refilets).
gorgorito *m mús* refilet.
gorgoteo *m* gloc-gloc.
gorila *f zool* goril·la (*Gorilla gorilla*).
gorjear *v intr* refilar (les persones o les aus).
gorjeo *m* refiladissa (*f*).
gorra *f* gorra. || **de g.** de baldraga, de gorra.

gorrino, na *a* i *s fig* porc, brut. || *m* ***1*** *zool* garrí, godall, porcell, marranxó. ***2*** *zool* porc (*gèn Sus*).
gorrión *m ornit* pardal (comú) (*Passer domesticus*).
gorro *m* ***1*** gorra (*f*). ***2*** barret.
gota *f* gota.
gotear *v intr* ***1*** gotejar, degotar. ***2*** degotejar.
gotera *f* gotera, gotellera, degoter (*m*).
gótico, ca *a* i *m* gòtic.
gozar *v intr* gaudir, fruir.
gozne *m* ***1*** golfo. ***2*** frontissa (*f*), xarnera (*f*).
gozo *m* ***1*** gaudi, gaudiment. ***2*** goig. ***3*** joia (*f*). || *m pl* goigs.
gozoso, sa *a* ***1*** gojós. ***2*** joiós.
grabación *f* enregistrament (*m*) (de discos, etc.).
grabado *m* gravat.
grabador, a *s* ***1*** gravador. ***2*** enregistrador (de discos, etc.).
grabar *v tr* ***1*** gravar (marcar). ***2*** *fig* gravar. ***3*** enregistrar (discos, etc.).
gracia *f* ***1*** gràcia, xamor, xamosia. ***2*** agradosia, agradositat. ***3*** gràcia (acudit, agudesa). ***4*** gràcia, perdó (*m*).
gracias *f pl* gràcies, mercès.
grácil *a* gràcil.
gracioso, sa *a* ***1*** graciós, xamós. ***2*** graciós, donat de gràcia.
grada *f* ***1*** esglaó (*m*), graó (*m*), escalaró (*m*), escaló (*m*). ***2*** grada (seient). ***3*** *arq V* **gradería**. ***4*** *nàut* grada.
gradación *f* gradació.
gradería *f arq* graderia, grada, graonada, escalonada.
grado *m* ***1*** *V* **grada** 1. ***2*** grau.
graduar *v tr* graduar.
grafía *f* grafia.
gráfico, ca *a* i *m* gràfic.
grafismo *m* grafisme.
grafología *f* grafologia.
grajear *v intr V* **graznar**.
grama *f bot* gram (*m*), agram (*m*) (*Cynodon dactylon*).
gramática *f* gramàtica.
gramatical *a* gramatical.
gramo *m* gram.
gran *a* (apòcope de **grande**) gran.
granada *f* ***1*** *bot* magrana. ***2*** *mil* granada.
granar *v intr agr* granar.
grande *a* gran. || *m* gran (personatge).
grandeza *f* ***1*** grandesa. ***2*** grandor.
grandilocuencia *f* grandiloqüència.
grandioso, sa *a* grandiós.
grandor *m* grandària (*f*), grandor.
grandullón, ona *s* ganàpia.
a granel *loc adv* al detall, a la menuda.
granero *m agr* graner, pallol, cambra (*f*).
granito *m* granit.
granizada *f* calamarsada, calabruixada, granissada.
granizado *m* granissat (beguda).
granizar *v intr* calamarsejar, calabruixar, granissar, pedregar.
granizo *m* calamarsa (*f*), calabruix, calabruixa (*f*), granís, granissa (*f*), matacabra (*f*).
granja *f* granja.
granjero, ra *s agr* granger.
grano *m* gra.
granuja *s* bergant, brivall.
grapa *f* grapa (peça).
grasa *f* ***1*** greix (*m*) (substància). ***2*** greixum (*m*), greix (*m*) (brutícia). ***3*** greix (*m*) (lubrificant).
grasiento, ta *a* greixinós.
graso, sa *a* gras (que conté greix).
grasoso, sa *a V* **grasiento**.
gratificación *f* gratificació.
gratificar *v tr* gratificar.
gratinar *v tr* gratinar.
gratis *adv* gratis, de franc, debades, endebades.
gratitud *f* gratitud.
grato, ta *a* grat, plaent, plaïble.
gratuito, ta *a* gratuït.
grava *f* ***1*** grava. ***2*** grava, reblum (*m*).
gravamen *m* gravamen.
gravar *v tr* gravar (carregar).
grave *a* greu.
gravedad *f* gravetat.
grávido, da *a* gràvid.
gravitar *v intr* gravitar.
gravoso, sa *a* onerós.
graznar *v intr* ***1*** grallar, cuclejar. ***2*** clacar (les oques, els ànecs).
gregario, ia *a* gregari.
gremial *a* gremial. || *s* persona d'un gremi.
gremio *m* gremi.
greña *f* grenya, bleva.
gres *m* gres.
gresca *f* gresca.
grey *f* ramat (*m*), folc (*m*), folcat (*m*).
griego, ga *a* i *s* grec.
grieta *f* ***1*** esquerda. ***2*** clivella, escletxa.
grifo *m* aixeta (*f*).
grillete *m* grilló, manyotera (*f*), manilla (*f*).
grillo *m* ***1*** *bot* grill, grilló (d'una llavor). ***2*** *entom* grill (*Gryllus domesticus*).
grima *f* feredat, feresa, basarda.
gripal *a med* gripal.
gripe *f med* grip.
gris *a* gris. || *m* ***1*** gris (color). ***2*** gris, griso, taro (vent fred).
grita *f* baladreig (*m*) (*esp* de desaprovació).
gritar *v intr* cridar.
gritería *f*, **griterío** *m* cridòria (*f*), cridadissa (*f*), escridassada (*f*).
grito *m* crit. || **dar gritos** fer crits.
gritón, ona *a* i *s* cridaner, cridaire.
groenlandés, esa *a* i *s* groenlandès.
grosería *f* grolleria, grosseria, barroeria.
grosero, ra *a* i *s* groller, grosser, barroer, matusser.
grosor *m V* **grueso** 1.
grotesco, ca *a* grotesc.
grúa *f* grua (màquina).
grueso, sa *a* ***1*** gros. ***2*** gruixut. || *m* ***1*** gruix, gruixa (*f*), gruixària (*f*), doblària (*f*). ***2*** gros (part principal).

grulla *f ornit* grua (vulgar) (*Grus grus*).
grumete *s nàut* grumet.
grumo *m 1* grumoll, coàgul, duralló. *2* gleva (*f*) (de sang).
gruñido *m 1* gruny. *2* grunyit, gardeny.
gruñir *v intr 1* grunyir (el porc). *2* gardenyar. *3* grunyir (els animals). *4* grunyir, rondinar (les persones).
grupa *f* gropa. || **volver grupas** girar cua.
grupo *m* grup.
gruta *f* gruta, balma.
guadaña *f agr* dalla.
guaita *f mil* guaita (*m*).
gualdo, da *a* groc.
guantazo *m* plantofada (*f*), morma (*f*), bufetada (*f*).
guante *m* guant.
guapeza *f 1 fam* fanfàrria. *2* bellesa, boniquesa.
guapo, pa *a* bell, formós.
guarda *s* guarda.
guardabarros *m* parafang.
guardabosque *s* guardabosc.
guardaespaldas *s* guardaespatlles.
guardar *v tr 1* guardar. *2* servar. *3* desar. || *v pron* guardar-se.
guardarropa *m*, **guadarropía** *f* guarda-roba (*m*).
guardería *f* guarderia.
guardia *s* guàrdia (individu).
guardián, ana *s* guardià.
guarecer *v tr 1* aixoplugar, soplujar. *2* arrecerar. *3* albergar.
guarida *f 1* cau (*m*), catau (*m*). *2* recer (*m*), redós (*m*), empara, recobre (*m*). *3* sopluig (*m*).
guarismo *m* xifra (*f*).
guarnecer *v tr* guarnir.
guarnición *f 1* guarniment (*m*), guarnició. *2 mil* guarnició. || *f pl* guarniments (*m pl*).
guarnir *v tr V* **guarnecer**.
guarrería *f* brutícia.
guarro, rra *a* i *s V* **gorrino**. || *m zool V* **gorrino** 2.
guasearse *v pron* plaguejar (*intr*).
guasón, ona *a* i *s* plaga (burleta).
guata *f* buata.
guatemalteco, ca *a* i *s* guatemaltec.
¡guay! *interj* ai!
gubernamental *a* governamental.
guedeja *f 1* cabellera llarga. *2* cabellera (d'un lleó). *3* floc (*m*), flocall (*m*) (de cabells).
guepardo *m zool* guepard (*Acinonyx venaticus* i *A. jubatus*).
guerra *f* guerra.
guerrear *v tr* i *intr* guerrejar, armejar.
guerrero, ra *a* i *s* guerrer.
guerrilla *f* guerrilla.
guerrillero, ra *a* i *s* guerriller.
guía *s* guia (persona). || *f 1* guia (llibre). *2* guia (per penjar, etc.).
guiar *v tr* guiar, menar.
guijarro *m* còdol, palet, codís, bòtil.
guillado, da *a* i *s* boig, guillat.
guilladura *f* bogeria, follia, guilladura, bojor.
guillarse *v pron* guillar-se, enfollir-se.
guinda *f 1 nàut* guinda. *2 bot* guinda.
guindilla *f bot* bitxo (*m*), pebrina.
guineano, na *a* i *s* guineà.
guiñapo *m 1* esquinçall, estripall. *2* rebrec. *3* matxuc. *4* desferra (*f*).
guiñar *v tr* fer l'ullet.
guión *m 1* guió (creu; senyera). *2 gram* guionet. *3 gram* guió. *4 nàut* guió. *5* guió (teatre, cinema, etc.).
guionista *s* guionista.
guipar *v tr vulg* veure, clissar, llucar.
guirigay *m* guirigall.
guirnalda *f* garlanda.
guisa *f* guisa (manera.)
guisado *m* guisat.
guisante *m bot:* pèsol (*Pisum sativum subespècie hortense*).
guisar *v tr* i *intr* guisar.
guiso *m* guisat.
guitarra *f mús* guitarra.
gula *f* gola, golosia.
gusanera *f 1* fal·lera. *2* lloc on crien cucs.
gusano *m zool 1* cuc, verm. *2* cuc de terra.
gustación *f 1* gustació, degustació, tast (*m*), tastament (*m*). *2 V* **gustadura**.
gustadura *f* gustació, gustament (*m*).
gustar *v tr 1* gustar. *2* agradar.
gusto *m 1* gust. *2* sabor, tast,gust. *3* agre.
gustoso, sa *a* gustós, saborós.
gutural *a* gutural.

H

haba *f bot* fava (fruit).
haber *v auxiliar 1* haver. *2* haver, heure. *3* haver-hi. || **h. de** caldre, caler, haver de. || **habérselas con** haver-se-les amb, heure-se-les amb.
haber *m* haver. || *m pl* havers.
habichuela *f 1 agr* mongeta, fesol (*m*). *2 bot* mongetera, fesolera, fesoler (*m*) (*Phaseolus vulgaris*).
hábil *a* hàbil.
habilidad *f* habilitat.
habilitar *v tr* habilitar.
habitación *f* habitació.
habitante *a* i *s* habitant.
habitar *v tr* habitar, viure, estar-se (*pron*).
hábito *m 1* hàbit (vestidura). *2* hàbit, habitud (*f*), costum, consuetud (*f*).

habitual *a* habitual.
habituar *v tr* i *pron* habituar, acostumar.
habla *f 1* parla. *2* parlar (*m*).
habladuría *f 1* enraonia. *2 V* **hablilla**.
hablante *a* parlant.
hablar *v tr* parlar, enraonar.
hablilla *f* enraonia, falòrnia, dienda.
hacedero, ra *a* donable, possible.
hacedor, a *a* faent. || *s* faedor.
hacer *v tr 1* fer. *2 vulg* fúmer, fotre.
hacha *f 1* atxa, torxa. *2* destral.
hachís *m* haixix, mariguana, marihuana.
hacho *m 1* falla (*f*) (per a fer llum). *2* teia (*f*).
hacia *prep 1* cap, cap a, devers, vers. *2* envers.
hacienda *f 1 V* **heredad**. *2* hisenda (conjunt de béns). *3* hisenda, finança (part de la ciència econòmica).
hacinar *v intr 1* garberar, agarberar. *2 fig* apilotar.
hada *f* fada, goja.
hado *m* fat (destí).
haitiano, na *a* i *s* haitià.
¡hala! *interj* hala!, apa!, au!
halagar *v tr* afalagar.
halago *m 1* afalac. *2* falagueria (*f*). *3* festa (*f*) (afalac).
halcón *m ornit* falcó (*gèn Falco* i espècies afins).
hálito *m poèt* hàlit.
hallador, a *a* i *s* trobador, que troba.
hallar *v tr 1* trobar. *2* trobar (allò que hom no cercava). || *v pron* trobar-se.
hallazgo *m 1* troballa (*f*), troba (*f*). *2* trobament.
halógeno, na *a* i *m quím* halogen.
hamaca *f* hamaca.
hambre *f fam* fam, gana.
hambriento, ta *a* famolenc, famèlic.
hamburguesa *f* hamburguesa.
hámster *m zool* hàmster (*gèn Cricetus*).
hangar *m aviac* hangar.
haragán, ana *a* i *s* gandul, dropo, dròpol.
haraganería *f* droperia, ganduleria.
harapiento, ta *a* espellifat, esparracat.
harapo *m* parrac, cassigall, escassigall.
haraposo, sa *a V* **harapiento**.**harem** *m*, **harén** *m* harem.
harina *f* farina.
harnero *m* garbell.
harpía *f* harpia.
harpillera *f* xarpellera, arpillera.
hartar *v tr* i *pron* atipar, afartar.
hartazgo *m*, **hartazón** *m* tip, fart, fartada (*f*), panxó, panxada (*f*).
harto, ta *a 1* tip, fart. *2 fig* fart, cuit.
hasta *prep 1* fins, fins a. *2* fins i tot, àdhuc. || **h. luego** fins després.
hastiar *v tr* i *pron* enfastidir, enfastijar, fastiguejar, enutjar.
hastío *m 1* fàstic. *2 fig* fastig, tedi.
hatillo *m* farcell, trossa (*f*).
hato *m 1 V* **hatillo**. *2* ramat, ramada (*f*), rabera (*f*), folc, folcat.
hawaiano, na *a* i *s* hawaià.
hay *forma v impersonal del v* **haber** hi ha. || **no h. de qué** de res.
haya *f bot* faig (*m*) (*Fagus silvatica*).
haz *m 1* feix, plega (*f*). *2* endret.
haza *f agr* feixa.
hazaña *f* gesta, feta.
hazmerreír *m* burlot, riota (*f*), rialla (*f*).
he *adv* heus, vet. || **h. aquí** *loc adv* heus aquí.
hebilla *f* sivella, fiball (*m*).
hebra *f 1* bri (*m*). *2* fibra. *3* bei (*m*) (veta). *4 V* **hilo** 2. *5* fil (*m*).
hebreo, ea *a* i *s* hebreu.
hecatombe *f* hecatombe.
hechicería *f 1* fetilleria (art). *2 V* **hechizo**.
hechicero, ra *a* fetiller. || *s* fetiller, embruixador.
hechizador, a *s V* **hechicero**.
hechizar *v tr* fetillar, embruixar, encantar.
hechizo *m* encís, embruix, fetilleria (*f*).
hecho *m 1* fet. *2* feta (*f*).
hechura *f 1* faïment (*m*). *2* faiçó. || *f pl* mans, feina manual esmerçada en una obra.
hectárea *f* hectàrea.
hectogramo *m* hectogram.
hectolitro *m* hectolitre.
hectómetro *m* hectòmetre.
heder *v intr* pudir.
hediondez *f V* **hedor**.
hediondo, da *a* fètid, fetorós.
hedor *m* fetor (*f*), pudor (*f*).
hegemonía *f* hegemonia.
helada *f* gelada, glaçada, glaça. || **h. blanca** gebre (*m*).
helado, da *a* i *m* gelat.
helar *v tr, intr* i *pron* gelar, glaçar.
helecho *m bot* falguera (*f*) (*Pteridium aquilinum*).
helero *m* congesta (*f*).
hélice *f* hèlice, hèlix.
helicóptero *m aviac* helicòpter.
helio *m quím* heli.
helvético, ca *a* i *s* helvètic.
hematoma *m med* hematoma.
hembra *f 1* femella (animal del sexe femení). *2* femella, fembra. *3* femella (de tancador, de cargol, etc.).
hemiciclo *m* hemicicle.
hemisferio *m* hemisferi.
hemorragia *f med* hemorràgia.
hemorroide *f med* hemorroide, morena.
henchir *v intr* botir, inflar, omplir, emplenar
hendedura *f V* **hendidura**.
hender *v tr* fendre, fendir, tallar.
hendidura *f* fenedura, badall (*m*), badadura.
hendimiento *m* fesa (*f*) (acció).
hendir *v tr V* **hender**.
heno *m bot* fenc, fe (*Trifolium incarnatum*).
hepático, ca *a anat* hepàtic.
hepatitis *f med* hepatitis.
heráldica *f her* heràldica, blasó (*m*), armoria.
heraldo *m* herald.
herbáceo, ea *a bot* herbaci.
herbario *m bot* herbari.
herbívoro, ra *a* i *m zool* herbívor.
herbolario, ia *s* herbolari. || *m* herbolari (botiga).
hercúleo, ea *a* herculi.
heredad *f* heretat, hisenda, finca rústica.

heredar *v tr* heretar.
heredero, ra *a* i *s jur* hereu, hereter.
hereditario, ia *a* hereditari.
hereje *s* heretge.
herejía *f* heretgia.
herencia *f* ***1*** *jur* herència, heretatge (*m*). ***2*** heretament (*m*). ***3*** *biol* hereditat, herència.
herida *f* ***1*** ferida, nafra. ***2*** sangprès (*m*).
herido, da *a* i *s* ferit.
herir *v tr* ferir, nafrar. || *v pron med* ferir-se.
hermafrodita *a* i *s* hermafrodita.
hermanamiento *m* agermanament.
hermanar *v tr* i *pron* agermanar.
hermanastro, tra *s* germanastre.
hermandad *f* ***1*** germandat. ***2*** germanor.
hermano, na *s* germà.
hermético, ca *a* hermètic.
hermoso, sa *a* bell, formós.
hermosura *f* bellesa, formosor, formositat.
hernia *f med* hèrnia, trencadura.
herniado, da *a med* herniat. || *a* i *s med V* **hernioso**.
hernioso, sa *a* i *s med* herniat, herniós.
héroe *m* heroi.
heroicidad *f* heroïcitat.
heroico, ca *a* heroic.
heroína *f* ***1*** heroïna. ***2*** *quim* heroïna.
heroísmo *m* heroisme.
herradura *f* ferradura.
herramienta *f* ***1*** eina. ***2*** einam (*m*).
herrar *v tr* ferrar.
herrería *f* ferreria.
herrero, ra *s* ferrer.
herrín *m V* **herrumbre** 1.
herrumbrarse *v pron* rovellar-se.
herrumbre *f* ***1*** rovell (*m*) (dels metalls). ***2*** *bot* rovell (*m*) (dels cereals).
herrumbroso, sa *a* rovellat, rovellós.
hertz *m fís* hertz.
hervidero *m* ***1*** bull, bullida (*f*). ***2*** bullidor, xuclador en l'aigua.
hervidor *m* bullidor (d'una màquina).
hervir *v intr* bullir.
hervoroso, sa *a V* **hirviente**.
heterodoxo, xa *a* i *s* heterodox.
heterogéneo, ea *a* heterogeni.
heterosexual *a* i *s* heterosexual.
hexágono *m geom* hexàgon.
hez *f* solatge (*m*), solada, pòsit (*m*). || *f pl* excrements (*m*).
hibernación *f* hibernació.
híbrido, da *a* híbrid.
hidratación *f* hidratació.
hidrato *m quím* hidrat.
hidráulico, ca *a* hidràulic.
hidroavión *m aviac* hidroavió.
hidrofobia *f med* hidrofòbia.
hidrófobo, ba *a* i *s med* hidròfob, foll, rabiós.
hidrógeno *m quím* hidrogen.
hidruro *m quím* hidrur.
hiedra *f bot* heura (*Hedera helix*).
hiel *f anat* fel.
hielo *m* gel, glaç.
hiena *f zool* hiena (*gèn Hyaena*).
hierba *f bot*herba.
hierbabuena *f bot* menta (*Mentha spicata*).
hierro *m* ferro, ferre.
hígado *m anat* fetge.
higiene *f* higiene.
higiénico, ca *a* higiènic.
higo *m bot* figa (*f*). || **h. chumbo**, **h. de pala**, **h. de tuna** *bot* figa (*f*) de moro.
higuera *f bot:* figuera, figuer (*m*) (*Ficus carica*). || **h. chumba** figuera de moro, nopal (*m*) (*Opuntia ficus-indica*).
hijastro, ra *s* fillastre.
hijo, ja *s* fill.
hila *f* ***1*** *V* **hilera** 1. ***2*** *anat* budell (*m*) prim. ***3*** desfila.
hilado, da *a* filat. || *m* filat (matèria filada).
hilandería *f* filatura (fàbrica).
hilar *v tr* filar. || **h. delgado** filar prim.
hilaridad *f* hilaritat.
hilatura *f* filatura.
hilera *f* ***1*** filera, fila, rengle (*m*), rengla. ***2*** corrua, corriolada. ***3*** tira.
hilo *m* ***1*** fil. ***2*** rajolí. || **al h.** a dret fil.
hilván *m* basta (*f*), embasta (*f*).
hilvanar *v tr* embastar.
himen *m anat* himen.
himno *m* himne.
hincapié *m* insistència (*f*).
hincar *v tr* clavar, endinsar. || **h. la rodilla** flectar el genoll.
hincha *s* seguidor d'un club esportiu, afeccionat, aficionat. || *f* tírria, esquírria, quimera, bola.
hinchamiento *m med V* **hinchazón**.
hinchar *v tr* i *pron* inflar.
hinchazón *f med* inflor, infladura.
hindú *a* i *s* hindú, indi.
hinduísmo *m* hinduisme.
hinojo *m bot* fonoll (*Foeniculum vulgare*).
hipar *v tr* ***1*** singlotar. ***2*** glatir (els gossos). ***3*** gremolejar. ***4*** delir-se (*pron*), glatir, delerar.
hipermercado *m* hipermercat.
hípica *f* hípica.
hipnosis *f med* hipnosi.
hipnotizar *v tr* hipnotitzar.
hipo *m* ***1*** singlot. ***2*** deler, delera (*f*).
hipocresía *f* hipocresia.
hipócrita *a* i *s* hipòcrita.
hipódromo *m* hipòdrom.
hipopótamo *m zool* hipopòtam (*Hippopotamus amphibius*).
hipoteca *f jur* hipoteca.
hipotecar *v tr jur* hipotecar.
hipotenusa *f geom* hipotenusa.
hipótesis *f* hipòtesi.
hipotético, ca *a* hipotètic.
hirsuto, ta *a* hirsut.
hirviente *a* bullent.
hispánico, ca *a* hispànic.
hispano, na *a* hispà.
hispanoamericano, na *a* hispanoamericà.
histeria *f*, **histerismo** *m med* histèria (*f*), histerisme (*m*).

historia *f 1* història. *2 fig* història, cançons (*pl*), romanços (*m pl*).
historial *m* historial.
histórico, ca *a* històric.
histrión *m* histrió.
hitar *v tr* fitar.
hito, ta *a 1* fit. *2* fix. || *m 1* fita (*f*), monjoia (*f*), molló. *2* fitó, fit. || **mirar de h. en h.** mirar de fit a fit.
hobby *m* hobby, afició (*f*).
hocicar *v tr V* **hozar**. || *v intr 1* caure o topar de morros. *2 nàut* capficar.
hocico *m 1 anat* musell, morro. *2* arrufament de cara que mostra contrarietat.
hockey *m* hoquei.
hogaño *adv* enguany.
hogar *m 1* llar (*f*) (d'una cuina, etc.). *2* llar (*f*) (casa). *3* fogar, fogall, fogaina (*f*).
hogareño, ña *a* casolà.
hoguera *f 1* foguera, fogatera. *2* fogata.
hoja *f 1 bot* fulla (de planta). *2* fulla (d'arma o d'eina). *3* full (*m*) (de llibre, de paper). *4* fulla, batent (*m*). || **h. de lata** *V* **hojalata**.
hojalata *f* llauna (làmina).
hojaldre *m* pasta de full (o fulls), pasta fullada.
hojarasca *f 1* fullaraca, fullaca, fullam (*m*), fullareda. *2 fig* fullaraca, palla, virosta, fardam (*m*).
hojear *v tr* fullejar (un libro).
¡hola! *interj 1* hola! *2* i ara! *3* ep!, ei!
holandés, esa *a* i *s* holandès, neerlandès.
holgado, da *a 1* folgat, balder *2* benestant.
holganza *f* folgança, folga, desvagament (*m*), desenfeinament (*m*), desocupació.
holgar *v intr 1* folgar, fer festa. *2* ésser sobrer. || *v pron* xalar-se.
holgazán, ana *a* i *s V* **haragán**.
holgón, ona *a* i *s 1* tabolaire, barrilaire. *2* folgós.
holgorio *m* tabola (*f*), xerinola (*f*), grifolda (*f*), gresca (*f*).
holgura *f 1* folga, folgança. *2* folgança (efecte). *3* allerament (condició).
holladura *f 1* trepig (*m*), trepitjada, calcigada. *2* trepig (*m*), afollament (*m*).
hollar *v tr 1* follar, calcigar. *2 fig* afollar, conculcar.
hollejo *m* pellofa (*f*), pellerofa (*f*).
hollín *m* sutge.
holocausto *m* holocaust.
holograma *m* holograma.
hombre *m 1* home. *2 vulg* home, marit.
hombrecillo *m bot* llúpol (*Humulus lupulus*).
hombrera *f 1* musclera. *2* espatllera (d'una armadura).
hombro *m anat* espatlla (*f*), muscle. || **arrimar el h.** *fig* donar un cop de mà. || **en hombros** *loc adv* a collibè; a l'espatlla.
homenaje *m* homenatge.
homenajear *v tr* homenatjar.
homeopatía *f med* homeopatia.
homicida *a* i *s* homicida.
homicidio *m* homicidi.
homilía *f* homilia.
homogéneo, ea *a* homogeni.
homologación *f* homologació.
homologar *v tr* homologar.
homosexual *a* i *s* homosexual, gai.
honda *f* fona, bassetja.
hondear *v tr* enfondir.
hondo, da *a* fondo, profund, pregon.
hondonada *f* fondalada, fondal (*m*), clotada, baixest.
hondura *f* fondària, pregonesa, profunditat.
hondureño, ña *a* i *s* hondureny.
honestidad *f* honestedat.
honesto, ta *a* honest.
hongo *m 1 bot med* fong. *2 bot* bolet. *3* bolet (barret).
honor *m* honor (*s*).
honorable *a* honorable.
honorar *v tr V* **honrar**.
honorario, ia *a* honorari. || *m pl* honoraris.
honorificar *v tr V* **honrar**.
honorífico, ca *a* honorífic.
honra *f* honra.
honradez *f* honradesa.
honrado, da *a* honrat.
honrar *v tr* i *pron* honrar, honorar, honorificar.
honroso, sa *a* honrós.
hopo *m 1* tupè. *2* cua peluda.
hora *f* hora (unitat de temps).
horadada *f* foradada (roca).
horadar *v tr* perforar.
horario, ia *a* i *m* horari.
horca *f 1* forca (per a penjar-hi algú). *2 V* **horcón**.
horcado, da *a* forcat.
a horcajadas *loc adv* cama ací, cama allà. || **ponerse a h.** encamellar-se.
horcajo *m 1 agr* forcasset. *2* conflent, confluència (*f*), forcall, aiguabarreig.
horchata *f* orxata.
horco *m* forc, forcat (d'alls o de cebes).
horcón *m* forca (*f*) (eina).
horda *f* horda.
horizontal *a* i *f* horitzontal.
horizonte *m* horitzó.
horma *f* forma (motlle).
hormiga *f entom* formiga (*gèn Formica*).
hormigón *m* formigó (de construcció).
hormigueo *m* formigueig (de gent, etc.).
hormiguero, ra *a* formiguer. || *m* formiguer, cau de formigues.
hormona *f biol* hormona.
hornacina *f arq* fornícula.
hornada *f 1* fornada, enfornada, cuita. *2* fogonada. *3 fig* fornada (promoció).
hornero, ra *s* forner.
hornilla *f* fogó (*m*).
hornillo *m* fogona (*f*).
horno *m* forn.
horóscopo *m* horòscop.
horquilla *f 1* agulla de ganxo. *2* forqueta. *3* crossa (bastó forcat).
horrendo, da *a V* **horrible**.
hórreo *m agr 1* graner, pallol. *2* sitja (*f*).
horrible *a*, **hórrido, da** *a*, **horrífico, ca** *a* horrible, hòrrid, horrífic, horrorós.

horripilante *a* horripilant.
horripilar *v tr* horripilar.
horro, rra *a* forro.
horror *m* horror (*m* o *f*).
horrorizar *v tr* i *pron* horroritzar.
horroroso, sa *a V* **horrible**.
hortaliza *f* hortalissa.
hortensia *f bot* hortènsia (*Hydrangea hortensia*).
horticultura *f agr* horticultura.
hospedaje *m* hostalatge, dispesa (*f*).
hospedar *v tr* albergar, allotjar, hostatjar. || *v pron* albergar-se, allotjar-se, posar (*intr*), parar (*intr*).
hospicio *m* hospici.
hospital *m* hospital.
hospitalidad *f* hospitalitat.
hospitalización *f* hospitalització.
hospitalizar *v tr* hospitalitzar.
hostal *m V* **hostería**.
hostelero, ra *s* hostaler.
hostería *f* hostal (*m*).
hostia *f* hòstia.
hostigamiento *m* fustigació (*f*).
hostigar *v tr* fuetejar, fustigar.
hostil *a* hostil.
hostilidad *f* hostilitat.
hostilizar *v tr* hostilitzar.
hotel *m* hotel (per a hostes).
hoy *adv* avui, hui.
hoya *f 1* clota. *2 V* **huesa**. *3* gorg (*m*), gorga, mulla, olla (que forma xuclador).
hoyo *m 1* clot, sot. *2 V* **huesa**. *3* clot (deixat per una malaltia de la pell).
hoyuelo *m* clot (natural de la cara).
hoz *f agr* falç, corbella.
hozar *v tr* grufar, fotjar, furgar, furguinyar (el senglar).
huata *f* buata.
hucha *f* guardiola.
hueco, ca *a 1* buit. *2* balmat. *3* fatu. *4* tou. *5* estarrufat. || *m* buit.
huecograbado *m* gravat al buit.
huelga *f 1* vaga. *2 V* **holgura** 1.
huelgo *m 1 poèt V* **hálito**. *2 V* **holgura** 2. *3* buit (espai).
huelguista *s* vaguista.
huella *f 1 V* **holladura**. *2* petjada, petja, peuada, trepitjada. *3* pla horitzontal d'un graó. *4* ditada. *5* empremta. *6* traça.
huérfano, na *a* i *s* orfe.
huerta *f* horta.
huerto *m* hort.
huesa *f* fossa, fossana, clot (*m*).
hueso *m 1 anat* os. *2 bot* pinyol (de fruit).
huésped, da *s 1* hoste. *2* hostaler. *3* dispeser.
hueste *f* host.
huevo *m* ou.
huida *f* fugida, fuita, guillada.
huidizo, za *a* fugisser.
huído, da *a* fugitiu, escàpol.
huir *v intr* fugir, guillar.
hule *m* hule.
hulla *f* hulla.
¡hum! *interj* hum!, hem!
humanidad *f* humanitat.
humanismo *m* humanisme.
humanista *a* i *s* humanista.
humanizar *v tr* i *pron* humanitzar.
humano, na *a* humà, humanal. || *m pl* humans.
humarada *f*, **humareda** *f* fumera, fumada, fumarada.
humeante *a* fumant, fumejant.
humear *v intr* fumar, fumejar.
humedad *f* humitat, humiditat.
humedecer *v tr* i *pron* humitejar.
húmedo, da *a* humit.
húmero *m anat* húmer.
humildad *f* humilitat.
humilde *a* humil.
humillación *f* humiliació.
humillar *v tr* i *pron* humiliar.
humillos *m pl* fums (vanitat).
humo *m* fum. || *m pl V* **humillos**.
humor *m* humor.
humorismo *m* humorisme.
humorista *a* i *s* humorista.
humorístico, ca *a* humorístic.
hundimiento *m 1* enfonsament, enfonsada (*f*), ensorrament, ensorrada (*f*), afonament. *2* esbotzada (*f*).
hundir *v tr 1* enfonsar, ensorrar, afonar. *2* esbotzar. || *v pron* enfonsar-se.
húngaro, ra *a* i *s* hongarès.
huracán *m* huracà.
hurañía *f* esquerperia.
huraño, ña *a* esquerp.
hurgar *v tr 1* furgar, furguinyar, burxar. *2* forfollar, forfollejar.
hurgonear *v tr* furgar, burxar, furguinyar (el foc).
hurguillas *s* burxeta, burxa, perepunyetes.
hurón *m zool* fura (*f*) (*Putorius furo*).
¡hurra! *interj* hurra!
a hurtadillas *loc adv* d'amagat, d'amagatotis, d'amagatons.
hurtar *v tr* furtar, afanar, pispar.
hurto *m* furt, afanada (*f*).
husma *f V* **husmeo**.
husmear *v tr 1* ensumar. *2* ferumejar.
husmeo *m* ensumada (*f*).
husmo *m* ferum (*f*).
huso *m 1* fus. *2* pua (*m*), fus.

I

íbero, ra *a* i *s* iber.
ibérico, ca *a* ibèric.
ibicenco, ca *a* i *s* eivissenc.
iceberg *m* iceberg.
ictiología *f ictiol* ictiologia.
ida *f* anada.
idea *f* ***1*** idea. ***2*** pensada. ***3*** *fig* dèria, ceba.
ideal *a* i *m* ideal.
idealista *a* i *s* idealista.
idear *v tr* ***1*** idear. ***2*** ginyar.
ideario *m* ideari.
ídem *adv* ídem.
idéntico, ca *a* idèntic.
identidad *f* identitat.
identificar *v tr* i *pron* identificar.
ideología *f* ideologia.
idilio *m* idil·li.
idioma *m* idioma.
idiosincrasia *f* idiosincràsia.
idiota *a* i *s* idiota.
idiotez *f* idiotesa.
idolatrar *v tr* idolatrar.
ídolo *m* ídol, ídola (*f*).
idóneo, ea *a* idoni.
iglesia *f* església.
iglú *m* iglú.
ignición *f* ignició.
ignominia *f* ignomínia.
ignorancia *f* ignorància.
ignorante *a* i *s* ignorant.
ignorar *v tr* ignorar.
ignoto, ta *a* ignot.
igual *a* igual.
igualar *v tr* igualar.
igualdad *f* igualtat.
igualitario, ia *a* igualitari.
igualmente *adv* igualment.
iguana *f zool* iguana (*gèn Iguana*).
ilegal *a* il·legal.
ilegible *a* illegible, il·legible.
ilegítimo, ma *a* il·legítim.
ileso, sa *a* il·lès.
ilimitado, da *a* il·limitat.
ilógico, ca *a* il·lògic.
iluminación *f* il·luminació.
iluminar *v tr* il·luminar.
ilusión *f* il·lusió.
ilusionar *v tr* i *pron* il·lusionar.
iluso, sa *a* il·lús.
ilustración *f* il·lustració.
ilustrar *v tr* il·lustrar.
ilustre *a* il·lustre.
imagen *f* imatge.
imaginación *f* imaginació.
imaginar *v tr* i *pron* imaginar.
imaginario, ia *a* imaginari.
imán *m* ***1*** imant. ***2*** imam (sacerdot).
imbécil *a* i *s* imbecil, imbècil.
imborrable *a* inesborrable.
imbuir *v tr* imbuir.
imitación *f* imitació.
imitador, a *a* i *s* imitador.
imitar *v tr* imitar.
impaciencia *f* impaciència.
impacientar *v tr* i *pron* impacientar, despacientar.
impaciente *a* impacient.
impacto *m* impacte.
impagado, da *a* i *m* impagat.
impar *a* imparell, senar.
imparcial *a* imparcial.
impartir *v tr* impartir.
impasible *a* impassible.
impávido, da *a* impàvid.
impecable *a* impecable.
impedimento *m* impediment.
impedir *v tr* impedir.
impeler *v tr* impel·lir.
impenetrable *a* impenetrable.
imperar *v intr* imperar.
imperativo, va *a* i *m* imperatiu.
imperdible *a* i *m* imperdible.
imperdonable *a* imperdonable.
imperfección *f* imperfecció.
imperfecto, ta *a* ***1*** imperfecte. ***2*** imperfet. || *m gram* imperfet.
imperial *a* i *f* imperial.
imperio *m* imperi.
imperioso, sa *a* imperiós.
impermeable *a* i *m* impermeable.
impersonal *a* impersonal.
impertérrito, ta *a* impertèrrit.
impertinencia *f* impertinència.
impertinente *a* i *s* impertinent.
imperturbable *a* impertorbable.
ímpetu *m* ímpetu, frèndol.
impetuoso, sa *a* impetuós.
implacable *a* implacable.
implantar *v tr* implantar.
implicar *v tr* implicar.
implorar *v tr* implorar.
imponderable *a* i *m* imponderable.
imponente *a* imponent, imposant. || *a* i *s* imposant.
imponer *v tr* i *pron* imposar.
impopular *a* impopular.

importación *f* importació.
importancia *f* importància.
importante *a* important.
importar *v tr* i *pron* importar.
importe *m* import.
importunar *v tr* importunar.
imposibilidad *f* impossibilitat.
imposibilitar *v tr* impossibilitar.
imposible *a* i *m* impossible.
imposición *f* imposició.
impostor, a *s* impostor.
impotencia *f* impotència.
impotente *a* i *s* impotent.
impreciso, sa *a* imprecís.
impregnar *v tr* i *pron* impregnar.
imprenta *f* impremta.
imprescindible *a* imprescindible.
impresión *f* ***1*** impressió. ***2*** colpiment (*m*). ***3*** *impr* impressió, tiratge (*m*). ***4*** empremta.
impresionante *a* ***1*** impressionant. ***2*** colpidor.
impresionar *v tr* ***1*** impressionar. ***2*** colpir. || *v pron* impressionar-se.
impreso, sa *a* i *m* imprès.
impresora *f* impressora (màquina).
imprevisión *f* imprevisió.
imprevisto, ta *a* i *m* imprevist.
imprimir *v tr* ***1*** *impr* imprimir, impremtar, tirar. ***2*** imprimir, empremtar (marcar).
improbable *a* improbable.
ímprobo, ba *a* ímprobe.
impropio, ia *a* impropi.
improvisar *v tr* improvisar.
improviso, sa *a* improvís. || **de i.** *loc adv* d'improvís; de trascantó.
imprudencia *f* imprudència.
impuesto *m jur* impost.
impulsar *v tr* impulsar.
impulso *m* impuls.
impureza *f* impuresa.
imputación *f* ***1*** imputació. ***2*** *fig* penjament (*m*).
imputar *v tr* ***1*** imputar. ***2*** *fig* allevar, atribuir, penjar.
inacabable *a* inacabable.
inacabado, da *a* inacabat.
inaccesible *a* inaccessible.
inacción *f* inacció.
inactivo, va *a* inactiu.
inadecuado, da *a* inadequat, inescaient.
inadmisible *a* inadmissible.
inadvertencia *f* inadvertència.
inadvertido, da *a* inadvertit, desapercebut.
inagotable *a* inexhauríble, inesgotable.
inanición *f med* inanició.
inanimado, da *a* inanimat.
inapetente *a* inapetent, desganat, desmenjat.
inaplazable *a* inajornable.
inapreciable *a* inapreciable.
inasequible *a* inassequible.
inaudito, ta *a* inaudit.
inauguración *f* inauguració.
inaugurar *v tr* inaugurar.
incalculable *a* incalculable.
incandescente *a* incandescent.
incansable *a* incansable.
incapacidad *f* incapacitat.
incapacitar *v tr* incapacitar.
incapaz *a* incapaç.
incauto, ta *a* i *s* incaut.
incendiar *v tr* i *pron* incendiar.
incendio *m* incendi.
incentivo *m* incentiu.
incertidumbre *f* incertesa, incertitud.
incesante *a* incessant.
incidente *a* i *m* incident.
incienso *m* encens.
incierto, ta *a* incert.
incineración *f* incineració.
incisión *f* incisió.
incisivo, va *a* incisiu. || *m* incisiva (*f*) (dent).
inciso, sa *a* i *m* incís.
incitar *v tr* incitar.
incivil *a* incivil.
inclemencia *f* inclemència.
inclemente *a* inclement.
inclinación *f* ***1*** inclinació. ***2*** inclinació (tendència).
inclinar *v tr* i *pron* inclinar.
incluir *v tr* incloure.
inclusión *f* inclusió.
inclusivamente *adv*, **inclusive** *adv* inclusivament.
incluso, sa *a* inclús. || *adv* i *prep* fins, fins i tot, inclusivament, àdhuc.
incógnita *f* incògnita.
incoherencia *f* incoherència.
incoloro, ra *a* incolor.
incomodidad *f* incomoditat.
incómodo, da *a* incòmode.
incomparable *a* incomparable.
incompatible *a* incompatible.
incompleto, ta *a* incomplet.
incomprendido, da *a* incomprès.
incomprensible *a* incomprensible.
incomunicar *v tr* incomunicar.
inconcebible *a* inconcebible.
incondicional *a* i *s* incondicional.
inconfundible *a* inconfusible.
incongruencia *f* incongruència.
inconsciencia *f* inconsciència.
inconsciente *a* i *m* inconscient.
inconstante *a* inconstant.
incontable *a* incomptable.
inconveniencia *f* inconveniència.
inconveniente *a* i *m* inconvenient.
incorporar *v tr* i *pron* incorporar.
incorrección *f* incorrecció.
incorrecto, ta *a* incorrecte.
incorregible *a* incorregible.
incredulidad *f* incredulitat.
incrèdulo, la *a* i *s* incrèdul.
increíble *a* increïble.
incremento *m* increment.
increpar *v tr* increpar.
incrustar *v tr* i *pron* incrustar.
incubar *v tr* covar, incubar.
inculcar *v tr* inculcar.

inculpar *v tr* inculpar.
inculto, ta *a* inculte.
incultura *f* incultura.
incumbencia *f* incumbència.
incumbir *v tr* incumbir.
incumplir *v tr* incomplir.
incurable *a* incurable, inguarible.
incurrir *v intr* incórrer.
incursión *f* incursió.
indagación *f* indagació.
indagar *v tr* indagar.
indecencia *f* indecència.
indecente *a* indecent.
indecible *a* indicible.
indecisión *f* indecisió.
indeciso, sa *a* indecís.
indefenso, sa *a* indefens.
indefinible *a* indefinible.
indefinido, da *a* indefinit.
indeleble *a* indeleble.
indemne *a* indemne.
indemnización *f* indemnització.
indemnizar *v tr* indemnitzar.
independencia *f* independència.
independiente *a* independent.
indescifrable *a* indesxifrable.
indescriptible *a* indescriptible.
indeseable *a* i *s* indesitjable.
indeterminado, da *a* indeterminat.
indicación *f* indicació.
indicador, a *a* i *s* indicador.
indicar *v tr* indicar.
indicativo, va *a* indicatiu.
índice *m* índex.
indicio *m* indici.
indiferencia *f* indiferència.
indiferente *a* indiferent.
indígena *a* i *s* indígena.
indigestarse *v pron* indigestar-se.
indigestión *f* indigestió, empatx (*m*), empapatx (*m*).
indigesto, ta *a* indigest.
indignación *f* indignació.
indignar *v tr* i *pron* indignar.
indigno, na *a* indigne.
indio, ia *a* i *s* indi.
indirecto, ta *a* indirecte. || *f* indirecta.
indisciplina *f* indisciplina.
indiscreción *f* indiscreció.
indiscreto, ta *a* i *s* indiscret.
indiscutible *a* indiscutible.
indispensable *a* indispensable.
indisponer *v tr* i *pron* indisposar.
indisposición *f* indisposició.
indispuesto, ta *a* indispost.
indistinto, ta *a* indistint.
individual *a* individual.
individuo, ua *a* i *s* individu.
indivisible *a* indivisible.
indocumentado, da *a* indocumentat.
índole *f* índole.
indolencia *f* indolència.
indonesio, ia *a* i *s* indonesi.
indubitable *a V* **indudable**.
inducir *v tr* induir.
indudable *a* indubtable.
indulgencia *f* indulgència.
indulgente *a* indulgent.
indultar *v tr* indultar.
indulto *m jur* indult, perdonança (*f*).
indumentaria *f* indumentària.
industria *f* indústria.
industrial *a* i *s* industrial.
industrializar *v tr* industrialitzar.
inédito, ta *a* inèdit.
inefable *a* inefable.
ineficacia *f* ineficàcia.
ineficaz *a* ineficaç.
inepto, ta *a* inepte.
inequívoco, ca *a* inequívoc.
inercia *f* inèrcia.
inerme *a bot zool* inerme.
inerte *a* inert.
inesperado, da *a* inesperat.
inestabilidad *f* inestabilitat.
inestable *a* inestable.
inestimable *a* inestimable.
inevitable *a* inevitable.
inexactitud *f* inexactitud.
inexacto, ta *a* inexacte.
inexorable *a* inexorable.
inexperiencia *f* inexperiència.
inexperto, ta *a* inexpert.
inexplicable *a* inexplicable.
inexplorado, da *a* inexplorat.
inexpresivo, va *a* inexpressiu.
infalible *a* infal·lible.
infame *a* infame.
infamia *f* infàmia.
infancia *f* infància, infantesa, ninesa.
infantería *f mil* infanteria.
infantil *a* infantil.
infarto *m med* infart.
infatigable *a* infatigable.
infausto, ta *a* infaust.
infección *f med* infecció.
infeccioso, sa *a* infecciós.
infectar *v tr* i *pron* infectar.
infelicidad *f* infelicitat.
infeliz *a* infeliç.
inferior *a* i *s* inferior.
inferioridad *f* inferioritat.
inferir *v tr* inferir.
infernal *a* infernal.
infertilidad *f* infertilitat.
infestar *v tr* infestar.
infidelidad *f* infidelitat.
infiel *a* i *s* infidel.
infierno *m* infern.
infiltrar *v tr* infiltrar.
ínfimo, ma *a* ínfim.
infinidad *f* infinitat.
infinitivo *m gram* infinitiu.
infinito, a *a*, *m* i *adv* infinit.
inflación *f* inflació.
inflamación *f* inflamació.

inflamar *v tr 1 med* inflamar. *2* ablamar. *3* abrandar. || *v pron* inflamar-se.
inflar *v tr* i *pron* inflar.
inflexible *a* inflexible.
inflexión *f* inflexió.
infligir *v tr* infligir.
influencia *f* influència.
influir *v tr* influir.
influjo *m* influx.
influyente *a* influent.
información *f* informació.
informal *a* informal.
informar *v tr* i *pron* informar.
informática *f* informàtica.
informatizar *v tr* informatitzar.
informativo, va *a* informatiu.
informe *a* i *m* informe.
infortunio *m* infortuni.
infracción *f* infracció.
infractor, a *a* i *s* infractor.
infraestructura *f* infraestructura.
infrarrojo, ja *a* i *m fís* infraroig.
infrecuente *a* infreqüent.
infringir *v tr* infringir.
ínfula *f* ínfula.
infundio *m* badomia (*f*), badomeria (*f*), falsedat (*f*).
infundir *v tr* infondre.
infusión *f* infusió.
ingeniar *v tr* i *pron* enginyar.
ingeniería *f* enginyeria.
ingeniero, ra *s* enginyer.
ingenio *m 1* enginy. *2* giny.
ingenioso, sa *a* enginyós.
ingente *a* ingent.
ingenuidad *f* ingenuïtat.
ingenuo, ua *a* i *s* ingenu.
ingerencia *f V* **injerencia**.
ingerir *v tr V* **injerir**.
ingle *f anat* engonal (*m*).
inglés, esa *a* i *s* anglès.
ingratitud *f* ingratitud.
ingrato, ta *a* ingrat.
ingrávido, da *a* ingràvid.
ingrediente *m* ingredient.
ingresar *v tr* ingressar.
ingreso *m* ingrés.
inhábil *a* inhàbil.
inhabitable *a* inhabitable.
inhalar *v tr* inhalar.
inherente *a* inherent.
inhibición *f* inhibició.
inhibir *v tr* i *pron* inhibir.
inhóspito, ta *a* inhòspit.
inhumano, na *a* inhumà.
inicial *a* inicial. || *f 1* inicial. *2 impr* caplletra.
iniciar *v tr* i *pron* iniciar.
iniciativa *f* iniciativa.
inicio *m* inici.
iniquidad *f* iniquitat.
injerencia *f* ingerència.
injerir *v tr 1* ingerir. *2* inserir.
injertar *v tr agr med* empeltar.
injerto *m agr med* empelt.
injuria *f 1* injúria. *2* motada.
injuriar *v tr* injuriar.
injusticia *f* injustícia.
injusto, ta *a* injust.
inmadurez *f* immaduresa.
inmediación *f* immediació.
inmediatamente *adv* immediatament.
inmediato, ta *a* immediat.
inmejorable *a* immillorable.
inmensidad *f* immensitat.
inmenso, sa *a* immens.
inmersión *f* immersió.
inmerso, sa *a* immers.
inmigración *f* immigració.
inmigrante *a* i *s* immigrant.
inmigrar *v intr* immigrar.
inminencia *f* imminència.
inminente *a* imminent.
inmiscuirse *v pron* immiscir-se.
inmobiliario, ia *a* immobiliari. || *f* immobiliària (empresa).
inmoderado, da *a* immoderat.
inmoral *a* immoral.
inmoralidad *f* immoralitat.
inmortal *a* immortal.
inmóvil *a* immòbil.
inmovilizar *v tr* immobilitzar.
inmueble *a* i *m* immoble.
inmundicia *f* immundícia.
inmundo, da *a* immund.
inmune *a* immune.
inmutable *a* immutable.
inmutar *v tr* i *pron* immutar.
innato, ta *a* innat.
innecesario, ia *a* innecessari.
innegable *a* innegable.
innovación *f* innovació.
innovador, a *a* i *s* innovador.
innovar *v tr* innovar.
innumerable *a* innombrable, innumerable.
inocencia *f* innocència.
inocente *a* i *s* innocent.
inocuo, ua *a* innocu.
inodoro, ra *a* inodor. || *m* vàter.
inofensivo, va *a* inofensiu.
inolvidable *a* inoblidable.
inopia *f* inòpia.
inopinado, da *a* inopinat
inoportuno, na *a* inoportú.
inoxidable *a* inoxidable.
inquietar *v tr* i *pron* inquietar.
inquieto, ta *a* inquiet.
inquietud *f* inquietud.
inquilino, na *s* llogater, inquilí.
inquina *f* malvolença.
inquirir *v tr* inquirir.
inquisición *f* inquisició.
insaciable *a* insaciable.
insalubre *a* insalubre.
insalubridad *f* insalubritat.
insano, na *a* insà (no sa).
insatisfacción *f* insatisfacció.
insatisfecho, cha *a* i *s* insatisfet.

inscribir *v tr* inscriure.
inscripción *f* inscripció.
inscrito, ta *a* inscrit.
insecticida *a* i *m* insecticida.
insecto *m entom* insecte.
inseguridad *f* inseguretat.
inseguro, ra *a* insegur.
insensatez *f* insensatesa.
insensato, ta *a* i *s* insensat.
insensibilidad *f* insensibilitat.
insensible *a* insensible.
inseparable *a* inseparable.
inserción *f* inserció.
inserir *v tr V* **injerir**.
insertar *v tr* inserir (un escrit).
inservible *a* inservible.
insidia *f* insídia.
insidioso, sa *a* insidiós.
insigne *a* insigne.
insignia *f* insígnia.
insignificante *a* insignificant.
insinuar *v tr* i *pron* insinuar.
insípido, da *a V* **insulso**.
insistencia *f* insistència.
insistente *a* insistent.
insistir *v intr* insistir.
insolación *f* insolació.
insolencia *f* insolència.
insolente *a* i s insolent.
insólito, ta *a* insòlit.
insoluble *a* insoluble.
insolvencia *f* insolvència.
insolvente *a* insolvent.
insomne *a* insomne.
insomnio *m med* insomni.
insonorizar *v tr* insonoritzar.
insoportable *a* insuportable.
insospechado, da *a* insospitat.
insostenible *a* insostenible.
inspección *f* inspecció.
inspector, a *a* i *s* inspector.
inspiración *f* inspiració.
inspirar *v tr* i *pron* inspirar.
instalación *f* instal·lació.
instalador, a *a* i *s* instal·lador.
instalar *v tr* i *pron* instal·lar.
instancia *f* instància.
instantáneo, ea *a* instantani.
instante *m* instant. || **al i.** *loc adv* a l'instant.
instar *v tr* instar.
instaurar *v tr* instaurar.
instigar *v tr* instigar.
instintivo, va *a* instintiu.
instinto *m* instint.
institución *f* institució.
instituir *v tr* instituir.
instituto *m* institut.
instrucción *f* instrucció.
instruir *v tr* instruir.
instrumento *m* instrument.
insubordinar *v tr* i *pron* insubordinar.
insuficiencia *f* insuficiència.
insuficiente *a* insuficient.
insular *a* i *s V* **isleño**.
insulina *f quím* insulina.
insulso, sa *a* insuls, insípid, fat, dessabeït.
insultar *v tr* i *pron* insultar.
insulto *m* ***1*** insult. ***2*** motada (*f*).
insuperable *a* insuperable.
insurgente *a* i *s* insurgent.
insurrección *f* insurrecció.
insurreccionar *v tr* insurreccionar. || *v pron* insurreccionar-se, insurgir-se.
insurrecto, ta *a* i *s* insurrecte.
insustituíble *a* insubstituïble.
intacto, ta *a* intacte.
integrar *v tr* i *pron* integrar.
íntegro, gra *a* íntegre.
intelecto *m* intel·lecte.
intelectual *a* i *s* intel·lectual.
inteligencia *f* intel·ligència.
inteligente *a* intel·ligent.
intemperie *f* intempèrie.
intempestivo, va *a* intempestiu.
intención *f* intenció.
intencionado, da *a* intencionat.
intendencia *f* intendència.
intensidad *f* intensitat.
intensificar *v tr* i *pron* intensificar.
intensivo, va *a* intensiu.
intenso, sa *a* intens.
intentar *v tr* intentar.
intento *m* intent.
intercalar *v tr* intercalar.
intercambio *m* intercanvi.
intercambiar *v tr* intercanviar.
interceder *v intr* intercedir.
interceptar *v tr* interceptar.
interés *m* interès.
interesante *a* interessant.
interesar *v tr, intr* i *pron* interessar.
interferencia *f* interferència.
interferir *v tr* interferir.
interino, na *a* i *s* interí.
interior *a* i *m* interior.
interjección *f gram* interjecció.
interlínea *f* interlínia.
interlocutor, a *s* interlocutor.
intermediario, ia *a* i *s* intermediari.
intermedio, ia *a* i *m* intermedi.
interminable *a* interminable.
intermitente *a* i *m* intermitent.
internacional *a* internacional.
internacionalizar *v tr* internacionalitzar.
internado *m* internat.
internar *v tr* i *pron* internar.
interno, na *a* i *s* intern.
interpelar *v tr* interpel·lar.
interponer *v tr* i *pron* interposar.
interpretación *f* interpretació.
interpretar *v tr* interpretar.
intérprete *s* intèrpret.
interrogación *f* interrogació.
interrogante *a* i *m* interrogant.
interrogar *v tr* interrogar.
interrogatorio *m* interrogatori.

interrumpir *v tr* i *pron* interrompre.
interrupción *f* interrupció.
interruptor, a *a* i *s* interruptor. || *m* interruptor.
intersección *f* intersecció.
intersticio *m* interstici.
interurbano, na *a* interurbà.
intervalo *m* interval, entremig.
intervención *f* intervenció.
intervenir *v tr* intervenir.
intestinal *a anat* intestinal.
intestino, na *a* intestí. || *m anat* intestí, budell, tripa (*f*).
intimar *v tr* intimar.
intimidad *f* intimitat.
intimidar *v tr* intimidar.
íntimo, ma *a* íntim. || *f* íntima.
intolerable *a* intolerable.
intolerancia *f* intolerància.
intolerante *a* i *s* intolerant, intransigent.
intoxicación *f* intoxicació.
intoxicar *v tr* intoxicar.
intranquilo, la *a* intranquil.
intransigencia *f* intransigència.
intransigente *a* intransigent.
intransitable *a* intransitable.
intransitivo, va *a* i *m gram* intransitiu.
intratable *a* intractable.
intrepidez *f* intrepidesa, intrepiditat.
intrépido, da *a* intrèpid.
intriga *f* intriga.
intrigar *v intr* intrigar.
intríngulis *m* entrellat.
intrínseco, ca *a* intrínsec.
introducción *f* introducció.
introducir *v tr* i *pron* introduir.
intromisión *f* intromissió.
introspección *f* introspecció.
intrusión *f* intrusió.
intrusismo *m* intrusisme.
intruso, sa *a* i *s* intrús.
intuición *f* intuïció.
intuir *v tr* intuir.
inundación *f* inundació.
inundar *v tr* i *pron* inundar.
inusitado, da *a* inusitat.
inútil *a* i *s* inútil.
inutilidad *f* inutilitat.
inutilizar *v tr* inutilitzar.
invadir *v tr* envair.
invalidar *v tr* invalidar.
inválido, da *a* i *s* invàlid.
invariable *a* invariable.
invariado, da *a* invariat.
invasión *f* ***1*** envaïment (*m*). ***2*** invasió.
invasor, a *a* i *s* invasor.
invectiva *f* invectiva.
invencible *a* invencible.
invención *f* invenció.
inventar *v tr* i *pron* inventar.
inventario *m* inventari.
inventiva *f* inventiva.
invento *m* invent.
inventor, a *a* i *s* inventor.
invernáculo *m*, **invernadero** *m* hivernacle.
invernar *v intr* hivernar.
inverosímil *a* inversemblant.
inversión *f* ***1*** inversió. ***2*** esmerç (*m*).
invertebrado, da *a zool* invertebrat.
invertido, da *a* invertit.
invertir *v tr* ***1*** invertir. ***2*** esmerçar.
investigación *f* investigació.
investigador, a *a* i *s* investigador.
investigar *v tr* investigar.
investir *v tr* investir.
invicto, ta *a* invicte.
invierno *m* hivern, hivernada (*f*).
inviolable *a* inviolable.
invisible *a* invisible.
invitación *f* invitació.
invitar *v tr* invitar.
in vitro *loc adv biol* in vitro.
invocación *f* invocació.
invocar *v tr* invocar.
involucrar *v tr* involucrar.
involuntario, ia *a* involuntari.
inyección *f* injecció.
inyectable *a* injectable.
inyectar *v tr* i *pron* injectar.
inyector *m* injector.
iodo *m quím* iode.
ion *m fís quím* ió.
ir *v intr* ***1*** anar. ***2*** venir. || *v pron* anar-se'n.
ira *f* ira.
iraní *a* i *s*, **iranio, ia** *a* i *s* iranià.
iraquí *a* i *s* iraquià.
irascible *a* irascible.
iris *m anat* iris. || **arco i.** arc de sant Martí, arc iris, arc del cel.
irlandés, esa *a* i *s* irlandès.
ironía *f* ironia.
irónico, ca *a* irònic.
irracional *a* irracional.
irradiar *v tr* irradiar.
irreal *a* irreal.
irrealizable *a* irrealitzable.
irreflexivo, va *a* i *s* irreflexiu.
irrefutable *a* irrefutable.
irregular *a* irregular.
irremisible *a* irremissible.
irreprochable *a* irreprotxable.
irresistible *a* irresistible.
irresponsable *a* irresponsable.
irresuelto, ta *a* irresolt.
irreverencia *f* irreverència.
irreversible *a* irreversible.
irrevocable *a* irrevocable.
irrigación *f agr med* irrigació.
irrigar *v tr* irrigar.
irritable *a* irritable.
irritación *f* irritació.
irritante *a* irritant.
irritar *v tr* irritar.
irrompible *a* irrompible.
irrumpir *v intr* irrompre.
irrupción *f* irrupció.
isla *f* ***1*** *geog* illa. ***2*** illa, bloc de cases.

islam *m* islam.
islámico, ca *a* islàmic.
islandés, esa *a* i *s* islandès.
isleño, ña *a* i *s* illenc, insular.
islote *m geog* illot, niell.
israelí *a* i *s* israelià.
istmo *m* istme.
italiano, na *a* i *s* italià.
itinerario, ia *a* i *m* itinerari.
izar *v tr* hissar.
izquierda *f* esquerra.
izquierdista *a* i *s* esquerrà (en política).
izquierdo, da *a 1* esquerre. *2* esquerrà, esquerrer.

J

jabalí *m zool* senglar, porc senglar (*Sus scrofa*).
jabón *m* sabó.
jabonar *v tr* ensabonar.
jacinto *m bot* jacint (*Hyacinthus orientalis*).
jactancia *f* jactància.
jactarse *v pron* jactar-se.
jade *m* jade.
jadear *v intr* panteixar, bleixar, esbufegar.
jaguar *m zool* jaguar (*Felis onca*).
jalea *f* gelea.
jalear *v tr* enardir amb crits, picaments de mans, etc.
jaleo *m 1* acció d'animar o enardir amb crits, picaments de mans, etc. *2* tabola (*f*), barrila (*f*). *3* xivarri, escàndol.
jalón *m* jaló.
jalonar *v tr* jalonar.
jamar *v tr* menjar, manducar.
jamás *adv* jamai, mai.
jamba *f arq* muntant (*m*), brancal (*m*).
jamón *m* pernil.
japonés, esa *a* i *s* japonès, nipó.
jaque *m* xec, escac. || **j. mate** *loc* escac i mat.
jaqueca *f med* migranya.
jarabe *m* xarop.
jarana *f V* **jaleo** 2.
jaranear *v intr* tabolejar.
jarcia *f nàut* eixàrcia.
jardín *m* jardí.
jardinería *f* jardineria.
jardinera *f* jardinera.
jarra *f 1* gerra. *2* gerro (*m*).
jarretera *f* garrotera (lligacama).
jarro *m 1* gerro. *2 V* **jarrón**.
jarrón *m* pitxer.
jauja *f* xauxa.
jaula *f* gàbia.
jauría *f* canilla, gossada.
jazmín *m bot* llessamí, gessamí (*Jasminum officinale*).
jazz *m mús* jazz.
jeep *m* jeep (cotxe).
jefe, fa *s* cap. || **en j.** en cap.
jengibre *m bot* gingebre (*Zingiber officinale*).
jeque *m* xeic.
jerarquía *f* jerarquia.
jerez *m* xerès.
jerga *f 1* argot (*m*). *2* gerga (teixit).
jergón *m* màrfega (*f*).
jeringa *f med* xeringa.
jeringar *v tr 1* xeringar. *2 fig fam* xeringar, fastiguejar.
jeringuilla *f med* xeringa.
jeroglífico, ca *a* i *m* jeroglífic.
jersey *m* jersei.
jeta *f fam* cara.
jibia *f zool* sípia, sèpia, sépia (*Sepia officinalis*).
jilguero *m ornit* cadernera (*f*) (*Carduelis carduelis*).
jineta *f zool* geneta (*Genetta genetta*).
jinete, ta *s* genet, cavaller.
jira *f* fontada, forada, xala.
jirafa *f zool* girafa (*Giraffa giraffa*).
jirón *m* esquinçall, estripall.
jocoso, sa *a* jocós.
jocundo, da *a* jocund.
joder *v tr fam* fotre, fúmer, emprenyar. || *v intr vulg* cardar.
jofaina *f* rentamans (*m*), aiguamans (*m*), palangana.
jolgorio *m V* **jaleo** 2.
jordano, na *a* i *s* jordà.
jornada *f* jornada.
jornal *m 1* jornal (guany). *2* jornal, jornalada (*f*). *3* jornal (espai de terra).
jornalero, ra *s* jornaler.
joroba *f* gep (*m*), gepa.
jorobado, da *a* i *s* geperut.
jorobar *v tr fig fam V* **jeringar** 2.
jota *f mús* jota. || **ni j.** ni un borrall.
joven *a* jove, jovençà. || *s* jove.
jovial *a* jovial.
joya *f* joiell (*m*), joia.
joyería *f* joieria.
juanete *m med* galindó.
jubilación *f* jubilació.
jubilado, da *a* i *s* jubilat.
jubilar *v tr* i *pron* jubilar.
júbilo *m* gaubança (*f*), joia (*f*).
judaísmo *m* judaisme.

judería *f* jueria, call (*m*), aljama.
judía *f bot:* mongetera, mongeta, fesoler (*m*), fesolera, fesol (*m*) (*Phaseolus vulgaris*). || **j. de careta** *bot* fesolet (*m*), fesolí (*m*) (*Dolichos melanophtalmus*).
judicial *a* judicial.
judío, ía *a* i *s* jueu (*m*), jueva (*f*).
judo *m* judo.
juego *m* joc.
juerga *f* xala, folga, folgança.
jueves *m* dijous.
juez, za *s* jutge, jutgessa.
jugada *f* *1* jugada, acció de jugar. *2* *V* **jugarreta**.
jugador, a *a* i *s* jugador.
jugar *v tr* i *intr* jugar.
jugarreta *f* jugada, mala jugada, mala passada.
juglar *m* joglar.
juglaresa *f* joglaressa.
jugo *m* suc.
jugoso, sa *a* sucós.
juguete *m* joguina (*f*), joguet.
juguetón, ona *a* *1* juganer, jogasser. *2* enjogassat, ajogassat.
juicio *m* *1* judici, juí. *2* judici, jutjament. *3* *fam* seny. || **muela del j.** queixal del seny.
juicioso, sa *a* judiciós, assenyat.
julio *m* *1* juliol. *2* *fís* joule (unitat de treball).
jumento *m zool* ruc (*Equus asinus*).
junco *m* *1* *bot* jonc (tija). *2* *nàut* jonc, junc (embarcació). *3* *bot* jonc (*Holoschoenus vulgaris*).
jungla *f* jungla.
junio *m* juny.
júnior *a* júnior.
junta *f* junta.
juntar *v tr* i *pron* *1* ajuntar. *2* copular. *3* confegir.
junto, ta *a* i *adv* junt. || **j. a** al costat de, tocant a, prop de. || *a pl* junts, plegats.
jura *f* jura.
jurado *m* jurat.
juramento *m* *1* jurament. *2* renec.
jurar *v tr* jurar. || *v intr* renegar.
jurídico, ca *a jur* jurídic.
jurisdicción *f jur* jurisdicció.
jurisprudencia *f jur* jurisprudència.
jurista *s jur* jurista.
justeza *f* justesa.
justicia *f* justícia.
justificación *f* justificació.
justificar *v tr* i *pron* justificar.
justo, ta *a* just.
juvenil *a* *1* juvenil. *2* jovenívol.
juventud *f* *1* joventut, jovenesa, fadrinesa. *2* jovent (*m*), jovenalla, joventut, fadrinalla.
juzgado *m jur* jutjat.
juzgamiento *m* jutjament.
juzgar *v tr* jutjar.

K

káiser *m* kàiser.
kamikaze *m* kamikaze (aviador suïcida).
karate *m* karate.
kayak *m nàut* caiac.
keniano, na *a* i *s* kenyà.
ketchup *m* quetxup.
kilo *m* *V* **kilogramo**.
kilocaloría *f* quilocaloria.
kilogramo *m* quilogram, quilo.
kilolitro *m* quilolitre.
kilómetro *m* quilòmetre.
kilovatio *m* quilovat
kiosco *m* quiosc.
kiwi *m* *1* *bot* kiwi. *2* *ornit* kiwi (*gèn Apterix*).
koala *m zool* coala (*Phascolarctos cinereus*).
kurdo, da *a* i *s* curd, kurd.
kuwaití *a* i *s* kuwaitià.

L

la *art* i *pron* la (o l').
la *m mús* la.
laberinto *m* laberint.
labia *f* vèrbola (verbositat persuasiva).
labio *m* *1* *anat* llavi, llambrot. *2* *med* llavi (d'una ferida).
labor *f* *1* labor, tasca, feina, treball (*m*). *2* obratge (*m*) (adorn). *3* labor (de cosir o de brodar). *4* feina (del camp). *5* *agr V* **laboreo**.
laborable *a* *1* laborable. *2* feiner (dit del dia que no és festiu).
laborar *v intr* *1* laborar. *2* *agr V* **labrar** 1 i 6.

laboratorio *m* laboratori.
laborear *v tr* llavorar.
laboreo *m agr* conreu, conró (*f*), cultiu (de terres).
laborioso, sa *a* laboriós.
labrador, a *a* llaurador. || *s V* **labriego**.
labranza *f agr V* **laboreo**.
labrar *v tr* ***1*** *agr* llaurar (la terra). ***2*** afaiçonar, obrar. ***3*** *V* **laborear**. ***4*** tallar (fusta, pedra). ***5*** tallantar. ***6*** *agr* conrear, conrar, cultivar (la terra).
labriego, ga *s* pagès, llaurador, camperol.
laca *f quím* laca.
lacerar *v tr* lacerar.
lacio, a *a* ***1*** flàccid. ***2*** llis (parlant del cabell).
lacónico, ca *a* lacònic.
lacra *f* ***1*** xacra, tara. ***2*** *med* ròssec (*m*) (d'una malaltia).
lacre *m* lacre.
lacrimal *a anat* lacrimal.
lactar *v tr* ***1*** alletar, lactar. ***2*** mamar, xumar.
lácteo, ea *a* lacti.
ladear *v tr* decantar (un objecte).
ladera *f geog* vessant (*m* o *f*), aiguavés (*m*), aiguavessant (*m*), empit (*m*) (de muntanya).
ladilla *f entom* lladella (*Phthirius inguinalis*).
lado *m* ***1*** *anat* costat. ***2*** costat, banda (*f*), cantó. || **de l.** de gairell. || **a uno y otro l.** a banda i banda.
ladrar *v intr* ***1*** lladrar, jaupar. ***2*** bordar.
ladrido *m* lladruc.
ladrillo *m* ***1*** maó. ***2*** totxo (maó). ***3*** rajola (*f*), rajol. ***4*** pitxolí. || **l. de chocolate** rajola (*f*) de xocolata.
ladrón, ona *a* i *s* lladre.
ladronicio *m V* **latrocinio**.
ladronzuelo, la *s* pispa, lladregot, afaneta.
lagar *m* cup, tina (*f*), tramostera (*f*), trull.
lagartija *f zool* sargantana (*gèn Lacerta*).
lagarto *m zool* llangardaix, lluert (*Lacerta ocellata* i espècies afins).
lago *m* llac.
lagotear *v tr V* **lisonjear**.
lagotería *f* llagoteria (acció).
lágrima *f* llàgrima.
lagrimear *v intr* llagrimejar.
laguna *f* llacuna.
laico, ca *a* i *s* laic (no religiós).
lama *m* lama. || *f* ***1*** llot (*m*) (del fons dels rius). ***2*** llot (*m*), llaquim (*m*) (de les aigües estancades). ***3*** llac (*m*) (llot de les basses).
lameculos *s vulg* llepa, llepaculs.
lamentación *f* lamentació.
lamentar *v intr* i *pron* lamentar.
lamento *m* lament, plany.
lamer *v tr* i *pron* llepar.
lámina *f* làmina.
lámpara *f* ***1*** llum (*m*). ***2*** llàntia, llantó (*m*). ***3*** *V* **lamparón** 2. ***4*** làmpada.
lamparilla *f* gresol (*m*), llantió (*m*).
lamparón *m* ***1*** *med* minova (*f*), botornons (*pl*). ***2*** llàntia (*f*).
lampiño, ña *a* barbamec, mec.
lampista *s* lampista.
lampistería *f* lampisteria.
lana *f* llana.
lanar *a* de llana (dit del bestiar).
lance *m* ***1*** *V* **lanzamiento** 1. ***2*** trifulga (*f*).
lancha *f nàut* llanxa.
langosta *f* ***1*** *entom* llagosta, llagost (*m*), saltamartí (*m*) (*Pachytylus cinerascens* i molts altres acrídids). ***2*** *zool* llagosta (de mar) (*Palinurus elephas*).
langostino *m*, **langostín** *m zool* llagostí (*Penaeus kerathurus*).
languidecer *v intr* llanguir.
languidez *f* llangor, llanguiment (*m*).
lánguido, da *a* lànguid, llangorós.
lanza *f* ***1*** llança (arma). ***2*** llança, timó (*m*) (de carro).
lanzamiento *m* ***1*** llançament, git, get. ***2*** *nàut* avarament, avarada (*f*). ***3*** avarament (d'un avió). ***4*** *jur* llançament.
lanzamisiles *a* i *m mil* llançamíssils.
lanzar *v tr* ***1*** llançar, engegar, gitar, tirar, llençar. ***2*** *nàut* varar, avarar (una nau). || *v pron* llançar-se.
lapicero *m* ***1*** llapidera (*f*). ***2*** *V* **lápiz**.
lápida *f* làpida.
lapidar *v tr* lapidar.
lápiz *m* llapis, llapidera (*f*).
lapso, sa *a* i *m* lapse.
lapsus *m* lapsus.
lar *m* llar (*f*), fogar.
lardo *m* ***1*** llard. ***2*** sagí, saïm.
largar *v tr* amollar, deixar anar, afluixar. || *v pron* escapolir-se, esquitllar-se.
largas *f pl* allargues.
largo, ga *a* llarg, llong. || *m mús* llarg.
largometraje *m* llargmetratge.
laringe *f anat* laringe, larinx.
larva *f zool* larva.
las *art* i *pron* les.
lascivia *f* lascívia.
láser *m* làser.
lasitud *f* lassitud.
laso, sa *a* las, cansat.
lástima *f* llàstima.
lastimar *v tr* malmetre, fer mal. || *v pron* fer-se mal.
lastimero, ra *a* planyívol.
lastimoso, sa *a* llastimós.
lastre *m* llast.
lata *f* ***1*** llauna (planxa). ***2*** llauna (recipient). ***3*** *fig fam* llauna, lata, murga, tabarra (cosa pesada).
latente *a* latent.
lateral *a* ***1*** lateral. ***2*** coster.
latido *m* ***1*** batec, bategada (*f*). ***2*** clapit.
latifundio *m* latifundi.
latigazo *m* fuetada (*f*), xurriacada (*f*), assot.
látigo *m* fuet, xurriaques (*f pl*), flagell, assot, esclafidor.
latín *m* llatí.
latino, na *a* i *s* llatí.
latinoamericano, na *a* i *s* llatinoamericà.
latir *v intr* ***1*** bategar, batre, polsar. ***2*** clapir. ***3*** *V* **ladrar** 1.

latitud *f* latitud.
latón *m* llautó.
latoso, sa *a* i *s fig fam* enfadós, empipador.
latrocinio *m* lladronici, lladregada (*f*), lladregueig.
laúd *m* ***1*** *mús* llaüt. ***2*** *nàut* llagut.
laurear *v tr* llorejar.
laurel *m* ***1*** *fig* llorer (premi). ***2*** *bot* llorer, llor (*Laurus nobilis*).
lava *f* lava (d'un volcà).
lavabo *m* lavabo.
lavadero *m* ***1*** safareig. ***2*** bugaderia (*f*). ***3*** rentadora (*f*), rentador (fusta o pedra).
lavadora *f* rentadora (màquina).
lavandería *f* bugaderia.
lavándula *f bot* espígol (*m*) (*Lavandula spica*).
lavaplatos *m* rentaplats (màquina).
lavar *v tr* rentar, lavar. || *v pron* rentar-se.
lavativa *f med* lavativa, ènema.
lavavajillas *m* rentavaixella (o *f*), rentaplats (màquina).
laxante *a* i *m med* laxant.
laxar *v intr med* laxar.
laxo, xa *a* lax.
lazo *m* ***1*** llaç, baga (*f*). ***2*** lligam. ***3*** llaç, floc (d'adorn).
le *pron* ***1*** li, hi (datiu). ***2*** lo, 'l, el, l' (acusatiu).
leal *a* lleial.
lealtad *f* lleialtat.
lebeche *m* llebeig, garbí (vent).
lebrillo *m* gibrell.
lección *f* lliçó.
lechal *a* i *s* lletó (que mama).
leche *f* llet.
lechería *f* lleteria.
lecho *m* ***1*** llit, jaç. ***2*** *geog* jaç, llit, buc, mare (*f*), llera (*f*). ***3*** *arq* llit. ***4*** llit, sostre, capa (*f*) (de coses en una pila, un munt, etc.).
lechón *m zool* ***1*** porcell, garrí, godall, verratell. ***2*** porc (*gèn Sus*).
lechuga *f bot* enciam (*m*), lletuga (*Lactuca sativa*).
lechuza *f ornit* òliba, xibeca (*Tyto alba*).
lector, a *a* llegidor. || *a* i *s* lector, llegidor.
lectura *f* lectura.
leer *v tr* llegir.
legado *m* ***1*** *jur* llegat. ***2*** legat.
legajo *m* lligall (de papers).
legal *a* legal.
legalidad *f* legalitat.
legalizar *v tr* legalitzar.
légamo *m* llacor.
legaña *f* lleganya.
legar *v tr* ***1*** llegar. ***2*** delegar.
legendario, ia *a* llegendari.
legible *a* llegible, llegidor.
legión *f* legió.
legislación *f jur* legislació.
legislar *v intr jur* legislar.
legislatura *f jur* legislatura.
legítima *f jur* llegítima.
legitimar *v tr* legitimar.
legítimo, ma *a* legítim.
legumbre *f bot* llegum (*m*).
leíble *a* *V* **legible**.
lejanía *f* ***1*** llunyària (la distància existent entre dos punts llunyans). ***2*** llunyania, llunyedat (qualitat de llunyà).
lejano, na *a* llunyà, llunyedà, lluny.
lejía *f* lleixiu (*m*).
lejos *adv* lluny.
lema *m* lema.
lencería *f* llenceria.
lengua *f* llengua.
lenguado *m ictiol* llenguado (*Solea vulgaris*).
lenguaje *m* llenguatge.
lenguaraz *a* i *s* llengut, llenguerut (descarat).
lengüeta *f* ***1*** llengüeta, agulla (de balança). ***2*** *mús* llengüeta, inxa. ***3*** piu (*m*).
lente *m* (o *f*) lent. || *m pl* ulleres. || **l. de contacto** lentícula (*f*), lent (*f*) de contacte.
lenteja *f bot* llentilla, llentia (*Lens culinaris*).
lentejuela *f* lluentó (*m*), llustrí (*m*).
lentilla *f* lentícula, lent de contacte.
lentitud *f* lentitud.
lento, ta *a* lent.
leña *f* ***1*** llenya. ***2*** *fam* llenya, pallissa.
leñador, a *s* llenyataire.
leño *m* ***1*** tronc (tros d'arbre tallat). ***2*** *nàut* lleny, fusta (*f*) (nau). ***3*** fusta (*f*).
leñoso, sa *a* llenyós.
Leo *m astron* Lleó.
león *m* ***1*** *zool* lleó (*Felis leo*). ***2*** *astron* *V* **Leo**.
leona *f zool* lleona.
leopardo *m zool* lleopard (*Felis pardus*).
lepra *f med* lepra, llebrosia.
lerdo, da *a* ***1*** feixuc (en caminar). ***2*** *fig* llosc, toix.
leridano, na *a* i *s* lleidatà.
les *pron* los, als, els.
lesbianismo *m* lesbianisme.
lesión *f* lesió.
lesionar *v tr* lesionar.
letal *a* letal.
letargo *m* letargia (*f*).
letón, ona *a* i *s* letó.
letra *f* lletra.
letrado, da *a* ***1*** lletrat (instruït). ***2*** lletrut. || *s jur* lletrat, advocat.
letrero *m* rètol.
letrina *f* latrina.
leucemia *f med* leucèmia.
leva *f* lleva (reclutament ocasional).
levadizo, za *a* llevadís.
levadura *f* llevat (*m*), rent (*m*), creixent (*m*).
levantamiento *m* ***1*** aixecada (*f*). ***2*** aixecament (rebel·lió).
levantar *v tr* i *pron* aixecar. || **levantarse (de la cama)** llevar-se.
levante *m* llevant.
levar *v tr nàut* llevar.
leve *a* lleu.
léxico *m* lèxic.
lexicografía *f* lexicografia.
ley *f* ***1*** llei (norma). ***2*** llei (afecte).
leyenda *f* llegenda.

lezna *f* alena.
liana *f bot* liana.
liar *v tr 1* lligar, embolicar. *2 fig* embolicar. || *v pron* fer-se un embolic.
libanés, esa *a* i *s* libanès.
libar *v tr* libar.
libélula *f entom* libèl·lula, espiadimonis (*m*).
liberación *f* alliberació, alliberament (*m*), deslliurament (*m*), deslliurança.
liberal *a* i *s* liberal, lliberal.
liberar *v tr* i *pron V* **libertar**.
liberiano *a* i *s* liberià.
libertad *f* llibertat.
libertar *v tr* i *pron* llibertar, alliberar, deslliurar.
libertino, na *a* i *s* llibertí, disbauxat.
libido *f* libido.
libio, bia *a* i *s* líbi.
libra *f 1* lliura. *2 astron* Balança.
librador, a *a* i *s* lliurador.
librar *v tr 1* deslliurar (d'algun perill). *2* lliurar, fer a mans. *3* lliurar, girar. *4* deslliurar, donar a llum. *5* lliurar, entaular. || *v pron* deslliurar-se.
libre *a 1* lliure. *2* lliure (el temps).
librea *f* lliurea.
librería *f* llibreria, llibreteria.
librero, ra *s* llibreter, llibrer.
libreta *f* llibreta.
libreto *m mús* llibret (d'una òpera, etc.).
libro *m 1* llibre. *2 anat* llibret (dels ruminants).
licencia *f* llicència.
licenciar *v tr* i *pron* llicenciar.
licenciatura *f* llicenciatura.
liceo *m* liceu.
licitar *v tr jur* licitar.
lícito, ta *a* lícit.
licitud *f* licitud.
licor *m* licor (beguda).
licuadora *f* liquadora (màquina).
lid *f* lliça (debat).
líder *s* líder.
liderar *v tr* liderar.
lidia *f 1* lluita. *2* brega (amb gent molesta).
lidiar *v intr 1* lluitar. *2* bregar (tractar amb gent molesta).
liebre *f zool* llebre (*Lepus timidus*).
lienzo *m 1* llenç, tela (*f*). *2* mocador. *3 arq* pany, llenç (de paret).
liga *f 1* lligacama, garrotera. *2* vesc (*m*). *3* lliga, aliatge (*m*). *4* lliga, lligança, aliança. *5* lliga, campionat (esport).
ligadura *f 1* lligada, lligadura (nus, volta). *2* lligam (*m*).
ligamento *m 1 anat* lligament. *2 V* **ligamiento**.
ligamiento *m* lligament (acció i efecte de lligar).
ligar *v tr* lligar (fermar, etc.). || *v pron* lligar-se.
ligereza *f* lleugeresa, lleugeria.
ligero, ra *a* lleuger.
lijar *v tr* escatar, polir.
lila *a* i *m* lila (color). || *f bot* lilà, lila (*Syringa vulgaris*).
lima *f* llima (eina).
limar *v tr* llimar.
limitación *f* limitació.
limitar *v tr* limitar.
límite *m* límit.
limítrofe *a* limítrof.
limo *m* fang, llim, brac.
limón *m 1* llimona (*f*), llimó, llima (*f*). *2 bot V* **limonero**.
limonada *f* llimonada.
limonero *m bot* llimoner, llimonera (*f*), llimera (*f*), tarongina (*f*) (*Citrus limonum*).
limosna *f* almoina.
limpia *f* neteja, netejada, netejament (*m*).
limpiacristales *m* netejavidres (líquid).
limpiadura *f V* **limpia**. || *m pl 1* escuralles (*f*). *2* netegies (*f*).
limpiaparabrisas *m* eixugaparabrisa.
limpiar *v tr 1* netejar. *2* escurar (per netejar). *3* fer net.
límpido, da *a* límpid.
limpieza *f 1* netedat. *2 V* **limpia**.
limpio, pia *a* net.
linaje *m* llinatge, nissaga (*f*).
linaza *f* llinosa.
lince *m 1 zool* linx (*Lynx lynx*). *2 fig* fura (*f*), espatotxí.
linchamiento *m* linxament.
lindar *v intr* afrontar, termenejar (terrenys).
linde *m 1* partió, termenal, boga (*f*). *2* fita (*f*), molló, monjoia (*f*), terme.
lindeza *f* boniquesa, xamor, xamosia.
lindo, da *a* bonic, bufó, xamós, joliu, galanxó.
línea *f* línia.
lineal *a* lineal.
linfa *f biol* limfa.
linfático, ca *a med* limfàtic.
lingote *m* lingot.
lingüístico, ca *a* lingüístic. || *f* lingüística.
lino *m bot* lli, llinet (*Linum usitatissimum*).
lintel *m arq* llinda (*f*).
linterna *f 1* llanterna. *2 arq* llanternó (*m*), llanterna.
liño *m agr* filera (*f*), tira (*f*) (d'arbres o de plantes).
lío *m 1* farcell, lligall, fardell. *2 fig* embolic, embrolla (*f*). *3 fig* romanço.
liofilización *f quím* liofilització.
liquen *m bot med* liquen.
liquidación *f* liquidació.
liquidar *v tr* liquidar.
líquido, da *a* i *m* líquid.
lira *f mús* lira.
lírico, ca *a* i *f* líric.
lirio *m bot* lliri (*Iris pseudoacorus*).
lirón *m zool* liró (*Myoxus glis*).
lis *f bot* flor de lis, lis (*m*) (*Amaryllis formisissima*).
lisiado, da *a* esguerrat.
lisiar *v tr* esguerrar, baldar.
liso, sa *a* llis.
lisonja *f* llagot (*m*), llagoteria.
lisonjear *v tr* llagotejar.
lista *f* llista.
listar *v tr* llistar.

listeza *f* llestesa.
listo, ta *a* ***1*** llest. ***2*** eixerit, espavilat.
listón *m* llistó.
litera *f* llitera.
literal *a* literal.
literario, ria *a* literari.
literato, ta *s* literat.
literatura *f* literatura.
litigar *v tr jur* litigar.
litigio *m jur* litigi.
litoral *a* i *m* litoral.
litro *m* litre.
lituano, na *a* i *s* lituà.
liturgia *f* litúrgia.
liviano, na *a* lleu. || *m anat* freixura (*f*), lleu (pulmó).
lívido, da *a* lívid.
liza *f* ***1*** lliça, born (*m*), reng (*m*). ***2*** *V* **lid**.
llaga *f med* plaga, nafra.
llagar *v tr med* ***1*** nafrar. ***2*** encetar (la pell).
llama *f* ***1*** flama, branda. ***2*** flam (*m*). ***3*** *zool* llama (*Lama huanacos*).
llamada *f* ***1*** crida. ***2*** pic (*m*), truc (*m*). ***3*** trucada, telefonada.
llamador *m* ***1*** avisador, trucador. ***2*** botó (de timbre).
llamamiento *m* crida (*f*).
llamar *v tr* ***1*** cridar, demanar. ***2*** apellar. ***3*** anomenar. || *v intr* trucar, picar. || *v pron* dir-se, anomenar-se.
llamarada *f* flamarada, foguera.
llamativo, va *a* cridaner, vistent.
llamear *v intr* flamejar, ablamar-se (*pron*).
llaneza *f* senzillesa.
llano, na *a* ***1*** pla, planer. ***2*** *fig* planer, senzill, pla. || *m* ***1*** *geom* pla. ***2*** *geog* *V* **llanura** 2.
llanta *f* llanda, llanta.
llanto *m* ***1*** plor, plany, lament, llament. ***2*** *V* **lloro** 1.
llanura *f* ***1*** planor. ***2*** *geog* plana, pla (*m*), planura, planúria, planícia.
llave *f* ***1*** clau (d'un pany). ***2*** clau (eina). ***3*** clau (d'aixeta).
llavero, ra *s* clauer (persona). || *m* clauer, portaclaus (estri).
llegada *f* arribada.
llegar *v intr* ***1*** arribar, aplegar. ***2*** assolir, aconseguir. ***3*** pervenir. || *v pron* arribar-se. || **ll. a ser** esdevenir.
llenar *v tr* i *pron* omplir, emplenar.
lleno, na *a* ple. || *m* ***1*** ple, plena (*f*). ***2*** *astron* plenilluni, ple. || **ll. de bote en bote** ple de gom a gom. || **ll. a rebossar** ple a vessar.
llevada *f* portament (*m*).
llevar *v tr* ***1*** portar, dur. ***2*** menar. || *v pron* emportar-se, endur-se. || **llevarse bien** avenir-se.
llorar *v intr* ***1*** plorar. ***2*** *fig* ploriquejar.
lloriquear *v intr* ploriquejar, fer el ploricó, plorinyar, somicar.
lloriqueo *m* ploricó, ploriqueig, somicó, somicoi.
lloro *m* ***1*** plor. ***2*** *V* **llanto** 1.
lloroso, sa *a* plorós, plorallós.
llover *v intr* ploure.
llovizna *f* plovisció (*m*), ploviscol (*m*), plovisc (*m*), plugeta, plugim (*m*), ruixim (*m*), roina.
lloviznar *v intr* plovisquejar, ploviscar, plovinejar, roinejar.
llueca *f* lloca, cloca.
lluvia *f* ***1*** pluja. ***2*** ploguda.
lluvioso, sa *a* plujós, plujà
lo *art* el. || *pron* lo, 'l, el, l', ho.
loa *f* ***1*** *V* **loor**. ***2*** lloa (escrit).
loar *v tr* lloar, gabar.
loba *f* *zool* lloba.
lobo *m zool* llop (*Canis lupus*).
lóbrego, ga *a* llòbrec, fosc.
lobreguecer *v intr* vesprejar, fer-se fosc.
lóbulo *m anat* lòbul.
local *a* i *m* local.
localidad *f* localitat.
localizar *v tr* localitzar.
loción *f* loció.
loco, ca *a* i *s* boig, foll, guillat (*fam*).
locomoción *f* locomoció.
locomotora *f* locomotora.
locuacidad *f* loquacitat.
locuaz *a* loquaç.
locución *f* locució.
locura *f* bogeria, follia, follor, bojor, guilladura (*fam*).
locutor, a *s* locutor.
locutorio *m* locutori.
lodazal *m* fangar, fanguissar.
lodo *m* ***1*** llaca (*f*). ***2*** fanguer, fangueig, llotim. ***3*** llot (d'un riu).
logaritmo *m mat* logaritme.
lógica *f* lògica.
lógico, ca *a* i *s* lògic.
logístico, ca *a* logístic. || *f* logística.
lograr *v tr* aconseguir, assolir. || *v pron* reeixir (*intr*).
logro *m* aconseguiment.
loma *f geog* tossal (*m*).
lombriz *f zool*: cuc (*m*). || **l. de tierra** cuc (*m*) de terra, llambric (*m*).
lomo *m* ***1*** *anat* llom. ***2*** llom (carn de porc). ***3*** llom (d'un llibre). ***4*** esquena (*f*) (de ganivet). || **a l.** a bast.
lona *f* lona.
loncha *f* ***1*** llenca. ***2*** penca, pellanc (*m*). ***3*** llisar (*m*) (pedra).
longaniza *f* llonganissa.
longevidad *f* longevitat.
longitud *f* longitud.
lonja *f* ***1*** *V* **loncha** 1 i 2. ***2*** llotja, borsa.
lontananza *f* llunyedar (*m*).
loor *m* lloança (*f*), llaor (*f*), lloa (*f*).
loquear *v intr* bogejar, follejar.
loro *m ornit* lloro (*gèn Amazona* i d'altres).
los *art* els. || *pron* los, 'ls, els.
losa *f* llosa.
lote *m* lot.
lotería *f* loteria.
loto *m bot* lotus (*Nymphaea lotus*).
loza *f* pisa.
lozanía *f* ufana, ufanor, esponera.

lozano, na *a* ufanós, esponerós.
lubina *f ictiol* llobarro (*m*), llobina (*Dicentrarchus labrax*).
lubricar *v tr* lubrificar, lubricar.
lúbrico, ca *a* lúbric.
lubrificar *v tr V* **lubricar**.
lucerna *f 1* llantoner (*m*). *2* lluerna (obertura). *3 ictiol* lluerna (*Chelidonychtys lucerna*). *4 entom V* **luciérnaga**.
lucero *m* llumener (astre).
lucha *f* lluita.
luchar *v tr* lluitar.
lucidez *f* lucidesa, luciditat.
lúcido, da *a* lúcid.
lucido, da *a* lluït.
luciente *a* lluent, brillant, brillós.
luciérnaga *f entom* lluerna, cuca de llum (*Lampyris noctiluca*).
lucimiento *m* lluïment, lluïdesa (*f*), brillantor (*f*).
lucir *v tr* i *intr 1* lluir, brillar, lluentejar. *2 fig* lluir (excel·lir). *3* lluir, fer goig.
lucrar *v tr* i *pron* lucrar.
lucrativo, va *a* lucratiu.
lucro *m* lucre.
luctuoso, sa *a* luctuós.
lucubración *f* elucubració.
lucubrar *v tr* elucubrar.
luego *conj* doncs, per tant. || *adv* després. || **desde l.** sens dubte, no cal dir-ho, és clar, prou. || **hasta l.** fins després.
lugar *m 1* lloc, indret. *2* lloc (de treball). *3* llogarret, vilatge.
lugareño, ña *a* i *s* vilatjà.
lugarteniente, ta *s* lloctinent.
lúgubre *a* lúgubre.
lujo *m* luxe.
lujoso, sa *a* luxós.
lujuria *f* luxúria.
lujurioso, sa *a* luxuriós.
lumbago *m med* lumbago.
lumbar *a anat* lumbar.
lumbre *f 1* foc (*m*). *2* llum. *3* claror. || **encender l.** fer foc.
lumbrera *f 1* cos (*m*) lumínic. *2 V* **lucerna** 2. *3 fig* llumener (*m*) (persona insigne).
lumínico, ca *a* lumínic.
luminoso, sa *a* lluminós.
luna *f* lluna.
lunar *m* piga (*f*).
lunes *m* dilluns.
lupa *f* lupa.
lúpulo *m bot* llúpol (*Humulus lupulus*).
lustrar *v tr* enllustrar, llustrar.
lustre *m* llustre.
lustro *m* lustre.
luto *m* dol (signe exterior de pena).
luxación *f med* luxació.
luxemburgués, esa *a* i *s* luxemburguès.
luz *f 1* llum, claror. *2* llum, llumener (*m*). *3 arq* finestra, lluerna. *4* clarícia.

M

macabro, ra *a* macabre.
macedonia *f* macedònia (de fruites, de verdures).
macerar *v tr* i *pron* macerar.
maceta *f 1* test (*m*), torreta. *2* florera.
machacar *v tr 1* picar. *2* matxucar. *3* concassar. *4* maçolar. *5* maçonar.
machacón, a *a* burxa, burxeta.
machete *m* matxet.
machismo *m* masclisme.
machista *a* i *s* masclista.
macho *m 1* mascle. *2 zool V* **mulo**. *3* mascle (peça). *4 arq* pilar. *5* mall. || **m. cabrío** *zool* boc, cabró.
machucar *v tr 1* matxucar, rebregar, masegar. *2* afiganyar.
macilento, ta *a* macilent.
macizo, za *a* i *m* massís.
macrobiótico, ca *a* macrobiòtic. || *f* macrobiòtica.
macuto *m* sarró.
madeja *f* madeixa, troca.
madera *f* fusta.
madero *m 1* fusta (*f*), peça de fusta. *2 nàut* lleny, fusta (*f*).
madona *f* madona.
madre *f 1* mare. *2 anat V* **matriz** 1. *3 geog* mare, llit (*m*), llera (d'un corrent d'aigua).
madriguera *f* cau (*m*), catau (*m*).
madrina *f 1* padrina, comare. *2* madrina. *3 nàut* pastell (*m*) (reforç).
madrugada *f* matinada.
madrugador, a *a* matinador, matiner.
madrugar *v intr* matinar, matinejar.
madurar *v tr* i *intr* madurar.
madurez *f* maduresa, maturitat.
maduro, ra *a* madur.
maestranza *f* mestrança.
maestro, ra *a* mestrívol, mestre. || *s* mestre.
mafia *f* màfia (organització).
magdalena *f* magdalena (pastís).
magia *f* màgia.
mágico, ca *a* màgic. || *s V* **mago**.
magisterio *m 1* mestratge (guiatge, ensenyament). *2* magisteri.
magistrado, da *s jur* magistrat.
magma *m* magma.
magnánimo, ma *a* magnànim.

magnesio *m quím* magnesi.
magnético, ca *a* magnètic.
magnetofón *m* , **magnetófono** *m* magnetòfon.
magnífico, ca *a* magnífic.
magnitud *f* magnitud, grandària.
magno, na *a* magne.
magnolia *f bot* ***1*** magnòlia (*gèn Magnolia*). ***2*** magnòlia (flor).
mago, ga *a* i *s* mag, màgic.
magrebí *a* i *s* magribí, magrebí.
magro, gra *a* magre.
magullar *v tr* magolar, masegar, macar, capolar.
mahometano, na *a* i *s* mahometà.
maíz *m bot* blat de moro, moresc, dacsa (*f*) (*Zea mays*).
majada *f* ***1*** mallada. ***2*** *agr* fems (*m pl*).
majadería *f* ximplesa.
majadero, ra *a* i *s* ximple. || *m* mà (*f*) de morter.
majestad *f* majestat.
majeza *f* boniquesa.
majo, ja *a* ***1*** *fig* bufó. ***2*** *fam* maco.
mal, a *a* mal (s'usa només davant al substantiu).
mal *m* mal.
mal *adv* mal, malament.
malaria *f med* malària.
malaventurado, da *a* malaventurat, malaurat.
malayo, ya *a* i *s* malai.
malbaratar *v tr* malbaratar.
malcriar *v tr* malcriar.
maldad *f* maldat, malesa, dolenteria, dolentia, malvestat, avolesa.
maldecido, da *a* maleït.
maldecir *v tr* maleir. || *v intr* maldir, dir mal.
maldición *f* maledicció.
maldito, ta *a* ***1*** maleït. ***2*** *fam* fotut.
maledicencia *f* maledicència, maldiença.
maleficio *m* malefici.
maléfico, ca *a* malèfic.
malentendido *m* malentès.
malestar *m* malestar.
maleta *f* maleta.
maletero, ra *s* maleter. || *m* maleter.
maletín *m* maletí.
malevolencia *f* malevolència, malvolença.
malévolo, la *s* malèvol.
maleza *f* brolla, brossa, fardam (*m*), sotabosc (*m*).
malformación *f med* malformació.
malgastar *v tr* malgastar, balafiar.
malgasto *m* balafiament, balafiu (acció de balafiar).
malhablado, da *a* i *s* malparlat.
malhechor, a *a* i *s* malfactor.
malherir *v tr* malferir.
malhumorado, da *a* malhumorat.
malicia *f* malícia.
maligno, na *a* i *s* maligne.
malintencionado, da *a* i *s* malintencionat.
malla *f* malla.
mallo *m* maça (*f*).
mallorquín, ina *a* i *s* mallorquí.
malo, la *a* i *s* ***1*** dolent. ***2*** *med* malalt.
malogrado, da *a* malaguanyat.
malogramiento *m V* **malogro**.
malograr *v tr* i *pron* ***1*** frustrar. ***2*** desaprofitar.
malogro *m* malguany, frustració (*f*).
maloliente *a* pudent.
malparar *v tr* maltractar, fer malbé.
malpensado, da *a* malpensat.
malquerencia *f V* **malevolencia**.
malsano, na *a* malsà.
malsonante *a* malsonant.
maltés, a *a* i *s* maltès.
maltratar *v tr* ***1*** maltractar. ***2*** tudar. ***3*** malmenar.
malucho, cha *a* empiocat.
malva *f bot* malva (*Malva silvestris*).
malvado, da *a* malvat, malànima.
malversación *f* malversació.
malversar *v tr* malversar.
mama *f* ***1*** *anat* mamella, mama. ***2*** *V* **mamá**.
mamá *f* mama, mamà.
mamar *v intr* mamar, xumar.
mamarracho *m fam* mamarratxo (persona).
mamífero, ra *a* i *s zool* mamífer.
mamografía *f* mamografia.
mamotreto *m* ***1*** patracol. ***2*** *fam* baluerna (*f*).
mampara *f* mampara.
mamut *m zool* mamut (*Elephas primigenius*).
manada *f* ***1*** arment (*f*) (de cavalls o bous). ***2*** ramat (*m*), ramada, rabera, folc (*m*), folcat (*m*).
manantial *m* aiguaneix, deu (*f*), font (*f*), brollador.
manar *v intr* rajar, brollar.
mancebo *m* ***1*** fadrí. ***2*** *V* **muchacho** 2.
mancha *f* ***1*** taca, màcula. ***2*** *fig* taca. ***3*** clap (*m*). ***4*** clapa.
manchado, da *a* ***1*** tacat. ***2*** clapat, clapissat.
manchar *v tr* i *pron* tacar, embrutar, clapar.
mancomunidad *f* mancomunitat.
manda *f* llegat (*m*).
mandado *m* manament (ordre).
mandamiento *m* manament.
mandanga *f* ganseria, gansoneria.
mandar *v tr* ***1*** manar. ***2*** llegar. ***3*** enviar, trametre. ***4*** encomanar.
mandarina *f bot* mandarina.
mandatario, ia *s* mandatari.
mandato *m* ***1*** mandat. ***2*** ordre (*f*).
mandíbula *f anat* barra, mandíbula.
mando *m* comandament.
mandolina *f mús* mandolina.
mandón, ona *a* i *s* manaire.
manduca *f* manduca, menjar (*m*), aliment (*m*), teca.
manducar *v tr* manducar, menjar.
manecilla *f* busca, agulla (de rellotge, indicador, etc.).
manejar *v tr* manejar.
manejo *m* ***1*** maneig, manejament. ***2*** *fig* trafica (*f*).
manera *f* manera, faisó.
manga *f* ***1*** mànega, màniga. ***2*** *V* **manguera**. ***3*** mànega (xarxa). ***4*** mànega (núvol).
manganeso *m quím* manganès.
mango *m* ***1*** mànec. ***2*** *bot* mango (*Mangifera indica*).
mangoneador, a *a* i *s* ***1*** manifasser. ***2*** manefla.

mangonear *v intr* ***1*** manifassejar. ***2*** maneflejar.
mangosta *f zool* mangosta (*m*) (*Herpestes ichneumon*).
manguera *f* mànega (per a regar, per a treure aigua).
manía *f* ***1*** mania. ***2*** *fig* dèria, ceba.
maníaco, ca *a* i *s* maníac.
maniatar *v tr* ***1*** lligar de mans. ***2*** emmanillar.
maniàtico, ca *a* i *s* maniàtic.
manicomio *m* manicomi.
manifestación *f* manifestació.
manifestante *s* manifestant.
manifestar *v tr* manifestar, palesar. || *v pron* manifestar-se.
manifiesto, ta *a* manifest, palès. || *m* manifest.
manilla *f* manilla.
manillar *m* manillar.
maniobra *f* maniobra.
maniobrar *v tr* i *intr* maniobrar.
manipular *v tr* ***1*** manipular. ***2*** manifassejar.
maniquí *s* maniquí, model. || *m* maniquí.
manivela *f* maneta.
manjar *m V* **manduca**.
mano *f* ***1*** mà. ***2*** mà (en certs jocs). ***3*** volt (*m*) (en una taula de joc). || **m. de mortero** *V* **majadero** (*m*).
manojo *m* manat, manoll, pom.
manómetro *m fís* manòmetre.
manopla *f* manyopla.
manosear *v tr* grapejar, graponejar.
manoseo *m* grapeig, grapejament.
a mansalva *loc adv* a mansalva, a mans salves.
mansedumbre *f* mansuetud.
mansión *f* mansió.
manso, sa *a* mans, mansoi.
manta *f* ***1*** manta, flassada. ***2*** *fam* pallissa. ***3*** *ictiol* manta (*Cephaloptera massenae*). || *s fig* sapastre.
manteca *f* llard (*m*).
mantel *m* tovalles (*f pl*), estovalles (*f pl*).
mantener *v tr* i *pron* mantenir.
mantenimiento *m* manteniment.
mantequilla *f* mantega.
manto *m* mantell.
mantón *m* mantó.
manual *a* manual. || *m* manual.
manufactura *f* manufactura.
manufacturar *v tr* manufacturar.
manuscrito, ta *a* i *m* manuscrit.
manutención *f* manutenció.
manzana *f* ***1*** poma. ***2*** illa, bloc (*m*) (de cases).
manzanilla *f* ***1*** pom (*m*) (peça). ***2*** mançanilla. ***3*** *bot* camamilla (*Matricaria chamomilla*).
manzano *m bot* pomera (*f*), pomer (*Pirus malus*).
maña *f* manya, destresa, traça.
mañana *f* matí (*m*). || *m* demà. || *adv* demà. || **pasado m.** demà passat, despús-demà.
mañoso, sa *a* manyós, traçut, hàbil.
maorí *a* i *s* maori.
mapa *m* mapa.
mapamundi *m* mapamundi.
maqueta *f* maqueta.
maquillaje *m* maquillatge.
maquillar *v tr* i *pron* maquillar.
máquina *f* ***1*** màquina. ***2*** giny (*m*).
maquinar *v tr* maquinar.
maquinaria *f* maquinària.
mar *s* mar.
maraña *f* ***1*** *V* **maleza**. ***2*** *fig* embull (*m*).
marasmo *m* marasme.
maravilla *f* meravella. || **ir a las mil maravillas** anar d'allò més bé (o millor).
maravillar *v tr* i *pron* meravellar.
maravilloso, sa *a* meravellós.
marca *f* marca.
marcar *v tr* marcar.
marcha *f* ***1*** marxa. ***2*** partença, marxa, partida. ***3*** anadura.
marchar *v intr* ***1*** marxar, anar-se'n (*pron*). ***2*** *fig* rutllar.
marchitar *v tr* i *pron* pansir, marcir, mustigar, musteir.
marchito, ta *a* pansit, marcit, mústic, musti.
marciano, na *a* i *s* marcià (de Mart).
marco *m* ***1*** marc (pes). ***2*** marc (moneda). ***3*** marc (mida). ***4*** marc, bastiment.
marea *f* ***1*** *geog* marea. ***2*** marinada (vent).
marear *v tr* i *pron* marejar.
mareo *m* mareig.
marfil *m* vori, ivori, marfil.
margarina *f* margarina.
margarita *f bot* margarida (*Bellis annua*, *B. perennis*, *B. silvestris*).
margen *s* ***1*** marge (*m*). ***2*** riba (*f*), ribatge (*m*), vora (*f*), marge (*m*), vorada (*f*).
marginar *v tr* marginar.
marica *m*, **maricón** *m* marieta.
marido *m* marit.
mariguana *f*, **marihuana** *f* haixix (*m*), mariguana, marihuana.
marimorena *f* baralla, brega.
marina *f* marina.
marinero, ra *a* i *s* mariner.
marino, na *a* ***1*** marí, marinenc. ***2*** marès. || *s nàut* marí.
mariposa *f entom* papallona, papalló (*m*).
mariquita *f entom* marieta (*Coccinella punctata*). || *m V* **marica**.
mariscal *m mil* mariscal.
marisco *m* marisc.
marisma *f* maresma, mareny (*m*).
marítimo, ma *a* marítim.
marjal *m* marjal, aiguamoll, bordoi.
marketing *m* màrqueting.
marmita *f* marmita.
mármol *m* marbre.
marmota *f zool* marmota (*Marmota marmota*).
maroma *f* maroma, rest (*m*), soga.
marrana *f zool* truja, gardenya, llavora, porca, verra, bacona, marrana.
marranada *f*, **marranería** *f* marranada, porcada.
marranillo *m zool* porcell.
marrano, na *a* i *s fig* porc, marrà. || *m zool* porc, bacó (*gèn Sus*).
marrar *v tr* fallar. || *v intr* marrar, marradejar.
marrón *a* i *m* marró (color).
marroquí *a* i *s* marroquí.

marrullería *f* llagot (*f*), magarrufa.
martes *m* dimarts.
martillar *v tr*, **martillear** *v tr* martellejar, amartellar.
martillo *m* martell.
martinete *m* martinet (instrument).
mártir *s* màrtir.
martirio *m* martiri.
martirizar *v tr* martiritzar.
marxismo *m* marxisme.
marxista *a* i *s* marxista.
marzo *m* març.
mas *conj* mes, però, emperò.
más *adv* més, pus. || **m. bien** més aviat. || **m. y m.** més i més.
masa *f* massa.
masacrar *v tr* massacrar.
masacre *f* massacre.
masaje *m* massatge.
mascar *v tr* mastegar, masticar.
máscara *f* careta, carota, màscara.
mascarilla *f* màscara.
mascota *f* mascota.
masculino, na *a* masculí.
mascullar *v tr* mastegar (les paraules).
masoquismo *m* masoquisme.
masticar *v tr V* **mascar**.
mástil *m nàut* pal, arbre (d'una nau).
masturbación *f* masturbació.
masturbarse *v tr* i *pron* masturbar.
mata *1 bot* mata (planta). *2* mata (metall). *3* mata, tofa (de cabell).
matadero *m 1* escorxador. *2 fig fam* matament.
matanza *f* matança.
matar *v tr* matar, occir. || *v pron* matar-se.
match *m* matx (esportiu).
mate *a* mat
matear *v intr bot* guaixar.
matemático, ca *a* i *s* matemàtic. || *f* matemàtica, matemàtiques (*pl*).
materia *f* matèria.
material *a* i *m* material.
maternal *a* maternal.
maternidad *f* maternitat.
materno, na *a* matern.
matinal *a V* **matutino**.
matiz *m* matís.
matizar *v tr* matisar.
matojo *m bot* matoll.
matorral *m bot* matoll.
matraz *m quím* matràs.
matriarcado *m* matriarcat.
matrícula *f* matrícula.
matriculación *f* matriculació.
matricular *v tr* i *pron* matricular.
matrimonio *m* matrimoni.
matriz *f 1 anat* matriu (víscera). *2* matriu (d'un document, motlle).
matrona *f* matrona.
matutino, na *a* matinal, matutí.
maula *f 1* fotesa menyspreable. *2 fig fam* sapastre.
maullar *v intr* miolar.
maullido *m*, **maúllo** *m* miol, mèu.
mauritano, na *a* i *s* maurità.
mausoleo *m arq* mausoleu.
maxilar *a* i *m anat* maxil·lar.
máxima *f* màxima.
máximo, ma *a* i *m* màxim.
mayo *m* maig.
mayólica *f* majòlica.
mayonesa *f* maionesa (salsa).
mayor *a 1* major, més gran. *2* gran (referint-se a l'edat). || *s mil* major. || **al por m.** *loc adv* a l'engròs.
mayordomo, ma *s* majordom.
mayoría *f* majoria.
mayorista *s* majorista.
mayoritario, ia *a* majoritari.
mayúsculo, la *a* majúscul. || *f* majúscula, capital.
maza *f* maça.
mazapán *m* massapà.
mazmorra *f* masmorra, tàvega.
mazo *m 1* maça (*f*). *2* manoll, manat. *3* mall.
mazorca *f agr* panotxa, panolla.
me *pron 1* em. *2* me. *3* m'. *4* 'm.
meada *f* pixarada.
meandro *m* meandre (d'un riu).
mear *v tr* i *pron* pixar, orinar.
mecánico, ca *a* i *s* mecànic. || *f* mecànica.
mecanismo *m* mecanisme.
mecanizar *v tr* mecanitzar.
mecanografía *f* mecanografia.
mecedor *m* gronxador, engronsadora (*f*).
mecedora *f* balancí (*m*).
mecenas *s* mecenes.
mecer *v tr* bressar, bressolar, gronxar, agrunsar, gronxejar. || *v pron* gronxolar-se, gronxar-se, gronxejar-se.
mecha *f* ble (*m*), metxa.
mechar *v tr* entatxonar.
mechero *m* encenedor.
mechón *m 1* floc, manyoc, bolic. *2* ble (de cabells).
medalla *f* medalla.
medallón *m* medalló.
médano *m* duna (*f*).
media *f 1* mitja, calça. *2 mat* mitjana.
mediación *f* mediació, mitjanceria.
mediado, da *a* mig ple, mig buit. || **a mediados de** *loc adv* a mitjan.
mediana *f 1 geom* mitjana. *2* mediana.
medianía *f* mitjania.
mediano, na *a 1* mitjà. *2* mitgenc.
medianoche *f* mitjanit.
mediante *adv* mitjançant.
mediar *v intr 1* arribar a la meitat d'una cosa. *2* mitjançar. *3* remitjar. *4* descompartir.
mediatizar *v tr* mediatitzar.
medible *a* mesurable.
médica *f* metgessa.
medicación *f med* medicació.
medicamento *m med* medicament, medicina (*f*), medecina (*f*).
medicar *v tr med* medicar, metjar.
medicina *f 1 med* medicina (ciència). *2 med V* **medicamento**.

medicinal *a* medicinal.
medicinar *v tr V* **medicar**.
medición *f* mesurament (*m*), mesuratge (*m*), mesura.
médico, ca *a med* mèdic. || *s* metge.
medida *f 1* mesura. *2* mida. || **a m. que** a mesura que.
medieval *a* medieval.
medio, ia *a 1* mig. *2* mitjà. || **en m.** *1* al mig. *2* enmig.
medio *m 1* mig (centre, etc.). *2* mitjà. *3* medi (substància circumdant, conjunt de costums i fets). *4 mat* mig. || *m pl* mitjans, possibles.
mediocre *a* mediocre.
mediocridad *f* mediocritat.
mediodía *m 1* migdia (hora). *2* migdia, migjorn.
medir *v tr 1* mesurar. *2* amidar.
meditabundo, da *a* meditabund.
meditación *f* meditació.
meditar *v tr* i *intr* meditar.
mediterráneo, ea *a* mediterrani.
medra *f* avenç (*m*), millora, progrés (*m*).
medrar *v intr 1* créixer (*esp* un animal). *2* camparse-la.
medro *m V* **medra**.
médula *f anat* moll (*m*), medul·la, bessó (*m*).
medusa *f zool* medusa.
megafonía *f* megafonia.
megalítico, ca *a* megalític.
mejicano, na *a* i *s* mexicà.
mejilla *f anat* galta.
mejillón *m zool* musclo (*gèn Mytilus*).
mejor *a* i *adv* millor, més bé.
mejora *f* millora (progrés, avenç).
mejorar *v tr* e *intr* millorar.
mejoría *f 1* millora, millorança. *2* milloria.
mejunje *m* potinga (*f*), barreja (*f*).
melancolía *f* malenconia, melangia.
melanina *f biol* melanina.
melena *f 1* cabellera. *2* crinera, cabellera (d'un lleó). *3 med* melena.
melindroso, sa *a* i *s* melindrós.
mella *f* osca.
mellar *v tr* i *pron 1* oscar. *2* escantellar, descantellar.
mellizo, za *a* i *s* bessó.
melocotón *m bot 1* préssec, melicotó. *2 V* **melocotonero**.
melocotonero *m bot* presseguer, presseguera (*f*), melicotoner (*Prunus persica*).
melodía *f* melodia.
melodrama *m* melodrama.
melón *m bot 1* meló. *2* melonera (*f*) (*Cucumis melo*).
melopea *f mús* melopea.
meloso, sa *a* melós.
membrana *f anat* membrana, tel (*m*).
membrete *m* capçalera (*f*) (d'un imprès).
membrillero *m bot V* **membrillo** 1.
membrillo *m 1 bot* codonyer (*Sidonia vulgaris*). *2* codony (fruit). *3* codonyat, confitura de codony.
memorable *a* memorable.
memorar *v tr* recordar, rememorar.
memoria *f* memòria. || *f pl* records (*m*), expressions, memòries.
memorial *m* memorial.
memorizar *v tr* memoritzar.
mena *f* mena (mineral).
menaje *m* parament.
mención *f* menció, esment (*m*).
mencionar *v tr* mencionar, esmentar, fer esment.
mendigar *v tr 1* captar, mendicar. *2 fig* pidolar.
mendigo, ga *s* captaire, mendicant.
mendrugo *m* rosegó.
menear *v tr 1* bellugar, moure. *2* remenar. || *v pron* manejar-se.
meneo *m 1* bellugueig. *2* remenada (*f*).
menester *m 1* menester. *2* ofici.
menesteroso, sa *a* i *s* necessitat, mancat.
menestral, a *s* menestral.
mengua *f 1* minvament (*m*). *2* minva.
menguado, da *a* mesquí. || *m* minvada (*f*), minvadet.
menguante *a* minvant, minvós. || *f* minvada, minva, minvant (*m*) (dels rius, del mar). || **m. de luna** *m* minvant, minva (*f*) (de lluna).
menguar *v intr 1* minvar (en una mitja). *2* minvar (la lluna). *3* minvar, disminuir.
menhir *m* menhir.
meninge *f anat* meninge.
menisco *m anat*menisc.
menopausia *f med* menopausa.
menor *a* i *s 1* menor, més petit. *2* petit (dels germans). || **al por m.** al detall, a la menuda.
menorquín, ina *a* i *s* menorquí.
menos *adv* i *a* menys. || **al m., a lo m., por lo m.** almenys. || **ni mucho m.** ni de bon tros.
menoscabo *m* menyscabament, menyscapte.
menospreciar *v tr 1* menysprear, menystenir. *2* menysprear, desdenyar.
menosprecio *m* menyspreu, menyspreament, menyspreança (*f*).
mensaje *m* missatge (comunicació).
mensajería *f* missatgeria (empresa).
mensajero, ra *a* i *s* missatger.
menstruación *f* menstruació, regla.
mensual *a* mensual.
mensualidad *f 1* mensualitat. *2 V* **mesada**.
menta *f 1* menta (licor). *2 bot* menta (*gèn Mentha*).
mentado, da *a* famós.
mental *a* mental.
mentalidad *f* mentalitat.
mentar *v tr V* **mencionar**.
mente *f* ment.
mentecato, ta *a* i *s* ximplet, liró.
mentidor, a *a* i *s* mentidor, mentider.
mentir *v intr* mentir.
mentira *f* mentida.
de mentirijillas *loc adv* d'enganyifa.
mentiroso, sa *a* i *s* mentider.
mentón *m anat* mentó, barba (*f*), barbó.
menú *m* menú.
menudear *v tr i intr* sovintejar.
menudencia *f* menudesa, petitesa.

menudillos *m pl* menuts (de les aus).
menudo, da *a* menut, petit. || **a m.** sovint. || **muy a m.** sovint i menut. || **por m.** *V* **al por menor**. || **a la menuda** *V* **al por menor**. || *m pl* ***1*** *V* **menudillos**. ***2*** menuts (del bestiar gros).
meñique *m anat* menovell, menuell.
meollo *m V* **médula**.
mequetrefe *m fam* manefla.
mercader, a *s* mercader.
mercadería *f V* **mercancía**.
mercado *m* mercat.
mercancía *f* mercaderia.
mercante *a* i *s* mercant.
mercantil *a* mercantil.
mercar *v tr* comprar.
merced *f* mercè.
mercenario, ia *a* i *s* mercenari.
mercería *f* merceria.
mercurio *m quím* mercuri, argent viu.
merecer *v tr* merèixer, meritar.
merecidamente *adv* merescudament.
merecimiento *m* mereixement.
merendar *v intr* berenar.
merendero *m* berenador.
meretriz *f* meretriu, meuca.
meridiano, na *a* i *m* meridià.
meridional *a* i *s* meridional.
merienda *f* berenar (*m*), berena.
mérito *m* mèrit.
meritorio, ia *a* meritori. || *s* meritori (treballador).
merluza *f ictiol* lluç (*m*) (*Merluccius merluccius*).
merma *f V* **mengua** 1.
mermar *v intr* ***1*** *V* **menguar** 3. ***2*** defalcar.
mermelada *f* melmelada.
mero *m ictiol* mero (*Epinephelus guaza*).
merodeo *m* pillatge.
mes *m* mes.
mesa *f* ***1*** taula. ***2*** mesa (persones que dirigeixen una assemblea, etc.). ***3*** *geog* altiplà (*m*). || **alzar** (o **levantar**) **la m.** desparar la taula. || **poner la m.** parar taula.
mesada *f* mesada, mensualitat.
meseta *f* ***1*** *geog* altiplà (*m*). ***2*** *geog* calma. ***3*** replà (*m*) (d'escala).
mesón *m* fonda (*f*), posada (*f*), alberg.
mesonero, ra *s* fondista, hostaler.
mestizaje *m* mestissatge.
mestizo, za *a* i *s* mestís.
mesura *f* mesura (ponderació).
mesurado, da *a* mesurat (ponderat).
meta *f* meta.
metabolismo *m biol* metabolisme.
metacarpo *m anat* metacarp.
metacrilato *m* metacrilat.
metafísico, ca *a* metafísic. || *f* metafísica.
metáfora *f* metàfora.
metal *m* metall.
metálico, ca *a* i *m* metàl·lic.
metaloide *m quím* metal·loide.
metalurgia *f* metal·lúrgia.
metalúrgico, ca *a* i *s* metal·lúrgic.
metamorfosis *f*, **metamórfosis** *f* metamorfosi.
metatarso *m anat* metatars.
meteórico, ca *a* meteòric.
meteorito *m astron* meteorit.
meteorología *f* meteorologia.
meter *v tr* ***1*** ficar, encabir, enquibir, entaforar. ***2*** fer (precedint **miedo**, **ruido** i alguns altres substantius). || *v pron* ficar-se, encabir-se. || **m. la pata** ficar els peus a la galleda, ficar la pota.
metódico, ca *a* metòdic.
metodista *a* i *s* metodista.
método *m* mètode.
metralla *f* metralla.
metralleta *f mil* metralleta.
métrico, ca *a* mètric. || *f* mètrica.
metro *m* ***1*** metre. ***2*** metro.
metrópoli *f* metròpoli.
metropolitano, na *a* i *m* metropolità.
mexicano, na *a* i *s V* **mejicano**.
mezcla *f* ***1*** mescla, barreja, mesclament (*m*). ***2*** mescla (teixit).
mezclador, a *a* i *s* mesclador.
mezcladura *f*, **mezclamiento** *m V* **mezcla** 1.
mezclar *v tr* i *pron* mesclar, barrejar.
mezcolanza *f* mescladissa, barrejadissa, barrija-barreja, poti-poti (*m*).
mezquino, na *a* i *s* mesquí.
mezquita *f* mesquita.
mi *m mús* mi.
mí *pron* mi.
mi *a* el meu, mon; la meva, ma; la meua.
miasma *m med* miasma.
miau *m V* **maullido**.
mica *f* mica.
mico *m zool* mico.
microbio *m biol* microbi.
microclima *m* microclima.
microfilm *m*, **microfilme** *m* microfilm.
micrófono *m* micròfon.
microorganismo *m biol* microorganisme.
microscopio *m* microscopi.
miedo *m* ***1*** por (*f*). ***2*** basarda (*f*).
miedoso, sa *a* poruc, temorenc.
miel *f* mel.
miembro *m* membre.
mientras *adv* mentre, dementre. || **m. más** com més. || **m. que** mentre que. || **m. tanto** mentrestant.
miércoles *m* dimecres.
mierda *f* merda.
mies *f*, **mieses** *f* messes (*pl*).
miga *f* ***1*** molla, engruna. ***2*** molla (de pa).
migaja *f* ***1*** engruna (de pa). ***2*** mica. || *f pl fig* engrunes.
migración *f* ***1*** migració. ***2*** emigració (d'animals).
migraña *f med* migranya.
mijo *m bot* mill (*Panicum miliaceum*).
mil *a* mil. || *m* ***1*** mil. ***2*** *V* **millar**.
milagro *m* miracle.
milagroso, sa *a* miraculós.
milenio *m* mil·lenni.
milésimo, ma *a* mil·lèsim. || *f* mil·lèsim (*m*).
milibar *m fís* mil·libar.

milicia *f mil* milícia.
miliciano, na *a* i *s* milicià.
miligramo *m* mil·ligram.
mililitro *m* mil·lilitre.
milímetro *m* mil·límetre.
militante *a* i *s* militant.
militar *a* i *s* militar.
militar *v intr* militar.
milla *f* milla.
millar *m* miler, milenar, mil.
millón *m* milió.
millonario, ia *a* i *s* milionari.
mimar *v tr* ***1*** amanyagar. ***2*** aviciar.
mimbre *m* vímet, vim.
mimetismo *m* mimetisme.
mímica *f* mímica.
mimo *s* mim. || *m* ***1*** mim. ***2*** moixaina (*f*). ***3*** aviciadura (*f*).
mimosa *f bot* mimosa (*gèn Mimosa*).
mimoso, sa *a* melindrós.
mina *f* ***1*** mina, mener. ***2*** mina (d'aigua). ***3*** *mil* mina.
minar *v tr* minar.
minarete *m arq* minaret.
mineral *a* i *m* mineral.
minero, ra *a* miner. || *s* minaire, miner.
miniar *v tr* miniar.
miniatura *f* miniatura.
minifalda *f* minifaldilla.
mínimo, ma *a* mínim. || *f mús* mínima.
ministerio *m* ministeri.
ministra *f* ministressa, ministra.
ministro *m* ministre.
minoría *f* ***1*** minoria. ***2*** minoritat, minoria d'edat.
minoridad *f V* **minoría** 2.
minucia *f* minúcia.
minucioso, osa *a* minuciós.
minuendo *m mat* minuend.
minúsculo, la *a* minúscul.
minusválido, da *a* i *s* minusvàlid.
minuta *f* ***1*** *V* **menú**. ***2*** minuta.
minuto *m* minut.
mío, mía *pron* meu.
miope *a* i *s med* miop.
miopía *f med* miopia.
mira *f* ***1*** mira. ***2*** *V* **mirilla** 2.
mirada *f* mirada, esguard (*m*).
mirado, da *a* mirat, tocat, tocat i posat.
mirador *m* mirador.
miramiento *m* mirament.
mirar *v tr* i *pron* ***1*** mirar. ***2*** mirar, esguardar.
mirilla *f* ***1*** espiera, espiell (*m*). ***2*** mira (en instruments topogràfics).
mirlo *m ornit* merla (*f*) (*Turdus merula*).
mirón, ona *a* i *s* badoc, tafaner.
mirra *f quím* mirra.
misa *f* missa.
misantropía *f* misantropia.
miscelánea *f* miscel·lània.
miserable *a* ***1*** miserable, misteriós. ***2*** *V* **mezquino**.
miseria *f* misèria.
misericordia *f* misericòrdia.
mísero, ra *a* míser.
misil *m mil* míssil.
misión *f* missió.
misiva *f* missiva.
mismo, ma *a* i *m* mateix.
misterio *m* misteri.
misterioso, sa *a* misteriós.
mística *f* mística.
mitad *f* ***1*** meitat, mig (*m*). ***2*** *V* **medio** 1.
mítico, ca *a* mític.
mitificar *v tr* mitificar.
mitin *m* míting.
mito *m* mite.
mitología *f* mitologia.
mixto, ta *a* mixt. || *m* llumí, cerilla (*f*), misto.
mixtura *f* mixtura.
miz *loc* mix mix (per a cridar el gat).
mízcalo *m bot* rovelló (*Lactarius deliciosus*).
mobiliario *m* mobiliari, moblatge.
mocar *v tr* i *pron* mocar (el nas).
mocedad *f* ***1*** minyonia, minyonesa. ***2*** fadrinatge (*m*). ***3*** joventut, jovenesa, jovença.
mocerío *m* jovent, fadrinalla (*f*), jovenalla (*f*), joventut (*f*).
mocetón, ona *s* xicotàs, galifardeu.
mochila *f* motxilla.
mocho, cha *a* esmús, rom, mus.
mocho *m fam* fregadora (*f*), pal de fregar.
mochuelo *m* ***1*** *fig* mort, afer enutjós. ***2*** *ornit* mussol (*Athene noctua*).
moción *f* moció.
moco *m* ***1*** moc (del nas). ***2*** moc, moquim, moquís. ***3*** caramell (d'una candela). ***4*** *nàut* moc.
mocoso, sa *a* mocós, mocallós.
moda *f* moda.
modalidad *f* modalitat.
modelar *v tr* modelar.
modélico, ca *a* modèlic.
modelo *s* model. || *m* model.
moderación *f* moderació.
moderar *v tr* i *pron* moderar.
modernizar *v tr* i *pron* modernitzar.
moderno, na *a* modern.
modestia *f* modèstia.
modesto, ta *a* modest.
módico, ca *a* mòdic.
modificar *v tr* i *pron* modificar.
modismo *m gram* modisme.
modista *s* modista.
modisto *m* modista.
modo *m* ***1*** mode, manera (*f*). ***2*** *mús* mode. || **de otro m.** altrament.
modorra *f* ensopiment (*m*), nyonya.
modular *v tr* modular.
módulo *m* mòdul.
mofa *f* mofa.
mofarse *v pron* mofar-se, burlar-se.
mofeta *f zool* mofeta (*Mephitis mephitis*).
moflete *m* galtona (*f*), galta (*f*) molsuda.
mogol, a *a* i *s* mongol, mogol.
mohecer *v tr* i *pron* ***1*** florir. ***2*** rovellar. ***3*** cobrir de verdet.

mohína *f* enuig (*m*), disgust (*m*).
moho *m* ***1*** floridura (*f*), florit. ***2*** rovell (dels metalls). ***3*** verdet.
mohoso, sa *a* ***1*** florit. ***2*** rovellós, rovellat. ***3*** cobert de verdet.
mojar *v tr* i *intr* ***1*** mullar. ***2*** sucar. || *v pron* mullar-se.
mojigatería *f* hipocresia.
mojigato, ta *a* i *s* hipòcrita.
mojón *m* molló, monjoia (*f*), fita (*f*).
mojonar *v tr* amollonar, fitar.
mola *f* mola.
molar *a* molar. || *m* molar (*f*) (queixal).
moldavo, va *a* i *s* moldau.
molde *m* motlle, motllo.
moldura *f* motllura.
moldurar *v tr* motllurar.
mole *f* mola (cosa massissa i grossa; el seu volum).
molécula *f* molècula.
moler *v tr* ***1*** moldre. ***2*** *fig* cruixir.
molestar *v tr* molestar.
molestia *f* molèstia.
molesto, ta *a* molest, molestós.
molicie *f* ***1*** mol·lície, tovor. ***2*** *fig* blandícia, flongesa, flonjor.
molino *m* molí.
molledo *m* *anat* palpís, tou.
molleja *f* pedrer (*m*).
mollera *f* ***1*** *anat* clepsa, closca. ***2*** *fig* senderi (*m*), xolla.
molturar *v tr V* **moler** 1.
moluscos *m pl zool* mol·luscs.
momentáneo, ea *a* momentani.
momento *m* moment.
momia *f* mòmia.
momio *m* moma (*f*), ganga (*f*). || **de m.** gratis.
mona *f* ***1*** mona. ***2*** *zool* mona (*Macaca sylvanus*). ***3*** mona (joc de cartes). || *s fig fam* borratxo.
monaguillo *m* escolà (*s*).
monarca *s* monarca.
monarquía *f* monarquia.
monárquico, ca *a* i *s* monàrquic.
monasterio *m* monestir.
monda *f* ***1*** esporgada, poda. ***2*** pela.. || *f pl V* **mondaduras**.
mondadientes *m* escuradents.
mondadura *f V* **monda**. || *f pl* pela, peladures, pelalla.
mondar *v tr* ***1*** netejar. ***2*** escurar (un conducte). ***3*** *agr* esporgar, podar. ***4*** pelar. ***5*** cotnar. ***6*** tallar (els cabells).
mondo, da *a* escarit. || **m. i lirondo** net i pelat.
moneda *f* moneda.
monedero *m* ***1*** moneder. ***2*** portamonedes.
monería *f* monada, xamosia.
mongol, a *a* i *s* mongol.
moniato *m bot* moniato, batata (*f*) (*Ipomoea batatas*).
monigote *m V* **muñeco**.
monises *m pl* calés, cèntims (diners).
monitor, a *s* monitor. || *m* monitor.
monja *f* monja.
monje *m* monjo.
mono, na *a* bufó, xamós. || *m* ***1*** *zool* mona, mico (simi en general). ***2*** ninot (figura humana o d'animal). ***3*** granota (*f*) (peça de vestir).
monografía *f* monografia.
monolito *m* monòlit.
monólogo *m* monòleg.
monomanía *f* monomania.
monopolio *m* monopoli.
monosílabo, ba *a* i *m gram* monosíl·lab.
monotonía *f* monotonia.
monótono, na *a* monòton.
monseñor *m* monsenyor.
monserga *f* galimaties (*m*).
monstruo *m* monstre.
monstruoso, sa *a* monstruós.
monta *f* import (*m*).
montacargas *m* muntacàrregues.
montador, a *s* muntador (operari).
montaje *m* muntatge, muntura (*f*).
montante *m* ***1*** muntant, bran. ***2*** muntant, pujant (peça). ***3*** cuixa (*f*), cuixera (*f*), cuixeró (suport).
montaña *f* ***1*** muntanya, mont (*m*), munt (*m*), puig (*m*). ***2*** muntanya (zona muntanyosa).
montañés, esa *a V* **montañoso** 1. || *a* i *s* muntanyès, muntanyenc.
montañoso, sa *a* ***1*** muntanyenc, muntanyà, muntà, muntanyès. ***2*** muntanyós, montuós.
montar *v tr* ***1*** muntar (cobrir, el cavall, etc., la femella). ***2*** muntar (armar). ***3*** muntar, encastar (pedres precioses). ***4*** pujar (una quantitat). || *v intr* ***1*** muntar, pujar. ***2*** muntar, cavalcar.
monte *m* ***1*** *V* **montaña** 1. ***2*** muntanya (*f*) (terreny alt, incult i despoblat en general). ***3*** *fig* muntanya (*f*) (dificultat molt gran).
montenegrino, na *a* i *s* montenegrí.
montepío *m* germandat (*f*), mutualitat (*f*) (societat).
montículo *m geog* monticle, muntitjol.
montón *m* ***1*** munt, pila (*f*), pilot. ***2*** *fig* munió (*f*), gavadal, futral, futralada (*f*). || **a montones** *adv* a munts.
montuoso, sa *a V* **montañoso**.
montura *f* ***1*** muntura, cavalcadura. ***2*** *V* **montaje**. ***3*** muntura (d'una gemma, etc.).
monumental *a* monumental.
monumento *m* monument.
monzón *m* monsó.
moño *m* monyo (de cabell).
moquero *m* mocador (per a mocar-se).
moqueta *f* moqueta.
mora *f bot* móra.
morada *f* ***1*** estatge (*m*). ***2*** estada, sojorn (*m*), estaria, habitació.
morado, da *a* morat. || *m* morat (color).
morador, a *a* i *s* habitant.
moral *a* i *f* moral. || *m bot* morera (*f*), morer (*Morus nigra*).
moraleja *f* moral, moralitat (d'una faula, d'un conte, etc.).
moralidad *f* ***1*** moralitat. ***2*** *V* **moraleja**.
moranza *f V* **morada**.
morar *v intr* habitar, estar-se (*pron*), sojornar.

moratoria *f* moratòria.
mórbido, da *a* mòrbid.
morbo *m med* morb.
morboso, sa *a* morbós.
morcilla *f* ***1*** botifarró (*m*). ***2*** *fig fam* afegitó al text de l'obra que fan els actors.
mordaz *a* mordaç.
mordaza *f* mordassa.
mordedura *f V* **mordisco**.
morder *v tr* mossegar, queixalar, queixalejar. ‖ *v pron* mossegar-se.
mordiscar *v tr* ***1*** mossegar sovint i lleugerament. ***2*** *V* **morder**.
mordisco *m* mossegada (*f*).
mordisquear *v tr* ***1*** *V* **mordiscar** 1. ***2*** *V* **morder**.
morena *f* ***1*** *ictiol* morena (*Muraena helena*). ***2*** *geol V* **morrena**.
morenez *f* morenor.
moreno, na *a* bru, morè, moreno.
moretón *m med* moradura (*f*), morat, sangtraït, blau.
morfema *f gram* morfema.
morfina *f* morfina.
moribundo, da *a* i *s* moribund, morent.
morigerar *v tr* morigerar (moderar).
morir *v intr* i *pron* ***1*** morir, finar. ***2*** transir.
mormón, ona *s* mormó.
moro, ra *a* moresc, moro, morú. ‖ *s* moro.
moroso, sa *a* morós.
morrada *f* ***1*** testarrada. ***2*** plantofada.
morral *m* ***1*** morral (per als cavalls). ***2*** *fig* morral (persona).
morrena *f geol* morrena, morena.
morrión *m mil* morrió.
morro *m* ***1*** *agr* morrot. ***2*** *anat* morros (*pl*) (llabis). ***3*** *anat* morro, musell.
morsa *f zool* morsa (*Odobenus rosmarus*).
mortal *a* ***1*** mortal, moridor. ***2*** mortal (que causa la mort). ***3*** *fig* mortal. ‖ *s* mortal.
mortalidad *f* mortalitat.
mortandad *f* mortaldat.
mortecino, na *a* somort.
mortero *m* ***1*** morter (vas per a triturar). ***2*** *mil* morter. ***3*** morter, argamassa (*f*).
mortificar *v tr* mortificar.
moruno, na *a V* **moro**.
mosaico, ca *a* mosaic. ‖ *m* mosaic.
mosca *f* ***1*** *entom* mosca (*Musca domestica*). ***2*** mosca (pèl).
moscatel *a* i *m* moscatell.
mosén *m* mossèn.
mosquito *m entom* mosquit (*Culex pipiens*, *gèn Anopheles* i altres).
mostacho *m* mostatxo, bigoti, bigot.
mostaza *f bot* mostassa (*Brassica nigra*).
mosto *m* most.
mostrador *m* taulell.
mostrar *v tr* mostrar, ensenyar. ‖ *v pron* mostrar-se.
mota *f* ***1*** filagarsa (en un vestit). ***2*** mot (*m*) (en un rec). ***3*** mota (eminència). ***4*** clap (*m*). ***5*** clapa. ***6*** volva (de pols, etc.)
mote *m* sobrenom, renom, motiu.
motel *m* motel.
motín *m* motí.
motivación *f* motivació.
motivar *v tr* motivar.
motivo, va *a* motiu. ‖ *m* motiu.
motocicleta *f*, **moto** *f* motocicleta, moto.
motociclismo *m* motociclisme.
motor, a *a* i *m* motor.
motorista *s* motorista.
motorizar *v tr* i *pron* motoritzar.
motriz *a* motriu.
mover *v tr* i *pron* moure, bellugar, fer anar.
móvil *a* i *m* mòbil.
movilidad *f* mobilitat.
movilización *f* mobilització.
movilizar *v tr* i *pron* mobilitzar.
movimiento *m* moviment.
moza *f V* **muchacha**.
mozalbete *m*, **mozalbillo** *m V* **muchacho** 1.
mozancón, ona *s V* **mocetón**.
mozo, za *a* jove. ‖ *m* ***1*** fadrí. ***2*** mosso. ***3*** cambrer. ***4*** mosso (soldat).
muchacha *f* noia, al·lota, xicota, mossa.
muchachada *f V* **muchachería** 1.
muchachería *f* ***1*** noiada. ***2*** quitxalla, mainada.
muchachez *f V* **mocedad** 1.
muchacho *m* ***1*** xic. ***2*** noi, minyó, al·lot.
muchedumbre *f V* **multitud**.
mucho, cha *a* i *adv* ***1*** molt, força. ***2*** gaire. ***3*** quisap-lo.
mucoso, sa *a* mucós. ‖ *f* mucosa (membrana).
muda *f* ***1*** *V* **mudanza**. ***2*** mudada, muda. ***3*** muda (de certes bèsties).
mudanza *f* mudança, muda, canvi (*m*), canviament (*m*).
mudar *v tr*, *intr* i *pron* mudar.
mudez *f med* mudesa.
mudo, da *a* i *s* mut.
mueble *a* i *m* moble.
mueca *f* ganyota, ganyot (*m*), carassa.
muela *f* ***1*** mola (de molí). ***2*** mola (d'esmolar). ***3*** *anat* queixal (*m*). ***4*** mola (mesura d'aigua). ‖ **m. del juicio** *anat* queixal (*m*) del seny.
muelle *a* moll, bla, tou. ‖ *m* ***1*** molla (*f*) (peça elàstica). ***2*** *nàut* moll (d'un port). ***3*** andana (*f*), moll.
muerte *f* mort.
muerto, ta *a* i *s* mort.
muesca *f* ***1*** mòssa (buit per a encaixar quelcom). ***2*** osca (senyal).
muestra *f* ***1*** rètol (*m*). ***2*** mostra, exhibició. ***3*** mostra (quantitat d'una mercaderia). ***4*** mostra (exemplar, model).
muestrario *m* mostrari.
muflón *m zool* mufló (*Ovis musimon*).
mugido *m* mugit, mugiment, bramul, braol, bruel.
mugir *v intr* mugir, bramular, braolar.
mugre *f* greixum (*m*), engrut (*m*).
mugriento, ta *a*, **mugroso, sa** *a* greixós, llardós, engrudós, safarós.
mujer *f* ***1*** dona, fembra, femella. ***2*** dona, muller, esposa.

mula *f zool* mula.
mulato, ta *a* i *s* mulat.
muleta *f 1* crossa. *2* muleta.
mullido, da *a V* **muelle**. || *m* tou (per a omplir coixins, matalassos, etc.).
mullir *v tr 1* estovar. *2* esponjar, estarrufar, estufar.
mulo *m zool* mul.
multa *f* multa, penyorament (*m*).
multar *v tr* multar, penyorar.
multicelular *a biol* multicel·lular.
multicolor *a* multicolor.
multimedia *a* multimèdia.
múltiple *a* múltiple.
multiplicación *f* multiplicació.
multiplicar *v tr* i *pron* multiplicar.
múltiplo, pla *a* i *m mat* múltiple.
multitud *f* multitud, munió.
mundanal *a*, **mundano, na** *a* mundà, mundanal.
mundial *a* mundial.
mundo *m* món.
munición *f mil* munició.
municipal *a* i *s* municipal.
municipio *m* municipi.
muñeca *f 1 anat* puny (*m*), monyó (*m*), canell (*m*). *2* nina (joguina). *3* monyeca.
muñeco *m* ninot (figura).
muñequera *f* canellera.
muñón *m anat* monyó (d'un membre).
mural *a* mural. || *m* mural, pintura (*f*) mural.
muralla *f* muralla, mur (*m*).
murar *v tr* emmurallar, murallar.
murceguillo *m*, **murciélago** *m zool* ratapinyada (*f*), ratpenat, ratapenada (*f*), voliac.
murga *f 1 mús* xaranga (colla de músics). *2 fig* llauna, lata, murga.
murmujear *v intr* murmurar (parlar en veu baixa).
murmullar *v intr V* **murmurar** 1.
murmullo *m* murmuri, mormol.
murmuración *f* murmuració.
murmurar *v intr 1* murmurar, murmurejar. *2* murmurar, criticar.
murmurio *m V* **murmullo**.
muro *m 1* mur, paret (*f*). *2 V* **muralla**.
mus *m* mus (joc).
musaraña *f 1 zool* musaranya (*Sorex vulgaris*). *2 fig* cuca, gusapara.
musculado, da *a* musculat, musculós.
muscular *a anat* muscular.
musculatura *f anat* musculatura.
músculo *m anat* múscul.
musculoso, sa *a 1 anat* musculós (format per múscuIs). *2 V* **musculado**.
museo *m* museu.
musgo *m bot* molsa (*f*) (vegetal).
música *f mús* música.
musical *a mús* musical.
musicar *v tr mús* musicar.
músico, ca *a* i *s mús* músic.
musitar *v tr* mussitar. || *v intr* xiuxiuejar, xiuxiuar.
muslo *m anat* cuixa (*f*).
mustela *f zool* mostela (*Mustela nivalis*).
mustio, ia *a 1* moix, motxo. *2 V* **marchito**.
musulmán, ana *a* i *s* musulmà, islàmic.
mutación *f* mutació.
mutilar *v tr* mutilar.
mutis *m* mutis.
mutismo *m* mutisme.
mutuo, ua *a* mutu. || *f* mutualitat.
muy *adv V* **mucho** (emprat davant de noms adjectivats, adjectius, participis, adverbis i modes adverbials per denotar un grau màxim de significació).

N

nabo *m bot* nap (*Brassica napus*).
nácar *m* nacre.
nacer *v intr* néixer, nàixer.
nacido, da *a* nascut, nat. || **recién n.** *a* i *s* nounat, nadó.
naciente *a 1* naixent. *2* ixent (el sol).
nacimiento *m* naixement, naixença (*f*), naixó (*f*) (acció de néixer).
nación *f* nació.
nacional *a* nacional.
nacionalidad *f* nacionalitat.
nacionalismo *m* nacionalisme.
nacionalización *f* nacionalització.
nacionalizar *v tr* i *pron* nacionalitzar.
nada *f* no-res (*m*). || *pron* res, no res. || *adv* gens, no gens.
nadador, a *a* i *s* nedador.
nadar *v intr* nedar.
nadería *f* cosa de no res.
nadie *pron* ningú. || *m* ningú.
a nado *loc adv* nedant.
naftalina *f* naftalina.
nailon *m* niló (teixit).
naipe *m* naip, carta (*f*).
nalga *f anat* natja, galta.
nao *f nàut V* **nave** 1.
naranja *f bot* taronja. || *a* i *m* taronja (color).
naranjada *f* taronjada.
naranjo *m bot* taronger (*Citrus aurantium*).
narciso *m bot* narcís (*gèn Narcissus*).
narcótico, ca *a* i *m med* narcòtic.
narcotráfico *m* narcotràfic.

nardo *m bot* nard (*Polianthes tuberosa*).
nariz *f 1* nas (*m*). *2 anat* nariu (*m*), badiu (*m*), oronell (*m*).
narración *f* narració.
narrar *v tr* narrar.
narrativo, va *a* narratiu. || *f* narrativa.
nasa *f* nansa (ormeig de pesca).
nasal *a* nasal.
nata *f* nata, crema. || *f pl* natilla (*sing*) (nata batuda).
natación *f* natació.
natal *a 1* natal, natiu, nadiu. *2 V* **nativo** (*a* i *s*).
natalicio, ia *a* natalici. || *m* natalici.
natalidad *f* natalitat.
natillas *f pl* plat de dolç preparat amb rovells d'ous, llet i sucre.
Natividad *f* Nativitat, Nadal (*m*).
nativo, va *a 1* natiu. *2* nadiu, natiu (relatiu o pertanyent al lloc de naixença). || *a* i *s* nadiu, natural (fill de tal poble o nació).
nato, ta *a* nat (connatural).
natura *f 1 V* **naturaleza**. *2* natura (òrgans de la generació).
natural *a* natural. || *a* i *s V* **nativo**. || *m* natural.
naturaleza *f* natura, naturalesa.
naturalidad *f* naturalitat.
naturalizar *v tr* i *pron* naturalitzar.
naturalmente *adv* naturalment.
naturismo *m* naturisme.
naufragar *v intr* naufragar.
naufragio *m* naufragi, naufraig.
náufrago, ga *a* i *s* nàufrag.
náusea *f med* nàusea, oi (*m*).
nauseabundo, da *a* nauseabund.
nauta *m poèt* nauta.
náutico, ca *a* nàutic. || *f* nàutica.
navaja *f 1* navalla. *2 zool* navalla (*Solen marginatus*).
naval *a nàut* naval.
nave *f 1 nàut* nau, vaixell (*m*), navili (*m*). *2* nau (d'un edifici).
navegable *a* navegable.
navegación *f* navegació.
navegar *v intr* navegar.
Navidad *f* Nadal (*m*).
navideño, ña *a* nadalenc.
naviero, ra *a* i *s* navilier.
navío *m nàut V* **nave** 1.
nazismo *m* nazisme.
neblí *m ornit* falcó pelegrí (*Falco peregrinus*).
neblina *f* boirassa.
neblinoso, sa *a* boirós (de boirassa).
nebulizador *a* i *m med* nebulitzador.
nebulosa *f astron* nebulosa.
nebuloso, sa *a 1* nebulós, boirós. *2* núvol.
necedad *f* neciesa, niciesa.
necesario, ia *a* necessari.
necesidad *f* necessitat, fretura, mancança.
necesitar *v tr 1* necessitar. *2* freturar, freturejar. || *v impersonal* caldre, caler, necessitar-se (*pron*).
necio, ia *a* i *s* neci, nici.
nécora *f zool* nècora (*Necora puber*).
néctar *m* nèctar.
neerlandés, esa *a* i *s* holandès, neerlandès.
nefasto, ta *a* nefast.
negación *f* negació.
negar *v tr* negar, refusar.
negativamente *adv* negativament.
negativo, va *a* i *m* negatiu. || *m* negatiu (fotografia). || *f* negativa, refús (*m*).
negligencia *f* negligència.
negociación *f* negociació.
negociador, a *a* i *s* negociador.
negociar *v tr* i *intr* negociar.
negocio *m* negoci, afer.
negrilla *f* negreta (lletra d'impremta).
negro, ra *a* i *s* negre.
nene, na *s* infant, criatura, mainatge, ninó.
nenúfar *m bot* nenúfar (*gèn Nymphaea*).
neófito, ta *s* neòfit.
neolítico, ca *a* neolític.
neón *m quím* neó.
neozelandés, a *a* i *s* neozelandès.
nepalés, esa *a* i *s* nepalès.
nervio *m anat* nervi, nirvi.
nervioso, sa *a* nerviós.
nervudo, da *a* nerviüt.
neto, ta *a* net (sense mescla, pur).
neumático, ca *a* i *m fís* pneumàtic.
neumonía *f med* pneumònia.
neuralgia *f med* neuràlgia.
neurastenia *f med* neurastènia.
neurocirugía *f med* neurocirurgia.
neurona *f anat* neurona.
neurosis *f med* neurosi.
neurótico, ca *a* i *s* neuròtic.
neutral *a* neutral.
neutralidad *f* neutralitat.
neutralizar *v tr* neutralitzar.
neutro, ra *a* neutre.
nevada *f* nevada.
nevar *v intr* nevar.
nevera *f* nevera.
nexo *m* nexe.
ni *conj* ni.
nicaragüense *a* i *s*, **nicaragüeño, ña** *a* i *s* nicaragüenc.
nicho *m* nínxol.
nicotina *f quím* nicotina.
nido *m* niu, niera (*f*).
niebla *f* boira, broma, neula.
nieto, ta *s* nét.
nieve *f* neu.
nigeriano, na *a* i *s* nigerià.
nilón *m* niló (teixit).
nimio, ia *a* nimi.
ninfa *f* nimfa.
ningún *a V* **ninguno**.
ninguno, na *a* cap. || *pron V* **nadie**.
niña *f 1* nena, nina. *2 anat* nineta, nina, pupil·la (de l'ull).
niñada *f* ninada, criaturada.
niñear *v intr* criaturejar.
niñería *f V* **niñada**.
niñez *f* infantesa, ninesa, infància.

niño, ña *a* petit. || *s* nen, nin, noi, xic, marrec, al·lot, criatura. || **n. de teta** nodrissó, nadó, nen de mames.
nipón, ona *a* i *s* japonès, nipó.
níquel *m quím* níquel.
níspero *m bot* nespra, nespla.
nítido, da *a* nítid.
nitrato *m quím* nitrat.
nitrógeno *m quím* nitrogen.
nivel *m* nivell.
nivelar *v tr* anivellar.
no *adv* no. || *m* no.
noble *a* i *s* noble.
nobleza *f* noblesa.
noche *f* nit.
noción *f* noció.
nocivo, va *a* nociu, malfaent.
noctámbulo, la *a* i *s* noctàmbul.
nocturno, na *a* nocturn. || *m mús* nocturn.
nodriza *f* dida, nodrissa.
nogal *m*, **noguera** *f bot* noguera (*f*), noguer (*m*) (*Juglans regia*).
nómada *a* i *s* nòmada, nòmade.
nombradía *f* anomenada.
nombramiento *m* nomenament, nominació (*f*).
nombrar *v tr* ***1*** anomenar. ***2*** nomenar.
nombre *m* ***1*** nom. ***2*** *fig* malnom, motiu, renom. || **n. de pila** nom de pila.
nomenclátor *m* nomenclàtor.
nomenclatura *f* nomenclatura.
nómina *f* nòmina.
nominación *f V* **nombramiento**.
nominar *v tr* nomenar, nominar.
nominativo, va *a* nominatiu. || *m gram* nominatiu.
non *a* senar, imparell.
nono, na *a V* **noveno**.
nopal *m bot* figuera (*f*) de moro, nopal (*Opuntia ficus-indica*).
nordeste *m* nord-est.
nórdico, ca *a* nòrdic.
noria *f* sínia.
norma *f* norma.
normal *a* normal.
normalidad *f* normalitat.
normalizar *v tr* normalitzar.
normativo, va *a* i *f* normatiu.
noroeste *m* nord-oest.
norte *m* nord.
norteafricano, na *a* i *s* nord-africà.
norteamericano, na *a* i *s* nord-americà.
noruego, ga *a* i *s* noruec.
nos *pron* ***1*** ens, nos. ***2*** nós, nòs.
nosotros, as *pron* nosaltres.
nostalgia *f* nostàlgia, enyorança, enyorament (*m*), enyor (*m*).
nostálgico, ca *a* i *s* nostàlgic, enyorós.
nota *f* nota.
notable *a* notable, remarcable. || *m* notable.
notar *v tr* notar.
notaría *f jur* notaria.
notario, ia *s jur* notari.
noticia *f* notícia.
noticiar *v tr* noticiar.
noticiario *m* noticiari.
notificar *v tr* notificar.
notorio, ia *a* notori.
novato, ta *a* i *s* novençà, novici, novell.
novecientos, as *a* nou-cents.
novedad *f* novetat.
novel *a* novell.
novela *f* novel·la.
novelista *s* novel·lista.
noveno, na *a* i *m* novè.
noventa *a* i *m* noranta.
noviazgo *m* prometatge, festeig.
noviembre *m* novembre.
novio, ia *s* ***1*** nuvi. ***2*** nuvi, promès.
nubarrón *m* grop (núvol).
nube *f* núvol (*m*), nuvolat (*m*), embromat (*m*).
nublado *m* ***1*** *V* **nube**. ***2*** boirat.
nublar *v tr* ennuvolar. || *v pron* ennuvolar-se, embromar-se.
nuca *f anat* nuca, clatell (*m*).
núcleo *m* nucli.
nudillo *m anat* nus, nu.
nudismo *m* nudisme.
nudo *m* ***1*** nus (llaç). ***2*** nus (d'un arbre, de la fusta). ***3*** grop.
nudo, da *a* i *m* nu.
nuera *f* nora, jove.
nuestro, ra *a* i *s* el nostre, nostre. || *pron* nostre.
nueva *f* nova.
nueve *a* i *m* nou.
nuevo, va *a* nou. || **de n.** de nou, de bell nou.
nuez *f* ***1*** *bot* nou (fruit). ***2*** *anat* nou del coll.
nulidad *f* nul·litat.
nulo, la *a* nul (*m*), nul·la (*f*).
numeración *f* numeració.
numerador *m* numerador.
numerar *v tr* numerar.
numérico, ca *a* numèric.
número *m* ***1*** nombre (resultat de comptar). ***2*** *mat* número, nombre (signe). ***3*** nombre (harmonia, ritme). ***4*** *gram* nombre. ***5*** número (d'un espectacle). || **sin n.** sens nombre, innombrables.
numeroso, sa *a* nombrós.
numismática *f* numismàtica.
nunca *adv* mai, jamai. || **n. jamás** mai de la vida (en oracions negatives), mai per mai.
nuncio *m* nunci.
nupcial *a* nupcial, nuvial.
nupcias *f pl* casament (*m sing*), noces, núpcies.
nutria *f zool* llúdria, llúdriga (*Lutra vulgaris*).
nutrición *f* nutrició.
nutrir *v tr* i *pron* nodrir.
nutritivo, va *a* nutritiu, nodridor, nodrisser.
nylon *m* niló (teixit).

Ñ

ñoñería *f* feta o dita pròpia d'una persona apocada o espantadissa.
ñoño, ña *a* espantadís.
ñu *m zool* nyu (*Connochaetes gnu*).

O

o *conj* o.
oasis *m* oasi.
obcecar *v tr* i *pron* obcecar.
obedecer *v tr* i *intr* obeir, creure.
obediencia *f* obediència.
obediente *a* obedient.
obertura *f mús* obertura.
obesidad *f med* obesitat.
obeso, sa *a* i *s med* obès.
óbice *m* obstacle (referit a coses immaterials i generalment usat només en l'expressió **no ser óbice** [= no obstar] i variants).
obispo *m* bisbe.
óbito *m* òbit.
objeción *f* objecció.
objetar *v tr* objectar.
objetivo, va *a* i *m* objectiu.
objeto *m* objecte.
oblea *f* hòstia (massa de farina i aigua).
oblicuo, ua *a* oblic.
obligación *f* obligació, obligança.
obligar *v tr* i *pron* obligar.
obligatorio, ia *a* obligatori.
oboe *m mús* oboè.
óbolo *m* òbol.
obra *f* obra.
obrador *m 1* obrador. *2* taller.
obrar *v tr 1* construir, obrar. *2* afaiçonar. || *v intr* obrar.
obrero, ra *a* i *s* obrer.
obscenidad *f* obscenitat.
obsceno, na *a* obscè.
obscurecer *v tr* obscurir, enfosquir. || *v intr* fosquejar, fer-se (*pron*) fosc.
obscurecimiento *m* obscuriment.
obscuridad *f* obscuritat, fosca, foscor, fosquedat, foscúria, foscam (*m*).
obscuro, ra *a* obscur, fosc. || **a obscuras** *loc adv* a les fosques.
obsequiar *v tr* obsequiar, regalar.
obsequio *m* obsequi.
observación *f* observació.
observar *v tr* observar.
obsesión *f* obsessió.
obstaculizar *v tr* obstaculitzar.
obstáculo *m* obstacle.
obstante *a* obstant. || **no obstante** *1* no obstant això. *2* no contrastant.
obstar *v intr* obstar.
obstinación *f* obstinació.
obstinarse *v pron* obstinar-se.
obstrucción *f* obstrucció.
obstruir *v tr* obstruir.
obtención *f* obtenció, obteniment (*m*).
obtener *v tr* obtenir.
obturar *v tr* obturar.
obtuso, sa *a* obtús.
obús *m* obús.
obviar *v tr* obviar (*intr*).
obvio, ia *a* obvi.
oca *f ornit* oca (vulgar) (*Anser anser*).
ocasión *f 1* ocasió. *2* avinentesa. || **de o.** de segona mà.
ocasional *a* ocasional.
ocasionar *v tr* ocasionar.
ocaso *m* ocàs, posta (*f*).
occidente *m* occident.
occipucio *m anat* occípit, tos.
océano *m geog* oceà.
ochenta *a* i *m* vuitanta.
ocho *a* i *m* vuit.
ochocientos, tas *a* i *m* vuit-cents.
ocio *m 1* oci. *2* lleure, lleguda (*f*).
ociosidad *f* ociositat.
ocioso, sa *a* ociós.
oclusión *f gram med* oclusió.
ocre *a* ocre (color). || *m* ocre.
octágono *m geom* octàgon, octògon.
octavilla *f* full (*m*) de propaganda.
octavo, va *a* i *m* vuitè.
octubre *m* octubre.
ocular *a* i *m* ocular.

oculista *a* i *s med* oculista.
ocultar *v tr* i *pron* *1* ocultar. *2* amagar.
oculto, ta *a* ocult.
ocupación *f* ocupació.
ocupar *v tr* i *pron* ocupar.
ocurrencia *f 1* ocurrència. *2* acudit (*m*) (agudesa). *3* pensada.
ocurrir *v intr 1* ocórrer, esdevenir, succeir, passar, acomplir-se (*pron*). *2* acudir-se (*pron*), ocórrer (venir al pensament).
oda *f* oda.
odiar *v tr* odiar.
odio *m* odi.
odioso, sa *a* odiós.
odisea *f* odissea.
odontología *f med* odontologia.
odre *m* odre, bot.
oeste *m* oest.
ofender *v tr* i *pron* ofendre.
ofensa *f* ofensa.
oferta *f* oferta.
oficial *a* i *s* oficial.
oficina *f* oficina.
oficinista *s* oficinista.
oficio *m* ofici.
oficioso, sa *a* oficiós.
ofrecer *v tr* i *pron* oferir, proferir.
ofrecimiento *m* oferiment (acció i efecte).
ofrenda *f* ofrena.
oftalmología *f med* oftalmologia.
ofuscar *v tr* i *pron* ofuscar, obcecar.
ogro *m* ogre.
¡oh! *interj* oh!
oíble *a* oïble, audible.
oído *m* oïda (*f*).
oír *v tr* oir, sentir.
ojal *m* trau.
¡ojalá! *interj* tant de bo!
ojeada *f* ullada, cop (*m*) d'ull, llambregada.
ojear *v tr 1* ullar. *2* llambregar.
ojera *f* banyera per als ulls. || *f pl med* ulleres (taques lívides).
ojeriza *f* tírria, esquírria, quimera, bola.
ojeroso, sa *a* ullerós, ullerat.
ojiva *f* ogiva.
ojo *m 1 anat* ull (òrgan). *2* ull (d'agulla). *3* ull (forat que travessa de part a part). *4* ull (d'eina). *5* ull (de clau). *6* ull (del pany). *7* ull, caixer (de lletra). *8* ull, ullal (d'aiguaneix). *9* ull (taca). *10 arq* ulleral, ull (de pont). *11* mot al marge d'un escrit per cridar l'atenció. *12* ull (del pa, del formatge). || **o. de gallo**; **o. de pollo** *med* ull de poll. || **a o. (de buen cubero)** a ull; a bell ull. || **a ojos vistas** a ulls veients. || **no pegar o.** no aclucar l'ull.
ojo *adv* i *interj* alerta.
ola *f 1 nàut* ona, onada (del mar). *2* onada (de fred, de calor).
¡olé! *interj* bravo!, molt bé!
oleada *f* onada.
oleaje *m* onatge.
óleo *m* oli.
oleoducto *m* oleoducte.
oler *v tr 1* olorar, odorar, flairar (aspirar l'olor). *2* flairar, flairejar, flairosejar, fer olor.
olfatear *v tr* ensumar.
olfato *m* olfacte.
oligarquía *f* oligarquia.
olimpíada *f*, **olimpiada** *f* olimpíada.
olímpico, ca *a* olímpic.
olisquear *v tr V* **olfatear**. || *v intr* ferumejar.
oliva *f 1 bot* oliva. *2 ornit* òliba (*Tyto alba*).
olivo *m bot* olivera (*f*), oliver (*Olea europaea*).
olla *f 1* olla (atuell). *2* olla, carn d'olla. *3* olla, gorg (*m*), gorga, mulla.
olmo *m bot* om (*Ulmus carpinifolia*).
olor *m* olor (*f*), flaire (*f*), flairança (*f*), sentor (*f*).
oloroso, sa *a* olorós, odorós, flairós, flairant.
olvidar *v tr* i *pron* oblidar.
olvido *m* oblit.
ombligo *m anat* melic, llombrígol.
ominoso, sa *a* ominós.
omisión *f* omissió.
omiso, sa *a* omís.
omitir *v tr* ometre.
ómnibus *m* òmnibus.
omnipotencia *f* omnipotència.
omoplato *m*, **omóplato** *m anat* omòplat.
once *a* i *m* onze.
oncología *f med* oncologia.
onda *f 1* ona (d'aigua). *2 V* **ola** 1. *3* onda. *4 fís* ona.
ondear *v intr 1* onejar. *2* ondejar (formar ondes una cosa). *3 V* **ondular**.
ondulación *f* ondulació.
ondular *v tr* ondular, ondar, onderejar. || *v intr* ondular.
oneroso, sa *a* onerós.
onomástico, ca *a* onomàstic. || *f* onomàstica.
onomatopeya *f* onomatopeia.
onza *f 1* unça (pes). *2* unça (moneda).
opacidad *f* opacitat.
opaco, ca *a* opac.
ópalo *m* òpal.
opción *f* opció.
opcional *a* opcional.
ópera *f mús* òpera.
operación *f* operació.
operar *v tr* operar.
operario, ia *s* operari.
opinable *a* opinable.
opinar *v tr* i *intr* opinar.
opinión *f 1* opinió, parer (*m*). *2* opinió (concepte).
opio *m* opi.
opíparo, ra *a* opípar.
oponente *a* i *s* oposant.
oponer *v tr* i *pron* oposar.
oportunidad *f 1* oportunitat. *2* avinentesa.
oportunismo *m* oportunisme.
oportuno, na *a* oportú.
oposición *f* oposició.
opositor, a *s* opositor.
opresión *f* opressió.
oprimir *v tr* oprimir.
oprobio *m* oprobi.
optar *v intr* optar.

optativo, va *a* optatiu.
óptico, ca *a* i *s* òptic. || *f* òptica.
optimismo *m* optimisme.
óptimo, ma *a* òptim.
opuesto, ta *a* oposat.
opulencia *f* opulència.
opúsculo *m* opuscle.
oquedad *f* buit (*m*).
oración *f* oració.
oráculo *m* oracle.
orador, a *s* orador.
oral *a* oral.
orangután *m zool* orangutan (*Pongo pygmaeus*).
orar *v intr* orar.
orate *a* i *s* orat, guillat (*fam*).
oratoria *f* oratòria.
oratorio *m* oratori.
orbe *m* orbe.
órbita *f astron anat* òrbita.
orca *f zool* orca (*Orca gladiator*).
orden *s* *1* ordre. *2* orde.
ordenador *m* ordinador.
ordenar *v tr* i *pron* ordenar.
ordeñar *v tr* munyir.
ordinal *a* i *m* ordinal.
ordinariez *f* grolleria.
ordinario, ia *a* ordinari.
orégano *m bot* orenga (*f*) (*Origanum vulgare).*
oreja *f* orella.
orfanato *m* orfenat.
orfandad *f* orfenesa, orfandat.
orfebrería *f* orfebreria.
orfelinato *m V* **orfanato**.
orfeón *m mús* orfeó.
orgánico, ca *a* orgànic.
organigrama *m* organigrama.
organillo *m mús* orgue de maneta.
organismo *m* organisme.
organización *f* organització.
organizar *v tr* i *pron* organitzar.
órgano *m* *1* *mús* orgue. *2* *anat* òrgan. || **o. de manubrio** *mús V* **organillo**.
orgasmo *m* orgasme.
orgía *f* orgia.
orgullo *m* orgull, urc.
orgulloso, sa *a* orgullós.
orientación *f* orientació.
oriental *a* i *s* oriental.
orientar *v tr* i *pron* orientar.
oriente *m* orient.
orificio *m* orifici.
origen *m* origen.
original *a* i *m* original.
originalidad *f* originalitat.
originar *v tr* i *pron* originar.
orilla *f* *1* riba, ribatge (*m*), marge (*m*), vora, vorada. *2* voravia, vorera.
orillar *v tr* vorejar.
orín *m quím* rovell (òxid). || *m pl V* **orina**.
orina *f* orina, orins (*m pl*), pixats (*m pl*).
orinal *m* orinal, gibrelleta (*f*), bací, bacinet, bacineta (*f*), bacina (*f*).
orinar *v tr* i *pron* orinar, pixar.
oriundo, da *a* oriünd.
orla *f* orla.
orlar *v tr* orlar.
ornamento *m* ornament.
ornar *v tr* ornar, adornar.
ornitología *f ornit* ornitologia.
ornitorrinco *m zool* ornitorinc (*Ornithorhynchus anatinus*).
oro *m* or.
orografía *f geol* orografia.
orquesta *f mús* orquestra.
orquestina *f* *1* orquestrina. *2* *mús* cobla (de músics).
orquídea *f bot* orquídia.
orre (en) *loc adv* en orri, a doll, a raig..
ortiga *f bot* ortiga (*gèn Urtica*).
ortodoxia *f* ortodòxia.
ortodoxo, xa *a* i *s* ortodox.
ortografía *f gram* ortografia.
ortopedia *f med* ortopèdia.
oruga *f* *1* *entom* eruga. *2* eruga (de tracció).
orzuelo *m med* mussol (a l'ull).
os *pron* *1* us (davant del verb). *2* -vos, -us (sufixat).
osa *f zool* óssa. || **O. Mayor** *astron* Óssa Major, Carro. || **O. Menor** *astron* Óssa Menor.
osadía *f* gosadia.
osado, da *a* gosat, agosarat.
osar *v intr* gosar, atrevir-se (*pron*).
oscilación *f* *1* oscil·lació. *2* zumzeig (*m*).
oscilar *v intr* *1* oscil·lar. *2* zumzejar.
ósculo *m* òscul, petó, bes.
oscurecer *v tr* i *intr V* **obscurecer**.
oscuridad *f V* **obscuridad**.
oscuro, ra *a V* **obscuro**.
óseo, ea *a anat* ossi.
oso *m zool* ós.
ostentación *f* ostentació (acció i efecte).
ostentar *v tr* ostentar.
ostentoso, sa *a* ostentós.
ostra *f zool* ostra (comuna) (*Ostrea edulis*).
otero *m geog* turó.
otitis *f med* otitis.
otoño *m* tardor (*f*), autumne.
otorgar *v tr* atorgar.
otro, ra *a* i *s* (un) altre. || *pron* *1* (un) altre. *2* altri.
otrora *adv* en altre temps, antany.
ovación *f* ovació.
ovacionar *v tr* ovacionar.
ovar *v intr* pondre (ous).
ovario *m* ovari.
oveja *f zool* ovella (*Ovis aries*).
ovillo *m* cabdell (de fil).
ovino, na *a* oví.
ovíparo, ra *a zool* ovípar.
ovulación *f* ovulació.
óvulo *m* òvul.
oxidar *v tr* i *pron* oxidar.
óxido *m* òxid.
oxigenar *v tr* oxigenar.
oxígeno *m quím* oxigen.
ozono *m quím* ozó.
ozonosfera *f* ozonosfera.

P

pabellón *m* pavelló.
pábulo *m* pàbul.
pacer *v tr* ***1*** pasturar (l'herba). ***2*** péixer, apeixir. ***3*** pasturar, péixer (prendre pastura).
paciencia *f* paciència.
paciente *a* pacient. || *s med* pacient.
pacificar *v tr* i *pron* pacificar.
pacífico, ca *a* pacífic.
pacotilla *f nàut* pacotilla.
pactar *v tr* i *intr* pactar, pactejar.
pacto *m* pacte.
padecer *v tr* patir, sofrir.
padecimiento *m* patiment.
padrastro *m* ***1*** padrastre, marit de la mare. ***2*** *med* padrastre, repeló, creixedit.
padre *m* pare. || *m pl* pares (el pare i la mare).
padrina *f* padrina.
padrino *m* padrí.
padrón *m* ***1*** padró, cens. ***2*** *arq* pedró.
paella *f* paella (guisat).
paga *f* ***1*** paga, pagament (*m*) (acció de pagar). ***2*** paga (quantitat).
paganismo *m* paganisme.
pagano, na *a* i *s* pagà. || *s fam* la persona que paga.
pagar *v tr* pagar. || *v pron* pagar-se, fer-se pagues, fer paga.
pagaré *m* pagaré.
pagel *m ictiol* pagell (*Pagellus erythrinus*).
página *f* pàgina.
paginar *v tr* paginar.
pago *m* pagament.
pagoda *f* pagoda.
país *m* país.
paisaje *m* paisatge.
paisano, na *a* i *s* paisà. || *m* paisà, no militar.
paja *f* ***1*** palla. ***2*** *fig* palla, fullaraca, virosta, brossa.
pajar *m agr* paller, pallissa (*f*).
pájaro *m* ***1*** *ornit* ocell, au (*f*). ***2*** *ornit* moixó. || *m pl zool* moixons (ordre).
paje *m* patge.
pakistaní *a* i *s* pakistanès.
pala *f* pala.
palabra *f* paraula.
palacio *m* palau.
paladar *m anat* paladar.
paladear *v tr* paladejar.
palanca *f* palanca, alçaprem (*m*), perpal (*m*).
palangana *f* palangana.
palco *m* llotja (*f*).
palenque *m* ***1*** camp clos. ***2*** born, lliça (*f*), reng.
paleolítico, ca *a* i *m* paleolític.
palestino, na *a* i *s* palestí, palestinenc.
palestra *f* palestra.
paleta *f* paleta (eina).
paleto *m zool* daina (*f*) (*Cervus dama*).
paliar *v tr* pal·liar.
palidecer *v tr* i *pron* empal·lidir, esblanqueir-se.
palidez *f* pal·lidesa, esblanqueïment (*m*).
pálido, da *a* pàl·lid.
palillo *m* ***1*** escuradents, furgadents. ***2*** *mús* baqueta (*f*), maneta (*f*), tocador, broqueta (*f*) (de timbal).
palio *m* pal·li.
palique *m fam* xerra (*f*), verba (*f*).
paliza *f* pallissa, batussa, batussó (*m*), estomac (*m*), estomacada.
palma *f* ***1*** *bot V* **palmera**. ***2*** *bot* palma (planta, fruita). ***3*** *anat* palmell (*m*), palma.
palmada *f* picament (*m*) de mans (un sol cop).
palmar *v intr fam* morir, petar.
palmera *f bot* palmera (*Phoenix dactylifera*).
palmípedo, da *a ornit* palmípede.
palmito *m bot* margalló (*Chamaerops humilis*).
palmo *m* pam.
palo *m* ***1*** pal, tros de fusta allargat. ***2*** pal, asta (*f*). ***3*** *nàut* pal, arbre. ***4*** pal (tros rectilini de certes lletres). ***5*** *her* pal. ***6*** coll (de cartes de joc). ***7*** bastonada (*f*).
paloma *f ornit* colom (*m*) (*gèn Columba*).
palomilla *f* ***1*** *entom* papalló (*m*) (*Calandria granaria*). ***2*** cartela prima. ***3*** crispeta, bufa, rosa (de blat de moro).
palomino *m* ***1*** *ornit* colomí (de colom salvatge). ***2*** llepet (d'excrement).
palomita *f V* **palomilla** 3.
palote *m* ***1*** pal mitjà o petit. ***2*** *mús V* **palillo** 2. ***3*** pal (traç d'una persona que comença a escriure).
palpar *v tr* ***1*** palpar (reconèixer amb les mans). ***2*** palpotejar. ***3*** *fig* palpar (conèixer molt clarament).
pálpebra *f anat V* **párpado**.
palpitación *f* palpitació.
palpitar *v intr* palpitar, bategar.
paludismo *m med* paludisme.
pan *m* pa.
pana *f* ***1*** pana (teixit). ***2*** pana (avaria d'un motor).
panacea *f med* panacea.
panadería *f* fleca, forn (*m*).
panadero, ra *s* flequer, forner.
panadizo *m med* ***1*** voltadits, rodadits. ***2*** panadís, naixedura (*f*).
panal *m* bresca (*f*).
panameño, ña *a* i *s* panameny.
panarizo *m med V* **panadizo**.
pancarta *f* pancarta.

páncreas *m anat* pàncrees.
panda *m zool* panda (*Ailuropoda melanoleuca*).
pandereta *f mús* pandereta.
pandilla *f 1* ardat (*m*). *2* trepa, colla.
pando, da *a* guerxo.
panecillo *m* panet.
panerígico *m* panegíric.
panel *m 1 arq* plafó (de paret o porta). *2* panell.
pánfilo, la *a V* **parado** 3. || *s* pàmfil, lluç.
panfleto *m* pamflet.
pánico, ca *a* i *m* pànic.
panocha *f*, **panoja** *f bot* panotxa, panolla, espigall (*m*).
panorama *m* panorama.
pantalla *f 1* pantalla, pàmpol (*m*) (d'un llum). *2* pantalla (de projecció). *3* pantalla (protecció).
pantalón *m* pantaló, pantalons (*pl*).
pantanal *m* aiguamoll, bordoi.
pantano *m 1 geog* pantà (plana pantanosa). *2* pantà, embassament (dipòsit). *3 V* **pantanal**.
pantanoso, sa *a* pantanós.
panteón *m* panteó.
pantera *f zool* pantera (*Felis panthera*).
pantomima *f* pantomima.
pantorrilla *f anat* panxell (*m*), tou (*m*) de la cama.
panza *f 1 anat* panxa, garjola, tripa, ventre (*m*), buc (*m*). *2 fig* panxa (convexitat).
panzudo, da *a* panxut, panxarrut.
pañal *m* bolquer.
paño *m* drap.
pañuelo *m* mocador.
papa *m 1* papa, summe pontífex. *2 fam V* **papá**.
papá *m fam* papà.
papagayo *m ornit* papagai (*gèns Psittacus* i *Amazona*).
papanatas *a* i *s* beneit, babau.
papaya *f bot* papaia (fruit).
papel *m* paper. || **p. de lija** paper de vidre.
papeleo *m 1* tràmits (*pl*). *2* paperassa (*f*), paperam (conjunt de papers).
papelera *f* paperera.
papelería *f* papereria.
papeleta *f* papereta.
papera *f pl med* galteres.
papiro *m 1 bot* papir (*Cyperus papirus*). *2* papir (fulla).
papo *m* pap.
paquete *m* paquet.
paquidermo *m zool* paquiderm.
paquistaní *a* i *s* pakistanès.
par *a* parell. || *a* i *m* parell, múltiple de dos. || *m 1* parell. *2* par (títol).
para *prep 1* per a. *2* per. || **p. con** envers. || **p. que** perquè, per tal que. || **¿p. qué?** *1* per a què? *2* per què?
parabién *m* felicitació (*f*).
parábola *f* paràbola.
parabrisas *m* parabrisa.
paracaídas *m* paracaigudes.
paracaidista *s* paracaigudista.
parachoques *m* para-xocs.
parada *f 1* parada. *2* aturada, aturament (acció i efecte).
paradero *m* parador (lloc on es va a parar).
parado, da *a 1* aturat. *2* parat, aturat, curt de geni. *3* ganso, pàmfil. || *a* i *s* aturat, parat (sense feina).
paradoja *f* paradoxa.
parador *m* parador, hostal.
parafrasear *v tr* parafrasejar.
parágrafo *m V* **párrafo**.
paraguas *m* paraigua.
paraguayo, ya *a* i *s* paraguaià.
paraíso *m* paradís.
paraje *m* paratge, lloc, indret.
paralelo, la *a* i *m* paral·lel. || *f* paral·lela.
parálisis *f med* paràlisi.
paralítico, ca *a* i *s* paralític.
paralizar *v tr* paralitzar.
paramento *m 1* parament. *2 arq* parament.
parámetro *m* paràmetre.
páramo *m agr* erm, ermàs.
paranoia *f med* paranoia.
parapeto *m* parapet.
parar *v tr 1* parar (disposar). *2* parar (evitar un cop, etc.). || *v intr 1* parar (cessar). *2* parar (fer cap). *3 V* **posar** 1. *4* parar, aturar, deturar. || *v pron* parar-se.
pararrayos *m* parallamps.
parásito, ta *a* i *s biol* paràsit.
parasol *m* para-sol, ombrel·la (*f*).
parcela *f* parcel·la.
parche *m 1* pegat. *2* pell (*f*) (d'un timbal). *3 V* **pegote** 1.
parchís *m* parxís (joc).
parcial *a* parcial.
parcialidad *f* parcialitat.
parco, ca *a* parc.
pardillo *m ornit* passerell (*Acanthis cannabina*).
pardo, da *a* terrós (de color).
pareado *m* rodolí.
parear *v tr 1* apariar, acoblar (per parells). *2* dosar.
parecer *m* parer, opinió (*f*).
parecer *v intr* semblar, parèixer. || *v pron* assemblar-se.
parecido, da *a* semblant. || *m* semblança (*f*), similitud (*f*), retirada (*f*), retirança (*f*). || **bien p.** parençós.
pared *f* paret.
pareja *f* parella, parell (*m*).
parejo, ja *a 1 V* **par**. *2* parió.
parentela *f* parentela.
parentesco *m* parentiu, parentesc.
paréntesis *m* parèntesi.
parida *a* i *f* partera (que ha parit).
pariente, ta *a* i *s* parent.
parigual *a* pastat, clavat (igual).
parihuela *f* baiard (*m*), civera.
parir *v tr med* parir, infantar, donar a llum.
parla *f* parola.
parlador, a *a* i *s V* **parlanchín**.
parlamentar *v intr* parlamentar.
parlamento *m 1* parlament, enraonament. *2* parlament (assemblea).
parlanchín, ina *a* i *s* xerraire.

parlanchinería *f* enraonia.
parlar *v intr 1* parolejar (parlar amb desimboltura). *2* parlotejar, garlar.
parlotear *v intr V* **parlar** 2.
parloteo *m* xerrameca (*f*), parloteig.
paro *m 1* parada (*f*). *2* aturada (*f*). *3* atur, parada (*f*) forçosa (en el treball).
parodia *f* paròdia.
parodiar *v tr* parodiar.
parola *f V* **parloteo**.
paroxismo *m* paroxisme.
parpadear *v intr* parpellejar, pestanyejar.
párpado *m anat* parpella (*f*), palpebra (*f*).
parpar *v intr* clacar (oques, ànecs).
parque *m* parc.
parqué *m*, **parquet** *m* parquet.
parquedad *f* parquedat.
parquímetro *m* parquímetre.
parra *f bot* parra, raïmera.
párrafo *m* paràgraf.
parranda *f fam* xerinola, gresca.
parricidio *m* parricidi.
parrilla *f* graella.
párroco *m* rector (de parròquia).
parroquia *f* parròquia.
parsimonia *f* parsimònia.
parte *m* comunicat. || *f* part.
partera *f med* comare.
partero *m med* parterot.
parterre *m* parterre.
partición *f* partició, partiment (*m*).
participación *f* participació.
participar *v tr* i *pron* participar.
partícipe *a* i *s* partícip, parçoner.
participio *m gram* participi.
partícula *f* partícula.
particular *a* i *m* particular.
partida *f 1* partença, partida, partiment (*m*). *2* moguda. *3* partida (registre). *4* partida (d'un compte). *5* partida, remesa. *6* partida, escamot (*m*). *7* partida (d'un joc). *8* capteniment (*m*).
partidario, ia *a* i *s* partidari.
partido, da *a* partit. || *m* partit.
partimiento *m V* **partición**.
partir *v tr* partir.
partitura *f mús* partitura.
parto *m med* part, infantament. || **estar de p.** parterejar, anar de part.
parturienta *f med* partera, dona que va de part.
parvulario *m* parvulari.
párvulo, la *a* i *s* pàrvul.
pasa *f 1* pansa (raïm dessecat). *2* passa (dels ocells).
pasacalle *m* cercavila (*f*).
pasada *f 1* passada, gambada. *2 V* **pasadía**. *3* passada (del joc). *4* passada, mal capteniment d'algú envers algú altre. *5* rafega.
pasadero, ra *a* passador, passable.
pasadía *f* passament (*m*).
pasadizo *m* passadís, pas estret.
pasado *m* passat.
pasador, a *a* i *s* passador. || *m 1* passador (peça corredora). *2* colador (de líquids). *3* piu.
pasaje *m 1* passatge. *2 geog* freu.
pasajero, ra *a* i *s* passatger.
pasamano *m arq* passamà, baranatge, barana.
pasante, a *a* i *s* passant, transeünt. || *s* passant.
pasaporte *m* passaport.
pasar *v tr 1* passar, creuar, travessar. *2* passar (ometre, abstenir-se). || *v intr 1* passar (recórrer). *2* passar (transcórrer). *3* passar (ésser tingut per). *4* passar (excedir). *5* passar, esdevenir-se (*pron*), ocórrer, succeir. *6* espassar (desaparèixer). || *v pron 1* estar-se, passar-se. *2* passar-se (corrompre's). *3* espassar-se.
pasarela *f* passarel·la.
pasatiempo *m* passatemps.
Pascua *f* Pasqua.
pase *m* passi (permís de pas).
pasear *v tr* i *intr* passejar.
paseo *m 1* passeig (acció). *2* passeig (indret). *3* passejada (*f*) (distància). *4* tomb.
pasillo *m* passadís, corredor.
pasión *f* passió.
pasividad *f* passivitat.
pasivo, va *a* i *m* passiu.
pasmar *v tr* i *pron* esbalair.
pasmarote *m fig* estaquirot, estaferm (persona).
pasmo *m* esbalaïment.
pasmón, ona *s* enze, tòtil, tòtila.
paso *m 1* pas. *2* passa (*f*). *3 geog* pas, estret, bòsfor. || **de p.** de passada, de pas. || **p. a p.**, **pasito a p.** xano-xano.
pasta *f* pasta.
pastar *v intr 1* pasturar (dur el bestiar a pastura). *2 V* **pacer** 3.
pastel *m 1* pastís. *2* pastel (llapis). *3* pastel (pintura). *4 fig* pasterada (*f*). *5* conxorxa (*f*).
pastelería *f* pastisseria, confiteria.
pastelero, ra *s* pastisser.
pasteurizar *v tr* pasteuritzar.
pastilla *f 1* pastilla. *2* tauleta.
pastor, a *s* pastor.
pastorear *v intr V* **pastar** 1.
pastoso, sa *a* pastós.
pata *f 1 anat* pota, cama (d'animal). *2* petge (*m*), pota. *3 ornit* ànega. || **p. de gallo** *1* pota de gall (arruga). *2* estirabot (*m*). || **meter la p.** ficar la pota, ficar els peus a la galleda. || **patas arriba** potes enlaire.
patalear *v intr 1* espeternegar, pernabatre, pernejar. *2* espernegar. *3* picar de peus.
pataleta *f 1* convulsió. *2* rebequeria.
patata *f 1* patata, trumfa. *2 bot V* **patatera**.
patatera *f bot* patatera, trumfera (*Solanum tuberosum*).
patatús *m fig* treball, tropell.
patear *v tr 1 fig* rebentar, criticar molt durament. *2* rebentar, liquidar a preu baix. || *v intr* picar de peus.
patentar *v tr* patentar.
patente *a* palès, patent. || *f 1* patent. *2* patenta.
paternidad *f* paternitat.
paterno, na *a* patern.
patético, ca *a* patètic.
patíbulo *m* patíbul, cadafal, entaulat.

paticojo, ja *a* i *s* coix, carranc, ranc, rancallós.
patilla *f* patilla.
patín *m* patí.
pátina *f* pàtina.
patinaje *m* patinatge.
patinar *v intr* patinar.
patinete *m* patinet.
patio *m* ***1*** pati. ***2*** eixida (*f*), badiu. ***3*** celobert. ***4*** *arq* clasta (*f*), clastra (*f*).
patizambo, ba *a* sancallós.
pato *m ornit* ànec (en general).
patochada *f* disbarat (*m*).
patología *f med* patologia.
patraña *f fam* bola, gran mentida.
patria *f* pàtria.
patriarca *m* patriarca.
patrimonial *a* patrimonial.
patrimonio *m* patrimoni.
patriota *s* patriota.
patrocinador, a *a* i *s* patrocinador.
patrocinar *v tr* patrocinar.
patrocinio *m* patrocini.
patrón, ona *s* ***1*** patró. ***2*** patró (sant titular o protector). ***3*** patró (amo). ***4*** dispeser. ***5*** *nàut* patró (d'una embarcació). || *m* ***1*** patró (model). ***2*** patró (metall tipus). ***3*** patró (arbre que suporta l'empelt).
patronal *a* i *f* patronal.
patrono, na *s* ***1*** *V* **patrón** 1, 2 i 3. ***2*** patró (de fàbrica, de taller, etc.).
patrulla *f* patrulla.
patrullar *v intr* patrullar.
paulatino, na *a* que procedeix de mica en mica, gradual.
pausa *f* pausa.
pauta *f* ***1*** pauta. ***2*** regle (*m*).
pavesa *f* guspira.
pavimentar *v tr* pavimentar.
pavimento *m* paviment.
pavo *m ornit* gall dindi, indiot, pioc, titot (*Meleagris gallopavo*). || **p. real** *ornit* paó, pavó (*Pavo cristatus*).
pavor *m* paüra (*f*).
pavoroso, sa *a* paorós, esglaiós, esglaiador.
pavura *f V* **pavor**.
payaso, sa *s* pallasso, clown.
payés, esa *s* pagès, llaurador.
paz *f* pau.
peaje *m* peatge.
peana *f* peanya, peany (*m*).
peatón, ona *s* vianant, transeünt.
peatonal *a* per als vianants.
peca *f* piga.
pecado *m* pecat.
pecar *v intr* pecar.
pecera *f* peixera.
pechero *m* pitet, bavosall.
pechina *f* ***1*** *zool* petxina, copinya. ***2*** *zool* clòtxina. ***3*** *arq* petxina.
pecho *m anat* ***1*** pit, pitrera (*f*). ***2*** pit, mamella (*f*).
pechuga *f anat* pit.
pecoso, sa *a* pigat, pigallós, pigós.
pecuario, ia *a* pecuari.
peculiar *a* peculiar.
pecunia *f* pecúnia, pistrincs (*m pl*) (diners).
pedagogía *f* pedagogia.
pedal *m* pedal, calca (*f*).
pedante *a* i *s* pedant.
pedazo *m* tros, bocí.
pederasta *m* pederasta.
pedernal *m* pedrenyera (*f*), pedra (*f*) foguera.
pedestal *m* pedestal.
pedestre *a* pedestre.
pediatría *f med* pediatria.
pedicuro, ra *s med* pedicur, callista.
pedido *m* comanda (*f*), encàrrec, demanda (*f*).
pedidor, a *a* demanador.
pedidura *f* demanda, petició (acció de demanar).
pedigüeño, ña *a* i *s* pidolaire.
pedir *v tr* demanar.
pedo *m fam* pet (ventositat).
pedrada *f* pedrada.
pedrea *f* ***1*** pedrega, apedrec (*m*), apedregada, pedrades (*pl*). ***2*** pedregada.
pedregal *m* pedregar, pedreguer, claper, clapera (*f*), clapissa (*f*).
pedregoso, sa *a* pedregós, pedrós.
pedreñal *m* pedrenyal.
pedrisco *m* ***1*** pedra (*f*) (d'una pedregada). ***2*** pedregada (*f*).
pedúnculo *m anat bot* peduncle.
pega *f* ***1*** enganxada, enganxament (*m*). ***2*** miquel (*m*), moc (*m*).
pegada *f* pegada.
pegado *m V* **pegote** 1.
pegajoso, sa *a* ***1*** enganxós, apegalós, pegallós, agafallós. ***2*** encomanadís, contagiós.
pegamento *m* goma (*f*) d'enganxar.
pegar *v tr* ***1*** enganxar. ***2*** encomanar, contagiar. ***3*** pegar, etzibar. ***4*** pegar (copejar). ***5*** batre. ***6*** tustar. ***7*** calar (foc). || *v intr* escaure, adir-se (*pron*). || *v pron* agafar-se (una vianda).
pegote *m* ***1*** pegat. ***2*** pastetes (*f pl*).
peinado, da *a* i *m* pentinat.
peinar *v tr* i *pron* pentinar.
peine *m* pinta (*f*).
peineta *f* pinta (per a subjectar el cabell).
peje *m* ***1*** *ictiol V* **pez**. ***2*** *fig* home astut.
pejiguera *f* nosa.
pela *f V* **peladura**.
peladilla *f* ***1*** ametlla ensucrada. ***2*** macolí (*m*).
pelado, da *a* rònec, pelat. || *m* pelada (*f*) (de cabell).
peladura *f* pela, pelada (acció de pelar). || *f pl* peladures, pelalles.
pelagatos *s fam* pelacanyes.
pelaje *m zool* pelatge.
pelambrera *f fam* pelussera.
pelanas *m fam V* **pelagatos**.
pelar *v tr* ***1*** pelar. ***2*** cotnar, pelar. ***3*** *fig* pelar, deixar (algú) sense béns. || *v pron* pelar-se.
peldaño *m* graó, esglaó, escaló, escalaró.
pelea *f* ***1*** baralla, batussa, esbatussada. ***2*** punya.
pelear *v intr* barallar-se (*pron*), lluitar, combatre, batre's (*pron*), esbatussar-se (*pron*), bategar.

pelele *m 1* ninot. *2 fig* pijama d'una peça (d'un infant).
peletería *f* pelleteria.
peliagudo, da *a fig* difícil.
pelícano *m ornit* pelicà (comú) (*Pelecanus onocrotalus*).
película *f 1* pel·lícula, tel (*m*). *2* pel·lícula, film (*m*).
peligrar *v intr* perillar.
peligro *m* perill.
peligroso, sa *a* perillós.
pella *f 1* pilot (*m*), pilota. *2* bola. *3* mota, terròs (*m*). *4* sagí (*m*), saïm (*m*).
pellejo *m 1 V* **piel**. *2* pellofa (*f*), pellerofa (*f*) (de fruita). *3* bot, odre.
pellico *m* samarra (*f*), samarró.
pellizcar *v tr 1* pessigar. *2* pinçar (amb els dits). *3* pellucar, pellicar, espellucar, piscar.
pellizco *m 1* pessic. *2* pessigada (*f*). *3* pinçada (*f*).
pelma *a* i *s*, **pelmazo** *a* i *s 1 fig* cosa aixafada i atapeïda (s'aplica també a viandes). *2* bleda (persona). *3* corcó (persona molesta).
pelo *m 1* pèl. *2* cabell. *3* pelussa (*f*).
pelón, ona *a* pelat.
pelota *f* pilota.
pelotazo *m* pilotada (*f*), cop de pilota.
pelotera *f V* **pendencia**.
pelotilla *f* piloteta. || **hacer la p.** fer la gara-gara, llepar.
pelotillero, ra *s fam* llepa, llepaire.
pelotón *m 1* munió (*f*), multitud (*f*) (de gent). *2 mil* escamot.
peluca *f* perruca.
peluche *m* peluix.
peludo, da *a* pelut, pilós.
peluquería *f 1* perruqueria. *2* barberia.
peluquero, ra *s 1* perruquer. *2* barber.
peluquín *m* perruquí.
pelusa *f 1* borrissol (*m*). *2* pelussa.
pelvis *f anat* pelvis.
pena *f* pena. || **a duras penas** amb prou feines.
penacho *m* plomall, plomer, plomissall, plomell, flocall.
penado, da *a V* **penoso**. || *s* condemnat.
penal *a* penal. || *m* penal, presó.
penalidad *f jur* penalitat.
penar *v tr* penar.
penca *f bot* penca (fulla).
penco *m* carronya (*f*).
pendencia *f* baralla, batussa, brega.
pendenciero, ra *a* i *s* batusser, barralladís, bregós.
pender *v intr* penjar.
pendiente *a* pendent. || *f* pendís (*m*), pendent (*m*). || *m* arracada (*f*).
pendón *m 1* penó, pendó. *2* senyera (*f*). *3 fig* pendó (persona).
pendular *a* pendular.
péndulo *m* pèndol.
pene *m anat* penis, membre viril.
penetración *f* penetració.
penetrante *a* penetrant.
penetrar *v tr* i *intr* penetrar.
penicilina *f med* penicil·lina.
península *f geog* península.
penitencia *f* penitència.
penoso, sa *a* penós, penat, penible.
pensador, a *a* i *s* pensador.
pensamiento *m 1* pensa (*f*), pensament (facultat de pensar). *2* pensament (acció i efecte). *3 bot* pensament (la flor).
pensar *v tr* pensar. || *v intr* pensar, rumiar.
pensativo, va *a 1* pensarós, pensatiu. *2* consirós.
pensión *f* pensió.
pensionar *v tr* pensionar.
pensionista *s* pensionista.
pentágono *m geom* pentàgon.
pentagrama *f mús* pentagrama.
penúltimo, ma *a* i *s* penúltim.
penumbra *f* penombra.
penuria *f* penúria.
peña *f 1 geog* penya (bloc natural de pedra). *2* penya (grup de gent habitual en una reunió).
peñasco *m geog* peny, penyal (penya aïllada).
peñón *m* penyal (muntanya).
peón, a *s* peó. || *m* trompitxol, baldufa (*f*). || **p. caminero** peó caminer.
peonza *f* baldufa (que hom fa ballar amb corda o corretja).
peor *a* i *adv* pitjor.
pepinillo *m bot* cogombre petit.
pepino *m bot* cogombre (*Cucumis sativa*).
pepita *f 1 bot* llavor, pinyol (*m*) (de fruites). *2* palleta (tros d'or o d'un altre metall en brut que es troba barrejat amb la terra).
pequeñez *f 1* petitesa. *2* menudesa.
pequeño, ña *a* i *s 1* petit. *2* menut.
pera *f 1 bot* pera (fruit del perer). *2* pera (de goma, etc.). *3 V* **perilla**.
percance *m 1* contratemps. *2* tropell (greu pertorbació). *3* percaç.
percatar *v intr* preveure (*tr*). || *v pron* adonar-se.
percebe *m zool* percebe (*Pollicipes cornucopia* i afins).
percepción *f* percepció (facultat).
percha *f* perxa.
percibir *v tr 1* percebre. *2* sentir.
percibo *m* percepció (*f*) (acció i efecte de percebre).
percusión *f 1* percussió. *2* percudida.
percutir *v tr* percudir.
perder *v tr* i *pron* perdre.
perdición *f* perdició.
pérdida *f* pèrdua.
perdido, da *a* perdut.
perdigón *m* perdigó.
perdis *s fig* perdis.
perdiz *f ornit* perdiu (*Alectoris rufa*).
perdón *m* perdó, perdonança (*f*).
perdonar *v tr* perdonar.
perdonavidas *s fig* perdonavides, pinxo (*m*).
perdulario, ia *s* perdulari, perdis.
perdurar *v intr* perdurar.
perecedero, ra *a 1* perible. *2* moridor.
perecer *v intr* perir, deperir.
peregrino, na *a* peregrí. || *a* i *s* pelegrí.
perejil *m bot* julivert (*Petroselinum hortense*).
perenne *a* perenne.

perentorio, ia *a* peremptori.
pereza *f* peresa, mandra (*fam*).
perezoso, sa *a* peresós, mandrós.
perfección *f* perfecció.
perfeccionar *v tr* i *pron* perfeccionar.
perfecto, ta *a* ***1*** perfecte. ***2*** perfet. || *a* i *m gram* perfet.
perfidia *f* perfídia.
pérfido, da *a* i *s* pèrfid.
perfil *m* perfil.
perfilar *v tr* i *pron* perfilar.
perforación *f* perforació.
perforar *v tr* perforar.
perfume *m* perfum.
pergamino *m* pergamí.
pergeñar *v tr* ***1*** conjuminar, engiponar, apariar. ***2*** endegar.
pérgola *f* pèrgola.
pericarpio *m*, **pericarpo** *m bot* pericarpi.
pericia *f* perícia.
periclitar *v intr* periclitar.
periferia *f* perifèria.
perífrasis *f gram* perífrasi.
perifrástico, ca *a* perifràstic.
perigallo *m anat* pelleringa (*f*) (a la barba, al coll).
perilla *f* ***1*** pera (interruptor). ***2*** pera (barbeta).
perímetro *m geom* perímetre.
periodicidad *f* periodicitat.
periódico, ca *a* periòdic. || *m* diari, periòdic.
periodismo *m* periodisme.
periodista *s* periodista.
período *m*, **periodo** *m* període.
peripecia *f* peripècia, facècia.
periquito *m ornit* periquito (*Melopsittacus undulatus*).
periscopio *m* periscopi.
peritaje *m* peritatge.
peritar *v tr* peritar.
perito, ta *a* i *s jur* perit.
perjudicar *v tr* perjudicar.
perjuicio *m* perjudici, perjuí.
perjuro, ra *a* i *s* perjur.
perla *f* perla.
permanecer *v intr* romandre.
permanencia *f* permanència.
permanente *a* i *f* permanent.
permeable *a* permeable.
permisión *f* ***1*** *V* **permiso** 1. ***2*** permissió (acció de permetre).
permiso *m* ***1*** permís, permissió (*f*). ***2*** allerament.
permitir *v tr* i *pron* ***1*** permetre. ***2*** allerar.
permuta *f* permuta, troc (*m*), truca.
permutar *v tr* permutar.
pernear *v intr* ***1*** *V* **patalear** 1. ***2*** *V* **patear**.
pernera *f* camall (*m*) (dels pantalons).
pernicioso, sa *a* perniciós.
pernil *m* pernil, pernill, cuixot.
perno *m* pern.
pernoctar *v intr* pernoctar.
pero *conj* però, emperò, mes. || *m* però.
perogrullada *f* veritat tan sabuda que dir-la resulta una bajanada.
perol *m* perol.
peroné *m anat* peroné.
perorar *v intr* perorar, enraonar.
perpendicular *a* i *s geom* perpendicular.
perpetrar *v tr* perpetrar.
perpetuar *v tr* perpetuar.
perpetuo, ua *a* perpetu.
perplejo, ja *a* perplex.
perra *f* ***1*** *zool* gossa. ***2*** rabiola, rebequeria.
perrera *f* ***1*** gossera, canera. ***2*** *V* **perra** 2.
perro *m zool* gos, ca (*Canis familiaris*).
persecución *f* ***1*** persecució, encalç (*m*). ***2*** percaçament (*m*), acaçament (*m*).
perseguimiento *m* *V* **persecución** 2.
perseguir *v tr* ***1*** perseguir, encalçar, acuitar. ***2*** percaçar, acaçar.
perseverar *v intr* perseverar.
persiana *f* persiana.
persistencia *f* persistència.
persistir *v intr* persistir.
persona *f* persona.
personaje *m* personatge.
personal *a* i *m* personal. || *f* personal (falta).
personalidad *f* personalitat.
personificar *v tr* personificar.
perspectiva *f* perspectiva.
perspicacia *f*, **perspicacidad** *f* perspicàcia, perspicacitat.
perspicaz *a* perspicaç.
persuadir *v tr* i *pron* persuadir.
persuasión *f* persuasió.
pertenecer *v intr* ***1*** pertànyer. ***2*** pertocar.
pertenencia *f* pertinença.
pértiga *f*, **pertigal** *m* perxa (*f*) (pal llarg i estret).
pertinaz *a* pertinaç.
pertinencia *f* pertinència.
pertinente *a* pertinent.
pertrecho *m* pertret, forniment.
perturbación *f* pertorbació.
perturbar *v tr* pertorbar.
peruano, na *a* i *s* peruà.
perversidad *f* perversitat.
perverso, sa *a* pervers.
pervertir *v tr* pervertir.
pesa *f* pes (*m*) (peça).
pesadez *f* ***1*** pesadesa, feixuguesa, feixugor. ***2*** *V* **pesantez**. ***3*** pesadura.
pesadilla *f* ***1*** opressió o ofec (*m*) mentre hom dorm. ***2*** malson (*m*).
pesado, da *a* ***1*** pesat, feixuc, sorrer. ***2*** *fig* pesat (dur, penós). ***3*** *fig* pesat (molest).
pesadumbre *f* ***1*** *V* **pesadez** 1. ***2*** *V* **pesar**. ***3*** *V* **pesantez**.
pésame *m* condol, condolença (*f*).
pesante *a* pesant.
pesantez *f* pesantor.
pesar *m* pesar, greu. || **a p. de** malgrat, a pesar de.
pesar *v tr* i *intr* pesar. || **pese a** *V* **a pesar de**.
pesca *f* ***1*** pesca (acció de pescar). ***2*** pesca (el peix pescat). ***3*** pescada.
pescadería *f* peixateria, pescateria.
pescado *m* peix (comestible i ja pescat).
pescador, a *a* pescador. || *s* pescador, pescaire.

pescante *m* pescant.
pescar *v tr* ***1*** pescar. ***2*** *fig* collir, copsar.
pescuezo *m anat* bescoll, batcoll, clatell.
pesebre *m* ***1*** menjadora (*f*), grípia (*f*). ***2*** pessebre, naixement.
pesiar *v intr* renegar (dir renecs).
pesimismo *m* pessimisme.
pesimista *a* i *s* pessimista.
pésimo, ma *a* pèssim.
peso *m* pes (propietat dels cossos; sentits figurats).
pespunte *m* repunt.
pesquis *m fig* cap, cervell, senderi, seny.
pestaña *f* pestanya.
pestañear *v intr V* **parpadear**.
peste *f* ***1*** *med* pesta (malaltia). ***2*** *vet* marfuga. ***3*** pudor, pestilència. ***4*** *fig* pesta (cosa o persona dolentes).
pestilencia *f* ***1*** *med V* **peste** 1. ***2*** pesta, pestilència, fortor.
pestillo *m* pestell, llisquet, balda (*f*), baldó.
pétalo *m bot* pètal.
petar *v intr fam* venir de cara.
petardo *m* petard.
petición *f* petició.
pétreo, ea *a* petri, pedrenc.
petrificar *v tr* petrificar.
petróleo *m* petroli.
petroso, sa *a V* **pedregoso**.
petulancia *f* petulància.
petunia *f bot* petúnia (*Petunia nictiginiflora*).
pez *m ictiol* peix (no pescat). || *m pl* Peixos (constel·lació i signe del zodíac).
pez *f* pega.
pezón *m* ***1*** *bot V* **pedúnculo**. ***2*** *anat* mugró, mamil·la (*f*).
pezuña *f anat* peülla, peüngla, ungla.
piafar *v intr* piafar.
pianista *s mús* pianista.
piano *m mús* piano.
piar *v intr* piular, piulejar, piuar.
pica *f* pica (arma).
picada *f* picada (d'insectes, de serps, etc.).
picadillo *m* ***1*** xixina (*f*). ***2*** capolat. ***3*** picada (*f*).
picado *m* picat.
picadura *f* picada.
picante *a* ***1*** picant. ***2*** coent.
picapica *f* ***1*** *bot* picapica (*Mucuna pruriens*). ***2*** pólvores (*pl*) d'esternudar.
picaporte *m* picaporta, picador, trucador.
picar *v tr* ***1*** picar, fiblar. ***2*** picar (un insecte, una serp, etc.). ***3*** picolar, picar. ***4*** picar (els ocells). ***5*** picar (l'esquer els peixos). ***6*** picar, ensinistrar (cavalls). ***7*** picar (en billar). ***8*** picar, donar cops (amb un pic, martell, etc.). || *v intr* ***1*** pruir, coure. ***2*** picar, pellucar, pellicar, espellucar, piscar. ***3*** esperonar. ***4*** *aviac* picar. || *v pron* ***1*** arnar-se. ***2*** picar-se, ofendre's.
pícaro, ra *a* picardiós. || *a* i *s* bergant, brivall.
picazón *f* pruïja, rabior.
picha *f anat fam* pixa, titola, tita.
pichón *m ornit* colomí (domèstic).
picnic *m* pícnic.
pico *m* ***1*** *anat* bec (d'un ocell). ***2*** pic (eina). ***3*** *geog* agudell. ***4*** *geog* pic, tuc, cúspide (*f*). ***5*** escaig, escadús. ***6*** picossada (*f*).
picor *m* picor (*f*).
picota *f* picota, costell (*m*).
pictograma *m* pictograma.
pictórico, ca *a* pictòric.
pie *m* ***1*** peu. ***2*** petge. ***3*** pota (*f*). ***4*** *anat bot V* **pedúnculo**. ***5*** base (*f*), peanya (*f*). ***6*** piló (de verema). || **a p. enjuto** a l'ensec. || **a p.** a peu. || **a p. llano** a peu pla. || **de p.**, **en p.** a peu dret, dret.
piedad *f* pietat.
piedra *f* ***1*** pedra (matèria). ***2*** roc (*m*), pedra, cantal (*m*), còdol (*m*), mac (*m*). ***3*** pedra (per a la construcció). ***4*** *med* pedra, càlcul (*m*). ***5*** *V* **pedrisco** 1.
piel *f* pell.
pienso *m* pinso.
pierna *f anat* ***1*** cama, gamba. ***2*** cuixa (dels animals).
pieza *f* peça.
pifia *f* pífia, espifiada.
pifiar *v intr* espifiar.
pigmentación *f* pigmentació.
pigmento *m* pigment.
pigmeo, ea *a* i *s* pigmeu.
pignorar *v tr* pignorar, empenyorar.
pijama *m* pijama.
pila *f* ***1*** pica (per a rebre un líquid). ***2*** pila (baptismal). ***3*** pila, munt (*m*). ***4*** pica (de cuina). ***5*** *fís* pila. || **nombre de p.** nom de pila.
pilar *m* pilar.
pilastra *f arq* pilastra, pilastró (*m*).
píldora *f med* píndola.
pillaje *m* pillatge.
pillar *v tr* ***1*** pillar. ***2*** *fig* prendre, arreplegar. || *v pron* agafar-se (els dits).
pillete *m*, **pillo, lla** *a* i *s* murri, pillet.
pilón *m* ***1*** pica (*f*) (de font). ***2*** piló (de sucre). ***3*** piló (de molí). ***4*** piló (en terrisseria, etc.).
píloro *m anat* pílor.
piloso, sa *a* ***1*** *V* **peludo**. ***2*** *anat* pilós.
pilotaje *m* pilotatge.
pilotar *v tr* pilotar (una nau, un vehicle).
piltrafa *f* pelleringa.
pimentón *m* pebre vermell.
pimienta *f bot* pebre (*m*), piment (*m*).
pimiento *m bot* ***1*** pebrotera (*f*), pebroter, bitxo (*Capsicum annuum*). ***2*** pebrot (fruit).
pimpollo *m* ***1*** *agr* planço (arbre nou). ***2*** *bot* brot, grífol, ull, tany, brotó. ***3*** poncella (*f*) de rosa. ***4*** *fig* planço, noi o noia plens d'ufana.
pinacoteca *f* pinacoteca.
pináculo *m* pinacle.
pinar *m* pineda (*f*), pinar.
pincel *m* pinzell.
pinchar *v tr* punxar, burxar, punyir. || *v intr* i *pron* rebentar (un pneumàtic). || *v pron* punxar-se.
pinchazo *m* punxada (*f*), burxada (*f*), punyida (*f*), punyiment.
pincho *a* i *s* pinxo (persona). || *m* punxa (*f*).
pingajo *m fam* pelleringa (*f*), parrac (de roba).

ping-pong *m* ping-pong.
pingüe *a 1* gras. *2 fig* copiós.
pingüino *m ornit* pingüí (*gèns Pinguinus, Aptenodytes, Eudyptes, Eudyptula, Megadyptes* i *Pygoscelis*).
pinito *m* pas de tentines. || *m pl fam* tentines (*f*).
pino *m bot* pi (*gèn Pinus*).
pino, na *a 1* empinat. *2* rost, costerut, costerós.
pinta *f 1* pinta (taca, clapa). *2* pinta (de naip). *3* pinta, tirat (*m*) (aspecte).
pintado, da *a 1* pintat. *2* clavat (molt escaient, molt ajustat). || *m* pintada (*f*).
pintalabios *m* pintallavis.
pintar *v tr* i *pron* pintar.
pintor, a *s* pintor.
pintura *f* pintura.
pinzas *f pl* pinces (en espanyol, com en català, usat a vegades en singular).
pinzón *m ornit* pinsà (*Fringilla coelebs*).
piña *f bot* pinya.
piñón *m 1 bot* pinyó (del pi). *2* pinyó (peça).
pío *m* piu, piuladissa (*f*).
piojo *m entom* poll (*Pediculus capitis*).
pionero, ra *s* pioner.
pipa *f* pipa.
pipar *v tr* pipar (una pipa).
pipí *m fam* pipí.
pipiolo, la *s* xitxarel·lo (*m*), pipiolo (*m*).
pique *m 1* ressentiment, picabaralla (*f*). *2 V* **puntillo**. || **irse a p.** anar-se'n a pic.
piqueta *f 1* picot (*m*). *2* piqueta.
piquete *m* piquet.
pira *f* pira.
piragua *f* piragua.
piragüismo *m* piragüisme.
pirámide *f* piràmide.
piraña *f ictiol* piranya (*gèns Serrasalmo, Pygocentrus* i *Roosveltiella*).
pirarse *v pro* guillar, pirar (*intr*).
pirata *a* i *s* pirata.
pirita *f* pirita.
pirómano, na *a* i *s* piròman.
piropear *v tr* galantejar, tirar floretes.
piropo *m* floreta (*f*), flor (*f*), galanteria (*f*).
pirotecnia *f* pirotècnia.
pirueta *f* cabriola.
pis *m fam* pipí.
pisa *f 1* trepig (*m*), trepitjada, calcigada. *2* petja.
pisada *f*, **pisadura** *f 1* trepitjada, calcigada, pisada. *2* petjada, petja, peuada, trepitjada.
pisar *v tr 1* petjar. *2* trepitjar (posar el peu sobre algúna cosa). *3 fig* trepitjar, follar, calcigar (a algú)
piscina *f* piscina.
piscolabis *m* mossada (*f*), piscolabis.
piso *m 1* sòl. *2 V* **pavimento**. *3* pis.
pisotón *m* trepitjada (*f*).
pista *f* pista.
pistacho *m bot* festuc, pistatxo (fruit).
pistilo *m bot* pistil.
pisto *m* brou.
pistola *f* pistola.
pistón *m* pistó.
pita *f 1 bot* atzavara, pita (*Agave americana*). *2* xiulada, xiuladissa, xiuladera (de desaprovació).
pitada *f* xiulet (*m*) (so, fet amb un xiulet).
pitaña *f* lleganya.
pitar *v tr* xiular. || *v intr 1* xiular (amb un xiulet). *2* tocar el clàxon. *3 fig* pencar.
pitido *m V* **pitada**.
pitillo *m* cigarret, cigarreta (*f*).
pito *m 1* xiulet (instrument). *2 fam* cigarret.
pitón *m 1* banyó. *2* broc, galet, gal, bec. *3 zool* pitó (*gèn Python*)..
pitorrearse *v pron* passejar-se, rifar-se, burlar-se
pitorreo *m* passejada (*f*), rifada (*f*), burla (*f*).
pitorro *m V* **pitón** 2.
pizarra *f 1* pissarra (roca). *2* pissarra (per a escriure-hi). *3* llicorella, llécol (*m*).
pizca *f* mica, borrall (*m*), gota, engruna, pèl (*m*), bri (*m*). || **ni p.** no gens; ni poc ni gens.
pizcar *v tr* piscar, pellucar, pelliscar.
pizza *f* pizza.
placa *f* placa.
placenta *f anat bot* placenta.
placer *m* plaer, pler, goig.
placer *v intr* plaure.
plácido, da *a* plàcid.
plafón *m arq* plafó.
plaga *f 1* plaga. *2 med* plaga.
plagar *v tr* omplir, farcir (d'una cosa dolenta).
plagiar *v tr* plagiar.
plagio *m jur* plagi.
plan *f* pla (projecte, norma, directriu).
plana *f 1 geog* plana, planura, planúria, planícia, pla (*m*). *2* plana, pàgina. || **p. mayor** plana major.
plancha *f 1* planxa (làmina). *2* planxa (utensili). *3* planxa, ficada de peus.
planchar *v tr* planxar.
plancton *m biol* plàncton.
planeador *m aviac* planador.
planear *v tr 1* planejar. *2* planar (un ocell). || *v intr aviac* planar.
planeta *m astron* planeta.
planicie *f geog V* **plana** 1.
planificar *v tr* planificar.
plano, na *a* pla. || *m 1 geom* pla. *2* plànol, pla.
planta *f 1 anat* planta (del peu). *2 bot* planta (vegetal). *3 arq* planta. *4 fig* planta (presència, aspecte).
plantación *f agr 1* plantació, plantada, plantament (*m*), planta (acció de plantar). *2 V* **plantío** 2.
plantado, da *a 1* plantat. *2 fig* palplantat (persona).
plantar *v tr* i *pron* plantar.
plante *m* actitud (*f*) col·lectiva per a exigir o rebutjar alguna cosa.
plantear *v tr* plantejar.
plantilla *f* plantilla.
plantío *m agr 1 V* **plantación** 1. *2* plantació (*f*), plantada (*f*), plantament (conjunt de vegetals plantats).
plantón *m 1 agr V* **pimpollo** 1. *2 agr* planço (branca plantada perquè arreli). *3 fam* espera llarga.
plañidero, ra *a* planyívol.
plañido *m* plany, lament, llament.

plañimiento *m* plany (acció).
plañir *v intr* plànyer-se (*pron*).
plasma *m biol* plasma (de la sang).
plasmar *v tr* i *pron* plasmar.
plástico, ca *a* i *m* plàstic. || *f* plàstica.
plastilina *f* plastilina.
plata *f* argent (*m*), plata.
plataforma *f* plataforma.
plátano *m bot* ***1*** plàtan (*Platanus orientalis*). ***2*** plàtan, bananer (*Musa sapientium*). ***3*** plàtan, banana.
platea *f* platea.
platería *f* argenteria.
plática *f* ***1*** enraonament (*m*), parlada, assentada, xerrada. ***2*** homilia, prèdica.
platicar *v intr* enraonar, parlar.
platina *f* platina.
platino *m* platí.
plato *m* plat.
plausible *a* plausible.
playa *f* platja.
plaza *f* plaça.
plazo *m* termini, terme, coll, paga (*f*).
plebe *f* plebs, pleballa, populatxo (*m*).
plebeyo, ya *a* i *s* plebeu.
plebiscito *m* plebiscit.
plegar *v tr* i *pron* plegar (doblegar).
plegaria *f* plegària, preguera.
pleitear *v intr jur* pledejar.
pleito *m jur* plet.
plenario *m jur* plenari.
plenilunio *m* pleniluni, ple.
plenitud *f* plenitud.
pleno, na *a* ple. || *m* ple.
pleonasmo *m gram* pleonasme.
plepa *f fam* persona amb xacres.
pletórico, ca *a* pletòric.
pleura *f anat* pleura.
plexiglás *m* plexiglàs.
plexo *m anat* plexe.
plica *f jur med* plica.
pliego *m* plec (de paper).
pliegue *m* plec, doblec.
plomo *m quím* plom.
pluma *f* ploma.
plumaje *m*, **plumazón** *f ornit* plomatge (*m*).
plumero *m* ***1*** plomer (de neteja). ***2*** *V* **penacho**.
plumilla *f* tremp (*m*), plomí (*m*).
plural *a* i *m* plural.
plus *m* plus.
pluscuamperfecto, ta *a* i *m gram* plusquamperfet.
plusvalía *f* plusvàlua.
pluvial *a* pluvial.
población *f* ***1*** poblament (*m*). ***2*** població.
poblado *m* poblat.
poblar *v tr* poblar.
pobre *a* i *s* pobre.
pobreza *f* pobresa, pobretat.
pocilga *f* cort, cortina, cortiella.
poción *f* poció.
poco, ca *a* poc. || *m* mica (*f*), poc, xic, pèl. || *adv* poc. || **p. a p.** a poc a poc. || **p. más o menos** poc més poc menys; poc ençà poc enllà. || **por p.** per poc. || **ni p. ni mucho** ni poc ni molt. || **ni tanto ni tan p.** entre poc i massa. || **a p.** al cap de poc; poc després. || **tener en p.** ***1*** menysprear. ***2*** menystenir.
poder *m* poder.
poder *v tr* poder.
poderío *m* poder.
poderoso, sa *a* poderós.
podio *m* podi, pòdium.
podología *f med* podologia.
podrecer *v tr* i *pron V* **pudrir**.
podredumbre *f* podridura.
podrir *v tr* i *pron V* **pudrir**.
poema *m* poema.
poesía *f* poesia.
poeta *s* poeta.
poético, ca *a* poètic. || *f* poètica.
poetisa *f* poetessa, poeta.
póker *m* pòquer (joc).
polaco, ca *a* i *s* polonès.
polaina *f* polaina, calçó (*m*).
polar *a* polar.
polea *f* politja, corriola.
polémico, ca *a* polèmic. || *f* polèmica.
polen *m bot* pol·len.
poleo *m bot* poliol (*Teucrium polium*).
polichinela *m* putxinel·li, titella.
policía *s* policia. || *f* policia.
policíaco, ca *a*, **policiaco, ca** *a* policíac.
policromía *f* policromia.
polideportivo *m* poliesportiu.
poliedro *m geom* políedre.
poliéster *m quím* polièster.
poligamia *f* poligàmia.
polígono *m* polígon.
polilla *f entom* arna, tinya (*Tinea pellionella*).
polinesio, ia *a* i *s* polinesi.
polinización *f bot* pol·linització.
pólipo *m med zool* pòlip.
política *f* política.
político, ca *a* i *s* polític.
póliza *f* pòlissa.
polizón *s* polissó.
polla *f anat V* **picha**.
pollo *m* ***1*** *ornit V* **polluelo**. ***2*** *ornit* pollastre. ***3*** *fig* pollastre, jove.
polluelo, la *s ornit* pollet, poll.
polo *m* ***1*** *geog* pol. ***2*** polo.
polonés, esa *a* i *s V* **polaco**.
poltrón, ona *a* i *s* poltró. || *f* poltrona, butaca.
polución *f* pol·lució.
polvareda *f* polseguera, polsegada.
polvera *f* polvorera.
polvillo *m* polsina (*f*), polsim.
polvo *m* pols (*f*) (massa de partícules). || *m pl* pols, pólvores (*f*). || **en p.** en pols.
pólvora *f* pólvora.
polvoriento, ta *a* polsegós, polsós.
polvorín *m* polvorí.
pomada *f* pomada.
pomelo *m bot* aranja (*f*).
pomo *m* ***1*** *bot* pom (fruit). ***2*** pom (flascó). ***3*** pom (peça).

pompa *f* pompa.
pomposo, sa *a* pompós.
pómulo *m anat* pòmul.
ponche *m* ponx.
ponderación *f 1* ponderació. *2* seny (*m*).
ponderar *v tr* ponderar, decantar.
ponencia *f* ponència.
ponente *a* i *s* ponent (persona).
poner *v tr 1* posar (col·locar). *2* posar (suposar). *3* pondre. || *v pron* pondre's.
póney *m*, **poni** *m zool* poni.
poniente *m* ponent.
pontífice *m* pontífex.
pontón *m* pontó.
ponzoña *f 1* metzina, túixec (*m*). *2* verí.
ponzoñar *v tr 1* verinar. *2* enverinosar.
ponzoñoso, sa *a* metzinós, metziner, verinós, tuixegós.
popa *f nàut* popa.
populacho *m V* **plebe**.
popular *a* popular.
popularidad *f* popularitat.
populismo *m* populisme.
póquer *m* pòquer (joc).
por *prep* per. || **¿p. qué?** per què? || **p. siempre** per sempre, per a sempre.
porcelana *f* porcellana.
porcentaje *m* percentatge.
porche *m arq* porxo.
porción *f* porció.
porfía *f* porfídia.
pormenor *m* detall.
pornografía *f* pornografia.
poro *m* porus.
porque *conj* perquè, per tal com.
porqué *m* perquè.
porquería *f* porqueria.
porqueriza *f V* **pocilga**.
porra *f 1* porra (bastó de cap gros). *2* porra, clava. *3* porra, maça. *4* cosa que molesta.
porrada *f 1 V* **porrazo** 1. *2 fig* gavadal (*m*).
porrazo *m 1* patacada (*f*) (en general). *2* batut, esclatarada (*f*). || **de golpe y p.** *loc adv* de cop i volta, de cop, tot d'una, de cop sobte.
a porrillo *loc adv* a dojo, a raig fet, a doll.
porro *m 1 bot* porro. *2* porro (cigarret).
porrón *m* porró (atuell).
porta *f 1 anat* porta, vena porta. *2 nàut* porta, portalera.
portaaviones *m nàut* portaavions.
portaequipaje *m*, **portaequipajes** *m* portaequipatge, maleter.
portal *m arq* portal.
portamonedas *m* portamonedes.
portarse *v pron* portar-se, comportar-se, captenir-se.
portátil *a* portàtil.
portavoz *s* portaveu.
porte *m 1 V* **porteo**. *2* port (quantitat a pagar).
portear *v tr* portar, traginar.
portento *m* portent.
porteo *m* port, traginada (*f*), tragí.
portería *f* porteria.
portero, ra *s* porter.
portezuela *f* portella.
pórtico *m arq 1* pòrtic (davant d'un edifici). *2* pòrtic, porxada (*f*).
portillo *m 1* portell (bretxa). *2 geog* portell, call, canal (pas estret entre dues altures). *3* portella (*f*) (porta oberta en el batent).
portorriqueño, ña *a* i *s* porto-riqueny.
portugués, esa *a* i *s* portuguès.
porvenir *m* esdevenidor, avenir, futur, venidor.
en pos *loc adv* darrere, darrera.
posada *f 1* fonda, posada. *2* hostalatge (*m*), posada (allotjament). *3* dispesa (preu).
posaderas *f pl fam* paner (*m sing*), darrere (*m sing*), darrera (*m sing*), cul (*m sing*).
posar *v intr 1* posar, parar. *2* posar (en pintura, etc.). || *v pron* posar-se.
posdata *f* postdata.
pose *f* posa (actitud).
poseer *v tr* i *pron* posseir.
posesión *f* possessió.
posesivo, va *a* possessiu.
poseso, sa *a* i *s* esperitat, posseït.
posguerra *f* postguerra.
posibilidad *f* possibilitat.
posible *a* possible.
posición *f* posició.
positivo, va *a* positiu. || *m* (o *f*) positiu (*m*) (fotografia).
pósito *m* cooperativa (*f*).
positura *f V* **postura** 1.
poso *m* pòsit, solatge, farga (*f*), ressòl, solada (*f*).
posponer *v tr 1* posposar. *2* sotaposar.
posta *f 1* posta (de cavalls). *2* perdigó (*m*) gran (bala). *3* posta (en el joc). || **a p.** a posta.
postal *a* i *f* postal.
poste *m* pal (pilar).
póster *m* pòster, cartell.
postergar *v tr* postergar.
posteridad *f* posteritat.
posterior *a* posterior.
postigo *m 1* finestró, porticó, ventalló. *2 V* **portillo** 3.
postilla *f med* crostís (*m*), crosta.
postín *m 1* presumpció (*f*). *2* upa (*f*).
postizo, za *a* i *m* postís.
postor *s jur* postor.
postración *f* prostració, postració.
postrar *v tr* i *pron* prostrar, postrar.
postre *m* postres (*f pl*), llevant. || **a la p.** a la fi, al capdavall.
postrero, ra *a* darrer, últim.
postrimería *f 1* darreria. *2* acaballes (*pl*), darreries (*pl*). || **a las postrimerías** a la darreria.
postulado *m* postulat.
postular *v tr* postular.
póstumo, ma *a 1* pòstum. *2* sobrenat.
postura *f 1* postura, positura, posat (*m*). *2* posta (d'ous). *3* postura (en subhasta).
potable *a* potable.
potasa *f quím* potassa.
potasio *m quím* potassi.
pote *m* pot.

potencia *f* potència.
potenciar *v tr* potenciar.
potente *a* potent.
potestad *f* potestat.
potingue *m* potinga (*f*).
potro *m* ***1*** *zool* poltre (*s*). ***2*** cavallet, poltre (de tortura). ***3*** poltre, cavall (de gimnàstica).
poyo *m* ***1*** pedrís. ***2*** descavalcador.
pozo *m* pou.
práctica *f* pràctica.
practicar *v tr* practicar.
práctico, ca *a* i *m* pràctic.
pradera *f*, **pradería** *f* praderia, prada.
prado *m* prat, prada (*f*).
preámbulo *m* preàmbul.
prebenda *f* prebenda.
precario, ia *a* precari.
precaución *f* precaució.
precaucionarse *v pron* capguardar-se, prendre precaucions.
precaver *v tr* precaucionar. || *v pron* capguardar-se, prendre precaucions.
precedente *a* i *m* precedent.
preceder *v tr* precedir.
precepto *m* precepte.
preces *f pl* pregàries.
preciar *v tr* prear, preuar, tenir en gran estima.
precintar *v tr* precintar.
precinto *m* precinte.
precio *m* preu.
precioso, sa *a* preciós.
precipicio *m* precipici, timba (*f*), balç, estimball, esbalçader, timbera (*f*), despenyador.
precipitar *v tr* i *pron* precipitar.
precisar *v tr* precisar.
precisión *f* precisió.
preciso, sa *a* precís.
preconizar *v tr* preconitzar.
precoz *a* precoç.
precursor, a *a* i *s* precursor.
predecesor, a *s* predecessor.
predecir *v tr* predir.
predestinar *v tr* predestinar.
prédica *f* prèdica, predic (*m*).
predicado *m gram* predicat.
predicamento *m* predicament.
predicar *v tr* predicar, sermonar.
predicción *f* predicció.
predilecto, ta *a* predilecte.
predisponer *v tr* predisposar.
predisposición *f* predisposició.
predominante *a* predominant.
predominar *v intr* predominar.
prefacio *m* prefaci.
prefecto, ta *s* prefecte.
preferencia *f* preferència.
preferente *a* preferent.
preferir *v tr* ***1*** preferir. ***2*** estimar-se (*pron*) més (una cosa que una altra).
prefijo *m* prefix.
pregón *m* crida (*f*), pregó.
pregonar *v tr* ***1*** pregonar, fer saber. ***2*** *fig* esbombar, esventar.
pregunta *f* pregunta.
preguntar *v tr* i *pron* preguntar.
prehistoria *f* prehistòria.
prejuicio *m* prejudici.
prelación *f jur* prelació.
preliminar *a* i *m* preliminar.
preludio *m* preludi.
prematuro, ra *a* prematur.
premeditación *f* premeditació.
premiar *v tr* premiar.
premio *m* premi.
premisa *f* premissa.
premura *f* ***1*** pressa. ***2*** urgència. ***3*** destret (*m*).
prenda *f* ***1*** penyora. ***2*** joiell (*m*), joia. ***3*** peça (de vestir). || **juego de prendas** joc de penyores.
prendarse *v pron* enamorar-se, corprendre's.
prender *v tr* ***1*** agafar (quelcom; algú). ***2*** calar (foc). || *v intr* ***1*** prendre. ***2*** arrelar.
prenombre *m* prenom.
prensa *f* premsa.
prensar *v tr* premsar.
preñada *a* i *f* prenys. || *f* embarassada.
preñar *v tr* prenyar.
preocupación *f* preocupació.
preocupar *v tr* i *pron* preocupar. || *v pron* passar ànsia, preocupar-se.
preparación *f* preparació.
preparar *v tr* ***1*** preparar. ***2*** amanir. || *v pron* preparar-se.
preponderancia *f* preponderància.
preposición *f gram* preposició.
prepucio *m anat* prepuci.
prerrogativa *f* prerrogativa.
presa *f* ***1*** presa (acció de prendre o agafar). ***2*** presa, percaç (*m*). ***3*** presa, resclosa (*m*).
presagio *m* presagi.
prescindir *v intr* prescindir.
prescribir *v tr* i *intr* prescriure.
presencia *f* presència.
presenciar *v tr* presenciar.
presentación *f* presentació.
presentar *v tr* i *pron* presentar.
presente *a* present. || *m* present, regal.
presentimiento *m* pressentiment.
presentir *v tr* pressentir.
preservar *v tr* preservar.
preservativo *m med* preservatiu, condó.
presidencia *f* presidència.
presidente, ta *s* president.
presidio *m* presidi.
presidir *v tr* presidir.
presión *f* pressió.
preso, sa *a* i *s* pres.
préstamo *m* ***1*** préstec, prestimoni. ***2*** manlleu.
prestancia *f* excel·lència.
prestar *v tr* i *pron* prestar. || **p. atención** parar atenció (o esment). || **p. oídos** parar orelles. || **pedir prestado** manllevar.
presteza *f* prestesa.
prestigio *m* prestigi.
presto, ta *a* prest. || *m mús* presto. || *adv* tot seguit, de seguida, prest.
presumir *v tr* i *pron* presumir.

presunción *f* presumpció.
presuponer *v tr* pressuposar.
presupuesto *m* pressupost.
presuroso, sa *a* pressut, cuitat.
pretender *v tr* pretendre.
pretensión *f* pretensió.
pretérito, ta *a* pretèrit. ‖ *m gram* pretèrit.
pretexto *m* pretext.
pretil *m arq* ampit, muralleta (*f*).
prevalecer *v intr* prevaler.
prevaler *v intr V* **prevalecer**. ‖ *v pron* prevaler-se (aprofitar-se).
prevención *f* prevenció.
prevenir *v tr* prevenir.
prever *v tr* preveure.
previo, ia *a* previ.
previsión *f* previsió.
prieto, ta *a 1* fosc. *2* estret.
prima *f 1* prima (hora). *2* prima (quantitat). *3* cosina.
primacía *f* primacia.
primada *f* rifada (ensarronada).
primario, ia *a* primari.
primavera *f* primavera.
primer *a* apòcope de **primero** (precedint substantiu i en masculí).
primeramente *adv* primerament, en primer lloc.
primerizo, za *a* i *s* novençà, novell.
primero, ra *a 1* primer, prim. *2* primer, més destacat. *3* primer, més antic. ‖ **de primera** de primera. ‖ **de buenas a primeras** d'antuvi.
primitivo, va *a* primitiu.
primo, ma *a 1 V* **primero** 1. *2 arit* primer (nombre). ‖ *s 1* cosí. *2 fam V* **papanatas**.
primogénito, ta *a* i *s* primogènit.
primor *m* mirament.
primoroso, sa *a 1* primoter, aprimorat. *2* molt destre.
princesa *f* princesa.
principado *m* principat.
principal *a* i *s* principal.
príncipe *m* príncep.
principiar *v tr* i *intr* principiar, començar.
principio *m 1* principi, començament. *2* entrant.
pringar *v tr* i *pron 1* sucar. *2* enllardar, enllardissar, engreixinar.
pringoso, sa *a* llardós, llefardós, greixós, greixinós.
pringue *f* greix (*m*), greixum (*m*).
prioridad *f* prioritat.
prisa *f* pressa.
prisión *f 1 V* **presa** 1. *2 jur* presó (privació de llibertat). *3* presó, càrcer (*m*) (edifici).
prisionero, ra *a* i *s* presoner.
prisma *m geom* prisma.
privación *f* privació.
privado, da *a* privat.
privar *v tr* privar (impedir; desposseir; vedar). ‖ *v intr* privadejar, privar. ‖ *v pron* privar-se, estar-se.
privativo, va *a* privatiu.
privatización *f* privatització.
privilegio *m* privilegi.
pro *prep* pro. ‖ **en p.** en pro. ‖ *m* pro.
proa *f nàut* proa.
probabilidad *f* probabilitat.
probable *a 1* probable. *2* provable.
probación *f V* **prueba**.
probadura *f* tast (*m*), tastament (*m*).
probar *v tr 1* provar. *2* emprovar. *3* tastar, degustar. ‖ *v intr* provar (fer profit).
probeta *f quím* proveta.
problema *m* problema.
procaz *a* procaç.
proceder *v intr* procedir.
procedimiento *m* procediment.
procesamiento *m* processament.
procesión *f* processó.
proceso *m* procés.
proclama *f* proclama.
proclamar *v tr* i *pron* proclamar.
procrear *v tr biol* procrear.
procurador, a *a* i *s* procurador.
procurar *v tr 1* procurar. *2* maldar.
prodigar *v tr* i *pron* prodigar.
prodigio *m* prodigi.
producción *f* producció.
producir *v tr* i *pron* produir.
producto *m* producte.
proeza *f* proesa.
profanar *v tr* profanar.
profano, na *a* i *s* profà.
profecía *f* profecia.
proferir *v tr* proferir, pronunciar.
profesar *v tr* professar.
profesión *f* professió.
profesor, a *a* professor.
profeta *s* profeta.
prófugo, ga *a* i *s* pròfug.
profundidad *f* profunditat, pregonesa, fondària.
profundizar *v tr* i *intr* profunditzar, aprofundir, apregonar, enfondir.
profundo, da *a 1* profund, pregon. *2* hondo.
profusión *f* profusió.
progenitor, a *s* progenitor.
programa *m* programa.
programar *v tr* programar.
progresar *v intr* progressar.
progreso *m* progrés.
prohibición *f* prohibició.
prohibir *v tr* prohibir.
prójimo *m* proïsme.
proletario, ia *a* i *s* proletari.
proliferar *v intr* proliferar.
prólogo *m* pròleg.
prolongar *v tr* i *pron* prolongar, perllongar.
promedio *m 1* mitjana (*f*). *2* mitjania (*f*), terme mitjà.
promesa *f 1* promesa. *2* prometiment (*m*). *3* prometença (piadosa).
prometer *v tr* i *pron* prometre.
prometido, da *s* promès.
prominencia *f* prominència.
promisión *f* promissió.
promoción *f* promoció.
promontorio *m* promontori.

promover *v tr* promoure.
promulgar *v tr* promulgar.
pronombre *m gram* pronom.
pronosticar *v tr* pronosticar.
pronóstico *m 1* pronòstic. *2* pronòstiga (*f*).
pronto *adv* aviat, tost, prompte. || **de p.** de sobte, de cop, tot d'una, sobtadament. || **por de p.** d'antuvi. || **tan p. como** (tan) bon punt.
pronto, ta *a* prompte, amatent, prest. || *m* rampell, cop de geni.
pronunciación *f 1* pronunciació. *2* pronúncia.
pronunciar *v tr 1* pronunciar (produir un fonema). *2 V* **proferir**. *3* pronunciar (fer sentir). || *v pron* pronunciar-se (declarar una decisió o un parer).
propaganda *f* propaganda.
propagar *v tr* i *pron* propagar.
propalar *v tr* propalar, divulgar.
propano *m quím* propà.
propender *v intr* propendir, tendir.
propenso, sa *a* propens.
propiciar *v tr* propiciar.
propiedad *f* propietat.
propietario, ia *s* propietari.
propina *f* propina.
propinar *v tr* propinar.
propio, ia *a* propi. || *m* propi.
proponer *v tr* i *pron* proposar.
proporción *f* proporció.
proposición *f* proposició.
propósito *m* propòsit.
propuesta *f* proposta.
propugnar *v tr* propugnar.
propulsar *v tr* propulsar, propel·lir.
prorrata *f* prorrata.
prórroga *f 1 V* **prorrogación**. *2* pròrroga (temps que una cosa es prorroga).
prorrogación *f* prorrociό, pròrroga.
prorrogar *v tr* prorrogar.
prorrumpir *v intr* prorrompre.
prosa *f* prosa.
prosaico, ca *a* prosaic.
proscribir *v tr* proscriure.
prosecución *f* prossecució.
proseguir *v tr* i *intr* prosseguir.
proselitismo *m* proselitisme.
prosodia *f gram* prosòdia.
prosopopeya *f* prosopopeia.
prospección *f* prospecció.
prospecto *m* prospecte.
prosperar *v tr* i *intr* prosperar.
próspero, ra *a* pròsper.
próstata *f med* pròstata.
prostíbulo *m* prostíbul.
prostitución *f* prostitució.
prostituir *v tr* i *pron* prostituir.
prostituta *f* prostituta, puta.
protagonista *s* protagonista.
protección *f* protecció.
protector, a *a* i *s* protector.
proteger *v tr* i *pron* protegir.
proteína *f* proteïna.
protesta *f* protesta.
protestante *a* i *s* protestant.
protestantismo *m* protestantisme.
protestar *v tr* i *intr* protestar.
protocolo *m* protocol.
protón *m fís* protó.
protuberancia *f* protuberància.
provecho *m* profit.
provechoso, sa *a* profitós, proficu.
proveer *v tr* proveir, abastar, fornir. || *v pron* proveir-se.
proveimiento *m* proveïment, forniment, fornitura (*f*).
proveniente *a* provinent.
provenir *v intr* provenir.
proverbio *m* proverbi.
providencia *f* providència.
provincia *f* província.
provisión *f* provisió.
provisional *a* provisional.
provocación *f* provocació.
provocar *v tr* provocar.
proximidad *f* proximitat, propincuïtat.
próximo, ma *a 1* pròxim, proper. *2* pròxim, proper, vinent.
proyección *f* projecció.
proyectar *v tr* proyectar.
proyectil *m* projectil.
proyecto *m* projecte.
prudencia *f* prudència.
prudente *a* prudent.
prueba *f* prova. || **a p.** *1* a prova. *2* a tast. || **a p. de** a prova de.
prurito *m 1 V* **picazón**. *2 fig* pruïja (*f*) (desig vehement).
psicoanálisis *m* psicoanàlisi (*f*).
psicología *f* psicologia.
psicosis *f med* psicosi.
psiquiatra *s med* psiquiatre.
psíquico, ca *a* psíquic.
púa *f 1* pua (punxa). *2* pua (de pinta). *3* puó (*m*) (de pinte o carda). *4 mús* pua (per a instrument de corda). *5 fig* pua (persona subtil i astuta).
pubertad *f* pubertat.
pubis *m anat* pubis.
publicación *f* publicació.
publicar *v tr* publicar.
publicidad *f* publicitat.
público, ca *a* i *m* públic.
puchero *m 1* olla (*f*), marmita (*f*). *2* tupí.
púdico, ca *a* púdic (honest).
pudiente *a* ric, acabalat.
pudor *m* pudor (honestedat, modèstia).
pudrir *v tr* i *pron* podrir.
pueblerino, na *a* pobletà.
pueblo *m* poble.
puente *m 1* pont. *2 mús* pontet. || **p. colgante** pont penjant, pont suspès. || **p. levadizo** pont llevadís.
puerca *f zool* truja, porca.
puerco *m zool* porc (*gèn Sus*). || **p. espín** *zool* porc espí (*Hystrix cristata*).
puericultura *f* puericultura.
pueril *a* pueril.

puerro *m bot* porro (*Allium porrum*).
puerta *f* porta (obertura).
puerto *m* port.
puertorriqueño, ña *a* i *s V* **portorriqueño**.
pues *conj 1* ja que, per tal com, car, puix, puix que. *2* doncs.
puesta *f 1* posta (d'ous). *2* posta, solpostada, ocàs (*m*). *3* posta (acció de posar).
puesto *m 1* lloc. *2* parada (*f*) (de venda). *3 mil* post.
puesto que *conj V* **pues** 1.
pugna *f 1* pugna, lluita. *2 fig* punya, pugna.
pugnar *v intr 1* pugnar, lluitar. *2 fig* punyar (esforçar-se).
pujanza *f* puixança.
pujo *m 1 med* espoderaments (*pl*). *2 fig* frisança (*f*).
pulcro, ra *a* pulcre.
pulga *f entom* puça (*Pulex irritans*).
pulgada *f* polzada.
pulgar *m anat* polze (dit).
pulgón *m entom* pugó (*gèns Aphis* i *Macrosiphum*).
pulimentar *v tr* polir, llavorar.
pulir *v tr 1 V* **pulimentar**. *2 fig* polir (algú; algun afer).
pulmón *m anat* pulmó.
pulmonía *f med* pulmonia.
pulpa *f 1* polpa. *2* palpís (*m*), polpís (*m*).
pulpo *m zool* pop (*gèn Octopus* i *Eledone*).
pulsación *f* pulsació.
pulsar *v tr 1 mús* polsar. *2* pitjar. *3* polsar (prendre el pols). *4 fig* polsar (temptejar).
pulsera *f 1* polsera (cabell de la templa). *2* polsera, braçalet (*m*).
pulso *m 1 anat* pols (batec). *2 fig* pols (seguretat). ‖ **a p.** a pols, en sopols.
pulular *v intr* pul·lular.
pulverizar *v tr* polvoritzar.
puma *m zool* puma (*Felis concolor*).
punir *v tr* punir, castigar.
punta *f 1* punta (extrem agut). *2* punta (extrem). *3* punta, burilla, llosca. *4 geog* punta (de terra, que avança dins el mar). ‖ *f pl* punta (*sing*) (teixit).
puntal *m 1* puntal, pitja (*f*), estintol, estontol. *2 fig* puntal.
puntería *f* punteria.
puntiagudo, da *a* punxegut, puntut, puntegut, punxerut, punxut.
puntilla *f* punta, randa. ‖ **de puntillas** *loc adv* de puntetes.
puntillo *m* picapunt.
punto *m* punt.
puntual *a* puntual.
punzada *f V* **pinchazo**.
punzar *v tr 1 V* **pinchar**. *2* fiblar.
punzón *m* punxó.
puñado *m* grapat, puny.
puñal *m* punyal.
puñetazo *m* pinya (*f*), pinyac, cop de puny.
puño *m 1* puny (mà tancada). *2 V* **puñado**. *3* puny (de màniga). *4* puny (de mànec). *5 nàut* puny (de vela).
pupa *f med 1* pansa (als llavis). *2* crosta, crostís (*m*) (d'un gra).
pupila *f anat* nineta, pupil·la, nina, negre (*m*) de l'ull.
pupilo, la *s* pupil (*m*), pupil·la (*f*).
pupitre *m* pupitre.
puré *m* puré.
pureza *f* puresa.
purga *f* purga.
purgante *a* i *m med* purgant.
purgar *v tr* purgar.
purificar *v tr* i *pron* purificar.
puritano, na *a* i *s* purità.
puro, ra *a* pur. ‖ *m V* **cigarro p.** ‖ **cigarro p.** cigar.
purulento, ta *a med* purulent.
pus *m med* pus.
pusilánime *a* pusil·lànime.
puta *f vulg V* **prostituta**.
putrefacto, ta *a* putrefacte.
puzzle *m* puzzle, trencaclosques.

Q

que *pron 1* que. *2* què. ‖ *conj* que, car.
qué *a* i *adv* que. ‖ *pron 1* què. *2* quin.
quebrada *f geol* goleró (*m*), forat (*m*) (entre altures).
quebradero (de cabeza) *m* maldecap, cabòria (*f*), trencacaps.
quebrantar *v tr 1* trencar. *2* crebantar. *3* tudar. *4 fig* trencar (la paraula, un pacte, etc.).
quebrar *v tr 1* trencar, rompre. *2* petar. *3* esberlar. ‖ *v intr 1 jur* fer fallida. *2* trencar, rompre. ‖ *v pron 1* trencar-se. *2 med* contraure hèrnia.
queda *f* queda.
quedar *v tr* i *pron* quedar, restar.
quehacer *m* quefer, feina (*f*).
queja *f* queixa, plany (*m*).
quejarse *v pron* queixar-se, plànyer-se.
quejoso, sa *a* queixós.
quema *f 1* crema, cremada. *2* cremadissa.
quemadura *f med* cremada.
quemar *v tr* i *pron 1* cremar, bleir, fogar. *2* cal-

dejar (un objecte). || *v intr* cremar (estar molt calent).
quemazón *f 1 V* **quema** 1. *2* cremor, coentor.
querella *f* querella.
querellarse *v pron* querellar-se.
querencia *f 1* volença. *2* tirada.
querer *v tr* i *pron 1* voler. *2* estimar, amar.
querer *m* estimació (*f*).
querido, da *a* estimat, benvolgut, car. || *s* amant.
queso *m* formatge.
¡quia! *interj* ca!
quicio *m* polleguera. || **sacar de q.** treure de polleguera.
quiebra *f 1 jur* fallida, crac (*m*). *2 jur* abatiment (*m*).
quien *pron 1* qui. *2* el qui.
quienquiera *pron* quisvulla.
quieto, ta *a* quiet.
quietud *f* quietud.
quilate *m* quirat.
quilla *f nàut* quilla, carena.
quilo *m* quilo.
quilogramo *m* quilogram.
quilolitro *m* quilolitre.
quilometraje *m* quilometratge.
quilómetro *m* quilòmetre.
quilovatio *m* quilovat, kilowatt.
quimera *f 1* quimera, víbria. *2* quimera (creació imaginària).
químico, ca *a* i *s* químic. || *f* química.
quimono *m* quimono.
quincalla *f* quincalla (objectes).
quince *a* i *m* quinze.
quiniela *f* travessa (aposta).
quinientos *a* i *m* cinc-cents.
quinta *f 1 V* **quintana**. *2* quinta (acció i efecte). *3* lleva (reclutament anual). *4 mús* quinta.
quintal *m* quintar (pes).
quintana *f* torre, vil·la.
quinteto *m* quintet.
quinto, ta *a* i *m* cinquè, quint.
quiosco *m* quiosc.
quirófano *m* quiròfan.
quirúrgico, ca *a* quirúrgic.
quisquilloso, sa *a 1* puntimirat. *2* primmirat. *3* repelós.
quiste *m biol med* quist.
quitamanchas *a* i *m* llevataques.
quitanieves *a* i *f* llevaneu.
quitar *v tr 1* treure, traure, llevar, toldre. *2* prendre, furtar.
quitasol *m* para-sol, ombrel·la (*f*).
quizá *adv*, **quizás** *adv* potser, per ventura.
quorum *m* quòrum.

R

rabadilla *f anat 1* rabada. *2* carpó (*m*).
rábano *m bot* rave, ravenera (*f*) (*Raphanus sativus*).
rabia *f 1* ràbia (irritació). *2 med* ràbia. || **dar r.** fer ràbia.
rabiar *v intr 1* patir ràbia (hidrofòbia). *2* delir-se (*pron*), glatir.
rabieta *f 1* enrabiada. *2* rabiola, rebequeria.
rabino *m* rabí.
rabioso, sa *a 1 med* rabiós, rabiüt, foll. *2* rabiós (empipat).
rabo *m anat* cua (*f*).
rabotear *v tr* escuar.
racha *f 1* ràfega, ratxa. *2 fig* tongada. *3 fig* rafega.
racimo *m* raïm, carroll.
raciocinio *m* raciocini.
ración *f* ració.
racionar *v tr* racionar.
racismo *m* racisme.
racista *a* i *s* racista.
rada *f* rada.
radar *m* radar.
radiación *f fís* radiació.
radiador *m* radiador.
radiar *v tr* i *intr* radiar.
radical *a* radical.
radio *m 1 geom* radi. *2 V* **rayo** 3. || *f* ràdio (receptor o emissor).
radiografía *f* radiografia.
raer *v tr 1* raure. *2* rasclumejar. *3 V* **rasar**.
ráfaga *f 1 V* **racha** 1. *2 fig V* **racha** 3.
raído, da *a 1* pelat. *2* pèl-ras.
raíl *m* carril, rail.
raíz *a jur* seent. || *f* arrel, rel. || **a r.** arran, ran (en ocasió, a propòsit). || **de r.** de soca-rel.
raja *f 1* esberla, berla. *2* estella. *3* ascla. *4* clivella, xap (*m*), xapadura. *5* tall (*m*), tallada. *6 bot* penca.
rajar *v tr 1* esberlar. *2* partir, badar. || *v intr fig* parolejar (parlar molt). || *v pron* esberlar-se.
ralea *f* mena.
rallador *m* ratllador, ratlladora (*f*).
ralo, la *a* clar.
rama *f 1 bot* branca, branc (*m*). *2 V* **ramo** 1. *3 impr* rama.
ramada *f V* **ramaje**.
ramadán *m* ramadà.
ramaje *m 1 bot* brancatge, brancada (*f*), brancam. *2* ramatge. *3* ramada (*f*).
ramal *m 1* branca (*f*), ramal. *2* ramal (ronsal). *3* ram (d'escala). *4* badia (*f*) (d'una trena).
ramalazo *m 1* ramalada (*f*), cop de ramal. *2* fiblada (*f*). *3* rafega (*f*).

rambla *f 1* rambla (llit d'un torrent sec). *2* rambla (passeig).
ramera *f* puta, prostituta.
ramificarse *v pron* ramificar-se.
ramillete *m* pom (feix o ram petit en general).
ramo *m 1* rama (*f*) (branca enlairada). *2* ram, branca (*f*) tallada. *3* ram (manoll). *4* ramell, toia (*f*), ram de flors. *5 fig* ram (del comerç, de la indústria, etc.). *6 med* ram (d'una malaltia).
rampa *f* rampa.
ramplón, ona *a* carrincló.
rana *f zool* granota (*gèn Rana*).
rancho *m* ranxo.
rancio, ia *a* ranci.
randa *f* randa.
rango *m* rang.
ranura *f* ranura.
rapapolvo *m* reny, allisada (*f*).
rapar *v tr* rapar.
rapaz *a* i *s* rapaç. || *s* xic.
rapaza *f* xicota, noia.
rape *m 1* rapada (*f*) feta de pressa i amb poca cura. *2 ictiol* rap (*Lophius piscatorius*).
rapé *m* rapè (tabac).
rapidez *f* rapidesa, rapiditat.
rápido, da *a* ràpid. || *m* ràpid (tren, riu).
rapiña *f* rapinya.
raposa *f zool* guineu, rabosa, guilla, guinarda (*Vulpes vulpes*).
raptar *v tr* raptar.
rapto *m* rapte.
raptor, a *s* raptor.
raqueta *f* raqueta.
raquítico, ca *a* i *s* raquític.
rarificar *v tr* i *pron* rarificar.
raro, ra *a 1* rar, poc freqüent. *2* estrany.
ras *m* ras. || **a r.** arran, ran.
rasante *a* i *f* rasant.
rasar *v tr* rasar, arrasar, arranar (amb l'arrasador). || *v intr* fregar.
rascacielos *m arq* gratacel.
rascadura *f 1* rascada (*f*) (acció i efecte). *2* esgarrapada (*f*) (acció i efecte).
rascar *v tr 1* rascar, gratar. *2 V* **rasguñar**.
rasera *f*, **rasero** *m* rasadora (*f*).
rasgar *v tr* i *pron 1* esquinçar, estripar, esbellegar. *2* esparracar, espellifar, esquinçar, estripar (roba).
rasgo *m 1* tirat. *2 fig* cop, gest, tret.
rasguñar *v tr 1* esgarrapar. *2* esgarrinxar, esgarrar, esgarrinyar, esgardissar.
rasguño *m 1* esgarrapada (*f*), esgarrap, rascada (*f*). *2* esgarrinxada (*f*). *3* pelada (*f*) (senyal, ferida).
raso, sa *a* ras. || *m* ras (teixit). || **al r.** al ras.
raspar *v tr* raspar.
rasqueta *f* rasqueta.
rastrear *v tr 1* rastrejar. *2* anar terrús-terrús.
rastrero, ra *a* baix, vil.
rastrillo *m* rasclet.
rastro *m 1* rastre, traça (*f*). *2* encant (mercat).
rasurar *v tr* rasurar, raure.
rata *f zool* rata (*gèns Mus* i *Rattus*).
ratero, ra *s* lladregot, pispa.
ratificar *v tr* ratificar. || *v pron* ratificar-se, refermar-se.
rato *m* estona (*f*). || **a ratos** a estones.
ratón *m zool* rata (*m*), rat.
rauco, ca *a V* **ronco**.
raudal *m 1* doll, bram (d'aigua). *2* gavadal (de coses).
raya *f 1* ratlla, retxa. *2* ratlla (límit). *3* clenxa, ratlla. *4 ictiol* rajada (*gèn Raja*).
rayar *v tr 1* ratllar, vionar. *2* ratllar, passar ratlla. || *v intr* confinar. || **r. el alba**; **r. el día** fer-se de dia.
rayo *m 1* llamp. *2* raig (lluminós, òptic, etc.). *3* raig (de roda). || **¡rayos!** llamps!
raza *f* raça.
razón *f* raó.
razonable *a* enraonat.
razonamiento *m* raonament.
razonar *v tr* i *intr* raonar.
re *m mús* re.
reacción *f* reacció.
reaccionar *v intr* reaccionar.
reacio, ia *a* rebec, repropi.
reactivo, va *a* i *m* reactiu.
reactor *m* reactor.
reafirmar *v tr* confirmar, reafirmar. || *v pron* refermar-se.
reajuste *m* reajustament.
real *a 1* real. *2* ral. || *m* ral (moneda).
realce *m* realç, realçament.
realidad *f* realitat.
realismo *m 1* realisme. *2* reialisme.
realista *a* i *s 1* realista. *2* reialista.
realizar *v tr* i *pron* realitzar.
reanimar *v tr* reanimar, revifar, retornar. || *v pron* reviscolar.
reanudar *v tr* reprendre, recomençar.
reapertura *f* reobertura.
reatar *v tr* relligar, tornar a lligar.
rebaba *f* rebava.
rebaja *f* rebaixa. || *f pl* rebaixes.
rebajar *v tr* i *pron* rebaixar.
rebajo *m* rebaix, galze.
rebalaje *m 1* corrent (d'un riu, del mar). *2 V* **remolino** 3.
rebalsar *v tr* embassar.
rebanada *f 1* llesca, tallada. *2* penca, pellanc (*m*).
rebanar *v tr* llescar, tallar.
rebañar *v tr 1* agabellar. *2* arramassar. *3* escurar (un atuell). *4* rasclumejar.
rebaño *m* ramat, rabera (*f*), ramada (*f*), folc, folcat.
rebasar *v tr* ultrapassar, ultrar, depassar.
rebeco *m zool* isard, camussa (*f*) (*gèn Rupicapra*).
rebelarse *v pron* rebel·lar-se.
rebelde *a* i *s* rebel.
rebeldía *f* rebel·lia.
rebelión *f* rebel·lió.
reblandecer *v tr* i *pron 1* reblanir. *2* remollir, amollegar.
rebosadero *m* sobreeixidor.
rebosar *v tr* sobreeixir.
rebotar *v tr* retopar. || *v intr* rebotar, rebotre.

rebote *m 1* rebot. *2* retop, retopada (*f*).
rebozar *v tr* arrebossar.
rebozo *m 1* gira (*f*). *2 fig* embut.
rebrote *m* rebrot.
rebusca *f* recerca.
rebuscar *v tr* recercar, resseguir.
rebuznar *v intr* bramar (l'ase).
rebuzno *m* bram (d'ase).
recabar *v tr* recaptar (aconseguir).
recado *m 1* encàrrec. *2* recapte.
recalcar *v tr* recalcar.
recalentar *v tr* i *pron* rescalfar.
recambio *m* recanvi.
recatado, da *a 1* modest. *2* circumspecte.
recatar *v tr* amagar. || *v pron* amagar-se.
recato *m 1* modèstia (*f*). *2* circumspecció (*f*).
recaudar *v tr* recaptar, col·lectar, acaptar.
recaudo *m* recapte.
recelar *v tr* i *intr* recelar.
recelo *m* recel.
recensión *f* recensió.
recepción *f 1* recepció. *2* rebuda, recepció.
receptáculo *m* receptacle.
receso *m* recessió (*f*).
receta *f* recepta.
rechazar *v tr* rebutjar.
rechazo *m 1* retop, rebot. *2* rebuig.
rechifla *f 1* xiuladissa, xiulada. *2* befa.
rechiflar *v tr 1* xiular molt. *2* befar.
rechinar *v intr 1* grinyolar, garranyigar, carrisquejar. *2* escarritxar, cruixir, carrisquejar.
rechistar *v intr* piular, piulejar, proferir un so. || **sin r.** sense dir ni piu, sense piular.
rechoncho, cha *a 1* rabassut. *2* rodanxó.
de rechupete *loc fam* d'allò més bo.
recibidero, ra *a* rebedor, que és de rebre.
recibidor, ra *a* i *s* receptor, rebedor (que rep). || *m* rebedor (peça de la casa).
recibimiento *m 1* recepció (*f*) (acció i efecte). *2* rebuda (*f*).
recibir *v tr* rebre.
recibo *m* rebut.
reciclaje *m* reciclatge.
reciclar *v tr* i *pron* reciclar.
recién *a* nou. || **r. nacido** nadó, nounat.
reciente *a* recent.
recinto *m* recinte.
recio, ia *a 1* revingut, gruixut. *2* fort. *3* rigorós (dit del clima).
recipiente *a* i *s* recipient.
recíproco, ca *a* recíproc.
recital *m mús* recital.
recitar *v tr* recitar.
reclamación *f* reclamació.
reclamar *v tr* reclamar.
reclamo *m 1* reclam. *2* munta (*f*).
reclinar *v tr* reclinar.
recluir *v tr* i *pron* recloure.
recluso, sa *a* i *s* reclús.
recluta *s mil* recluta, sorge.
reclutar *v tr* reclutar.
recobrar *v tr* recobrar, recuperar. || *v pron* refer-se, revenir (*intr*), retornar-se, reviscolar-se.
recodo *m 1* recolzada (*f*), recolze, colze, meandre, colzada (*f*), torta (*f*). *2* retomb. *3* tombant.
recoger *v tr 1* recollir, collir, replegar, ramassar, arreplegar. *2* arramassar. *3* trossar. *4* collir (una al·lusió, etc.) || *v pron* recollir-se, retirar-se.
recogida *f 1* recollida, recull (*m*). *2* arreplegadissa.
recolectar *v tr agr* recol·lectar.
recomendación *f* recomanació.
recomendar *v tr* recomanar.
recomenzar *v tr* recomençar.
recompensa *f* recompensa.
reconciliar *v tr* i *pron* reconciliar.
reconcomerse *v pron* frisar.
reconcomio *m* frisança (*f*), frisor (*f*).
recóndito, ta *a* recòndit.
reconocer *v tr* reconèixer.
reconocimiento *m 1 jur* reconeixement, recognició (*f*). *2* reconeixença (*f*), reconeixement.
reconstruir *v tr* reconstruir.
reconvenir *v tr jur* reconvenir.
recopilar *v tr* recopilar.
récord *m* rècord (marca).
recordar *v tr* recordar, remembrar.
recorrer *v tr* recórrer.
recorrido *m* recorregut.
recortar *v tr* retallar.
recorte *m 1* retall. *2* retallada (*f*), retallament. || *m pl* retalladures (*f*), retalls.
recostar *v tr* reclinar la part superior del cos. || *v pron* recolzar-se, repenjar-se.
recrear *v tr* i *pron* recrear.
recreo *m* esbargiment.
recrudecer *v intr* recruar.
rectángulo, la *a* i *m geom* rectangle.
rectificar *v tr* i *pron* rectificar.
rectitud *f* rectitud, dretura.
recto, ta *a* recte. || *m 1* recto (d'un full). *2 anat* recte. || *f geom* recta.
rector, a *a* rector. || *s* rector.
recua *f 1* rècula. *2 fig* ruera, corrua.
recubrir *v tr* recobrir.
recuento *m* recompte.
recuerdo *m* record. || *m pl* records, memòries (*f*).
recular *v intr* recular.
a reculones *loc adv* a reculons, a recules.
recuperar *v tr 1 V* **recobrar**. *2* recuperar.
recurrir *v intr* recórrer.
recurso *m* recurs.
red *f 1* xarxa. *2* filat (*m*). *3* art (*m*) (de pesca).
redacción *f* redacció.
redactar *v tr* redactar.
redactor, a *a* i *s* redactor.
redención *f* redempció.
redil *m* cleda (*f*), pleta (*f*).
redimir *v tr* i *pron* redimir.
rédito *m* rèdit.
redoblar *v tr 1* redoblar. *2* reblar. || *v intr mús* redoblar (el tambor).
redonda *f 1* rodalia. *2 mús* rodona.
redondear *v tr* arrodonir.
redondel *m* rodona (*f*).
redondez *f* rodonesa.

redondo, da *a* rodó. || **en r.** en rodó.
reducir *v tr* i *pron* reduir.
reducto *m* reducte.
redundancia *f* redundància.
redundar *v intr* redundar.
reembolsar *v tr* reembossar.
reembolso *m* reembossament.
reemplazar *v tr* reemplaçar.
reemplazo *m* reemplaçament.
reencontrar *v tr* retrobar.
reencuentro *m* retrobament.
referencia *f* referència.
referéndum *m* referèndum.
referente *a* referent.
referir *v tr* i *pron* referir.
refinar *v tr* refinar.
reflectar *v tr* i *pron V* **reflejar**.
reflector, a *a* i *m* reflector.
reflejar *v tr* i *pron* reflectir.
reflejo, ja *a* i *m* reflex.
reflexión *f* reflexió.
reflexionar *v intr* reflexionar (*tr*).
reflujo *m* reflux.
reforestación *f* reforestació.
reforma *f* reforma.
reformar *v tr* reformar.
reforzar *v tr* i *pron* reforçar.
refractario, ria *a* refractari.
refrán *m* refrany, proverbi.
refregar *v tr* refregar.
refrendar *v tr* legalitzar (un document).
refrescar *v tr* i *intr* refrescar.
refresco *m* refresc.
refriega *f* batussa.
refrigeración *f* refrigeració.
refrigerador, a *a* refrigerador. || *m* refrigerador (aparell).
refrigerar *v tr* refrigerar.
refrigerio *m* refrigeri (menjar).
refuerzo *m* reforç.
refugiar *v tr* i *pron* refugiar.
refugio *m* refugi.
refundición *f* refosa.
refundir *v tr* refondre.
refunfuñar *v intr fig* rondinar, remugar, remuguejar.
refutar *v tr* refutar.
regadera *f* regadora.
regadío *m agr* regadiu, reguiu (camp).
regalado, da *a* *1* regalat. *2* adeliciat.
regalar *v tr* regalar (fer un obsequi).
regaliz *m* *1* pega dolça. *2* *bot* regalèssia (*Glycirrhiza glabra*).
regalo *m* regal, present, obsequi.
regañina *f* reny (*m*), regany (*m*).
regar *v tr* regar.
regata *f* *1* *nàut* regata. *2* regueró (*m*).
regatear *v tr* regatejar, regatar.
regateo *m* regateig.
regatón *m* guaspa (*f*), virolla (*f*) (de bastó o paraigua).
regazo *m* falda (*f*) (d'una persona).
regeneración *f* regeneració.
regenerar *v tr* regenerar.
regente *a* i *s* regent.
regidor, a *a* i *s* regidor.
régimen *m* règim.
regimiento *m* regiment.
región *f* *1* regió. *2* contrada.
regional *a* regional.
regionalismo *m* regionalisme.
regir *v tr* i *intr* regir. || *v intr* vigir.
registrar *v tr* *1* escorcollar. *2* registrar. *3* enregistrar.
registro *m* *1* escorcoll, escorcollament. *2* registrament, enregistrament. *3* registre.
regla *f* *1* regla. *2* regle (*m*).
reglamento *m* reglament.
reglar *v tr* reglar.
regocijar *v tr* alegrar. || *v pron* alegrar-se, gaubar-se.
regocijo *m* alegria (*f*), gaubança (*f*), joia (*f*).
regodearse *v pron* xalar-se, adelitar-se, delectar-se.
regodeo *m* xala (*f*), adelitament, delectació (*f*).
regojo *m* rosegó.
regoldar *v intr* rotar (fer rots).
regordete, ta *a* rodanxó.
regraciar *v tr* regraciar.
regresar *v intr* regressar.
regresión *f* regressió.
regreso *m* regrés, tornada (*f*).
regulador, a *a* i *s* regulador.
regular *v tr* regular.
rehacer *v tr* refer. || *v pron* revenir (*intr*), refer-se.
rehén *s* ostatge.
rehuir *v tr* defugir, refusar.
rehusar *v tr* refusar.
reina *f* reina, regina.
reinado *m* regnat.
reinar *v intr* regnar.
reino *m* regne, reialme.
reir *v tr* i *pron* riure.
reiterar *v tr* reiterar.
reivindicar *v tr* reivindicar.
reja *f* *1* reixa. *2* *agr* rella (de l'arada).
rejuvenecer *v tr* i *pron* rejovenir, enjovenir.
relación *f* relació.
relajar *v tr* i *pron* relaxar. || *v pron med* contraure hèrnia.
relámpago *m* llampec.
relampaguear *v intr* llampegar, llampar, llampeguejar.
relatar *v tr* relatar.
relato *m* relat.
releer *v tr* rellegir.
relegar *v tr* relegar.
relevar *v tr* rellevar.
relevo *m* *1* rellevada (*f*), relleu, rellevament. *2* relleu (persones).
relieve *m* relleu (que sobresurt).
religión *f* religió.
religioso, sa *a* i *s* religiós.
relinchar *v intr* renillar.
relincho *m* renill.
reliquia *f* relíquia.

rellano *m* ***1*** replà. ***2*** relleix.
rellenar *v tr* farcir.
relleno *m* farciment.
reloj *m* rellotge.
reluciente *a* relluent.
remanente *m* romanent.
remar *v intr nàut* remar, vogar.
rematar *v tr* rematar.
remate *m* ***1*** cim, capdamunt. ***2*** subhasta (*f*). ***3*** rematada (*f*).
remedar *v tr* ***1*** escarnir. ***2*** estrafer, contrafer.
remediable *a* remeiable.
remediar *v tr* remeiar.
remedio *m* remei.
rememorar *v tr* rememorar.
remendar *v tr* ***1*** remuntar, adobar. ***2*** apedaçar, aparracar. ***3*** ataconar.
remesa *f* remesa, tramesa.
remiendo *m* ***1*** remunta (*f*). ***2*** apedaçament, pedaç.
remilgo *m* melindros (*pl*).
remirado, da *a* remirat, tocat, tocat i posat, primmirat.
remitente *a* i *s* remitent.
remitir *v tr* i *intr* remetre.
remo *m nàut* rem.
remojar *v tr* ***1*** remullar. ***2*** xopar. ***3*** rabejar. || *v pron* remullar-se.
remojo *m* ***1*** remull, remullada (*f*). ***2*** *V* **remojón**.
remojón *m* remullada (*f*), mullena (*f*), banyada (*f*), xopada (*f*).
remolacha *f bot* remolatxa (*Beta vulgaris*).
remolcador, a *a* i *m* remolcador.
remolcar *v tr* remolcar.
remolino *m* ***1*** remolí. ***2*** terbolí, revoltí. ***3*** remolí, xuclador, bullidor, engolidor.
remolón, ona *a* sorn, ronsejaire, ronsa, ronser.
remolonear *v intr* remolejar, sornejar, ronsejar.
remolque *m* remolc.
remontar *v tr* remuntar.
rémora *f* ***1*** *ictiol* rèmora (*Echeneis remora* i *E. naucrates*). ***2*** *fig* rèmora.
remorder *v intr* remordir.
remoto, ta *a* remot.
remover *v tr* ***1*** remoure. ***2*** remenar.
remozar *v tr* rejovenir.
remunerar *v tr* remunerar.
renacer *v intr* renéixer, renàixer.
renacimiento *m* renaixement, renaixença (*f*).
renco, ca *a* carranc.
rencor *m* rancor (*m* o *f*).
rendido, da *a* submís.
rendija *f* clivella, fenella, escletxa, escletlla.
rendir *v tr* ***1*** rendir. ***2*** cruixir, capolar. ***3*** retre (produir). || *v pron* ***1*** retre's. ***2*** rendir-se.
renegar *v intr* renegar.
renglón *m* ratlla (*f*).
rengo, ga *a* *V* **renco**.
reniego *m* renec.
reno *m zool* ren (*Rangifer tarandus*).
renombre *m* renom, anomenada (*f*).
renovar *v tr* ***1*** renovar. ***2*** renovellar. || *v pron* renovar-se.
renquear *v intr* ranquejar.
renta *f* renda.
rentabilidad *f* rendibilitat.
rentista *s* rendista.
renuevo *m bot* tany, grífol, lluc, rebroll.
renuncia *f* renúncia, renunciació, renunciament (*m*).
renunciación *f jur* renunciació.
renunciamiento *m* renunciament.
renunciar *v tr i intr* renunciar.
reñir *v tr* renyar. || *v intr* ***1*** renyir. ***2*** renyinar. ***3*** barallar-se (*pron*).
reo, ea *a* i *s* reu.
de reojo *loc adv* de reüll.
repanchigarse *v pron*, **repantigarse** *v pron* ***1*** arrepapar-se. ***2*** escarxofar-se, repapar-se.
reparación *f* reparació.
reparar *v tr* i *intr* reparar.
reparo *m* ***1*** objecció (*f*). ***2*** empara (*f*). ***3*** remarca (*f*).
repartir *v tr* repartir.
repasar *v tr* repassar.
repaso *m* repàs.
repecho *m* repetjó.
repeler *v tr* repel·lir.
repelo *m* repèl.
repensar *v tr* repensar.
repente *m* sobtada (*f*). || **de r.** de cop i volta; de cop.
repentino, na *a* sobtat.
repercutir *v tr* i *intr* repercutir.
repertorio *m* repertori.
repetir *v tr* i *pron* repetir.
repicar *v tr* repicar. || *v intr* tritllejar, repicar.
repintar *v tr* i *pron* repintar.
repiquetear *v intr* *V* **repicar**, *esp* quan és amb gran vivesa.
repisa *f* ***1*** *arq* repeu (*m*), lleixa. ***2*** escudeller (*m*), faldar (*m*).
replantación *f* replantació.
replantar *v tr* replantar.
replegar *v tr* replegar.
repleto, ta *a* ***1*** replet, replè. ***2*** tip, fart.
réplica *f* rèplica, replicació.
replicar *v tr* replicar, respondre. || *v intr* replicar (contradir).
repliegue *m* ***1*** replec. ***2*** replegament.
repollo *m* cabdell (d'hortalissa).
reponer *v tr* reposar, tornar a posar. || *v pron* refer-se.
reportaje *m* reportatge.
reposar *v intr* reposar (descansar).
reposo *m* repòs.
repostería *f* rebosteria.
reprender *v tr* ***1*** reprendre, bonegar. ***2*** reptar.
reprensión *f* reprensió, reny (*m*), renyada.
represalia *f* represàlia.
represar *v tr* ***1*** deturar (un corrent d'aigua). ***2*** aturar, reprimir.
representación *f* representació.
representante *a* i *s* representant.
representar *v tr* representar.
represión *f* repressió.

represivo, va *a* repressiu.
reprimenda *f* reprimenda.
reprimir *v tr* i *pron* reprimir.
reprobar *v tr* reprovar.
reprochar *v tr* reprotxar, retreure.
reproche *m* reprotxe, retret.
reproducir *v tr* i *pron* reproduir.
reptil *m zool* rèptil.
república *f* república.
republicano, na *a* i *s* republicà.
repudiar *v tr* repudiar.
repudio *m* repudi.
repuesto, ta *a* refet. || **de r.** de recanvi.
repugnancia *f* repugnància.
repugnante *a* repugnant.
repugnar *v intr* repugnar.
repulsa *f* repulsa.
repulsivo, va *a* repulsiu, repulsori.
reputación *f* reputació.
reputar *v tr* reputar (considerar).
requerimiento *m* requeriment.
requerir *v tr* requerir.
requesón *m* mató, recuit, brossat, brull.
requetebien *adv* rebé. || **muy r.** molt rebé.
requiebro *m* floreta (*f*), flor (*f*), galanteria (*f*). || *m pl* amoretes (*f*).
requisa *f* requisa.
requisar *v tr* requisar.
requisito *m* requisit.
res *f* cap (*m*) de bestiar.
resabiar *v tr* aviciar.
resabio *m* ***1*** regust, sentida (*f*), sentor (*f*). ***2*** mal costum.
resaca *f* ressaca.
resalado, da *a* graciós.
resaltar *v intr* ***1*** ressaltar. ***2*** *fig* ressortir.
resalte *m arq V* **resalto** 2.
resalto *m* ***1*** rebot. ***2*** *arq* ressalt, relleix.
resarcir *v tr* rescabalar. || *v pron* rescabalar-se, resquitar-se.
resbalar *v intr* ***1*** relliscar, lliscar, llenegar, resquitllar. ***2*** rossolar.
resbalón *m* relliscada (*f*), lliscada (*f*).
rescatar *v tr* rescatar, resquitar.
rescate *m* rescat.
rescindir *v tr jur* rescindir.
rescisión *f jur* rescissió.
rescoldo *m* caliu.
resecar *v tr* i *pron* ***1*** ressecar, eixarreir. ***2*** corsecar.
reseco, ca *a* ressec, eixarreït.
resentimiento *m* ressentiment.
resentirse *v pron* ressentir-se.
reseña *f* ressenya.
reserva *f* reserva.
reservar *v tr* i *pron* reservar.
resfriado *m med* refredat, constipat.
resfriar *v tr* refredar. || *v pron* refredar-se, constipar-se.
resguardar *v tr* resguardar, redossar, arrecerar.
resguardo *m* resguard.
residencia *f* residència.
residente *a* i *s* resident.
residir *v intr* residir.
residuo *m* ***1*** residu. ***2*** romanalla (*f*).
resignación *f* resignació.
resignar *v tr* i *pron* resignar.
resina *f* resina, reïna.
resistencia *f* resistència.
resistente *a* i *s* resistent.
resistir *v tr*, *intr* i *pron* resistir.
resol *m* ressol.
resoluto, ta *a V* **resuelto**.
resolver *v tr* i *pron* resoldre.
resonancia *f* ressonància.
resonante *a* ressonant.
resonar *v intr* ressonar.
resoplar *v intr* esbufegar fort.
resoplido *m*, **resoplo** *m* ruflet, esbufec fort.
resorte *m* ressort.
respaldo *m* respatller.
respectar *v intr* respectar.
respectivo, va *a* respectiu.
respecto *m* respecte. || **al r.** *loc adv* pel que fa al cas.
respetable *a* respectable.
respetar *v tr* respectar.
respeto *m* respecte.
respetuoso, sa *a* respectuós.
respigón *m med* repeló, padrastre, creixedit.
respingo *m* grunyit.
respingón, a *a* arremangat.
respiración *f* ***1*** respiració. ***2*** alenament (*m*).
respiradero *m* respirall, respirador.
respirar *v intr* ***1*** respirar. ***2*** alenar.
respiro *m* ***1*** respir. ***2*** alenada (*f*).
resplandecer *v intr* resplendir.
resplandor *m* resplendor (*f*).
responder *v intr* respondre.
responsable *a* responsable.
respuesta *f* resposta, contesta.
resquebradura *f*, **resquebrajadura** *f* esquerda.
resquebrajar *v tr* i *pron* esquerdar, clivellar.
resquebrar *v tr* clivellar-se (*pron*).
resta *f arit* resta, substracció.
restablecer *v tr* restablir. || *v pron* refer-se.
restablecimiento *m* restabliment.
restallar *v intr* esclafir, petar.
restante *a* restant, romanent. || *m V* **resto**.
restañar *v tr* estroncar.
restar *v tr* i *intr* restar.
restaurante *m* restaurant.
restaurar *v tr* restaurar.
restitución *f* restitució.
restituir *v tr* restituir, retre.
resto *m* resta (*f*), restant. || *m pl* ***1*** romanalla (*f sing*). ***2*** arreplegadures (*f*).
restregón *m* refrec.
restricción *f* restricció.
restringir *v tr* ***1*** *med* restrènyer. ***2*** restringir.
restriñimiento *m med* restrenyiment.
restriñir *v tr* restrènyer.
resucitar *v tr* i *intr* ressuscitar.
resuello *m* ***1*** esbufec. ***2*** respir.
resuelto, a *a* resolut.
resultado *m* resultat.
resultar *v intr* resultar.

resumen *m* resum.
resumir *v tr* i *pron* resumir.
resurgimiento *m* ressorgiment.
resurgir *v intr* ressorgir.
resurección *f* resurrecció.
retablo *m* retaule.
retaguardia *f* rereguarda.
retahíla *f* tirallonga, reguitzell (*m*), reguitzer (*m*).
retal *m* retall, escapoló.
retama *f bot* ginesta (*Retama sphaerocarpa*).
retar *v tr* reptar, desafiar.
retardar *v tr* ***1*** retardar (demorar). ***2*** retardar (alentir).
retazar *v tr* retallar.
retazo *m V* **retal**.
retén *m* ***1*** recanvi. ***2*** prevenció (*f*). ***3*** *mil* reforç de reserva.
retención *f* ***1*** retenció, retinguda. ***2*** retinència, retenció.
retener *v tr* i *pron* retenir.
reticencia *f* reticència.
retícula *f* retícula.
retina *f anat* retina.
retiración *f* retir (*m*), retirament (*m*), retirada.
retirado, da *a* retirat. || *f* retirada.
retirar *v tr* i *pron* retirar.
retiro *m* ***1*** *V* **retiración**. ***2*** recés. ***3*** retir.
reto *m* repte.
retoño *m* ***1*** *bot* relluc, rebrot, renou, lluc. ***2*** *fig* plançó (fill).
retoque *m* retoc.
retorcer *v tr* ***1*** retòrcer, retorçar. ***2*** revoltillar. ***3*** retorquir, retòrcer, retorçar. ***4*** recargolar. || *v pron* revinclar-se.
retorcimiento *m*, **retorcijo** *m* ***1*** retorciment, retorçó. ***2*** revinclada (*f*).
retórica *f* retòrica.
retornar *v tr* retornar (restituir). || *v intr* retornar, regressar.
retorno *m* ***1*** retorn, retornament. ***2*** tornada (*f*).
retortijón *m med* retorçó, torçó, recargolament, cinglada (*f*), cargolament.
retozar *v intr* ***1*** guimbar, saltironar, saltironejar. ***2*** entremaliejar.
retractar *v tr* i *pron* retractar.
retráctil *a* retràctil.
retraer *v tr* i *pron* retreure, retraure.
retraído, da *a* retret.
retraimiento *m* retraïment.
retransmisión *f* retransmissió.
retransmitir *v tr* retransmetre.
retrasar *v tr* i *intr* retardar.
retraso *m* ***1*** retard. ***2*** retardament.
retratar *v tr* retratar.
retrato *m* retrat.
retrete *m* ***1*** retret. ***2*** comuna (*f*), latrina (*f*).
retribuir *v tr* retribuir.
retroactivo, va *a* retroactiu.
retroceder *v intr* retrocedir, recular.
retroceso *m* retrocés.
retrógrado, da *a* retrògrad.
retrospectivo, va *a* retrospectiu.
retrovisor *a* i *m* retrovisor.
retumbar *v intr* retentir, retrunyir.
retumbo *m* retrò, retruny, retrunyiment.
reuma *m med* reuma.
reumatismo *m med* reumatisme.
reunión *f* reunió.
reunir *v tr* i *pron* ***1*** reunir. ***2*** aplegar.
reválida *f* revàlida.
revalidar *v tr* i *pron* revalidar.
revancha *f* revenja.
revelación *f* revelació.
revelar *v tr* i *pron* revelar.
revenir *v intr* revenir. || *v pron* encongir-se.
reventa *f* revenda.
reventar *v tr* i *intr* rebentar, petar. || *v pron* rebentar-se.
rever *v tr* reveure.
reverencia *f* reverència.
reverenciar *v tr* reverenciar, reverir.
reverso *m* revers, dors.
revés *m* revés, inrevés. || **al r.** al revés, a l'inrevés.
revestir *v tr* i *pron* revestir.
revisar *v tr* ***1*** revisar. ***2*** visurar.
revisión *f* revisió.
revista *f* revista.
revivificar *v tr* revivificar, revifar.
revivir *v intr* reviure.
revocar *v tr* ***1*** revocar. ***2*** referir, arrebossar (una paret).
revolcar *v tr* ***1*** rebolcar. ***2*** *fig* rebentar, criticar durament. || *v pron* rebolcar-se, bolcar-se.
revolcón *m V* **revuelco**.
revolotear *v intr* voletejar.
revoltijo *m*, **revoltillo** *m* revoltim.
revoltoso, sa *a* ***1*** revoltós (sediciós). ***2*** revoltós, entremaliat.
revolución *f* revolució.
revolucionario, ia *a* i *s* revolucionari.
revólver *m* revòlver (arma).
revolver *v tr* ***1*** regirar, pergirar. ***2*** remenar. ***3*** revoltar. ***4*** forfollar.
revoque *m* arrebossada (*f*), arrebossat.
revuelco *m* ***1*** rebolcada (*f*), rebolcament. ***2*** *fig* crítica (*f*) dura.
revuelo *m* ***1*** revolada (*f*). ***2*** enrenou, renou. || **de r.** de llampada.
revuelta *f* ***1*** revolta. ***2*** revolt (*m*). ***3*** giragonsa. ***4*** regirada. ***5*** trenca (camí, etc.).
revuelto, ta *a* revolt.
revulsivo, va *a* i *m med* revulsiu.
rey *m* rei.
reyerta *f V* **riña**.
rezaga *f* ressaga, reressaga.
rezagar *v tr* endarrerir. || *v pron* ressagar-se.
rezago *m* ròssec.
rezar *v tr* resar. || *v intr* pregar.
rezo *m* rés.
rezumar *v tr* traspuar, remintolar.
ría *f geog* ria.
riachuelo *m* rierol, rieró.
riada *f* ***1*** riuada, riada. ***2*** rierada, ramblada.
riba *f V* **ribazo** 1.
ribazo *m* ***1*** ribàs, riba (*f*). ***2*** marge.
ribera *f* ***1*** riba, ribatge (*m*), vora, marge (*m*),

vorada. *2* ribera, riberal (*m*), voral (*m*), margenal (*m*).
ribereño, ña *a* riberenc.
ribete *m* rivet.
ribetear *v tr* rivetejar.
ricino *m bot* ricí, enfiter (*Ricinus communis*).
ridiculez *f* ridiculesa.
ridiculizar *v tr* ridiculitzar.
ridículo, la *a* i *m* ridícul.
riego *m* reg, regatge.
rienda *f* regna.
riente *a* rient.
riesgo *m* risc.
rifa *f* rifa.
rifar *v tr* i *pron* rifar.
rifle *m* rifle.
rigidez *f* rigidesa, rigiditat.
rígido, da *a* rígid.
rigor *m* rigor (o *f*).
riguroso, sa *a* rigorós.
rima *f 1* rima. *2 V* **rimero**.
rimar *v tr* i *intr* rimar.
rimbombante *a fig* resonante.
rimero *m* rimer, rima (*f*).
rincón *m* racó. || *m pl fig* topants.
ringlera *f* rengle (*m*), renglar (*m*), reng (*m*), renguera, rastellera, rest (*m*).
rinoceronte *m zool* rinoceront (*Rhinoceros unicornis*, *Opsiceros bicornis*).
riña *f* baralla, batussa, brega, renyina.
riñón *m anat* ronyó.
río *m* riu.
riqueza *f* riquesa, ricor.
risa *f 1* rialla. *2* riure (*m*).
riscal *m* timbera (*f*).
risco *m* cingle.
risotada *f* riallada.
ristra *f* rast (*m*), enfilall (*m*), forc (*m*), forcat (*m*), rest (*m*).
ristre *m* rest (de l'armadura).
risueño, ña *a* rialler, riallós, rient.
ritmar *v tr* ritmar.
ritmo *m* ritme.
rito *m* ritu.
ritual *a* i *m* ritual.
rival *a* i *s* rival.
rivera *f V* **riachuelo**.
rizar *v tr 1* arrissar, rullar, cargolar. *2 nàut* rissar. || *v pron* arrissar-se, rullar-se, enrullar-se.
rizo *m 1* rínxol, rull, ris, cargol. *2* ris (de certs teixits). *3 nàut* ris.
robar *v tr* robar.
robellón *m bot* rovelló (*Lactarius deliciosus*).
robín *m* rovell (dels metalls).
roble *m bot* roure (*Quercus lusitanica*, *Q. pubescens*, *Q. pyrenaica*).
roblón *m* rebló.
robo *m 1* robatori. *2* robament, roberia (*f*). *3* roberia (*f*), cosa robada.
robot *m* robot.
robustecer *v tr* i *pron* enrobustir.
robustez *f* robustesa.
robusto, ta *a* robust, revingut.
roca *f 1* roca. *2 geog V* **roquedo**.
roce *m* frec, fregament, fregadís.
rociar *v tr* ruixar, arrosar. || *v intr 1* rosar. *2* enrosar.
rocín *m* rossí.
rocío *m 1* rosada (*f*), ros, rou. *2* ruixim.
roda *f nàut* roda.
rodaballo *m ictiol* turbot (*Psetta maxima*).
rodaja *f* rodanxa.
rodal *m* rodal.
rodar *v tr 1* rodar (girar). *2* rodar, filmar (una pel·lícula). || *v intr 1* rodolar. *2* rodar, anar d'un costat a l'altre. *3* rutllar.
rodear *v tr 1* circumdar, cerclar. *2* rodejar, voltar, encerclar, environar, envoltar, enrotllar. *3* rotllar. *4* rodar (fer rodar). || *v intr* marrar, fer marrada.
rodeo *m 1* rodeig, encerclament. *2* marrada (*f*), ramanxola (*f*), torta (*f*). *3* rodeo (espectacle). || **dar un r.** fer marrada.
rodete *m 1* trossa (*f*) (de cabells). *2* rodet.
rodilla *f anat* genoll (*m*).
rodillo *m 1* corró (per a arrossegar). *2* corró, carretó (per a aplanar). *3* roleu.
rododendro *m bot* rododendre (*Rhododendron ferrugineum*).
roedor, a *a* rosegador, rosegaire. || *m pl zool* rosegadors.
roedura *f 1* rosegada, rosec (*m*). *2* rosegada (tros rosegat).
roer *v tr 1* rosegar. *2* ratar. *3* escurar (un os).
rogar *v tr* pregar.
rojez *f* rojor, vermellor.
rojizo, za *a* rogenc, vermellós, vermellenc.
rojo, ja *a* i *m* roig, vermell.
rolde *m* rotllat, rotlle, rotllada (*f*).
rollizo, za *a* robust.
rollo *m 1* roll. *2* rotlle, rotllo (de paper, etc.) *3 arq* pedró.
romance *m* romanç. || *m pl* romanços, brocs.
románico, ca *a* romànic.
romano, na *a* i *s* romà.
romántico, ca *a* i *s* romàntic.
rombo *m geom* rombe.
romero *m bot* romaní (*Rosmarinus officinalis*).
romo, ma *a 1* rom, esmús, carrat. *2* camús, xato.
rompecabezas *m 1* trencaclosques. *2 fig* trencacaps.
rompedura *f* rompiment (*m*), trencament (*m*), trencadura.
rompehielos *m nàut* trencaglaç.
rompeolas *m* escullera (*f*).
romper *v tr 1* trencar, rompre. *2* espatllar. *3* petar. *4* esbotzar. *5* esclafar. *6* esbardellar. || *v intr 1* rompre, començar malgrat un obstacle. *2* badar-se les flors. *3 fig* rompre, trencar. || **r.** (**con alguien**) trencar, deseixir-se. || *v pron* rompre's.
rompiente *m* rompent, trencant.
rompimiento *m 1 V* **rompedura**. *2* trenc.
ron *m* rom.
roncar *v intr 1* roncar, rinxolar. *2* ronxar.
roncha *f 1* rodanxa. *2 med* favassa.
ronco, ca *a* ronc, rauc.

ronda *f* ronda.
rondalla *f* rondalla, conte (*m*).
rondar *v tr* i *intr* rondar, rondejar.
ronquera *f* ronquera.
ronquido *m 1* ronc, rinxol. *2* ronxet, ronxo.
ronzal *m* ronsal, cabestre.
roña *f med* ronya, gratella.
ropa *f* roba.
ropaje *m 1* vestimenta (*f*), vestidura (*f*). *2* robada (*f*).
ropero *m* armari rober, armari de la roba.
roque *m* roc, torre (*f*) (d'escacs).
roqueda *f*, **roquedal** *m* roquissar (*m*), roquisser (*m*), roquerar (*m*), rocam (*m*), roquetar (*m*).
roquedo *m geog* penyal, peny.
rorro *m* infant de mamella, bebè.
rosa *f 1 bot* rosa. *2 arq V* **rosetón**. *3* rosa, bufa (de blat de moro).
rosada *f* gebre (*m*), blancor.
rosal *m bot* roser (*gèn Rosa*).
rosca *f 1* rosca (pastís). *2* rotllana. *3* sacsó (*m*).
roscar *v tr* roscar.
roséola *f med* rosa.
rosetón *m arq* rosassa (*f*), rosetó, rosa (*f*).
rostro *m* cara (*f*), faç (*f*), visatge, semblant, rostre.
rotación *f* rotació.
rotativo, va *a* i *m* rotatiu.
roto, ta *a* trencat, romput.
rotonda *f arq* rotonda.
rótula *f anat* ròtula.
rotulador *m* retolador (llapis).
rótulo *m* rètol (inscripció).
rotundo, da *a* rotund.
rotura *f 1 V* **rompedura**. *2* trenc (*m*).
roya *f bot* rovell (*m*) (malura).
rozadura *f 1* fregada, refregada. *2 med* rascada, pelada.
rozar *v tr 1* fregar, refregar. *2 med* encetar (la pell). *3* raure (un camp). *4* esbrossar, esbrollar. || *v pron* topar-se lleugerament.
rúa *f 1* camí (*m*) ral. *2* rua.
ruandés, esa *a* i *s* rwandès, ruandès.
rubéola *f med* rubèola.
rubí *m* robí.
rubicundo, da *a* rubicund.
rubio, a *a* ros.
rúbrica *f* rúbrica.
rubricar *v tr* rubricar.
ruda *f bot* ruda (*Ruta graveolens*).
rudimento *m* rudiment.
rudo, da *a* rude.
rueca *f* filosa.
rueda *f 1* roda. *2* rotlle (*m*), rotllana. *3* ordre (*m*) successiu.
ruedo *m 1* rodada (*f*). *2* redol, ròdol. *3* rotlle (estora). *4* ferma (*f*) (d'un vestit).
ruego *m* prec.
rufián *m* rufià (*s*), brètol (*s*), bandarra (*s*), canalla.
rugby *m* rugbi (esport).
rugido *m* rugit.
rugir *v intr* rugir.
rugoso, sa *a* rugós.
ruido *m* soroll, fressa (*f*), brogit, renou.
ruidoso, sa *a* sorollós, fresser.
ruín *a* roí.
ruina *f 1* ruïna. || *f pl 1* ruïnes. *2* enderrocs (*m*).
ruindad *f* roïnesa, roïndat.
ruinoso, sa *a* ruïnós.
ruiseñor *m ornit* rossinyol (*Luscinia megarhynchos*).
ruleta *f* ruleta.
rulo *m* corró (per a aplanar).
rulot *f* rulot, caravana.
rumano, na *a* i *s* romanès.
rumbo *m* rumb.
rumiante *a* i *s 1* remugant, ruminant. *2 fig* rumiant, ruminant. || *m pl zool* remugants, ruminants.
rumiar *v tr 1* ruminar, remugar. *2 fig* rumiar, ruminar.
rumor *m 1 V* **runrún**. *2* remor (*f*).
rumorearse *v pron* córrer el rumor.
rumoroso, sa *a* remorós.
runrún *m* rumor, rum-rum.
rupestre *a* rupestre.
ruptura *f 1* ruptura. *2* deseiximent (*m*).
rural *a* rural.
ruso, sa *a* i *s* rus.
rústico, ca *a* i *s 1* rústic. *2* rústec.
ruta *f* ruta.
rutilante *a* rutilant.
rutina *f* rutina.
rutinario, ia *a* rutinari.

S

sábado *m* dissabte.
sábana *f* llençol (*m*).
sabandija *f 1* cuca, rèptil (*m*) petit. *2 fig* persona menyspreable.
sabañón *m med* penelló.
sabelotodo *s* setciències.
saber *m* saber.
saber *v tr* i *intr* saber.
sabidillo, lla *a V* **sabiondo**. || *s V* **sabelotodo**.
sabiduría *f* saviesa, sapiència.
a sabiendas *loc adv 1* sabentment. *2* a dretes, a dretcient, a gratcient. *3* a cient.

sabiondo, da *a* saberut. || *s V* **sabelotodo.**
sabio, ia *a* i *s* savi, sapient.
sable *m* sabre.
sabor *m* sabor (*m* o *f*), gust, tast.
saborear *v tr* i *pron* assaborir.
sabotaje *m* sabotatge.
sabotear *v tr* sabotejar.
sabroso, sa *a* saborós, gustós.
saca *f 1* treta, lleva, llevada. *2* saca.
sacacorchos *m* llevataps, tirabuixó.
sacar *v tr* treure, traure, llevar, toldre. || *v intr* sacar.
sacarina *f quím* sacarina.
sacerdote *m* sacerdot.
sacerdotisa *f* sacerdotessa.
saciar *v tr 1* sadollar, saciar, assaciar, assadollar, atipar, afartar. *2* dessasedegar, desalterar.
saciedad *f* sacietat.
saco *m 1* sac. *2 V* **saqueo.**
sacramento *m* sagrament.
sacrificar *v tr* i *pron* sacrificar.
sacrificio *m* sacrifici.
sacro, ra *a V* **sagrado.** || *a* i *m anat* sacre.
sacudida *f 1* sotragada, sotrac (*m*). *2* sacsada, sacsejada. *3* batzagada. *4* espolsada.
sacudir *v tr 1* sotragar, sotbatre. *2* sacsar, sacsejar. *3* batzegar. *4* espolsar, desempolsar. || *v pron fig* espolsar-se, treure's del damunt.
sádico, ca *a* i *s* sàdic.
saeta *f 1* sageta. *2* busca, maneta (de rellotge). *3* cant (*m*) popular religiós.
safari *m* safari.
sagaz *a* sagaç.
Sagitario *m astron* Sagitari.
sagrado, da *a* sagrat, sacre. || *m* sagrera (*f*).
sainete *m* sainet.
sajar *v tr* tallar (la carn).
sal *f 1* sal. *2 fig* sal (gràcia).
sala *f* sala.
salado, da *a 1* salat. *2 fig* salat (graciós).
salamandra *f zool* salamandra (*Salamandra maculosa*).
salar *v tr 1* salar (posar sal). *2* adobar (carns).
salariar *v tr* assalariar.
salario *m* salari.
salaz *a* salaç
salchicha *f* salsitxa.
salchichón *m* llonganissa (*f*).
saldar *v tr* saldar.
saldo *m* saldo.
salero *m 1* saler. *2 fig V* **sal** 2.
saleroso, sa *a V* **salado** 2.
salfumán *m quím* salfumant.
salida *f 1* sortida, eixida. *2* sortida, acudit (*m*).
saliente *a* ixent. || *a* i *m* sortint.
salina *f* salina.
salir *v intr* sortir, eixir. || *v pron* vessar-se, sobreeixir.
salitre *m* salnitre.
saliva *f* saliva.
salivajo *m*, **salivazo** *m* salivada (*f*), salivall, escopinada (*f*).
salmo *m* salm.
salmón *m ictiol* salmó (*Salmo salar*).
salmonete *m ictiol* moll, roger (*Mullus barbatus*).
salobre *a* salabrós.
salón *m* saló.
salpicadura *f 1* esquitxada. *2* esquitx (*m*). *3* salpicó (*m*).
salpicar *v tr 1* esquitxar. *2* espargir. *3 fig* clapejar.
salpullido *m med* granellada (*f*), granissada (*f*).
salsa *f* salsa.
saltamontes *m entom* llagost, llagosta (*f*), saltamartí (*Pachytylus cinerascens* i molts altres acrídids).
saltar *v tr* saltar. || *v intr 1* saltar. *2* botar, botre.
saltear *v tr 1* saltejar. *2* assaltar.
salto *m* salt.
salubre *a V* **saludable.**
salud *f* salut.
saludable *a* saludable, salubre, sanitós.
saludar *v tr* saludar.
saludo *m*, **salutación** *m* salut, salutació (*f*).
salva *f* salva.
salvación *f* salvació.
salvado *m agr* segó, bren.
salvadoreño, ña *a* i *s* salvadorenc, salvadoreny.
salvaguarda *f* salvaguarda.
salvaje *a* i *s* salvatge.
salvamanteles *m* estalvis (*pl*) (de taula).
salvamento *m* salvament.
salvar *v tr* i *pron* salvar.
salvavidas *m* salvavides.
salve *f* i *interj* salve.
salvedad *f* excusa, excepció.
salvia *f bot* sàlvia (*Salvia officinalis*).
salvo *adv* salvat, salvant, llevat.
salvo, va *a* estalvi, deslliurat de perill. || **poner a s.** posar fora de perill. || **sano y s.** sa i estalvi
salvoconducto *m* salconduit
sambenito *m 1 fig* mala nota que resulta d'una acció. *2 fig* penjament. || **colgar el s.** fer un penjament.
san *a* sant (apòcope).
sanar *v intr med* sanar, guarir.
sanatorio *m med* sanatori.
sanción *f* sanció.
sancionar *v tr* sancionar.
sandalia *f* sandàlia.
sandez *f* bestiesa, idiotesa.
sandía *f bot* síndria, xíndria (*Cucumis citrullus*).
sandwich *m* entrepà, sandvitx.
sanear *v tr* sanejar.
sangradura *f* sagnia (d'un canal, etc.).
sangrante *a* sagnant, sangonós.
sangrar *v intr* sagnar, sangonejar, sanguejar.
sangre *f* sang.
sangría *f 1 med* sagnia (acció i efecte de sagnar). *2 anat* sagnia (part oposada al colze). *3 fig* sagnia (pèrdua continuada.)
sangriento, ta *a 1* sagnant, sangonós (que sagna). *2* sangonós, sangós, sangonent, sanguinolent (tacat de sang). *3 V* **sanguinario.**
sanguijuela *f zool* sangonera (*Hirudo medicinalis*).

sanguinario, ia *a* sanguinari.
sanguíneo, ea *a* sanguini.
sanguinolento, ta *a V* **sangriento** 1 i 2.
sanidad *f* sanitat.
sanitario, ia *a* i *s* sanitari.
sano, na *a* sa. || **s. y salvo** sa i estalvi.
sanseacabó tururut (qui gemega ja ha rebut); bona nit i tapa't.
en un santiamén *loc adv* en un no res.
santidad *f* santedat.
santiguar *v tr* i *pron* senyar.
santo, ta *a* i *s* sant. || **s. y seña** sant i senya.
saña *f* ràbia, furor (*m*).
sapiente *a V* **sabio**.
sapo *m zool* gripau, tòtil, calàpet, galàpet (*Bufo vulgaris*).
saque *m* sacada (*f*) (de pilota).
saqueamiento *m V* **saqueo**.
saquear *v tr* saquejar, barrejar.
saqueo *m* saqueig, barreja (*f*).
sarampión *m med* xarampió.
sarao *m* sarau (reunió).
sarcasmo *m* sarcasme.
sarcófago *m* sarcòfag.
sardana *f mús* sardana (dansa).
sardina *f ictiol* sardina (*Sardina pilchardus*).
sardónico, ca *a* sardònic.
sargento, ta *s mil* sergent.
sarmiento *m bot* sarment (o *f*).
sarna *f med* ronya, sarna, gratella.
sarpullido *m med V* **salpullido**.
sarrillo *m* ranera (*f*) (de la mort).
sarrio *m zool* isard (*gèn Rupicapra*).
sarro *m* ***1*** *med* tosca (*f*), carrall (de les dents). ***2*** *bot* rovell (malura).
sarta *f* ***1*** enfilall (*m*). ***2*** *fig* tirallonga.
sartén *f* paella.
sastrería *f* sastreria.
satélite *m astron* satèl·lit.
sátira *f* sàtira.
satirizar *v tr* satiritzar.
satisfacción *f* satisfacció.
satisfacer *v tr* satisfer.
saturación *f* saturació.
saturar *v tr* saturar.
sauce *m bot*: salze (*Salix alba*). || **s. llorón** desmai (*S. babylonica*).
saudí *a* i *s* saudita.
sauna *f* sauna.
savia *f* saba.
saxofón *m mús* saxòfon, saxo.
saya *f* faldilla.
sayón *m* ***1*** saig, esbirro. ***2*** botxí.
sazón *f* saó. || **a la s.** en aquell temps.
sazonar *v tr* amanir.
se *pron* ***1*** es. ***2*** se.
sebo *m* sèu.
seca *f V* **sequía**.
secano *m agr* secà.
secar *v tr* i *pron* ***1*** assecar. ***2*** eixugar.
sección *f* secció.
secesión *f* secessió.
seco, ca *a* ***1*** sec. ***2*** secalló. ***3*** eixut.
secreción *f anat* secreció.
secretario, ia *s* secretari.
secreto, ta *a* i *m* secret.
secta *f* secta.
sector *m* sector.
secuaz *a* i *s* sequaç.
secuela *f* seqüela, ròssec (*m*).
secuencia *f* seqüència.
secuestrar *v tr* segrestar.
secuestro *m* segrest.
secundar *v tr* secundar.
secundario, ia *a* secundari.
sed *f* set.
seda *f* seda.
sedante *a* i *m* sedant.
sede *f* seu.
sedentario, ia *a* i *s* sedentari.
sedición *f* sedició.
sediento, ta *a* assedegat, sedejant, sedegós.
sedimento *m* sediment.
seducción *f* seducció.
seducir *v tr* seduir.
seductor *a* i *s* seductor.
segada *f agr V* **siega**.
segadera *f agr* falç, corbella.
segar *v tr* ***1*** segar. ***2*** falcejar.
segazón *f agr V* **siega**.
segmentar *v tr* i *pron* segmentar.
segmento *m* segment.
segregación *f* segregació.
segregar *v tr* segregar.
seguida *f* ***1*** seguida. ***2*** seguit (*m*). || **de s.** per un seguit. || **en s.** de seguida, tot seguit, tot d'una.
seguidor, a *a* i *s* seguidor.
seguimiento *m* seguiment.
seguir *v tr* i *pron* seguir.
según *prep* segons.
segundo, da *a* i *s* segon. || *m* segon.
seguridad *f* seguretat, segurança, assegurança.
seguro, ra *a* segur. || *m* ***1*** assegurança (*f*) (contracte). ***2*** botó (o palanca (*f*)) de seguretat.
seis *a* i *m* sis.
seisavo, va *a* i *s* sisè.
seiscientos, tas *a* i *m* sis-cents.
seísmo *m geol* sisme.
selección *f* selecció.
sellar *v tr* segellar.
sello *m* ***1*** segell. ***2*** timbre (de correus). ***3*** *med* catxet.
selva *f* selva.
semáforo *m* semàfor.
semana *f* ***1*** setmana. ***2*** setmanada.
semanario *m* setmanari (publicació).
semblante *m* cara (*f*), carura (*f*), faç (*f*), rostre.
semblanza *f* ***1*** *V* **semejanza**. ***2*** semblança (esbós biogràfic).
sembrado *m agr* sembrat, sembrada (*f*) (camp, terra).
sembrar *v tr* sembrar.
semeja *f V* **semejanza** 1.
semejante *a* ***1*** semblant. ***2*** consemblant.
semejanza *f* ***1*** semblança, similitud. ***2*** consemblança.

semejar *v intr* i *pron* semblar.
semen *m biol* esperma (*f*), semen.
semestre *m* semestre.
semilla *f bot* llavor, grana, sement, semença.
senado *m* senat.
senador, a *s* senador.
sencillez *f* senzillesa.
sencillo, lla *a* senzill.
senda *f*, **sendero** *m* sendera (*f*), senda (*f*), sender (*m*), caminoi (*m*), corriol (*m*), carrerany (*m*), tirany (*m*).
sendos, das *a pl* sengles.
senectud *f* senectut.
senegalés, esa *a* i *s* senegalès.
senil *a* senil.
senilidad *f* senilitat.
senior *a* i *s* sènior.
seno *m* ***1*** si (concavitat). ***2*** *anat* pit, sina (*f*). ***3*** si, sina (*f*), pitrera (*f*) (espai entre el vestit i el pit). ***4*** si (matriu). ***5*** *geog* si. ***6*** si (part interna). ***7*** *mat* sinus.
sensación *f* sensació.
sensatez *f* sensatesa.
sensato, ta *a* sensat, assenyat, entenimentat.
sensibilidad *f* sensibilitat.
sensible *a* sensible.
sensitivo, va *a* sensitiu.
sensual *a* sensual.
sentar *v tr* asseure. || *v intr* ***1*** posar-se (bé o malament, una vianda). ***2*** escaure. ***3*** venir de gust. || *v pron* seure, asseure's.
sentencia *f* sentència.
sentenciar *v tr* sentenciar.
sentido, da *a* sentit. || *m* sentit.
sentimental *a* i *s* sentimental.
sentimiento *m*, **sentir** *m* sentiment.
sentir *v tr* i *pron* ***1*** sentir, oir. ***2*** sentir (percebre). ***3*** sentir (lamentar).
seña *f* senya. || *f pl* adreça (*sing*).
señal *f* senyal (*m*).
señalar *v tr* ***1*** assenyalar. ***2*** senyalar (marcar).
señalización *f* senyalització.
señor, a *a* i *s* senyor.
señuelo *m* ***1*** cimbell, enze. ***2*** *fig* reclam (per atreure públic, etc.).
sépalo *m bot* sèpal.
separar *v tr* ***1*** separar, departir. ***2*** desacostar. ***3*** destriar. || *v pron* ***1*** desaplegar-se. ***2*** separar-se.
separatismo *m* separatisme.
sepelio *m* sepeli, enterrament, enterratge.
sepia *a* i *m* sèpia (color). || *f zool* sípia, sèpia (*Sepia officinalis*).
septiembre *m* setembre.
séptimo, ma *a* i *m* setè.
sepulcro *m V* **sepultura** 3.
sepultar *v tr* sepultar, sebollir.
sepultura *f* ***1*** sepultura (acció). ***2*** sepultura, clot (*m*). ***3*** sepultura, tomba, sepulcre (*m*).
sequedad *f* ***1*** sequedat, secor. ***2*** eixutesa.
sequía *f* sequera, secada, seca, eixut (*m*).
séquito *m* seguici.
ser *v intr* ésser, ser.
ser *m* ésser, ser.
serbocroata *a* i *m* serbocroat.
serena *f* serena.
serenar *v tr* i *pron* asserenar.
serenata *f mús* serenata.
serenidad *f* ***1*** serenitat (qualitat de serè). ***2*** serenor.
sereno, na *a* serè. || *m* serena (*f*), serení. || **al s.** a la serena.
serial *a* i *m* serial.
seriar *v tr* seriar.
serie *f* sèrie.
seriedad *f* seriositat, serietat.
serio, ia *a* seriós.
sermón *m* sermó.
serpentear *v intr* ***1*** serpentejar, serpejar. ***2*** giragonsar, giragonsejar.
serpiente *f zool* serp, serpent (o *m*).
serrar *v tr* serrar.
serrín *m* serradures (*f pl*), serrill, serradís.
serrucho *m* xerrac.
serval *m zool* serval (*Felis serval*).
servicio *m* ***1*** servei, serviment. ***2*** servei, estat de servitud. ***3*** servei, cobert (de taula). || *m pl* lavabo (*sing*).
servidor, a *a* i *s* servidor, servent.
servidumbre *f* ***1*** servitud, servatge (*m*). ***2*** servei (*m*) (conjunt de servents).
servil *a* servil.
servilleta *f* tovalló (*m*).
servir *v tr*, *intr* i *pron* servir.
sésamo *m bot* sèsam (*Sesamum indicum*).
sesenta *a* i *m* seixanta.
sesgar *v tr* esbiaixar.
sesgo, ga *a* ***1*** esbiaixat. ***2*** *fig* greu. || *m* biaix. || **al s.** de biaix, al biaix.
sesión *f* sessió.
seso *m* ***1*** *anat* cervell. ***2*** senderi, seny, xolla (*f*).
sesudez *f V* **sensatez**.
set *m* set (de tenis).
seta *f bot* bolet (*m*).
setecientos, tas *a* i *m* set-cents.
setenta *a* i *m* setanta.
setiembre *m V* **septiembre**.
seto *m* ***1*** tanca (*f*), clos. ***2*** bardissa (*f*) (tanca de bardisses).
seudónimo, ma *a* i *m* pseudònim.
severidad *f* severitat.
severo, ra *a* sever.
sevicia *f* sevícia.
sexo *m* sexe.
sexología *f* sexologia.
sexto, ta *a* i *m* sisè.
sexual *a* sexual.
sexualidad *f* sexualitat.
si *m mús* si.
si *conj* si.
sí *pron* si, ell.
sí *adv* sí.
sibarita *a* i *s* sibarita.
sibilante *a* sibilant.
sicario, ria *s* sicari (assasí).
sicoanálisis *m* psicoanàlisi (*f*).
sicología *f* psicologia.

sicosis *f med* sicosi, psicosi.
sideral *a astron* sideral.
siderurgia *f* siderúrgia.
siega *f agr* sega, segada.
siembra *f agr* ***1*** sembra, sembrada, sembrament (*m*), sementera (acció). ***2*** sembra, sementera (temps). ***3*** *V* **sembrado**.
siempre *adv* sempre, tostemps, tothora. ‖ **s. jamás** sempre més. ‖ **s. que** sempre que. ‖ **para s.**; **por s.** per sempre.
siempreviva *f bot* sempreviva (*gèn Helichrysum*).
sien *f anat* templa, pols (*m*).
sierra *f* ***1*** serra (eina). ***2*** *geog* serra, serrat (*m*).
sierpe *f zool V* **serpiente**.
siervo, va *s* serf.
siesta *f* ***1*** sesta (primera hora de la tarda). ***2*** migdiada, sesta.
siete *a* set (numeral). ‖ *m* ***1*** set (número). ***2*** *fig* set (estrip).
sietemesino, na *a* i *s* setmesó.
sifón *m* sifó.
sigilo *m* ***1*** secret sobre un fet o notícia. ***2*** sigil (precaució).
sigla *f* sigla.
siglo *m* segle.
signar *v tr* signar, firmar.
signatura *f* signatura.
significación *f* ***1*** significació, significança, significament (*m*) (acció i efecte). ***2*** *gram* significació, significat (*m*).
significado, da *a* significat. ‖ *m gram V* **significación** 2.
significar *v tr* i *pron* significar.
signo *m* ***1*** signe. ***2*** signe, senyal.
siguiente *a* i *s* següent.
sílaba *f gram* síl·laba.
silba *f* xiulada.
silbar *v tr* xiular.
silbato *m* xiulet (instrument).
silbido *m*, **silbo** *m* xiulet (so).
silenciador *m* silenciador.
silenciar *v tr* silenciar.
silencio *m* silenci.
silencioso, sa *a* silenciós.
sílex *m* sílex.
sílfide *f* sílfide.
sílice *f quím* sílice.
silicio *m quím* silici.
silicona *f quím* silicona.
silla *f* ***1*** cadira. ***2*** sella.
sillar *m* carreu.
sillón *m* ***1*** butaca (*f*). ***2*** cadira (*f*) de braços.
silo *m* ***1*** sitja (*f*). ***2*** graner, pallol.
silogismo *m* sil·logisme.
silueta *f* silueta.
silvestre *a* silvestre.
sima *f* avenc (*m*).
símbolo *m* símbol.
simetría *f* simetria.
simiente *f agr V* **semilla**
símil *m* símil.
similar *a* similar.
similitud *f V* **semejanza** 1.
simio *m zool* simi.
simpatía *f* simpatia.
simpático, ca *a* simpàtic. ‖ *m anat* simpàtic.
simpatizar *v intr* simpatitzar.
simple *a* simple. ‖ *a* i *s V* **simplón**.
simpleza *f* beneiteria, beneitura, bajocada.
simplicidad *f* simplicitat.
simplificar *v tr* simplificar.
simplón, ona *a* i *s* babau, beneit
simulación *f* simulació.
simulacro *m* simulacre.
simular *v tr* simular.
simultáneo, ea *a* simultani.
sin *prep* sense, sens.
sinagoga *f* sinagoga, aljama.
sinceridad *f* sinceritat.
síncope *m med* síncope (*f*), sobrecor.
sincronización *f* sincronització.
sincronizar *v tr* sincronitzar.
sindical *a* sindical.
sindicato *m* sindicat.
síndrome *m med* síndrome (*f*).
sinecura *f* sinecura.
sinfín *m* sens fi.
sinfonía *f mús* simfonia.
singular *a* i *m gram* singular.
siniestra *f* esquerra.
siniestro, ra *a* i *m* sinistre.
sino *conj* sinó. ‖ **s. que** sinó que, ans.
sinónimo, ma *a* i *m* sinònim.
sinopsis *f* sinopsi.
sinrazón *f* desraó.
sintaxis *f gram* sintaxi.
síntesis *f* síntesi.
síntoma *m* símptoma.
sintonía *f* sintonia.
sintonizar *v tr* sintonitzar.
sinuoso, sa *a* sinuós.
sinusitis *f med* sinusitis.
sinvergüenza *a* i *s* pocavergonya, pocapena.
sionismo *m* sionisme.
siquiatra *s med* psiquiatre.
siquiatría *f med* psiquiatria.
síquico, ca *a* psíquic.
siquiera *conj* ***1*** encara que (en frases afirmatives). ***2*** ni tan sols, ni tan solament (en frases negatives).
sirena *f* ***1*** sirena. ***2*** sirena (senyal acústic).
sirio, ia *a* i *s* sirià, siri.
sisa *f* ***1*** cisa (petit furt). ***2*** cisa (d'un vestit).
sisar *v tr* cisar.
sisear*v intr* xiuxiuar, xiuxiuejar.
siseo *m* xiuxiueig.
sísmico, ca *a* sísmic.
sistema *m* sistema.
sitial *m* setial.
sitiar *v tr* assetjar, assitiar.
sitio *m* ***1*** lloc. ***2*** seti, siti (lloc on seure). ***3*** lloc, indret. ***4*** *mil* setge. ***5*** assetjament.
sito, ta *a* siti (situat).
situación *f* situació.
situar *v tr* i *pron* situar.

so *m fam* tros de (usat només davant de qualificatius despectius).
so *prep* sota.
sobaco *m fam* aixella (*f*).
sobar *v tr* ***1*** maurar (oprimir una cosa per estovar-la). ***2*** *fig* toquejar (algú).
soberanía *f* sobirania.
soberano, na *a* i *s* sobirà.
soberbia *f* ***1*** supèrbia. ***2*** sobergueria.
soberbio, ia *a* ***1*** superbiós, superb. ***2*** soberg.
sobornar *v tr* subornar.
soborno *m* suborn, subornament, subornació (*f*).
sobra *f* sobra. || *f pl* ***1*** sobralles, sobres. ***2*** escadús (*m*). || **de s.** ***1*** de sobres. ***2*** de més.
sobrante *a* sobrant (que sobra).
sobrar *v intr* sobrar.
sobrasada *f* sobrassada.
sobre *m* sobre, coberta (*f*) (de carta).
sobre *prep* ***1*** sobre, damunt. ***2*** tocant a. ***3*** sobre, ultra.
sobrecoger *v tr* ***1*** sobtar. ***2*** sobreprendre.
sobredicho, cha *a V* **susodicho**.
sobredosis *f* sobredosi.
sobrellevar *v tr* endurar (suportar).
sobremesa *f* ***1*** sobretaula (*m*), tapet (*m*). ***2*** sobretaula (estona).
sobrentendido *m* sobreentès.
sobrepasar *v tr* sobrepassar.
sobreponer *v tr* i *pron* sobreposar.
sobrepujanza *f* sobergueria, gran puixança.
sobrepujar *v tr* ***1*** sobrepujar, sobremuntar. ***2*** soberguejar (ultrapassar).
sobrero, ra *a V* **sobrante**.
sobresaliente *a* sobresortint. || *m* excel·lent (qualificació d'estudis).
sobresalir *v intr* ***1*** sobresortir, ressortir. ***2*** excel·lir.
sobresalto *m* sobresalt, surt.
sobreseer *v tr* sobreseure.
sobrevenir *v intr* ***1*** sobrevenir (esdevenir). ***2*** escaure's (*pron*).
sobreviviente *a* i *s V* **superviviente**.
sobriedad *f* sobrietat.
sobrino, na *s* nebot.
sobrio, ia *a* sobri.
socapa *f* pretext (*m*).
socarrar *v tr* i *pron* socarrimar.
socarrón, ona *a* sorneguer.
socarronería *f* sornegueria.
socavar *v tr* soscavar.
socavón *m* ***1*** galeria subterrània oberta des de la superfície. ***2*** forat.
sociable *a* sociable.
social *a* social.
socialismo *m* socialisme.
socialista *a* i *s* socialista.
sociedad *f* societat.
socio, ia *s* soci.
sociología *f* sociologia.
socorrer *v tr* socórrer, auxiliar.
socorrismo *m* socorrisme.
socorro *m* ***1*** socorriment, socors. ***2*** socors (ajut, etc.).
soda *f* ***1*** soda (beguda). ***2*** *quím* soda, sosa.
sódico, ca *a quím* sòdic.
sodio *m quím* sodi.
soez *a* esqueixat (groller).
sofá *m* sofà.
sofisma *m* sofisma.
sofisticación *f* sofisticació.
sofocación *f* sufocació.
sofocador, a *a*, **sofocante** *a* sufocant, sufocador.
sofocar *v tr* i *pron* sufocar.
sofoco *m* sufocació (*f*) (efecte de sufocar).
sofreir *v tr* sofregir.
sofrito *m* sofregit.
soga *f* soga, maroma, rest (*m*).
soja *f bot* soja (*Dolichos soja*).
sojuzgar *v tr V* **subyugar**.
sol *m* sol.
solamente *adv* solament, sols.
solana *f* ***1*** part solana, lloc (*m*) solà. ***2*** solell (*m*).
solapa *f* solapa (de vestit; de coberta).
solar *a* solar. || *m* ***1*** casal, solar. ***2*** solar (per edificar).
solario *m*, **solárium** *m* solari, solàrium.
solaz *m* esbargiment, solaç.
solazar *v tr* solaçar.
soldado, da *s* soldat.
soldadura *f* soldadura.
soldar *v tr* i *pron* soldar.
solear *v tr* solejar.
soledad *f* solitud, soledat.
solemne *a* solemne.
soler *v intr* acostumar, soler.
solevantar *v tr* sollevar.
solfa *f mús* solfa.
solfeo *m mús* solfeig.
solicitar *v tr* sol·licitar.
solícito, ta *a* sol·lícit.
solicitud *f* sol·licitud.
solidaridad *f* solidaritat.
solidez *f* solidesa, soliditat.
solidificar *v tr* i *pron* solidificar.
sólido, da *a* i *m* sòlid.
soliloquio *m* soliloqui.
sólito, ta *a* sòlit, habitual.
sollozar *v intr* sanglotar, sanglotejar.
sollozo *m* sanglot.
solo, la *a* sol. || *m mús* solo.
sólo *adv V* **solamente**.
solomillo *m* llom de porc.
solsticio *m astron* solstici.
soltar *v tr* ***1*** amollar, afluixar, deixar anar, soltar. ***2*** aviar.
soltería *f* solteria.
soltero, ra *a* i *s* solter.
soltura *f* soltesa, deseiximent (*m*).
soluble *a* soluble.
solución *f* solució.
solucionar *v tr* solucionar.
solvencia *f* solvència.
solventar *v tr* resoldre, solucionar.
sombra *f* ombra, ombria. || **a la s.** *fig* a la garjola, entre reixes. || **mala s.** ***1*** mala sort. ***2*** poca solta.

sombrajo *m* pampallugues (*f pl*).
sombrar *v tr*, **sombrear** *v tr* ombrejar, ombrar.
sombrero *m* ***1*** barret, capell (peça de vestir). ***2*** *bot* capell, barret (dels bolets).
sombrilla *f* ombrel·la, para-sol (*m*).
somero, ra *a* ***1*** som. ***2*** superficial, lleuger.
someter *v tr* i *pron* sotmetre.
sometimiento *m V* **sumisión**.
somier *m* somier.
somnífero, ra *a* i *m* somnífer.
somnolencia *f* somnolència, ensonyament (*m*).
son *m* so (*esp* agradable).
sonaja *f mús* sonall (*m*), sonalla. || *f pl mús* sonalls (*m*).
sonajero *m* sonall, sonalla (*f*), zing-zing.
sonámbulo, la *a* i *s* somnàmbul.
sonante *a* sonant.
sonar *m* sonar (aparell).
sonar *v tr* ***1*** *mús* fer tocar. ***2*** mocar. || *v intr* sonar. || *v pron* mocar-se.
sonda *f* sonda.
sondar *v tr*, **sondear** *v tr* sondar, sondejar.
sondeo *m* sondeig.
soneto *m* sonet.
sonido *m* so.
sonoro, ra *a* sonor.
sonreir *v intr* somriure.
sonriente *a* somrient.
sonrisa *f* somriure (*m*), somrís (*m*).
sonrojar *v tr* i *pron* enrojolar.
sonrosar *v tr* donar o posar color de rosa.
sonsacar *v tr* fer que algú digui allò que sap.
sonsonete *m* cantarella (*f*).
soñar *v tr* i *intr* somiar, somniar.
soñolencia *f V* **somnolencia**.
soñoliento, ta *a* somnolent, sonós.
sopa *f* ***1*** sopa. ***2*** escudella.
sopesar *v tr* sospesar.
sopetón *m* ***1*** rosta (*f*). ***2*** cop sobtat amb la mà. || **de s.** *loc adv V* **de súbito**.
soplado, da *a* bufat (vanitós).
soplador, a *a* i *s* bufador.
soplamocos *m* mastegot, màstec.
soplar *v tr* bufar.
soplillo *m* ventafocs, bufador, bufafocs.
soplo *m* ***1*** bufada (*f*). ***2*** *med* buf.
soplón, ona *a* delator, acuseta, espieta.
sopor *m* sopor.
soportal *m* porxo, volta (*f*).
soportar *v tr* suportar.
soporte *m* suport.
soprano *s mús* soprano.
sor *f* sor.
sorber *v tr* xarrupar, xarrupejar.
sorbete *m* sorbet (gelat).
sorbo *m* ***1*** xarrupeig (acció). ***2*** xarrup, xarrupada (*f*). ***3*** glop.
sordera *f med* sordesa, sordària.
sórdido, da *a* sòrdid.
sordina *f* sordina.
sordo, da *a* sord.
sordomudo, da *a* i *s med* sordmut.
sorna *f* ***1*** sorneria. ***2*** sorna (ironia malèvola).
sorprendente *a* sorprenent.
sorprender *v tr* sorprendre.
sorpresa *f* sorpresa.
sortear *v tr* ***1*** sortejar. ***2*** esquivar.
sorteo *m* sorteig.
sortija *f* anell (*m*).
sosa *f quím* sosa.
sosegar *v tr* assossegar.
sosiego *m* assossec.
soslayo, ya *a* oblic. || **al s.**; **de s.** de gairell.
soso, sa *a* fat, insípid, insuls, dessabeït.
sospecha *f* sospita, suspició.
sospechar *v tr* sospitar.
sospechoso, sa *a* sospitós, suspecte.
sospesar *v tr V* **sopesar**.
sostén *m* ***1*** *V* **sostenimiento** 1. ***2*** sostenidors (*pl*).
sostenedor, a *a* i *s* sostenidor.
sostener *v tr* i *pron* sostenir.
sostenimiento *m* ***1*** sosteniment. ***2*** *V* **sustento.**
sota *f* sota (naip).
sótano *m* soterrani.
soterrar *v tr* soterrar, enterrar, colgar.
soviético, ca *a* soviètic.
spray *m* esprai.
sprint *m* esprint.
stop *m* stop.
su *a* el seu, son, la seva (*f*), sa (*f*).
suave *a* suau, bla.
suavidad *f* suavitat.
suavizante *m* suavitzant (per al cabell, la roba).
suavizar *v tr* suavitzar, assuaujar.
subalterno, na *s* subaltern.
subarrendar *v tr jur* sotsarrendar.
subasta *f* ***1*** subhasta, encant (*m*). ***2*** *jur* subhasta (d'una concessió, d'un servei, etc.).
subastar *v tr* subhastar.
súbdito, ta *a* i *s* súbdit.
subfusil *m* metralleta (*f*).
subida *f* ***1*** subida, puja, pujada. ***2*** pujament (*m*), puja, pujada. ***3*** pujada, pujant (*m*).
subir *v tr* ***1*** pujar. ***2*** apujar, alçar. || *v intr* pujar, muntar.
súbito, ta *a* ***1*** sobtat. ***2*** sobtós. || **de s.** de sobte, sobtadament, de trascantó, tot d'una, de cop, de cop sobte, de cop i volta.
subjefe, fa *s* sotscap.
subjetivo, va *a* subjectiu.
sublevación *f* insurrecció.
sublevado, da *a* insurrecte.
sublevar *v tr* insurreccionar, revoltar, arremorar. || *v pron* insurreccionar-se, insurgir-se.
sublime *a* sublim.
submarinismo *m nàut* submarinisme.
submarino, ina *a* i *m* submarí.
suboficial, a *s* sotsoficial.
subordinación *f* subordinació.
subordinar *v tr* subordinar.
subrayar *v tr* subratllar.
subsanar *v tr* esmenar.
subscribir *v tr* ***1*** subscriure. ***2*** sotascriure.
subscripción *f* subscripció.
subscriptor, a *a* i *s* subscriptor.
subsidio *m* subsidi.

subsistir *v intr* subsistir.
substancia *f* substància.
substantivo, va *a* i *m gram* substantiu.
substitución *f* substitució.
substituir *v tr* substituir.
substituto, ta *a* substitut.
substracción *f* ***1*** sostracció, sostreta. ***2*** *arit* substracció, resta.
substraendo *m arit* subtrahend.
substraer *v tr* i *pron* sostreure, sostraure.
subsuelo *m* subsòl.
subterfugio *m* subterfugi.
subterráneo, a *a* subterrani. || *m* soterrani.
suburbio *m* suburbi.
subvención *f* subvenció.
subvenir *v intr* subvenir.
subversión *f* subversió.
subversivo, va *a* subversiu.
subyugar *v tr* subjugar.
succión *f* succió.
sucedáneo, ea *a* i *m* succedani.
suceder *v tr* succeir (entrar en lloc d'un altre). || *v intr* esdevenir-se (*pron*), succeir, passar, ocórrer.
sucedido *m fam V* **suceso** 1.
sucesión *f* successió, succeïment (*m*).
sucesivo, va *a* successiu.
suceso *m* ***1*** esdeveniment, succeït, succés. ***2*** succés, èxit.
sucesor, a *a* succedent. || *a* i *s* successor, succeïdor.
suciedad *f* ***1*** brutor, brutedat, brutesa, sutzesa, sutzor, sutzura. ***2*** brutícia, sutzura.
sucinto, ta *a* succint.
sucio, ia *a* brut, sutze.
suculento, ta *a* suculent.
sucumbir *v intr* sucumbir.
sucursal *a* i *f* sucursal.
sud *m V* **sur**.
sudafricano, na *a* i *s* sud-africà.
sudamericano, na *a* i *s* sud-americà.
sudanés, esa *a* i *s* sudanès.
sudar *v tr* i *intr* suar.
sudeste *m* sud-est.
sudoeste *m* sud-oest.
sudor *m* suor (*f*).
sueco, ca *a* i *s* suec.
suegro, ra *s* sogre.
suela *f* ***1*** sola (de calçat). ***2*** sola (pell adobada). ***3*** sola (punta de tac de billar). ***4*** sola (d'un envà).
sueldo *m* sou, salari. || **a s.** a sou.
suelo *m* sòl, soler, terra.
suelta *f* aviada, engegada.
suelto, ta *a* ***1*** solt, deixat anar. ***2*** *fig* lleuger. ***3*** *fig fig* poc compacte. ***4*** deixat anar (dit del cabell). ***5*** escadusser. || *m* ***1*** canvi (de diners). ***2*** xavalla (*f*).
sueño *m* ***1*** son (acte de dormir). ***2*** son (*f*) (ganes de dormir). ***3*** somni.
suero *m* sèrum.
suéter *m* suèter (jersei).
suerte *f* sort.
suficiencia *f* suficiència.
suficiente *a* suficient.
suficientemente *adv* suficientment, prou.
sufijo, ja *a* i *m gram* sufix.
sufrido, da *a* sofert.
sufrimiento *m* sofriment, sofrença (*f*), patiment.
sufrir *v tr* ***1*** sofrir, patir. ***2*** permetre. || *v intr* sofrir.
sugerencia *f* suggeriment (*m*).
sugerir *v tr* suggerir.
sugestión *f* suggestió.
suicida *a* i *s* suïcida.
suicidarse *v pron* suïcidar-se.
suicidio *m* suïcidi.
suizo, za *a* i *s* suís.
sujeción *f* subjecció.
sujetar *v tr* ***1*** subjectar. ***2*** fermar.
sujeto, ta *a* i *m* subjecte.
sulfato *m quím* sulfat.
sulfhídrico, ca *a quím* sulfhídric.
sulfurar *v tr* sulfurar.
sulfuro *m quím* sulfur.
sultán *m* soldà, sultà.
sultana *f* soldana, sultana.
suma *f* ***1*** *arit* suma, addició. ***2*** summa. || **en s.** en suma.
sumando *m mat* sumand.
sumar *v tr* sumar.
sumergible *a* i *m* submergible.
sumergir *v tr* i *pron* submergir, somorgollar.
sumidero *m* ***1*** claveguerό. ***2*** embornal.
suministración *f V* **suministro**.
suministrar *v tr* subministrar.
suministro *m* ***1*** subministrament, subministració (*f*). ***2*** subministrament (la cosa subministrada).
sumir *v tr* i *pron* sumir.
sumisión *f* submissió.
sumiso, sa *a* submís.
súmmum *m* súmmum.
sumo, ma *a V* **supremo**.
sunnita *a* i *s* sunnita.
suntuoso, sa *a* sumptuós.
supeditar *v tr* i *pron* supeditar.
superación *f* superació.
superar *v tr* i *pron* superar.
superávit *m* superàvit.
superficie *f* superfície.
superfluo, ua *a* superflu.
superior *a* i *m* superior.
superiora *f* superiora.
superioridad *f* superioritat.
superlativo, va *a* superlatiu.
supermercado *m* supermercat.
superstición *f* superstició.
supervisar *v tr* supervisar.
supervivencia *f* supervivència.
superviviente *a* i *s* supervivent.
supino, na *a* i *m* supí.
suplantar *v tr* suplantar.
suplemento *m* suplement.
suplente *a* i *s* suplent.
súplica *f* súplica.
suplicar *v tr* suplicar.
suplicio *m* suplici.

suplir *v tr* suplir.
suponer *v tr* suposar.
suposición *f* suposició.
supremacía *f* supremacia.
supremo, ma *a* suprem.
supresión *f* supressió.
suprimir *v tr* suprimir.
supuesto, ta *a* suposat. ‖ *m* supòsit.
supurar *v intr med* supurar.
sur *m* sud.
surcar *v tr* solcar.
surco *m* solc.
surgir *v intr* ***1*** sorgir (aparèixer). ***2*** sorgir (fondejar).
surtido, da *a* assortit. ‖ *m* assortiment.
surtidor *m* brollador, sortidor.
surtir *v tr* assortir. ‖ *v intr* ***1*** sortir. ***2*** *V* **surgir** 1.
susceptible *a* susceptible.
suscitar *v tr* suscitar.
suscribir *v tr V* **subscribir**.
suscripción *f V* **subscripción**.
susodicho, cha *a* susdit.
suspender *v tr* ***1*** suspendre, penjar. ***2*** suspendre (deturar, diferir). ***3*** suspendre (privar d'un càrrec, etc.). ***4*** suspendre (un examen, un curs, etc.).
suspensión *f* suspensió.
suspenso, sa *a* i *m* suspens. ‖ **en s.** en suspens.
suspicacia *f* suspicàcia.
suspicaz *a* suspicaç.
suspirar *v tr* sospirar.
suspiro *m* sospir.
sustancia *f V* **substancia**.
sustantivo, va *a* i *m gram V* **substantivo**.
sustentar *v tr* sustentar.
sustento *m* manteniment.
sustitución *f V* **substitución**.
sustituir *v tr V* **substituir**.
sustituto, ta *s V* **substituto**.
susto *m* surt, ensurt, esglai, esglaiament.
sustracción *f V* **substracción**.
sustraendo *m arit V* **substraendo**.
sustraer *v intr* i *pron V* **substraer**.
susurrar *v intr* xiuxiuejar.
susurro *m* ***1*** xiu-xiu, xiuxiueig. ***2*** *fig* remor (*f*).
sutil *a* subtil.
sutileza *f*, **sutilidad** *f* subtilesa, subtilitat.
sutura *f* sutura.
suyo *pron* seu.
swahili *a* i *s* suahili.

T

tabaco *m* ***1*** *bot* tabac (*Nicotiana tabacum*). ***2*** tabac (fulles; elaborat, etc.).
tabalear *v intr* ***1*** sondrollar. ***2*** tamborinar (sobre una fusta).
tábano *m entom* tàvec, moscalló (*gèn Tabanus*).
tabarra *f fam* lata, llauna, murga, tabarra.
taberna *f* taverna.
tabicar *v tr* aparedar, paredar, tapiar.
tabique *m* envà, tempanell, paredó.
tabla *f* ***1*** taula, post. ***2*** taula (de canvi). ***3*** taula (índex). ***4*** taula (de valors). ***5*** tavella (d'un vestit). ***6*** *agr* capçada, taulat (*m*), parada, bancal (*m*). ‖ *f pl* ***1*** taules (en el joc). ***2*** taules (de la llei).
tablado *m* ***1*** empostissat, entaulat. ***2*** taulat.
tablero *m* ***1*** tauler. ***2*** taula (*f*) (peça). ***3*** escaquer. ***4*** taulell.
tableta *f* tauleta, pastilla.
tablón *m* ***1*** tauló. ***2*** tauler (d'anuncis).
tabú *m* tabú.
taburete *m* tamboret.
tacañería *f* gasiveria, garreperia, taquineria.
tacaño, ña *a* i *s* gasiu, garrepa, taquí, agarrat.
tachar *v tr* ***1*** tatxar, taxar (imputar). ***2*** ratllar, passar ratlla.
tachuela *f* tatxa (clau).
tácito, ta *a* tàcit.
taciturno, na *a* taciturn, malmirrós.
taco *m* ***1*** tac (tros; d'arma; de billar). ***2*** tac (per a ésser encaixat). ***3*** mos, mossada (*f*) (de menjar). ***4*** renec, paraulota (*f*). ***5*** garbuix, garbull.
tacón *m* tacó, taló.
táctico, ca *a* tàctic. ‖ *f* tàctica.
táctil *a anat* tàctil.
tacto *m* tacte.
tahitiano, na *a* i *s* tahitià.
tahúr *m* tafur, calabre.
taifa *f* taifa.
tailandés, esa *a* i *s* tailandès.
taimado, da *a* i *s* murri.
taimería *f* murrieria.
taja *f* talla (repartiment).
tajada *f* ***1*** tall (*m*) (de carn, de peix, etc.). ***2*** llesca, tallada. ***3*** penca, pellanc (*m*).
tajado, da *a* espadat.
tajar *v tr* tallar (dividir, separar).
tajo *m* ***1*** tall (incisió). ***2*** salt (cinglera). ***3*** tall, fil. ***4*** llos. ***5*** crestall, cresta (*f*) (d'eina). ***6*** tallador. ***7*** piló (per tallar alguna cosa).
tal *a* i *adv* tal. ‖ **t. cual** tal qual. ‖ **t. y cual** tal i tal. ‖ **con t. que** *loc conj* amb que (amb sentit condicional).
tala *f* ***1*** tala. ***2*** bòlit (*m*).
taladrar *v tr* trepar.

talante *m 1* tarannà, tranc. *2* talent (disposició).
talar *v tr* talar.
talco *m* talc.
talega *f* coixinera (bossa).
talento *m 1* talent (moneda). *2* talent (aptitud intel·lectual).
talismán *m* talismà.
talla *f 1* talla (escultura). *2* talla (d'una pedra preciosa). *3* talla (tribut). *4* talla (de moneda). *5* talla (en el bacarà, el monte, etc.). *6* talla, estatura.
tallar *v tr 1* tallar (en certs jocs de cartes). *2* tallar (sotmetre a talla o tribut). *3* tallar (fer obres de talla). *4* tallar (pedres precioses). *5 V* **tasar**. *6* tallar (mesurar l'estatura).
talle *m 1* cossatge. *2* cintura (*f*).
taller *m 1* taller. *2* obrador.
tallo *m bot 1* tija (*f*) (d'una planta). *2* tany, grífol.
talmente *adv fam* talment.
talón *m 1 anat* taló, retaló. *2* talonera (*f*), taló. *3 arq* taló. *4* xec, taló (document).
talonario *m* talonari.
talud *m* talús.
tamaño, ña *a* (seguit de la *prep* **a**) *1* tan gran (com). *2* tan petit (com). || *m 1* format. *2* grandària (*f*). *3* grossària (*f*). *4* volum, tall.
tambalear *v intr* (usat generalment com a *v pron*) *1* trontollar, trontollejar. *2* tentinejar, fer tentines. *3* brandar.
tambaleo *m* trontoll, tentines (*f pl*).
también *adv* també.
tambor *m 1 mús* tambor, timbal, tabal. *2 mús* timbaler, tambor (persona). *3* tambor (de brodar). *4 arq* tambor. *5* tambor (cilindre giratori). *6 anat V* **tímpano** 2.
tamiz *m* tamís.
tamizar *v tr* tamisar.
tamo *m* borrissol.
tampoco *adv* tampoc.
tampón *m* tampó.
tan *adv* tan.
tanda *f 1* tanda, torn (*m*) (de persones, etc.). *2* tanda, tirada (temps). *3* tongada.
tangente *a* i *f geom* tangent. || **salir por la t.** fugir d'estudi.
tangible *a* tangible.
tanque *m 1* tanc (recipient). *2* tanc (vehicle cuirassat).
tantear *v tr 1* mesurar, sospesar. *2* apuntar, marcar (els punts en un joc). *3* temptejar.
tanteo *m 1* mesurament. *2* resultat (de punts, en el joc). *3* tempteig.
tanto, ta *a* i *adv* tant. || **por lo t.** per tant.
tanto *m 1* tant (tal quantitat). *2* punt (en un joc). || **ni t. ni tan poco**; **ni t. ni tan calvo** entre poc i massa.
tanzano, na *a* i *s* tanzà.
tañer *v tr* tocar (un instrument musical). || *v intr* tritllejar (repicar).
tañida *f* tritlleig (*m*) (repic).
taoísmo *m* taoisme.
tapa *f 1* tapa (per a tancar). *2 anat* tapa (de la peüngla del cavall). *3* tapa, tapeta (de la sabata). *4* comporta. *5* tapa (de la vedella). *6* tapes (*pl*) (de menjar).
tapadera *f* tapadora.
de tapadillo *loc adv* d'amagat, d'amagatotis, d'amagatons.
tapar *v tr* i *pron* tapar.
tapete *m* tapet, sobretaula.
tapia *f 1* tàpia (paret). *2* tàpia, tapiada.
tapiar *v tr 1* tapiar, paredar. *2 V* **tabicar**.
tapicería *f* tapisseria.
tapioca *f* tapioca.
tapir *m zool* tapir (*gèn Tapirus*).
tapiz *m* tapís.
tapón *m 1* tap (d'ampolla, etc.). *2* tap (obstrucció). *3 fam* tap (persona petita).
taponar *v tr* taponar.
tapujo *m 1* gira (*f*). *2 fig* embut. *3 fig* tapabruts.
taquicardia *f med* taquicàrdia.
taquigrafía *f* taquigrafia.
taquilla *f* taquilla.
tara *f 1* tara (part del pes). *2* tara (imperfecció).
tarabilla *f* llisquet (*m*), baldufell (*m*) (per a tancar).
tarambana *a* i *s* capsigrany.
tarántula *f entom* taràntula (*Lycosa tarantula*).
tararear *v tr* taral·larejar, taral·lejar.
tarasca *f* patum, tarasca.
tardanza *f 1* tardança, trigança, tarda, triga. *2* tarditat.
tardar *v intr 1* tardar. *2* trigar, tardar. *3* torbar-se (*pron*).
tarde *f* tarda, vesprada. || **buenas tardes** bona tarda.
tarde *adv* tard. || **de t. en t.** de tard en tard. || **llegar t.** *1* arribar tard. *2* fer tard.
tardío, ía *a 1* tardà, darrerenc, tardívol. *2* triganer, trigós (*esp* en caminar).
tardo, da *a 1* triganer, trigós (lent, peresós; que s'escau amb retard). *2* tardaner.
tardón, ona *a* i *s 1* tocatardà. *2* triganer, trigós, tardaner.
tarea *f* feina, treball (*m*), tasca.
tarifa *f* tarifa.
tarima *f* tarima.
tarín barín *loc adv* així així.
tarja *f 1* tarja (escut). *2* tarja (placa indicadora). *3 fam* bleva, castanya, castanyot (*m*).
tarjeta *f* targeta, tarja.
tarquín *m* tarquim, llaquim, llot.
tarraconense *a* i *s* tarragoní.
tarro *m* pot, terrina (*f*).
tarso *m anat* tars.
tarta *f 1* pastís (*m*). *2* cóc (*m*).
tartajear *v intr 1* barbotejar, barbotegar, fer embuts. *2* embarbussar-se (*pron*).
tartamudear *v intr* quequejar, tartamudejar.
tartamudeo *m* quequeig.
tartamudo, da *a* i *s* quec.
tartana *f* tartana (carruatge).
tarugo *m 1* timbarro, guimbarro. *2 vulg* combina (*f*). *3 fam* sabata, talòs.

tasa *f* taxa.
tasación *f* taxació.
tasar *v tr* taxar.
tasca *f V* **taberna**.
tata *f fam* teta (germana, mainadera).
tatuaje *m* tatuatge.
tatuar *v tr* tatuar.
taula *f* taula (monument megàlit).
taurino, na *a* taurí.
Tauro *m astron* Taure.
taxativo, va *a* taxatiu.
taxi *m fam* taxi.
taza *f* ***1*** tassa (recipient). ***2*** tassada (tassa plena).
te *pron* ***1*** et. ***2*** te. ***3*** t'. ***4*** 't.
té *m* ***1*** *bot* te (*Camellia sinensis*). ***2*** te (les fulles; la infusió; una reunió on se'n pren).
tea *f* teia.
teatral *a* teatral.
teatro *m* teatre.
techado *m V* **techo**.
techar *v tr* sostrar.
techo *m*, **techumbre** *f* sostre (*m*), trespol (*m*), tramada (*f*).
tecla *f* tecla.
teclado *m* teclat.
teclear *v intr* teclejar.
técnico, ca *a* i *s* tècnic. || *f* tècnica.
tecnología *f* tecnologia.
tedio *m* tedi.
teja *f* teula. || **a toca t.** *loc adv* bitllo-bitllo, a bell comptant.
tejado *m* teulada (*f*), teulat.
tejar *m* teuleria (*f*), bòbila (*f*).
tejemaneje *m* tripijoc.
tejer *v tr* teixir.
tejido *m* teixit.
tejón *m zool* teixó, toixó (*gèn Meles*).
tela *f* ***1*** tela (teixit). ***2*** tel (*m*) (membrana). ***3*** tela (de pesca). ***4*** tel (*m*) (a la superfície d'un líquid). ***5*** *V* **telaraña**..
telar *m* teler.
telaraña *f* teranyina, tela d'aranya.
telecabina *f* telecabina (*m*).
telecomunicación *f* telecomunicació.
telefax *m* telefax.
teleférico, ca *a* i *m* telefèric.
telefilme *m* telefilm.
telefonazo *m fam* telefonada (*f*), trucada (*f*), cop de telèfon.
telefonear *v tr* telefonar.
telefonía *f* telefonia.
teléfono *m* telèfon.
telegrafiar *v tr* i *intr* telegrafiar.
telégrafo *m* telègraf.
telegrama *m* telegrama.
telemando *m* telecomandament.
telescopio *m* telescopi.
telesilla *m* telecadira, telesella.
telespectador, a *a* i *s* teleespectador.
telesquí *m* teleesquí.
televidente *a* i *s* televident, teleespectador.
televisión *f* televisió.
televisor *m* televisor.
telón *m* teló.
tema *m* ***1*** tema. ***2*** *fig* ceba (*f*), dèria (*f*). ***3*** porfídia (*f*).
temario *m* temari.
temblar *v intr* ***1*** tremolar, trémer, tremir. ***2*** *fig* tremolar, tenir molta por.
tembleque *m* tremolor (*s*).
temblor *m* tremolor (*m* o *f*), tremor (*m* o *f*). || **t. de tierra** *V* **terremoto**.
tembloroso, sa *a*, **tembloso, sa** *a* tremolós, tremolenc, trèmul.
temer *v tr* témer, tenir por de. || *v intr* témer.
temerario, ia *a* i *s* temerari.
temeridad *f* temeritat.
temeroso, sa *a*, **temible** *a* temible, temedor.
temor *m* temor (o *f*), temença (*f*), reguard.
témpano *m* ***1*** panna (*f*) (tros). ***2*** fonell, tapa (*f*) (d'arna).
temperamento *m* temperament.
temperancia *f V* **templanza**.
temperar *v tr* temperar.
temperatura *f* temperatura.
tempestad *f* tempestat, tempesta, temporal (*m*), temperi (*m*).
templado, da *a* ***1*** temperat. ***2*** *V* **tibio**.
templadura *f* tremp (*m*), tempre (*m*) (acció i efecte).
templanza *f* ***1*** temperància. ***2*** temprança.
templar *v tr* ***1*** temperar. ***2*** entebeir, entebionar. ***3*** trempar (metall, vidre, etc.). ***4*** *mús* trempar, temprar.
temple *m* tremp (punt de duresa o elasticitat).
templete *m arq* templet.
templo *m* temple.
temporada *f* temporada.
temporal *a* temporal. || *m* ***1*** *V* **tempestad**. ***2*** temperi, tempura (*f*), mal temps. ***3*** *anat* temporal (os).
temporero, ra *a* i *s* temporer.
temprano, na *a* primerenc. || *adv* ***1*** d'hora, aviat. ***2*** dejorn, de matí.
tenacidad *f* tenacitat.
tenaz *a* tenaç.
tenaza *f* ***1*** tenalla (en una fortificació). ***2*** *V* **tenazas**. || *f pl* ***1*** tenalles, estenalles. ***2*** molls (*m*) (de llar).
tendedero *m* estenedor.
tendencia *f* tendència.
tendencioso, sa *a* tendenciós.
tender *v tr* ***1*** estendre (la roba, allò que està plegat, arronsat, etc.). ***2*** escampar, espargir. || *v intr* tendir. || *v pron* ***1*** ajeure's, ajaure's, jeure (*intr*), jaure (*intr*). ***2*** *fig* ajeure-s'hi (mostrar-se negligent).
tenderete *m* parada (*f*) (de venda).
tendero, ra *s* ***1*** botiguer. ***2*** tender.
tendido *m* estesa (*f*).
tendón *m anat* tendó.
tenebroso, sa *a* tenebrós.
tenedor, a *s* tenidor, tinent. || *m* forquilla (*f*).
teneduría *f* tenidoria, tinguda.
tenencia *f* ***1*** tinença. ***2*** tinència (càrrec i oficina).

tener *v tr 1* tenir. *2* tenir (sostenir). || **t. que** haver de, caldre. || **t. lugar** tenir lloc. || *v pron* tenir-se.
tenia *f 1 zool* tènia, solitaria (*gèn Taenia*). *2 anat* tènia.
teniente *a* tinent (que té). || *s mil* tinent.
tensión *f* tensió.
tenso, sa *a* tens, tibant, tibat.
tensor, a *a* i *m* tensor.
tentación *f* temptació.
tentáculo *m anat* tentacle.
tentador, a *a* i *s* temptador.
tentar *v tr 1* palpar. *2* palpejar. *3* temptar (induir). *4* temptar (intentar). *5* temptar (posar a prova).
tentativa *f* temptativa.
tenteempié *m V* **tentempié** 1.
tentempié *m 1* refrigeri, refecció (*f*). *2* saltamartí (joguina).
tentetieso *m V* **tentempié** 2.
tenue *a* tènue.
teñir *v tr* tenyir, tintar. || *v pron* tenyir-se.
teología *f filos* teologia.
teorema *m* teorema.
teoría *f* teoria.
teórico, ca *a* i *s* teòric. || *f* teòrica.
teorizar *v intr* teoritzar.
tequila *m* tequila (beguda).
terapéutico, ca *a med* terapèutic. || *f med* terapèutica.
terapia *f med* teràpia.
tercer *a V* **tercero** (apòcope quan va davant de substantiu).
terceramente *adv* tercerament, terçament.
tercero, ra *a* i *m* tercer, terç.
terceto *m* tercet, trio.
terciar *v tr* tercejar (dividir en tres parts). || *v intr* tercerejar, tercejar. || *v pron* ésser escaient o oportú.
tercio, ia *a* i *m* terç.
terciopelo *m* vellut.
terco, ca *a* i *s* tossut, enterc.
tergal *m* tergal (teixit).
tergiversación *f* tergiversació, capgirament (*m*).
tergiversar *v tr* tergiversar, capgirar.
termal *a* termal.
térmico, ca *a* tèrmic.
terminación *f* terminació, finiment (*m*).
terminar *v tr* i *intr* terminar, finir.
término *m 1* terme (fi, punt extrem). *2* terme, molló, monjoia (*f*). *3* termenal. *4* terme (temps indeterminat). *5* termini, terme (de temps). *6* terme (en lògica). *7 mat* terme. || *m pl* termes (condicions, circumstàncies, tarannà). || **t. medio** terme mitjà.
termitas *f pl*, **termites** *f pl entom* tèrmits.
termómetro *m* termòmetre.
termostato *m* termòstat.
terna *f 1* terna. *2* tern (*m*) (en el joc).
terne *a* i *s V* **terco**.
ternero, ra *s zool* vedell. || *f* vedella (carn).
terneza *f V* **ternura**.
ternilla *f anat* tendrum (*m*), cartílag (*m*).
terno *m* tern.
ternura *f* tendresa, tendror.
terrado *m* terrat.
terraplén *m* terraplè.
terráqueo, ea *a* terraqüi.
terrateniente *s* terratinent.
terraza *f 1* terrassa. *2 V* **terrado**.
terremoto *m geog* terratrèmol.
terrenal *a* terrenal.
terreno, na *a 1 V* **terrestre**. *2 V* **terrenal**. || *m* terreny.
terrestre *a* terrestre.
terrible *a* terrible.
terrífico, ca *a* terrífic.
territorio *m* territori.
terrón *m* terròs.
terror *m* terror (o *f*).
terrorífico, ca *a* terrorífic, terrífic.
terrorismo *m* terrorisme.
terroso, sa *a 1* terrenc, terrós (de la naturalesa de la terra). *2* terrós (barrejat amb terra).
terruño *m* terrer, terròs (terra on hom s'ha criat, on hom viu).
terso, sa *a* net, llis.
tertulia *f* tertúlia.
tesis *f* tesi. || **t. doctoral** tesi doctoral.
tesitura *f* tessitura.
tesón *m* tenacitat (*f*), constància (*f*).
tesorería *f* tresoreria.
tesoro *m* tresor.
test *m* test.
testa *f* cap (*m*), testa.
testaferro *s* testaferro, cap de turc.
testamento *m* testament.
testar *v intr* testar, fer testament.
testarada *f*, **testarazo** *m* testarrada (*f*).
testarudo, da *a* i *s V* **terco**.
testículo *m anat 1* testicle, genital, botó, ou (*vulg*), colló (*vulg*). *2* turma (*f*).
testificar *v tr 1* testificar. *2 jur* atestar.
testigo *s* testimoni (persona). || *m 1* indicador d'avís. *2* testimoni (en una cursa).
testimoniar *v tr* testimoniar, testimoniejar, atestar.
testimonio *m 1* testimoniatge (declaració). *2* testimoniança (*f*), testimoniatge.
teta *f anat 1* mamella, mama, pit (*m*), teta. *2 V* **tetilla** 1.
tétanos *m*, **tétano** *m med* tètanus, tètan.
tetera *f* tetera.
tetilla *f 1* mamella, mama. *2* tetina.
tetina *f V* **tetilla** 2.
tetón *m agr* monyó, ungla (*f*) (d'una branca, etc.).
tétrico, ca *a* tètric.
textil *a* i *m* tèxtil.
texto *m* text.
textual *a* textual.
textura *f 1* textura. *2* tissatge (*m*).
ti *pron* tu (precedit de *prep* altra que "amb").
tía *f* tia.
tibetano, na *a* i *s* tibetà.
tibia *f anat* tíbia.
tibieza *f* tebior, tebiesa.
tibio, ia *a* tebi.

tiburón *m ictiol* tauró (en general).
tic *m med* tic, tic nerviós.
ticket *m* tiquet.
tic-tac *m onom* tic-tac.
tiempo *m* temps. || **al mismo t.** alhora. || **llegar a t.** ser-hi a temps.
tienda *f 1* tenda (de campanya). *2* tenda (comerç). *3* botiga.
a tientas *loc adv* a les palpentes, a palpes.
tiento *m 1* palpeig. *2 fig* pols (seguretat). *3 fig fam* cop. || **a t.** *loc adv V* **a tientas**.
tierno, na *a 1* tendre. *2* tendral.
tierra *f 1* Terra. *2* terra (*m*), sòl (*m*).
tieso, sa *a 1* encarcarat, enterc, test. *2* tes. *3 fig* estirat (dit d'una persona).
tiesto *m 1* test, padellàs (bocí de terrissa trencat). *2* test, torreta (*f*) (atuell).
tifoideo, ea *a med* tifoide.
tifón *m* tifó.
tifus *m med* tifus.
tigre *m zool* tigre (*Felis tigris*).
tija *f* tija.
tijera *f*, **tijeras** *f pl* tisores, estisores.
tijereta *f entom* tisoreta (*gèn Fornicula*).
tijeretear *v tr* tallar (amb tisores).
tila *f* til·la.
tildar *v tr* titllar.
tilde *f gram* titlla, titllet (*m*) (signe).
tilín *m* dring, tintinabulació (*f*).
tilo *m bot* til·ler, tell (*gèn Tilia*).
timba *f* timba (partida).
timbrar *v tr* timbrar.
timbrazo *m* truc (de timbre).
timbre *m* timbre (insígnia; segell; aparell per a avisar; qualitat del so; import).
timidez *f* timidesa, timiditat.
tímido, da *a* tímid.
timón *m 1 agr* timó, camatimó (d'arada). *2* llança (*f*), timó (de carro). *3 nàut* timó, governall.
timonel *s* timoner.
tímpano *m 1 arq* timpà. *2 anat* timpà, campaneta (*f*), tambor (de l'orella).
tina *f* tina, cubell (*m*).
tinaja *f* tenalla.
tinglado *m 1* rafal, cobert. *2* tarima (*f*) o empostissat. *3 fam* combina (*f*).
tiniebla *f* tenebra.
tino *m 1* esma (*f*). *2 fig* lluc (aptitud per a copsar o calcular).
tinta *f* tinta.
tintada *f* tintada.
tintar *v tr V* **teñir**.
tinte *m* tint.
tintero *m* tinter.
tintín *m* dring.
tintinear *v intr* dringar.
tintineo *m* dringadissa (*f*), dringadera (*f*).
tinto, ta *a* negre (el vi). || *m* negre (el raïm).
tintorera *f ictiol* tintorera (*Prionace glauca*).
tintorería *f* tintoreria.
tintura *f* tintura.
tiña *f med* tinya.
tiñoso, sa *a med* tinyós.
tío *m* oncle.
tiovivo *m* cavallets (*pl*).
típico, ca *a* típic.
tiple *s mús* tiple.
tipo *m* tipus.
tipografía *f* tipografia.
tipología *f* tipologia.
tiquismiquis *s* persona que fa escarafalls. || *m pl* escarafalls, escarufs.
tira *f 1* tira, llenca. *2 nàut* tira.
tirabuzón *m 1* tirabuixó (de cabell). *2* llevataps.
tirada *f 1* tirada (acció). *2* tirada (longitud, extensió). *3* tirada (sèrie). *4 impr* tiratge (*m*), impressió.
tirador *m 1* tirador (instrument). *2* tirador (arma).
tiranía *f* tirania.
tirano, na *s* tirà.
tirante *a V* **tenso**. || *m* tirant. || *m pl* elàstics, tirants.
tirantez *f* tibantor.
tirar *v tr 1* llançar, llençar, tirar, gitar. *2* llençar (una cosa ja inservible). *3* tirar (en el joc). *4* tirar, disparar, engegar. *5* tirar (línies, ratlles). *6 impr* tirar, imprimir. || *v intr 1* tirar (atreure). *2* tirar (fer força per tracció). *3* tirar (un conducte). *4* tirar (transportar, desplaçar). *5* tibar. || *v pron* tirar-se. || **ir tirando** fer la viu-viu. || **tirar de** (o **por**) **largo** tirar de veta.
tirilla *f 1* tireta (de roba). *2* tirella.
tirita *f med* tireta.
tiritar *v intr* tremolar (de fred, etc).
tiritón *m* esgarrifança (*f*).
tiro *m 1* tir, tirada (*f*). *2* tret, tir. *3* tir (abast). *4* tir (quantitat de munició). *5* tir (lloc per a exercitar-se a tirar). *6* tir (conjunt de cavalleries). *7* tir, tirada (*f*) (longitud d'un peça de roba, etc.). *8* tiratge (corrent d'aire). *9* tir (direcció, trajectòria).
tirón *m 1* estirada (*f*), bursada (*f*). *2* estiregassada. *3* estrebada (*f*). *4* tirada (*f*) (succesió de temps). || **de un t.** d'una tirada.
tirotear *v tr* i *pron* tirotejar.
tiroteo *m* tiroteig.
tirria *f* tírria, quimera, esquírria, bola.
tisana *f med* tisana.
tísico, ca *a* i *s med* tísic.
tisis *f med* tisi.
titán *m* tità.
titanio *m quím* titani.
títere *m 1* titella, putxinel·li. *2 fig* titella, fantotxe (persona sense voluntat pròpia).
titilar *v tr* titil·lar.
titiritar *v intr 1 V* **tiritar**. *2* tremolar (de por).
titiritero, ra *s* titellaire.
titubear *v intr* titubar.
titubeo *m* titubeig.
titulación *f* titulació.
titular *a* i *s* titular.
titular *v tr* titular.
título *m* títol.
tiza *f* senyala, guix (*m*).
tiznajo *m V* **tiznón**.
tiznar *v tr* i *pron 1* emmascarar. *2* guixar.

tiznón *m* mascara (*f*).
tizón *m* *1* tió. *2* fumall.
toalla *f* *1* tovallola. *2* eixugamans (*m*).
tobillo *m* *anat* turmell.
tobogán *m* tobogan.
toca *f* toca.
tocadiscos *m* tocadiscs, tocadiscos.
tocado, da *a fam* tocat, tocat del cap, tocat de l'ala, tocat del bolet. || *m* *1* lligadura (*f*) (capell, gorra, etc.). *2* pentinat.
tocador *m* tocador (moble, habitació).
tocamiento *m* tocament.
tocante *a* tocant. || **t. a** tocant a.
tocar *v tr* *1* tocar (exercir el sentit del tacte). *2* tocar (el blanc, l'objectiu). *3* *fig* tocar (saber conèixer per experiència). *4* *fig* tocar (tractar lleugerament). *5* tocar, sonar. *6* tocar (arribar el moment). *7* tocar (pertànyer, escaure). *8* pertocar. *9* pentinar, lligar.
tocho, cha *a* i *s* toix, totxo, beneit.
tocinería *f* cansaladeria.
tocino *m* cansalada (*f*), bacó.
tocoginecología *f med* tocoginecologia.
tocología *f med* tocologia.
tocón *m* soca (*f*).
todavía *adv* encara.
todo, da *a* *1* tot (sense excloure'n res o cap). *2* tot (col·lectiu partitiu). || *m* tot. || *pron* tot. || *adv* tot. || **así y t.** així i tot. || **a t. esto** amb tot això. || **con t.** amb tot, malgrat tot. || **del t.** del tot. || **sobre t.** sobre tot. || **y t.** i tot.
todopoderoso, sa *a* i *s* totpoderós
toga *f* toga.
toldo *m* tendal, vela (*f*).
tolerancia *f* tolerància.
tolerar *v tr* tolerar.
toma *f* *1* presa (acció). *2* presa (d'una ciutat, etc.). *3* presa (tros o part que hom pren). *4* presa (d'una conducció).
tomada *f* *V* **toma** 2.
tomar *v tr* *1* agafar, prendre. *2* emparar-se (*pron*). *3* prendre (menjar o beure). *4* prendre (adoptar). *5* prendre (rebre, adquirir). *6* prendre (treure, furtar). *7* prendre (en el joc). *8* copsar. *9* tomar, entomar, prendre. || *v pron* prendre's.
tomate *m bot* tomàquet, tomaca (*f*), tomata (*f*), tomàtec, tomàtic.
tomatera *f bot* tomaquera (*Solanum lycopersicum*).
tómbola *f* tómbola.
tomillo *m bot* farigola (*f*) (*Thymus vulgaris*).
tomo *m* volum, tom.
ton (apòcope de **tono**) **sin t. ni son** sense ordre ni concert; sense cap ni peus.
tonada *f mús* tonada (melodia).
tonalidad *f* tonalitat.
tonel *m* tonell.
tonelada *f* tona (1.000 kg).
tonelaje *m* tonatge.
tónico, ca *a* tònic. || *a* i *m med* tònic. || *f mús* tònica.
tonificante *a* tonificant.
tonificar *v tr* tonificar, entonar.
tonillo *m* cantarella (*f*) (en parlar, en pregar, etc.).
tono *m* to.
tonsurar *v tr* *1* tondre, xollar, tosquirar. *2* tonsurar.
tontada *f* *V* **tontería**.
tontaina *a* i *s* bàmbol, beneit.
tontería *f* bajanada, bestiesa, ximpleria, ximplesa.
tonto, ta *a* *1* *V* **tocho**. *2* ximplet, ximple, bajà. || **t. de capirote** beneit del cabàs. || **a tontas y a locas** a la babalà.
topacio *m* topazi.
topada *f* *V* **topetada**.
topar *v tr* topar (trobar casualment). || *v intr* *1* topar, petar (xocar). *2* *fig* topar (trobar).
tope *m* *1* topall. *2* *V* **topetón** 1.
topetada *f*, **topetazo** *m* tossada (*f*).
topetón *m* *1* topada (*f*). *2* *V* **topetada**.
tópico, ca *a* i *m med* tòpic. || *m* tòpic (trivialitat).
topo *m zool* talp (*Talpa europaea*).
topografía *f* topografia.
toponimia *f* toponímia.
topónimo *m* topònim.
toque *m* *1* toc, tocament. *2* entretoc.
tórax *m anat* tòrax.
torbellino *m* *1* terbolí (de vent). *2* *fig* belluguet.
torcedura *f* *1* torçada, torcedura, torcement (*m*), torsió, torta. *2* *med* revinclada, girada.
torcer *v tr* *1* torçar, tòrcer. *2* girar (*intr*). || *v pron* *1* torçar-se, tòrcer-se. *2* revinclar-se. *3* girar-se.
torcida *f* ble (*m*) (d'un llum).
torcido, da *a* *1* tort. *2* guerxo.
torcijón *m med* torçó.
torcimiento *m* *V* **torcedura**.
tordo, da *a* blanc i negre (dit de les cavalleries). || *m ornit* tord (*Turdus merula*).
tormenta *f* *V* **tempestad**.
tormento *m* turment.
torna *f* *1* *V* **tornada** 1. *2* trenc (*m*) (al cap d'un solc). || *f pl* tornes.
tornada *f* *1* tornada (retorn). *2* tornada (en composicions poètiques).
tornadizo, za *a* caragirat.
tornado *m* tornado (vent violent).
tornar *v tr* *1* tornar (retornar). *2* esdevenir. || *v intr* *1* tornar (regressar). *2* tornar (a fer alguna cosa). || *v pron* tornar-se.
tornasol *m* tornassol (reflexos).
torneo *m* torneig, tornejament.
tornillo *m* cargol, caragol, vis.
torniquete *m* torniquet.
torno *m* *1* torn (màquina). *2* torn (de paret). *3* giravolt. *4* torniol. *5* colze, colzada (*f*), recolze, recolzada (*f*), torta (*f*). || **en t.** *loc adv* al voltant, entorn, a l'entorn, engir, girientorn.
toro *m zool* toro, brau (*Bos taurus*).
toronja *f bot* aranja.
torpe *a* *1* feixuc. *2* desmanyotat. *3* toix.
torpedeamiento *m* torpedinament.
torpedear *v tr mil* torpedinar.
torpedo *m* torpede.
torpeza *f* *1* feixuguesa, feixugor. *2* malaptesa. *3* turpitud. *4* *V* **tosquedad**.

torpor *m med* torpor (*f*).
torre *f 1* torre (d'edifici). *2 nàut* torre (de vaixell). *3* torre, roc (*m*) (d'escacs).
torrefacción *f* torrefacció.
torrejón *m* torreta (*f*), torratxa (*f*).
torrencial *a* torrencial.
torrentada *f* torrentada.
torrente *m* torrent (corrent).
torrentera *f* torrent (*m*), torrental (*m*), torrentera.
tórrido, da *a* tòrrid.
torsión *f 1 V* **torcedura** 1. *2* torsió (deformació).
torso *m* tors.
torta *f 1* coca. *2* pastís (*m*). *3 V* **tortazo**. *4* patacada (cop violent amb el palmell).
tortazo *m* bufetada (*f*), bolet, bufa (*f*), cleca (*f*).
torticolis *s med* torticoli (*m*).
tortilla *f* truita.
tórtola *f ornit* tórtora (*Streptopelia turtur*).
tortuga *f zool* tortuga.
tortuosidad *f* tortuositat.
tortuoso, sa *a* tortuós.
tortura *f* tortura.
torturar *v tr* i *pron* torturar.
torvo, va *a* fer, ferest, que fa feresa.
tos *f 1 med* tos. *2* estossec (*m*).
tosco, ca *a* tosc, toixarrut, bast.
toser *v intr* tossir, estossegar.
tosigoso, sa *a* tuixegós, verinós.
tosquedad *f* tosquedat, barroeria.
tostada *f* torrada.
tostadero *m* torrador (lloc).
tostador *m 1* torradora (*f*) (instrument). *2* torrapà.
tostar *v tr 1* torrar (al foc). *2* torrar, colrar (la pell). || *v pron* torrar-se.
tostón *m 1* rosta (*f*) (de pa fregit amb oli). *2 fig* lata (*f*), llauna (*f*).
total *a*, *m* i *adv* total.
totalidad *f* totalitat.
totalitario, ia *a* totalitari.
totalizar *v tr* totalitzar.
tótem *m* tòtem.
toxicidad *f* toxicitat.
tóxico, ca *a* tòxic.
toxina *f biol* toxina.
tozudo, da *a* i *s V* **terco**.
traba *f 1 V* **trabadura**. *2* trava (d'un cavall, etc.). *3* trava (d'un carro). *4 fig* trava (obstacle).
trabacuenta *f* bescompte (*m*).
trabadura *f 1* travada. *2* segament (*m*) (de cames).
trabajado, da *a* treballat.
trabajador, a *a 1* treballador, obrer. *2* treballador, feiner. || *s* treballador, obrer.
trabajar *v intr 1* treballar, tascar, feinejar. *2* treballar (una sol·licitud). *3* treballar, llavorar (una biga, un suport, una corda, etc.). *4* treballar (un afer).
trabajo *m 1* treball (acció i efecte). *2* treball, feina (*f*), tasca (*f*), labor (*f*). *3* treball (d'una màquina). *4 fís* treball.
trabajoso, sa *a* treballós.
trabamiento *m V* **trabadura**.
trabar *v tr 1* travar (unir dues o més coses). *2* travar (posar traves). *3* espesseir, espessir (un líquid). *4* entaular (començar una lluita). || *v pron* travar-se.
trabazón *m* travada (*f*), lligament.
trabilla *f* traveta, trava (de pantalons o botins).
trabucar *v tr 1* capgirar. *2* trabucar, bolcar. || *v pron* trabucar-se (paraules, lletres).
trabuco *m* trabuc (arma).
traca *f* traca.
tracción *f* tracció.
tractor *m* tractor.
tradición *f* tradició.
tradicional *a* tradicional.
traducción *f* traducció.
traducir *v tr* traduir.
traductor, a *a* i *s* traductor.
traer *v tr 1* dur, portar. *2* tenir (en l'estat o situació que expressa un adjectiu que segueix).
trafagar *v intr V* **traficar**.
tráfago *m* tràfec, traüll, trull.
traficante *a* i *s* traficant (*s*).
traficar *v intr* traficar, trafiquejar.
tráfico *m 1* tràfic. *2* trànsit.
tragaderas *f pl* davallant (*m sing*), davallador (*m sing*).
tragadero *m 1 V* **tragaderas**. *2* dragador (lloc).
tragaluz *m* lluerna (*f*) (obertura).
tragaperras *m fam* màquina automàtica que, en ficar-hi una moneda, treu alguna cosa. || **máquina t.** *f* màquina escurabutxaques.
tragar *v tr 1* empassar-se (*pron*), engolir. *2 fig* dragar, golafrejar. || *v pron* empassar-se.
tragedia *f* tragèdia.
trágico, ca *a* i *s* tràgic.
trago *m 1* glop, tirada (*f*), trago. *2 fig* beguda (*f*) (contratemps).
tragón, ona *a* golafre.
traición *f 1* traïció, traïda. *2* traïment (*m*), traïda.
traicionar *v tr* trair.
traída *f* duta, portament (*m*).
traidor, a *a* i *s* traïdor.
tráiler *m*, **trailer** *m 1* tràiler (cinema). *2* tràiler (camió).
traílla *f* coble (*m*), colla (de gossos).
traje *m* vestit. || **t. de baño** vestit de bany, banyador.
trajear *v tr* i *pron* vestir (proveir de roba).
trajín *m* tragí.
trajinar *v tr* traginar.
trama *f* trama.
tramar *v tr 1* tramar. *2* conjuminar.
tramitación *f* tramitació.
tramitar *v tr* tramitar.
trámite *m* tràmit.
tramo *m 1* tros, secció (*f*) (d'un terreny, d'un trajecte). *2* tram, ram (d'escala). *3* tram (part, secció).
tramontana *f* tramuntana.
tramoya *f* tramoia.
trampa *f 1* trampa, parany (*m*). *2 fig* trampa, parany (*m*), insídia, aguait (*m*), engaño (*m*), encerrona. *3* trampa, patota.

trampear *v intr* trampejar.
trampolín *m* trampolí.
tramposo, sa *a 1* trampós, trampista. *2* trampós.
tranca *f 1* garrot (*m*), totxo (*m*) (bastó gros). *2* barra (per a barrar).
trancazo *m 1* garrotada (*f*). *2 med fam* grip (*f*).
trance *m 1* trànsit (moment crític). *2* tràngol, tràmpol. || **a todo t.** a (o de) totes passades.
tranco *m 1* gambada (*f*). *2* llindar, marxapeu, pas de la porta.
tranquilidad *f* tranquil·litat.
tranquilizar *v tr* i *pron* tranquil·litzar.
tranquilo, la *a* tranquil (*m*), tranquil·la (*f*).
transacción *f* transacció.
transatlántico, ca *a* i *m* transatlàntic.
transbordador, a *a* i *m* transbordador.
transbordo *m* transbord.
transcendencia *f V* **trascendencia**.
transcontinental *a* i *m* transcontinental.
transcribir *v tr* transcriure.
transcripción *f* transcripció.
transcurrir *v intr* transcórrer.
transcurso *m* transcurs.
transeúnte *a* transeünt. || *s* transeünt, passant (vianant).
transexual *a* i *s* transsexual.
transferencia *f* transferència.
transferir *v tr* transferir.
transformación *f* transformació.
transformar *v tr* i *pron* transformar.
tránsfuga *s*, **tránsfugo** *m* trànsfuga (*s*).
transfusión *f* transfusió.
transgredir *v tr* transgredir.
transgresión *f* transgressió.
transición *f* transició.
transigencia *f* transigència.
transigir *v tr* i *intr* transigir.
transistor *m* transistor (aparell de ràdio).
transitar *v intr* transitar.
transitivo, va *a* i *m gram* transitiu.
tránsito *m 1* trànsit, pas. *2* tràfic (de mercaderies). *3* trànsit (mort).
transitorio, ia *a* transitori.
translúcido, da *a* translúcid.
transmisión *f* transmissió.
transmisor, a *a* i *s* transmissor. || *m* transmissor (aparell).
transmitir *v tr* i *pron* transmetre.
transoceánico, ca *a* transoceànic.
transparencia *f* transparència.
transparentar *v tr* i *pron* transparentar.
transparente *a* i *m* transparent.
transpiración *f* transpiració.
transpirar *v intr* transpirar.
transponer *v tr 1* transposar. *2 agr V* **trasplantar** 1.
transportación *f V* **transporte** 1.
transportamiento *m V* **transporte** 1 i 3.
transportar *v tr* i *pron* transportar.
transporte *m 1* transport, transportament, transportació (*f*) (acció). *2* transport (embarcació). *3* transport, transportament (de l'ànim).
transversal *a* transversal.
transverso, sa *a* transvers, travesser.
tranvía *m* tramvia.
trapacería *f V* **trapaza**.
trapacero, ra *s*, **trapacista** *s* trapella.
trapajoso, sa *a* farfallós (dit de la llengua).
trápala *s* estrafolla. || *f* estrafolleria.
trapaza *f* trapelleria.
trapecio *m* trapezi.
trapero, ra *s* drapaire.
trapezoide *m anat geom* trapezoide.
trapicheo *m fam* tripijoc.
trapío *m* patxoca (*f*).
trapisonda *f* embolic (*m*), embrolla, tripijoc (*m*).
trapo *m* drap (tros).
traque *m* espetec, pet (d'un coet).
tráquea *f anat* tràquea.
traquetear *v tr* sotraguejar, sotragar, trontollar, sondrollar. || *v intr 1* tabalejar (moure soroll). *2* espetegar.
traqueteo *m 1* espetec (de coets). *2* sotragueig, sondroll.
tras *prep 1* després de. *2* darrere, darrera.
trasatlántico, ca *a* i *m V* **transatlántico**.
trasbordo *m V* **transbordo**.
trascendencia *f* transcendència.
trascender *v intr* transcendir.
trasegar *v tr 1* trasbalsar. *2* trafegar, trasbalsar.
trasero, ra *a* posterior. || *f* darrere (*m*), darrera (*m*) (d'un cotxe, d'una casa, d'una porta).
trasgo *m 1* follet. *2* bubota (*f*).
trasiego *m* trafegament, tràfec, trasbalsament, trasbals.
traslación *f* translació.
trasladar *v tr* traslladar.
traslado *m* trasllat.
traslucirse *v pron 1* besllumar (*intr*). *2* traslluir-se.
trasluz *m* contraclaror (*f*), besllum (*f*).
a trasmano *loc adv* desavinent.
trasnochado, da *a 1* passat. *2* passat de moda.
trasnochar *v intr 1* tranuitar (vetllar). *2* tranuitar (pernoctar).
traspapelar *v tr* i *pron* traspaperar.
traspasar *v tr 1* traspassar. *2* traspunxar.
traspaso *m* traspàs.
traspié *m 1* relliscada (*f*) (dels peus d'algú). *2 V* **tropezadura**. *3* traveta (*f*) (per a fer caure).
trasplantar *v tr 1 agr bot* trasplantar. *2 med* trasplantar.
trasplante *m bot med* trasplantació (*f*), trasplantament.
trasponer *v tr V* **transponer**.
trasquilar *v tr 1* tallar el cabell fent escales. *2 V* **tonsurar** 1.
trastabillar *v intr V* **tambalear** 1.
trastada *f* tort (*m*), mala passada, mala jugada.
traste *m mús* trast (de guitarra, etc.).
trastear *v intr* trastejar.
trastero, ra *a* i *m* traster (habitació).
trastienda *f* rebotiga.
trasto *m 1* fòtil, trast, trasto, andròmina (*f*) (moble o estri inservible). *2 fig* trast, trasto (persona inútil). || *m pl 1* estris. *2* trastets. *3* renocs.

trastocamiento *m* capgirament.
trastocar *v tr* remoure profundament. || *v pron* trastocar-se.
trastornar *v tr 1* trastornar, capgirar, tragirar, regirar (alterar, confondre). *2* trasbalsar (l'ànim). *3* trastocar (pertorbar). *4* testavirar, fer girar el cap. || *v pron fig* tornar-se boig.
trastorno *m 1* trastorn (alteració, confusió). *2* trasbals. *3 med* trastocament, trastorn.
trasudor *m* entresuor (*f*).
trasuntar *v tr 1* copiar (l'original d'un escrit). *2* compendiar.
trasunto *m* transsumpte (còpia).
trasversal *a V* **transversal**.
trata *f* tràfic (*m*) (d'esclaus; de blanques).
tratado *m* tractat.
tratamiento *m 1 med* tractament (d'una malaltia). *2* tractament (de cortesia).
tratar *v tr* i *intr 1* tractar. *2* tractejar.
trato *m 1* tracte. *2 V* **tratamiento** 2.
trauma *m* trauma.
traumatismo *m med* traumatisme.
traumatizar *v tr* traumatitzar.
través *m 1* través (inclinació). *2 fig* través (dificultat). || **a t.** (de) a través (de). || **de t.** de través.
travesaño *m 1* travesser (peça). *2* travesser (coixí).
travesar *v tr* travessar.
travesero, ra *a V* **transverso**. || *m V* **travesaño** 2.
travesía *f 1* travessera (camí transversal). *2* travessia (carrer transversal). *3* travessera (part d'una carretera dins d'una població). *4* travessada, travessia.
travesura *f* entremaliadura,.
traviesa *f 1 V* **travesía** 4. *2* travessa (aposta). *3* travessa (felipa, de sostre).
travieso, sa *a* entremaliat.
trayecto *m* trajecte.
trayectoria *f* trajectòria.
traza *f 1* traça (pla). *2* traça (recurs, habilitat).
trazado *m 1* traçat. *2* tirat (d'una línia, d'un camí).
trazar *v tr* traçar.
trazo *m* traç.
trazumarse *v pron* traspuar (*intr*) (un líquid).
trébedes *m pl* trespeus (*sing*).
trebejos *m pl* estris, atifells.
trébol *m bot* trèvol (*Trifolium pratense*).
trece *a* i *m* tretze.
trecho *m* tirada (*f*), tret, bocí, tros (distància). || **de t. en t.** de trast en trast.
tregua *f* treva.
treinta *a* i *m* trenta.
tremebundo, da *a* tremebund.
tremendo, da *a* tremend.
tremer *v intr V* **temblar** 1.
tremolar *v tr* arborar, enarborar.
tremolina *f* airada sorollosa.
tremor *m V* **temblor**.
trémulo, la *a V* **tembloroso**.
tren *m* tren.
trencilla *f* trenyella.
trenza *f* trena.
trenzado *m* trenat.
trenzar *v tr* trenar.
trepar *v tr 1 V* **taladrar**. *2* trepar (fer calats). || *v intr 1* enfilar-se (*pron*), grimpar. *2* enfilar-se (*pron*) (una planta).
trepidar *v intr* trepidar.
tres *a* i *m* tres.
trescientos, tas *a* i *m* tres-cents.
trespiés *m V* **trébedes**.
treta *f* estratagema (*m*), ardit (*m*).
triángulo *m 1 geom* triangle. *2 mús* triangle.
triar *v tr* triar, escollir. || *v pron* esclarissar-se.
tribu *f* tribu.
tribulación *f 1* tribulació. *2* atribolament (*m*).
tribuna *f* tribuna.
tribunal *m jur* tribunal.
tributación *f* tributació.
tributar *v tr* tributar.
tributo *m* tribut.
tríceps *m anat* tríceps.
triciclo *m* tricicle.
tricornio *m* tricorni.
tridente *m* trident, fitora (*f*).
tridimensional *a* tridimensional.
trienio *m* trienni.
trigal *m* bladar.
trigo *m bot* blat (*gèn Triticum*).
trigonometría *f mat* trigonometria.
trilita *f* trilita (explosiu).
trilla *f agr* batuda (operació, temps).
trillado, da *a* fressat.
trillar *v tr agr* batre, trillar.
trillón *m* trilió.
trilogía *f* trilogia.
trimestre *m* trimestre.
trinado *m V* **trino**.
trinar *v intr 1* trinar. *2* refilar.
trincar *v tr 1* trincar (subjectar). *2* trincar (en beure).
trincha *f* trinxa (d'un vestit).
trinchar *v tr* trinxar.
trinchera *f mil* trinxera.
trineo *m* trineu.
trino *m 1* trinat, passada (*f*) (en el cant d'un ocell). *2* refilet.
trinquete *m 1 nàut* trinquet. *2 nàut* trinqueta (*f*) (vela). *3* trinquet (per a jugar).
trío *m 1 V* **terceto**. *2* trio (en certs jocs de cartes).
trióxido *m quím* triòxid.
tripa *f 1 anat* tripa, intestí (*m*), budell (*m*). *2 fam* tripa, panxa.
triple *a* i *m* triple.
triplicar *v tr* triplicar.
triplo *a* i *m V* **triple**.
trípode *m* trípode, trespeus.
tríptico *m* tríptic.
tripulación *f* tripulació.
tripulante *s* tripulant.
tripular *v tr* tripular.
tris *m 1* trinc. *2 fig* pèl, gota (*f*). || **estar en un t. de** cuidar.
triscar *v tr fig* guimbar, saltironar.
triste *a* trist.
tristeza *f* tristesa, tristor.
trituración *f* trituració.

triturar *v tr* triturar, trinxar, xemicar.
triunfador, a *a* i *s* triomfador.
triunfar *v intr 1* triomfar. *2* trumfar.
triunfo *m 1* triomf. *2* atot, trumfo.
trivial *a* trivial, banal.
trivialidad *f* trivialitat, banalitat.
triza *f* mica, tros (*m*) petit. || **hacer trizas** esmicolar, fer miques.
trizar *v tr V* **hacer trizas**.
trocar *v tr 1* canviar, bescanviar, permutar. *2* vomitar, gitar. *3* capgirar (equivocar).
trocear *v tr* trossejar.
trocha *f* drecera (camí).
trofeo *m* trofeu.
troglodita *a* i *s* troglodita.
trola *f fam* bola, mentida.
trole *m* tròlei (del tramvia).
tromba *f* tromba. || **t. de agua** *V* **turbión** 1.
trombo *m med* trombe (de sang).
trombón *m mús* trombó.
trombosis *f med* trombosi.
trompa *f 1 mús* trompa (instrument). *2* trompa (de l'elefant). *3* trompa (d'altres animals). *4* trompa (de farga).
trompada *f*, **trompazo** *m 1* trompada (*f*) (cop de trompa). *2* trompada (*f*), batzac (*m*), patac (*m*), patacada (*f*), castanya (*f*).
trompeta *f mús* trompeta.
trompicar *v intr* tomballejar, tomballar.
trompo *m* trompitxol, baldufa (*f*).
trona *f* trona, cadira alta.
tronada *f* tronada.
tronado, da *a* tronat.
tronar *v intr* tronar.
tronchar *v tr* troncar (un arbre). || **troncharse de risa** trencar-se (o petar-se) de riure.
troncho *m bot* caluix, tronxo.
tronco *m 1 geom* tronc. *2 arq* tronc (d'una columna). *3 bot* tronc (d'arbre o d'arbust). *4* soca (*f*). *5 anat* tronc (de persona o d'animal). *6* tronc (conducte principal). *7 fig* tronc (d'una família). *8 fig* soca (*f*) (persona de poca sensibilitat i vàlua).
tronera *s fig* perdis, tronera. || *f 1 mil* tronera (de fortificació, d'un vaixell). *2* espirall (*m*). *3* tronera (de billar).
trono *m* tron.
tropa *f* tropa.
tropel *m 1* tropell, patoll, patolla (*f*). *2* flotó. || **en t.** *loc adv* a patolls.
tropezadura *f* ensopegada, ensopec (*m*), trompassada.
tropezar *v intr* ensopegar, trompassar.
tropezón *m 1 V* **tropezadura**. *2 V* **tropiezo**.
tropical *a* tropical.
trópico *m astron geog* tròpic.
tropiezo *m 1* entrebanc (allò que entrebanca). *2 fig* ensopegada (*f*) (mancament, falta).
troquel *m* encuny.
troquelar *v tr* encunyar.
trotada *f* trotada.
trotamundos *s* rodamón (viatger).
trotar *v intr* trotar.
trote *m* trot (del cavall).
trova *f* troba (composició).
trovador, a *s* trobador (poeta).
trovar *v intr* trobar (versificar).
trozo *m* tros, bocí.
trucaje *m* trucatge.
trucha *f ictiol* truita (*Salmo trutta*).
truco *m* truc (mitjà enganyós o enginyós).
truculencia *f* truculència.
trueno *m 1* tro (soroll). *2* tro (petard).
trueque *m* canvi, bescanvi, permuta (*f*), barata (*f*), troc, truca (*f*).
trufa *f 1* trufa (dolç). *2 bot* tòfona, trufa (*gèn Tuber*).
truhán, ana *s V* **tunante**.
truncado, da *a* truncat, carrat.
truncar *v tr* truncar, troncar, carrar.
tsetsé *f entom* tse-tse (mosca).
tú *pron* tu.
tu *a 1* el teu, ton. *2* la teva, ta. || **tus** els teus, les teves.
tuareg *a* i *s* tuareg.
tuba *f mús* tuba.
tubérculo *m* tubercle, tubèrcul.
tuberculosis *f med* tuberculosi.
tubería *f* canonada.
tubo *m* tub.
tucán *m ornit* tucà (*gèn Ramphastos*).
tuerca *f* femella (rosca de cargol).
tuerto, ta *a* borni, guerxo. || *m* tort (dany, greuge).
tuétano *m anat* moll (de l'os).
tufarada *f* bravada (sobtat).
tufillo *m*, **tufo** *m* tuf.
tugurio *m* tuguri.
tul *m* tul (teixit).
tulipa *f 1 bot V* **tulipán**. *2* tulipa (pàmpol).
tulipán *m bot 1* tulipera (*f*), tulipa (*f*) (*gèn Tulipa*). *2* tulipa (*f*) (flor).
tullimiento *m med* tolidura (*f*).
tullir *v tr* i *pron* baldar. || *v pron* tolir-se.
tumba *f* tomba.
tumbar *v tr 1* tombar. *2* estabornir, estormeir, estormeiar. || *v pron* ajeure's, ajaure's.
tumbo *m* tomb, capgirell, capgirolla (*f*), capgiró, capitomba (*f*).
tumefacción *f med* tumefacció.
tumefacto, ta *a med* tumefacte.
tumor *m med* tumor.
túmulo *m* túmul, cadafal.
tumulto *m* tumult.
tunante *a* i *s* truà.
tunda *f* pallissa.
tundir *v tr 1* tondre, abaixar. *2* tondosar.
tundra *f bot* tundra.
tunecí *a* i *s* tunisià.
túnel *m* túnel, foradada (*f*).
tungsteno *m quím* tungstè.
túnica *f* túnica.
tupé *m 1* tupè. *2 fig* tupè (barra).
tupido, da *a 1* espès. *2* tofut.
tupir *v tr 1* atapeir. *2* trucar (un teixit).
turba *f 1 fam* turba (multitud). *2* torba (combustible).

turbación *f*, **turbamiento** *m* torbament (*m*), torbació (*f*), torba (*f*).
turbante *m* turbant.
turbar *v tr* i *pron* torbar.
turbina *f* turbina.
turbio, ia *a* tèrbol.
turbión *m* ***1*** gropada (*f*), tamborinada (*f*). ***2*** *fig* terrabastada (*f*) (munió de coses).
turbulencia *f* turbulència.
turbulento, ta *a* ***1*** *V* **turbio**. ***2*** turbulent.
turco, ca *a* i *s* turc.
turgencia *f* turgència.
turismo *m* ***1*** turisme. ***2*** turisme (automòbil).
turista *s* turista.
turma *f V* **testículo**.
turnar *v intr* i *pron* alternar (per torn).
turno *m* tanda (*f*), torn.
turquesa *f* turquesa.
turrón *m* torró.
turulato, ta *a* espatarrat, espaterrat.
tutear *v tr* tutejar, tuejar.
tutela *f jur* tutela.
tutelar *v tr jur* tutelar.
a tutiplén *loc adv* a dojo, a balquena, a trompons, a manta.
tutor, a *s* tutor.
tutoría *f* tutoria.
tuyo, ya *pron* teu.

U

u *conj* o (forma adoptada quan la conjunció precedeix un mot començat per "o" o "ho").
uapití *m zool* uapití (*Cervus canadensis*).
ubérrimo, ma *a* ubèrrim.
ubicación *f* ubicació.
ubre *f anat* mamella, mama.
ucraniano, na *a* i *s*, **ucranio, ia** *a* i *s* ucraïnès.
ufanarse *v pron* ufanejar (*intr*), gloriejar-se, gloriar-se, glorificar-se.
ufanía *f* ufana.
ufano, na *a* ufanós.
ugandés, esa *a* i *s* ugandès.
ujier, a *s* uixer.
úlcera *f med* úlcera.
ulceración *f med* ulceració.
ulterior *a* ulterior.
ultimar *v tr* ultimar.
ultimátum *m* ultimàtum.
último, ma *a* darrer, últim. || **por ú.** a l'últim, al capdavall.
ultra *adv* ultra. || *a* i *s* ultra (extremista).
ultrajar *v tr* ultratjar.
ultraje *m* ultratge.
ultramar *m* ultramar.
a ultranza *loc adv* a ultrança.
ultrapasar *v tr* ultrapassar, ultrar.
ultratumba *f* ultratomba.
ultraviolado, da *a*, **ultravioleta** *a fís* ultraviolat.
ululación *f* ululació, udolament (*m*).
ulular *v intr* ulular, udolar.
umbráculo *m* umbracle.
umbral *m* ***1*** llindar, pas de la porta, marxapeu. ***2*** sobrellinda (*f*).
umbría *f* baga, bagueny (*m*), bac (*m*).
un, una *a* un. || **a la u.** a l'una. || *art* un.
unánime *a* unànime.
unción *f* unció.
uncir *v tr* junyir, enjovar.
ungimiento *m* ungiment.
ungir *v tr* ungir, untar.
ungüento *m* ungüent.
único, ca *a* únic.
unicornio *m* unicorn.
unidad *f* unitat.
unificación *f* unificació.
unificar *v tr* unificar.
uniformar *v tr* uniformar.
uniforme *a* i *m* uniforme.
unión *f* unió.
unir *v tr* ***1*** unir. ***2*** copular. || *v pron* unir-se.
unisex *a* unisex.
unitario, ia *a* i *s* unitari.
universal *a* universal.
universidad *f* universitat.
universitario, ia *a* i *s* universitari.
universo *m* univers.
uno, na *a* ***1*** un, unitari. ***2*** un, u. || *pron* un, un hom. || **de u. en u.** d'un a un. || **u. tras otro** l'un darrere l'altre.
untar *v tr* ***1*** *V* **ungir**. ***2*** *fig* untar (subornar). || *v pron* ***1*** untar-se (tacar-se). ***2*** *fig* untar-se (quedar-se una part d'allò que hom administra).
unto *m* untet, untó, unt.
untoso, sa *a*, **untuoso, sa** *a* untuós, untós.
uña *f* ***1*** *anat* ungla (del dit). ***2*** *anat* ungla (peülla). ***3*** *fig* ungla, punta corbada.
uñada *f* unglada.
uñero *m med* unglera (*f*).
uperizar *v tr* uperitzar (un aliment).
uralita *f* uralita.
uranio *m quím* urani.
urbanismo *m* urbanisme.
urbanización *f* urbanització.
urbanizar *v tr* urbanitzar.
urbano, na *a* urbà.
urbe *f* urbs.
urdir *v tr* ***1*** ordir. ***2*** ginyar.
urea *f quím* urea.

uréter *m anat* urèter.
uretra *f anat* uretra.
urgencia *f* urgència.
urgente *a* urgent.
urgir *v intr* urgir.
urinario, ia *a anat* urinari. || *m* urinari.
urna *f* urna.
urogallo *m ornit* gall fer (*Tetrao urogallus*).
urraca *f ornit* garsa (*Pica pica*).
urticaria *f med* urticària.
uruguayo, ya *a* i *s* uruguaià.
usado, da *a* usat.
usanza *f* usança.
usar *v tr* i *intr* usar.
uso *m* ***1*** ús. ***2*** usatge.
usted *pron* vostè.
usual *a* usual.
usuario, ia *a* i *s* usuari.
usufructo *m jur* usdefruit.
usufructuar *v tr jur* usufructuar, usdefruitar.
usura *f jur* usura.
usurero, ra *s* usurer, escanyapobres.
usurpar *v tr* usurpar.
utensilio *m* utensili.
útero *m anat* úter.
útil *a* útil, utilós.
utilidad *f* utilitat.
utilizar *v tr* utilitzar.
utillaje *m* utillatge.
utopía *f* utopia.
uva *f* raïm (*m*) (fruit de la vinya).
úvula *f anat* úvula, gargamelló (*m*).

V

vaca *f zool* vaca.
vacación *f* vacança, vacació.
vacante *a* i *f* vacant.
vacar *v intr* ***1*** folgar. ***2*** vacar, vagar (un càrrec, etc.).
vaciado *m* buidatge, buidat.
vaciar *v tr* i *pron* buidar.
vaciedad *f* buidesa.
vacilación *f* vacil·lació.
vacilar *v intr* vacil·lar.
vacío, ía *a* buit, desocupat. || *m* ***1*** buit. ***2*** buidor (*f*), buidetat (*f*). || **de v.** de buit.
vacuidad *f* vacuïtat, buidor.
vacuna *f med* vacuna .
vacunar *v tr med* vacunar.
vacuno, na *a* vaquí, boví.
vacuo, ua *a* vacu (buit).
vadear *v tr* travessar (un riu, etc.) per un gual.
vado *m* gual.
vagabundear *v intr* vagabundejar.
vagancia *f* vagància.
vagante *a* vagant (ociós).
vagar *v intr* ***1*** vagar (a algú, tenir lleure). ***2*** folgar. ***3*** vagar, vagarejar.
vagido *m* vagit.
vagina *f anat* vagina.
vago, ga *a* vague. || *a* i *s* gandul.
vagón *m* vagó.
vagoneta *f* vagoneta.
vaguear *v intr V* **vagar** 3.
vaguedad *f* vaguetat.
vaharada *f* vaporada.
vahído *m* rodament de cap.
vaho *m* baf, bavor (*f*).
vaina *f* ***1*** beina. ***2*** *bot* bajoca, tavella.
vainilla *f bot* vainilla (*Vanilla planifolia*).
vaivén *m* ***1*** vaivé. ***2*** zumzeig.
vajilla *f* vaixella.
vale *m* val.
valencia *f quím* valència.
valenciano, na *a* i *s* valencià.
valentía *f* ***1*** *V* **valor** 4. ***2*** valentia (fet propi d'un valent).
valentón, ona *a* i *s* valent. || *s fig* gall (persona).
valer *v tr* i *pron* valer. || **valer (o merecer) la pena** valer la pena.
valer *m V* **valor** 2.
valeriana *f bot* valeriana (*Valeriana officinalis*).
valerosidad *f V* **valor** 4.
valeroso, sa *a* valerós, coratjós, valent.
valía *f* ***1*** vàlua, valor (*m* o *f*) (grau d'estimació). ***2*** vàlua, valor (*m* o *f*), estim (*m*) (preu, cotització). ***3*** *V* **valor** 2.
validar *v tr* validar.
validez *f* validesa, validitat.
válido, da *a* vàlid.
valiente *a* ***1*** *V* **valeroso**. ***2*** *fig* valent (en grau excessiu). || *s* valent (persona). || *a* i *s V* **valentón**.
valija *f* valisa.
valioso, sa *a* valuós.
valla *f* ***1*** tanca, closa. ***2*** barrera. ***3*** barana (a les carreteres).
vallado *m* tanca (*f*), cleda (*f*).
valle *m geog* vall (*f*).
valor *m* ***1*** *V* **valía** 1. ***2*** valor (*m* o *f*), vàlua (*f*), valer (qualitat). ***3*** valor (*m* o *f*). ***4*** valor (*m* o *f*), valentia (*f*), coratge. ***5*** valor (*m* o *f*) (eficàcia). ***6*** valor (*m* o *f*) (fruit, rèdit). ***7*** *V* **valía** 2. ***8*** *mat* valor (*m* o *f*). || *m pl* valors (títols de participació).
valoración *f* valoració.
valorar *v tr* valorar.
vals *m mús* vals (ball).
valuación *f V* **valoración**.

valva *f bot zool* valva.
válvula *f* vàlvula.
vampiresa *f* vampiressa.
vampiro *m 1 zool* vampir (*Desmodus rufus* i altres). *2 fig* vampir (persona).
vanagloria *f* vanaglòria.
vanagloriarse *v pron* vanagloriar-se, vanaglorie-jar-se.
vandalismo *m* vandalisme.
vándalo, la *a* i *s* vàndal.
vanguardia *f* avantguarda, davantera.
vanidad *f* vanitat.
vanidoso, sa *a* i *s* vanitós.
vano, na *a 1* va. *2* brèvol. || **en v.** debades, endebades, en va.
vapor *m* vapor.
vaporización *f fís* vaporització.
vaporizador *a* i *m fís* vaporitzador.
vaporizar *v tr* vaporitzar, vaporar.
vara *f* vara, verga.
varada *f nàut* treta (d'una nau).
varar *v tr nàut* treure (una nau).
varga *f* empit (*m*) (d'un coster).
variabilidad *f* variabilitat.
variable *a* variable.
variación *f* variació.
variar *v tr* i *intr* variar.
varicela *f med* varicel·la.
variedad *f* varietat.
varilla *f 1 V* **varita**. *2* barnilla. *3* tija (de certs estris).
vario, ia *a 1* vari. *2* divers. || *a pl* alguns, diversos.
varita *f* vareta.
variz *f med* variça, variu.
varón *m* baró.
vasallo, lla *a* i *s* vassall.
vasar *m* escudeller, lleixa (*f*).
vasco, ca *a* i *s* basc. || *m V* **vascuence**.
vascuence *a* i *m* basc, èuscar (l'idioma).
vasectomía *f med* vasectomia.
vaselina *f quím* vaselina.
vasija *f* atuell (*m*), vaixell (*m*), vas (*m*).
vaso *m 1* vas, got. *2 anat bot* vas. *3 V* **vasija**.
vástago *m bot* lluc, brot.
vasto, ta *a* vast.
vaticinar *v tr* vaticinar.
vaticinio *m* vaticini.
vatio *m* vat, watt (unitat).
vaya *f* burla.
vecinaje *m*, **vecindad** *f* veïnatge (*m*).
vecindario *m* veïnat.
vecino, na *a* i *s* veí.
vector *a* i *m* vector.
veda *f* veda.
vedado *m* vedat.
vedar *v tr* vedar, prohibir.
vedija *f* borralló (*m*).
vega *f* horta, plana fèrtil.
vegetación *f* vegetació.
vegetal *a* i *m bot* vegetal.
vegetar *v intr* vegetar.
vegetariano, na *a* i *s* vegetarià.
vegetativo, va *a* vegetatiu.
vehemencia *f* vehemència.
vehemente *a* vehement.
vehicular *v tr* vehicular.
vehículo *m* vehicle.
veinte *a* i *m* vint.
vejación *f* vexació.
vejar *v tr* vexar.
vejestorio *m* vell xaruc.
vejez *f* vellesa.
vejiga *f 1 anat* veixiga, bufeta. *2 med* butllofa, bòfega.
vela *f 1 V* **velación**. *2* vetlla (de nit). *3* sentinella (*s*). *4* candela, espelma, bugia. *5 nàut* vela. *6 nàut* vela (nau de vela). *7* vela (tros de lona). || **hacerse a la v.** prendre vela.
velación *f* vetlla (acció de vetllar).
velada *f 1 V* **velación**. *2* vetllada (reunió).
velamen *m nàut* velam.
velar *v tr 1* vetllar. *2 fig* velar (enfosquir, ocultar). || *v intr fig* vetllar (vigilar, tenir cura). || *v pron* velar-se (fotografia).
velar *a* velar.
velatorio *m* vetlla (*f*) (d'un difunt).
veleidad *f* vel·leitat.
velero, ra *a* veler. || *m nàut* veler (vaixell).
veleta *f* penell (*m*).
vello *m 1* borrissol. *2* pèl moixí, borró.
vellosidad *f* vellositat.
velludo, da *a* pelut. || *m 1* vellut. *2* pelfa (*f*).
velo *m* vel.
velocidad *f* velocitat.
velódromo *m* velòdrom.
velón *m* llumenera (*f*).
veloz *a* veloç.
vena *f* vena.
venado *m zool* cérvol, cervo (*Cervus elaphus*).
venaje *m* cabal (d'un riu).
venal *a anat* venal.
vencedor, a *a* i *s* vencedor.
vencejo *m ornit* falciot, falcillot (*gèn Apus*).
vencer *v tr* i *intr* vèncer.
vencimiento *m 1* venciment (acció). *2* vençó (*f*) (efecte).
venda *f* bena.
vendaje *m med* embenat, embenatge.
vendar *v tr* embenar.
vendaval *m* vendaval.
vendedor, a *a* i *s* venedor.
vender *v tr* i *pron* vendre.
vendimia *f agr* verema, veremada.
vendimiar *v tr agr* veremar.
veneno *m 1* metzina (*f*), túixec. *2* verí.
venenoso, sa *a 1* metzinós, tuixegós, venenós. *2* verinós.
veneración *f* veneració.
venerar *v tr* venerar.
venero *m* brollador.
venezolano, na *a* i *s* veneçolà.
vengador, a *a* i *s* venjador.
venganza *f* venjança, venjament (*m*).
vengar *v tr* i *pron* venjar.
venia *f 1* vènia (perdó). *2* vènia (permís).

venial *a* venial.
venida *f* *1* vinguda. *2* riuada, riada. *3* rierada.
venidero, ra *a* venidor, esdevenidor.
veniente *a* vinent.
venir *v intr* *1* venir. *2* pervenir.
venta *f* *1* venda, venuda. *2* hostal (*m*), parador (*m*).
ventada *f* ventada.
ventaja *f* avantatge (*m*).
ventajoso, sa *a* avantatjós.
ventana *f* *1* finestra. *2* *anat* nariu, badiu (*m*), oronell (*m*).
ventanal *m* finestral.
ventanillo *m* ventalló, porticó, finestró.
ventilación *f* ventilació.
ventilador *m* ventilador.
ventilar *v tr* ventilar.
ventisca *f* torb (*m*).
ventisquero *m* *1* *V* **ventisca**. *2* *geol* congesta (*f*), gelera (*f*).
ventolera *f* *1* venteguera, tràmpol (*m*). *2* rampell (*m*), caparrada, caparrotada.
ventosa *f* ventosa.
ventrículo *m* *anat* ventricle.
ventrílocuo, cua *a* i *s* ventríloc.
ventrudo, da *a* ventrut, ventrellut.
ventura *f* ventura (felicitat). || **a la v.** a la ventura. || **por v.** per ventura.
venturoso, sa *a* venturós, benaventurós.
ver *v tr* veure, clissar, filustrar. || *v intr* veure-hi, papar-hi, llucar. || *v pron* veure's.
vera *f* vora, voral (*m*). || **a la v. de** a la vora de.
veracidad *f* veracitat.
veranda *f* *arq* veranda.
veraneante *a* i *s* estiuejant, estiuejador.
veranear *v intr* estiuejar.
veraneo *m* *1* estiueig. *2* estiuada (*f*).
veraniego, ga *a* estiuenc, estival.
verano *m* estiu.
veras *f pl* veritat, realitat. || **de v.** de debò, de veres, de bon de veres.
veraz *a* veraç.
verba *f* verba (verbositat persuassiva).
verbal *a* verbal.
verbalizar *v tr* verbalitzar.
verbena *f* *1* *bot* berbena (*Verbena officinalis*). *2* revetlla.
verbo *m* verb.
verborrea *f*, **verbosidad** *f* verbositat.
verdad *f* veritat. || **¿v.?** oi?, veritat? || **de v.** *V* **de veras**.
verdadero, ra *a* veritable, ver, vertader, verdader. || **lo v.** el ver.
verdasca *f* *V* **vara**.
verde *a* i *m* verd.
verdete *m*, **verdín** *m* verdet.
verdor *m* verdor (*f*).
verdugo *m* *1* *V* **verdugón**. *2* estoc prim. *3* botxí.
verdugón *m* *1* *bot* verdanc, verduc. *2* verdanc, verdugada (*f*).
verdura *f* verdura.
verecundia *f* *V* **vergüenza**.
verecundo, da *a* vergonyós (que s'avergonyeix fàcilment).
vereda *f* *1* vereda (camí). *2* vereda (ordre). *3* camí (*m*) ramader.
veredicto *m* *jur* veredicte.
verga *f* *1* *anat* verga. *2* *anat* vit (*m*). *3* *nàut* verga.
vergel *m* *agr* verger, hort.
vergonzante *a* vergonyant.
vergonzoso, sa *a* *1* vergonyós, que fa vergonya. *2* *V* **verecundo**.
vergüenza *f* vergonya. || **dar v.** fer vergonya.
vergueta *f* *V* **varita**.
verídico, ca *a* verídic.
verificación *f* verificació.
verificar *v tr* verificar.
verja *f* reixat (*m*).
vermut *m* vermut.
vernáculo, la *a* vernacle, vernacular.
verónica *f* *bot* verònica (*gèn Veronica*).
verosímil *a* versemblant.
verosimilitud *f* versemblança.
verruga *f* *med* berruga.
versar *v intr* versar.
versátil *a* versàtil.
versificación *f* versificació.
versificar *v tr* i *intr* versificar.
versión *f* versió.
verso *a* i *m* verso. || *m* *poèt* vers.
vértebra *f* *anat* vèrtebra.
vertebrado, da *a* *zool* vertebrat. || *m pl zool* vertebrats.
vertebrar *v tr* vertebrar.
vertedero *m* abocador (indret).
verter *v tr* *1* vessar. *2* abocar. || *v pron* vessar-se, vessar (*tr*) (un líquid).
vértex *m* *anat* vèrtex.
vertical *a* i *s* vertical.
vértice *m* *geom* vèrtex.
vertiente *a* vessant. || *f* vessant (*m* o *f*), aiguavés (*m*), empit (*m*), aiguavessant (*m*).
vertiginoso, sa a vertiginós.
vértigo *m* vertigen.
vertimiento *m* vessament, vessada (*f*).
vesania *f* *med* vesània.
vesícula *f* vesícula.
vespertino, na *a* vespertí, vespral.
vestíbulo *m* vestíbul.
vestido *m* vestir, vestimenta (*f*), vestidura (*f*).
vestidura *f* *1* vestidura, vestimenta. *2* *V* **vestido**.
vestigio *m* vestigi.
vestimenta *f* *1* *V* **vestido**. *2* *V* **vestidura**.
vestir *v tr* i *pron* vestir.
vestuario *m* *1* vestidor. *2* vestuari. *3* guarda-roba (d'un teatre; d'un local públic).
veta *f* veta, via.
veterano, na *a* i *s* veterà.
veterinario, ria *a* i *s* *vet* veterinari, manescal. || *f* *vet* veterinaria, manescalia.
veto *m* veto, vet.
vetusto, ta *a* vetust.
vez *f* vegada, pic (*m*), volta, camí (*m*). || **a la v.** alhora. || **a su v.** al seu torn. || **de v. en cuando** de tant en tant; ara i adés; adesiara. || **en v. de** en comptes de; en compte de. || **tal v.** potser.

vía *f* via.
viable *a* viable.
viaducto *m* viaducte.
viajante *s* viatjant (comercial).
viajar *v intr* viatjar.
viaje *m* ***1*** viatge. ***2*** anada (*f*).
viajero, ra *a* viatger, viatjador. || *s* viatger.
vial *m* vial (camí).
vianda *f* vianda, menjar (*m*).
viandante *s* vianant.
víbora *f zool* escurçó (*m*) (*Vipera berus, V. aspis, V. latastii*).
vibración *f* ***1*** vibració. ***2*** zumzeig (*m*).
vibrador, a *a* vibrador. || *m* vibrador.
vibrante *a* vibrant.
vibrar *v intr* ***1*** vibrar. ***2*** zumzejar.
vicario, ia *s* vicari.
viceversa *adv* viceversa.
viciar *v tr* i *pron* ***1*** viciar. ***2*** aviciar.
vicio *m* ***1*** vici. ***2*** aviciadura (*f*).
vicioso, sa *a* viciós.
vicisitud *f* vicissitud.
víctima *f* víctima.
victoria *f* victòria.
vid *f bot* cep (*m*), vinya (*Vitis vinifera*).
vida *f* ***1*** vida. ***2*** viure (*m*). ***3*** vivent (*m*).
vidente *a* i *s* vident.
vídeo *m* vídeo.
vidriera *f* vidriera.
vidrio *m* vidre.
vidrioso, sa *a* vidriós.
vieira *f zool* petxina de pelegrí (*Pecten jacobaeus*).
viejo, ja *a* i *s* vell.
viento *m* vent.
vientre *m* ventre.
viernes *m* divendres.
vietnamita *a* i *s* vietnamita.
viga *f* biga.
vigencia *f* vigència.
vigente *a* vigent.
vigía *s* guaita, bada.
vigilancia *f* vigilància.
vigilante *a* i *s* vigilant.
vigilar *v intr* vigilar.
vigilia *f* ***1*** vigília, vetlla, vespra (dia anterior). ***2*** vigília (dejuni). ***3*** vigília (acció d'estar despert).
vigor *m* vigor (o *f*).
vigorizar *v tr* vigoritzar.
vigoroso, sa *a* vigorós.
vil *a* vil.
vilano *m bot* vil·là, angelet.
vileza *f* vilesa, viltat.
vilipendiar *v tr* vilipendiar.
vilipendio *m* vilipendi.
villa *f* ***1*** vila. ***2*** vil·la, torre.
villaje *m* vilatge, llogarret.
villancico *m* nadala (*f*).
villanía *f* vilania.
villano, na *a* ***1*** vilatà, vilà. ***2*** vilà (roí).
villar *m*, **villorrio** *m V* **villaje**.
en vilo *loc adv* ***1*** enjòlit, en sopols. ***2*** *fig* enjòlit (amb l'ànim en suspens).
vimbre *m* vímet.
vinagre *m* vinagre.
vinagrera *f* vinagrera. || *f pl* setrilleres.
vinajera *f* setrill (*m*).
vinculación *f* vinculació.
vincular *v tr* i *pron* vincular.
vínculo *m* vincle.
vindicar *v tr* vindicar.
vinícola *a* vinícola.
vinilo *m quím* vinil.
vino *m* vi.
viña *f* vinya, vinyar (*m*), vinyet (*m*), vinyer (*m*).
viñedo *m* ***1*** *V* **viña**. ***2*** mallolada (*f*).
viñeta *f* vinyeta.
viola *f mús* viola.
violáceo, ea *a* violaci.
violación *f* violació.
violar *v tr* violar.
violencia *f* violència.
violentar *v tr* violentar. || *v pron* sentir-se violent.
violento, ta *a* violent.
violeta *f bot* violeta (*gèn Viola*).
violín *m mús* violí.
violón *m mús* violó.
violoncelo *m*, **violonchelo** *m mús* violoncel.
virada *f nàut* virada.
viraje *m* viratge.
virar *v tr* i *intr* virar.
virgen *a* verge. || *f* ***1*** Verge (imatge). ***2*** verge, poncella, donzella.
virginal *a* virginal.
virginidad *f* virginitat.
virgo *m* ***1*** *anat* himen. ***2*** *astron* Virgo, Verge.
viril *a* viril.
virilidad *f* virilitat.
virola *f* virolla (de ganivet).
virtual *a* virtual.
virtud *f* virtut.
virtuoso, sa *a* virtuós.
viruela *f med* verola, pigota.
virulencia *f* virulència.
virus *m* virus.
viruta *f* encenall (*m*).
vis *f* vis.
visado *m* visat (de passaport).
visaje *m* ***1*** gest. ***2*** ganyota (*f*), ganyot.
visar *v tr* visar.
víscera *f anat* víscera.
viscosa *f quím* viscosa.
viscoso, sa *a* viscós, llefiscós, llepissós.
visera *f* visera.
visibilidad *f* visibilitat.
visible *a* visible.
visillo *m* cortineta (*f*).
visión *f* visió.
visita *f* visita.
visitante *a* i *s* visitant.
visitar *v tr* visitar.
vislumbrar *v tr* albirar (destriar).
vislumbre *m* ***1*** albirament. ***2*** besllum (*m*), coneixença (*f*) imperfecta.
viso *m* lloc alt.
visón *m zool* visó (*gèn Mustela*).
víspera *f V* **vigilia** 1. || *f pl* vespres.

vista *f* vista. || **con vistas a** amb vista a. || **hasta la v.** a reveure. || **en v. de** en vista de.
vistazo *m* ullada (*f*), cop d'ull, llambregada (*f*).
visto bueno *m* vistiplau.
vistoso, sa *a* vistós.
visual *a* i *f* visual.
visualización *f* visualització.
visura *f* visura.
vital *a* vital.
vitalicio, ia *a* i *m* vitalici.
vitalidad *f* vitalitat.
vitalizar *v tr* vitalitzar.
vitamina *f* vitamina.
vitrina *f* vitrina.
vitualla *f* vitualla.
vituperar *v tr* blasmar, vituperar.
vituperio *m* blasme, vituperi.
viudedad *f* ***1*** viduïtat, viduatge (*m*). ***2*** pensió de viduïtat, viduïtat.
viudez *f* viduatge (*m*), viduïtat (estat de vidu).
viudo, da *a* i *s* vidu, viudo.
viva *m* visca. || *interj* visca!
vivacidad *f* vivacitat.
vivales *s fam* fresc, barrut.
vivar *m* ***1*** vivari, vivàrium. ***2*** *V* **vivario**.
vivario *m* viver.
vivaz *a* vivaç.
vivencia *f* vivència.
víveres *m pl* queviures.
vivero *m V* **vivario**.
viveza *f* vivor, vivesa.
vívido, da *a* vívid.
vividor, a *a* i *s* vividor.
vivienda *f* habitacle (*m*), habitatge (*m*).
viviente *a* vivent.
vivificar *v tr* vivificar.
vivir *v intr* ***1*** viure. ***2*** viure, habitar, estar-se (*pron*), residir.
vivo, va *a* i *m* viu. || **a lo v.** de viu en viu.
vocablo *m* mot, vocable.
vocabulario *m* vocabulari.
vocación *f* vocació.
vocal *a*, *m* i *f* vocal.
vocalizar *v tr* i *intr* vocalitzar.
vocativo *m gram* vocatiu.
vocear *v tr* cridar, bagolar. || *v intr* baladrejar.
vociferar *v tr* i *intr* vociferar.
vocinglería *f* ***1*** baladreig (*m*). ***2*** baladreria.
vocinglero, ra *a* i *s* baladrer.
vodevil *m* vodevil.
vodka *s* vodka.
volada *f* vol (*m*), volada.
voladura *f* voladura.
volante *m* volant.
volar *v tr* volar.
volátil *a* i *s* volàtil.
volatilizar *v tr* i *pron* volatilitzar.
volcadura *f V* **vuelco**.
volcán *m geol* volcà.
volcar *v tr* ***1*** bolcar, tombar. ***2*** capgirellar.
volquete *m* ***1*** trabuc, carriot. ***2*** bolquet.
volt *fís* volt.
voltaje *m* voltatge.
voltear *v tr* voltar, giravoltar. || *v intr* caure rodolant.
volteo *m* giravolta (*f*).
voltereta *f* tombarella, capgirell (*m*), capgiró (*m*), capgirolla, capitomba.
voltio *m* volt (unitat).
voluble *a* voluble.
volumen *m* volum.
voluminoso, sa *a* voluminós.
voluntad *f* voluntat.
voluntario, ia *a* i *s* voluntari.
voluntarioso, sa *a* ***1*** volunter. ***2*** volenterós, volenter.
voluptuosidad *f* voluptuositat, voluptat.
voluptuoso, sa *a* voluptuós.
voluta *f arq* voluta.
volver *v tr* ***1*** girar. ***2*** tombar. || *v intr* ***1*** tornar, revenir. ***2*** tornar, restituir. || **v. en sí** revenir, recobrar els sentits. || *v pron* esdevenir, tornar-se.
vomitar *v tr* vomitar, perbocar, gitar.
vómito *m* vòmit.
vomitona *f fam* vomitada, gitarada.
voracidad *f* voracitat.
vorágine *f* xuclador (*m*), remolí (*m*), engolidor (*m*).
voraz *a* voraç.
vórtex *m anat* vòrtex.
vórtice *m* ***1*** vòrtex. ***2*** remolí, bullidor.
vos *pron* vós.
vosotros, ras *pron* vosaltres.
votación *f* votació.
votante *a* i *s* votant.
votar *v tr* votar. || *v intr* ***1*** votar (en eleccions). ***2*** votar (a Déu, als sants).
voto *m* vot.
voz *f* ***1*** veu (so; el seu timbre). ***2*** *V* **vocablo**. ***3*** *mús* veu (en un cant). ***4*** veu, brama. ***5*** veu (dret de parlar). ***6*** *gram* veu (activa o passiva). || **a v. en grito** a plena veu. || **de viva v.** de viva veu.
vozarrón *m* veuarra (*f*), veuassa (*f*).
vuecencia *s* vostra excel·lència.
vuelco *m* bolc, bolcada (*f*), bolca (*f*), capgirell, capgiró, capgirolla (*f*), tombada (*f*).
vuelo *m* ***1*** volada (*f*) (acció). ***2*** volada (*f*), vol (espai recorregut). ***3*** vol (com a mitjà de locomoció). ***4*** vol (d'un vestit). ***5*** *arq* volada (*f*). || *m pl fig* volada (*f sing*) (importància). || **al v.** al vol.
vuelta *f* ***1*** volta. ***2*** tomb (*m*). ***3*** tornall (*m*). ***4*** canvi (*m*) (de diner menut). ***5*** tornada. ***6*** tombant (*m*). ***7*** gira. ***8*** girada, tombada. ***9*** marrada.
vuestro, ra *a* i *pron* ***1*** el vostre. ***2*** vostre.
vulgar *a* vulgar.
vulgaridad *f* vulgaritat.
vulgarizar *v tr* vulgaritzar. || *v pron* fer-se vulgar.
vulnerable *a* vulnerable.
vulneración *f* vulneració.
vulnerar *v tr* vulnerar.
vulpeja *f zool* guineu, guilla, guinarda, rabosa (*Vulpes vulpes*).
vulva *f anat* vulva.

W

wapití *m zool* wapiti, uapití (*Cervus canadensis*).
watt *m* watt.
wáter *m* vàter.
whisky *m* whisky.
wólfram *m*, **wolframio** *m quím* wolframi.

X

xenofobia *f* xenofòbia.
xilófono *m*, **xilofón** *m mús* xilofon, xilòfon.

Y

y *conj* i.
ya *adv* ja. || **ya que** *conj* ja que, puix que.
yac *m zool* iac (*Poephagus grunniens*).
yacente *a* jacent.
yacer *v intr* jeure, jaure (estar ajagut).
yaciga *f* jaç (*m*), llit (*m*).
yacimiento *m geol* jaciment, mener.
yaguar *m zool* jaguar (*Felis onca*).
yarda *f* iarda (0,91 metres).
yate *m nàut* iot.
yedra *f bot* heura (*Hedera helix*).
yegua *f zool* euga, egua.
yelmo *m* elm.
yema *f* ***1*** *biol bot* gemma (d'una planta). ***2*** rovell (*m*), gema (d'un ou). ***3*** gema (dolç d'ou). ***4*** *anat* capciró (*m*), cap (*m*) del dit.
yemení *a* i *s*, **yemenita** *a* i *s* iemenita.
yerba *f* herba.
yermo, ma *a* erm. || *m* erm.
yerno *m* gendre.
yerro *m* erra (*f*), errada (*f*).
yerto, ta *a* ert, èrtic.
yesca *f* esca.
yeso *m* guix.
yo *pron* i *m* jo.
yodo *m quím* iode.
yoduro *m quím* iodur.
yoga *m* ioga.
yogur *m* iogurt.
yuca *f bot* iuca (*gèn Yuca*).
yugo *m agr* jou.
yugoslavo, va *a* i *s* iugoslau.
yugular *a* i *f anat* jugular.
yunque *m* enclusa (*f*).
yute *m bot* jute (*Carchorus olitorius* i *C. capsolaris*).

Z

zafarrancho *m* ***1*** *nàut* xafarranxo. ***2*** *fig* sarau.
zafiedad *f* grosseria, grolleria, barroeria.
zafio, ia *a* i *s* grosser, groller, barroer.
zafiro *m* safir.
zafra *f* sitra.
zaga *f* saga (part posterior).
zagal *m* sagal.
zaherir *v tr* censurar.
zaireño, ña *a* i *s* zairès.
zalagarda *f V* **zipizape**.
zalamería *f* manyagueria.
zamacuco, ca *s* beneitó.
zamarra *f* samarra, samarró (*m*).
zambiano, ana *a* i *s* zambià.
zambo, ba *a* i *s* sancallós.
zambomba *f mús* simbomba.
zambombazo *m* ***1*** cop donat amb qualsevol cosa. ***2*** cop fort en general.
zambra *f mús* sambra.
zambullir *v tr* i *pron* capbussar, cabussar.
zampar *v intr* i *pron* endrapar.
zanahoria *f bot* pastanaga, safanòria (*Daucus carota*).
zanca *f* ***1*** pota *esp* d'un ocell. ***2*** *p ext* cama o pota molt prima.
zancada *f* gambada.
zancadilla *f* traveta (per a fer caure; usat també en sentit *fig*).
zanco *m* xanca (*f*) (per a caminar).
zanja *f* ***1*** rasa. ***2*** trinxera.
zanjar *v tr* ***1*** obrir rases. ***2*** *fig* concloure un afer.
zapa *f* sapa.
zapata *f* ***1*** *nàut* sabata (falsa quilla). ***2*** sabata (del fre).
zapatería *f* sabateria.
zapatero, ra *a* i *s* sabater. || *m* sabater (moble). || **z. remendón** ataconador.
zapatilla *f* sabatilla.
zapato *m* sabata (*f*) (calçat).
zaquizamí *m* ***1*** *arq* golfa (*f*). ***2*** cofurna (*f*).
zar *m* tsar.
zaranda *f* garbell (*m*).
zarandear *v tr* sacsejar, sacsar.
zarandeo *m* sacseig.
zarco, ca *a* blau clar (dit dels ulls).
zarina *f* tsarina.
zarpa *f anat* arpa, xarpa.
zarpar *v intr nàut* salpar.
zarpazo *m* arpada (*f*), xarpada (*f*).
zarrapastroso, sa *a* i *s* esparracat, espellifat.
zarza *f bot* esbarzer (*m*) (*Rubus tomentosus*).
zarzamora *f bot* bardissa, aristol (*m*) (*Rubus ulmifolius* i algunes congèneres).
zarzuela *f* sarsuela.
zascandil *m* baliga-balaga (*s*), barliqui-barloqui, tarit-tarot, taral·lirot.
zenit *m* zenit.
zepelín *m aviac* zepelí.
zigzag *m* ziga-zaga (*f*), zig-zag.
zigzaguear *v intr* zigzaguejar.
zinc *m* zinc, zenc.
zipizape *m* baralla (*f*) molt sorollosa.
zócalo *m* sòcol.
zoco *m* mercat o mercadal, *esp* àrab.
zodíaco *m*, **zodiaco** *m astron* zodíac.
zollipar *v intr fam* sanglotar.
zollipo *m fam* sanglot.
zona *f* zona.
zoología *f* zoologia.
zoológico, ca *a* zoològic. || *m* zoològic.
zopas *s* papissot.
zopenco, ca *a* i *s* toix.
zoquete *m* ***1*** tac de fusta. ***2*** timbarro, guimbarro. ***3*** *fam* inepte.
zorra *f zool* guineu, guilla, guinarda, rabosa (*Vulpes vulpes*).
zorro *m zool* mascle de la guineu.
zozobra *f* sotsobre (*m*).
zozobrar *v intr nàut* sotsobrar.
zueco *m* esclop, soc.
zumba *f* esquellot (*m*) gran.
zumbar *v intr* ***1*** brunzir, brumir. ***2*** bonir.
zumbido *m* ***1*** brunzit, brunziment, brum. ***2*** bonior (*f*), zum-zum.
zumbón, ona *a* i *s* sorneguer.
zumo *m* suc.
zumoso, sa *a* sucós.
zurcido *m* sargit.
zurcir *v tr* sargir.
zurdo, da *a* esquerrà.
zurra *f* pallissa, estomacada, estomac (*m*), surra.
zurrapa *f* ***1*** volva. ***2*** rampoina.
zurrar *v tr* apallissar, atonyinar, estomacar, estovar.
zurriagada *f V* **zurriagazo**.
zurriagar *v tr* xurriaquejar.
zurriagazo *m* xurriacada (*f*), fuetada (*f*), cinglada (*f*).
zurriago *m* xurriaques (*f pl*), fuet, flagell, escla-fidor.
zurrón *m* sarró.
zutano, na *a* (en) tal altre.

CATALÀ-CASTELLÀ

A

a *prep* ***1*** a. ***2*** en (indicando lugar, *esp* ante nombres o ante el artículo definido).
abadeig *m ictiol* abadejo (*Gallus* [*Pollachius*] *pollachius*).
abadessa *f* abadesa.
abadia *f* abadía.
abaixar *v tr* ***1*** abajar, bajar. ***2*** tundir. ***3*** *náut V* **arriar** 2. || *v pron* agacharse.
abalançar-se *v pron* abalanzarse.
abaltir-se *v pron* adormecerse, adormilarse, adormitarse.
abandó *m*, **abandonament** *m* abandono.
abandonar *v tr* y *pron* abandonar.
abans *a* y *adv* antes.
abans-d'ahir *adv* anteayer.
abaratir *v tr* abaratar.
abarrotar *v tr* abarrotar.
abassegar *v tr V* **acaparar**.
abast *m* ***1*** alcance. ***2*** abastecimiento, abasto.
abastament *m* abastecimiento, abasto.
abastar *v tr* abastecer, abastar, proveer. || *v intr* ***1*** alcanzar. ***2*** abarcar.
abat *m* ***1*** abad. ***2*** abate.
abatiment *m* ***1*** abatimiento. ***2*** *jur* quiebra (*f*) fraudulenta.
abatre *v tr* ***1*** abatir, derribar. ***2*** abatir (arriar).
abdicar *v tr* abdicar.
abdomen *m anat* abdomen.
abecé *m*, **abecedari** *m* abecé, abecedario, cartilla (*f*).
abell *m* ***1*** *V* **arna** 2. ***2*** enjambre de una colmena.
abella *f entom* abeja (*Apis mellifica*).
abellir *v intr* apetecer. || *v pron* condescender (*intr*), acceder (*intr*).
abellot *m entom* abejorro (*gén Bombus*).
aberració *f* aberración.
abeurador *m* ***1*** abrevadero. ***2*** *V* **abeuradora**. ***3*** bebedero (lugar).
abeuradora *f* bebedero (recipiente).
abeurar *v tr* abrevar.
abillament *m* atavío.
abillar *v tr* y *pron* ataviar.
abís *m V* **abisme**.
abismar *v tr* y *pron* abismar.
abisme *m* abismo.
abjurar *v tr* abjurar.
ablació *f med* ablación.
ablamar *v tr* inflamar, encender. || *v pron* llamear (*intr*), quemar con llama.
ablanir *v tr* ablandar, emblandecer, enmollecer.
ablatiu *m gram* ablativo.
ablució *f* ablución.
abnegació *f* abnegación.
abnegat, ada *a* abnegado.
abocador *m* vertedero, basurero (lugar).
abocar *v tr* ***1*** abocar. ***2*** echar, verter. ***3*** escanciar. || *v pron* asomarse.
abolició *f*, **aboliment** *m* abolición (*f*).
abolir *v tr* abolir.
abominable *a* abominable.
abominar *v tr* abominar.
abonament *m* ***1*** abonamiento, abono (pago). ***2*** abono (a un teatro, etc.).
abonar *v tr* abonar.
abonyec *m*, **abonyegadura** *f*, **abonyegament** *m* abolladura (*f*).
abonyegar *v tr* y *pron* abollar.
abordar *v tr náut V* **atracar**. || *v tr* ***1*** *náut* abordar (para combate naval). ***2*** *fig* abordar (un asunto). ***3*** *V* **aquissar**.
abordatge *m náut* abordaje.
aborigen *a* y *s* aborigen.
abraçada *f* abrazo (*m*).
abraçadora *f* abrazadera.
abraçar *v tr* ***1*** abrazar. ***2*** abarcar (comprender).
abrandar *v tr* encender, inflamar.
abrasador, a *a* abrasador.
abrasar *v tr* abrasar (quemar).
abreujament *m* abreviación (*f*).
abreujar *v tr* abreviar.
abreviació *f V* **abreujament**.
abreviar *v tr V* **abreujar**.
abreviatura *f* abreviatura.
abric *m* ***1*** abrigo (prenda, lugar). ***2*** *náut* socaire. ***3*** *fig* abrigo (amparo).
abrigallar *v tr V* **abrigar** 4.
abrigament *m* abrigo (acción).
abrigar *v tr* ***1*** abrigar (del frío). ***2*** *V* **arrecerar**. ***3*** *náut* abrigar (un buque). ***4*** arropar.
abril *m* abril.
abrillantar *v tr* abrillantar.
abriülls *m bot* abrojo (*Tribulus terrestris*).
abrivament *m* arrojo, denuedo.
abrivar *v tr* ***1*** azuzar. ***2*** enardecer. || *v pron* acometer (*tr*).
abrivat, ada *a* arrojado, denodado.
abrupte, ta *a* abrupto.
abrusador, a *a* abrasador.
abrusar *v tr* ***1*** abrasar. ***2*** abochornar.
abscés *m med* absceso.
abscissa *f geom* abscisa.
absència *f* ausencia.
absent *a* ausente.
absentar *v tr* y *pron* ausentar.
àbsida *f*, **absis** *m arq* ábside (o *f*).

absoldre *v tr* absolver.
absolució *f* absolución.
absolut, a *a* absoluto.
absorbent *a* y *m* absorbente.
absorbir *v tr* absorber.
absort, a *a* absorto.
abstemi, èmia *a* y *s* abstemio.
abstenció *f* abstención.
abstencionisme *m* abstencionismo.
abstencionista *a* y *s* abstencionista.
abstenir-se *v pron* abstenerse.
abstracció *f* abstracción.
abstracte, ta *a* abstracto.
abstraure *v tr* y *pron*, **abstreure** *v tr* y *pron* abstraer. || *v pron* ensimismarse.
absurd, a *a* y *m* absurdo.
absurditat *f* absurdidad, absurdo (*m*).
abúlia *f med* abulia.
abundància *f* abundancia.
abundar *v intr* abundar.
abundor *f V* **abundància**.
abús *m* abuso.
abusar *v intr* abusar.
abusió *f V* **abús**.
acabalar *v tr* acaudalar.
acabalat, ada *a* acaudalado, pudiente.
acaballes *f pl* postrimerías.
acabar *v tr* e *intr* acabar.
acabdillar *v tr* acaudillar.
acaçament *m* persecución (*f*), ahinco.
acaçar *v tr* perseguir, ahincar.
acàcia *f bot* acacia (*gén Acacia*).
acadèmia *f* academia.
acadèmic, a *a* y *s* académico.
acalar *v tr* bajar.
acalorar *v tr* y *pron* ***1*** acalorar. ***2*** abochornar.
acampar *v tr* e *intr* acampar.
acanalar *v tr* acanalar.
acantonar *v tr mil* acantonar.
acaparar *v tr* acaparar.
acaptar *v tr* colectar, recaudar.
acapte *m* colecta (*f*).
acarament *m* careo, confrontación (*f*).
acarar *v tr* ***1*** *jur* acarear, acarar, confrontar, afrontar. ***2*** carear, confrontar, cotejar.
acariciar *v tr* acariciar.
acarnissar-se *v pron* encarnizarse, ensañarse, cebarse.
acaronar *v tr fig V* **acariciar**.
acatar *v tr* acatar.
acatarrar-se *v pron med* acatarrarse.
accedir *v intr* acceder, tener acceso a.
accelerador, a *a* y *m* acelerador.
accelerar *v tr* acelerar.
accent *m* acento.
accentuar *v tr* acentuar.
accepció *f* acepción.
acceptació *f* aceptación.
acceptar *v tr* aceptar.
accés *m* acceso.
accessori, òria *a* y *m* accesorio.
accident *m* accidente.
accidentar-se *v pron* accidentarse.
accidentat, ada *a* y *s* accidentado.
acció *f* acción.
accionar *v tr* e *intr* accionar.
accionista *s* accionista.
acer *m* acero.
acerb, a *a* acerbo.
acèrrim, a *a* acérrimo.
acetat *m quím* acetato.
ací *adv* aquí.
àcid, a *a* y *m* ácido.
acidesa *f*, **aciditat** *f* acidez.
aclamació *f* aclamación.
aclamar *v tr* aclamar.
aclaparament *m* abatimiento, agobio.
aclaparar *v tr* abrumar, agobiar.
aclarida *f* aclaración (acción y efecto).
aclariment *m* aclaración (*f*).
aclarir *v tr* aclarar.
aclimatar *v tr* aclimatar.
aclivellar *v tr* y *pron* agrietar.
aclofar-se *v pron* ***1*** arrellanarse. ***2*** acuclillarse.
aclucada *f*, **aclucament** *m* cierre (*m*), cerramiento (*m*).
aclucar *v tr* cerrar.
acne *f med* acné.
açò *pron* esto.
acoblament *m V* **apariament** 1.
acoblar *v tr* ***1*** *V* **apariar**. ***2*** acoplar. ***3*** atraillar (los peros).
acòlit, a *s* acólito.
acollença *f* acogida, *esp* buena.
acollent *a*, **acollidor, a** *a* acogedor.
acolliment *m* acogida (*f*), acogimiento.
acollir *v tr* y *pron* acoger.
acolorar *v tr fig* colorear.
acoloriment *m* coloración (*f*).
acolorir *v tr* colorar.
acoltellar *v tr* acuchillar.
acomboiar *v tr* acompañar.
acomiadament *m* despido, despedida (*f*).
acomiadar *v tr* ***1*** despedir (a alguien que se va). ***2*** despedir, echar (del trabajo). || *v pron* despedirse.
acomodador, a *a* y *s* acomodador.
acomodar *v tr* acomodar.
acomodat, ada *a* acomodado.
acompanyar *v tr* acompañar.
acomplir *v tr* ***1*** cumplir. ***2*** desempeñar. || *v pron* acontecer (*intr*), acaecer (*intr*), ocurrir (*intr*).
acompte *m* anticipo.
acondiciament *m* aseo.
acondiciar *v tr* asear.
aconduir *v tr* acondicionar.
aconseguiment *m* logro.
aconseguir *v tr* ***1*** conseguir. ***2*** alcanzar. ***3*** lograr.
aconsellar *v tr* aconsejar.
acontentar *v tr* contentar.
acoquinar *v tr* y *pron V* **acovardir**.
acord *m* ***1*** acuerdo. ***2*** *mús* acorde. || **d'a.** *loc* de acuerdo.
acordadament *adv* de común acuerdo.
acordar *v tr* y *pron* acordar.
acordió *m mús* acordeón.

acordonar *v tr* acordonar.
acorralar *v tr* acorralar.
acostar *v tr* y *pron* acercar, aproximar, allegar.
acostat, ada *a* cercano, allegado.
acostumar *v tr* y *pron* acostumbrar, habituar. || *v intr* acostumbrar, soler.
acotació *f* acotación, cota.
acotar *v tr 1* agachar. *2* acotar. *3* amorrar (la cabeza).
acotxar *v tr* arropar.
acovardir *v tr* y *pron* acobardar, acoquinar.
acràcia *f* acracia (anarquismo).
àcrata *a* y *s* ácrata (anarquista).
acreditar *v tr* acreditar.
acréixer *v tr 1 jur* acrecer. *2* acrecentar (aumentar).
acrílic, a *a quím* acrílico.
acrobàcia *f* acrobacia.
acròbata *s* acróbata.
acta *f* acta.
acto *m 1* acto. *2 jur* auto.
actitud *f* actitud.
actiu, iva *a* y *m* activo.
activar *v tr* activar.
activitat *f* actividad.
actor *m* actor.
actriu *f* actriz.
actuació *f* actuación.
actual *a* actual.
actualitat *f* actualidad.
actualitzar *v tr* actualizar.
actuar *v tr* e *intr* actuar.
acubament *m* desvanecimiento, desmayo, agobio.
acubar-se *v pron* desvanecerse.
acudir *v intr* acudir. || *v pron* ocurrirse.
acudit *m 1* ocurrencia (*f*), salida (*f*). *2* chiste. *3* chascarrillo.
acuit *m 1* acoso, acosamiento. *2* acuciamento.
acuitar *v tr 1* perseguir, acosar. *2* acuciar. || *v pron* apresurarse.
acull *m V* **acolliment**.
acumulador, a *a* y *m* acumulador.
acumular *v tr* acumular.
acupuntura *f med* acupuntura.
acurat, ada *a 1* esmerado. *2* cuidado.
acusació *f* acusación.
acusador, a *a* y *s* acusador.
acusament *m 1 V* **acusació**. *2* acuse (de recepción).
acusar *v tr* acusar.
acusat, ada *a* y *s* acusado.
acusatiu *m gram* acusativo.
acuseta *s* acusón, acusica, soplón, chivato (*fam*).
acústic, a *a* acústico. || *f* acústica.
adalil *m* adalid.
adaptació *f* adaptación.
adaptar *v tr* adaptar.
addicció *f* adicción.
addició *f mat* adición, suma.
addicional *a* adicional.
addicte, ta *a* adicto.
adduir *v tr* aducir.
adelerat, ada *a* desalado.
adelitament *m 1* delectación (*f*), deleite. *2* regodeo.
adelitar-se *v pron* regodearse.
adepte, ta *a* adepto.
adequació *f* adecuación.
adequar *v tr* y *pron* adecuar.
adequat, ada *a* adecuado.
adesiara *adv* de vez en cuando; de cuando en cuando.
adéu *m* adiós, despedida (*f*). || *interj* ¡adiós!
adéu-siau *interj V* **adéu**.
adherència *f* adherencia.
adheriment *m* adhesión (*f*) (acción).
adherir *v tr* y *pron* adherir.
adhesió *f* adhesión (acción y efecto).
adhesiu, iva *a* y *m* adhesivo.
àdhuc *adv* incluso, aun, hasta.
adient *a* adecuado.
adipós, osa *a* adiposo.
adir *v tr* y *pron* adir.
adir-se *v pron* adecuarse, pegar (*intr*).
adjacent *a* adyacente.
adjectiu, iva *a* y *m* adjetivo.
adjudicar *v tr* adjudicar.
adjunt, a *a* y *s* adjunto.
adjuntar *v tr* adjuntar.
admetre *v tr* admitir.
adminicle *m* adminículo.
administració *f* administración.
administrador, a *a* y *s* administrador.
administrar *v tr* administrar.
administratiu, iva *a* y *s* administrativo.
admiració *f* admiración.
admirador, a *a* y *s* admirador.
admirar *v tr* admirar.
admissió *f* admisión.
adob *m 1* adobo. *2 agr* abono (para la tierra).
adobar *v tr 1* adobar, remendar. *2* salar, curar (las carnes). *3* aderezar (un manjar). *4* adobar, curtir (pieles). *5 agr* abonar (la tierra).
adobassar *v tr* apañar.
adoctrinar *v tr* adoctrinar.
adolescència *f* adolescencia.
adolescent *a* y *s* adolescente.
adollar-se *v pron* chorrear (*tr*).
adolorir *v tr* doler.
adonar-se *v pron* percatarse, darse cuenta.
adopció *f* adopción.
adoptar *v tr* adoptar.
adoptiu, iva *a* adoptivo.
adoració *f* adoración.
adorar *v tr* adorar.
adormiment *m* adormecimiento.
adormir *v tr* adormecer. || *v pron* dormirse.
adormissar-se *v pron V* **abaltir-se**.
adorn *m* adorno.
adornament *m* adornamiento.
adornar *v tr* adornar, ornar.
adossar *v tr* adosar.
adotzenat, ada *a* adocenado.
adquirir *v tr* adquirir.
adquisició *f* adquisición.

adreça *f* dirección, señas (*pl*).
adreçament *m* enderezamiento.
adreçar *v tr* enderezar. || *v pron fig* enderezarse (encaminarse).
adrenalina *f* adrenalina.
adrogueria *f* colmado (*m*), tienda de comestibles.
adscriure *v tr* y *pron* adscribir.
adulació *f* adulación.
adular *v tr* adular.
adult, a *a* y *s* adulto.
adúlter, a *a* y *s* adúltero.
adulteració *f* adulteración.
adulterar *v tr* e *intr* (también en uso *fig*) adulterar.
adulteri *m* adulterio.
adust, a *a* adusto.
adustesa *f* adustez.
advenidor, a *a* advenidero.
adveniment *m* advenimiento.
adventici, ícia *a* ***1*** adventicio. ***2*** advenedizo.
adverbi *m gram* adverbio.
adverbial *a gram* adverbial.
advers, a *a* adverso.
adversari, ària *a* y *s* adversario.
adversitat *f* adversidad.
advertència *f* advertencia.
advertiment *m* advertencia (*f*).
advertir *v tr* ***1*** advertir (avisar). ***2*** advertir (darse cuenta).
advocada *f*, **advocadessa** *f jur* abogada, letrada.
advocar *v intr* abogar.
advocat *m jur* abogado, letrado.
aeri, aèria *a* y *m* aéreo.
aeròbic *m* aeróbic, aerobic.
aerodinàmic, a *a fís* aerodinámico. || *f fís* aerodinámica.
aeròdrom *m* aeródromo.
aeroespacial *m* aeroespacial.
aeròlit *m astron* aerolito (piedra meteórica).
aeronàutic, a *a aviac* aeronáutico || *f aviac* aeronáutica.
aeroplà *m aviac* aeroplano.
aeroport *m aviac* aeropuerto.
aerosol *m* aerosol.
afabilitat *f* afabilidad.
afable *a* afable.
afaiçonar *v tr* ***1*** obrar (hacer un objeto). ***2*** labrar (un objeto).
afait *m* afeite.
afaitada *f* afeitado (*m*).
afaitar *v tr* afeitar. || **màquina d'a.** máquina de afeitar.
afaitat *m V* **afaitada**.
afalac *m* halago.
afalagar *v tr* ***1*** halagar. ***2*** agasajar.
afanada *f* hurto (*m*).
afanador, a *a* birlador. || *s V* **afaneta**.
afanar *v tr* hurtar, birlar.
afaneta *s* birlador, ladronzuelo.
afany *m* afán.
afanyar-se *v pron* ***1*** afanar, afanarse. ***2*** apresurarse, despachar (*intr*).
afanyós, osa *a* afanoso (trabajoso).
afartar *v tr* ***1*** atiborrar. ***2*** *V* **atipar**. || *v pron* atracarse, atiborrarse.
afavorir *v tr* favorecer.
afeblir *v tr* y *pron* debilitar.
afecció *f* ***1*** afección (modificación). ***2*** *med* afecció. ***3*** afición. ***4*** apego (*m*).
afeccionar-se *v pron* aficionarse.
afeccionat, ada *a* y *s* aficionado. || *s fam* hincha.
afectació *f* afectación.
afectar *v tr* atañer. || *v pron V* **afeccionar-se**.
afecte *m* ***1*** afecto. ***2*** cariño.
afecte, ta *a* afecto.
afectuós, osa *a* ***1*** afectuoso. ***2*** cariñoso.
afegir *v tr* añadir.
afeixugament *m* agobio.
afeixugar *v tr* agobiar.
afer *m* ***1*** negocio. ***2*** asunto.
afermament *m* afirmación (*f*).
afermar *v tr* y *pron* afirmar, afianzar.
aferrador *m*, **aferrall** *m V* **agafador**.
aferrar *v tr* y *pron* aferrar, agarrar.
aferrussar-se *v pron V* **acarnissar-se**.
afganès, esa *a* y *s* afgano.
afí *a* y *s* afin.
afiblall *m* cierre, broche.
afiblar *v tr* abrochar, abotonar.
afició *f* ***1*** *V* **afecció** 3. ***2*** hobby (*m*).
aficionar-se *v pron V* **afeccionar-se**.
aficionat, ada *a* y *s V* **afeccionat**.
afiganyar *v tr* ajar, machucar (la ropa).
afigurar *v tr V* **albirar** 1.
afilar *v tr* afilar.
afilerar *v tr* alinear. || *v pron* ahilar (*intr*).
afiliació *f* afiliación.
afiliar *v tr* y *pron* afiliar.
afillar *v tr* ahijar.
afillat, ada *s* ahijado.
afinar *v tr* afinar.
afinitat *f* afinidad.
afirmació *f* afirmación.
afirmar *v tr* afirmar.
afirmatiu, iva *a* afirmativo.
aflaquir *v tr* y *pron* adelgazar.
aflicció *f* ***1*** aflicción, afligimiento (*m*). ***2*** cuita.
afligiment *m V* **aflicció** 1.
afligir *v tr* y *pron* afligir, apenar.
afluent *a* y *m* afluente.
afluir *v intr* afluir.
afluixar *v tr* e *intr* ***1*** aflojar. ***2*** *fig* cejar. ***3*** soltar. ***4*** largar.
afollament *m* ***1*** *fig* holladura (*f*), huella (*f*). ***2*** *V* **avortament**.
afollar *v tr fig* hollar. || *v pron* abortar (*intr*).
afonament *m* hundimiento.
afonar *v tr náut* hundir.
afonia *f med* afonía.
afònic, a *a* afónico.
aforament *m* ***1*** aforamiento. ***2*** aforo.
afores *m pl* afueras (*f*).
aforisme *m* aforismo.
afortunat, ada *a* afortunado.
afrau *m geog* desfiladero, garganta (*f*).
africà, ana *a* y *s* africano.

afrodisíac, a *a* y *m* afrodisíaco, afrodisiaco.
afront *m* afrenta (*f*).
afrontació *f* confrontación.
afrontament *m* ***1*** afrontamiento. ***2*** *V* **afront**.
afrontar *v tr* ***1*** *V* **acarar** 1. ***2*** afrontar, arrostrar. ***3*** lindar. ***4*** afrentar.
afuar *v tr V* **agusar**.
afusellar *v tr* fusilar (también en el sentido *fig* de plagiar).
agabellar *v tr* ***1*** acaparar. ***2*** arrebañar, rebañar.
agafada *f* cogida.
agafador *m*, **agafall** *m* asidero, agarradero.
agafallós, osa *a* pegajoso.
agafar *v tr* ***1*** asir, coger, tomar, agarrar. ***2*** prender. ***3*** detener. || *v pron* ***1*** pegarse (una vianda). ***2*** pillarse (los dedos).
agalla *f bot zool* agalla.
àgape *m* ***1*** ágape. ***2*** *V* **àpat** 2.
agarberar *v tr agr* hacinar.
agarrada *f V* **altercat**.
agarrar *v tr* agarrar.
agarrat, ada *a* y *s* tacaño.
agegantar *v tr* agigantar.
agençament *m* ***1*** aseo, arreglamiento. ***2*** atildamiento.
agençar *v tr* ***1*** asear, arreglar, componer. ***2*** adecentar. ***3*** atildar.
agència *f* agencia.
agenciar *v tr* agenciar (gestionar).
agenda *f* agenda.
agenollar *v tr* y *pron* arrodillar.
agent *a* y *s* agente.
agermanament *m* hermanamiento.
agermanar *v tr* y *pron* hermanar.
agibellar *v tr* ***1*** arreglar. ***2*** apercibir (disponer).
àgil *a* ágil.
agilitat *f* agilidad.
agitació *f* agitación.
agitador, a *a* y *s* agitador.
agitament *m V* **agitació**.
agitar *v tr* agitar.
aglà *s bot* bellota (*f*).
aglevar-se *v pron* cuajarse, coagularse.
aglomeració *f* aglomeración.
aglomerar *v tr* y *pron* aglomerar.
aglutinar *v tr* y *pron* aglutinar.
agnosticisme *m filos* agnosticismo.
agombolar *v tr* amparar, cuidar.
agonia *f* agonía.
agònic, a *a* agónico.
agonitzant *a* y *s* agonizante.
agonitzar *v intr* agonizar.
agosarat, ada *a* osado, audaz, atrevido.
agost *m* agosto.
agotnar-se *v pron* achantarse, agazaparse.
agraciar *v tr* agraciar.
agradable *a* agradable.
agradabilitat *f* agrado (*m*).
agradar *v intr* agradar, gustar.
agradosia *f*, **agradositat** *f* gracia.
agraïment *m* agradecimiento.
agrair *v tr* agradecer.
agram *m bot* grama (*f*) (*Cynodon dactylon*).
agranar *v tr* barrer.
agraner *m* escoba (*f*).
agrari, ària *a* agrario.
agre, ra *a* agrio. || *m* gusto (afición).
agredir *v tr* agredir.
agregar *v tr* agregar.
agregat, ada *a* y *s* agregado.
agressió *m* agresión.
agressiu, iva *a* agresivo.
agressor, a *a* y *s* agresor.
agrest, a *a* agreste.
agreujament *m* agravamiento.
agreujant *a* y *s* agravante.
agreujar *v tr* ***1*** agravar (empeorar). ***2*** agraviar.
agrícola *a* agrícola.
agricultor, a *s* agricultor.
agricultura *f agr* agricultura.
agró *m orni* garza (*f*) (*Ardea purpurea*).
agrumollar-se *v pron* coagularse, cuajarse.
agrunsadora *f* columpio (*m*).
agrunsar *v tr* y *pron* columpiar, mecer.
agrupació *f* agrupación.
agrupament *m* agrupamiento.
agrupar *v tr* agrupar.
aguait *m* ***1*** acecho. ***2*** atisbo. ***3*** *fig* celada (*f*). || **a l'a.** al acecho.
aguaitar *v tr* acechar, avizorar, atisbar.
aguant *m* aguante.
aguantar *v tr* aguantar. || *v intr* aguantar (resistir).
aguar *v tr V* **agusar**.
agudell *m geog* pico.
agudesa *f* agudeza.
aguditzar *v tr* y *pron* agudizar.
aguerrir *v tr* y *pron* aguerrir.
àguila *f ornit* águila (*gén Hieraetus* y algunas otras especies de falcónidos).
aguilenc, a *a* aguileño.
agulla *f* ***1*** aguja. ***2*** manecilla (de reloj). || **a. de cap** alfiler (*m*). || **a. de ganxo** horquilla (para el peinado).
agulló *m* ***1*** *fig* acicate, aguijón. ***2*** *zool* aguijón.
agullonar *v tr* ***1*** aguijonar. ***2*** aguijar.
agusar *v tr* aguzar.
agut, uda *a* agudo.
ah! *interj* ¡ah!
ahir *adv* ayer. || *m* el día de ayer.
ai! *interj* ¡ay!
aidar *v tr V* **ajudar**.
aigua *f* agua.
aiguabarreig *m* confluencia (*f*), horcajo.
aiguafort *m* aguafuerte.
aigualir *v tr* y *pron* aguar.
aiguamans *m* aguamanil, jofaina (*f*).
aiguamoll *m* ***1*** marjal, pantanal, pantano. ***2*** ciénaga (*f*).
aiguaneix *m* manantial.
aiguaneu *f* aguanieve.
aiguardent *m* aguardiente.
aiguarràs *m quím* aguarrás.
aiguavés *m*, **aiguavessant** *m* vertiente (*f*), ladera (*f*).
aigüera *f* fregadero (*m*), fregador (*m*).

aïllament *m* aislamiento.
aïllar *v tr* y *pron* aislar.
aïrament *m* airamiento.
aïrar-se *v pron* airarse (irritarse).
aire *m* aire.
airejar *v tr* y *pron* airear.
airós, osa *a* airoso.
aixada *f agr* azada.
aixadella *f agr* azadón (*m*).
aixafar *v tr* chafar, aplastar. || *v tr* y *pron* espachurrar.
aixafaterrossos *s fam* cateto.
aixaragallar *v tr* arroyar, formar arroyadas la lluvia.
aixec *m jur* alzamiento.
aixecada *f* levantamiento (*m*) (acción).
aixecament *m* levantamiento, alzamiento.
aixecar *v tr* y *pron* levantar, alzar.
aixella *f anat* sobaco (*m*), axila.
aixeta *f* grifo (*m*).
així *adv* así. || **així, així** así, así; tarín barín. || **a. sia** así sea. || **a. que** así que. || **a... com...** así... como... || **a. com a.** así como así.
això *pron 1* esto, eso. *2* ello.
aixopluc *m* cobijo.
aixoplugar *v tr* y *pron* cobijar, guarecer.
aixovar *m* ajuar.
ajaure *v tr*, **ajeure** *v tr* encamar. || *v pron* tenderse, tumbarse. || **a.-s'hi** *fig* tenderse (no poner esfuerzo).
ajogassat, ada *a* juguetón.
ajornar *v tr* aplazar.
ajuda *f V* **ajut**.
ajudant, a *a* i *s* ayudante.
ajudar *v tr* ayudar.
ajuntament *m 1* aunamiento. *2* ayuntamiento.
ajuntar *v tr* y *pron* juntar.
ajupiment *m* acción de agachar o agacharse.
ajupir *v tr* y *pron* agachar.
ajust *m*, **ajustament** *m* ajuste.
ajustar *v tr* ajustar.
ajusticiar *v tr* ajusticiar.
ajut *m* ayuda (*f*).
al *contr* al.
ala *f* ala.
alabança *f* alabanza.
alabar *v tr* alabar.
alabastre *m* alabastro.
alacrà *m zool* alacrán (*Buthus occitanus*).
alambí *m quím* alambique.
alarit *m* alarido.
alarma *f 1* alarma. *2* alarma (dispositivo).
alarmant *a* alarmante.
alarmar *v tr* y *pron* alarmar.
alat, ada *a* alado.
alba *f 1* alba, amanecer (*m*). *2 V* **aurora**.
albanès, esa *a* y *s* albanés.
albarà *m* albarán, albalá (documento).
albatros *m ornit* albatros (*gén Diomedea*).
àlber *m bot* álamo (*gén Populus*).
albercoc *m bot* albaricoque (fruto).
alberg *m 1 V* **allotjament**. *2* albergue, mesón. *3* cobijo.
albergar *v tr 1 V* **allotjar**. *2* guarecer. *3* cobijar.
albergínia *f bot* berenjena (fruto).
albirament *m* vislumbre.
albirar *v tr 1* columbrar, vislumbrar. *2* avistar, divisar.
albufera *f geog* albufera.
àlbum *m* álbum.
alça *f 1* alza, subida. *2* alza (de un arma). || *interj ponderativa* ¡anda!
alçada *f 1* alzada, alzamiento (*m*). *2 impr* alzada. *3* altura.
alcalde *m* alcalde.
alcaldessa *f* alcaldesa.
alcaldia *f* alcaldía.
alcalí, ina *a quím* alcalino.
alçament *m* alzamiento.
alçaprem *m* palanca (*f*).
alçar *v tr* y *pron* alzar.
alçària *f 1* altura. *2* altitud (dimensión).
alcavot, a *s* alcahuete.
alcohol *m quím* alcohol.
Alcorà *m* Corán.
alcova *f*, **alcovat** *m* alcoba (*f*).
aldarull *m V* **avalot**.
aldea *f* aldea.
aldeà, ana *a* y *s* aldeano.
aldehid *m quím* aldehído.
alè *m* aliento.
aleatori, òria *a* aleatorio.
alegrar *v tr* y *pron 1* alegrar. *2* alborozar. *3* regocijar.
alegre *a 1* alegre. *2 fig* alegre, un poco borracho.
alegria *f 1* alegría. *2* alborozo (*m*). *3* regocijo (*m*).
alegrois *m pl* alegrías (*f*).
alemany, a *a* y *s* alemán.
alena *f* lezna.
alenada *f 1* respiro (*m*). *2* soplo (*m*) de viento.
alenament *m* respiración (*f*).
alenar *v intr* alentar, respirar.
alentiment *m* acción y efecto de moderar o hacer más lento.
alentir *v tr* hacer más lento (un movimiento, un proceso).
aleró *m aviac* alerón.
alerta *adv*, *f* y *interj* alerta, ojo.
alertar *v tr* alertar.
aleshores *adv* entonces.
aleví, na *a* y *s* alevín.
alfabet *m* alfabeto.
alfabètic, a *a* alfabético.
alfàbrega *f bot* albahaca (*Ocimum basilicum*).
alfals *m bot* alfalfa (*f*) (*Medicago sativa*).
alferes *s mil* alférez.
alforja *f* alforja.
alforrar *v tr* ahorrar.
alga *f bot* alga.
algaravia *f* algarabía (lengua o dialecto árabe).
àlgebra *f mat* álgebra.
algerià, ana *a* y *s* argelino.
àlgid, a *a med* álgido.
algú *pron 1* alguien. *2* alguno.
algun, a *a* algún, alguno. || *m pl* diversos, varios.

alhora *adv* al mismo tiempo, a la vez.
aliança *f* alianza, liga.
aliar *v tr* i *pron* aliar.
aliat, ada *a* y *s* aliado.
aliatge *m* aleación (*f*), liga (*f*).
alicates *f pl* alicates (*m*).
aliè, ena *a* ajeno.
alienació *f* alienación.
alienar *v tr* y *pron* alienar.
alienat, ada *a* y *s* alienado.
àlies *m* y *adv* alias (sobrenombre).
àliga *f ornit V* **àguila**.
aliment *m* alimento.
alimentació *f* alimentación.
alimentar *v tr* y *pron* alimentar.
alimentari, ària *a* ***1*** alimentario. ***2*** *V* **alimentós**.
alimentós, osa *a* alimenticio, alimentoso.
alinear *v tr* alinear.
alíquota *a mat* alícuota.
aljama *f* ***1*** aljama, alhama (junta de musulmanes o judíos). ***2*** sinagoga, aljama, alhama. ***3*** judería, aljama, alhama.
aljava *f* aljaba.
aljub *m* aljibe, cisterna (*f*).
all *m bot* ajo (*Allium sativum*).
allà *adv* allá, acullá, allí.
allarg *m V* **allargament**. || *m pl V* **allargues**.
allargada *f* alcance (*m*).
allargament *m* alargamiento.
allargar *v tr* alargar. || *v intr* alcanzar (una arma).
allargassar *v tr* alargar excesivamente.
allargues *f pl* alargas, largas.
allau *f* alud (*m*), avalancha.
al·legació *f V* **al·legat**.
al·legar *v tr* alegar.
al·legat *m* alegato, alegación.
al·legoria *f* alegoría.
al·leluia *interj* y *m* aleluya (o *f*).
allerament *m* ***1*** permiso. ***2*** holgura (*f*) (vida holgada).
allerar *v tr* permitir, dar licencia.
al·lèrgia *f med* alergia.
alletar *v tr* lactar, amamantar.
alleugerar *v tr*, **alleugerir** *v tr* aligerar.
alleujament *m* alivio, aliviamiento, desahogo.
alleujar *v tr* aliviar, desahogar.
allevar *v tr* imputar, achacar, atribuir.
allí *adv* allí.
alliberació *f*, **alliberament** *m* liberación (*f*).
alliberar *v tr* y *pron* liberar, libertar.
al·licient *m* aliciente.
alliçonador, a *a* aleccionador.
alligança *f* coalición.
alligar *v tr* y *pron* aligar.
allioli *m* ajiaceite, alioli.
allisada *f* ***1*** alisadura. ***2*** rapapolvo (*m*).
allisadures *f pl* alisaduras.
allisar *v tr* ***1*** alisar. ***2*** atusar.
allistar *v tr* y *pron* alistar.
allitar-se *v pron* encamarse.
allò *pron* aquello, ello. || **anar d'a. millor** (o **més bé**) ir a las mil maravillas.
al·locució *f* alocución.
al·lot, a *s* ***1*** niño. ***2*** muchacho.
al·lotada *f* niñería, chiquillada.
al·lotam *m* chiquillería (*f*).
allotjament *m* alojamiento, albergue.
allotjar *v tr* y *pron* alojar, albergar, hospedar.
al·lucinació *f* alucinación.
al·lucinant *a* alucinante.
al·lucinar *v tr* alucinar.
al·lucinat, ada *a* y *s* alucinado.
al·lucinogen, ògena *a* y *m* alucinógeno.
al·ludir *v intr* aludir.
allunyament *m* alejamiento.
allunyar *v tr* alejar.
al·lusió *f* alusión.
al·lusiu, iva *a* alusivo.
al·luvió *m* ***1*** aluvión (tierra). ***2*** aluvión, anegación (*f*), anegamiento, arriada (*f*).
almanac *m* almanaque.
almenys *adv* al menos, por lo menos.
almesc *m bot* almizcle.
almirall, a *s náut* almirante.
almívar *m* almíbar.
almogàver *m* almogávar.
almoina *f* limosna.
alosa *f ornit* alondra (*Alauda arvensis*).
alpinisme *m* alpinismo.
alquímia *f* alquimia.
alt, a *a* alto. || *adv* alto.
alta *f* alta.
altar *m* altar.
altaveu *m* altavoz.
alteració *f* alteración.
alterar *v tr* alterar.
altercació *f V* **altercat**.
altercar *v intr* altercar.
altercat *m* altercado, altercación (*f*), agarrada (*f*).
altern, a *a* alterno.
alternar *v tr* y *pron* ***1*** alternar. ***2*** turnar.
alternativa *f* alternativa.
alterquejar *v intr V* **altercar**.
altesa *f* alteza.
altiplà *m geog* ***1*** altiplano, altiplanicie (*f*). ***2*** meseta (*f*), mesa (*f*).
altisonant *a* altisonante.
altitud *f* altitud.
altiu, iva *a* altivo, altanero.
altivesa *f*, **altivitat** *f* altivez, altanería.
altívol, a *a* altivo.
alto *m* alto. || *interj* ¡alto!
altrament *conj* de otro modo.
altre, ra *a* otro. || *pron* otra cosa. || **tots altres** demás. || **els altres, tots els altres** los demás.
altri *pron* otro. || **d'altri** ajeno.
altruisme *m* altruismo.
altura *f* ***1*** altura. ***2*** *geog V* **alturó**.
alturó *m geog* cerro.
alumini *m quím* aluminio.
alumne, a *s* alumno.
alvèol *m* alvéolo.
alzina *f bot:* encina (*Quercus ilex*). || **a. surera** alcornoque (*m*) (*Q. suber*).
amabilitat *f* amabilidad.
amable *a* amable.

amagar *v tr* y *pron* *1* esconder, ocultar. *2* recatar.
amagat, ada *a* oculto. ‖ **d'amagat** *loc adv* a escondidas, a escondidillas, a hurtadillas, de tapadillo.
amagatall *m* escondrijo, escondite.
d'amagatons, **d'amagatotis** *loc adv* *V* **d'amagat**.
amainar *v intr* amainar.
amalgama *f* amalgama.
amanerar *v tr* y *pron* amanerar.
amanida *f* *1* ensalada. *2* ensaladilla.
amaniment *m* aliño.
amanir *v tr* *1* preparar. *2* sazonar, aderezar, aliñar, condimentar.
amansar *v tr*, **amansir** *v tr* amansar.
amant *a* y *s* amante, querido.
amanyac *m* *1* *V* **amanyagadura**. *2* arrullo.
amanyagadura *f*, **amanyagament** *m* caricia (*f*).
amanyagar *v tr* *1* *V* **acariciar**. *2* mimar. *3* arrullar.
amanyogar *v tr* arrebujar, apañuscar.
amar *v tr* y *pron* *1* amar. *2* querer.
amarar *v tr* *1* empapar, calar. *2* amerar, amarar. *3* amerar (el vino). *4* cocer.
amarg, a *a*, **amargant** *a* amargo.
amargantejar *v intr* amargar, tener gusto amargo.
amargar *v tr* amargar.
amargor *f* *1* amargura. *2* amargor (*m*).
amarguesa *f* *V* **amargor**.
amargura *f* *V* **amargor**, *esp* en sentido figurado.
amarra *f* *náut* amarra.
amarrar *v tr* amarrar.
amartellar *v tr* martillear, martillar, amartillar.
amassar *v tr* *1* amasar. *2* acopiar.
amat, ada *a* y *s* amado.
amatent *a* atento, alerto, pronto.
amateur *s* aficionado.
amb *prep* *1* con. *2* en (precediendo el nombre de algún vehículo regido por verbos de movimiento).
ambages *m pl* ambages.
ambaixada *f jur* embajada.
ambaixador, a *s jur* embajador.
ambdós, dues *a* y *pron* ambos.
ambició *f* ambición.
ambicionar *v tr* ambicionar.
ambiciós, osa *a* ambicioso.
ambient *m* ambiente.
ambientar *v tr* ambientar.
ambigu, a *a* ambiguo.
ambigüitat *f* ambigüedad.
àmbit *m* ámbito.
ambre *m* ámbar.
ambulància *f* ambulancia.
ambulant *a* ambulante.
amè, ena *a* ameno.
amén *interj* amén.
amenaça *f* amenaza.
amenaçament *m* amenaza (*f*) (acción y efecto).
amenaçar *v tr* amenazar.
amenitat *f* amenidad.
amenitzar *v tr* amenizar.
amerar *v tr* *V* **amarar** 1, 2 y 4.
americà, ana *a* y *s* americano.
americana *f* americana (pieza de vestir).
amerindi, índia *a* y *s* amerindio.
ametlla *f* almendra.
ametller *m bot* almendro (*Prunus amygdalus*).
amfibi, íbia *a* y *m* anfibio.
amfiteatre *m* anfiteatro.
amfitrió, ona *s* anfitrión.
àmfora *f* ánfora.
amiant *m* amianto.
amic, iga *a* y *s* amigo.
amidar *v tr* medir.
amigable *a* amigable.
amígdala *f anat* amígdala, agalla.
amistat *f* amistad.
amistós, osa *a* amistoso.
amnèsia *f med* amnesia.
amnistia *f* amnistía.
amo *m* *1* amo, dueño. *2* casero.
amoïnar *v tr* y *pron* apurar.
amoixar *v tr* *V* **acariciar**.
amollar *v tr* *1* amollar (aflojar). *2* largar. *3* soltar.
amollegar *v tr* reblandecer.
amollir *v tr* ablandar.
amollonar *v tr* amojonar, mojonar.
amonal *m* amonal (explosivo).
amonestació *f* amonestación.
amonestar *v tr* amonestar.
amoníac *m quím* amoníaco.
amor *s* amor.
amoretes *f pl* requiebros (*m*).
amorf, a *a* amorfo.
amorós, osa *a*, **amorosenc, a** *a* amoroso.
amortidor *m* amortiguador.
amortitzar *v tr jur* amortizar.
amotinar *v tr* y *pron* amotinar.
amper *m fís* amperio.
ampit *m arq* pretil.
amplada *f*, **amplària** *f* anchura, ancho (*m*).
ample, la *a* ancho. ‖ *m* *V* **amplada**.
ampli, ia *a* amplio.
ampliació *f* ampliación.
ampliar *v tr* ampliar.
amplificador, a *a* y *m* amplificador.
amplificar *v tr* amplificar.
amplitud *f* amplitud.
ampolla *f* *1* botella. *2* ampolla (de vidrio).
ampul·lositat *f* ampulosidad.
amputar *v tr* amputar.
amulet *m* amuleto.
amunt *adv* arriba.
amuntegar *v tr* y *pron* *1* amontonar. *2* agolpar.
anacard *m bot* anacardo (fruto y planta (*Anacardium occidentale*)).
anacoreta *s* anacoreta.
anacrònic, a *a* anacrónico.
anacronisme *m* anacronismo.
anada *f* *1* ida. *2* viaje (*m*).
anadura *f* marcha.
anagrama *m* anagrama.
anàleg, loga *a* análogo.
analfabet, a *a* y *s* analfabeto.
analfabetisme *m* analfabetismo.

analgèsic, a *a* y *m med* analgésico.
anàlisi *f* análisis (*m*).
analitzar *v tr* analizar.
analogia *f* analogía.
anant *a* y *s* que va.
anar *v intr* ir. || *v pron* irse, marchar (*intr*), marcharse. || **deixar a.** largar. || **fer a.** *1* mover. *2* poner en marcha; poner en movimiento.
anarquia *f* anarquía.
anarquisme *m* anarquismo.
anarquista *a* y *s* anarquista.
anatema *m* anatema.
anatomia *f anat* anatomía.
anatòmic, a *a anat* anatómico.
anca *f anat* anca.
ancià, ana *a* y *s* anciano.
àncora *f náut* ancla, áncora.
ancorar *v tr* e *intr náut* anclar, ancorar, fondear.
andalús, usa *a* y *s* andaluz.
andana *f 1* andana. *2* andén (*m*), muelle (*m*). *3* acera.
andí, ina *a* y *s* andino.
andola *f* andurrial (*m*).
andorrà, ana *a* y *s* andorrano.
andròmina *f* cachivache (*m*), trasto (*m*). || *f pl* andróminas.
ànec *m ornit* pato, ánade (en general).
anècdota *f* anécdota.
anecdòtic, a *a* anecdótico.
ànega *f ornit* pata, hembra del pato.
anell *m* anillo, sortija.
anella *f 1* anilla. *2* aldaba, aldabón (*m*). *3* eslabón (*m*).
anèmia *f med* anemia.
anèmic, a *a* y *s med* anémico.
anestèsia *f med* anestesia.
anestesiar *v tr med* anestesiar.
ànet *m ornit* ánade (en general).
àngel *m* ángel.
angelet *m bot* vilano.
angina *f med* angina.
angle *m geom* ángulo.
anglès, esa *a* y *s* inglés.
angoixa *f 1* angustia. *2* congoja. *3* agobio (*m*). *4* cuidado (*m*).
angost, a *a* angosto.
anguila *f ictiol* anguila (*gén Anguilla*).
angula *f ictiol* angula.
angulós, osa *a* anguloso.
angúnia *f 1* angustia. *2* congoja.
anhel *m* anhelo.
anhídrid *m quím* anhídrido.
anihilar *v tr V* **anorrear**.
anilina *f quím* anilina.
ànim *m 1* ánimo. *2* ánimo, bizarría (*f*), agallas (*pl f*).
ànima *f 1* alma, ánima. *2* ánima (de un objeto). || **à. vivent** bicho viviente.
animació *f* animación.
animador, a *a* y *s* animador.
animadversió *f* animadversión.
animal *a* y *m* animal. || *m* bestia (*f*).
animaló *m* bicho.
animar *v tr* y *pron* animar.
animós, osa *a 1* animoso. *2* bizarro, brioso.
animositat *f* animosidad.
aniquilar *v tr V* **anorrear**.
anís *m 1 bot* anís (*Pimpinella anisum*). *2* anís (licor).
anit *adv 1* esta noche, la noche de hoy. *2* anoche. || **a. passada** *V* **anit** 2.
anivellar *v tr* nivelar.
aniversari *m 1* aniversario. *2* cumpleaños.
annals *m pl* anales.
annex, a *a* y *s* anejo, anexo.
annexar *v tr* anexar.
annexat, a *a V* **annex**.
annexió *f* anexión.
annexionar *v tr* anexionar.
anodí, ina *a* anodino.
anòmal, a *a* anómalo.
anomalia *f* anomalía.
anomenada *f* nombradía, renombre (*m*).
anomenar *v tr 1* nombrar, llamar. *2* apellidar. || *v pron* llamarse.
anònim, a *a* y *m* anónimo.
anonimat *m* anonimato.
anorac *m* anorak.
anorèxia *f med* anorexia.
anormal *a* anormal.
anorrear *v tr* aniquilar.
anotació *f* anotación.
anotar *v tr 1* anotar. *2* apuntar.
anquilosar *v tr* anquilosar.
ans *conj* sino que, antes.
ansa *f* asa.
ànsia *f 1* ansia. *2* ansia, asco (*m*). || **donar-se à.** darse prisa. || **passar à.** preocuparse.
ansiejar *v intr* ansiar.
ansietat *f* ansiedad.
ansiós, osa *a* ansioso.
ant *m zool* ante, alce (*gén Alces*).
antagonisme *m* antagonismo.
antagonista *a* y *s* antagonista.
antany *adv* antaño, otrora.
antanyasses *adv* antaño.
antàrtic, a *a* antártico.
antecedent *a* y *m* antecedente.
antecedir *v tr* anteceder.
antecessor, a *s* antecesor.
antelació *f* antelación.
antena *f 1* antena (en general). *2* antena (de insecto o caracol).
antepenúltim, a *a* antepenúltimo.
anteposar *v tr* anteponer.
anterior *a* anterior.
antiaeri, èria *a* y *m* antiaéreo.
antibiòtic, a *a* y *m med* antibiótico.
antic, iga *a* antiguo. || **a l'antiga** *loc adv* a la antigua.
anticicló *m* anticiclón.
anticipació *f* anticipación.
anticipar *v tr* anticipar.
anticòs *m biol* anticuerpo.
antídot *m med* antídoto.
antifaç *m* antifaz.
antigalla *f* antigualla.

antigor *f* antigüedad (tiempo antiguo).
antiguitat *f* antigüedad (calidad de antiguo). || *f pl* antigüedades.
antílop *m zool* antílope.
antimoni *m quím* antimonio.
antioxidant *a* y *m* antioxidante.
antipatia *f* antipatía.
antipàtic, a *a* antipático.
antípoda *s* antípoda.
antiquari, ària *s* anticuario.
antiquat, ada *a* anticuado.
antisèptic, a *a* y *m med* antiséptico.
antítesi *f* antítesis.
antologia *f* antología.
antonomàsia *f* antonomasia.
antosta *f arq* desván (*m*).
antracita *f* antracita.
antre *m* antro.
antropòfag, a *a* y *s* antropófago.
antropologia *f* antropología.
antull *m* antojo.
antullar-se *v pron* antojarse.
d'antuvi *loc adv* de buenas a primeras, por de pronto.
anual *a* anual.
anuari *m* anuario.
anuència *f* anuencia.
anular *a* anular. || *m* anular (dedo).
anul·lar *v tr* anular.
anunci *m* anuncio.
anunciar *v tr* anunciar.
anus *m anat* ano.
anvers *m* anverso.
anxova *f* anchoa, boquerón (*m*) en conserva.
any *m*, **anyada** *f* año (*m*).
anyal *a V* **anual**.
anyell *m zool* cordero.
anyenc, a *a* añejo.
aorta *f anat* aorta.
apa! *interj* ¡hala!, ¡vamos!, ¡anda!, ¡arrea!
apadrinar *v tr* apadrinar.
apagada *f* apagón (*m*).
apagar *v tr* apagar.
apaïsar *v tr* apaisar.
apaivagador, a *a* y *s* apaciguador.
apaivagar *v tr* y *pron* ***1*** apaciguar. ***2*** aplacar.
apallissar *v tr* zurrar.
apanyar *v tr* y *pron* apañar.
aparador *m* ***1*** escaparate, aparador. ***2*** aparador (mueble).
aparat *m* aparato (ostentación).
aparatós, osa *a* aparatoso.
aparcament *m* ***1*** aparcamiento (acción). ***2*** aparcamiento (lugar).
aparcar *v tr* aparcar.
aparedar *v tr* ***1*** emparedar. ***2*** tabicar, tapiar.
aparèixer *v intr* y *pron* aparecer.
aparell *m* ***1*** aparato (instrumento, máquina). ***2*** aparejo. ***3*** aparato (conjunto de órganos).
aparellador, a *a* y *s* aparejador.
aparellar *v tr* y *pron* ***1*** aparejar, aparear. ***2*** aviar. ***3*** emparejar, formar pareja.
aparença *f* apariencia.
aparençar *v tr* aparentar, *esp* simular lo que no es.
aparent *a* aparente.
aparentar *v tr* aparentar, *esp* parecer.
apariament *m* ***1*** emparejamiento. ***2*** compostura (*f*).
apariar *v tr* ***1*** aparear. ***2*** parear. ***3*** apañar, componer. ***4*** *V* **aparellar** 1. ***5*** pergeñar.
aparició *f* aparición.
aparracar *v tr* apedazar, remendar (la ropa).
apart *m* aparte.
apartament *m* apartamento.
apartar *v tr* apartar.
apassionar *v tr* apasionar.
àpat *m* ***1*** comida (*f*). ***2*** convite, ágape.
apatia *f* apatía.
apàtic, a *a* apático.
apatxe *s* apache (indio).
apedaçament *m* remiendo (acción y efecto).
apedaçar *v tr V* **aparracar**.
apedrec *m*, **apedregada** *f* pedrea (*f*).
apedregar *v tr* apedrear.
apegalós, osa *a* pegajoso.
apeixar *v tr* ***1*** alimentar. ***2*** mantener regaladamente.
apeixir *v tr* apacentar, pacer (dar pasto).
apel·lació *f* apelación.
apellar *v tr* ***1*** llamar (por el nombre). ***2*** apellidar.
apel·lar *v intr* apelar.
apendicitis *f med* apendicitis.
apèndix *m* apéndice.
apercebre *v pron V* **adonar-se**.
aperitiu, iva *a* y *m* aperitivo.
apetència *f V* **apetit**.
apetir *v tr* apetecer.
apetit *m* ***1*** apetito (deseo). ***2*** apetito, apetencia (*f*), gana (*f*).
apetitós, osa *a* apetitoso.
apetonar *v tr* y *pron* besar.
àpex *m* ápice (punta, cima).
api *m bot* apio (*Apium graveolens*).
apiadar-se *v pron* apiadarse.
apilar *v tr*, **apilonar** *v tr* apilar.
apilotar *v tr* ***1*** agolpar. ***2*** *V* **apinyar**. ***3*** *fig* hacinar.
apinyar *v tr* y *pron* apiñar.
apitrar *v tr* ***1*** apechugar, dar un golpe o empujón. ***2*** denostar. ***3*** abochornar. || *v pron* arrepentirse.
aplacar *v tr* aplacar.
aplanadora *f* apisonadora.
aplanar *v tr* aplanar, allanar.
aplatar *v tr* achatar.
aplaudiment *m* aplauso.
aplaudir *v intr* aplaudir.
aplec *m* reunión (*f*) (de gente en una romería, del ganado).
aplegadís, issa *a* advenedizo.
aplegador, a *a* que reúne.
aplegar *v tr* ***1*** reunir. ***2*** allegar. ***3*** *V* **arribar** 1.
aplic *m* aplique.
aplicació *f*, **aplicament** *m* aplicación (*f*).
aplicar *v tr* y *pron* aplicar.
aplicat, ada *a* aplicado.

aplom *m* aplomo.
aplomar *v tr* y *pron* aplomar.
apocalipsi *f* apocalipsis.
apocar *v tr fig* apocar.
apòcope *f gram* apócope.
apoderar *v tr* y *pron* apoderar.
apoderat, ada *a* y *s* apoderado.
apogeu *m* apogeo.
apologia *f* apología.
apoplexia *f med* apoplejía.
apoquir *v tr* apocar.
aporrinar *v tr* denostar.
aportació *f* aportación.
aportament *m* aportación (*f*) (acción y efecto).
aportar *v tr* aportar.
aposentar *v tr* y *pron* aposentar.
apòsit *m med* apósito.
aposta *f* apuesta.
apostar *v tr* *1* apostar (poner en un lugar). *2* apostar (jugarse).
apòstol *m* apóstol.
apòstrof *m gram* apóstrofo.
apostrofar *v tr gram* apostrofar.
apòstrofe *m* apóstrofe.
apotecari, ària *s* boticario, farmacéutico.
apotecaria *f* botica, farmacia.
apotecariessa *f* boticaria, farmacéutica.
apotema *f geom* apotema.
apoteosi *f* apoteosis.
apreciar *v tr* apreciar.
apregonar *v tr* e *intr* profundizar, ahondar. || *v pron* adentrarse.
aprendre *v tr* aprender.
aprenent, a *s* aprendiz.
aprenentatge *m* aprendizaje.
aprensió *f* aprensión.
aprensiu, iva *a* aprensivo.
aprés *adv* después.
apressant *a* apremiante.
apressar *v tr* *1* apresurar. *2* apremiar. || *v pron* apresurarse, despachar (*intr*).
aprest *m* apresto.
aprimar *v tr* y *pron* adelgazar.
aprimorat, ada *a* primoroso.
aprofitament *m* aprovechamiento.
aprofitar *v tr*, *intr* y *pron* aprovechar.
aprofundir *v tr* e *intr* *V* **apregonar**.
apromptar *v tr* aprontar.
apropar *v tr* *V* **acostar**.
apropiació *f* apropiación.
apropiar *v tr* apropiar. || *v pron* apropiarse, adueñarse.
aprovació *a* aprobación.
aprovador, a *a* y *s* aprobador.
aprovar *v tr* aprobar.
aprovat, ada *a* aprobado. || *m* aprobado (nota de calificación).
aprovisionar *v tr* y *pron* aprovisionar.
aproximació *f* aproximación.
aproximar *v tr* *V* **acostar**.
apte, ta *a* apto.
aptesa *f* aptitud, cualidad de apto.
aptitud *f* aptitud.
apujar *v tr* subir.
apunt *m* apunte. || *m pl* *1* apuntes. *2 fig fam* chuleta (*sing*) (para los exámenes).
apuntalament *m* apuntalamiento.
apuntalar *v tr* i *pron* apuntalar.
apuntar *v tr* *1* apuntar, anotar. *2* tantear (en un juego).
apunyalar *v tr* apuñalar.
apurar *v tr* *1* apurar. *2* apurar (verificar).
aquarel·la *f* acuarela.
aquari *m* *1* *astron* Acuario (constelación y signo del zodíaco). *2* acuario (instalación para peces).
aquàrium *m* *V* **aquari** 2.
aquarterar *v tr* y *pron mil* acuartelar.
aquàtic, a *a* acuático.
aqüeducte *m* acueducto, aguaducho.
aqueferat, ada *a* atareado.
aqueix, a *a* y *pron* ese.
aquell, a *a* y *pron* aquel.
aquèn *adv* aquende.
aquest, a *a* este. || *pron* este.
aquí *adv* *1* ahí, acá. *2* aquí.
aquiescència *f* aquiescencia.
aquietar *v tr* aquietar.
aquissar *v tr* azuzar, achuchar.
aquós, osa *a* acuoso.
ara *f* ara (altar).
ara *adv* ahora. || **a. i adés** *V* **adesiara**. || **per a.**; **a. com a.** por ahora.
ara, **ara bé** *conj* ahora bien.
àrab *a* y *s* árabe.
arabisme *m* arabismo.
aràcnid *m entom* arácnido.
arada *f agr* arado (*m*).
aragall *m* arroyada (*f*) (de lluvia).
aragonès, esa *a* y *s* aragonés.
aram *m* cobre trabajado en plancha.
aranès, esa *a* y *s* aranés.
aranja *f bot* toronja, pomelo (*m*).
aranya *f entom* araña (arácnido).
aranzel *m* arancel.
arbitrar *v tr* arbitrar.
arbitrari, ària *a* arbitrario.
arbitratge *m* arbitraje.
àrbitre, ra *s* árbitro.
arbitri *m* arbitrio.
arborar *v tr* *1* *náut* arbolar. *2* *náut* enarbolar. *3* tremolar. *4* arbolar, arrimar derecho.
arborat, ada *a* arbolado.
arboreda *f bot* *V* **arbreda**.
arborescència *f bot* arborescencia.
arbrat *m bot* arbolado.
arbre *m* *1* árbol. *2* *náut* mástil, palo. *3* eje.
arbreda *f bot* arboleda.
arbust *m bot* arbusto.
arc *m* arco. || **a. de sant Martí**, **a. del cel**, **a. iris** arco iris.
arç *m bot* espino (*Crataegus oxyacantha*).
arca *f* arca.
arcabús *m* arcabuz.
arcada *f* *1* *arq* arcada. *2* *med* arcada.
arcaic, a *a* arcaico.
arcaisme *m gram* arcaísmo.

arcar *v tr V* **arquejar**.
ardat *m* pandilla (*f*).
ardència *f V* **ardor**.
ardent *a* ardiente.
ardentor *f V* **ardor**.
ardidesa *f*, **ardiment** *m V* **audàcia**.
ardit *m* ardid, treta (*f*), estratagema (*f*).
ardit, ida *a V* **audaç**.
ardor *s* ardor (*m*).
ardu, àrdua *a* arduo.
àrea *f* área.
arena *f* arena.
areng *m ictiol* arenque (*Clupea harengus*).
arengada *f* sardina en salazón.
arengar *v tr* arengar.
areny *m* arenal.
aresta *f* arista.
argamassa *f* argamasa, mortero (*m*).
argent *m* plata (*f*). || **a. viu** *quím* azogue, mercurio.
argentar *v tr* argentar.
argenteria *f* platería.
argentí, ina *a* y *s* argentino.
argila *f* arcilla.
argó *m quím* argón.
argolla *f 1* argolla. *2* aldaba.
argot *m* jerga (*f*).
argúcia *f* argucia.
argue *m náut* cabrestante.
àrguens *m pl* angarillas, árganas (*f*).
argüir *v tr* e *intr* argüir (demostrar).
argument *m* argumento.
argumentació *f* argumentación.
argumentar *v intr* argumentar.
àrid, a *a* árido.
aridesa *f*, **ariditat** *f* aridez.
Àries *m astron* Aries.
aristocràcia *f* aristocracia.
aristòcrata *s* aristócrata.
aristocràtic, a *a* aristocrático.
aristol *m bot* zarzamora (*f*) (*Rubus ulmifolius*).
aritmètic, a *a* y *s* aritmético. || *f* aritmética.
arítmia *f med* arritmia.
arjau *m náut* caña (*f*) (del timón).
arlequí *m* arlequín.
arma *f* arma.
armada *f mil* armada.
armador, a *s* armador.
armadura *f 1 mil* armadura. *2* armazón (*m* o *f*).
armament *m* armamento.
armar *v tr* armar.
armari *m* armario.
armejar *v intr* guerrear.
armella *f V* **anella** 2.
armeni, ènia *a* y *s* armenio.
arment *m* manada (*f*) (de caballos o bueyes).
armer, a *s* armero. || *m* armero.
armeria *f* armería (sitio, taller, arte).
armilla *f* chaleco (*m*).
armistici *m jur* armisticio.
armoria *f her* heráldica, blasón (*m*), armería.
arna *f 1 entom* polilla (*Tinea pellionella*). *2* colmena.
arnar *v tr* y *pron* apolillar.
arnès *m* arnés.
àrnica *f* árnica.
aroma *f* aroma (*m*).
aromàtic, a *a* aromático.
arpa *f 1 mús* arpa. *2 anat* zarpa.
arpada *f* zarpazo (*m*).
arpar *v tr 1* arañar con las zarpas. *2* asir violentamente. *3 V* **arrapar** 1.
arpegi *m mús* arpegio.
arpillera *f* arpillera, harpillera.
arpó *m náut* arpón.
arponar *v tr náut* arponear.
arquebisbe *m* arzobispo.
arqueig *m* arqueo.
arquejar *v tr* arquear.
arqueologia *f* arqueología.
arqueològic, a *a* arqueológico.
arquetip *m*, **arquetipus** *m* arquetipo.
arquitecte, ta *s arq* arquitecto.
arquitectessa *f arq* arquitecta.
arquitectònic, a *a arq* arquitectónico.
arquitectura *f arq* arquitectura.
arrabassada *f*, **arrabassament** *m 1* arrancamiento (*m*), arrancadura (*f*). *2* arrebatamiento (*m*), arrebato (*m*).
arrabassar *v tr 1* arrancar. *2* arrebatar, arrapar, tomar violentamente.
arracada *f 1* pendiente (*m*). *2* arracada.
arraconar *v tr* arrinconar.
arramassar *v tr 1* recoger. *2* arrebañar, rebañar.
arrambar *v tr* arrimar, acostar.
arran *adv 1* a ras. *2* a cercén. *3* a raíz.
arranar *v tr V* **arrasar**.
arrancar *v tr V* **arrencar**.
arranjament *m 1* arreglo, arreglamiento. *2* compostura (*f*). *3 mús teatro* arreglo. *4* apaño.
arranjar *v tr 1* arreglar, componer. *2 mús teatro* arreglar. || *v pron V* **apanyar-se**.
arrap *m*, **arrapada** *f* arañazo (*m*), arpadura (*f*).
arrapament *m 1* agarro. *2 fig* arrebatamiento, arrebato, arrobo.
arrapar *v tr 1* arañar. *2* arrebatar, arrobar.
arrasament *m* arrasamiento.
arrasar *v tr 1* arrasar. *2* rasar, raer (con el rasero).
arrasir-se *v pron* despejarse (el cielo).
arrastellar *v tr* alinear.
arrauxat, ada *a* arrebatado.
arravatament *m* arrebatamiento, arrebato.
arravatar-se *v pron* arrebatarse.
arrebossada *f 1* revoque (*m*). *2* acción de rebozar una vianda.
arrebossar *v tr 1* revocar. *2* rebozar, arrebozar, empanar (un manjar).
arrebossat *m V* **arrebossada**.
arrecerar *v tr 1* resguardar, abrigar (proteger). *2* cobijar, guarecer.
arreglament *m* arreglamiento, arreglo.
arreglar *v tr 1* arreglar, sujetar a regla. *2* arreglar, componer. || *v pron V* **apanyar-se**.
arregussar *v tr* y *pron V* **arremangar**.
arrel *f* raíz. || **d'a.** de cuajo.

arrelar *v intr* arraigar, enraizar, prender.
arremangar *v tr* y *pron* arremangar.
arremangat, ada *a* respingón.
arremetre *v tr* e *intr* arremeter.
arremolinar *v tr* arremolinar.
arremorar *v tr* sublevar.
arrencada *f 1 V* **arrencament**. *2 fig* arranque (*m*), empuje (*m*). *3 arq* arranque.
arrencament *m* arrancamiento, arrancadura (*f*), arranque.
arrencar *v tr* e *intr* arrancar.
arrendador, a *a* y *s* arrendador.
arrendament *m jur* arrendamiento, arriendo.
arrendar *v tr* arrendar.
arrendatari, ària *a* y *s* arrendador.
arrenglerar *v tr* alinear, poner en fila.
arrepapar-se *v pron* arrellanarse, repantigarse, repanchigarse.
arreplegadissa *f* recogida.
arreplegadures *f pl* restos (*m*).
arreplegar *v tr 1* recoger (reunir). *2* allegar. *3 fig* pillar.
arrera *adv*, **arrere** *adv* atrás.
arres *f pl jur* arras.
arrest *m 1* arresto. *2* detención (acción).
arrestar *v tr 1* arrestar, detener. *2 V* **aturar-se**.
arreu *adv 1* dondequiera, doquier, doquiera. **2** adondequiera. **3** arreo, sin interrupción.
arreus *m pl 1* arreos (atavíos). *2* arreos (de las caballerías). *3* arrequives.
arri! *interj* ¡arre!
arriada *f* arriadura, arriada.
arriar *v tr 1* arrear. *2 náut* arriar.
arribada *f 1* llegada, arribo (*m*). *2 náut* arribada.
arribar *v intr 1* llegar. *2* alcanzar. *3 náut* arribar. ‖ *v pron* llegarse.
arrier, a *s* arriero.
arrimar *v tr V* **arrambar**.
arriscar *v tr* y *pron* arriesgar, arriscar.
arrissar *v tr* rizar, ensortijar. ‖ *v pron* rizarse.
arrítmia *f med* arritmia.
arrodonir *v tr* redondear.
arrogància *f* arrogancia.
arrogant *a* arrogante.
arrogar-se *v pron* arrogarse (atribuirse).
arromangar *v tr* y *pron V* **arremangar**.
arronsada *f*, **arronsament** *m* encogimiento (*m*).
arronsar *v tr 1* encoger. *2 V* **arrufar**.
arrop *m* arrope.
arropar *v tr* arropar (el vino).
arròs *f bot* arroz (*Oryza sativa*).
arrosar *v tr* rociar.
arrosegallar *v tr* corroer.
arrossar-se *v pron* atenerse.
arrossegar *v tr* y *pron* arrastrar.
arrova *f* arroba.
arrufar *v tr* fruncir. ‖ *v pron* erizarse.
arruga *f* arruga.
arrugar *v tr* y *pron* arrugar.
arruïnar *v tr* arruinar.
arrupir-se *v pron* encogerse, acurrucarse.
arsenal *m 1* arsenal. *2 náut* atarazana (*f*).
arsènic *m quím* arsénico.
art *s* arte. ‖ *m náut* red de pesca.
artefacte *m* artefacto, artilugio.
artell *m anat* artejo.
artèria *f 1 anat* arteria. *2* arteria (vía de comunicación).
arteriosclerosi *f med* arteriosclerosis, arterioesclerosis.
arterós, osa *a* artero (astuto).
artesà, ana *s* artesano.
artesania *f* artesanía.
àrtic, a *a* ártico.
article *m* artículo.
articulació *f* articulación.
articular *v tr* articular.
articulista *s* articulista.
artífex *s* artífice.
artifici *m 1* artificio. *2* artimaña (*f*).
artificial *a* artificial.
artificialitat *f* artificialidad.
artilleria *f mil* artillería.
artista *s 1* artista. *2 fig* estrella (*f*).
artístic, a *a* artístico.
artritis *f med* artritis.
artrosi *f med* artrosis.
arxipèlag *m geog* archipiélago.
arxiu *m* archivo.
arxivador *m* archivador.
arxivar *v tr* archivar.
as *m* as.
ascendència *f* ascendencia.
ascendent *m* ascendiente.
ascendir *v intr* y *tr* ascender (subir).
ascens *m* ascenso.
ascensió *f* ascensión.
ascensor *m* ascensor.
asceta *s* asceta.
ascla *f* raja.
ase *m 1 zool* asno, burro, borrico (*Equus asinus*). *2 fig* asno, burro.
asèpsia *f med* asepsia.
asfalt *m* asfalto.
asfaltar *v tr* asfaltar.
asfíxia *f med* asfixia.
asfixiant *a* asfixiante.
asfixiar *v tr* asfixiar.
asiàtic, a *a* y *s* asiático.
asil *m* asilo.
asilar *v tr* asilar.
asimetria *f* asimetría.
asma *f med* asma.
aspa *f* aspa.
aspecte *m* aspecto.
asperitat *f V* **aspror**.
aspersió *f* aspersión.
aspersor *m* aspersor.
àspid *m zool* áspid (*Vipera aspis*).
aspiració *f* aspiración.
aspirador, a *a* y *m* aspirador.
aspirant *a* y *s* aspirante.
aspirar *v tr* e *intr* aspirar.
aspre, a *a* áspero.
aspredat *f*, **aspresa** *f V* **aspror**.
aspriu, iva *a* áspero, fragoso.

asprivesa *f*, **asprivor** *f* aspereza.
aspror *f* aspereza, calidad de áspero.
asprós, osa *a 1* que asperea. *2 V* **aspriu**.
asprositat *f V* **aspror**.
assabentar *v tr* y *pron* enterar.
assaborir *v tr* saborear.
assaciar *v tr*, **assadollar** *v tr* saciar.
assaig *m* ensayo.
assajament *m* ensayo (prueba).
assajar *v tr* ensayar.
assalariar *v tr* asalariar, salariar.
assalariat, ada *a* y *s* asalariado.
assalt *m*, **assaltament** *m* asalto.
assaltar *v tr 1* asaltar. *2* saltear (para robar).
assaonar *v tr V* **adobar** 4.
assassí, ina *a* y *s* asesino.
assassinar *v tr* asesinar.
assassinat *m* asesinato.
assecar *v tr* y *pron 1* secar. *2* enjugar.
assedegat, ada *a* sediento.
assegurança *f 1 jur* seguro (*m*) (contrato). *2* seguridad.
assegurar *v tr* y *pron* asegurar.
assemblar-se *v pron* parecerse, asemejarse.
assemblea *f* asamblea.
assentada *f* plática (charla).
assentar *v tr* asentar.
assentiment *m* asentimiento.
assentir *v tr* asentir.
assenyalar *v tr* señalar.
assenyat, ada *a* juicioso, sensato, ajuiciado.
assequible *a* asequible.
asserenar *v tr* y *pron* serenar, aserenar.
asserir *v tr* aseverar.
asservir *v tr* avasallar.
assessor, a *a* y *s* asesor.
assessorament *m* asesoramiento.
assessorar *v tr* y *pron* asesorar.
assessoria *f* asesoría.
assestar *v tr* asestar.
assetiar *v tr* asentar.
assetjament *m* sitio, asedio, cerco. || **a. sexual** acoso sexual.
assetjar *v tr 1* sitiar, asediar. *2 fig* asediar con insistencia.
asseure *v tr* sentar.
asseverar *v tr* aseverar.
assidu, ídua *a* asiduo.
assiduïtat *f* asiduidad.
assignació *f* asignación.
assignar *v tr* asignar.
assignatura *f* asignatura.
assimilació *f* asimilación.
assimilar *v tr* y *pron* asimilar.
assistència *f* asistencia.
assistent *a* y *s* asistente.
assistir *v tr* e *intr* asistir.
assitiar *v tr V* **assetjar** 1.
associació *f* asociación.
associacionisme *m* asociacionismo.
associament *m* asociación (*f*) (acción y efecto).
associar *v tr* y *pron* asociar.
associat, ada *a* y *s* asociado.
assolament *m* asolamiento.
assoliment *m* alcance.
assolir *v tr V* **aconseguir**.
assonant *a* y *m* asonante.
assonar *v tr* asonar.
assortiment *m* surtido.
assortir *v tr* surtir.
assortit, ida *a* surtido.
assossec *m* sosiego.
assossegar *v tr* y *pron* sosegar.
assot *m 1* azote, látigo. *2* azote, latigazo.
assotar *v tr* azotar, flagelar.
assuaujar *v tr* suavizar.
assumir *v tr* asumir.
assumpció *f* asunción.
assumpte, ta *a* asunto. || *m* asunto, achaque.
assut *m* azud.
assutzena *f bot* azucena (*Lilium candidum*).
ast *m* asador, broqueta (*f*).
asta *f* asta, palo (*m*).
asteca *a* y *s* azteca.
astènia *f med* astenia.
asterisc *m* asterisco.
asteroide *m astron* asteroide.
astigmatisme *m med* astigmatismo.
astor *m ornit* azor (*Accipiter gentilis*).
astorar *v tr* azorar (asustar).
astral *a astron* astral.
astre *m astron* astro.
astringent *a* y *m* astringente.
astrolabi *m astron* astrolabio.
astrologia *f astron* astrología.
astronauta *s* astronauta.
astrònom, a *s* astrónomo.
astronomia *f* astronomía.
astúcia *f* astucia.
astut, a *a* astuto, astucioso.
atabalar *v tr V* **atordir**.
atabuix *m*, **atabuixada** *f* apremio (*m*).
atabuixar *v tr 1* apremiar. *2 fig* atosigar.
atac *m* ataque.
atacament *m* ataque.
atacant *a* y *s* atacante.
atacar *v tr* atacar.
ataconar *v tr* remendar (zapatos).
atall *m* atajo.
atallar *v tr 1* atajar, salir al encuentro. *2* atajar, ir por el atajo.
atansada *f náut V* **atracada**.
atansar *v tr 1 V* **acostar**. *2 V* **arrambar**. *3 náut* atracar.
atapeir *v tr* apretar, tupir, atestar, abarrotar, atiborrar.
atàvic, a *a* atávico.
atavisme *m* atavismo.
ateisme *m* ateísmo.
atemorir *v tr* atemorizar.
atemptar *v intr* atentar.
atemptat *m* atentado.
atenció *f* atención.
atendre *v tr* e *intr* atender.
ateneu *m* ateneo.
atenir-se *v pron* atenerse.

atent, a *a* atento.
atenuant *a* y *m* atenuante.
atenuar *v tr* atenuar.
atènyer *v tr* alcanzar.
atermenar *v tr* deslindar, alindar.
aterrador, a *a* aterrador, que tumba o tira al suelo.
aterrar *v tr V* **abatre** 1. || *v intr 1 aviac* aterrizar. *2 náut* aterrar.
aterratge *m 1 náut* aterrada (*f*), aterraje. *2 aviac* aterrizaje, aterraje.
aterridor, a *a* aterrador.
aterrir *v tr* y *pron* aterrorizar, aterrar.
atestar *v tr 1* atestiguar, testimoniar. *2 jur* atestar, testificar.
atestat, ada *a* atestado. || *m jur* atestado.
ateu, ea *a* y *s* ateo.
atiar *v tr* atizar.
àtic, a *a* y *m* ático.
atifells *m pl* trebejos.
atipar *v tr* y *pron* hartar, saciar.
atípic, a *a* atípico.
atlàntic, a *a* atlántico.
atlas *m V* **atles** 1.
atles *m 1* atlas (de mapes). *2 anat* atlas.
atleta *s* atleta.
atlètic, a *a* atlético.
atletisme *m* atletismo (deporte).
atmosfera *f* atmósfera.
atol *m*, **atoló** *m geog* atolón.
àtom *m fís* átomo.
atòmic, a *a fís* atómico.
àton, a *a* átono.
atonia *f med* atonía.
atonir *v tr* atontar.
atònit, a *a* atónito.
atordir *v tr* aturdir, atontar.
atorgar *v tr* otorgar.
atorrollar *v tr* aturrullar (atudir).
atot *m* triunfo (en los juegos de cartas).
atrabiliari, ària *a* atrabiliario.
atracada *f náut* atracada.
atracador, a *s* atracador.
atracament *m 1* atraco. *2 náut* atraco.
atracar *v tr náut* atracar, abordar. || *v intr* atracar (para robar).
atraçar *v tr* indicar el camino.
atracció *f* atracción.
atractiu, iva *a* atractivo, que tiene poder de atracción. || *m* atractivo.
atractívol, a *a* atractivo, que tiene atractivos.
atrafegament *m* ajetreo.
atrafegar-se *v pron* atarearse, ajetrearse.
atrafegat, ada *a* atareado.
atrapar *v tr* atrapar.
atraure *v tr V* **atreure**.
atresorar *v tr* atesorar.
atreure *v tr* atraer.
atreviment *m 1* atrevimiento. *2 V* **audàcia**.
atrevir-se *v pron* atreverse, osar (*intr*).
atrevit, ida *a 1* atrevido. *2 V* **audaç**.
atri *m 1 arq* atrio, patio interior. *2 anat* atrio.
atribolament *m* tribulación (*f*).
atribolar *v tr* y *pron* atribular (aturdir).
atribuir *v tr 1* atribuir. *2 V* **allevar**.
atribut *m* atributo.
atrinxerar *v tr* y *pron* atrincherar.
atroç *a* atroz.
atrocitat *f* atrocidad.
atròfia *f med* atrofia.
atrofiar *v tr* atrofiar.
atropellament *m* atropello, atropellamiento.
atropellar *v tr* atropellar, arrollar.
atrotinar *v tr* ajar (deteriorar).
atuell *m* vasija (*f*), vaso.
atur *m* paro (desocupación laboral).
atura *f V* **aturador**. || **gos d'a.** perro de pastor.
aturada *f 1* paro (*m*). *2* parada (acción y efecto).
aturador *m* atascadero.
aturall *m* atasco, atascamiento.
aturament *m 1* parada (acció y efecto). *2* apocamiento de ánimo.
aturar *v tr 1* parar. *2* represar. || *v pron* parar (*intr*), detenerse.
aturat, ada *a 1* parado. *2 fig* parado, pobre de espíritu. *3* parado (sin trabajo).
atxa *f* hacha, antorcha. || **endavant les atxes!** ¡adelante con los faroles!
atzabeja *f* azabache (*m*).
atzagaiada *f* desatino (*m*).
atzar *m* azar, acaso.
atzavara *f bot* pita, agave (*m*) (*Agave americana*).
atziac, aga *a* aciago.
atzucac *m* callejón sin salida.
au *f ornit* ave, pájaro.
au! *interj* ¡hala!, ¡anda!
auca *f* aleluya (serie de estampas, con texto rimado).
audaç *a* audaz, atrevido.
audàcia *f* audacia, atrevimiento.
audaciós, osa *a V* **audaç**.
audible *a* audible, oíble.
audició *f* audición.
audiència *f* audiencia.
audiòfon *m* audífono.
audiovisual *a* y *m* audiovisual.
auditiu, ivia *a* auditivo.
auditori *m* auditorio.
auge *m* auge, apogeo.
augment *m* aumento.
augmentar *v tr* e *intr 1* aumentar. *2* arreciar.
àugur *m* augur.
augurar *v tr* augurar (predecir).
auguri *m* augurio, agüero (predicción).
august, a *a* augusto.
aula *f* aula.
aura *f* aura (viento).
aurèola *f* aureola.
aureolar *v tr* aureolar.
auri, àuria *a* áureo.
aurícula *f anat bot* aurícula.
auricular *a* y *m* auricular.
auriga *s* auriga.
aurora *f* aurora, alba, amanecer (*m*).
aürt *m* achuchón.
aürtar *v tr* e *intr 1* achuchar. *2* chocar.
auscultar *v tr med* auscultar.

auspici *m* auspicio.
auster, a *a* austero.
austeritat *f* austeridad.
austral *a* austral.
australià, ana *a* y *s* australiano.
austríac, a *a* y *s* austriaco, austríaco.
autèntic, a *a* auténtico.
autenticitat *f* autenticidad.
auto *m V* **automòbil**.
autobiografia *f* autobiografía.
autobús *m* autobús, bus.
autocar *m* autocar.
autòcton, a *a* autóctono.
autodeterminació *f* autodeterminación.
autodidacte, ta *s* autodidacto.
autodidàctic, a *a* autodidáctico.
autoescola *f* autoescuela.
autoestop *m* autostop.
autògraf *m* autógrafo.
autòmat *m* autómata.
automàtic, a *a* automático.
automòbil *m* automóvil, auto.
automobilista *a* y *s* automovilista.
automoció *f* automoción.
autònom, a *a* autónomo.
autonomia *f* autonomía.
autopista *f* autopista.
autòpsia *f med* autopsia.
autor, a *s* autor.
autoritari, ària *a* autoritario.
autoritat *f* autoridad.
autorització *f* autorización.
autoritzar *v tr* autorizar.
autoservei *m* autoservicio.
autosuggestió *f* autosugestión.
autovia *f* autovía.
autumnal *a* otoñal.
autumne *m* otoño.
auxili *m* auxilio.
auxiliar *a* y *s* auxiliar.
auxiliar *v tr* auxiliar.
aval *m* aval.
avalador, a *a* y *s* avalador.
avalar *v tr* avalar.
avall *adv* abajo, bajo.
avalot *m* asonada (*f*), alboroto.
avalotar *v tr* y *pron* alborotar.
avaluar *v tr* avaluar, evaluar.
avanç *m V* **avançament**.
avançada *f* ***1*** *V* **avançament**. ***2*** avanzada. ***3*** avance (*m*), anticipo (*m*) de dinero.
avançament *m* avance, adelanto.
avançar *v tr* e *intr* avanzar, adelantar.
avant *adv* e *interj náut* avante, adelante.
avantatge *m* ventaja (*f*).
avantatjar *v tr* aventajar.
avantatjós, osa *a* ventajoso.
avantbraç *m anat* antebrazo.
avantguarda *f* vanguardia, delantera.
avantpassat *a* y *s* antepasado.
avantprojecte *m* anteproyecto.
avar, a *a* y *s* avaro, avaricioso.
avarada *f náut* botadura, lanzamiento (*m*).
avarament *m* ***1*** *náut V* **avarada**. ***2*** *aviac* hacer despegar un avión.
avarar *v tr* ***1*** *náut* botar, lanzar. ***2*** *p ext* hacer despegar un avión.
avaria *f* avería.
avariar *v tr* y *pron* averiar.
avarícia *f* avaricia.
avariciós, osa *a* y *s V* **avar**.
avatar *m* avatar.
aveïnar *v tr* avecindar, avecinar.
avellana *f* avellana.
avena *f bot* avena (*Avena sativa*).
avenc *m* sima (*f*).
avenç *m* ***1*** ahorro (cantidad ahorrada). ***2*** adelanto. ***3*** medro, medra (*f*). ***4*** anticipo.
avençar *v tr* ***1*** ahorrar (dinero). ***2*** anticipar. || *v tr* e *intr* avanzar, adelantar.
avenir *m* porvenir.
avenir-se *v pron* ***1*** avenirse. ***2*** allanarse. ***3*** llevarse bien.
aventura *f* aventura.
aventurar *v tr* aventurar.
aventurer, a *s* aventurero.
averany *m V* **auguri**.
avergonyir *v tr* y *pron* avergonzar.
aversió *f* aversión.
avés *m* costumbre (*f*).
avesar *v tr* ***1*** avezar. ***2*** *fig* curtir (acostumbrar a una vida dura).
avet *m bot* abeto (*Abies alba*).
avi *m* abuelo.
àvia *f* abuela.
aviació *f aviac* aviación.
aviada *f* suelta.
aviador, a *s* aviador.
aviar *v tr* soltar.
aviat *adv* ***1*** pronto. ***2*** temprano. || **més a.** más bien. || **com més a. millor** *loc adv* cuanto antes mejor.
aviciadura *f* vicio (*m*), mimo (*m*), mala crianza.
aviciar *v tr* ***1*** viciar, consentir, mimar. ***2*** resabiar. || *v pron* viciarse.
avícola *a* avícola.
avicultor, a *s* avicultor.
avicultura *f* avicultura.
àvid, a *a* ávido.
avidesa *f* avidez.
aviditat *f* ***1*** *V* **avidesa**. ***2*** *quím* avidez.
avinença *f* ***1*** avenencia, componenda. ***2*** avenimiento (*m*).
avinençar-se *v pron* avenirse.
avinent *a* fácil. || **fer a.** expresar, hacer presente.
avinentesa *f* ocasión, oportunidad.
avinguda *f* ***1*** avenida, gran vía urbana. ***2*** *V* **al·luvió** 2.
avió *m aviac* avión.
avioneta *f aviac* avioneta.
avior *f* abolengo (*m*).
aviram *s* averío (*m*), aves de corral.
avís *m* ***1*** aviso (noticia, indicio, etc.). ***2*** *náut* aviso.
avisador, a *a* y *s* llamador.
avisament *m* ***1*** aviso (sagacidad, prudencia). ***2*** *V* **avís** 1.
avisar *v tr* avisar.

avituallar *v tr* avituallar.
avivament *m* avivamiento.
avivar *v tr* avivar.
avolesa *f* maldad.
avorriment *m* aburrimiento.
avorrir *v tr 1* aborrecer. *2* aburrir. || *v pron* aburrirse.
avortament *m* abortamiento, aborto.
avortar *v intr med* abortar.
avui *adv* hoy.
axil·la *f 1 bot* axila. *2 anat* axila (*m fam*).
axioma *m* axioma.
azalea *f bot* azalea (*gén Rhododendron*).

B

a la babalà *loc adv* a tontas y a locas.
babarota *f* espantajo (*m*), espantapájaros (*m*).
babau, a *a* y *s fig* simple, simplón, papanatas, primo.
babord *m náut* babor.
babutxa *f* babucha.
bac *m* umbría (*f*).
baca *f* baca.
bacallà *m ictiol* bacalao (*Gadus morrhua morrhua*).
bacanal *a* y *f* bacanal.
bací *m* bacín, orinal.
bacil *m med* bacilo.
bacina *f* bacín (*m*).
bacinet *m* bacinete.
bacó *m 1 zool* cerdo, marrano, cochino (*gén Sus*). *2* tocino.
bacona *f zool* cerda, marrana.
bacora *f* breva.
bacteri *m med* bacteria (*f*).
bàcul *m* báculo, cayado.
bada *s 1* vigía. *2 mil* centinela. || *f V* **badadura**.
badada *f* descuido (*m*).
badadura *f* hendidura, hendedura.
badaire *s V* **badoc**.
badall *m 1* bostezo. *2 V* **badadura**. *3* boqueada (*f*).
badallar *v intr* bostezar.
badar *v tr 1* abrir. *2* rajar. || *v intr 1 V* **badoquejar**. *2* sufrir una distracción.
badia *f geog* bahía.
badina *f* charca.
badiu *m 1* patio. *2* galería (*f*) abierta. *3 anat* nariz (*f*), ventana (*f*) (de la nariz).
badívol, a *a* despejado, desocupado (referente a espacio).
badoc, a *a* y *s* mirón.
badomeria *f*, **badomia** *f* infundio (*m*).
badoquejar *v intr* hacer de mirón.
baf *m* vaho.
baga *f 1* lazo (*m*). *2* anilla. *3 V* **baula**. *4 V* **bac**.
bagatel·la *f* bagatela, bicoca.
bagatge *m* bagaje.
bagol *m 1* grito fuerte. *2* clamor.
bagolar *v intr 1* clamar. *2* vocear.
bagueny *m V* **bac**.
bagul *m 1* baúl. *2* ataúd, féretro, caja (*f*).
bah! *interj* ¡bah!
baia *f agr* baya.
baiard *m 1* parihuela (*f*). *2* angarillas (*f pl*), árgañas (*f pl*). *3* andas (*f pl*).
baieta *f* bayeta.
baioneta *f mil* bayoneta.
baix *m 1* bajo (parte baja, úsase generalmente en *pl*). *2 mús* bajo (cantante). *3* bajío, bajo, arrecife.
baix *adv 1* bajo. *2* abajo. || **a b.** *adv* abajo. || **de dalt a b.** de arriba a abajo.
baix, a *a 1* bajo. *2* rastrero.
baixa *f* baja.
baixada *f 1* bajada. *2 V* **baixant**.
baixador *m* apeadero.
baixamar *f* bajamar.
baixament *m V* **baixada** 1.
baixant *m* cuesta (*f*), bajada (*f*).
baixar *v tr* e *intr* bajar, descender.
baixesa *f* bajeza.
baixest *m* hondonada (*f*).
bajà, ana *a* tonto.
bajanada *f* tontería, tontada.
bajocada *f* simpleza.
bala *f 1* bala (proyectil). *2* bala (fardo). *3* canica (juego).
baladre *m bot* adelfa (*f*) (*Nerium oleander*).
baladreig *m* vocinglería (*f*), grita (*f*).
baladrejar *v intr* vocear.
baladrer, a *a* y *s* baladrero, vocinglero.
baladreria *f* vocinglería.
balafiament *m* malgasto, despilfarro.
balafiar *v tr* malgastar, despilfarrar.
balafiu *m V* **balafiament**.
balanç *m* balance.
balança *f 1* balanza. *2 astron* Libra.
balançar *v tr* balancear.
balanceig *m* balanceo.
balancejar *v tr V* **balançar**. || *v pron* balancearse.
balancí *m 1* balancín. *2* mecedora (*f*).
balandre *m náut* balandro.
balandreig *m V* **balanceig**.
balandrejar *v intr 1 V* **balançar**. *2* bambolear.
balb, a *a* aterido.
balbar-se *v pron* aterirse, arrecirse, aterecerse.
balbejar *v intr V* **balbucejar**.
balbotejar *v intr V* **balbucejar** (*esp* los niños).

balbuceig *m* balbuceo.
balbucejar *v tr* e *intr*, **balbucitar** *v intr* balbucear, balbucir.
balç *m* precipicio.
balcar-se *v pron* alabearse, bornearse.
balcó *m arq* balcón.
balda *f* pestillo (*m*).
baldament *conj* aunque.
baldana *f geog* falda (de montaña).
baldar *v tr* baldar, tullir, lisiar. || *v pron* entullecer (*intr*), baldarse.
balder, a *a* holgado (ancho).
baldó *m* pestillo.
de baldraga *loc adv* de gorra (pagando otro).
baldufa *f 1* peonza, trompo (*m*). *2 p ext* peón (*m*).
baldufell *m* tarabilla (*f*).
balear *a 1 V* **baleàric**. *2* balear.
baleàric, a *a* baleárico, balear.
balena *f zool* ballena (*Balaena mysticetus*).
baliga-balaga *s fam* badulaque, zascandil.
ball *m* baile, danza (*f*).
ballar *v tr* e *intr* bailar, danzar. || *v intr fig* moverse sin salirse de lugar.
ballesta *f* ballesta.
ballet *m* ballet.
balma *f* gruta.
balmar-se *v pron* ahuecarse.
balmat, ada *a* hueco.
balneari, ària *a* y *m* balneario.
baló *m* balón.
bàlsam *m* bálsamo.
baluard *m* baluarte.
baluern *m* fragor.
baluerna *f* balumbo (*m*), armatoste (*m*), mamotreto (*m*).
bàmbol *s* tontaina.
bambú *m bot* bambú (*Bambusa arundinacia*).
ban *m* bando.
banal *a* trivial.
banalitat *f* trivialidad.
banana *f bot* banana, plátano (*m*).
bananer *m bot* banano, bananero, plátano (*Musa sapientium*).
banc *m 1* banco. *2 náut* cardumen, banco (de peces). || **b. dels acusats** banquillo.
banca *f* banca.
bancal *m agr* bancal, tabla (*f*).
bancari, ària *a* bancario.
bancarrota *f* bancarrota.
banda *f 1* banda. *2* banda, lado (*m*), costado (*m*). || **a b.** aparte. || **a b. i b.** a uno y otro lado.
bandada *f* bandada.
bandarra *s V* **brètol**.
bandeig *m*, **bandejament** *m 1* destierro. *2* alejamiento.
bandejar *v tr 1* desterrar. *2 fig* alejar.
bandera *f* bandera.
banderí *m* banderín.
bandit, ida *s* bandido.
bàndol *m* facción (*f*).
bandoler, a *s* bandolero.
bandúrria *f mús* bandurria.
banjo *m mús* banjo.
banquer, a *s* banquero.
banquet *m 1* banquete. *2* banquillo.
banqueta *f* banqueta.
banús *m bot* ébano (*gén Diospyros*).
bany *m* baño.
banya *f 1 anat* cuerno (*m*), asta (de un animal). *2* cuerno (*m*) (materia). *3 mús* cuerno (*m*) (instrumento). *4* cuerno (*m*), antena (de un insecto, de un caracol). *5 fig V* **botija**.
banyada *f 1* baño (*m*), remojón (*m*). *2* cornada.
banyador *m* bañador, traje de baño.
banyar *v tr* y *pron* bañar.
banyera *f* bañera.
banyista *s* bañista.
banyó *m* pitón (cuerno pequeño).
banzim-banzam *loc adv* meneándose, *esp* al andar.
baptisme *m* bautismo.
baqueta *f 1* baqueta. *2 mús* palillo (*m*), palote (*m*) (de tambor).
bar *m 1* bar (de bebidas). *2 fís* bar.
baralla *f 1* riña, pelea, pendencia, pelotera, bronca, brega, reyerta, camorra, marimorena. *2* baraja.
baralladís, issa *a* y *s* pendenciero.
barallar-se *v pron* pelear (*intr*), reñir (*intr*).
barana *f 1* barandilla, baranda. *2 arq V* **baranatge**. *3* valla (de carretera).
baranatge *m arq* pasamano.
barat *m V* **barateria**.
barat, a *a* barato. || *adv* barato.
barata *f V* **bescanvi**.
barateria *f 1* barata. *2* baratería.
barator *f* baratura.
barb *m 1 med* barro, barrillo, espinilla (*f*) (de la piel). *2 ictiol* barbo (*gén Barbus*).
barba *f 1* barba. *2 anat V* **barbó**.
barbacoa *f* barbacoa.
barbamec, a *a* barbilampiño, lampiño.
bàrbar, a *a* y *s* bárbaro.
barbàrie *f* barbarie.
barbarisme *m gram* barbarismo.
barbaritat *f* barbaridad.
barber, a *s* barbero, peluquero.
barberia *f* barbería, peluquería.
barbeta *f anat* barbilla.
barbitúric, a *a* y *m quím* barbitúrico.
barbó *m anat* barbilla (*f*), barba (*f*), mentón.
barbotegar *v intr*, **barbotejar** *v intr* tartajear.
barbut, uda *a* barbudo.
barca *f náut 1* barca. *2* batel (*m*).
barcassa *f náut* barcaza.
barcelonès, esa *a* y *s*, **barceloní, ina** *a* y *s* barcelonés.
bardissa *f 1* seto (*m*). *2 bot* zarzamora (*Rubus ulmifolius*).
bari *m quím* bario.
barliqui-barloqui *m fam V* **baliga-balaga**.
barnilla *f 1* barba de ballena. *2* varilla. *3* parte delgada y larga del hueso de la costilla de un animal.
barnús *m* albornoz.
baró *m 1* varón. *2* barón (título).

baròmetre *m* barómetro.
baronessa *f* baronesa.
barquer, a *s* barquero.
barra *f* *1* barra. *2* *V* *anat* mandíbula. || *m* *V* **barrut** (*s*).
barrabassada *f* barrabasada.
barraca *f* *1* barraca. *2* chabola.
barral *m* *1* aportadera (*f*). *2* barril pequeño. || **ploure a bots i barrals** llover a cántaros.
barranc *m* *geog* barranco, barranquera (*f*).
barrar *v tr* *1* barrear, abarrotar, atrancar. *2* cerrar. *3* cruzar (un cheque).
barrat *m* cerca (*f*), cercado.
barratge *m* *1* *V* **barrera** 1. *2* cerramiento, cierre (de un paso).
barreja *f* *1* mezcla, mezcladura, mezclamiento (*m*). *2* mejunje (*m*). *3* saqueo (*m*), saqueamiento (*m*). *4* confusión. *5* combate (*m*).
barrejadissa *f* mezcolanza, baturrillo (*m*), batiburrillo (*m*).
barrejar *v tr* *1* mezclar. *2* confundir. *3* entreverar. *4* barajar. *5* barajar (los naipes). *6* saquear.
barrera *f* *1* barrera. *2* valla.
barret *m* *1* sombrero. *2* gorro. *3* *bot* sombrero (de los hongos).
barretina *f* barretina.
barri *m* barrio, barriada (*f*).
barriada *f* *1* barriada, barrio (*m*) *esp* grande. *2* barrio (*m*) *esp* núcleo habitado apartado.
barricada *f* barricada.
barrija-barreja *f* *V* **barrejadissa**.
barril *m* barril.
barrila *f* jarana, jaleo (*m*), jolgorio (*m*).
barrilaire *s* holgón.
barrina *f* barrena.
barrinada *f* *1* *V* **barrinadura**. *2* barreno (*m*).
barrinadura *f* barreno (*m*), agujero (*m*) de barrena.
barrinar *v tr* *1* barrenar. *2* *fig* cavilar.
barrobí *m* barreno (agujero).
barroc, a *a* y *m* barroco.
barroer, a *a* y *s* grosero, zafio, basto, burdo.
barroeria *f* *1* tosquedad, grosería, torpeza. *2* zafiedad.
barrot *m* barrote.
barrotar *v tr* *1* *V* **barrar** 1. *2* abarrotar (en juegos de naipes).
barrumbada *f* *1* avenida, crecida, aluvión (*m*), arriada. *2* gran aguacero (*m*).
barrut, uda *s* caradura.
basa *f* baza (juego).
basalt *m* basalto.
basar *m* bazar.
basar *v tr* basar.
basarda *f* *1* grima. *2* miedo (*m*).
basc, a *a* y *s* vasco. || *a* y *m* vascuence, éuscaro (idioma).
basca *f* *1* desmayo (*m*). *2* *med* basca, ansia, asco (*m*).
bàscula *f* báscula.
base *f* *1* base. *2* *arq* basa, base, pie (*m*).
bàsic, a *a* básico.
basílica *f* *arq* basílica.
basqueig *m* *med* *V* **basca** 2.
basquejar *v tr* basquear, producir bascas. || *v pron* basquear (*intr*), tener bascas.
bàsquet *m* *1* *V* **basquetbol**. *2* canasta (*f*), cesta (*f*).
basquetbol *m* baloncesto (deporte).
bassa *f* balsa.
bassal *m* charco.
bassetja *f* honda.
bast, a *a* basto, burdo, tosco. || *m* basto, baste.
basta *f* hilván (*m*), basta.
bastant *a* y *adv* bastante.
bastar *v intr* bastar.
bastard, a *a* y *s* bastardo, borde.
bastida *f* *1* andamio (*m*). *2* *mil* bastida.
bastidor *m* *1* bastidor. *2* bastidor (coches).
bastigi *m* bastidor.
bastiment *m* *1* construcción (*f*). *2* marco, cerco. *3* *arq náut* barco, buque, bastimento. *4* bastidor (automóvil).
bastió *m* bastión.
bastó *m* bastón.
bastonada *f* bastonazo (*m*), bastonada, palo (*m*).
bastonejar *v tr* bastonear, apalear.
bata *f* bata.
batall *m* badajo.
batalla *f* batalla.
batallar *v intr* batallar.
batalló *m* *mil* batallón.
batata *f* *bot* batata, boniato (*m*), moniato (*m*) (*Ipomoea batatas*).
batcoll *m* *V* **bescoll**.
batec *m* latido (del corazón).
bàtec *m* aguacero, aguaducho.
bategada *f* *1* *V* **batec**. *2* *V* **bàtec**.
bategar *v intr* *1* palpitar, latir. *2* pelear.
bateig *m* bautizo.
batejar *v tr* bautizar.
batent *a* batiente. || *m* batiente, hoja (*f*).
bateria *f* *1* *mil* batería (de artillería). *2* *mús* batería. *3* batería (elèctrica).
baterola *f* arranque (*m*), arrebato (*m*).
batibull *m* *V* **barrejadissa**.
batlle *m* alcalde.
batllessa *f* alcaldesa.
batraci *m* *zool* batracio.
batre *v tr* *1* batir, pegar. *2* batir, acuñar (moneda). *3* batir (vencer). *4* *agr* trillar. || *v intr* *V* **bategar** 1. || *v pron* batirse, pelear (*intr*).
batuda *f* *1* batida (de caza). *2* *agr* trilla (operación, época). *3* batida (de la policía).
batussa *f* *1* *V* **batussó**. *2* refriega.
batussó *m* paliza (*f*).
batut *m* *1* batacazo, porrazo *2* batido (bebida).
batuta *f* *mús* batuta.
batxiller, a *s* bachiller.
batxillerat *m* bachillerato.
batzac *m* trompazo, trompada (*f*).
batzegada *f* sacudida.
batzegar *v tr* sacudir.
baula *f* eslabón (*m*).
bava *f* baba.
bavallós, osa *a* baboso, babón.
bavar *v intr*, **bavejar** *v intr* babear, babosear.

bavor *f V* **baf**.
bavós, osa *a* baboso, babón, que babea.
bavosall *m* babero, pechero.
bazuca *m mil* bazuca.
be *m zool* cordero.
bé (**ben** cuando precede al participio adjetivado) *adv* bien. || *conj* bien. || **ara b.** ahora bien, pero. || **bé... bé...** bien... bien... || **doncs b.** pues bien. || **si b.** si bien. || **b. que**, **per b. que** aunque. || **bé!** *interj* ¡bien!
bé *m 1* bien. *2* bueno (calificación). || *m pl* bienes, enseres.
beabà *m V* **beceroles**.
beat, a *a* y *s* beato.
bebè *m* bebé.
bec *m 1 anat* pico (de un ave). *2 V* **broc**.
beca *f 1* beca. *2 V* **becaina**.
becada *f ornit* becada, (*Scolopax rusticola*).
becaina *f* cabezada, sueño (*m*) breve.
becar *v tr* becar. || *v intr* cabecear, descabezar un sueño.
becari, ària *s* becario.
beceroles *f pl* abecé (*m sing*), abecedario (*m sing*), cartilla (*sing*).
bedoll *m bot* abedul (*Betula pendula*).
beduí, ïna *a* y *s* beduíno.
befa *f 1* befa. *2* rechifla.
befar *v tr* rechiflar.
begallar *v intr V* **belar**.
begònia *f bot* begonia (*Begonia rex y algunas* congéneres).
beguda *f 1* bebida. *2 fig* trago (*m*) (contratiempo).
begut, uda *a* bebido, ebrio.
bei *m* hebra (*f*).
beina *f* vaina.
beisbol *m* béisbol, pelota base (deporte).
beix *a* y *m* beige.
bel *m* balido.
belaberquí *m* berbiquí.
belar *v intr*, **belegar** *v intr* balar.
belga *a* y *s* belga.
belitrejar *v intr* bribonear, bellaquear.
bell, a *a 1* bello. *2* guapo. *3* hermoso. *4* justo (en locuciones adverbiales de lugar, como **el bell mig**, **el bell cim**, etc.). || **de b. nou** de nuevo.
bellesa *f 1* belleza. *2* guapeza. *3* hermosura.
bèl·lic, a *a* bélico.
bel·ligerant *a* y *s* beligerante.
bellor *f V* **bellesa** 1.
bellugar *v tr* y *pron* mover, menear. || *v intr* bullir.
bellugueig *m* meneo.
belluguet *m fig* torbellino.
bemoll *m mús* bemol.
ben *adv 1* (*V* el uso de **ben** en el artículo **bé** *adv*). *2* muy bien.
bena *f* venda.
benastrugança *f 1* fortuna. *2* felicidad.
benaurança *f* dicha.
benaurat, ada *a* dichoso, bendito, afortunado.
benaventurança *f* bienaventuranza.
benaventurat, ada *a* y *s* bienaventurado.
benaventurós, osa *a* venturoso, afortunado.
benedicció *f* bendición.
benefactor, a *a* y *s* bienhechor.
benèfic, a *a* benéfico.
beneficència *f* beneficencia.
benefici *m* beneficio.
beneficiar *v tr* y *pron* beneficiar.
beneficiós, osa *a* beneficioso.
beneir *v tr* bendecir.
beneit, ta *a fig V* **babau**. || *s 1 V* **bàmbol**. *2* tocho, tonto, bobo.
beneiteria *f 1* bobada. *2 V* **bajocada**.
beneitó, ona *a* y *s* gaznápiro.
beneitura *f V* **bajocada**.
benemèrit, a *a* benemérito.
beneplàcit *m* beneplácito.
benestant *a* acomodado, que vive con holgura.
benestar *m* bienestar.
benèvol, a *a* benévolo.
benevolència *f* benevolencia.
bengala *f* bengala.
benigne, na *a* benigno.
benignitat *f* benignidad.
benjamí, ina *s* benjamín.
benvinguda *f* bienvenida.
benvingut, uda *a* bienvenido.
benvolgut, uda *a* querido.
benzina *f quím* bencina.
berbena *f bot* verbena (*Verbena officinalis*).
berber *a* y *s* bereber, beréber, berebere. || *m* bereber, beréber (lengua).
bereber *a* y *s V* **berber**.
berena *f V* **berenar**.
berenador *m* merendero.
berenar *m* merienda (*f*).
berenar *v intr* merendar.
bergant, a *s V* **brivall** 1.
bergantejar *v intr V* **belitrejar**.
berla *f* astilla, raja.
bermudes *f pl* bermudas (pantalones).
bernat *m* barrote (para atrancar).
berruga *f med* verruga.
bes *m* beso, ósculo.
besada *f* beso.
besamà *m*, **besamans** *m* besamanos.
besament *m 1 V* **bes**. *2* acción de besar.
besar *m* beso.
besar *v tr* y *pron* besar.
besavi, àvia *s* bisabuelo.
bescanvi *m* cambio, trueque, barata (*f*).
bescanviar *v tr 1* trocar. *2* descambiar, destrocar.
bescoll *m* pescuezo, cerro.
bescompte *m* trabacuenta (*f*).
bescuit *m* bizcocho.
besllum *f 1* trasluz (*m*). *2 fig* vislumbre.
besllumar *v intr* traslucirse (*pron*).
besnét, a *s* bisnieto, biznieto.
bessó, ona *a* y *s biol* gemelo, mellizo. || *m anat* meollo, médula (de los huesos).
bessonada *f* conjunto de mellizos.
bèstia *f* bestia. || **mala b.** mal bicho.
bestial *a* bestial.
bestiam *m* ganado, conjunto de bestias.
bestiar *m* ganado.

bestiesa *f* tontería, tontada, sandez.
bestiola *f 1* bestezuela. *2* bicho (*m*).
bestreta *f* anticipo (*m*), pago (*m*) adelantado, bistrecha. || **a la b.** de antemano, por anticipado.
besuc *m ictiol* besugo (*Pagellus acarne*).
betum *m* betún.
beuratge *m* brebaje, bebistrajo.
beure *v tr* y *pron 1* beber. *2 fig fam* empinar.
bevedor, a *a* y *s* bebedor.
biaix *m* sesgo, bies. || **al b., de b.** al bies, al sesgo.
bianual *a* que acontece dos veces al año.
biberó *m* biberón.
Bíblia *f* Biblia.
bibliòfil, a *s* bibliófilo.
bibliografia *f* bibliografía.
biblioteca *f* biblioteca.
bibliotecari, ària *s* bibliotecario.
bicarbonat *m quím* bicarbonato.
bíceps *m anat* bíceps.
bicicleta *f* bicicleta.
bicoca *f 1 mil* bicoca, plaza fuerte. *2 fig* bicoca.
bidell, a *s* bedel.
bidó *m* bidón.
biela *f* biela.
biennal *a* y *f* bienal.
bienni *m* bienio.
bifurcació *f* bifurcación.
bifurcar-se *v pron* bifurcarse.
biga *f* viga.
bigàmia *f* bigamia.
bigarrar *v tr* abigarrar.
bigot *m*, **bigoti** *m* bigote, mostacho.
bijuteria *f* bisutería.
bilateral *a* bilateral.
bilingüe *a* bilingüe.
bilió *m* billón.
biliós, osa *a* bilioso.
bilis *f* bilis, cólera.
billar *m* billar (juego).
bingo *m* bingo.
binocle *m* binóculo, anteojos (*pl*), gemelos (*pl*).
binomi, òmia *a* y *m mat* binomio.
biografia *f* biografía.
biologia *f biol* biología.
biòpsia *f med* biopsia.
bípede, da *a zool* bípedo.
biplà *m aviac* biplano.
biquini *m* biquini, bikini.
birmà, ana *a* y *s* birmano.
bis *adv*, *interj* y *m* bis.
bisar *v tr* bisar.
bisbe *m* obispo.
bisectriu *f geom* bisectriz.
bismut *m quím* bismuto.
bisó *m zool* bisonte (*Bos bison*).
bistec *m* bistec, bisté.
bisturí *m med* bisturí.
bitàcola *f náut* bitácora.
bitllet *m 1* billete. *2* boleta (*f*).
bitllo-bitllo *loc adv* a toca teja.
bitxo *m bot 1* pimiento (*Capsicum annuum*). *2* guindilla (*f*).
bitzac *m* coz (*f*).
bixest *a* bisiesto.
bizantí, ina *a* y *s* bizantino.
bla, na *a 1* blando, mullido, muelle. *2* suave.
bladar *m* trigal.
bladeres *f pl agr* angarillas, árganas.
blanc, a *a* y *s* blanco. || *m* blanco. || **en b.** en blanco.
blancor *f 1 V* **blancúria**. *2* escarcha, rosada.
blancúria *f* blancura, blancor (*m*).
blandícia *f fig* molicie.
blanesa *f*, **blanor** *f* blandura.
blanqueig *m* blanqueo.
blanquejar *v tr* blanquear.
blasfemar *v intr* blasfemar.
blasfèmia *f* blasfemia.
blasmar *v tr fig* vituperar, afear.
blasme *m* vituperio, afeamiento.
blasó *m her 1* blasón (figura heráldica). *2* heráldica (*f*), blasón, armería (*f*).
blastomar *v tr V* **blasfemar**.
blastomia *f V* **blasfèmia**.
blat *m bot:* trigo (*gén Triticum*). || **b. de moro** maíz (*Zea mays*).
blau, ava *a 1* azul. *2* zarco. || *m med* cardenal, moretón.
blaverol *m 1* señal (*f*) de golpe. *2 V* **botija**.
blavor *f* azul (*m*), condición de azul.
ble *m 1* torcida (*f*). *2* mecha (*f*). *3* mechón (de pelo).
bleda *f 1* pelma (*s*), pelmazo (*s*) (persona). *2 bot* acelga (*Beta vulgaris*).
bledera *f bot V* **bleda** 2.
bleir *v tr* quemar.
bleixar *v intr* jadear.
bleva *f 1* tarja (golpe). *2* greña.
blindar *v tr* blindar.
blindatge *m* blindaje.
bloc *m 1* bloc (de papel). *2* bloc, bloque. *3* manzana (*f*) (de casas).
blonda *f* blonda (encaje).
bloqueig *m* bloqueo.
bloquejar *v tr* y *pron* bloquear.
bluf *m fig* farol.
bo, bona *a* bueno. || **bo i** se usa para dar énfasis al *a*, *adv* o gerundio al cual precede. || **fer bo** hacer buen tiempo. || **a les bones** a buenas.
bo *m* bono.
bo! *interj 1* ¡bueno! (indicando aprobación). *2* ¡vaya!, ¡mecachis! (*fam*) (indicando contrariedad sorprendida).
boa *f zool* boa (*Boa constrictor*).
boà *m* boa (para el cuello).
bòbila *f* tejar (*m*).
bobina *f 1* bobina. *2* carrete (*m*).
boç *m* bozal.
boca *f 1 anat* boca (de los seres vivos). *2 fig* boca (abertura; entrada; salida). *3 fig V* **bocam**. *4 fig* boca (como consumidor). *5 fig* boca (como órgano de la palabra). *6 V* **bocana**. || **a b. de canó** a boca de jarro. || **b. avall** boca abajo. || **b. (per) amunt** boca arriba.
bocabadat, ada *a* boquiabierto (embobado).

bocada *f* bocado (*m*).
de bocadents *loc adv V* **de bocaterrosa**.
bocam *m* boca (*f*) (sabor de una bebida).
bocamoll, a *a* charlatán, charlador.
bocana *f* bocaza, boca.
bocassa *f* bocaza, boca grande.
bocaterròs, osa *a* echado de bruces. || **de bocaterrosa** *loc adv* de bruces, boca abajo.
bocí *m* ***1*** trozo, pedazo, cacho. ***2*** *V* **bocada**. ***3*** trecho. || *m pl* añicos.
bocinejar *v tr* cachar, hacer trizas.
a bocons *loc adv V* **de bocaterrosa**.
boda *f* boda, casamiento (*m*).
bodega *f náut* bodega (de barco).
bodegó *m* natura muerta, bodegón.
boga *f* linde (*m*).
bogejar *v intr* loquear.
bogeria *f* locura, chifladura, guilladura.
bohemi, èmia *a* y *s* bohemio. || *f* bohemia.
boia *f náut* boya.
boicot *m* boicoteo, boicot.
boicotar *v tr*, **boicotejar** *v tr* boicotear.
boig, boja *a* y *s* loco, chiflado, chalado, guillado.
boina *f* boina.
boira *f* ***1*** niebla. ***2*** bruma. ***3*** calígine.
boirassa *f* neblina.
boirat *m* nublado.
boirina *f*, **boirim** *m* niebla (*f*) ligera.
boirós, osa *a* ***1*** nebuloso. ***2*** neblinoso. ***3*** brumoso.
boix *m bot* boj, boje (*Buxus sempervirens* y *B. balearica*).
bol *m* ***1*** bol, cuenco. ***2*** lance de redes.
bola *f* ***1*** bola, cuerpo esférico. ***2*** bola, trola, patraña. ***3*** *fam* ojeriza, tirria, hincha.
bolc *m*, **bolca** *f*, **bolcada** *f* vuelco (*m*), volcadura (*f*).
bolcar *v tr* ***1*** empañar, envolver. ***2*** volcar, trabucar. || *v pron* revolcarse.
boldo *m bot* boldo (*Peumus boldus*).
bolet *m* ***1*** *bot* hongo. ***2*** *bot* seta (*f*). ***3*** hongo, bombín (sombrero). ***4*** *V* **bufetada**. ***5*** coca (*f*) (golpe).
boletaire *s* buscador de setas.
bolic *m* mechón (de hilos, cabellos, etc.).
bòlid *m* bólido.
bolígraf *m* bolígrafo.
bòlit *m* tala (*f*) (juego).
bolivià, ana *a* y *s* boliviano.
bolleta *f V* **butlleta**.
bolletí *m V* **butlletí**.
bolquer *m* pañal.
bolquet *m* ***1*** carretilla (*f*). ***2*** volquete.
bolxevic *a* y *s* bolchevique.
bomba *f* bomba.
bombament *m* ***1*** *V* **bombat**. ***2*** acción de bombear.
bombardeig *m mil* bombardeo, bombeo.
bombardejar *v tr* bombardear, bombear.
bombarder *m* bombardero.
bombat *m* comba (*f*), bombeo.
bombatxo *m* bombacho. || *m pl* bombachos, pantalón (*sing*) bombacho.
bombeig *m mil V* **bombardeig**.
bombejar *v tr* ***1*** *V* **bombardejar**. ***2*** dar bombo.
bomber, a *s* bombero.
bombeta *f* bombilla (eléctrica).
bombo *m* bombo. || **donar b.** dar bombo. || **a b. i platerets** a bombo y platillos.
bombó *m* bombón.
bombolla *f* burbuja, ampolla.
bombollar *v intr*, **bombollejar** *v intr* burbujear.
bombona *f* bombona.
bon *a* (apócope de **bo**) buen.
bonança *f* ***1*** bonanza. ***2*** buen tiempo (*m*).
bonaventura *f* buenaventura.
bondat *f* bondad. || **fer b.** portarse bien, ser bueno.
bonegar *v tr* reprender.
bonet *m* bonete.
bonic, a *a* bonito, lindo.
bonificar *v tr* bonificar.
bonior *f* zumbido (*m*).
boniquesa *f* ***1*** lindeza. ***2*** guapeza, majeza.
bonir *v intr* zumbar.
boníssim, a *a* buenísimo.
bonítol *m ictiol* bonito (*Sarda sarda*).
bony *m* ***1*** bulto. ***2*** abolladura (*f*). ***3*** burujón.
boquejar *v intr* boquear, mover la boca.
bor *m quím* boro.
borboll *m* borbotón.
bord, a *a V* **bastard**. || *m* ***1*** *V* **bordet**. ***2*** *náut* bordo, borde (de la nave).
borda *f* borda.
bordar *v intr* ladrar.
bordell *m* burdel.
bordet, a *s* expósito.
bordoi *m* marjal, pantanal.
boreal *a* boreal.
borinot *m entom* abejorro (*gén Bombus*).
borla *f* borla.
born *m* ***1*** palenque, liza (*f*), coso. ***2*** borne.
borni, òrnia *a* tuerto.
borniar *v intr* bornear, mirar con un solo ojo.
borra *f* borra (fibra textil; pelusa).
borrall *m* ***1*** copo (grumo, etc.). ***2*** *fig* pizca (*f*). || **ni un b.** ni jota.
borralló *m* ***1*** vedija (*f*). ***2*** *V* **borrall** 1. ***3*** copo (de nieve).
borrasca *f* borrasca.
borrascós, osa *a*, **borrasquer, a** *a* borrascoso.
borratxa *f V* **botella** 1.
borratxera *f* borrachera.
borratxo, xa *a V* **begut**. || *a* y *s* borracho, beodo, mona.
borrec, ega *s* borrego (cordero).
borrissol *m* ***1*** pelusa (*f*). ***2*** vello. ***3*** tamo (de lana, de algodón, etc.). ***4*** bozo.
borró *m* ***1*** *bot* botón (de una planta). ***2*** borra (*f*) (pelusa). ***3*** vello.
borrombori *m* bulla (*f*).
borronar *v intr agr* abotonar (las plantas).
borrós, osa *a* borroso.
borsa *f* bolsa, lonja.
borsari, ària *a* bursátil.
bosc *m* bosque.
bòsfor *m geog* estrecho.

bosnià, ana *a* y *s* bosnio.
bossa *f 1* bolsa. *2* bolsa, buche (*m*), arruga de vestido. *3* bolsa (bienes). || **b. de mà** bolso (*m*).
bosseta *f* bolso (*m*) pequeño.
bot *m 1* pellejo, odre. *2* bote, brinco. *3* bote (de una pelota). *4 náut* bote, balsa (*f*), batel. || **ploure a bots i barrals** arroyar, llover a cántaros.
bota *f* bota (calzado).
bóta *f* bota, cuba, barril (*m*).
botafora *f náut* botavara.
botànic, a *a bot* botánico. || *f bot* botánica.
botar *v intr 1 V* **botre**. *2* brincar.
botejar *v intr* brincar.
botella *f 1* bota, borracha. *2* botella.
botí *m 1* botín (bienes). *2* botín (calzado).
botifarra *f* butifarra.
botifarró *m* morcilla (*f*).
botifler, a *a* y *s 1* nombre que se daba en Cataluña a los partidarios de Felipe V, durante la Guerra de Sucesión. *2 p ext* catalán colaboracionista de los enemigos de su país.
botiga *f 1* tienda. *2* abacería (de comestibles).
botiguer, a *s* tendero.
botija *f* chichón (*m*), burujón (*m*).
bòtil *m* guijarro.
botinflar-se *v pron* abotagarse, abotargarse.
botir *v intr* henchir. || *v pron V* **botinflar-se**.
botó *m 1* botón (para abrochar). *2 bot V* **borró** 1. *3 bot* botón, capullo. *4* botón (de esgrima). *5* botón, llamador (de timbre). *6 anat fam* testículo, turma (*f*). || *m pl* gemelos (de camisa).
botonada *f*, **botonadura** botonadura.
botonar *v tr* abotonar, abrochar.
botorn *m* bochorno, aire sofocante.
botornons *m pl med* paperas (*f*), lamparones.
botre *v intr 1* saltar. *2* botar (una pelota). *3* hacer saltar una pelota.
botxí *m* verdugo, sayón.
botzina *f* bocina.
bou *m 1 zool* buey (*Bos taurus*). *2* bou (pesca y embarcación).
bouenc, a *a*, **boví, ina** *a* bovino, vacuno.
bovor *f V* **botorn**.
boxa *f* boxeo (*m*) (deporte).
boxador, a *s* boxeador.
boxar *v intr* boxear.
boxejador, a *s V* **boxador**.
boxejar *v intr V* **boxar**.
braç *m 1* brazo. *2* estamento. || **b. de mar** brazo de mar. || **b. de riu** brazo de río.
braçalet *m* brazalete, pulsera (*f*).
bracejar *v intr* bracear.
bracer, a *a* laborioso. || *s* bracero (peón).
de bracet *loc adv* de bracete, de bracero.
braga *f* braga.
bragueta *f* bragueta.
bram *m 1* rebuzno. *2* bramido, berrido. *3* raudal (de una corriente).
brama *f* voz.
bramar *v tr 1* bramar. *2* rebuznar. *3* berrear, gritar fuertemente.
bramul *m 1* mugido. *2* berrido (de los becerros).
bramular *v intr 1* mugir. *2* berrear (los becerros).
bran *m* montante (espada grande).
branc *m V* **branca** 1.
branca *f 1 bot* rama, cepo (*m*). *2* ramal (*m*). *3* brazo (*m*) (de un objeto).
brancada *f bot* copa (de árbol).
brancal *m arq* jamba (*f*) (de puerta).
brancam *m bot*, **brancatge** *m bot* ramaje, ramada (*f*), enramada (*f*).
branda *f* llama.
brandar *v tr* blandir. || *v intr* tambalear.
brandejar *v tr*, **brandir** *v tr V* **brandar**.
brànquia *f anat* branquia.
bransoleig *m V* **balanceig**.
bransolejar *v intr V* **balançar**.
braó *m 1* brazuelo (de cuadrúpedo). *2* ánimo, bizarría (*f*), arresto, agallas (*f pl*).
braol *m V* **bramul**.
braolar *v intr V* **bramular** 1 y 2.
brasa *f* brasa.
braser *m 1* brasero. *2* montón de brasas.
brasiler, a *a* y *s* brasileño.
brau, ava *a 1* bravo, bravió. *2* bravo (excelente). *3* bravo (litoral, costa, etc.). || *m zool* toro.
bravada *f* tufarada.
bravata *f* bravata, baladronada, bravuconada.
bravatejar *v intr*, **bravejar** *v intr* bravear, baladronar, baladronear, chulear.
bravesa *f* bravura, braveza, ardimiento (*m*), arrojo (*m*), denuedo (*m*).
bravo *interj* y *m* bravo.
bravor *f*, **bravura** *f V* **bravesa**.
brea *f* brea.
brega *f 1 V* **baralla** 1. *2* lidia (trato con gente molesta y difícil). || **moure b.** buscar camorra.
bregar *v intr 1* bregar. *2* bregar con gente molesta y difícil.
bregós, osa *a* y *s V* **baralladís**.
breguejar *v intr* bregar, buscar camorra.
bren *m agr* salvado.
bresca *f* panal (*m*).
bressar *v tr 1* mecer. *2* acunar.
bressol *m*, **bressola** *f* cuna (*f*).
bressolar *v tr V* **bressar**.
brètol, a *s* canalla, rufián.
bretolada *f fig* canallada.
bretxa *f 1* brecha. *2* boquete (*m*).
breu *a* breve. || *m* breve, buleto. || *f mús* breve. || **en b.** en breve.
breva *f* breva (cigarro).
brevetat *f* brevedad.
brèvol, a *a 1* baladí. *2* deleznable, vano.
bri *m 1* brizna (*f*). *2* hebra (*f*). *3 fig* brizna, pizca (*f*).
bricolatge *m* bricolaje.
brida *f* brida.
brigada *s mil* brigada. || *f* brigada.
brillant *a 1* brillante, luciente. *2 fig* brillante. || *m* brillante (diamante).
brillantor *f 1* brillantez, lucimiento (*m*). *2* brillo (*m*).
brillar *v intr* brillar, lucir.
brillós, osa *a V* **brillant** 1.
brindar *v intr 1* brindar. *2* brindar (ofrecer).
brindis *m* brindis.

brio *m mús* brío.
brioix *m* brioche.
brisa *f 1* brisa (aire). *2* brisa (desperdicio).
britànic, a *a* y *s* británico.
briva *f* briba.
brivall, a *s 1* bribón, bellaco, granuja, pícaro. *2 fig* chiquillo, chico.
brivallada *f 1* bribonada. *2* chiquillada.
broc *m* pitón, pitorro.
broca *f 1* broca. *2* broca (de un berbiquí). *3* broca (clavo de cabeza cuadrada). *4* broca (bobina).
brocar *v tr* espolear.
brodadura *f V* **brodat**.
brodar *v tr* bordar.
brodaria *f* bordado (*m*), bordadura.
brodat *m* bordado, bordadura (*f*).
bròfec, ega *a* arisco.
brogit *m* ruido.
broll *m* chorro.
brolla *f* maleza.
brollador *m 1* surtidor. *2* caño de donde sale agua. *3* manantial, venero.
brollar *v intr 1* brollar, manar. *2 fig* brotar.
brom *m quím* bromo.
broma *f 1* broma, chanza. *2 V* **bromera** 1. *3 zool* broma (*Teredo navalis*). *4 V* **boira** 1 y 2.
bromar *v tr* espumar.
bromejar *v intr* bromear, chancear.
bromera *f 1* espuma. *2* espumarajo (*m*). *3* espumajo (*m*).
bromerejar *v intr* espumear.
bromista *a* y *s* bromista, chistoso.
bromós, osa *a* brumoso.
bromur *m quím* bromuro.
bronqui *m anat* bronquio.
bronquitis *f med* bronquitis.
bronze *m* bronce (metal).
bronzejament *m*, **bronzejat, ada** *m* bronceado.
broquet *m 1* boquilla (*f*). *2* cañón de pipa.
broqueta *f mús* palillo (*m*).
bròquil *m bot* bróculi (*Brassica oleracea*).
brossa *f 1* broza (residuos vegetales). *2* broza, maleza, maraña, basura. *3 fig* fárrago (*m*), broza, paja. *4* partícula en general.
brossat *m* requesón.
brostar *v intr bot* brotar (las plantas).
brot *bot m* brote, brota (*f*), cogollo, vástago, pimpollo.
brotada *f med* brote (*m*).
brotar *v intr bot* brotar.
brotó *m bot V* **brot**.
brotxa *f* brocha.
brou *m* caldo, pisto.
bru, una *a* moreno.
bruc *m bot* brezo (*E. multiflora*).
bruel *m V* **bramul**.
brúfol *m 1 zool V* **búfal**. *2 ornit* búho (*Bubo bubo*).
brufolar *v intr V* **bufegar**.
bruixa *f* bruja.
bruixeria *f* brujería.
brúixola *f* brújula.
bruixot *m* brujo.
brull *m V* **brossat**.
brullar *v intr agr* despuntar (las mieses).
brum *m 1* susurro del viento. *2 V* **brunzit**.
brumir *v intr 1* susurrar el viento. *2 V* **brunzir**.
brunyir *v tr* bruñir, acicalar.
brunziment *m V* **brunzit**.
brunzir *v intr* zumbar.
brunzit *m* zumbido.
brusa *f* blusa.
brusc, a *a* brusco.
brusent *a* abrasador.
brusir *v tr* abrasar (quemar).
brusquedat *f* brusquedad.
brut, a *a 1* sucio, escuálido. *2* cochambroso, gorrino, guarro. *3* muy seco (champaña, cava).
brutal *a* brutal.
brutalitat *f* brutalidad.
brutedat *f*, **brutesa** *f V* **brutor**.
brutícia *f* suciedad, cochambre, cochinada, guarrería.
brutor *f* suciedad.
buata *f* huata, guata.
buba *f med* buba, búa.
bubota *f 1 V* **babarota**. *2* fantasma (*m*), trasgo (*m*).
buc *m 1 náut* buque. *2* colmena (*f*). *3 anat* panza (*f*), barriga (*f*), baúl. *4 geog* lecho, cauce, cubil.
bucal *a anat* bucal.
bucle *m* bucle.
bucòlic, a *a* bucólico.
budell *m anat* intestino, tripa (*f*). ‖ **b. prim** *anat* hila (*f*).
budisme *m* budismo.
buf *m med* soplo.
bufa *f 1 V* **bufetada**. *2* palomita, palomilla, rosa (de maíz).
bufa! *interj* ¡atiza!, ¡sopla!
bufada *f* soplo (*m*).
bufador, a *a* i *s* soplador. ‖ *m V* **bufafocs**.
bufafocs *m* soplillo.
búfal *m zool* búfalo (*Bos bubalus*).
bufanda *f* bufanda.
bufar *v tr 1* soplar. *2* bufar. *3* atizar. ‖ **b. i fer ampolles** coser y cantar.
bufat, ada *a* soplado.
bufec *m* bufido.
bufegar *v intr* bufar.
bufera *f 1 geog* albufera. *2* potencia para soplar.
bufeta *f anat* vejiga.
bufetada *f* bofetada, cachete (*m*), bofetón (*m*), tortazo (*m*), torta, guantazo (*m*).
bufetejar *v tr* abofetear.
bufó, ona *a fam* lindo, bonito, mono, cuco, majo. ‖ *s* bufón.
bufonada *f* bufonada.
bugada *f* colada.
bugadejar *v intr* colar (la ropa).
bugaderia *f* lavadero (*m*), lavandería.
bugia *f 1* bujía, vela. *2* bujía (de motor). *3* bujía (unidad).
buidada *f*, **buidament** *m* ahuecamiento (*m*).
buidar *v tr* y *pron 1* vaciar. *2* ahuecar.
buidat *m*, **buidatge** *m* vaciado.
buidedat *f V* **buidor** 1.

buidesa *f* vaciedad.
buidor *f* ***1*** vacío (*m*). ***2*** vacuidad.
buirac *m* aljaba (*f*).
buit, buida *a* ***1*** vacío. ***2*** hueco. ***3*** desocupado. || **de b.** de vacío. || *m* ***1*** vacío, hueco, oquedad (*f*). ***2*** huelgo (espacio).
bujol *m náut* balde.
bulb *m bot* bulbo.
bulevard *m* bulevar.
búlgar, a *a* y *s* búlgaro.
bull *m* hervidero del líquido que hierve.
bullanga *f* bullicio (*m*), bullanga.
bullent *a* hirviente, hervoroso.
bullícia *f*, **bullici** *m* ***1*** bullicio (*m*). ***2*** algazara (*f*).
bulliciós, osa *a* bullicioso.
bullida *f V* **bull**.
bullidor *m* ***1*** hervidor. ***2*** hervidero (remolino). ***3*** remolino, vórtice, rebalaje.
bullir *v tr* e *intr* hervir, bullir.
bumerang *m* bumerang.
bungalou *m* bungaló.
bunyol *m* ***1*** buñuelo. ***2*** *fig* buñuelo.
burg *m* burgo.
burgès, esa *a* y *s* burgués.
burgesia *f* burguesía.
burí *m* buril.
burilla *f* colilla, punta.
burla *f* burla, vaya, befa, pitorreo (*m*).
burlar-se *v pron* burlarse, mofarse, pitorrearse.
burler, a *a* y *s* burlón.
burlesc, a *a* burlesco.
burleta *a* y *s V* **burler**.
burlot *m* hazmerreír.
burocràcia *f* burocracia.
buròcrata *s* burócrata.
burot *m* ***1*** garabato. ***2*** *V* **baldufa** 1.
burra *a* y *f fig fam* burra. || *f zool* burra, borrica, asna.
burrada *f fig* burrada.
burro *a* y *m fig* corto, burro, borrico. || *m zool* burro, borrico, asno (*Equus asinus*).
bursada *f* tirón (*m*).
burxa *f* hurguillas (*m pl*), machacón (*m*).
burxada *f* ***1*** pinchazo (*m*), punzada. ***2*** *fam* estocada.
burxar *v tr* ***1*** hurgar. ***2*** hurgonear, atizar. ***3*** pinchar.
burxeta *s* hurguillas, machacón.
bus *m* autobús, bus.
busca *f* manecilla, saeta (de un reloj, etc.).
buscallada *f* garrotazo (*m*).
buscar *v tr* buscar.
busca-raons *s* camorrista.
bussejador, a *s* buceador.
bussejar *v intr* bucear.
bust *m* busto.
bústia *f* buzón (*m*).
butà *m quím* butano.
butaca *f* butaca, sillón (*m*), poltrona.
butlla *f* bula.
butlleta *f* boleto (*m*), boleta.
butlletí *m* boletín.
butllofa *f med* ampolla, vejiga.
butxaca *f* bolsillo (*m*).

C

ca *m zool* perro, can (*Canis familiaris*).
ca *f* contracción o abreviatura de **casa**.
ca! *interj fam* ¡ca!, ¡quia!
cabal *m* caudal, venaje. || *m pl* caudal (*sing*).
cabalós, osa *a* ***1*** acaudalado. ***2*** caudaloso (de agua).
cabana *f*, **cabanya** *f* ***1*** cabaña. ***2*** choza.
cabaret *m* cabaret.
cabàs *m* ***1*** capacho. ***2*** espuerta (*f*).
cabdal *a* capital.
cabdell *m* ***1*** ovillo. ***2*** *bot* cogollo, repollo.
cabdill *m V* **capitost**.
cabeça *f bot* ***1*** bulbo (*m*). ***2*** cabeza (de ajos).
cabeçada *f*, **cabeçó** *m* cabezada (arreo).
cabell *m* ***1*** cabello. ***2*** pelo.
cabellblanc, a *a V* **capblanc**.
cabellera *f* ***1*** cabellera, melena. ***2*** cabellos (*m pl*) (de la mazorca). ***3*** *V* **crinera** 1 y 2.
caber *v intr V* **cabre**.
cabestre *m* cabestre, ronzal.
cabina *f* ***1*** *náut* camarote (*m*). ***2*** caseta. ***3*** *aviac* carlinga. ***4*** cabina.
cable *m* ***1*** cable. ***2*** *V* **cablegrama**.
cablegrama *m* cablegrama, cable.
cabòria *f* quebradero (*m*) de cabeza.
cabota *f* cabeza (de clavo).
cabotada *f* cabezada (de sueño).
cabotatge *m náut* cabotaje.
cabotejar *v intr* ***1*** cabecear, dar cabezadas. ***2*** cabecear, mover la cabeza.
cabotí *m* chapuzón.
cabra *f* ***1*** *zool* cabra (*Capra hircus*). ***2*** *zool* centollo (*m*) (*Maja squinado*). || **c. salvatge** *zool* cabra montés (*Capra hispanica*).
cabre *v intr* caber.
cabreig *m*, **cabrejada** *f*, **cabrejament** *m vulg* cabreo (*m*).
cabrestant *m náut* cabrestante.
cabriola *f* cabriola, pirueta.
cabrit *m* ***1*** *zool* cabrito, choto. ***2*** *vulg* cabrito (epíteto).
cabró *a* y *m vulg* cabrón (que hace cabronadas). || *m zool* cabrón, macho cabrío.

cabronada *f fam* cabronada.
cabuda *f* cabida.
cabussar *v tr* e *intr V* **capbussar**.
caca *f* caca.
caça *f* caza. || *m aviac* caza.
caçador, a *a* y *s* cazador.
caçar *v tr* cazar.
cacatua *f ornit* cacatúa (*gén Cacatua* y afines).
cacau *m 1 bot V* **cacauer**. *2* cacao (semilla). *3 fam* desorden.
cacauer *m bot* cacao (*Theobroma cacao*).
cacauet *m bot* cacahuete (fruto).
cacera *f* cacería.
cacic *m* cacique.
caciquisme *m* caciquismo.
cactus *m bot* cacto, cactus.
cada *a* cada || **c. u** *pron V* **cadascú**. || **c. un** *a V* **cadascun**.
cadafal *m 1* cadalso, patíbulo. *2* túmulo, catafalco.
cadascú *pron* cada uno, cada cual.
cadascun, una *a* cada uno, cada cual .
cadàver *m 1* cadáver. *2 fig fam* fiambre.
cadell, a *a* y *s zool* cachorro.
cadena *f* cadena.
cadenat *m* candado.
cadència *f* cadencia.
cadernera *f ornit* jilguero (*m*) (*Carduelis carduelis*).
cadet *s mil* cadete.
cadira *f* silla (mueble).
cadiral *m V* **comporta**.
cadmi *m quím* cadmio.
caduc, a *a* caduco. || **fer caducs** *V* **fer catúfols**.
caducar *v intr* caducar.
caducitat *f* caducidad.
caduf *m*, **cadup** *m V* **catúfol**. || **fer cadufs** *V* **fer catúfols**.
cafè *m 1* café. *2 bot* cafeto, café (*Coffea arabica*).
cafeïna *f quím* cafeína.
cafetera *f* cafetera (recipiente, máquina).
cagada *f 1* acción de cagar. *2 fig* buñuelo.
cagadubtes *s* persona muy indecisa.
cagar *v tr* e *intr* cagar. || **cagar-la** *vulg* colarse, hacer o decir un disparate.
caguera *f* ganas de cagar.
caiac *m náut* kayak.
caient *m* caída (*f*) (de un ropaje).
caiguda *f 1* caída, caimiento (*m*) (acción y efecto). *2* caída (de una cortina, de un tapiz).
caiman *m zool* caimán (*gén Caiman*).
caïment *m V* **caiguda**.
caire *m 1* arista (*f*), esquina (*f*). *2* canto, borde. *3 fig V* **carés** 2. || **al c.** *loc adv* al borde.
caixa *f 1* caja (receptáculo). *2 V* **caixada**. *3* caja (de caudales). *4* caja, ataúd (*m*), féretro (*m*). *5* caja (de un vehículo). *6* caja (de un establecimiento, un banco, etc.). *7 impr* caja. || **c. d'estalvis** caja de ahorros.
caixada *f* caja (contenido).
caixer, a *s* cajero. || *m 1* caja (*f*) (de escalera). *2* ojo (de una letra).
caixó *m* cajón (caja grande).
cal contracción de **ca** (casa) y **el**, significando "la casa de".
cala *f geog* cala.
calabós *m* calabozo.
calabre *m* tahúr.
calabruix *m*, **calabruixa** *f V* **calamarsa**.
calabruixada *f V* **calamarsada**.
calabruixar *v intr V* **calamarsejar**.
calaix *m 1* cajón (de mueble). *2* caja (*f*) (de lanzadera).
calaixera *f* cómoda.
calamar *m*, **calamars** *m zool* calamar (*Loligo vulgaris*).
calamarsa *m* granizo (*m*).
calamarsada *f* granizada.
calamarsejar *v intr* granizar.
calamarset *m zool* chipirón.
calamitat *f* calamidad.
calamitós, osa *a* calamitoso.
calàpet *m zool* sapo, escuerzo (*Bufo vulgaris*).
calar *v tr 1 náut* calar, arriar, amainar. *2* calar (las redes). *3* calar (un líquido). *4* pegar, prender (fuego). *5 fig* calar (descubrir una intención, un secreto). *6* calar (una gorra, un sombrero). *7* calar (ropa, papel). || *v intr náut* calar. || *v pron fig* calarse (un motor).
calat *m 1 náut* calado (de un buque). *2* calado (de agua). *3* calado (en una ropa, etc.).
calavera *s fig* calavera. || *f* calavera.
calb, a *a* calvo.
calba *f* calva (de la cabeza).
calbesa *f* calvicie.
calbot *m* coscorrón.
calc *m* calco.
calç *f quím* cal.
calca *f* pedal (*m*).
calça *f* media, calceta, calza. || *f pl* calzón (*m sing*).
calçada *f* calzada (de calle).
calçador *m* calzador.
calcar *v tr* calcar (copiar).
calçar *v tr 1* calzar (poner calzado). *2* calzar (medida de pie).
calçat, ada *a* calzado. || *m* calzado.
calci *m* calcio (metal).
calcigada *f 1* pisa, holladura, huella. *2* pisada, pisadura.
calcigar *v tr* pisar, hollar.
calcinar *v tr quím* calcinar.
calçó *m* polaina (*f*). || *m pl V* **calces**.
calçot *m* grillo de cebolla cultivado para ser comido al rescoldo.
calçotets *m pl* calzoncillos.
càlcul *m 1 med* cálculo, piedra (*f*). *2 mat* cálculo. *3* cálculo (acción).
calcular *v tr* calcular.
cald, a *a* calent
calda *f* ardor (*m*).
caldejar *v tr 1* caldear (encandecer). *2* caldear (calentar). *3* quemar (un objecte).
caldera *f* caldera.
caldo *m* caldo.
caldre *v intr 1* ser necesario, necesitarse. *2* tener que. *3* haber de.

calé *m fam* monises (*pl*), cuartos (*pl*) (dinero).
calefacció *f 1* calefacción, calentamiento (*m*). *2* calefacción (aparatos).
calefactar *v tr* calentar (un local).
calefactor *m* calefactor.
calendari *m 1* calendario. *2* almanaque.
calent, a *a* caliente. || **de c. en c.** *loc adv* en caliente.
calentor *f* calor (*m*) (calidad de caliente).
caler *v intr V* **caldre**.
calés *m pl fam V* **calé**.
calfar *v tr 1* calentar. *2 fig* calentar (excitar, animar). || *v pron* calentarse (ponerse caliente o en celo, excitarse).
calfred *m* escalofrío, calofrío.
calibrar *v tr* calibrar.
calibre *m* calibre.
càlid, a *a* cálido.
caliu *m* rescoldo.
call *m 1 geog* portillo (entre dos alturas). *2 geog* garganta (*f*). *3* judería (*f*), aljama (*f*), alhama (*f*). *4 V* **carrerany** 1. *5 anat* callo (dureza). *6* callo (de un hueso).
callar *v tr* e *intr* callar.
cal·ligrafia *f* caligrafía.
callista *s med* callista, pedicuro.
calm, a *a V* **calmós**.
calma *f 1* calma. *2 geog* meseta. *3* calma (ausencia de viento).
calmant *a* y *m med* calmante.
calmar *v tr* y *pron* calmar.
calmós, osa *a* calmoso.
caló *m* caló.
calor *f* calor (*m*).
calorada *f* acceso de calor.
caloria *f fís* caloría.
calorós, osa *a* caluroso.
calrada *f* bochorno (*m*) (ardor, rubor).
caluix *m bot* troncho.
calúmnia *f* calumnia.
calumniar *v tr* calumniar.
calvície *f V* **calbesa**.
calze *m* cáliz.
cama *f 1 anat* pierna. *2 anat* pata. || **c. ací, c. allà** *loc adv* a horcajadas.
camafeu *m* camafeo.
camaleó *m zool* camaleón (*gén Chamaleon*).
camall *m* pernera (*f*) (de los pantalones).
camamilla *f bot* manzanilla, camamila (*Matricaria chamomilla*).
camanduler, a *a* y *s fig* cuentista.
camarada *s 1* camarada. *2* compinche.
camatimó *m agr* timón (del arado).
cambodjà, ana *a* y *s* camboyano.
cambra *f 1* cuarto (*m*), aposento (*m*), estancia. *2* cámara (sala). *3* cámara (junta, congreso). *4 agr* granero (*m*). *5* cámara (cavidad). *6* cámara (de arma de fuego).
cambrer, a *s* camarero, mozo.
camèlia *f bot 1* camelia (*Camellia japonica*). *2* camelia (flor).
camell *m zool* camello (*Camelus bactrianus*).
càmera *f* cámara (en fotografía).
camerino *m* camerino.
cameta *f agr* cama (del arado).
càmfora *f quím* alcanfor (*m*) (substancia).
camí *m 1* camino. *2* vez (*f*). || **c. batut, c. fressat** camino trillado, camino asendereado.
caminada *f* caminata.
caminador, a *a* y *s* caminador.
caminar *v tr* e *intr 1* andar. *2* caminar.
caminoi *m* senda (*f*), sendero.
camió *m* camión.
camioneta *f* camioneta.
camisa *f* camisa. || **c. de dormir** camisón (*m*).
camiseta *f* camiseta.
camissa *f agr V* **camatimó**.
camp *m 1* campo. *2* agro. *3 V* **campament**. *4* campiña (*f*). || **fúmer el c.** salir de estampía; salir pitando; ahuecar el ala. || **camps a través** a campo traviesa.
campal *a 1* campal. *2 fig* campante.
campament *m* campamento, campo.
campana *f* campana.
campanar *m arq* campanario.
campaneta *f 1* campanilla (campana pequeña). *2 anat* tímpano (*m*), tambor (*m*) (del oído). *3 anat* campanilla, úvula.
campanya *f 1* campaña (campo raso). *2 mil* campaña. *3 fig* campaña (comercial, etc.).
campanyol, a *a V* **campestre**.
campar *v intr* ir tirando. || **campar-se-la** medrar.
camperol, a *a V* **campestre**. || *s* campesino, labrador, labriego.
campestre *a* campestre, campesino.
càmping *m* cámping.
campió, ona *a* y *s* campeón.
campionat *m* campeonato.
camuflament *m*, **camuflatge** *m* camuflaje.
camús, ussa *a* y *s* chato, romo.
camussa *f 1 zool* gamuza, rebeco (*m*) (*gén Rupicapra*). *2* gamuza (piel).
can contracción de **ca** (casa) y **en** (artículo de tratamiento) equivale a "casa de..."
canadenc, a *a* y *s* canadiense.
canal *m 1* canal. *2* cauce (canal). *3* canal (o *f*) (en un cuerpo). || *f 1 geog V* **call** 1. *2* cañada (entre montañas). *3 arq V* **canaleta**. || **en c.** en canal.
canalera *f* canal (*m*) (de un tejado).
canaleta *f arq* canal (*m*), estría.
canalitzar *v tr 1* canalizar. *2* encauzar.
canalla *f 1 fam* canalla, chusma. *2* chiquillería. || *m* canalla, rufián.
canallada *f 1* chiquillada. *2* canallada.
canana *f* canana.
canapè *m* canapé.
canar *m* callejón (*esp* entre dos casas).
canari *m ornit* canario (*Serinus canarius*).
cancell *m* cancel.
cancel·lació *f* cancelación.
cancel·lar *v tr* cancelar.
canceller, a *s* canciller.
càncer *m 1 med* cáncer. *2 astron* Cáncer, Cangrejo (constelación y signo del zodíaco).
cançó *f* canción. || *f pl* historia (*sing*).
cançoner, a *a* y *s* cachazudo. || *m mús* cancionero.

cançoneria *f* cachaza.
candela *f* ***1*** candela, vela, bujía. *2 p ext V* **caramell** 1.
candeler *m* candelero, candela (*f*), bujía (*f*).
candi, àndia *a*, **càndid, a** *a* cándido.
candidat, a *s* candidato.
candidatura *f* candidatura.
candidesa *f* candidez.
candiment *m* descaecimiento.
candor *m* (o *f*) candor (*m*).
canell *m anat* muñeca (*f*) (de la mano).
canella *f* ***1*** caño (*m*) (de fuente). *2 anat V* **canyella** 1.
canellera *f* muñequera (de los deportistas).
canelobre *m* candelabro.
cànem *m* ***1*** *bot* cáñamo (*Cannabis sativa*). ***2*** cáñamo (fibra).
canemàs *m* cañamazo.
canera *f* perrera.
cangur *s* canguro (de criaturas). || *m zool* canguro (*gén Macropus*).
caníbal *a* y *s* caníbal.
canícula *f* canícula.
canilla *f* jauría.
canó *m* ***1*** *mil* cañón (de un arma). ***2*** *mil* cañón (de artillería). ***3*** cañón (objeto o parte tubular). ***4*** arcaduz. ***5*** cañón (de pluma). ***6*** caño (cañón o tubito corto). *7 anat V* **canyó** 1.
canoa *f* canoa.
cànon *m* canon.
canonada *f* ***1*** *mil* cañonazo (*m*). ***2*** cañería, tubería.
canoneig *m* cañoneo.
canonejar *v tr* cañonear.
canonge *m* canónigo.
canonitzar *v tr* canonizar.
canós, osa *a* canoso.
cansalada *f* tocino (*m*).
cansaladeria *f* tocinería.
cansament *m* cansancio, fatiga (*f*), fatigación (*f*).
cansar *v tr* y *pron* cansar, fatigar.
cansat, ada *a* cansado, laso.
cant *m* canto (en música o en poesía).
cantaire *a* y *s V* **cantor** 1.
cantal *m* canto, cantal, piedra (*f*).
cantant *s* cantante.
cantar *v tr* e *intr* cantar.
cantarella *f* ***1*** sonsonete (*m*), tonillo (*m*). ***2*** cantilena, cantinela (repetición molesta).
cantautor, a *s mús* cantautor.
cantell *m* ***1*** canto (cara estrecha). ***2*** canto, cantero (de pan). || **de c.** de canto.
cantellut, uda *a* esquinado, anguloso.
cànter *m* cántaro (vasija).
càntera *f* cántara.
càntic *m mús* cántico.
cantilena *f* cantilena, cantinela (composición poética).
cantimplora *f* cantimplora.
cantina *f* cantina.
càntir *m* botijo, cántaro.
cantó *m* ***1*** cantón, esquina (*f*). *2 V* **costat** 1 y 3. ***3*** cantón (territorio).
cantonada *f* esquina, cantón (*m*).
cantor, a *s* ***1*** cantor (que canta). *2 V* **cantant**.
cantussejar *v intr*, **cantussar** *v intr fam* canturrear
canut, uda *a V* **canós**.
canvi *m* ***1*** cambio, mudanza (*f*), muda (*f*). ***2*** cambio. ***3*** trueque. ***4*** canje. ***5*** vuelta (*f*) (de una cantidad de dinero). || **lliure c.** libre cambio. || **en c.** en cambio.
canviament *m V* **canvi** 1.
canviar *v tr* e *intr* ***1*** cambiar, trocar. ***2*** canjear.
canya *f* ***1*** *bot* caña (tallo). ***2*** caña (de pescar). ***3*** caña (de un calzado). ***4*** caña (de cerveza). ***5*** *bot* caña (*Arundo donax*).
canyella *f* ***1*** *anat* canilla, caña, espinilla (hueso). ***2*** *bot* canela.
canyó *m* ***1*** *anat* garguero, gaznate. ***2*** *geog* cañón.
caos *m* caos.
cap *s* ***1*** jefe, cabeza. ***2*** cabeza (*f*) (de familia). || *m* ***1*** *anat* cabeza (*f*), testa (*f*) (de persona o de animal). ***2*** *fig* cabeza (*f*) (persona). ***3*** *fig* res (*f*), cabeza (*f*). ***4*** cabeza (*f*), cabo (extremo). ***5*** *geog* cabo. ***6*** cabo (cuerda). *7 V* **cim** 2. ***8*** *fig fam* pesquis (*m*), cacumen (*m*), cabeza. ***9*** *fig* cabeza (*f*) (capital). || **c. de taula** cabecera (*f*) (de mesa). || **c. gros** cabezudo. || **de c. a c.** de cabo a rabo; de punta a cabo. || **de c. a peus** de arriba a abajo. || **en c.** en jefe. || **fer c.** acudir. || **caps per lligar** cabos sueltos. || **lligar caps** atar cabos.
cap *a* y *pron* algún, alguno (en frases interrogativas y condicionales); ningún, ninguno (en frases negativas y en respuestas donde la negación se sobreentiende).
cap *prep* hacia (generalmente seguido de la *prep* **a** si no precede a *adv* de lugar).
capa *f* ***1*** capa. ***2*** *fig* lecho (*m*).
capaç *a* capaz.
capacitar *v tr* capacitar.
capacitat *f* capacidad.
capar *v tr V* **castrar**.
caparra *f* pesadez de cabeza.
caparrada *f* ***1*** cabezada. ***2*** *fig* arranque (*m*), ventolera.
capatàs, assa *s* capataz.
capbaix, a *a* cabizbajo.
capblanc, a *a* canoso, cano (de cabello).
capbussar *v tr* ***1*** zambullir, chapuzar, capuzar. *2 V* **capgirar**.
capbussejar *v intr* chapuzarse (*pron*).
capça *f bot V* **capçada** 1.
capçada *f* ***1*** *bot* copa (de árbol). ***2*** *agr* bancal (*m*), tabla. ***3*** cabezada (de encuadernación).
capçal *m* cabecera (*f*) (parte de la cama).
capçalera *f* ***1*** cabecera (parte superior de la cama). ***2*** *impr* cabecera. ***3*** membrete (*m*). ***4*** *geog* cabecera (de río). || **metge de c.** *s* médico de cabecera.
capcinada *f* ***1*** cabezada (de saludo). *2 V* **cabotada**.
capcinejar *v intr* *1 V* **cabotejar**. ***2*** cabecear (oscilar).
capció *f jur V* **captura**.
capciós, osa *a* capcioso.

capciró *m 1* extremo o punta. *2 anat* yema (*f*) de un dedo.
capcot, a *a V* **capbaix**.
capdamunt *m* remate, parte superior. || **al capdamunt** *loc adv* en la parte más alta; en lo alto.
al capdavall *loc adv 1* en el extremo inferior. *2* al fin y al cabo; al cabo; a la postre.
al capdavant *loc adv* al frente.
capdavanter, a *s* adalid (*m*) (de un grupo, partido, etc.).
capejar *v tr* capear (un toro). || *v intr* cabecear (los caballos).
capell *m 1* sombrero (prenda). *2* sombrero (de los hongos). *3* capullo (de gusano).
capella *f* capilla.
capellà *m 1* capellán. *2* cura.
capficall *m náut* cabezada (*f*).
capficar *v tr* meter de cabeza (una cosa dentro de otra). || *v intr náut* cabecear, hocicar. || *v pron* abismarse.
capgirada *f fig* escapatoria.
capgirament *m* tergiversación (*f*).
capgirar *v tr 1* trabucar. *2* trastornar. *3* tergiversar. *4* trocar (equivocar).
capgirell *m 1* vuelco, tumbo. *2* voltereta (*f*).
capgirellar *v intr* volcar.
capgiró *m*, **capgirolla** *f V* **capgirell**.
capgròs, ossa *a* cabezudo, cabezón.
capguardar-se *v pron* precaucionarse, precaverse.
capicua *m* capicúa.
capil·lar *a* capilar.
capissar *v tr* darse cuenta (en sentido *fig*).
capissola *f fam 1* cacumen (*m*), cabeza. *2* entendederas (*pl*).
capità, ana *s* capitán.
capital *a 1* capital (mortal). *2* capital (principal). || *f 1* capital (ciudad). *2* capital, mayúscula. || *m* capital (de riqueza).
capitalisme *m* capitalismo.
capitalista *a* y *s* capitalista.
capitell *m 1 arq* capitel. *2 V* **cavallet** 1.
capítol *m* capítulo.
capitoli *m arq* capitolio.
capitomba *f V* **capgirell** 2.
capitost, a *s* cabecilla, capitoste. || *m* caudillo.
capitulació *f* capitulación.
capitular *v tr* e *intr*, **capitulejar** *v tr* e *intr* capitular.
caplletra *f impr* inicial.
capó *m 1* capón (animal castrado). *2 náut* capón.
capolament *m fig* agotamiento.
capolar *v tr 1* capolar. *2* desmenuzar. *3* magullar. *4 fig* agotar, rendir.
capolat *m* picadillo.
capoll *m bot* capullo, botón (flor antes de abrirse).
caponat *m 1 V* **capó** 1. *2* capón, eunuco.
caporal *s 1* caporal. *2 mil* cabo.
capot *m* capó (de un motor).
capotejar *v intr V* **cabotejar** 2.
caprici *m 1 V* **capritx**. *2* antojo.
capriciós, osa *a V* **capritxós**.
Capricorn *m astron* Capricornio.
capritx *m* capricho.
capritxada *f* capricho (*m*) (hecho caprichoso).
capritxós, osa *a* caprichoso.
capsa *f* caja (receptáculo).
capsigrany *s fig* tarambana.
càpsula *f* cápsula.
capta *f V* **col·lecta** 1.
captació *f* captación.
captaire *s* mendigo.
captar *v tr fig* captar (comprender). || *v intr* mendigar.
capteniment *m V* **conducta**.
captiu, iva *a* y *s* cautivo.
captivar *v tr 1* cautivar (aprisionar). *2 V* **corprendre**.
captivitat *f* cautiverio (*m*), cautividad.
captura *f 1* captura. *2* apresamiento (*m*).
capturar *v tr 1* capturar. *2* apresar.
capulla *f V* **caputxa** 1.
caputxa *f 1* capucho (*m*), capucha. *2 impr* capucha.
caputxó *m* capuchón.
car *conj* pues.
car, a *a 1* caro, querido. *2* caro (de precio elevado). || *adv* caro.
cara *f 1* cara. *2* semblante (*m*), rostro (*m*), jeta (*fam*). || **c. a c.** frente a frente.
carabassa *f bot V* **carbassa**.
caràcter *m* carácter.
característica *f* característica.
caracteritzar *v tr* caracterizar.
caragirat, ada *a* tornadizo.
carai *interj* ¡caray!
caram! *interj* ¡caramba!, ¡córcholis!, ¡arrea!
caramel *m* caramelo.
caramell *m 1* carámbano (de hielo). *2 geol* estalactita (*f*). *3* moco (de una vela).
caramella *f mús* flautillo (*m*).
caramot *m 1* estafermo. *2 fig* estafermo, persona parada.
caramull *m 1* colmo. *2* copete (de un helado). *3 fig* lo último, lo más elevado.
caranques *f pl*, **carantoines** *f pl* carantoñas, cucamonas.
carassa *f 1* mueca. *2* cara de adorno.
carat! *interj V* **carai!**
caràtula *f* carátula.
caravana *f 1* caravana. *2* caravana, rulot.
caravel·la *f náut* carabela.
carbassa *f bot* calabaza (fruto).
carbassó *m bot* calabacín (*Cucurbita pepo*).
carbassotada *f* coscorrón (*m*).
carbó *m quím* carbón.
carboni *m quím* carbono.
carbònic, a *a quím* carbónico.
carbonitzar *v tr* y *pron* carbonizar.
carbur *m quím* carburo.
carburador *m* carburador.
carburant *a* y *m* carburante.
carburar *v tr quím* carburar.
carca *a* y *s* carca (reaccionario).
carcaix *m* aljaba (*f*).
carcanada *f 1* esqueleto (*m*). *2* caparazón (*m*).

carcàs *m* gargajo.
carcassa *f 1 V* **carcanada**. *2* armazón (*m* o *f*). *3* carcasa.
carceller, a *s* carcelero.
càrcer *m* cárcel (*f*), prisión (*f*), chirona (*vulg*).
card *m bot* cardo (*gén Carduus*).
cardar *v intr vulg* joder.
cardenal *m* cardenal.
cardíac, a *a* y *s anat med* cardíaco.
cardinal *a* cardinal.
cardiologia *f med* cardiología.
carena *f 1 náut* quilla. *2 geog* línea divisoria entre dos vertientes de una montaña, etc.
carenar *v tr* carenar.
carència *f* carencia.
carés *m 1* cariz (de la atmósfera). *2 fig* cariz (aspecto).
carestia *f* carestía (escasez).
careta *f* careta, máscara.
cargol *m 1 zool* caracol (en general). *2 fig* rizo. *3* tornillo.
cargolament *m med V* **cinglada** 2.
cargolar *v tr 1* arrollar. *2* enroscar. *3* ensortijar. *4* rizar. *5* atornillar.
cariar-se *v pron med* cariarse.
caricatura *f* caricatura.
carícia *f* caricia.
càries *f med* caries.
carisma *m* carisma.
caritat *f* caridad.
caritatiu, iva *a* caritativo.
carlí, ina *a* y *s* carlista.
carlinga *f 1 náut* carlinga. *2 aviac V* **cabina** 3.
carlista *a* y *s V* **carlí**.
carmanyola *f* fiambrera.
carmesí, ina *a* carmesí.
carmí *m* carmín.
carn *f* carne.
carnal *a* carnal.
carnatge *m fig* carnicería (*f*).
carnaval *m*, **carnestoltes** *m* carnaval.
carnet *m* carné, carnet.
carnisser, a *a* carnicero.
carnisseria *f 1* carnicería. *2 fig V* **carnatge**.
carnívor, a *a* carnívoro.
carnositat *f 1* carnosidad (cualidad de carnoso; exceso de carne). *2 med V* **carnot**.
carnot *m*, **carnús** *m med* carnosidad (*f*), bezo.
carona *f fam* mal semblante (*m*) (dicho con matiz afectuoso).
caror *f* carestía.
carota *f V* **careta**.
caròtida *f anat* carótida.
carpa *f ictiol* carpa (*Cyprinus carpa*).
carpeta *f* carpeta.
carpó *m anat* rabadilla (*f*).
carquinyoli *m* especie de bizcocho duro.
carrabina *f* carabina.
carrall *m 1* escoria (*f*). *2* sarro (de los dientes).
carranc, a *a* rengo, renco, paticojo.
carrar *v tr* e *intr* truncar, escuadrar.
carràs *m* racimo, colgajo (de cerezas, avellanas, aceitunas, etc.).
carrat, ada *a 1* cuadrado, truncado. *2* romo, chato.
càrrec *m* cargo. || **a c.** a expensas.
càrrega *f* carga.
carregar *v tr* y *pron* cargar. || *v pron fam* apiolar (*tr*).
carrejar *v tr V* **carretejar**.
carrell *m agr* carrera (*f*) (de granos).
carrer *m* calle (*f*).
carrera *f 1* carrera (ruta). *2* carrera (estudios, profesión). *3* carrera (camino o método que se sigue). *4 V* **curs** 2. *5* carrera (en las medias).
carrerada *f* cañada.
carrerany *m 1* callejón (entre dos elevaciones de terreno). *2 V* **caminoi**. *3* carril.
carreró *m* callejuela (*f*).
carret *m* carrete.
carreta *f* carreta.
carretejar *v tr* acarrear, carretear.
carretera *f* carretera.
carretó *m 1* carretón. *2* carretilla (*f*) (de transporte). *3 V* **corró** 2.
carreu *m* sillar.
carril *m* carril, raíl.
carrilet *m* ferrocarril de vía estrecha.
carrincló, ona *a* y *s* ramplón, adocenado.
carriot *m* volquete.
carrisqueig *m 1* chirrido, chirrío. *2* crujido (de dientes).
carrisquejar *v intr 1* rechinar, chirriar. *2* rechinar, crujir (de dientes).
carro *m 1* carro. *2 astron* Osa Mayor, Carro.
carroll *m 1* racimo. *2 V* **carràs**.
carronya *f 1* carroña. *2* penco (*m*).
carrossa *f* carroza.
carrosseria *f* carrocería.
carruatge *m* carruaje.
carta *f 1* carta (misiva). *2* carta, naipe (*m*). *3* carta (mapa; constitución).
cartabó *m* cartabón.
cartejar-se *v pron* cartearse.
cartell *m* cartel.
cartellera *f* cartelera.
carter, a *s* cartero.
càrter *m* cárter.
cartera *f* cartera.
cartílag *m anat* ternilla (*f*), cartílago.
cartilla *f* cartilla (cuadernillo).
cartipàs *m* cartapacio.
cartó *m* cartón.
cartografia *f* cartografía.
cartolina *f* cartulina.
cartró *m V* **cartó**.
cartutx *m* cartucho.
cartutxera *f mil* cartuchera.
carura *f* fisonomía, semblante (*m*).
carxofa *f bot* alcachofa.
cas *m* caso. || **si de c.** si acaso.
casa *f 1* casa (edificio). *2* casa (vivienda). *3* casa (linaje). *4* casa (establecimiento, razón social). *5 V* **casella** 4.
casaca *f* casaca.
casal *m 1 V* **casalici**. *2* solar (de una familia).

casalici *m* casona (*f*).
casalot *m* caserón.
casament *m 1* casamiento (acció). *2* boda (*f*), enlace, casorio. *3* nupcias (*f pl*) (fiestas).
casar *v tr* y *pron* casar, desposar.
casc *m* casco.
casca *f 1 V* **clofolla** 1. *2 V* **closca** 4.
cascada *f* cascada, catarata.
cascall *m bot* adormidera (*f*) (*Papaver somniferum*).
cascar *v tr* cascar (a golpes).
cascavell *m* cascabel.
cascú *pron V* **cadascú**.
cascun, a *a V* **cadascun**.
casella *f 1* casilla (edificio). *2* casilla (de un papel). *3* casilla (compartimiento). *4* casilla, casa.
casera *f 1* ama de llaves. *2* deseo inmoderado de casarse.
caseriu *m* caserío.
caserna *f* caserna, cuartel.
caseta *f V* **cabina** 2.
casino *m* casino.
casinyot *m* casucha (*f*).
casolà, ana *a 1* casero. *2* hogareño.
caspa *f med* caspa.
casquet *m 1* casquete. *2* casquillo (cartucho).
cassa *f* cazo (*m*) para líquidos.
cassació *f jur* casación.
cassar *v tr jur* casar.
casserola *f* cacerola.
casset *f 1* casete (*m* o *f*), cassette (cinta). *2* casete (*m*), cassette (aparato).
cassetó *m* artesón.
cassigall *m* andrajo, harapo.
cassó *m* cazo (para poner al fuego).
cassola *f 1* cazuela (vasija). *2* cacerola (con asas).
cassussa *f fam* gazuza (hambre).
cast, a *a* casto.
casta *f 1* casta. *2* calaña, ralea.
castany, a *a* castaño.
castanya *f 1 bot* castaña (fruto). *2* castaña (moño). *3 fig* trompazo (*m*), trompada, castaña. *4 V* **castanyot**.
castanyer *m bot* castaño (*Castanea sativa*).
castanyera *f* castañera.
castanyeta *f* castañeta (sonido).
castanyola *f mús* castañuela.
castanyot *m* tarja (*f*) (golpe violento).
castedat *f* castidad.
castell *m* castillo.
castellà, ana *a* y *s* castellano. || *m* español, castellano (lengua).
càstig *m* castigo.
castigar *v tr* castigar, punir.
castor *m zool* castor (*gén Castor*).
castrar *v tr* castrar, capar.
casual *a* casual.
casualitat *f 1* casualidad. *2* acaso (*m*).
casull *m V* **casinyot**.
cataclisme *m* cataclismo.
catacumbes *f pl* catacumbas.
català, ana *a* y *s* catalán. || *m* catalán (idioma).
catalanesc, a *a* catalán.
catalanisme *m* catalanismo.
catalanista *a* y *s* catalanista.
catalanoparlant *a* y *s* catalanoparlante.
catàleg *m* catálogo.
catàlisi *f quím* catálisis.
catalogar *v tr* catalogar.
cataplasma *m* cataplasma (*f*).
catapulta *f* catapulta.
cataracta *f med* catarata.
catarro *m med* catarro.
catàstrofe *f* catástrofe.
catau *m V* **cau**.
catecisme *m* catecismo.
càtedra *f* cátedra.
catedral *f* catedral.
catedràtic, a *a* y *s* catedrático.
categoria *f* categoría.
categòric, a *a* categórico.
catequitzar *v tr* catequizar.
catet *m geom* cateto.
catifa *f* alfombra.
catòlic, a *a* y *s* católico.
catolicisme *m* catolicismo.
catorze *a* y *m* catorce.
catre *m* catre.
catúfol *m 1* cangilón (de draga). *2* arcaduz. || **fer catúfols** chochear, achocharse.
catxa *f* farol (*m*).
catxap *m zool* gazapo (conejo nuevo).
catxet *m med* sello (para ingerir un medicamento).
cau *m 1* cubil, guarida (*f*). *2* madriguera (*f*).
caure *v intr 1* caer. *2* caerse (*pron*). || **caure-hi** caer en la cuenta.
causa *f* causa.
causal *a* causal.
causalitat *f* causalidad.
causant *a* y *s* causante.
causar *v tr* causar.
càustic, a *a* cáustico.
caut, a *a* cauto.
cautela *f* cautela.
cautelós, osa *a* cauteloso.
cautxú *m quím* caucho.
cava *a* y *f anat* cava. || *f mil* foso (*m*). || *m* cava (vino).
cavalcadura *f* montura.
cavalcar *v tr* e *intr* cabalgar, montar.
cavall *m 1 zool* caballo (*Equus caballus*). *2* caballo (de ajedrez). *3* caballo (unidad). *4* caballo (naipe). *5* caballo (para aserrar). *6* caballo, potro (de gimnástica).
cavaller, a *s* caballero, jinete. || *m* caballero.
cavalleria *f* caballería.
cavallerós, osa *a* caballeroso.
cavallet *m 1* caballete (soporte). *2* caballete, potro (de tortura). *3* caballete (de pintor, de encerado). || *m pl* tiovivo (*sing*). || **c. de mar** *m ictiol* caballito de mar (*gén Hippocampus*).
cavalló *m agr* caballón, caballete.
cavar *v tr* cavar.
càvec *m agr* azadón.

caverna *f geog* caverna.
cavernós, osa *a* cavernoso.
caviar *m* caviar.
cavil·lar *v tr* e *intr* cavilar.
cavitat *f* cavidad.
cavorca *f* ***1*** *geol V* **cova**. ***2*** *geog V* **caverna**.
ceba *f* ***1*** *bot* cebolla (*Allium cepa*). ***2*** *fig* manía, tema (*m*), idea fija.
cec, cega *a* y *s* ciego. || *m* ciego (intestino).
cedir *v tr* e *intr* ceder. || *v intr fig* cejar (en una pretensión, gestión, etc.).
cedre *m bot* cedro (*Cedrus atlantica*).
cèdula *f* cédula.
cegar *v tr* ***1*** cegar (quitar la vista). ***2*** cegar (privar momentáneamente de la vista). ***3*** *fig* cegar (ofuscar).
ceguesa *f med* ceguera, ceguedad.
cel *m* cielo.
celada *f* celada (casco).
celar *v tr* celar (ocultar).
celebració *f* celebración.
celebrar *v tr* celebrar.
cèlebre *a* célebre.
celebritat *f* celebridad.
celeritat *f* celeridad.
celeste *a* celeste.
celestial *a* celestial.
cella *f anat* ceja.
cel·la *f* celda.
cellajunt, a *a* cejijunto.
celler *m* bodega (*f*), cava (*f*).
cel·lofana *f* celofán (*m*).
cèl·lula *f* célula.
cel·lulitis *f med* celulitis.
celobert *m* patio interior.
cement *m* cemento.
cementiri *m* cementerio, camposanto.
cena *f* cena.
cenacle *m* cenáculo.
cendra *f* ceniza (de una combustión).
cendrer *m* cenicero.
cens *m* ***1*** censo, padrón. ***2*** *jur* censo (contrato).
censal *m jur* censo (obligación redimible).
censor, a *s* censor.
censura *f* censura.
censurar *v tr* ***1*** censurar. ***2*** zaherir.
cent *a* y *m* ***1*** ciento. ***2*** cien.
centella *f* chispa, centella.
centellejar *v intr* centellear.
centena *f* centena.
centenar *m* ***1*** centenar. ***2*** *mil* centuria.
centenari, ària *a* y *m* centenario.
centígrad, a *a* centígrado.
centigram *m* centigramo.
centilitre *m* centilitro.
cèntim *m* céntimo.
centímetre *m* centímetro.
centpeus *m entom* ciempiés (*gén Scolopendra*).
central *a* y *f* central.
centralització *f* centralización.
centralitzar *v tr* centralizar.
centrar *v tr* centrar.
centre *m* centro.
cèntric, a *a* céntrico.
centrifugadora *f* centrifugadora.
centúria *f* ***1*** centuria. ***2*** *mil V* **centenar** 2.
cenyidor *m* ceñidor.
cenyir *v tr* ceñir.
cep *m* ***1*** *bot* cepa (*f*) (de la vid). ***2*** *bot* vid (*f*) (*Vitis vinifera*). ***3*** cepo (trampa). ***4*** cepo (para sujetar).
cepat, ada *a* fornido.
ceptre *m* cetro.
cer *m* acero.
cera *f* cera.
ceràmica *f* cerámica.
cerç *m* cierzo (viento).
cerca *f* busca, búsqueda.
cercar *v tr* buscar.
cerca-raons *s* camorrista.
cercavila *f* pasacalle (*m*).
cerciorar *v tr* y *pron* cerciorar.
cerclar *v tr* cercar, rodear, circundar, circuir, circunvalar.
cercle *m* círculo.
cèrcol *m* aro.
cereal *a* y *m agr* cereal.
cerebel *m anat* cerebelo.
cerebral *a* cerebral.
cerilla *f* ***1*** cerilla (vela). ***2*** cerilla, fósforo (*m*), mixto (*m*).
cerimònia *f* ceremonia.
cerimoniós, osa *a* ceremonioso.
cerndre *v tr* cerner.
cerra *f* cerda.
cert, a *a* cierto. || **no és c.?** ¿no es cierto? || *adv V* **certament**.
certamen *m* certamen.
certament *adv* ciertamente, cierto.
certesa *f* certeza, certidumbre.
certificar *v tr* certificar.
certificat *m jur* certificado.
certitud *f V* **certesa**.
cervell *m anat* cerebro, seso.
cervesa *f* cerveza.
cérvol *m*, **cervo** *m zool* ciervo, venado (*Cervus elaphus*).
cèsar *m* césar (emperador).
cessant *a* y *s* cesante.
cessar *v intr* cesar.
cessió *f* cesión.
cetacis *m pl zool* cetáceos.
cianur *m quím* cianuro.
ciàtica *f med* ciática.
cibernètica *f* cibernética.
cicatritzar *v tr* e *intr* cicatrizar.
cicatriu *f* cicatriz.
ciclamen *m bot* ciclamen (*gén Cyclamen*).
cicle *m* ciclo.
cíclic, a *a* cíclico.
ciclisme *m* ciclismo.
cicló *m* ciclón.
ciclomotor *m* ciclomotor.
ciència *f* ciencia.
a cient de *loc prep* a sabiendas de (tal persona).
científic, a *a* y *s* científico.
cigala *f entom* cigarra (*Cicada plebeja*).

cigaló *m* carajillo.
cigar *m* cigarro, cigarro puro, puro.
cigarret *m*, **cigarreta** *f* cigarrillo (*m*), pitillo (*m*), pito (*fam*).
cigne *m ornit* cisne (*gén Cygnus*).
cigonya *f ornit* cigüeña (*gén Ciconia*).
cigró *m bot* garbanzo (semilla).
cilindrada *f* cilindrada.
cilindre *m* cilindro.
cim *m* ***1*** *geog* cima (*f*), cumbre (*f*), alto, altura (*f*), cabeza (*f*). ***2*** remate.
cimadal *m geog V* **cim** 1.
cimall *m* cima (*f*) (de un árbol).
cimbell *m* señuelo.
ciment *m* cemento.
cinc *a* y *m* cinco.
cinc-cents, tes *a* y *m* quinientos.
cine *m* cine, cinema.
cineclub *m* cineclub.
cinefòrum *m* cinefórum.
cinema *m V* **cine**.
cinematografia *f* cinematografía.
cinglada *f* ***1*** zurriagazo. ***2*** *med fig* retortijón (*m*).
cinglar *v tr* fustigar.
cingle *m* risco.
cínic, a *a* y *s* cínico.
cinisme *m* cinismo.
cinquanta *a* y *m* cincuenta.
cinquè, ena *a* y *m* quinto.
cint *m V* **cinyell**.
cinta *f* ***1*** cinta. ***2*** cinta (tira).
cintó *m* ***1*** *V* **cinyell**. ***2*** *V* **cinturó**.
cintrar *v tr arq* cimbrar.
cintura *f* cintura, talle (*m*).
cinturó *m* cinturón.
cinyell *m* cinto (para ceñir).
circ *m* circo.
circuïció *f* circuición, circunvalación.
circuit *m* circuito.
circulació *f* circulación.
circular *a* y *f* circular.
circular *v intr* circular.
circulatori, òria *a* circulatorio.
circumcidar *v tr* circuncidar.
circumcisió *f* circuncisión.
circumdant *a* circundante.
circumdar *v tr* circundar, cercar, rodear, circuir, circunvalar.
circumferència *f geom* circunferencia.
circumflex, a *a* y *m* circunflejo.
circumloqui *m* circunloquio.
circumscripció *f* circunscripción.
circumspecció *f* recato (*m*).
circumspecte, ta *a* ***1*** circunspecto. ***2*** recatado.
circumstància *f* circunstancia.
circumval·lació *f V* **circuïció**.
cirera *f bot* cereza.
ciri *m* cirio.
cirurgia *f* cirugía.
cirurgià, ana *s* cirujano.
cisa *f* ***1*** sisa (pequeño hurto). ***2*** sisa (de un vestido).
cisar *v tr* sisar.
cisell *m* cincel.
cisma *m* cisma.
cistell *m* cesto.
cistella *f* ***1*** *V* **cistell**. ***2*** cesta (cesto grande). ***3*** canasta, cesta.
cisterna *f* cisterna, aljibe (*m*).
cita *f* cita.
citació *f* citación.
citar *v tr* ***1*** citar. ***2*** *jur* emplazar.
cítara *f mús* cítara.
cítric, a *a* y *m* cítrico.
ciuró *m bot V* **cigró**.
ciutadà, ana *a* y *s* ciudadano.
ciutadella *f* ciudadela.
ciutat *f* ciudad.
civada *f bot* avena (*Avena sativa*).
civera *f* ***1*** angarillas (*pl*), árganas (*pl*). ***2*** parihuela. ***3*** andas (*pl*).
cívic, a *a* cívico.
civil *a* civil.
civilització *f* civilización.
civilitzar *v tr* civilizar.
civisme *m* civismo.
claca *f* charla, cháchara.
clacar *v intr* ***1*** graznar, grajear, parpar (los gansos). ***2*** chascar (la lengua).
clam *m V* **clamor**.
clamar *v tr* e *intr* clamar.
clamor *s* clamor (*m*).
clamorós, osa *a* clamoroso.
clan *m* clan.
clandestí, ina *a* clandestino.
clandestinitat *f* clandestinidad.
clap *m* ***1*** mancha (*f*), mota (*f*). ***2*** claro (en el cielo). ***3*** *V* **clariana** 1.
clapa *f* ***1*** *V* **clap** 1. ***2*** *V* **clariana** 3. ***3*** *V* **clap** 2. ***4*** claro (*m*), calva (en un sembrado, etc.).
clapar *v tr V* **clapejar**.
clapat, ada *a* manchado.
clapejar *v tr* manchar, salpicar.
claper *m* pedregal.
clapera *f* ***1*** *V* **claper**. ***2*** *V* **carrerany** 3.
clapir *v intr* latir (ladrar).
clapissa *f V* **claper**.
clapissat, ada *a V* **clapat**.
clapit *m* latido (ladrido).
clapotejar *v intr* chapotear.
claqué *m* claqué (baile).
clar, a *a* ***1*** claro. ***2*** ralo. || *a pl fig* contado. || *m* ***1*** claro (en una formación). ***2*** *V* **clapa** 4. ***3*** claro (en un escrito). ***4*** *V* **clap** 2. || *adv V* **clarament**.
clara *f* clara.
claraboia *f* claraboya.
clarament *adv* claramente.
claredat *f* claridad.
clarejar *v intr* ***1*** ser más o menos claro. ***2*** amanecer, clarear. ***3*** escasear.
clarí *m mús* clarín.
clariana *f* ***1*** calvero (*m*), claro (*m*) (en un bosque). ***2*** *V* **clap** 2. ***3*** calva (en un tejido).
clarícia *f* ***1*** aclaración, luz. ***2*** dato (*m*).
clarificar *v tr* clarificar.
clarinet *m mús* clarinete.
clarividència *f* clarividencia.

claror *f 1* claridad. *2* lumbre.
classe *f* clase.
clàssic, a *a* y *m* clásico.
classificació *f* clasificación.
classificar *v tr* clasificar.
clasta *f*, **clastra** *f arq* patio (*m*), *esp* ante la casa.
clatell *m anat* cogote, nuca, pescuezo.
clau *f 1* llave (para la cerradura). *2* llave (herramienta). *3* llave (de grifo o espita). *4* clave (explicación). *5 arq* clave. *6 mús* clave.
clau *m 1* clavo. *2 anat* colmillo. || **c. de ganxo** alcayata (*f*). || **c. d'espècia** *bot V* **clavell d'espècia**.
claudàtor *m* corchete ([]).
claudicació *f* claudicación.
claudicar *v intr fig* claudicar.
clauer, a *s* llavero. || *m* llavero (para traer llaves).
claustre *m arq* claustro.
clàusula *f jur* cláusula.
clausura *f* clausura.
clava *f* clava, porra.
clavar *v intr 1* clavar (un clavo). *2* clavar (una aguja, una espina). *3* clavar (fijar). *4 fam* arrear. *5* clavar (con clavos). *6 fam* clavar. *7* hincar. || *v pron* comerse.
clavat, ada *a* clavado, pintado, parigual.
claveci *m mús* clave (instrumento).
claveguera *f* cloaca, alcantarilla.
clavell *m bot:* clavel (flor). || **c. d'espècia** clavo.
clavellina *f bot* clavellina, clavel (*m*) (*Dianthus caryophillus*).
clavicordi *m mús* clavicordio.
clavícula *f anat* clavícula.
clàxon *m* claxon.
cleca *f* bofetada, bofetón (*m*), cachete (*m*), tortazo (*m*), torta.
cleda *f 1* redil (*m*), cercado (*m*). *2* vallado (*m*).
clemència *f* clemencia.
clement *a* clemente.
clenxa *f* raya, crencha.
clepsa *f anat* mollera, chola, cholla.
clergue *m* clérigo.
client, a *s* cliente.
clientela *f* clientela.
clima *m* clima.
climatització *f* climatización.
climatologia *f* climatología.
clin *m V* **cerra**.
clínic, a *a* clínico. || *s* clínico (médico).
clínica *f med* clínica.
clip *m* clip.
clissar *v tr fam* guipar, ver.
clivella *f* rendija, raja, grieta.
clivellar *v tr* y *pron* agrietar, resquebrajar, resquebrar.
clixé *m* clisé, cliché.
cloca *f* clueca, llueca.
cloenda *f* conclusión.
clòfia *f V* **clofolla** 1.
clofolla *f 1* cáscara, corteza (de frutos secos). *2 V* **closca** 4.
cloïssa *f zool* almeja.
cloquejar *v intr* cloquear.
clor *m quím* cloro.
clorhídric *a quím* clorhídrico.
clorofil·la *f bot* clorofila.
cloroform *m quím* cloroformo.
clorur *m quím* cloruro.
clos *m* cercado (terreno).
closa *f 1* cierre (*m*) (acción). *2* cerca, cercado (*m*). *3* valla. *4* seto (*m*).
closca *f 1 anat* caparazón (*m*). *2 anat V* **crani**. *3 anat V* **clepsa**. *4* cáscara (de huevo). *5 V* **clofolla** 1. *6* cascarón (*m*).
clot *m 1* hoyo (cavidad). *2* bache. *3* hoyuelo (depresión). *4* huesa (*f*), hoyo, hoya (*f*), sepultura (*f*).
clota *f* hoya (cavidad grande).
clotada *f* hondonada.
clòtxina *f zool* concha o pechina grande.
cloure *v intr* cerrar.
clova *f*, **clovell** *m*, **clovella** *f V* **clofolla** 1.
clown *m* clown, payaso.
club *m* club.
coacció *f* coacción.
coaccionar *v tr* coaccionar.
coactiu, iva *a* coactivo.
coadjuvar *v intr* coadyuvar (*tr*).
coàgul *m 1* coágulo, cuajarón. *2* grumo.
coagular *v tr* coagular, cuajar.
coala *m zool* koala (*Phascolarctos cinereus*).
coalició *f* coalición.
coalitzar-se *v pron* coalicionarse.
coartada *f* coartada.
coartar *v tr* coartar.
cobai *m zool* cobaya (*Cavia porcellus*).
cobdícia *f* codicia (afán de riquezas).
cobdiciós, osa *a* codicioso (de riqueza).
cobejament *m*, **cobejança** *f* codicia (*f*) (deseo vehemente).
cobejar *v tr* codiciar (una cosa).
cobejós, osa *a* codicioso.
cobert, a *a* cubierto. || *m 1* cubierto. *2* cobertizo, tinglado. *3* cubierto, servicio (de mesa). *4* cubierto (comida).
coberta *f 1* cubierta, cobertura (que cubre). *2* sobre (*m*), cubierta (de carta). *3* cubierta (de libro). *4* cubierta (de edificio). *5 náut* cubierta (de navío).
cobertat, ada *a* cubierto (provisto de cubierta).
coberteria *f* cubertería.
cobertor *m V* **cobrellit**.
cobertorat, ada *a* cubierto (con cobertera).
cobertura *f* cobertura.
cobla *f 1* copla. *2 mús* orquestina.
coble *m* traílla (*f*) (de perros).
cobra *f zool* cobra (*Naia tripudiana*).
cobrament *m* cobro, cobranza (*f*) (acción y efecto).
cobrar *v tr* cobrar.
cobrellit *m* colcha (*f*), cubrecama.
cobrir *v tr 1* cubrir. *2* cobijar.
cóc *m 1* bollo. *2* tarta (*f*).
coca *f 1* torta. *2 bot* coca (*Erythroxylon coca*).
cocaïna *f quím* cocaína.
còccix *m anat* cóccix, coxis.

coco *m bot* coco (fruto).
cocodril *m zool* cocodrilo (*gén Crocodylus*).
cocoter *m bot* cocotero, coco (*Cocos nucifera*).
còctel *m* cóctel.
còdex *m* códice.
codi *m* código.
codificació *f* codificación.
codificar *v tr* codificar.
codís *m V* **còdol** 1.
còdol *m* ***1*** guijarro, canto rodado. ***2*** china (*f*). ***3*** canto, cantal, piedra (*f*).
codony *m bot* membrillo (fruto).
codonyat *m* membrillo, codoñate.
codonyer *m bot* membrillo, membrillero (*Cydonia vulgaris*).
coeficient *m* coeficiente.
coent *a* ***1*** picante. ***2*** compungivo (que pica). ***3*** que escuece.
coentor *f* ***1*** quemazón. ***2*** escozor (*m*).
coercir *v tr* coercer.
coercitiu, iva *a* coercitivo.
coet *m* cohete.
coetani, ània *a* y *s* coetáneo.
coexistència *f* coexistencia.
coexistir *v intr* coexistir.
cofa *f náut* cofa.
còfia *f* cofia.
cofoi, a *a* satisfecho y orgulloso a la vez.
cofre *m* cofre.
cofurna *f* zaquizamí (*m*).
cognom *m* apellido.
cognomenar *v tr* apellidar.
cogombre *m bot* cohombro, pepino (*Cucumis sativa*).
cohabitació *f* cohabitación.
cohabitar *v intr* cohabitar.
coherència *f* coherencia.
coherent *a* coherente.
cohesió *f* cohesión.
cohibir *v tr* cohibir.
cohort *f* cohorte.
coi *m* (como epíteto) e *interj* eufemismo de **cony**.
coincidència *f* coincidencia.
coincidir *v intr* coincidir.
coiot *m zool* coyote (*Canis latrans*).
coïssor *f* escozor (*m*), escocedura, escocimiento (*m*).
coit *m biol* coito, concúbito.
coïtja *f V* **coïssor**.
coix, a *a* y *s* cojo, paticojo.
coixària *f V* **coixesa**.
coixejar *v intr* cojear.
coixesa *f* cojera.
coixí *m* ***1*** cojín. ***2*** almohada (*f*). ***3*** almohadón, almohada (*f*).
coixinera *f* ***1*** almohada (funda). ***2*** talega o bolsa.
coixinet *m* cojinete.
col *f bot* col, berza (*Brassica oleracea*).
cola *f* cola (para pegar).
colador *m* colador, coladero, pasador.
colament *m* coladura (*f*), colada (*f*).
colar *v tr* colar. || *v pron* colarse (en una cola de personas).
còlera *f* ***1*** cólera. ***2*** *fig* cólera (irritación). || *m med* cólera.
colesterol *m med* colesterol.
colgar *v tr* ***1*** cubrir. ***2*** enterrar, soterrar. ***3*** acostar.
colibrí *m ornit* colibrí (*gén Trochilus* y afines).
colibròquil *m bot* bróculi (*Brassica oleracea*).
còlic, a *a* y *m med* cólico.
coliflor *f bot* coliflor (*Brassica oleracea*).
coliseu *m* coliseo.
colitis *f med* colitis.
coll *m* ***1*** cuello (de hombre o de animal). ***2*** cuello (de vestido o camisa). ***3*** cuello (de vasija, etc.). ***4*** *anat* garganta (*f*) (de ser vivo). ***5*** plazo (para hacer una cosa). ***6*** *geog* collada (*f*), collado. ***7*** palo (de una baraja). || **a c.** a cuestas. || **mal de c.** dolor de garganta.
colla *f* ***1*** cuadrilla, pandilla. ***2*** *p ext* colección. ***3*** *V* **coble**.
col·laboració *f* colaboración.
col·laborador, a *s* colaborador.
col·laborar *v intr* colaborar.
collada *f geog V* **coll** 6.
col·lapsar *v tr* colapsar.
col·lapse *m med* colapso.
collar *m* collar.
collar *v tr* ***1*** apretar. ***2*** *V* **cargolar** 5.
collaret *m* ***1*** collar. ***2*** gargantilla (*f*).
col·lateral *a* y *s* colateral
col·lecció *f* colección.
col·leccionar *v tr* coleccionar.
col·leccionisme *m* coleccionismo.
col·lecta *f* ***1*** cuestación, colecta. ***2*** colecta (de ciertos impuestos).
col·lectar *v tr* recaudar, colectar.
col·lectiu, iva *a* y *m* colectivo.
col·lectivisme *m* colectivismo.
col·lectivitat *f* colectividad.
col·lega *s* colega.
col·legi *m* colegio.
col·legial *a* y *s* colegial.
col·legiar *v tr* colegiar.
col·legir *v tr* colegir.
a collibè *loc adv* ***1*** a cuestas. ***2*** en hombros.
collir *v tr* ***1*** alzar, recoger, coger (del suelo). ***2*** *fig* recoger, pescar (una alusión, idea, etc.). ***3*** cosechar (frutos).
col·liri *m med* colirio.
col·lisió *f* colisión.
collita *f* ***1*** cosecha. ***2*** *agr* esquilmo.
colló *m vulg* cojón, testículo, turma (*f*).
col·locació *f* ***1*** colocación. ***2*** empleo (*m*).
col·locar *v tr* colocar.
col·loqui *m* coloquio.
colobra *f zool* culebra.
colofó *m* colofón.
colom *m ornit* paloma (*f*) (*gén Columba*).
colombià, ana *a* y *s* colombiano.
colomí *m ornit* ***1*** palomino. ***2*** pichón.
colon, a *s* colono (de una colonia).
còlon *m anat* colon.
colònia *f* colonia.
colonització *f* colonización.
colonitzador, a *a* y *s* colonizador.

colonitzar *v tr* colonizar.
color *s* color.
coloraina *f* colorín (*m*).
colorant *a* y *m* colorante.
colorar *v tr* colorar.
coloret *m* colorete.
colorit *m* colorido.
colós *m* coloso.
colossal *a* colosal.
colp *m V* **cop**.
colpejar *v tr V* **copejar**.
colpidor, a *a* impresionante.
colpiment *m* impresión (*f*).
colpir *v tr* impresionar, afectar.
colrar *v tr fig* curtir, tostar, atezar.
coltell *m* cuchillo.
coltellada *f* cuchillada.
coltellejar *v tr* acuchillar.
columna *f* columna.
colza *f bot* colza (*Brassica napus*).
colzada *f 1* recodo (*m*), codo (*m*), torno (*m*). *2* codo (*m*) (medida).
colze *m 1 anat* codo (del brazo). *2* codo (de la manga). *3 V* **colzada** 1. *4* codo (de una conducción). *5 V* **colzada** 2.
com *adv 1* cómo (de qué manera). *2* como (de igual manera que). *3* como (en sentido comparativo). *4* como (de la manera que, según). || **c. a** como (en calidad de).
coma *m med* coma. || *f* coma (signo).
comanda *f 1* encargo (*m*), encomienda. *2* pedido (*m*).
comandament *m* comando, mando.
comandant, a *s* comandante.
comandar *v tr* comandar.
comando *m* comando.
comar *v tr* entrecomar, poner comas.
comarca *f geog* comarca.
comare *f 1* comadre, madrina. *2* partera.
comatós, osa *a med* comatoso.
combat *m* combate (lucha).
combatent *a* y *s* combatiente.
combatiment *m* combate.
combatiu, iva *a* combativo.
combatre *v tr* e *intr* combatir, pelear.
combina *f fam* tinglado (*m*), tarugo (*m*).
combinació *f* combinación.
combinar *v tr* combinar.
comboi *m* convoy.
combregar *v tr* e *intr* comulgar.
comburent *a* y *m quím* comburente.
combustible *a* y *m* combustible.
combustió *f* combustión.
comèdia *f* comedia.
comediant, a *s* comediante.
començament *m* comienzo, principio.
començar *v tr* comenzar, empezar, principiar.
comenda *f jur* encomienda.
comensal *s* comensal.
coment *m V* **comentari**.
comentar *v tr* comentar.
comentari *m* comentario.
comentarista *s* comentarista.
comerç *m* comercio.
comercial *a* comercial.
comercialització *f* comercialización.
comercialitzar *v tr* comercializar.
comerciant *a* comerciante.
comerciant, a *s* comerciante.
comerciar *v intr*, **comerciejar** *v intr* comerciar.
comesa *f* cometido (*m*).
comestible *a* y *m* comestible.
cometa *m astron* cometa.
cometes *f pl* comillas.
cometre *v tr* cometer.
comí *m bot* comino (*Cuminum cyminum*).
comiat *m 1* despedida (*f*), adiós. *2* despido, despedida (*f*). *3 jur* desahucio. || **donar c.** despedir. || **prendre c.** despedirse.
còmic, a *a* y *s* cómico.
comicis *m pl* comicios.
comicitat *f* comicidad.
comís *m jur* comiso, decomiso.
comissar *v tr* comisar, decomisar.
comissari, ària *s* comisario.
comissaria *f* comisaría.
comissió *f* comisión.
comissura *f anat* comisura.
comitè *m* comité.
comitiva *f* comitiva.
commemorar *v tr* conmemorar.
comminar *v tr 1* conminar. *2 jur* apercibir.
commiseració *f* conmiseración.
commoció *f* conmoción.
commoure *v tr* conmover.
commutador, a *a* y *m* conmutador.
commutar *v tr* conmutar.
còmoda *f V* **calaixera**.
còmode, da *a* cómodo.
comoditat *f* comodidad.
compacte, ta *a* compacto.
compadir *v tr* compadecer. || *v pron 1 V* **condoldre's**. *2* apiadarse
compaginació *f* compaginación.
compaginar *v tr* compaginar.
company, a *s 1* compañero. *2 V* **camarada**.
companyia *f* compañía, compaña.
companyonia *f 1* compañerismo (*m*). *2* camaradería.
comparable *a* comparable.
comparació *f* comparación.
comparar *v tr* comparar.
compare *m* compadre.
compareixença *f* comparecencia.
comparèixer *v intr* comparecer.
comparsa *s* comparsa (de un festejo).
comparseria *f* comparsa (conjunto de comparsas).
compartiment *m* compartimento.
compartir *v tr* compartir.
compàs *m* compás.
compassar *v tr* compasar, acompasar.
compassió *f* compasión.
compassiu, iva *a* compasivo.
compatibilitat *f* compatibilidad.
compatible *a* compatible.

compatir *v tr V* **compadir**.
compel·lir *v tr* ***1*** compeler. ***2*** apremiar.
compendi *m* compedio.
compendiar *v tr* trasuntar.
compenetració *f* compenetración.
compenetrar-se *v pron* compenetrarse.
compensació *f* compensación.
compensar *v tr* compensar.
competència *f* competencia.
competent *a* competente.
competició *f* competición.
competir *v tr* ***1*** competir. ***2*** competer.
compilar *v tr* compilar.
complaença *f* complacencia.
complànyer *v tr V* **compadir**. || *v pron V* **condoldre's**.
complaure *v tr* complacer.
complement *m* complemento.
complementar *v tr* y *pron* complementar.
complet, a *a* completo.
completar *v tr* completar.
complex, a *a* y *m* complejo.
complexió *f* complexión.
complexitat *f* complejidad.
complicació *f* complicación.
complicar *v tr* y *pron* complicar.
còmplice *s jur* cómplice.
compliment *m* ***1*** cumplimiento. ***2*** cumplido.
complimentar *v tr* cumplimentar.
complir *v tr* cumplir.
complit, ida *a* cumplido.
complot *m* complot.
compondre *v tr* ***1*** componer. ***2*** *fig* componer (formar, constituir). ***3*** componer (obras literarias, artísticas, etc.). ***4*** *impr* componer. || *v pron* componerse. || **compondre-s'ho**, **compondre-se-les** componérselas.
component *a* y *s* componente.
componiment *m* componenda (*f*) (avenencia).
comporta *f* compuerta, tapa.
comportament *m V* **conducta**.
comportar *v tr* ***1*** comportar. ***2*** entrañar. || *v pron* comportarse, portarse.
composar *v tr* ***1*** imponer una exacción arbitraria. ***2*** abusar, imponerse abusivamente.
composició *f* composición.
compositor, a *a* y *s mús* compositor.
compost, a *a* y *m* compuesto.
compota *f* compota.
compra *f* compra. || **anar a comprar**; **sortir a comprar** ir de compras.
comprador, a *a* y *s* comprador.
comprar *v tr* comprar, mercar.
comprendre *v tr* comprender.
comprensible *a* comprensible.
comprensió *f* comprensión.
comprensiu, iva *a* comprensivo.
compresa *f med* compresa.
compressió *f* compresión.
compressor, a *a* y *m* compresor.
comprimir *v tr* y *pron* ***1*** comprimir. ***2*** apretar, apretujar.
comprometre *v tr* y *pron* comprometer.
compromís *m* compromiso. || **posar en un c.** *fig* poner en un aprieto.
comprovació *f* comprobación.
comprovant *m* comprobante (documento).
comprovar *v tr* comprobar.
comptabilitat *f* contabilidad.
comptabilitzar *v tr* contabilizar.
comptable *a* y *s* contable.
comptant *a* contante. || **a bell c.** a toca teja.
comptar *v tr* contar (numerar, computar, etc.).
comptat, ada *a* ***1*** contado. ***2*** contado (determinado). || **al c.** al contado. || **c. i debatut** en resumidas cuentas.
compte *m* ***1*** cuenta (*f*) (acción). ***2*** cuenta (*f*) (cálculo). ***3*** cuenta (*f*) (estado de operaciones). ***4*** cuenta (*f*) (razón, exposición). ***5*** cuenta (*f*) (consideración). ***6*** *V* **cura** 1. ***7*** cuenta (*f*) (obligación). || **a c.** ***1*** a cuenta. ***2*** a expensas. || **a bon c.** a la cuenta. || **en c.** (o **en comptes**) en vez de. || **retre c**. (d'una cosa) dar cuenta (de una cosa).
compte! *interj* ¡cuidado!, ¡cuenta!, ¡ojo!
compulsar *v tr* compulsar.
compunció *f*, **compungiment** *m* compunción (*f*).
compungir *v tr* y *pron* compungir.
còmput *m* cómputo.
computador, a *a* y *s* computador. || *m V* **computadora**. || *f* computadora.
computar *v tr* computar.
comtat *m* condado.
comte *m* conde.
comtessa *f* condesa.
comú, una *a* común. || *m* común (generalidad de personas). || *f* común (*m*).
comunament *adv* comúnmente.
comunicació *f* comunicación.
comunicar *v tr*, *intr* y *pron* comunicar.
comunicat *m* comunicado, parte.
comunicatiu, iva a comunicativo.
comunió *f* comunión.
comunisme *m* comunismo.
comunista *a* y *s* comunista.
comunitari, ària *a* y *s* comunitario.
comunitat *f* comunidad.
con *m* cono.
conat *m* conato.
conca *f* ***1*** cuenca (recipiente). ***2*** *geog* cuenca. ***3*** solterona.
concassar *v tr* desmenuzar, machacar.
còncau, ava *a* cóncavo.
concavitat *f* concavidad.
concebiment *m V* **concepció** 1.
concebre *v tr* concebir.
concedir *v tr* conceder.
concentració *f* concentración.
concentrar *v tr* y *pron* concentrar.
concepció *f* ***1*** concepción, concebimiento (*m*). ***2*** concepción (proceso mental, idea, etc.).
concepte *m* concepto.
conceptuar *v tr* conceptuar.
concernir *v tr* e *intr* concernir.
concert *m* concierto.
concertar *v tr* concertar.

concessió *f* concesión.
concili *m* concilio.
conciliació *f* conciliación.
conciliar *v tr* y *pron* conciliar.
concís, isa *a* conciso, escueto.
concisió *f* concisión.
concitar *v tr* concitar.
conciutadà, ana *s* conciudadano.
concloent *a* concluyente.
concloure *v tr* concluir.
conclusió *f* conclusión.
concomitància *f* concomitancia.
concordança *f* concordancia.
concordar *v tr, intr* y *pron* concordar.
concorde *a* acorde.
concòrdia *f* concordia.
concórrer *v intr* concurrir.
concreció *f* concreción.
concret, a *a* concreto.
concretar *v tr* y *pron* concretar.
concúbit *m biol V* **coit**.
conculcació *f* conculcación.
conculcar *v tr fig* conculcar, hollar.
concupiscència *f* concupiscencia.
concurrència *f* concurrencia.
concurs *m* ***1*** concurrencia (*f*), concurso (ayuda). ***2*** concurso (oposición, competencia). || **c. de creditors** concurso de acreedores.
concursant *s* concursante.
concursar *v tr* e *intr* concursar.
condecoració *f* condecoración.
condecorar *v tr* condecorar.
condeixeble, a *s* condiscípulo.
condemna *f jur* condena.
condemnar *v tr* y *pron* condenar.
condemnat, ada *a* y *s* penado.
condensació *f* condensación.
condensar *v tr* y *pron* condensar.
condescendència *f* condescendencia.
condescendir *v intr* condescender.
condícia *f* aseo (*m*).
condició *f* condición.
condicionador *m* acondicionador (de aire).
condicionar *v tr* ***1*** condicionar. ***2*** acondicionar.
condiment *m* condimento.
condimentar *v tr* condimentar.
condó *m med* condón, preservativo.
condol *m* ***1*** pésame, condolencia (*f*). ***2*** condolencia (*f*) (dolor).
condoldre's *v pron* condolerse, compadecerse.
condolença *f V* **condol**.
condomini *m jur* condominio.
condonar *v tr* condonar.
còndor *m ornit* cóndor (*Vultur gryphus*).
conducció *f* ***1*** conducción. ***2*** *V* **canonada** 2.
conducta *f* conducta, comportamiento (*m*).
conducte *m* conducto.
conductor, a *a* y *s* conductor (que conduce).
conduïdor, a *s* conductor.
conduir *v tr* ***1*** conducir. ***2*** conducir (guiar). ***3*** conducir (un vehículo, un negocio). || *v pron* conducirse (portarse).
coneixedor, a *a* y *s* conocedor.
coneixement *m* ***1*** conocimiento (facultad y acto de conocer). ***2*** conocimiento (sentido, conciencia). ***3*** *V* **coneixença**.
coneixença *f* conocimiento (*m*) (entendimiento, inteligencia).
conèixer *v tr* y *pron* conocer.
confabular *v intr* y *pron* confabular.
confecció *f* confección.
confeccionar *v tr* confeccionar.
confegir *v tr* ***1*** juntar. ***2*** deletrear.
conferència *f* conferencia. || **c. de premsa** rueda de prensa.
conferenciar *v tr* conferenciar.
conferir *v tr* conferir.
confessar *v tr* y *pron* confesar.
confessió *f* confesión.
confessor, a *s* confesor.
confeti *m* confeti.
confí *m* confín.
confiança *f* confianza.
confiar *v tr* e *intr* confiar, fiar.
confidència *f* confidencia.
confident *a* y *s* confidente.
configurar *v tr* configurar.
confinar *v tr* ***1*** confinar. ***2*** rayar.
confirmació *f* confirmación (acción y efecto).
confirmar *v tr* ***1*** confirmar. ***2*** reafirmar.
confiscar *v tr* confiscar.
confitar *v tr* confitar.
confiteria *f* pastelería, dulcería.
confitura *f* confitura.
conflagració *f* conflagración.
conflent *m* confluencia (*f*), horcajo.
conflicte *m* conflicto.
confluència *f* ***1*** confluencia (acción y efecto). ***2*** *V* **conflent**.
confluir *v intr* confluir.
confondre *v tr* ***1*** confundir. ***2*** confundir (identificar falsamente). ***3*** confundir (turbar, avergonzar). || *v pron* confundirse.
conformar *v tr* y *pron* conformar.
conforme *a* y *m* conforme.
confort *m* confort.
confortable *a* confortable.
confortar *v tr* confortar.
confós, osa *a* confundido.
confraria *f* cofradía.
confraternitzar *v intr* confraternizar.
confront *m jur* careo, confrontación (*f*).
confrontació *f* ***1*** *V* **confront**. ***2*** confrontación.
confrontar *v tr* ***1*** *jur* carear, confrontar (personas). ***2*** cotejar, confrontar, carear, enfrentar (cosas). ***3*** confrontar (ser conforme). ***4*** confrontar (lindar).
confús, usa *a* confuso.
confusió *f* ***1*** confusión. ***2*** despiste (*m*).
congelació *f* congelación.
congelador *m* congelador.
congelar *v tr* y *pron* congelar.
congeniar *v intr* congeniar.
congènit, a *a* congénito.
congesta *f geol* ventisquero (*m*), helero (*m*).
congestió *f* congestión.

congestionar *v tr* y *pron* congestionar.
congolès, esa *a* y *s* congoleño, congolés.
congost *m geog* desfiladero, garganta (*f*).
congraciar-se *v pron* congraciarse.
congregar *v tr* y *pron* congregar.
congrés *m* congreso.
conhortar *v tr* y *pron* confortar.
cònic, a *a* cónico.
conill, a *m zool* conejo (*Lepus cuniculus*). || *f zool* coneja.
conillet d'Índies *m zool V* **cobai**.
conjectura *f* ***1*** conjetura. ***2*** barrunto (*m*).
conjecturar *v tr* ***1*** conjeturar. ***2*** barruntar.
conjugació *f* conjugación.
conjugal *a* conyugal.
conjugar *v tr* y *pron gram* conjugar.
cònjuge *s* cónyuge.
conjuminació *f* ***1*** combinación. ***2*** compostura (ajuste, acuerdo). ***3*** aunamiento (*m*).
conjuminar *v tr* ***1*** combinar. ***2*** componer (ajustar, concordar). ***3*** pergeñar. ***4*** aunar. ***5*** tramar.
conjunció *f* conjunción.
conjunt *a* y *m* conjunto.
conjuntura *f* coyuntura.
conjur *m* conjuro.
conjura *f*, **conjuració** *f* conjuración, conjura.
conjurament *m V* **conjur**.
connectar *v tr* conectar.
connector *m* conector.
connexió *f* conexión.
connivència *f* connivencia.
conqueridor, a *a* y *s* conquistador.
conquerir *v tr* conquistar.
conquesta *f* conquista.
conquilla *f zool* concha.
conquista *f V* **conquesta**.
conquistador, a *a* y *s V* **conqueridor**.
conquistar *v tr V* **conquerir**.
conradís, issa *a* cultivable.
conrador, a *a V* **conradís**. || *s* cultivador.
conreador, a *s* cultivador (en general).
conrear *v tr* cultivar, laborar, labrar.
conreu *m*, **conró** *f agr* cultivo (*m*), cultivación (*f*), cultura (*f*), labor (*f*), labranza (*f*), laboreo (*m*).
consagrar *v tr* y *pron* consagrar.
consciència *f* conciencia.
conscienciós, osa *a* concienzudo.
conscient *a* consciente.
consecutiu, iva *a* consecutivo.
conseqüent *a* y *f* consiguiente. || **per c.** *loc adv* por consiguiente.
consell *m* consejo.
consellar *v tr* aconsejar.
conseller, a *s* ***1*** consejero. ***2*** concejal.
conselleria *f* ***1*** cargo y oficina de consejero. ***2*** ministerio (*m*) del gobierno de la Generalidad.
consemblança *f* semejanza, semblanza (igualdad de condición).
consemblant *a* semejante (de igual condición).
consens *m* consenso.
consentiment *m* ***1*** consentimiento. ***2*** consenso. ***3*** asentimiento.
consentir *v tr* e *intr* consentir (admitir, tolerar). || *v pron* consentirse.
conseqüència *f* consecuencia.
conserge *s* conserje.
conserva *f* conserva.
conservació *f* conservación.
conservador, a *a* y *s* conservador.
conservament *m V* **conservació**.
conservar *v tr* y *pron* conservar.
considerable *a* considerable.
consideració *f* consideración.
considerar *v tr* considerar.
consigna *f* consigna.
consignar *v tr* consignar.
consirós, osa *a* pensativo.
consistència *f* consistencia.
consistent *a* consistente.
consistir *v intr* consistir.
consistori *m* ayuntamiento, concejo.
consol *m* consuelo.
cònsol *s* cónsul.
consolació *f* consolación.
consolar *v tr* y *pron* consolar.
consolat *m* consulado.
consolidar *v tr* y *pron* consolidar.
consomé *m* consomé.
consonància *f* consonancia.
consonant *a* y *s* consonante.
consorci *m* consorcio.
consòrcia *f V* **conxorxa**.
consort *a* y *s* consorte.
conspicu, ícua *a* conspicuo.
conspiració *f* conspiración.
conspirador, a *s* conspirador.
conspirar *v intr* conspirar.
constància *f* ***1*** constancia. ***2*** tesón (*m*).
constant *a* constante.
constar *v intr* constar.
constatació *f V* **comprovació**.
constatar *v tr V* **comprovar**.
constel·lació *f* constelación.
consternar *v tr* consternar.
constipar *v tr med* constipar. || *v pron med* enfriarse, resfriarse.
constipat *m med* constipado, resfriado.
constitució *f* constitución.
constituir *v tr* constituir.
constrènyer *v tr* ***1*** constreñir. ***2*** apremiar. ***3*** estrechar.
constrenyiment *m* apremio.
construcció *f* construcción (acción y efecto).
construir *v tr* ***1*** construir. ***2*** obrar.
consueta *s* consueta.
consuetud *f V* **costum**.
consulta *f*, **consultació** *f* consulta.
consultar *v tr* consultar.
consultori *m* consultorio.
consum *m* consumo, consumición (*f*).
consumació *f* ***1*** *V* **consumpció** 1. ***2*** consumación (acción y efecto).
consumar *v tr* consumar.
consumició *f* consumición (en un bar, etc.).
consumidor, a *a* y *s* consumidor.

consumiment *m V* **consumpció** 2.
consumir *v tr* y *pron* ***1*** consumir. ***2*** gastar.
consumpció *f* ***1*** consunción, consumición, consumimiento (*m*). ***2*** consunción (extenuación).
contacte *m* contacto.
contagi *m* contagio.
contagiar *v tr* y *pron* contagiar, pegar.
contagiós, osa *a* contagioso, pegajoso.
contaminació *f* contaminación.
contaminar *v tr* y *pron* contaminar.
contar *v tr* contar (referir, narrar, etc.).
contarella *f* ***1*** cuento (*m*). ***2*** chascarrillo (*m*).
conte *m* ***1*** cuento (narración). ***2*** rondalla (*f*).
contemplació *f* contemplación.
contemplar *v tr* contemplar.
contemporani, ània *a* y *s* contemporáneo.
contemporitzar *v intr* contemporizar.
contendre *v intr*, **contendir** *v intr* contender.
contenidor, a *a* y *m* contenedor.
contenir *v tr* ***1*** contener. ***2*** entrañar.
content, a *a* ***1*** contento. ***2*** *fig* campante. || **fer c.** complacer.
contentació *f* contento (*m*), contentamiento (*m*).
contesa *f* contienda.
contesta *f* ***1*** contestación, respuesta. ***2*** contestación.
contestació *f V* **contesta** 2.
contestar *v tr* ***1*** contestar. ***2*** *jur* contestar (un pleito). || *v intr* contestar.
context *m* contexto.
contigu, ua *a* contiguo.
continència *f* continencia.
continent *a* i *m* continente (cosa que contiene).
continental *a* continental.
contingència *f* contingencia.
contingent *a* y *m* contingente.
contingut *m* contenido.
continu, ínua *a* continuo. || **de c.** de continuo.
continuació *f* continuación.
continuar *v tr* e *intr* continuar.
continuïtat *f* continuidad.
contista *s* cuentista.
contorn *m* contorno, derredor.
contorsió *f* contorsión.
contra *prep* contra. || *m* contra (por oposición a **pro**). || *f* contra.
contraatac *m* contraataque.
contraatacar *v intr* contraatacar.
contrabaix *m mús* contrabajo.
contraban *m jur* contrabando.
contrabandista *s* contrabandista.
contracció *f* contracción.
contraclaror *f* trasluz (*m*).
contractar *v tr* contratar.
contracte *m* contrato.
contrada *f* región.
contradicció *f* contradicción.
contradictori, òria *a* contradictorio.
contradir *v tr* y *pron* contradecir.
contraent *a* y *s* contrayente.
contrafer *v tr* ***1*** contrahacer. ***2*** remedar.
contrafet, a a contrahecho.
contrafort *m* ***1*** contrafuerte. ***2*** *geog* estribo. ***3*** *arq* estribo.
contraindicació *f* contraindicación.
contrallum *m* contraluz (*m* o *f*).
contraofensiva *f mil* contraofensiva.
contrapartida *f* contrapartida.
a contrapèl *loc adv* a contrapelo.
contrapès *m* contrapeso.
contraposar *v tr* y *pron* contraponer.
contrarestar *v tr* contrarrestar.
contrari, ària *a* i *s* contrario. || **al c.** *loc adv* al contrario.
contrariar *v tr*, **contrariejar** *v tr* contrariar.
contrarietat *f* contrariedad.
contrariós, osa *a* contrario.
contrasentit *m* contrasentido.
contrasenya *f* contraseña.
contrast *m* contraste.
contrastament *m* contraste (acción).
no contrastant *loc prep* no obstante, sin ser óbice.
contrastar *v tr* e *intr* contrastar.
contratemps *m* ***1*** contratiempo. ***2*** percance.
contraure *v tr V* **contreure**.
contravenir *v tr* contravenir.
contreure *v tr* contraer.
contribució *f* contribución.
contribuent *s* contribuyente.
contribuir *v intr* contribuir.
contrincant *s* contrincante.
control *m* control.
controlar *v tr* controlar.
controvèrsia *f* controversia.
controvertir *v tr* e *intr* controvertir.
contuberni *m* contubernio.
contumaç *a* contumaz.
contumàcia *f* contumacia.
contundent *a* contundente.
contusió *f med* contusión.
contusionar *v tr med* contusionar.
convalescència *f* convalecencia.
convalescent *a* y *s* convaleciente.
convalidar *v tr* convalidar.
convèncer *v tr* y *pron* convencer.
convenciment *m* convencimiento, convicción (*f*).
convenció *f* ***1*** convención. ***2*** *V* **convinença**.
conveni *m* convenio.
conveniència *f* conveniencia.
convenient *a* conveniente (útil, oportuno).
convenir *v tr* e *intr* convenir.
convent *m* convento.
convergència *f* convergencia.
convergent *a* convergente.
convergir *v tr* convergir, converger.
conversa *f*, **conversació** *f* conversación.
conversar *v intr* ***1*** conversar, departir. ***2*** conversar.
conversejar *v tr* dar conversación. || *v intr V* **conversar** 1.
conversió *f* conversión.
convertiment *m V* **conversió**.
convertir *v tr* y *pron* convertir.
convex, a *a* convexo.
convicció *f V* **convenciment**.
convicte, a *a jur* convicto.
convidar *v tr* convidar.

convincent *a* convincente.
convinença *f* convención (acuerdo).
convit *m* ***1*** convite, ágape. ***2*** convite (invitación).
conviure *v intr* convivir.
convivència *f* convivencia.
convocar *v tr* convocar.
convocatòria *f* convocatoria.
convulsiu, iva *a* convulsivo.
conxorxa *f* ***1*** conchabanza (confabulación). ***2*** componenda, pastel (*m*) (para mal fin).
cooperar *v intr* cooperar.
cooperativa *f* ***1*** cooperativa. ***2*** pósito (*m*).
coordenada *f* coordenada.
coordinar *v tr* coordinar.
cop *m* ***1*** golpe, tiento. ***2*** golpe, choque. ***3*** *fig* golpe (infortunio). ***4*** *fig* golpe (tentativa). ***5*** *fig* rasgo. ***6*** cada uno de los movimientos repetidos que se imprimen a ciertos instrumentos para su funcionamiento (**donar un c. de planxa**; pasar la plancha en un momento; etc.). ***7*** vez (*f*). || **c. de puny** puñetazo. || **c. d'ull** ojeada (*f*). || **de c.**, **de c. i volta**, **de c. sobte** de golpe; de golpe y porrazo; de sopetón; de súbito; de repente; de pronto.
cóp *m* ***1*** copo (de fibra). ***2*** copo (de nieve).
copa *f* ***1*** copa (vaso). ***2*** copa (contenido). ***3*** copa (naipe). ***4*** copa (de sombrero). ***5*** *bot V* **capçada** 1. || **barret de c.** (**alta**) chistera (*f*).
copejar *v tr* ***1*** golpear. ***2*** aporrear.
còpia *f* copia.
copiar *v tr* ***1*** copiar. ***2*** trasuntar.
copinya *f* ***1*** *zool* concha, pechina. ***2*** *zool* berberecho (*m*) (*gèns Cerastoderma* y *Cardium*). ***3*** *V* **coverol**.
copiós, osa *a* ***1*** copioso. ***2*** pingüe.
coproducció *f* coproducción.
copsar *v tr* ***1*** alcanzar, tomar (al vuelo). ***2*** *fig* pescar.
copte, ta *a* y *s* copto.
còpula *f bot gram zool* cópula.
copular *v tr* unir, juntar. || *v intr* copular.
copulatiu, iva *a gram* copulativo.
coquetejar *v intr* coquetear.
coqueteria *f* coquetería.
cor *m* ***1*** *anat* corazón. ***2*** *fig* corazón, ánimo, bizarría (*f*), agallas (*f pl*). ***3*** coro. || **de c.** con sinceridad. || **donar c.** *fig* alentar. || **mal de c.** desconsuelo.
coradella *f anat* bofe (*m*).
coral *a mús* coral. || *m zool* coral (*Corallium rubrum*). || *f mús* coral.
corall *m zool V* **coral**.
coratge *m* ***1*** disposición del corazón o del alma. ***2*** valor, valentía (*f*), valerosidad (*f*), coraje.
coratgia *f* coraje (*m*).
coratjós, osa *a* valeroso, valiente.
corb *m ornit* cuervo (*Corvus corax*).
corb, a *a* curvo.
corba *f* curva.
corbar *v tr* y *pron* ***1*** curvar. ***2*** encorvar.
corbata *f* corbata.
corbella *f agr* hoz, segadera.
corc *m* ***1*** *entom* carcoma (*f*) (*gén Anobium*). ***2*** *entom* gorgojo (*gén Bruchus*).
corcar *v tr* carcomer. || *v pron* ***1*** *med V* **cariar-se**.
corcó *m* ***1*** *entom V* **corc** 1 y 2. ***2*** pelmazo, pelma, persona molesta e insistente.
corda *f* cuerda. || **saltar a c.** jugar a la comba.
cordada *f* cuerda (de presos, alpinistas, etc.).
cordar *v tr* abrochar, abotonar.
cordell *m V* **cordill**.
corder, a *s zool* cordero.
cordial *a* cordial. || *m* cordial (bebida o medicamento).
cordialitat *f* cordialidad.
cordill *m* cordel.
cordó *m* cordón.
coreà, ana *a* y *s* coreano.
corejar *v tr* corear.
coreografia *f* coreografía.
corfa *f* ***1*** corteza, cáscara (de un árbol). ***2*** *V* **clofolla** 1.
corglaçar-se *v pron* asustarse mucho.
corista *s* corista.
cormorà *m ornit* cormorán (*Phalacrocorax carbo*).
corn *m* ***1*** cuerno (de un animal). ***2*** *mús* cuerno (instrumento).
cornada *f* cornada.
cornamusa *f mús* cornamusa, gaita.
corneta *s mús* corneta. || *f mús* corneta.
còrnia *f anat* córnea.
cornisa *f arq* cornisa.
corol·la *f bot* corola.
corona *f* corona.
coronar *v tr* coronar.
coronel, a *s mil* coronel.
coronell *m*, **coroneta** coronilla (*f*).
corpenta *f* ***1*** *V* **cos**. ***2*** *V* **carcanada**.
còrpora *f V* **cos**.
corporació *f* corporación.
corporal *a* y *m* corporal.
corporatiu, iva *a* corporativo.
corprendre *v tr* cautivar. || *v pron* prendarse.
corpulència *f* corpulencia.
corpulent, a *a* corpulento.
corral *m* corral.
corranda *f* ***1*** *mús* cantar (*m*) (canción). ***2*** danza breve.
córrec *m* arroyada (*f*), badén.
correcció *f* corrección.
correcte, ta *a* correcto.
corredís, issa *a* corredizo.
corredissa *f* carrerilla (carrera corta).
corredor, a *a* y *s* corredor. || *m* pasillo, corredor, carrejo. || *f* corredora.
corregada *f geog* barranco (*m*), barranquera.
corregall *m V* **córrec**.
corregidor, a *a* y *s* corregidor.
corregir *v tr* y *pron* corregir.
correguda *f* carrera.
correlació *f* correlación.
correlatiu, iva *a* correlativo.
corrent *a* corriente. || *m* ***1*** corriente (*f*), correntío. ***2*** rebalaje. ***3*** *fig* corriente (*f*) (curso). ***4*** corriente (*f*) (eléctrica).
correntia *f V* **corrent** (*m*) 1.

corrents *adv* muy de prisa.
córrer *v tr 1* correr (hacer correr o correr una cosa de un lado a otro). *2* correr (un cerrojo). *3* correr (un riesgo). || *v intr 1* correr (caminar con velocidad). *2* correr (partir de ligero para hacer una cosa). *3* correr (los fluídos o líquidos). *4* correr (soplar el viento). *5* correr (un río). *6* correr (extenderse de una parte a otra). *7* correr (el tiempo). || **deixar c.** dejar correr.
correra *f* canal (*m*) (teja).
correspondència *f* correspondencia.
correspondre *v intr* y *pron* corresponder.
corresponent *a* y *s* correspondiente.
corresponsal *a* y *s* corresponsal.
corretja *f* correa.
corretjam *m* correaje.
corretjós, osa *a*, **corretjut, uda** *a* correoso.
correu *m* correo.
corriol *m V* **caminoi**.
corriola *f* polea, garrucha.
corriolada *f V* **corrua**.
corró *m 1* rodillo (para arrastrar). *2* rodillo, rulo (para aplanar).
corroborar *v tr* corroborar.
corroir *v tr 1* corroer. *2* desmoronar.
corrompre *v tr* y *pron* corromper.
corrua *f* hilera, recua.
corrupció *f* corrupción, corrompimiento (*m*).
corrupte, ta *a* y *s* corrupto, corrompido.
corsari,ària *a* y *s* corsario.
corsecament *m fig* consunción (*f*).
corsecar *v tr* y *pron* resecar.
cort *f 1* corte (de un rey). *2* corte. *3 V* **cortiella**. || **fer la c.** *V* **cortejar**. || *f pl* cortes (legislativas).
cortal *m V* **corral**.
cortejar *v tr* cortejar, hacer la corte.
cortès, esa *a* cortés.
cortesia *f* cortesía.
cortiella *f* pocilga, porqueriza.
cortina *f 1* cortina. *2 V* **cortiella**.
cos *m* cuerpo.
cosa *f* cosa.
cosí, ina *s* primo.
cosidor, a *a* y *s* que cose. || *m* costurero.
cosidura *f* costura (conjunto de puntadas).
cosinus *m mat* coseno.
cosir *v tr 1* coser. *2 fig* acribillar.
cosit *m 1* cosido (conjunto de puntadas). *2 V* **cosidura**.
cosmètic, a *a* y *m* cosmético. || *f* cosmética.
còsmic, a *a* cósmico.
cosmopolita *a* cosmopolita.
cosmos *m* cosmos.
cossar *v tr 1* dar cuerpo (a algo). *2* entallar (hacer o formar talle).
cossatge *m* talle.
cosset *m* corpiño.
cossi *m* barreño.
cost *m* coste, costo, costa (*f*).
costa *f 1 anat V* **costella** 1. *2 geog* costa. *3* cuesta. || *f pl jur* costas (gastos judiciales).
costaner, a *a* costero, costanero.
costanera *f mil V* **costat** 3.
costar *v intr* costar.
costa-riqueny, a *a* y *s* costarriqueño.
costat *m 1* costado, lado. *2 anat* cadera (*f*), lado. *3 mil* costado, flanco. || **fer c.** apoyar.
costejar *v tr* costear (pagar). || *v tr náut V* **costerejar**.
costell *m* picota (*f*).
costella *f 1 anat* costilla (hueso). *2 fig* costilla (esposa). *3 náut* cuaderna, costilla. *4* chuleta (de carne).
costenc, a *a V* **costaner**.
coster, a *a 1 V* **costerós** 1. *2* lateral. || *m V* **costa** 3. || *f geog V* **costa** 2.
costerejar *v tr náut* costear.
costerós, osa *a*, **costerut, uda** *a 1* costanero. *2* pino.
costós, osa *a* costoso.
costum *m* costumbre (*f*), hábito.
costura *f 1* costura, cosido (*m*) (acción y efecto). *2* costura (arte de coser). *3 V* **cosidura**.
costurer *m* costurero (mueble, lugar).
cot, a *a* gacho.
cota *f 1* cota (armadura). *2* acotación, cota. *3* cota (altura).
cotilla *f* corsé (*m*).
cotització *f* cotización.
cotitzar *v tr* e *intr* cotizar.
cotnar *v tr* pelar, mondar.
cotó *m* algodón (fibra, tejido, etc.).
cotorra *f ornit* cotorra (*gén Amazona* y afines).
cotxe *m* coche (vehículo).
cotxinilla *f entom* cochinilla, cucaracha (*Coccus cacti*).
coure *m quím* cobre (metal).
coure *v tr* cocer (con fuego). || *v intr* escocer, picar.
cova *f geol* cueva.
covar *v tr* empollar, incubar.
covard, a *a* y *s* cobarde, gallina (*fam*).
covardia *f* cobardía.
cove *m* cuévano.
coverol *m* concha (*f*) (de apuntador).
crac *m* quiebra (*f*).
cranc *m 1 zool* cangrejo (en general). *2 astron V* **Càncer** 2.
cranca *f zool V* **cabra** 2.
crani *m anat* cráneo, casco.
cràpula *s* crápula.
cras, crassa a craso.
cràter *m* cráter (de un volcán).
creació *f* creación.
creador, a *a* y *s* creador
crear *v tr* crear, criar.
creativitat *f* creatividad.
crebantar *v tr* quebrantar.
credencial *a* y *f* credencial.
crèdit *m* crédito.
creditor, a *s* acreedor.
credo *m* credo.
crèdul, a *a* crédulo.
creença *f* creencia.
creïble *a* creíble.
creient *a* y *s* creyente.

creixa *f* creciente (*m*) (de mar, de un río).
creixedit *m med* padrastro, respigón.
creixença *f* crecimiento (*m*).
créixens *m pl bot* berro (*sing*) (*Nasturtium officinale*).
creixent *a* creciente. || *m 1 V* **creixa**. *2 V* **crescuda**. *3* levadura (*f*).
créixer *v intr 1* crecer. *2* cundir. *3* arreciar. *4* medrar.
creiximoni *m* creces (*f pl*) (del trigo).
crem *a* y *m* crema (color).
crema *a V* **crem**. || *f 1* nata, crema. *2* quema, quemazón.
cremada *f 1 V* **crema** 2. *2 med* quemadura. *3* ardimiento (*m*) (acción y efecto).
cremadissa *f* quema múltiple.
cremallera *f* cremallera. || *m* cremallera (ferrocarril).
cremar *v tr* quemar. || *v intr 1* quemar. *2* arder. || *v pron* quemarse.
crematori, òria *a* y *m* crematorio.
cremor *f 1* ardor (*m*). *2* quemazón. *3* escocedura, escozor (*m*).
cremós, osa *a* ardiente.
crepitar *v intr* crepitar.
crepuscle *m* crepúsculo.
crescuda *f* crecida.
cresp, a *a* crespo.
crespar *v tr* encrespar.
crespó *m* crespón.
cresta *f 1* cresta. *2* copete (*m*) (de pluma). *3 fig V* **crestall** 3.
crestall *m 1 agr V* **cavalló**. *2 V* **carena**. *3 fig* boca (*f*), corte, filo, tajo.
crestar *v tr V* **castrar**.
cretí, ina *a* y *s* cretino.
creu *f 1* cruz (figura). *2* cruz (patíbulo, suplicio). *3* cruz (señal de los cristianos). *4* cruz (insignia). *5* cruz (de una moneda). *6 V* **creuera**. *7* cruz (de un árbol). *8* cruz (signo o marca). *9 fig* cruz (carga, pena).
creuar *v tr* cruzar, atravesar, pasar.
creuer *m 1 arq* crucero (de iglesia). *2* crucero (viaje). *3* crucero (campaña). *4 náut* crucero (buque de guerra).
creuera *f* cruz (de un cuadrúpedo).
creure *v tr* creer.
cria *f* cría.
criador, a *a* y *s* criador (referido a un país, a una tierra). || *s* criador.
criança *f* crianza.
criançó *m* crío, cría (*f*), criatura (*f*).
criar *v tr* criar.
criat, ada *a* y *s* criado.
criatura *f 1* criatura (ser creado). *2 V* **criançó**. *3* nene (*s*), criatura. *4* niño (*s*), chico (*s*), chiquillo (*s*).
criaturada *f* chiquillada, niñería, niñada.
criaturam *m* chiquillería (*f*).
criaturejar *v intr* niñear.
cric *m* gato.
crida *f 1* llamamiento (*m*). *2* llamada. *3* pregón (*m*).
cridadissa *f V* **cridòria**.
cridaire *s* gritón.
cridaner, a *a 1* chillón (color). *2* llamativo. || *a* y *s 1 V* **cridaire**. *2* chillón, baladrero.
cridar *v tr* e *intr 1* gritar. *2* llamar (a una persona o animal). *3* vocear.
cridòria *f* gritería, griterío (*m*).
crim *m* crimen.
criminal *a* y *s* criminal.
crin *m* (o *f*) *V* **cerra**.
crina *f* crin.
crinera *f 1 V* **crina**. *2* melena, crin (del león).
crioll, a *a* y *s* criollo.
cripta *f* cripta.
crisàlide *f zool* crisálida.
crisantem *m bot* crisantemo (*gén Chrysanthemum*).
crisi *f* crisis.
crispar *v tr* crispar.
crispeta *f* palomita, palomilla (de maíz).
cristall *m* cristal.
cristalleria *f* cristalería.
cristal·lí, ina *a* cristalino. || *m anat* cristalino.
cristal·litzar *v tr* e *intr* cristalizar.
cristià, ana *a* y *s* cristiano.
cristianisme *m* cristianismo.
crit *m* grito. || **fer crits** dar gritos.
criteri *m* criterio.
crític, a *a* y *s* crítico. || *f* crítica.
criticar *v tr 1* criticar. *2* murmurar.
crivell *m* criba (*f*).
crivellar *v tr* acribillar.
croada *f* cruzada.
croat, a *a* y *s* croata. || *m* cruzado.
croc *m 1* gancho. *2* gafa (*f*) (de ballesta).
crom *m quím* cromo (metal).
crònic, a *a* crónica. || *f* crónica.
cronista *s* cronista.
cronologia *f* cronología.
cronològic, a *a* cronológico.
cronometrar *v tr* cronometrar.
cronòmetre *m* cronómetro.
croqueta *f* croqueta.
croquis *m* croquis, bosquejo.
croquisar *v tr* bosquejar.
crossa *f 1* cayado (*m*). *2* báculo (*m*). *3* muleta. *4* horquilla (bastón).
crosta *f 1* corteza, costra. *2 V med* **crostís**. || **de la c.** carca.
crostís *m med* postilla (*f*), costra (*f*), pupa.
crostó *m 1 V* **cantell** 2. *2* cuscurro, coscurro.
cru, a *a* crudo.
crucial *a* crucial.
crucificar *v tr* crucificar.
crucifix *m* crucifijo.
cruditat *f V* **cruesa**.
cruel *a* y *s* cruel.
crueltat *f* crueldad.
cruent, a *a* cruento.
cruesa *f* crudeza.
cruïlla *f 1* encrucijada, confluencia. *2* cruce (*m*).
cruiximent *m fig V* **capolament**.
cruixir *v intr 1* crujir. *2* rechinar, crujir (de dientes). *3 fig* agotar, rendir, moler.

cruixit *m 1* crujido. *2* crujido (de dientes).
cruor *f V* **cruesa**.
cruspir-se *v pron fam* comerse.
crustaci, àcia *a* y *s zool* crustáceo.
cua *f 1 anat* cola, rabo (*m*). *2* cola. *3* hopo (*m*). *4* coleta (de cabello).
cub *m 1 geom* cubo. *2 arit* cubo.
cubà, ana *a* y *s* cubano.
cubell *m 1* cubo (recipiente). *2* tina (*f*).
cúbic, a *a* cúbico.
cubicar *v tr* cubicar.
cubicatge *m V* **cilindrada**.
cuc *m 1 zool* gusano. *2 zool* lombriz (*f*). || **c. de terra** *zool V* **cuc** 1 y 2.
cuca *f 1 entom* sabandija, bicho (*m*). *2 fig* musaraña. || **c. de llum** *entom* luciérnaga, lucerna (*Lampyris noctiluca*). || **c. molla** *entom* cucaracha (*Blatta vulgaris* y afines).
cuclejar *v intr* graznar, grajear.
cucurell *m anat* cabeza (*f*) (parte superior de la cabeza).
cucurull *m*, **cucurutxo** *m* cucurucho.
cucut *m ornit* cuclillo, cuco (*Cuculus canorus*).
cuejar *v intr*, **cuetejar** *v intr* colear.
cuidar *v tr 1* estar en un tris de. *2* cuidar. || *v pron* cuidarse.
cuina *f* cocina.
cuinar *v tr* cocinar
cuir *m* cuero.
cuirassa *f* coraza.
cuirassar *v tr* acorazar.
cuirassat *m náut* acorazado.
cuiro *m V* **cuir**.
cuit, a *a 1* cocido. *2 fig* harto. || *f 1* hornada. *2* acuitamiento (*m*).
cuitar *v tr* apremiar, acuciar. || *v intr* despachar.
cuitat, ada *a* presuroso.
cuitós, osa *a* diligente.
cuixa *f 1 anat* muslo (*m*). *2* montante (*m*) o soporte (*m*) de algunos aparatos.
cuixeró *m V* **cuixa** 2.
cuixot *m* pernil.
cul *m 1 anat* culo, posaderas (*f pl*). *2* fondo.
culata *f* culata.
cul-de-sac *m* callejón sin salida.
culinari, ària *a* culinario.
culler *m* cucharón.
cullera *f* cuchara.
cullerada *f* cucharada. || **ficar-hi c.** meter baza.
cullereta *f* cucharilla.
cullerot *m V* **culler**.
culminar *v tr* e *intr* culminar.
culpa *f* culpa.
culpable *a* culpable.
culpar *v tr* culpar.
culte *m* culto.
culte, ta *a* culto.
cultiu *m V* **conreu**.
cultivable *a V* **conradís**.
cultivador, a *a* y *s V* **conreador**. || *s V* **conrador**.
cultivar *v tr V* **conrear**.
cultura *f* cultura.
cultural *a* cultural.
cúmul *m* cúmulo (montón).
cúmulus *m* cúmulo (nube).
cuneta *f* cuneta.
cuny *m* cuña (*f*).
cunyat, ada *s* cuñado.
cup *m agr* lagar.
cupó *m* cupón.
cúpula *f arq* cúpula.
cura *f 1* cuidado (*m*), cuenta, esmero (*m*). *2 V med* **curació**.
curació *f med* cura, curación.
curar *v tr 1* curar (aplicar remedios). *2* cuidar.
curculla *f zool* concha.
curd, a *a* y *s* curdo, kurdo.
curenya *f* cureña.
cúria *f* curia.
curiós, osa *a 1* curioso (que tiene curiosidad, que excita la curiosidad). *2* curioso (aseado).
curiositat *f* curiosidad.
curós, osa *a 1* cuidadoso. *2* esmerado.
curs *m 1* curso, carrera (*f*) (camino recorrido o a recorrer). *2* carrera (*f*) (calles destinadas a un acto público). *3* curso (de lecciones, estudios, etc.).
cursa *f 1* carrera (competición). *2* curso (*m*) o dirección que sigue una pieza.
cursar *v tr* cursar.
curset *m* cursillo.
cursi *a* cursi.
cursiva *f* cursiva (letra).
curt, a *a 1* corto. *2* breve.
curtedat *f*, **curtària** *f* cortedad.
curtejar *v intr* escasear.
curtesa *f V* **curtedat**.
curull, a *a* colmado. || *m V* **caramull** 1.
curullar *v tr* colmar.
cúspide *f 1 geom* cúspide. *2 geog* cúspide, pico (*m*).
cussol *m* cazo.
custòdia *f* custodia.
cutani, ània *a anat* cutáneo.
cutis *m* cutis.

D

d' *prep* forma de la *prep* **de** delante de palabra empezada por vocal o "h".
dacsa *f bot* maíz (*m*) (*Zea mays*).
dactilar *a* dactilar.
dada *f* dato (*m*).
dador, a *a* y *s* dador.
daina *f zool* gamo (*m*), paleto (*m*) (*Cervus dama*).
daixonses, daixò *fam* esto, eso; este, ese (designación indeterminada).
dalla *f agr* guadaña.
dalt *adv* arriba. || **a d.** *V* **dalt**. || **de d. a baix** de arriba a abajo.
daltabaix *adv* de arriba a abajo, abajo. || *m* descalabro.
dama *f* dama. || *f pl* damas (juego).
damajoana *f* garrafón (*m*).
damnar *v tr* condenar
damnós, osa *a V* **danyós**.
damunt *prep* sobre. || *adv* *1* encima. *2* arriba. || **per d.** *loc adv* por encima.
danès, esa *a* y *s* danés.
dansa *f* danza, baile (*m*).
dansar *v tr* e *intr* danzar, bailar.
dany *m* daño.
danyar *v tr* dañar.
danyós, osa *a* dañoso, dañino.
dard *m* dardo.
dardar *v intr* callejear.
darga *f* adarga.
darrer, a *a* último, postrero.
darrere *adv*, **darrera** *adv* *1* detrás. *2* en pos de. || *prep* tras. || *m* *1* detrás. *2* trasera (*f*) (parte de atrás de algunas cosas). *3* posaderas (*f pl*).
darrerenc, a *a* tardío.
darreria *f* postrimería. || **a la d.** *loc adv* a las postrimerías.
dàrsena *f náut* dársena.
data *f* fecha, data.
datar *v tr* fechar, datar. || *v intr* datar.
dàtil *m bot* dátil (fruto).
datiu *m gram* dativo.
dau *m* dado.
daurada *f ictiol* dorada (*Sparus aurata*).
daurar *v tr* dorar.
davall *adv* debajo. || *prep* bajo.
davallada *f* *1* *V* **davallament**. *2* bajada (camino).
davallador *m V* **davallant** (*m*).
davallament *m* descendimiento, descenso, bajada (*f*).
davallant *m* tragadero, tragaderas (*f pl*).
davallar *v tr* descender, bajar.
davant *adv* *1* delante. *2* frente a. || *prep* ante. || **al d.** *adv V* **davant**. || **d. per d.** frente por frente; enfrente.
davantal *m* delantal.
davanter, a *a* y *s* delantero.
davantera *f* *1* delantera, vanguardia. *2* delantera (de un equipo).
de *prep* de.
dea *f V* **deessa**.
deambular *v intr* deambular.
debades *adv* *1* en balde, en vano. *2* gratis, de balde.
debanall *m* bobina (*f*) (de papel).
debanar *v tr* devanar.
debat *m* debate (discusión).
debatre *v tr* *1* batir (remover). *2* debatir. || *v pron* *1* batirse. *2* debatirse.
dèbil *a* *1* débil. *2* endeble.
debilesa *f V* **debilitat** 1.
debilitant *a* debilitante.
debilitar *v tr* debilitar.
debilitat *f* *1* debilidad. *2* flaqueza.
dèbit *m* débito, adeudo.
de debò *loc adv* de veras, en verdad.
deçà *prep* y *adv* aquende.
dècada *f* década.
decadència *f* decadencia.
decaïment *m* decaimiento, dejamiento, caimiento.
decandir-se *v pron* *1* descaecer (*intr*) (el vigor, la salud). *2* ahilarse.
decantació *f*, **decantament** *m* decantación (*f*).
decantar *v tr* *1* ladear. *2* decantar (un líquido). *3* decantar, ponderar. || *v pron* decantarse.
decapitar *v tr* decapitar.
decaure *v intr* decaer.
decebre *v tr* decepcionar.
decència *f* decencia.
decent *a* decente.
decepció *f* decepción.
decés *m* fallecimiento.
decibel *m fís* decibelio, decibel.
decidir *v tr* y *pron* decidir.
dècim *m* décimo.
decimal *a* decimal.
decímetre *m* decímetro.
decisió *f* decisión.
decisiu, iva *a* decisivo.
declamar *v tr* e *intr* declamar.
declaració *f* declaración.
declarar *v tr* y *pron* declarar. || *v intr jur* declarar.
declinació *f* declinación.
declinar *v tr* e *intr* declinar.

declivi *m* declive (*m*).
decomís *m* comiso, decomiso.
decomissar *v tr* comisar, decomisar.
decoració *f* decoración, decorado (*m*).
decorar *v tr* decorar.
decorat *m* decorado.
decoratiu, iva *a* decorativo.
decorós, osa *a* decoroso.
decòrum *m* decoro (corrección, maneras).
decréixer *v intr* decrecer.
decrèpit, a *a* decrépito.
decret *m* decreto.
decretar *v tr* decretar.
dedicar *v tr* y *pron* dedicar.
dedicatòria *f* dedicatoria.
deducció *f* deducción.
deduir *v tr* deducir.
deessa *f* diosa.
defalcar *v tr* mermar.
defallença *f*, **defalliment** *m* desfallecimiento (*m*), deliquio.
defallir *v intr* ***1*** desfallecer. ***2*** ahilarse (*pron*).
defalt *m* falta (*f*) (defecto).
defecar *v intr* defecar.
defecció *f* defección.
defecte *m* defecto.
defectuós, osa *a* defectuoso.
defendre *v tr* y *pron* ***1*** *V* **defensar**. ***2*** defender.
defensa *f* defensa.
defensar *v tr* y *pron* defender (ayudar, proteger).
defensiu, iva *a* defensivo. || *f* defensiva.
deferència *f* deferencia.
deficiència *f* deficiencia.
deficient *a* y *s* deficiente.
dèficit *m* déficit.
definició *f* definición.
definir *v tr* y *pron* definir.
definitiu, iva *a* definitivo.
en definitiva *loc adv* en definitiva.
defora *adv* defuera.
deformació *f* deformación.
deformar *v tr* deformar.
deforme *a* deforme, disforme.
deformitat *f* deformidad, disformidad.
defraudar *v tr* defraudar.
defugir *v tr* eludir, rehuir.
defunció *f* defunción, fallecimiento (*m*).
degà, ana *s* decano.
degenerar *v intr* degenerar.
degollar *v tr* degollar.
degotar *v tr* e *intr* gotear.
degotejar *v intr* gotear.
degoter *m* gotera (*f*).
degradació *f* degradación.
degradar *v tr* y *pron* degradar.
degustació *f* gustación, cata, catadura.
degustar *v tr* catar, probar.
deïtat *f* deidad.
deix *m* dejo, dejillo (en el hablar).
deixadesa *f* dejadez.
deixalla *f* ***1*** desecho (*m*). ***2*** desperdicios (*m pl*).
deixament *m* ***1*** dejamiento (negligencia). ***2*** *V* **decaïment**.
deixant *m* estela (*f*).
deixar *v tr* y *pron* dejar. || **d. anar** soltar. || **deixa-ho; deixa-ho córrer** déjalo correr; déjalo estar.
deixat *m* dejo, dejillo (de una comida o bebida).
deixat, ada *a* y *s* dejado.
deixeble, bla *s* discípulo.
deixies *f pl* desperdicio (*m sing*).
deixondir *v tr* despabilar (avivar el entendimiento). || *v pron* despabilarse (despertar).
dejorn *adv* temprano.
dejú, una *a* ayuno. || **en d.** *loc adv* en ayunas.
dejunar *v intr* ayunar.
dejuni *m* ayuno.
delatar *v tr* delatar.
delator, a *a* y *s* ***1*** delator. ***2*** *fam* soplón, delator.
delectació *f*, **delectança** *f* deleite (*m*), delectación, regodeo (*m*).
delectar *v tr* deleitar. || *v pron* regodearse.
delegació *f* delegación.
delegar *v tr* delegar, legar.
delegat, ada *a* y *s* delegado.
delejar *v tr* ***1*** afanarse. ***2*** ahincarse.
deler *m*, **delera** *f* ***1*** anhelo (*m*), hipo (*m*), afán (*m*). ***2*** ahínco (*m*). ***3*** acucia (*f*).
delerar *v tr* ***1*** *V* **delejar**. ***2*** *V* **delir** (*pron*).
deleteri, èria *a* deletéreo.
delfí *m* delfín (heredero).
deliberació *f* deliberación.
deliberar *v tr* e *intr* deliberar.
delicadesa *f* delicadeza. || *f pl* delicadezas, exquisiteces.
delicadura *f* delicadeza (*esp* en el trato). || *f pl V* **delicadesa** (*f pl*).
delícia *f* delicia.
deliciós, osa *a* delicioso.
delicte *m jur* delito.
delimitar *v tr* delimitar.
delinear *v tr* delinear.
delinqüència *f* delincuencia.
delinqüent *s* delincuente.
delinquir *v intr* delinquir.
deliqui *m V* **defallença**.
delir *v tr* ***1*** borrar. ***2*** aniquilar. || *v pron* hipar *(tr)*, acuciar (*tr*), rabiar por.
delirant *a* delirante.
delirar *v intr* delirar, devanear.
deliri *m* delirio, devaneo.
delit *m V* **delectació**.
delitar *v tr V* **delectar**.
dellà-ahir *adv V* **despús-ahir**.
delmar *v tr* diezmar.
delme *m* diezmo.
delta *m geog* delta.
demà *m* mañana. || *adv* mañana. || **d. passat** pasado mañana.
demacrat, ada *a* demacrado.
demagògia *f* demagogia.
demanador, a *a* y *s* pedidor.
demanar *v tr* ***1*** pedir. ***2*** llamar (a alguien).
demanda *f* ***1*** demanda. ***2*** pedido (*m*). ***3*** pedidura.
demandar *v tr jur* demandar.
demarcació *f* demarcación.

demarrer *m* dispositivo de arranque (de un automóvil).
demència *f med* demencia, enajenación.
dement *a* y *s* demente.
dementre *conj* mientras.
demesia *f* demasía.
demesiat, ada *a* demasiado.
demetre *v tr V* **dimitir**.
democràcia *f* democracia.
demografia *f* demografía.
demolir *v tr* demoler, derribar, arruinar, derruir.
demor *m* demora (*f*).
demora *f* demora.
demorar *v tr* demorar (retardar). || *v intr* demorar (hacer mansión)
demostració *f* demostración.
demostrança *f* demostración (*esp* de los sentimientos o intenciones).
demostrar *v tr* demostrar.
demostratiu, iva *a* demostrativo.
denegació *f* denegación.
denegar *v tr* denegar, desestimar.
denigrar *v tr* denigrar.
denominar *v tr* denominar.
denotar *v tr* denotar.
denou *a* y *m V* **dinou**.
dens, a *a* denso.
densitat *f fís* densidad.
dent *f* diente (*m*).
dentada *f* dentellada.
dentadura *f* dentadura.
dentegada *f V* **dentada**.
dentició *f anat* dentición.
dentifrici, ícia *a* y *m* dentífrico.
dentista *s* dentista.
denúncia *f* denuncia.
denunciar *v tr* denunciar.
departament *m* departamento.
departir *v tr* separar. || *v intr* departir, conversar.
depassar *v tr* ***1*** ir más allá de. ***2*** rebasar.
depauperar *v tr* depauperar.
dependència *f* dependencia.
dependent *a* dependiente. || *m* dependiente.
dependenta *f* dependienta.
dependre *v intr* depender.
deperir *v intr* perecer.
depilació *f* depilación.
depilar *v tr* depilar.
deplorable *a* deplorable.
deplorar *v tr* deplorar.
deportació *f* deportación.
deportar *v tr* deportar. || *v pron* deportarse.
deposar *v tr* ***1*** deponer (abandonar, renunciar a). ***2*** deponer (depositar, colocar). ***3*** deponer (destituir). ***4*** excrementar. || *v tr* e *intr* deponer (declarar).
deposició *f* deposición.
depravar *v tr* depravar.
depreciar *v tr* y *pron* depreciar.
depressió *f* depresión.
depriment *a* deprimente.
deprimir *v tr* y *pron* deprimir.
depurar *v tr* depurar, apurar.
dèria *f* tema (*m*), manía, idea.
deriva *f náut* deriva.
derivar *v tr* e *intr* derivar.
derogar *v tr* derogar.
derramar *v tr* derramar (repartir).
derrapar *v intr* derrapar.
derroc *m* escombro.
derrocar *v tr V* **demolir**.
derrota *f* derrota.
derrotar *v tr* derrotar.
derrotisme *m* derrotismo.
derruir *v tr V* **demolir**.
des *prep* (seguida siempre de **de** o de **que**) **d. de** desde. || **d. que** desde que.
desabrigar *v tr* desabrigar.
desacatament *m* desacato.
desacord *m*, **desacordança** *f* desacuerdo (*m*).
desacostar *v tr* separar.
desacostumar *v tr* y *pron* desacostumbrar, deshabituar.
desacreditar *v tr* y *pron* desacreditar.
desacurat, ada *a V* **descurat**.
desafectar *v tr* desafectar.
desafiament *m* desafío.
desafiar *v tr* desafiar, retar.
desafinar *v tr* e *intr mús* desafinar.
desafortunat, ada *a* desafortunado.
desafur *m* desafuero.
desagafar *v tr* ***1*** desasir. ***2*** despegar.
desagençament *m V* **desarreglament**.
desagençar *v tr V* **desarreglar**.
desagradable *a* desagradable.
desagradar *v intr* desagradar.
desagrair *v tr* desagradecer.
desagraït, ida *a* y *s* desagradecido.
desairós, osa *a* ***1*** desairado, desgarbado. ***2*** desairado.
desajust *m* desajuste.
desalenar-se *v pron* desalentarse (perder el aliento).
desallotjament *m* desalojamiento.
desallotjar *v tr* e *intr* desalojar.
desalterar *v tr* ***1*** desalterar. ***2*** *V* **desassedegar**.
desamistat *f* enemistad.
desamortitzar *v tr* desamortizar.
desànim *m* desánimo, desaliento.
desanimar *v tr* y *pron* desanimar.
desaparèixer *v intr* desaparecer.
desapariar *v tr* desparejar (*esp* macho y hembra).
desaparició *f* desaparición.
desaparionar *v tr V* **desparellar**.
desapercebut, uda *a* inadvertido.
desaplegar-se *v pron* separarse (dos o más personas).
desaprensiu, iva *a* desaprensivo.
desaprofitar *v tr* y *pron* ***1*** desaprovechar, desperdiciar. ***2*** malograr.
desaprovació *f* desaprobación.
desaprovar *v tr* desaprobar.
desaqueferat, ada *a V* **desenfeinat**.
desar *v tr* guardar.
desarmament *m* desarme.

desarmar *v tr* desarmar.
desarranjament *m V* **desarreglament**.
desarranjar *v tr V* **desarreglar**.
desarreglament *m* desarreglo.
desarreglar *v tr* desarreglar.
desarrelar *v tr* y *pron* desarraigar.
desarticular *v tr* desarticular.
desassedegar *v tr* saciar (la sed).
desassossec *m* desasosiego.
desassossegar *v tr* desasosegar.
desastre *m* desastre.
desastrós, osa *a* desastroso.
desatendre *v tr* desatender.
desautorització *f* desautorización.
desautoritzar *v tr* desautorizar.
desavantatge *m* desventaja (*f*).
desavesar *v tr V* **desacostumar**.
desavinença *f* desavenencia.
desavinent *a* a trasmano.
desbalbar *v tr V* **desembalbar**.
desballestament *m* desguace.
desballestar *v tr* desquiciar, desvencijar.
desbandada *f* desbandada.
desbandar-se *v pron* desbandarse.
desbaratar *v tr* desbaratar.
desbordament *m* desbordamiento.
desbordar *v tr*, *intr* y *pron* desbordar.
desboscar *v tr* desmontar (talar).
desbotonar *v tr* desabotonar, desabrochar (los botones).
desbrinar *v tr fig* desentrañar (indagar).
desbrollar *v tr*, **desbrossar** *v tr* desbrozar.
desbudellar *v tr* destripar.
descabdellar *v tr* desovillar.
descabellar *v tr* despeluzar.
descafeïnar *v tr quím* descafeinar.
descalç, a *a* descalzo.
descalçar *v tr* y *pron* descalzar.
descaminar *v tr* descaminar, descarriar.
descampat *m* descampado.
descans *m* descanso.
descansar *v tr* e *intr* descansar.
descantellar *v tr* y *pron* mellar.
descanviar *v tr* descambiar.
descaradura *f* descaro (*m*), desfachatez, descoco (*m*), descaramiento (*m*), descompostura.
descarar-se *v pron* ***1*** descararse. ***2*** *fam* descocarse.
descarat, ada *a* y *s* descarado. || *a* descocado, desahogado.
descargolar *v tr* ***1*** desenrollar, desarrollar, desenvolver. ***2*** destornillar.
descarnar *v tr* descarnar.
descàrrec *m jur* descargo.
descàrrega *f* ***1*** descarga. ***2*** *mil* descarga (de armas de fuego). ***3*** descarga (eléctrica). ***4*** *fig* descarga.
descarregada *f V* **descàrrega** 1.
descarregar *v tr* y *pron* descargar.
descarrerar *v tr V* **desencaminar**.
descarrilament *m* descarrilamiento.
descarrilar *v tr* descarrilar.
descart *m* descarte.
descartar *v tr* y *pron* descartar.
descavalcador *m* apeadero, poyo (para descabalgar).
descavalcar *v intr* descabalgar, desmontar, apear.
descendència *f* descendencia.
descendent *a* descendente, descendiente. || *s* descendiente.
descendiment *m V* **davallament**.
descendir *v intr* descender.
descens *m* ***1*** descenso. ***2*** *V* **davallament.**
descensió *f V* **davallament**.
descentralització *f* descentralización.
descentralitzar *v tr* descentralizar.
descentrar *v tr* y *pron* descentrar.
desclosa *f* abertura (acción).
descloure *v tr* abrir (separar).
desclucar *v tr* abrir (los ojos).
descobert, a *a* y *m* descubierto. || **al d.** al descubierto. || **en d.** en descubierto.
descoberta *f*, **descobriment** *m* descubrimiento (*m*).
descobrir *v tr* descubrir.
descodificar *v tr* descodificar.
descolgar *v tr V* **desenterrar**.
descollar *v tr* y *pron* desenroscar.
descol·locar *v tr* descolocar.
descompartir *v tr* mediar.
descomplaent *a* desagradable.
descomplaure *v tr* desagradar.
descompondre *v tr* y *pron* descomponer.
descomposició *f* descomposición, descompostura.
descomptar *v tr* descontar. || **per descomptat** por de contado
descompte *m* descuento.
descomunal *a* descomunal.
desconcert *m* desconcierto.
desconcertar *v tr* desconcertar.
desconegut, uda *a* y *s* desconocido.
desconeixement *m*, **desconeixença** *f* desconocimiento (*m*).
desconèixer *v tr* desconocer.
desconfiança *f* desconfianza.
desconfiar *v intr* desconfiar.
descongelar *v tr* descongelar.
desconnectar *v tr* desconectar.
desconsol *m*, **desconsolació** *f* desconsuelo (*m*)
desconsolar *v tr* desconsolar.
descontent, a *a* descontento.
descontentament *m* descontento, descontentamiento.
descoratge *m*, **descoratjament** *m* desaliento, desánimo.
descoratjar *v tr* desalentar, descorazonar. || *v pron* descorazonarse.
descordar *v tr* ***1*** desabrochar (los broches, corchetes, etc.). ***2*** *V* **desbotonar**.
descórrer *v tr* descorrer.
descosir *v tr* y *pron* descoser.
descosit, ida *a* y *m* descosido. || **xerrar pels descosits** hablar por los codos.
descrèdit *m* descrédito.
descregut, uda *a* y *s*, **descreient** *a* y *s* descreído.
descripció *f* descripción.
descriptiu, iva *a* descriptivo.

descriure *v tr* describir.
descuit *m* descuido.
descurança *f* descuido (*m*).
descurar *v tr* descuidar.
descurat, ada *a* descuidado.
descurós, osa *a* y *s* descuidado.
desdaurament *m* desdoro.
desdejunar *v tr* y *pron* desayunar.
desdejuni *m* desayuno.
desdeny *m* desdén.
desdenyar *v tr* ***1*** desdeñar. ***2*** menospreciar.
desdenyós, osa *a* y *s* desdeñoso.
desdir *v intr* y *pron* desdecir. || **a d.** *loc V* **a dojo**.
desdoblament *m* desdoblamiento.
desdoblar *v tr* desdoblar.
desdoblegar *v tr* desdoblar.
desè, ena *a* décimo.
deseiximent *m* ***1*** ruptura (*f*) (de buenas relaciones). ***2*** despejo, soltura (*f*).
deseixir-se *v pron* ***1*** romper (las buenas relaciones). ***2*** *V* **desprendre's**.
deseixit, ida *a* desparpajado, despierto.
desembalar *v tr* desembalar.
desembalbar *v tr*, **desembalbir** *v tr* desentumecer.
desembaràs *m* desembarazo.
desembarassament *m* desembarazo, despejo.
desembarassar *v tr* desembarazar, despejar.
desembarcament *m* desembarco, desembarque.
desembarcar *v tr* desembarcar.
desembocadura *f* desembocadura.
desembocar *v intr* desembocar.
desembolcallar *v tr*, **desembolcar** *v tr* desenvolver.
desembolicar *v tr* ***1*** desenredar (un enredo). ***2*** desenvolver, desliar.
desembors *m* desembolso.
desemborsar *v tr* desembolsar.
desembós *m* *V* **desembors**.
desembossar *v tr* *V* **desemborsar**.
desembotornar *v tr* deshinchar.
desembre *m* diciembre.
desembutxacar *v tr* *V* **desembossar**.
desempallegament *m* *V* **desembarassament**.
desempallegar-se *v pron* ***1*** desembarazarse. ***2*** despacharse.
desemparament *m*, **desemparança** *f* desamparo.
desemparar *v tr* desamparar, desasistir.
desempat *m* desempate.
desempatar *v tr* desempatar.
desempenyorar *v tr* desempeñar.
desempolsar *v tr*, **desempolsegar** *v tr* desempolvar, sacudir, espolvorear.
desena *f* decena.
desencaboriar-se *v pron* *V* **despreocupar-se**.
desencadenar *v tr* y *pron* desencadenar. || *v pron fig* desatarse.
desencaixar *v tr* y *pron* desencajar.
desencallar *v tr* desencallar.
desencaminar *v tr* desencaminar.
desencant *m*, **desencantament** *m* desencanto, desencantamiento.
desencantar *v tr* desencantar.
desencarrilar *v tr* *V* **desencaminar**.
desencert *m* desacierto, desatino (falta de acierto).
desencertat, ada *a* desacertado.
desencís *m* desencanto.
desencisar *v tr* desencantar.
desencoratjar *v tr* *V* **descoratjar**.
desendollar *v tr* desenchufar.
desendreçament *m* desaliño, desaseo, descompostura (*f*).
desendreçar *v tr* desaliñar, desasear.
desendreçat, ada *a* desaliñado, desaseado.
desenfeinament *m* desocupación (*f*), holganza (*f*).
desenfeinat, ada *a* y *s* desocupado.
desenfocar *v tr* desenfocar.
desenfrenament *m* desenfreno.
desenganxar *v tr* despegar.
desengany *m* desengaño.
desenganyar *v tr* y *pron* desengañar.
desengavanyar *v tr* y *pron* desembarazar.
desenllaç *m* desenlace.
desenllaçar *v tr* desenlazar.
desenraonat, ada *a* desrazonable.
desenredar *v tr* *V* **desembolicar** 1.
desenrotllament *m* *V* **desenvolupament**.
desenrotllar *v tr* ***1*** *V* **descargolar** 1. ***2*** *V* **desenvolupar**. || *v pron* *V* **desenvolupar**.
desenrunament *m* descombro, desescombro.
desenrunar *v tr* descombrar, escombrar, desescombrar.
desentendre's *v pron* desentenderse.
desenterrar *v tr* exhumar. || *v tr* y *pron* desenterrar.
desentortolligar *v tr* y *pron* desenroscar.
desentranyar *v tr* desentrañar. || *v pron fig* desentrañarse.
desenvolupament *m* desarrollo.
desenvolupar *v tr* desarrollar, desenvolver. || *v pron* desarrollarse.
desequilibrar *v tr* y *pron* desequilibrar.
desequilibri *m* desequilibrio.
deserció *f* deserción.
desert, a *a* ***1*** desierto, desértico. ***2*** *fig* desierto. || *m* desierto.
desertar *v tr* desertar.
desèrtic, a *a* desértico.
desertor, a *a* y *s* desertor.
desesma *f* desánimo (*m*), desaliento (*m*).
desesmar *v tr* desanimar, desalentar.
desesme *m* *V* **desesma**.
desesper *m*, **desesperació** *f* desesperación (*f*).
desesperança *f* desesperanza.
desesperançador, a *a* desesperanzador.
desesperançar *v tr* e *intr* desesperanzar, desesperar.
desesperar *v tr* y *pron* desesperar (causar desesperación). || *v tr* e *intr* *V* **desesperançar**.
desestimar *v tr* desestimar.
desfalc *m*, **desfalcament** *m* desfalco.
desfavor *s* disfavor.
desfavorable *a* desfavorable.
desfavorir *v tr* desfavorecer.

desfer *v tr* y *pron* deshacer.
desferra *f 1* despojos (*m pl*). *2* guiñapo (*m*).
desfet *m 1* deshecho. *2* derroche.
desfeta *f* descalabro (*m*).
desfigurar *v tr* y *pron* desfigurar.
desfila *f* hila (para curar).
desfilada *f* desfile (*m*).
desfilar *v intr* desfilar.
desfogar *v tr e intr* desfogar. || *v pron fig* desahogarse.
desforestar *v tr V* **desboscar**.
desformar *v tr V* **deformar**.
desfullar *v tr* y *pron* deshojar.
desgana *f* desgana.
desganar *v tr* y *pron* desganar.
desganat, ada *a* inapetente, desganado.
desgast *m* desgaste.
desgastar *v tr* desgastar.
desgavell *m*, **desgavellament** *m* desbarajuste.
desgavellar *v tr* desbarajustar.
desgel *m V* **desglaç**.
desgelar *v tr, intr* y *pron V* **desglaçar**.
desglaç *m*, **desglaçament** *m* deshielo (*m*).
desglaçar *v tr, intr* y *pron* deshelar.
desgràcia *f* desgracia.
desgraciar *v tr* y *pron* desgraciar.
desgraciat, ada *a* desgraciado.
desgrat *m* desagrado.
desgreuge *m* desagravio.
desguarnir *v tr* desguarnecer.
desguàs *m 1* desagüe. *2* desagüe, desaguadero. *3 V* **desembocadura**.
desguassar *v tr* desaguar (sacar el agua). || *v intr* desaguar (una corriente de agua).
desguitarrar *v tr V* **desballestar**.
deshabitar *v tr* y *pron* deshabitar.
deshabitat, ada *a* deshabitado.
deshabituar *v tr V* **desacostumar**.
desheretar *v tr* desheredar.
deshidratar *v tr* y *pron* deshidratar.
deshonest, a *a* deshonesto.
deshonor *s* deshonor.
deshonra *f* deshonra.
deshonrar *v tr* y *pron* deshonrar.
deshora *f* deshora. || **a d.** *loc adv* a deshora, deshoras.
deshumanitzar *v tr* y *pron* deshumanizar.
desídia *f* desidia.
desidiós, osa *a* desidioso.
desig *m 1* deseo. *2* antojo.
designar *v tr* designar.
designi *m* designio.
desigual *a* desigual, dispar.
desigualtat *f* desigualdad.
desil·lusió *f* desilusión.
desil·lusionar *v tr* y *pron* desilusionar.
desimbolt, a *a* desenvuelto, despejado.
desimboltura *f 1* desenvoltura, desenfado (*m*). *2* desparpajo.
desinfectant *a* y *m* desinfectante.
desinfectar *v tr* desinfectar.
desinflar *v tr* y *pron 1* desinflar. *2* deshínchar.
desintegració *f* desintegración.
desintegrar *v tr* y *pron* desintegrar.
desinterès *m* desinterés.
desinteressar *v tr* y *pron* desinteresar.
desistir *v intr* desistir.
desitjar *v tr* desear.
desitjós, osa *a 1* deseoso. *2* ganoso.
deslleial *a* desleal.
deslleialtat *f* deslealtad.
deslligar *v tr* y *pron* desatar, desligar.
deslliurament *m 1 V* **deslliurança**. *2 med* alumbramiento.
deslliurança *f* liberación.
deslliurar *v tr 1* liberar, libertar. *2* librar. *3 med* alumbrar, dar a luz, parir, librar. || *v pron* liberarse, librarse.
desllorigador *m 1 anat* coyuntura (*f*). *2 fig* solución (*f*) para resolver un asunto.
deslluïment *m fig* desdoro.
desllluir *v tr* deslucir.
desmai *m 1 med* desmayo. *2 bot* sauce llorón, desmayo (*Salix babylonica*).
desmaiar *v tr* y *pron* desmayar.
desmaiat, ada *a* desmayado.
desmanegar *v tr fig* destartalar.
desmantellar *v tr* desmantelar.
desmanyotat, ada *a* desmañado, torpe.
desmarxat, ada *a* destartalado.
desmembrar *v tr* y *pron* desmembrar.
desmenjament *m V* **desgana**.
desmenjar-se *v pron V* **desganar-se**.
desmenjat, ada *a 1 V* **desganat**. *2 fig* desdeñoso.
desmentir *v tr* desmentir.
desmerèixer *v intr* desmerecer.
desmesura *f* desmesura.
desmilitaritzar *v tr* desmilitarizar.
desmillorar *v tr* y *pron* desmejorar.
desmitificar *v tr* desmitificar.
desmobilització *f* desmovilización.
desmobilitzar *v tr* desmovilizar.
desmoralització *f* desmoralización.
desmoralitzar *v tr* y *pron* desmoralizar.
desmuntar *v tr* desmontar. || *v tr* e *intr V* **descavalcar**.
desnatar *v tr* desnatar.
desnerit, ida *a* desmedrado, escuchimizado.
desnivell *m* desnivel.
desnivellar *v tr* desnivelar.
desnonament *m jur* desahucio.
desnonar *v tr* desahuciar.
desnucar *v tr* y *pron* desnucar.
desnutrició *f med* desnutrición.
desobediència *f* desobediencia.
desobedient *a* desobediente.
desobeir *v tr* desobedecer.
desocupació *f 1* desocupación (acto de desocupar). *2 V* **desenfeinament**.
desocupar *v tr* desocupar.
desocupat, ada *a* desocupado, vacío.
desodorant *a* y *m* desodorante.
desoir *v tr* desoir.
desolació *f* desolación.
desolar *v tr* desolar.
desorbitar *v tr* y *pron* desorbitar

desordenar *v tr* y *pron* desordenar.
desordenat, ada *a* desordenado.
desordre *m* desorden.
desorganització *f* desorganización.
desorganitzar *v tr* y *pron* desorganizar.
desori *m* barullo, belén.
desorientar *v tr* y *pron* desorientar.
desossar *v tr* deshuesar, desosar (la carne).
despacientar *v tr* y *pron* impacientar.
despanyar *v tr* descerrajar.
desparar *v tr* sacar aquello con que está dispuesta o presentada una cosa. || **d. la taula** alzar la mesa; levantar la mesa.
desparellar *v tr* y *pron* desparejar.
desparençar *v tr* desfigurar, desfavorecer, desmejorar.
despariar *v tr V* **desapariar**.
desparió, ona *a* desparejo.
desparionar *v tr V* **desparellar**.
despatx *m* despacho.
despatxar *v tr* ***1*** despachar. ***2*** aviar.
despenalitzar *v tr* despenalizar.
despendre *v tr* gastar.
despenjar *v tr* y *pron* descolgar.
despentinar *v tr* y *pron* despeinar, descabellar.
despenyador *m* precipicio.
despenyar *v tr* despeñar.
desperfecte *m* desperfecto.
despert, a *a* ***1*** despierto. ***2*** *fig* despierto (listo).
despertador, a *a* y *s* despertador. || *m* despertador (reloj).
despertar *v tr* y *pron* despertar.
despesa *f* gasto (*m*).
despietat, ada *a* despiadado.
despintar *v tr* y *pron* despintar.
despistar *v tr* y *pron* despistar.
despit *m* despecho. || **a d.** a despecho.
despitar *v tr* despechar.
desplaçament *m* desplazamiento.
desplaçar *v tr* y *pron* desplazar.
desplegament *m* despliegue.
desplegar *v tr* y *pron* desplegar.
desplomar-se *v pron* desplomarse.
despoblar *v tr* despoblar.
despoblat, ada *a* y *m* despoblado.
desposseir *v tr* desposeer.
dèspota *s* déspota.
despòtic, a *a* despótico.
desprendre *v tr* desprender. || *v pron* ***1*** desprenderse (desunirse). ***2*** desprenderse (alguien de alguna cosa).
despreocupar-se *v pron* despreocuparse.
després *adv* ***1*** después. ***2*** luego.
desprès, esa *a* desprendido.
desprevingut, uda *a* desprevenido.
desprofit *m* daño.
despropòsit *m* despropósito.
desproveir *v tr* desproveer.
desproveït, ida *a* desprovisto.
despulla *f* ***1*** despojo (*m*) (*esp* de una res). ***2*** *fig* despojo (*m*). || *f pl V* **desferra**.
despullament *m* despojo (acción).
despullar *v tr* y *pron V* **desvestir**.
despullat, ada *a* desnudo.
despuntar *v tr* despuntar.
despús-ahir *adv* anteayer.
despús-demà *adv V* **demà passat**.
desqualificació *f* descalificación.
desqualificar *v tr* descalificar.
desqueferat, ada *a V* **desenfeinat**.
desraó *f* sinrazón.
dessabeït, ïda *a* insípido, insulso, soso, desabrido, desaborido.
dessagnar *v tr* y *pron* desangrar.
dessecar *v tr* y *pron* desecar.
desset *a* y *m V* **disset**.
dessota *adv*, **al dessota** *adv V* **davall**.
dessús *adv V* **damunt**.
destacament *m mil* destacamento.
destacar *v tr*, *intr* y *pron* destacar.
destapar *v tr* ***1*** destapar. ***2*** descorchar (una botella). || *v pron* destaparse.
destarotar *v tr V* **desconcertar**.
destemperat, ada *a* destemplado.
destemprar *v tr* y *pron V* **destrempar**.
destenyir *v tr* y *pron* desteñir.
desterrament *m* destierro, exilio.
desterrar *v tr* ***1*** desterrar, extrañar. ***2*** desterrar (las raíces).
destí *m* ***1*** destino. ***2*** *fig* estrella (*f*).
destil·lació *f* destilación.
destil·lar *v tr* e *intr* destilar.
destil·leria *f* destilería.
destinació *f* ***1*** destinación. ***2*** destino (*m*).
destinar *v tr* destinar.
destintar *v tr* y *pron V* **destenyir**.
destitució *f* destitución.
destituir *v tr* destituir.
destorb *m* estorbo.
destorbar *v tr* estorbar.
destra *f* diestra, derecha. || **a d. i sinistra** a diestro y siniestro.
destral *f* hacha.
destre, ra *a* diestro, ducho.
destrempar *v tr* destemplar.
destresa *f* destreza, maña.
destret *m* ***1*** apuro, aprieto, acuitamiento. ***2*** premura (*f*). ***3*** *fig* estrechez (*f*).
destriar *v tr* ***1*** separar. ***2*** divisar.
destronar *v tr* destronar.
destrossa *f* ***1*** destrozo (*m*). ***2*** estropicio (*m*).
destrossar *v tr* destrozar.
destrucció *f* destrucción.
destructor, a *a* y *s* destructor. || *m náut* destructor.
destruir *v tr* destruir.
desuetud *f V* **desús**.
desunió *f* desunión.
desunir *v tr* y *pron* desunir.
desús *m* desuso.
desusat, ada *a* desusado.
desvagament *m V* **desenfeinament**.
desvagat, ada *a* y *s V* **desenfeinat**.
desvalgut, uda *a* y *s* desvalido.
desvalisar *v tr* desvalijar (robar).
desvalorar *v tr* ***1*** desvalorar. ***2*** desvalorizar.

desvari *m* desvarío, devaneo.
desvariar *v intr V* **desvariejar** 1.
desvariejament *m V* **desvari**.
desvariejar *v intr 1* desvariar, devanear. *2* alucinar.
desventura *f* desventura, desdicha.
desventurat, ada *a* desventurado, desdichado.
desvergonyiment *m* desvergüenza (*f*).
desvergonyir-se *v pron* desvergonzarse.
desvergonyit, ida *a* y *s* desvergonzado.
desvesar *v tr* y *pron V* **desacostumar**.
desvestir *v tr* y *pron* desvestir, desnudar.
desvetllament *m* desvelo.
desvetllar *v tr* y *pron* desvelar.
desviació *f*, **desviament** *m* desviación (*f*), desviamiento (*m*), desvío (*m*).
desviar *v tr* y *pron* desviar.
desvirgar *v tr vulg* desvirgar.
desvirtuar *v tr* desvirtuar.
desxifrar *v tr* descifrar.
detall *m 1* pormenor. *2* detalle. || **al d.** *loc adv* al por menor; a granel.
detallar *v tr* detallar.
detectar *v tr* detectar.
detectiu, iva *s* detective.
detector, a *a* y *s* detector.
detenció *f 1 jur* detención, arresto (*m*). *2 V* **deteniment**.
deteniment *m* detenimiento, detención (*f*) (dilación; minuciosidad).
detenir *v tr 1* detener (parar, impedir). *2* detener (guardar). *3* detener, arrestar. || *v pron* detenerse.
detergent *a* y *m* detergente.
deterioració *f*, **deteriorament** *m* deterioración (*f*), deterioro (*m*).
deteriorar *v tr* y *pron 1* deteriorar. *2* gastar.
determinació *f 1* determinación (acción y efecto). *2* determinación (cualidad).
determinar *v tr* y *pron* determinar.
determini *m V* **determinació** 1.
detestar *v tr* detestar.
detingut, uda *a* y *s* detenido.
detonació *f* detonación.
detonador *m* detonador.
detonar *v intr* detonar.
detractor, a *a* y *s* detractor.
detriment *m* detrimento.
detrit *m*, **detritus** *m* detrito, detritus.
deturar *v tr 1 V* **detenir** 1. *2* parar. *3* represar.
deu *a* y *m* diez.
deu *f geol 1* manantial (*m*). *2* fuente.
Déu *m* Dios.
deure *v tr 1* deber. *2* adeudar.
deure *m 1* deber. *2* debe.
deute *m 1* deuda (*f*). *2* adeudo.
deutor, a *a* y *s* deudor.
devaluació *f* devaluación.
devaluar *v tr* devaluar.
devastació *f* devastación.
devastar *v tr* devastar.
devers *prep* hacia.
devesa *f* dehesa.
devessall *m* deshecho.
devoció *f* devoción.
devolució *f* devolución.
devorador, a *a* y *s* devorador.
devorar *v tr* devorar.
devot, a *a* y *s* devoto, beato.
devuit *a* y *m V* **divuit**.
dia *m* día.
diabètic, a *a* y *s med* diabético.
diabetis *f med* diabetes.
diable *m* diablo, demonio.
diablessa *f* diablesa.
diabòlic, a *a* diabólico.
diaca *m* diácono.
diada *f* fiesta señalada.
diadema *f* diadema.
diàfan, a *a* diáfano.
diafragma *m* diafragma.
diagnosi *f med* diagnosis.
diagnòstic, a *a* y *m med* diagnóstico. || *m med* diagnosis (*f*).
diagnosticar *v tr* diagnosticar.
diagonal *a* y *f* diagonal.
diagrama *m* diagrama.
dial *m* dial.
dialecte *m* dialecto.
dialèctic, a *a* y *s* dialéctico. || *f* dialéctica.
diàleg *m* diálogo.
diàlisi *f quím med* diálisis.
dialogar *v intr* dialogar (conversar).
diamant *m* diamante.
diàmetre *m geom* diámetro.
diana *f* diana.
diantre! *interj fam* ¡diantre!
diapasó *m mús* diapasón.
diapositiva *f* diapositiva.
diari, ària *a* diario. || *m* diario, periódico.
diarrea *f med* diarrea.
diatriba *f* diatriba.
dibuix *m* dibujo.
dibuixant *s* dibujante.
dibuixar *v tr* y *pron* dibujar.
dic *m náut* dique.
dicció *f* dicción.
diccionari *m* diccionario.
dictador, a *s* dictador.
dictadura *f* dictadura.
dictamen *m* dictamen.
dictaminar *v intr* dictaminar.
dictar *v tr* dictar.
dictat *m* dictado.
dictatorial *a* dictatorial.
dicteri *m* dicterio.
dida *f* nodriza, ama de cría.
didàctic, a *a* didáctico. || *f* didáctica.
didal *m* dedal (para coser).
díedre *a* y *m geom* diedro.
dienda *f* hablilla, habladuría.
dièresi *f gram* diéresis, crema.
dieta *f* dieta.
dietari *m* dietario.
dietètic, a *a* dietético. || *f* dietética.
difamació *f* difamación.

difamador, a *a* y *s* difamador.
difamar *v tr* difamar.
diferència *f* diferencia.
diferenciació *f* diferenciación.
diferenciar *v tr* y *pron* diferenciar.
diferent *a* diferente, dispar, disparejo. || *a pl* diferentes.
diferir *v tr* e *intr* diferir.
difícil *a* ***1*** difícil. ***2*** *fig* peliagudo.
dificultar *v tr* dificultar.
dificultat *f* dificultad.
dificultós, osa *a* dificultoso.
difondre *v tr* y *pron* difundir.
diforme *a* deforme, disforme (desproporcionado).
diformitat *f* deformidad, disformidad.
diftèria *f med* difteria.
diftong *m gram* diptongo.
difuminar *v tr* difuminar.
difunt, a *a* y *s* difunto, finado.
difús, usa *a* difuso.
difusió *f* difusión.
difusor, a *a* y *s* difusor.
digerir *v tr* digerir.
digestió *f* digestión.
digestiu, iva *a* digestivo. || *m med* digestivo.
dígit, a *a* y *m* dígito.
digital *a* digital.
digitalitzar *v tr* digitalizar.
dignar-se *v pron* dignarse.
dignatari, ària *s* dignatario.
digne, na *a* digno.
dignificar *v tr* y *pron* dignificar.
dignitat *f* dignidad.
digressió *f* digresión.
dijous *m* jueves.
dilació *f* dilación.
dilapidació *f* dilapidación.
dilapidar *v tr* dilapidar.
dilatació *f* dilatación.
dilatar *v tr* y *pron* dilatar.
dilecte, ta *a* dilecto.
dilema *m* dilema.
diligència *f* diligencia.
diligent, a *a* diligente.
dilluns *m* lunes.
dilucidar *v tr* dilucidar.
diluir *v tr* y *pron* diluir.
diluvi *m* diluvio.
diluviar *v intr* diluviar.
dimanar *v intr* dimanar.
dimarts *m* martes.
dimecres *m* miércoles.
dimensió *f* dimensión.
diminut, a *a* diminuto.
diminutiu, iva *a* y *m* diminutivo.
dimissió *f* dimisión.
dimitir *v tr* dimitir.
dimoni *m V* **diable**.
dimonial *a V* **diabòlic**.
dinàmic, a *a* dinámico. || *f fís* dinámica.
dinamisme *m* dinamismo.
dinamita *f* dinamita.
dinamo *f* dínamo, dinamo.
dinar *v intr* comer (tomar la comida principal).
dinar *m* comida (*f*) (alimento principal).
dinastia *f* dinastía.
diner *m* dinero.
dinosaure *m* dinosaurio.
dinou *a* y *m* diecinueve.
dins *prep* y *adv*, **dintre** *prep* y *adv* dentro.
dinyar-la *v pron vulg* diñarla (morir).
diòcesi *f* diócesis.
diòptria *f fís med* dioptría.
diorama *f* diorama.
diòxid *m quím* dióxido.
diploma *m* diploma.
diplomàcia *f* diplomacia.
diplomàtic, a *a* y *s* diplomático.
dipòsit *m* depósito.
dipositar *v tr* y *pron* depositar.
diputació *f* diputación.
diputar *v tr* diputar.
diputat, ada *s* diputado.
dir *v tr* y *pron* decir. || *v pron* llamarse (tener tal nombre). || **no cal dir-ho** desde luego.
dir *m* ***1*** decir (acción y efecto). ***2*** *V* **dita** 1.
direcció *f* ***1*** dirección. ***2*** *fig* derrotero (*m*).
directe, ta *a* directo.
directiu, iva *a* y *s* directivo.
director, a *a* y *s* director.
directori, òria *a* y *m* directorio.
dirigent *a* y *s* dirigente.
dirigible *a* y *m* dirigible.
dirigir *v tr* y *pron* dirigir.
dirimir *v tr* dirimir.
disbarat *m* disparate, patochada (*f*).
disbauxa *f* exceso (*m*) inmoderado.
disc *m* disco.
discernir *v tr* discernir.
disciplina *f* disciplina (doctrina; regla; orden).
disciplinar *v tr* y *pron* disciplinar (instruir).
discografia *f* discografía.
díscol, a *a* díscolo.
discontinu, ínua *a* discontinuo.
discordança *f* discordancia.
discordant *a* discordante.
discòrdia *f* ***1*** discordia. ***2*** *fig* cizaña.
discórrer *v intr* discurrir.
discoteca *f* discoteca.
discreció *f* discreción.
discrepància *f* discrepancia.
discrepar *v intr* discrepar.
discret, a *a* discreto.
discriminació *f* discriminación.
discriminar *v tr* discriminar.
disculpa *f*, **disculpació** *f* disculpa.
disculpar *v tr* y *pron* disculpar.
discurs *m* discurso.
discussió *f* discusión.
discutible *a* discutible.
discutir *v tr* e *intr* discutir.
disenteria *f med* disentería.
disfressa *f* disfraz (*m*).
disfressar *v tr* y *pron* disfrazar.
disfunció *f* disfunción.

disgregar *v tr* y *pron* disgregar.
disgust *m* disgusto, mohína (*f*).
disgustar *v tr* y *pron* disgustar.
disjuntiva *f* disyuntiva.
dislèxia *f med* dislexia.
dislocar *v tr* y *pron* dislocar.
disminució *f* disminución.
disminuir *v tr* e *intr* ***1*** disminuir. ***2*** menguar.
disparar *v tr* e *intr* disparar, tirar. || *v pron* dispararse.
disparitat *f* disparidad.
dispendi *m* dispendio.
dispensa *f* dispensa.
dispensar *v tr* dispensar.
dispensari *m med* dispensario.
dispersar *v tr* y *pron* dispersar.
dispesa *f* hospedaje (*m*), posada.
dispeser, a *s* ***1*** patrón (de casa de huéspedes). ***2*** huésped.
displicència *f* displicencia.
disponible *a* disponible.
disposar *v tr* e *intr* disponer.
disposició *f* disposición.
dispositiu, iva *a* y *m* dispositivo.
dispost, a *a* dispuesto.
disputa *f*, **disputació** *f* disputa.
disputar *v tr* e *intr* disputar.
disquet *m* disquete.
disquisició *f* disquisición.
dissabte *m* sábado.
dissecar *v tr* disecar.
dissecció *f* disección.
disseminar *v tr* ***1*** diseminar. ***2*** desperdigar.
dissensió *f* disensión.
dissentiment *m* disentimiento.
dissentir *v intr* disentir.
disseny *m* diseño.
dissenyador, a *s* diseñador.
dissenyar *v tr* diseñar.
dissertació *f* disertación.
dissertar *v intr* disertar.
disset *a* y *m* diecisiete.
dissidència *f* disidencia.
dissident *a* y *s* disidente.
dissimular *v tr* disimular.
dissipar *v tr* y *pron* disipar.
dissociar *v tr* y *pron* disociar.
dissoldre *v tr* y *pron* disolver.
dissolució *f* disolución.
dissolut, a *a* y *s* disoluto.
dissolvent *a* y *m* disolvente.
dissonar *v intr* disonar.
dissort *f* desdicha.
dissortat, ada *a* desdichado.
dissuadir *v tr* disuadir.
distància *f* distancia.
distanciar *v tr* y *pron* distanciar.
distant *a* distante.
distar *v intr* distar.
distendre *v tr* distender.
distensió *f* distensión.
distinció *f* distinción.
distingir *v tr* y *pron* distinguir.
distint, a *a* distinto.
distintiu, iva *a* y *m* distintivo.
distorsió *f* distorsión.
distracció *f* ***1*** distracción. ***2*** despiste (*m*).
distraure *v tr* y *pron*, **distreure** *v tr* y *pron* distraer.
distribució *f* distribución.
distribuir *v tr* distribuir.
districte *m* distrito.
disturbi *m* disturbio.
dit *m anat* dedo.
dita *f* ***1*** dicho (*m*), decir (*m*). ***2*** dicho (*m*) (opinión; frase hecha).
ditada *f* huella (dactilar).
diumenge *m* domingo.
diürn, a *a* diurno.
divagació *f* divagación.
divagar *v intr* divagar.
divan *m* diván.
divendres *m* viernes.
divergència *f* divergencia.
divergir *v intr* divergir.
divers, a *a* diverso, vario. || *m pl* diversos, varios.
diversificació *f* diversificación.
diversificar *v tr* y *pron* diversificar.
diversió *f* ***1*** diversión. ***2*** *V* **divertiment**.
diversitat *f* diversidad.
divertiment *m* divertimiento, diversión (*f*).
divertir *v tr* y *pron* divertir.
diví, ina *a* divino, divinal.
dividend *m* dividendo.
dividir *v tr* y *pron* dividir.
divinal *a V* **diví**.
divinitat *f* divinidad.
divís *m* división (*f*), discordia (*f*).
divisa *f* divisa.
divisible *a* divisible.
divisió *f* división.
divisor *m* divisor.
divo, va *s* divo (cantante).
divorci *m* divorcio.
divorciar *v tr* y *pron* divorciar.
divuit *a* y *m* dieciocho.
divulgació *f* divulgación.
divulgar *v tr* y *pron* divulgar.
do *m* ***1*** *mús* do (nota musical). ***2*** don, dádiva (*f*). ***3*** don (facilidad, facultad).
doblar *v tr* ***1*** doblar (hacer doble). ***2*** doblar (una película, un actor). || *v intr* doblar (ser doble). || *v pron* doblarse.
doblària *f* grueso (*m*), grosor (*m*).
doblatge *m* doblaje (cine).
doble *a* doble, dúplice.
doblec *m* ***1*** doblez (*f*). ***2*** pliegue.
doblegar *v tr* y *pron* ***1*** doblegar. ***2*** doblar (plegar). ***3*** doblar (torcer).
docència *f* docencia.
docent *a* docente.
dòcil *a* dócil.
docte, ta *a* docto.
doctor, a *s* doctor.
doctorat *m* doctorado.
doctoressa *f* doctora.

doctrina *f* doctrina.
doctrinal *a* doctrinal.
document *m* documento.
documentació *f* documentación.
documental *a* y *s* documental.
documentar *v tr* y *pron* documentar.
dofí *m zool* delfín (*gén Delphinus*).
doga *f* duela.
dogal *m* dogal.
dogma *m* dogma.
a dojo *loc adv* en abundancia, a tutiplén, a porrillo.
dol *m* ***1*** duelo (aflicción). ***2*** luto, duelo. ***3*** duelo (asistentes).
dòlar *m* dólar (moneda).
dolç, a *a* y *m* dulce.
dolcesa *f*, **dolçor** *f* dulzura, dulzor (*m*).
doldre *v intr* doler (tener sentimiento). || *v pron* dolerse.
dolença *f* duelo (*m*).
dolent, a *a* y *s* malo.
dolenteria *f*, **dolentia** *f* maldad.
doler *v intr V* **doldre**.
doll *m* ***1*** chorro, caño. ***2*** raudal. || **a d.** *loc adv* a chorro; a porrillo.
dolmen *m* dolmen.
dolor *m* dolor.
dolorejar *v intr* doler (el cuerpo).
dolorós, osa *a* doloroso.
domar *v tr* domar.
domèstic, a *a* y *s* doméstico.
domesticar *v tr* domesticar.
domicili *m* domicilio, casa (*f*).
domiciliació *f* domiciliación.
domiciliar *v tr* y *pron* domiciliar.
dominació *f* dominación.
dominar *v tr* domeñar. || *v tr*, *intr* i *pron* dominar.
domini *m* dominio.
dominicà, ana *a* y *s* dominicano.
dona *f* ***1*** mujer (persona del sexo femenino). ***2*** mujer (esposa).
donable *a* dable, hacedero.
donació *f* donación.
donador, a *a* y *s* donante.
donar *v tr* ***1*** dar (ceder, conceder. entregar). ***2*** dar (producir). ***3*** dar (un resultado). ***4*** dar (organizar y ofrecer). ***5*** dar (dictar, pronunciar, comunicar, expresar). ***6*** donar (suministrar). || *v pron* ***1*** darse (suceder). ***2*** darse (rendirse). ***3*** darse (proporcionarse, procurarse). ***4*** entregarse. [*prep* regida por el *v*] **donar a** (+ *s*) dar a. || **d. a llum** parir.
donatiu *m* donativo.
doncs *conj* pues, luego.
donzell *m* ***1*** doncel (joven noble). ***2*** doncel (virgen).
donzella *f* doncella, virgen.
dopar *v tr* y *pron* dopar.
dopatge *m*, **dòping** *m* dopaje.
dormida *f* dormida.
dormilec, ega *a* y *s* dormilón.
dormilega *s fig* dormilón.
dormir *v intr* dormir.
dormisquejar *v intr*, **dormitar** *v intr* dormitar.
dormitori *m* ***1*** dormitorio. ***2*** alcoba (*f*).
dors *m* ***1*** dorso. ***2*** dorso, reverso, envés.
dos, dues *a* y *s* dos.
dosar *v intr* parear (formar pares).
dosatge *m V* **dosi**.
dos-cents, **dues-centes** *a* y *m* doscientos.
dosi *f* dosis.
dosificació *f* dosificación.
dosificar *v tr* dosificar.
dosser *m* dosel.
dossier *m* dossier.
dot *m* dote (*m* o *f*).
dotació *f* dotación.
dotar *v tr* dotar.
dotze *a* y *m* doce.
dotzè, ena *a* y *s* duodécimo. || *f* docena.
dovella *f arq* dovela.
drac *m* dragón.
draga *f* draga.
dragador *m* tragadero (lugar).
dragar *v tr* ***1*** dragar. ***2*** tragar (comer mucho).
drama *m* drama.
dramàtic, a *a* y *s* dramático.
dramatitzar *v tr* dramatizar.
drap *m* ***1*** paño. ***2*** trapo.
drapaire *s* trapero.
drassana *f náut* astillero (*m*), atarazana.
dràstic, a *a* drástico.
dreçar *v tr* ***1*** enderezar. ***2*** erguir.
drecera *f* atajo (*m*), trocha.
drenar *v tr* drenar.
drenatge *m* drenaje.
dret, a *a* ***1*** derecho. ***2*** de pie, en pie. ***3*** enhiesto. || *m* derecho.
dreta *f V* **destra**.
dretà, ana *a* y *s* derechista.
a dretcient *loc adv*, **a dretes** *loc adv* adrede, ex profeso, a sabiendas.
dretor *f* derechura.
dretura *f* ***1*** *V* **dretor**. ***2*** *fig* rectitud.
dring *m* ***1*** tintín. ***2*** tilín.
dringadera *f*, **dringadissa** *f* tintineo (*m*).
dringar *v intr* tintinear.
droga *f* droga.
drogar *v tr* y *pron* drogar.
drogoaddicció *f* drogadicción.
drogodependència *f* drogodependencia.
drogueria *f* droguería.
dromedari *m zool* dromedario (*Camellus dromedarius*).
droperia *f* haraganería.
dropo, a *a* y *s*, **dròpol, a** *a* y *s* haragán, holgazán.
dual *a* y *m* dual.
duana *f* aduana.
dubitatiu, iva *a* dibutativo.
dubtar *v tr* e *intr* dudar.
dubte *m* duda (*f*). || **sens dubte** *adv* ciertamente.
dubtós, osa *a* dudoso.
duc *m* duque (título).
ducat *m* ducado.
dúctil *a* dúctil.
ductilitat *f* ductilidad.

duel *m* duelo, desafío (combate).
duet *m mús V* **duo**.
duna *f* duna, médano (*m*).
duo *m mús* dúo, dueto.
duodè *m anat* duodeno.
duple, la *a* y *m* duplo.
dúplex *m* dúplex.
duplicar *v tr* duplicar.
duplicat, ada *a* duplicado (repetido). ‖ *m* duplicado (copia).
duplicitat *f* duplicidad.
duquessa *f* duquesa.
dur *v tr* llevar, traer.
dur, a *a* duro.
durabilitat *f* durabilidad.
durable *a V* **durador**.
duració *f*, **durada** *f* duración, dura.
durador, a *a* duradero, durable.
duralló *m* ***1*** grumo. ***2*** *V anat* **durícia**.
durant *prep* durante.
durar *v intr* durar.
duresa *f* dureza.
durícia *f anat* callo (*m*) (dureza).
duta *f* traída.
dutxa *f* ducha.
dutxar *v tr* y *pron* duchar.

E

eben *m bot* ébano (*gén Diospyros*).
ebenisteria *f* ebanistería.
ebri, èbria *a* ebrio.
ebullició *f* ebullición.
eclèctic, a *a* y *s* ecléctico.
eclipsar *v tr* y *pron* eclipsar.
eclipsi *m astron* eclipse.
eco *m* eco.
ecografia *f med* ecografía.
ecologia *f biol* ecología.
ecologisme *m biol* ecologismo.
economia *f* economía.
econòmic, a *a* económico.
economitzar *v tr* economizar.
èczema *m med* eczema (o *f*).
edat *f* edad.
Edèn *m* Edén.
edició *f* edición.
edicte *m* edicto, bando.
edificació *f* edificación.
edificar *v tr* ***1*** edificar. ***2*** construir.
edifici *m* edificio.
edil *m* edil, concejal.
editar *v tr* editar.
editor, a *a* y *s* editor.
editorial *a* editorial. ‖ *f* editorial (empresa). ‖ *m* editorial (artículo).
edredó *m* edredón.
educació *f* educación.
educar *v tr* educar.
educatiu, iva *a* educativo.
efecte *m* efecto.
efectiu, iva *a* efectivo. ‖ *m* contante.
efectivitat *f* efectividad.
efectuar *v tr* y *pron* efectuar.
efeminat, ada *a* y *s* afeminado.
efervescència *f* efervescencia.
eficaç *a* eficaz.
eficàcia *f* eficacia.
eficiència *f* eficiencia.
eficient *a* eficiente.
efígie *f* efigie.
efímer, a *a* efímero.
efluvi *m* efluvio.
egipci, ípcia *a* y *s* egipcio
egoisme *m* egoísmo.
egoista *a* y *s* egoísta.
egregi, ègia *a* egregio.
egua *f zool* yegua.
eh! *interj* ¡eh!
ei! *interj* ¡eh!, ¡oye!
eia! *interj* ¡ea!
eina *f* herramienta.
einam *m* herramienta (*f*) (conjunto).
eivissenc, a *a* y *s* ibicenco.
eix *m* eje.
eixam *m* enjambre.
eixamplament *m* ensanchamiento (*m*).
eixamplar *v tr* y *pron* ensanchar.
eixample *m* ensanche.
eixancar *v tr* y *pron*, **eixancarrar** *v tr* y *pron* despatarrar.
eixàrcia *f náut* jarcia.
eixarrancar *v tr* y *pron V* **eixancar**.
eixarreir *v tr* y *pron* resecar.
eixarreït, ïda *a* reseco.
eixerit, ida *a* despejado, despabilado, listo, avispado.
eixida *f* ***1*** salida. ***2*** patio (*m*).
eixir *v intr* salir.
eixorbar *v tr* cegar (quitar los ojos).
eixorc, a *a V* **estèril**.
eixordar *v tr* ensordecer.
eixorivir *v intr* y *pron* espabilar.
eixorquia *f V* **esterilitat**.
eixugamans *m* toalla (*f*).
eixugaparabrisa *m* limpiaparabrisas.
eixugar *v tr* y *pron* ***1*** enjugar, secar. ***2*** *V* **esgotar** 1.
eixut, a *a* ***1*** seco. ***2*** enjuto. ***3*** *fig* adusto. ‖ *m* sequía (*f*), seca (*f*).

eixutesa *f* sequedad.
ejaculació *f* eyaculación.
ejacular *v tr* eyacular.
el *art 1* el. *2* lo. || *pron 1* lo. *2* le.
elaboració *f* elaboración.
elaborar *v tr* elaborar.
elàstic, a *a* elástico. || *m* elástico (tejido). || *m pl* tirantes.
elasticitat *f* elasticidad.
elecció *f* elección.
elector, a *a* y *s* elector.
electoral *a* electoral.
electorat *m* electorado.
elèctric, a *a* eléctrico.
electricista *a* y *s* electricista.
electricitat *f* electricidad.
electritzar *v tr* y *pron* electrizar.
electró *m fís* electrón.
electrocardiograma *m med* electrocardiograma.
electrocutar *v tr* y *pron* electrocutar.
elèctrode *m fís* electrodo.
electrodomèstic, a *a* y *m* electrodoméstico.
electroencefalograma *m med* electroencefalograma.
electròlisi *f quím* electrolisis.
electrònic, a *a* electrónico. || *f* electrónica.
elefant *m zool* elefante (*gén Elephas*).
elegància *f* elegancia.
elegant *a* y *s* elegante.
elegia *f* elegía.
elegir *v tr* elegir.
element *m* elemento.
elemental *a* elemental.
elevació *f* elevación.
elevar *v tr* y *pron* elevar.
eliminar *v tr* eliminar.
elit *f* elite, élite.
elixir *m* elixir, elíxir.
ell, a *pron* él, ella. || **amb ell**; **amb ella**; **amb ells**; **amb elles** *forma pronominal* consigo.
el·lipse *f geom* elipse.
el·lipsi *f gram* elipsis.
elm *m* yelmo.
elogi *m* elogio.
elogiar *v tr* y *pron* elogiar.
eloqüència *f* elocuencia.
els *art* los. || *pron* ellos.
elucubració *f* lucubración.
elucubrar *v tr* lucubrar.
eludir *v tr* eludir.
em *pron* me.
emanar *v intr* emanar.
emancipar *v tr* y *pron* emancipar.
embadalir *v tr* y *pron 1* embelesar, arrobar. *2* embobar. || *v pron* embebecerse.
embadocar *v tr* y *pron* embobar.
embafar *v tr* empalagar.
embajanir *v tr* y *pron* entontecer, alelar.
embalar *v tr* y *pron* embalar.
embalatge *m* embalaje.
embalbar-se *v pron*, **embalbir-se** *v pron* aterirse, arrecirse, aterecerse.
embalsamament *m* embalsamamiento.
embalsamar *v tr* embalsamar.
embalum *m 1* balumba (*f*). *2* balumbo. *3* bulto (volumen).
embaràs *m* embarazo.
embarassada *f* embarazada, preñada, encinta.
embarassar *v tr* embarazar.
embarassós, osa *a 1* embarazoso. *2* engorroso.
embarbussar-se *v pron* tartajear (*intr*), hablar confusamente.
embarcació *f náut* embarcación, barco (*m*).
embarcada *f V* **embarcament**.
embarcador *m náut* embarcadero.
embarcament *m* embarque.
embarcar *v tr* i *pron 1 náut* embarcar. *2 fig* embarcar (alguien, en alguna cosa).
embarg *m*, **embargament** *m* embargo.
embargar *v tr* embargar.
embarrancar *v intr náut* embarrancar, dar al traste.
embassada *f* embalse (*m*) (acción).
embassament *m 1 V* **embassada**. *2* embalse, pantano.
embassar *v tr* embalsar, rebalsar. || *v pron 1* embalsarse. *2* encharcarse.
embasta *f* hilván (*m*).
embastar *v tr* hilvanar.
embat *m* embate.
embeinar *v tr* envainar.
embelliment *m* embellecimiento.
embellir *v tr* y *pron* embellecer.
embenar *v tr* vendar.
embenat *m*, **embenatge** *m med* vendaje (de vendas).
embeure's *v pron* encogerse.
emblanquir *v tr* y *pron* emblanquecer.
emblavir *v tr* azular.
emblema *m* emblema.
embocadura *f 1 mús* embocadura (de un instrumento). *2* bocacalle. *3* embocadura, gola.
embocar *v tr 1* embocar, abocar (con la boca). *2 náut* abocar.
emboçar *v tr* y *pron* embozar.
embogir *v tr* e *intr V* **enfollir**.
èmbol *m med* émbolo.
embolcall *m* envoltorio, envoltura (*f*).
embolcallar *v tr 1* empañar, envolver (a una criatura). *2 V* **embolcar**.
embolcar *v tr* envolver.
embòlia *f med* embolia.
embolic *m 1* embrollo, embrolla (*f*), enredo, lío. *2* trapisonda (*f*).
embolicar *v tr 1* envolver, liar. *2 V* **embrollar**. || *v pron* enredarse.
emboniquir *v tr* y *pron V* **embellir**.
embornal *m* sumidero de alcantarilla.
emborratxar *v tr* y *pron V* **embriagar**.
embós *m* embolso.
emboscada *f* emboscada, celada.
emboscar *v tr* y *pron* emboscar.
embossar *v tr* y *pron* embolsar.
embotellar *v tr* embotellar.
embotiment *m* repujado.
embotir *v tr* embutir. || *v pron V* **embotornar-se**.

embotit *m* embutido.
embotornar-se *v pron med* abotagarse, abotargarse.
embragament *m V* **embragatge**.
embragar *v tr* embragar.
embragatge *m* embrague.
embranzida *f* arranque (*m*) (velocidad).
embriac, aga *a* y *s* borracho, bebido.
embriagar *v tr* y *pron* embriagar, emborrachar.
embriaguesa *f* embriaguez, ebriedad.
embrió *m biol* embrión.
embrolla *f V* **embolic**.
embrollar *v tr* embrollar, enredar.
embromar-se *v pron 1* nublarse. *2* abrumarse.
embromat *m* nublado, nube (*f*).
embroquetar *v tr* emboquillar.
embruix *m* embrujo, hechizo, hechicería (*f*).
embruixador, a *s* hechicero, hechizador.
embruixament *m* embrujamiento.
embruixar *v tr* embrujar, hechizar.
embrutar *v tr* y *pron* ensuciar, manchar.
embull *m 1* enredo, maraña (*f*) (*esp* de hilos, cabellos). *2* cadejo (del cabello).
embullar *v tr 1* embarullar, enmarañar. *2 V* **embrollar**. || *v pron* enmarañarse.
embús *m* atasco, atascamiento.
embussada *f*, **embussament** *m* atasco (*m*), atascamiento (*m*) (acción, hecho).
embussar *v tr* y *pron* atascar, cegar, atorar.
embut *m* embudo. || *m pl 1* ambages. *2* rebozo (*sing*), tapujo (*sing*).
embutxacada *f V* **embós**.
embutxacar *v tr* y *pron V* **embossar**.
emergència *f* emergencia.
emergir *v intr* emergir.
emetre *v tr* emitir. || *v intr* emitir (rádio).
èmfasi *s* énfasis (*m*).
emfisema *m med* enfisema.
emigració *f 1* emigración. *2* migración (de animales).
emigrant *a* y *s* emigrante.
emigrar *v intr* emigrar.
eminència *f* eminencia.
eminent *a* eminente.
emir *m* emir.
emissari, ària *s* emisario.
emissió *f* emisión.
emissor, a *a* emisor. || *m* emisor (aparato). || *f* emisora.
emmagatzemar *v tr* almacenar.
emmalaltir *v intr* y *pron* enfermar, adolecer.
emmandrir *v intr* y *pron* emperezar.
emmanillar *v tr 1* esposar. *2* maniatar.
emmarcament *m* encuadramiento.
emmarcar *v tr* encuadrar.
emmascarar *v tr* y *pron* tiznar, entiznar.
emmetzinar *v tr* y *pron* envenenar, emponzoñar, atosigar.
emmidonar *v tr* almidonar.
emmordassar *v tr* amordazar.
emmotllar *v tr* amoldar. || *v pron fig* amoldarse
emmudir *v tr* hacer enmudecer, acallar. || *v intr* enmudecer.
emmurallar *v tr* murar.
emmurriar-se *v pron V* **enfurrunyar-se**.
emmusteir *v tr* y *pron* enmustiar.
emoció *f* emoción.
emocionant *a* emocionante.
emocionar *v tr* y *pron* emocionar.
emotiu, iva *a* emotivo.
empadronar *v tr* y *pron* empadronar.
empaitada *f V* **escomesa**.
empaitar *v tr V* **encalçar**.
empalar *v tr* empalar.
empal·lidir *v intr* y *pron* palidecer.
empalmament *m* empalme, empalmadura (*f*).
empalmar *v tr* empalmar (juntar).
empanada *f* empanada.
empanar *v tr* empanar.
empantanar *v tr* empantanar.
empantanec *m* atascadero.
empantanegament *m* atasco, atascamiento.
empantanegar *v tr* y *pron* atascar, empantanar.
empapatx *m* indigestión (*f*).
empapatxar *v tr* y *pron* ahitar, indigestar.
empaperar *v tr* empapelar.
empaperat *m* empapelado.
empaquetar *v tr* empaquetar.
empara *f* amparo (*m*), guarida, reparo (*m*).
emparament *m* amparo (acción y efecto).
emparar *v tr* amparar. || *v pron* tomar (*tr*), apoderarse, adueñarse.
emparaular *v tr* apalabrar.
emparedar *v tr* emparedar.
emparedat *m* emparedado (bocadillo).
emparentar *v intr* y *pron* emparentar.
empassar-se *v pron V* **engolir**.
empastament *m* empaste.
empastar *v tr* empastar.
empastifar *v tr* y *pron 1* embadurnar. *2* pintarrajear
empat *m* empate.
empatar *v intr* empatar.
empatx *m 1* empacho. *2 V* **empapatx**.
empatxar *v tr* y *pron* empachar.
empedrat *m* empedrado.
empedreïment *m* petrificación (*f*).
empedreït, ïda *a* empedernido.
empelt *m agr med* injerto, enjerto.
empeltar *v tr agr med* injertar, enjertar.
empenta *f* empujón (*m*), empuje (*m*).
empenya *f* empeine (*m*) (del pie, del calzado).
empènyer *v tr* empujar.
empenyiment *m* empuje.
empenyorament *m* empeño.
empenyorar *v tr* empeñar, pignorar.
emperador, a *s* emperador.
emperadriu *f* emperatriz.
emperesir *v intr* y *pron V* **emmandrir**.
emperò *conj* pero, empero, mas.
empesa *f* apresto (*m*).
empesar *v tr* aprestar (los tejidos).
empestar *v tr 1 med* apestar. *2 V* **empudegar**.
empetitir *v tr* y *pron* empequeñecer, achicar.
empilar *v tr* y *pron* apilar.
empinar *v tr* y *pron* empinar.

empinat, ada *a* pino.
empiocar-se *v pron* ponerse malo.
empiocat, ada *a* malucho.
empipador, a *a* y *s V* **enutjós**.
empipament *m V* **enuig** 1.
empipar *v tr* y *pron V* **enutjar**.
empíric, a *a* y *s* empírico.
empit *m 1* varga (*f*). *2* vertiente (*f*), ladera (*f*).
empitjorar *v tr*, *intr* y *pron* empeorar.
empiuladura *f* empalme (*m*).
empiular *v tr 1 V* **empalmar**. *2* apiolar.
emplaçament *m* emplazamiento.
emplaçar *v tr* emplazar.
emplastre *m med* emplasto.
empleat, ada *s* empleado (trabajador).
emplenar *v tr* llenar, henchir.
empobrir *v tr* y *pron* empobrecer.
empolainar *v tr*, **empolistrar** *v tr 1* emperifollar, componer. *2* acicalar.
empoquir *v tr* y *pron* apocar.
emportar-se *v pron* llevarse.
empòsit *m* asiento.
empostissat *m* tablado.
emprament *m* empleo.
emprar *v tr* emplear.
empremta *f* huella, impresión.
empremtar *v tr* estampar, imprimir, dejar huella.
emprendre *v tr* emprender.
emprenedor, a *a* y *s* emprendedor.
emprenyador, a *a fam* fastidioso.
emprenyament *m fam* fastidio, cabreo.
emprenyar *v tr fam* fastidiar, joder (*fam*).
empresa *f* empresa.
empresari, ària *s* empresario.
empresarial *a* empresarial.
empresonament *m* encarcelamiento, encarcelación (*f*).
empresonar *v tr* encarcelar, aprisionar.
emprèstit *m* empréstito.
emprovar *v tr* y *pron* probar (un vestido).
empudegador, a *a* apestoso.
empudegar *v tr*, **empudeir** *v tr*, **empudentir** *v tr* apestar (arrojar mal olor).
empunyadura *f* empuñadura.
empunyar *v tr* empuñar.
èmul, a *s* émulo.
emular *v tr* emular.
emulgent *a* emulgente.
emulsió *f quím* emulsión.
en *pron* y *adv* de allí.
en *prep 1* en. *2* a (con ciertos verbos de movimiento). *3* al (ante infinitivo).
en, na don (tratamiento).
en, na *art* artículo que suele preceder a los nombres propios.
enagos *m pl* enaguas (*f*).
enaltir *v tr 1* enaltecer. *2 fig* aupar.
enamorament *m* amorío.
enamorar *v tr* y *pron* enamorar.
enamorat, ada *a* y *s* enamorado.
enarborar *v tr 1 náut* enarbolar. *2* tremolar.
enarcar *v tr* enarcar.
enardir *v tr* y *pron* enardecer. || *v tr* jalear.
ençà *adv* acá, aquende. || **de... ençà**; **d'e. de** desde. || **d'e. que** desde que.
encabiment *m* metimiento.
encabir *v tr* y *pron 1* meter. *2* acomodar.
encabritar-se *v pron* encabritarse, empinarse.
encadenar *v tr* encadenar.
encaix *m 1* encajadura (*f*). *2* encaje (de dos piezas).
encaixada *f* apretón (*m*) de manos.
encaixar *v tr* e *intr* encajar. || *v tr* encuadrar.
encalç *m*, **encalçament** *m* acoso, acosamiento, persecución (*f*).
encalçar *v tr* acosar, perseguir, ir al alcance.
encallada *f*, **encallament** *m* atasco (*m*), atascamiento (*m*) (de un vehículo).
encallar *v tr* e *intr 1* atascar (un vehículo). *2* encallar. || *v pron* atascarse, atollarse.
encaminar *v tr* y *pron* encaminar.
encanonar *v tr* encañonar.
encant *m 1* almoneda (*f*), encante, subasta (*f*). *2* encanto (atractivo). || *m pl* encante (*sing*), baratillo (*sing*), rastro (*sing*).
encantador, a *a* y *s* encantador.
encantament *m* encantamiento.
encantar *v tr 1* hechizar. *2* encantar.
encaparrament *m* preocupación (*f*) (desvelo, previsión).
encaparrar *v tr* cargar la cabeza. || *v pron* enfrascarse.
encapçalar *v tr* encabezar.
encapotar *v tr* encapotar.
encapritxar-se *v pron* encapricharse.
encara *adv* aún, todavía. || **e. que** *loc conj* aun cuando, aunque, siquiera.
encarament *m* encaramiento.
encarar *v tr* encarar, acarear, acarar. || *v pron* encararse.
encarcarar *v tr* envarar, atiesar. || *v pron* ponerse rígido.
encarcarat, ada *a* tieso (rígido).
encariment *m* carestía (*f*).
encarir *v tr*, *intr* y *pron* encarecer.
encarnació *f* encarnación.
encarnar *v tr* e *intr* encarnar. || *v pron* encarnarse.
encarnat, ada *a* encarnat.
encàrrec *m 1* encargo. *2* pedido. *3* recado.
encarregar *v tr* y *pron* encargar, encomendar.
encarrilament *m* encarrilamiento.
encarrilar *v tr* y *pron* encarrilar.
encartament *m* encarte.
encartar *v tr* encartar.
encasellar *v tr* encasillar.
encast *m* empotramiento.
encastar *v tr 1* engastar, montar (*esp* en joyería). *2* empotrar.
encaterinament *m* devaneo.
encaterinar-se *v pron V* **encapritxar-se**.
encatifar *v tr* alfombrar.
enceb *m* cebo.
enceball *m* cebo.
encebar *v tr* cebar (animales).
encèfal *m anat* encéfalo.

encegar *v tr* y *pron* cegar.
encenall *m* viruta (*f*).
encendre *v tr* encender.
encenedor, a *a* y *m* encendedor. ‖ *m* mechero.
encens *m* incienso.
encerar *v tr* encerar.
encerclador, a *a* circundante.
encerclament *m* rodeo, circuición (*f*), circunvalación (*f*).
encerclar *v tr* cercar, rodear, circuir, circundar, circunvalar.
encert *m* *1* acierto, acertamiento (acción y efecto). *2* acierto (coincidencia favorable).
encertar *v tr* acertar. ‖ *v intr* atinar.
encertat, ada *a* certero.
encès, esa *a* encendido.
encesa *f* encendido (*m*) (de un motor). ‖ **pescar a l'e.** pescar al candil.
encestar *v tr* encestar.
encetar *v tr* *1* *med* llagar, rozar (la piel). *2* encentar.
enciam *m* *bot* lechuga (*f*) (*Lactuca sativa).*
enciclopèdia *f* enciclopedia.
encimbellar *v tr* y *pron* encimar, encumbrar.
encinta *a* y *f* *V* **embarassada**.
encís *m* hechizo.
encisar *v tr* y *pron fig V* **embadalir** 1.
encistellada *f* canasta, cesta (*m*) (en el baloncesto).
encistellar *v tr* encestar (en el baloncesto).
enclavament *m* enclave.
enclavar *v tr* enclavar.
encloure *v tr* entrañar.
enclusa *f* yunque (*m*).
encobriment *m* encubrimiento.
encobrir *v tr* encubrir.
encoixinar *v tr V* **enconxar**.
encolar *v tr* encolar.
encolomar *v tr fam* endilgar.
encomanadís, issa *a* contagioso, pegajoso.
encomanament *m* contagio.
emcomanar *v tr* *1* *V* **encarregar**. *2* mandar. *3* contagiar, pegar. ‖ *v pron* contagiarse.
encomanda *f V* **encàrrec**.
encomi *m* encomio.
encomiar *v tr* encomiar.
encongiment *m* encogimiento.
encongir *v tr* y *pron* encoger. ‖ *v pron* revenirse.
encontorns *m pl* contornos, cercanías (*f*).
encontrar-se *v pron* encontrarse.
encontre *m* encuentro.
enconxar *v tr* acolchar
encoratjador, a *a* alentador.
encoratjar *v tr* alentar, esforzar. ‖ *v pron* envalentonarse.
encorbar *v tr* y *pron* encorvar.
encorralar *v tr* acorralar.
encrespar *v tr* encrespar. ‖ *v pron fig* encresparse.
encreuament *m* *1* cruce, cruzamiento (acción). *2* *V* **enforcall** 1.
encreuar *v tr* cruzar (razas, especies, etc.). ‖ *v pron* cruzarse (en dirección opuesta).
encruelir-se *v pron fig* ensañarse, cebarse.
encuny *m* cuño, troquel.
encunyar *v tr* *1* acuñar, troquelar, batir. *2* *V* **empremtar**.
endarrera *adv*, **endarrere** *adv V* **enrera**.
endarreriment *m* atraso.
endarrerir *v tr* y *pron* *1* atrasar. *2* rezagar.
endavant *adv* y *interj* adelante. ‖ **per e.** de antemano, por anticipado. ‖ **endavant!** *interj* ¡adentro!
endebades *adv* *1* en vano, en balde, baldíamente. *2* gratis, de balde.
endegar *v tr V* **engiponar**.
endemà, l' *m* el día siguiente, el día después.
endemesa *f* desatino (*m*).
endèmic, a *a med* endémico.
endemig *adv* **en l'e.; en aquest e.**; **en aquell e.** entretanto.
endergues *f pl* trastos (*m*).
enderroc *m* escombro, ruinas (*pl*).
enderrocar *v tr* demoler, derribar, derruir.
endeutament *m* endeudamiento.
endeutar *v tr* hacer contraer una deuda. ‖ *v pron* endeudarse.
endevinalla *f* adivinanza, acertijo (*m*).
endevinar *v tr* adivinar.
endiablar *v tr*, **endimoniar** *v tr* endemoniar, endiablar.
endins *adv* adentro.
endinsar *v tr* *1* *V* **enfonsar** 2. *2* hincar. ‖ *v pron* adentrarse.
endintre *adv V* **endins**.
endinyar *v tr* arrear (*esp* un golpe).
endívia *f bot* endibia (*Cichorium intybus*).
endolcir *v tr* y *pron* endulzar.
endoll *m* *1* enchufe (acción). *2* enchufe, toma (*f*) de corriente.
endollar *v tr* enchufar.
endormiscament *m* adormecimiento.
endormiscar-se *v pron* adormitarse, adormilarse, adormecerse.
endossar *v tr* *1* endosar. *2* *fig fam* endilgar.
endrapar *v tr* e *intr* zampar (comer con avidez).
endreç *m* *1* aseo. *2* compostura (*f*).
endreça *f*, **endreçament** *m* compostura (*f*) (aseo, arreglo).
endreçar *v tr* componer, asear.
endreçúries *f pl* andurriales (*m*).
endret *m* haz.
endropir-se *v pron* apoltronarse.
endurar *v tr* sobrellevar, endurar.
endurir *v tr* y *pron* endurecer.
endur-se *v pron V* **emportar-se**.
ènema *m med* enema, lavativa (*f*).
enemic, iga *a* y *s* enemigo.
enemistar *v tr* y *pron* enemistar.
enemistat *f* enemistad.
energia *f* energía.
enèrgic, a *a* enérgico.
energumen, úmena *s* energúmeno.
enervar *v tr* y *pron* enervar.
enèsim, a *a* y *m mat* enésimo.
enfadar *v tr* y *pron V* **enutjar**.
enfadós, osa *a V* **enutjós**.

enfastidir *v tr* y *pron*, **enfastijar** *v tr* y *pron* fastidiar, hastiar.
enfeinat, ada *a* atareado.
enfellonir *v tr* y *pron* encolerizar, encorajinar, airar.
enferritjar-se *v pron* atascarse.
enfetgegar *v tr* tupir.
enfilada *f* engarce (*m*).
enfiladissa *f bot* enredadera (planta).
enfilall *m* sarta (*f*), ristra (*f*).
enfilar *v tr 1* enfilar, ensartar. *2* enhebrar, ensartar, enfilar. *3* engarzar. || *v pron 1* trepar (*intr*). *2* trepar (*intr*) (una planta). *3* encaramarse.
enfit *m*, **enfitament** *m V* **empapatx**
enfitar *v tr* y *pron V* **empatxar**.
enfiter *m bot* ricino (*Ricinus communis*).
enfocament *m* enfoque.
enfocar *v tr* enfocar.
enfollir *v tr* e *intr* enloquecer. || *v pron* enloquecer (*tr* e *intr*), chiflarse, chalarse, guillarse.
enfondir *v tr* ahondar, profundizar, hondear. || *v pron V* **endinsar-se**.
enfonsada *f*, **enfonsament** *m* hundimiento (*m*).
enfonsar *v tr 1* hundir. *2* entrañar. || *v pron* hundirse, derrumbarse, desmoronarse.
enfora *adv* hacia fuera, afuera.
enforcall *m 1* confluencia (*f*), encrucijada (*f*) (de caminos). *2* confluencia (*f*) (de ríos).
enforcar *v tr* ahorcar.
enformador *m* escoplo.
enfornada *f* hornada.
enfortir *v tr* y *pron* fortalecer, esforzar.
enfosquir *v tr*, *intr* y *pron* obscurecer, oscurecer.
enfredorament *m*, **enfredoriment** *m* enfriamiento (acción y efecto).
enfredorir *v tr* i *pron* enfriar.
enfront *m arq* fachada (*f*). || *adv* enfrente, frente, delante.
enfrontament *m* enfrentamiento.
enfrontar *v tr* y *pron* enfrentar, enfrontar.
enfundar *v tr* enfundar.
enfuriament *m* enfurecimiento.
enfuriar *v tr* y *pron*, **enfurismar** *v tr* y *pron* enfurecer.
enfurrunyar-se *v pron* enfurruñarse.
enfutismar-se *v pron V* **enfuriar-se**.
engabiar *v tr* enjaular.
engalanar *v tr* engalanar.
engalipar *v tr V* **entabanar**.
engaltar *v tr fig* encajar.
engandulir *v tr* dar pereza a alguien.
enganxada *f* cogida.
enganxament *m 1* enganche. *2* pega (*f*).
enganxar *v tr 1* enganchar. *2* pegar.
enganxós, osa *a* pegajoso.
engany *m* engaño.
enganyar *v tr 1* engañar. *2 V* **esquivar** 3. || *v pron* engañarse.
enganyifa *f* engañifa. || **d'enganyifa** *loc adv* de mentirijillas.
enganyós, osa *a* engañoso.
engavanyar *v tr* molestar los movimientos, *esp* por la ropa que uno lleva.
engegada *f* puesta en marcha.
engegantir *v tr* agigantar.
engegar *v tr 1* poner en marcha. *2* disparar, tirar, lanzar. *3 fig* espetar.
engendrar *v tr* engendrar.
enginy *m* ingenio.
enginyar *v tr* y *pron* ingeniar.
enginyer, a *s* ingeniero.
enginyeria *f* ingeniería.
enginyós, osa *a* ingenioso.
engiponar *v tr fig* arreglar, pergeñar.
engir *adv V* **entorn**. || **e. de** alrededor de.
englobar *v tr* englobar.
engolat, ada *a* engolado (la voz).
engolida *f* engullida.
engolidor, a *a* y *s* engullidor. || *m 1* vorágine (*f*). *2* remolino, vórtice, rebalaje.
engolir *v tr* engullir, tragar.
engomar *v tr* engomar.
engonal *m anat* ingle (*f*).
engorronir *v tr* dar pereza a alguien.
engranatge *m* engranaje.
engrandiment *m* engrandecimiento.
engrandir *v tr* e *intr* agrandar.
engrapar *v tr* agarrar (con la mano).
engreix *m*, **engreixament** *m* engorde.
engreixar *v tr 1* engordar. *2 agr* abonar. || *v pron* engordarse, engrosar.
engreixinar *v tr 1* enmugrecer, pringar. *2* engrasar.
engrescar *v tr* y *pron* engrescar.
engronsadora *f* columpio (*m*), mecedor (*m*).
engronsar *v tr* y *pron* columpiar.
a l'engròs *loc adv* al por mayor.
engrossir *v tr 1* engrosar. *2* abultar.
engrudós, osa *a* mugriento.
engruixar *v tr*, **engruixir** *v tr V* **engrossir**.
engruna *f 1* migaja, miga (de pan). *2 fig* pizca, chispa (pequeña porción). || *f pl* migajas (residuos).
engrut *m 1* mugre (*f*). *2* engrudo, cochambre.
enguany *adv* hogaño, este año.
enguerximent *m* comba (*f*) (inflexión).
enguerxir-se *v pron 1* combarse. *2* bornearse.
enguixar *v tr* enyesar.
enhorabona *f* enhorabuena.
enigma *m* enigma.
enigmàtic, a *a* enigmático.
enjardinar *v tr* enjardinar, ajardinar.
enjogassat, ada *a* juguetón.
enjòlit *adv 1* en vilo. *2 fig* en vilo; con el ánimo en suspenso.
enjovar *v tr* acoyundar, uncir.
enjovenir *v tr* y *pron* rejuvenecer.
enjudiciament *m jur* enjuiciamiento.
enjudiciar *v tr jur* enjuiciar.
enjús *adv* abajo.
enlairament *m aviac* despegue.
enlairar *v tr* y *pron* encumbrar, encimar. || *pron aviac* despegar (*tr*).
enlaire *adv 1* en alto. *2* hacia arriba.
enllà *adv 1* hacia allá. *2* acullá.
enllaç *s* enlace (*m*). || *m* enlace.
enllaçament *m* enlace, enlazadura (*f*), enlazamiento.

enllaçar *v tr* enlazar.
enllandar *v tr* calzar.
enllardar *v tr V* **engreixinar** 1.
enllaunar *v tr 1* chapear. *2* enlatar (envasar en lata).
enlleganyar-se *v pron 1* llenarse de legañas los ojos. *2* cubrirse el cielo.
enllestir *v tr* acabar.
enlletgiment *m* afeamiento.
enlletgir *v tr* y *pron* afear.
enllitar-se *v pron* encamarse (ponerse en la cama).
enlloc *adv 1* en alguna parte (en frases interrogativas y condicionales). *2* en ninguna parte (en frases negativas y en respuestas en las que la negación se sobreentiende).
enlluernar *v tr* deslumbrar.
enllumenament *m* alumbramiento.
enllumenar *v tr* alumbrar.
enllumenat *m 1* acción de alumbrar. *2* alumbrado.
enllustrar *v tr* lustrar.
enmig de *loc adv* en medio de.
ennegrir *v tr* y *pron* ennegrecer.
ennoblir *v tr* y *pron* ennoblecer.
ennuvolar *v tr* nublar. || *v pron 1 V* **embromarse** 1. *2* anublarse.
enorgullir *v tr* y *pron* enorgullecer.
enorme *a* enorme.
enquadernació *f* encuadernación.
enquadernador, a *s* encuadernador.
enquadernar *v tr* encuadernar.
enquadrament *m* encuadramiento.
enquadrar *v tr V* **emmarcar**.
enquesta *f* encuesta.
enquibiment *m V* **encabiment**.
enquibir *v tr V* **encabir**.
enquimerar *v tr* provocar manía.
enquistar-se *v pron biol med* enquistarse.
enrabiada *f* rabieta.
enrajolar *v tr 1* embaldosar. *2* enladrillar.
enramada *f 1 bot* enramada. *2* enramada (cubierto).
enrampada *f* calambre (*m*).
enrampar *v tr* entumecer. || *v pron 1* acalambrarse. *2* entumirse.
enraonadissa *f* charla, charloteo (*m*), cháchara.
enraonament *m 1* plática (*f*). *2* parlamento.
enraonamenta *f V* **enraonadissa**.
enraonar *v tr* hablar. || *v intr 1* perorar. *2* platicar.
enraonat, ada *a* razonable.
enraonia *f 1* habladuría. *2* hablilla, habladuría.
enrarir *v tr* y *pron fís* enrarecer.
enrasar *v tr* enrasar (igualar).
enravenxinament *m* berrinche.
enravenxinar-se *v pron* emberrenchinarse, emberrincharse.
enredada *f* enredo (*m*).
enredaire *a* y *s* enredador.
enredar *v tr 1 V* **enxarxar**. *2 fig* enredar (engañar). *3 V* **embrollar**.
enregistrador, a *a* grabador (de discos, etc.).
enregistrament *m 1* registro (acción). *2* grabación (*f*) (de discos, etc.).
enregistrar *v tr 1* registrar (inscribir). *2* grabar (discos, etc.).
enrenou *m* revuelo.
enrera *adv*, **enrere** *adv* atrás.
enretirar *v tr* correr (desplazar hacia un lado).
enrevessat, ada *a* enrevesado.
enrinxolar *v tr* y *pron* ensortijar.
enriquiment *m* enriquecimiento.
enriquir *v tr* y *pron* enriquecer.
enrobustir *v tr* y *pron* robustecer.
enrogallament *m* enronquecimiento.
enrogallar-se *v pron V* **enronquir**.
enrogir *v tr* y *pron V* **envermellir**.
enronquir *v tr* enronquecer.
enrosar *v tr* rociar. || *v pron* cubrirse de rocío.
enroscar *v tr 1* enroscar, ensortijar. *2* enroscar (un tornillo).
enrotllador, a *a V* **encerclador**.
enrotllament *m 1* enrollamiento. *2 V* **encerclament**.
enrotllar *v tr 1* enrollar, arrollar (en forma de rollo). *2 V* **encerclar**.
enrullar-se *v pron* rizarse (el pelo, el cabello).
ens *m 1 V* **ésser**. *2* ente, entidad (organismo).
ens *pron* nos (acusativo-dativo del *pron* **nosaltres**. Puede revestir las formas **ens**, **'ns**, **'s** y **nos**).
ensabonar *v tr 1* enjabonar, jabonar. *2 fig* adular.
ensacar *v tr* ensacar.
ensagnar *v tr* y *pron* ensangrentar.
ensaïmada *f* ensaimada.
ensalada *f* ensalada, ensaladilla.
ensalgar *v tr* espolvorizar.
ensangonar *v tr* y *pron V* **ensagnar**.
ensardinar *v tr* apretar (en un espacio reducido).
ensarronar *v tr fig* embaucar.
a l'ensec *loc adv* a pie enjuto.
ensellar *v tr* ensillar.
ensems *adv* al mismo tiempo.
ensenyament *m*, **ensenyança** *f* enseñanza (*f*), enseñamiento (*m*).
ensenyar *v tr 1* enseñar. *2* mostrar.
ensenyorir *v tr* hacer (a alguien) señor de alguna cosa. || *v pron* adueñarse.
ensinistrar *v tr* adiestrar, amaestrar.
ensonyament *m* soñolencia (*f*), somnolencia (*f*).
ensopec *m V* **ensopegada** 1.
ensopegada *f 1* tropezón (*m*), tropezadura, traspié (*m*). *2 fig* tropiezo (*m*).
ensopegar *v intr* tropezar.
ensopiment *m 1* modorra (*f*). *2 V* **enuig** 2.
ensopir *v tr* y *pron 1* amodorrar. *2* entontecer. || *v pron* aburrirse.
ensordir *v tr* y *pron* ensordecer.
ensorrada *f*, **ensorrament** *m V* **enfonsada**.
ensorrar *v tr* y *pron V* **enfonsar** 1.
ensostrar *v tr* techar.
ensotat, ada *a* hundido formando hoyo.
ensucrar *v tr* azucarar.
ensulsiar-se *v pron* derrumbarse, desmoronarse.
ensumada *f* husma, husmeo (*m*).
ensumar *v tr* olfatear, olisquear, husmear.
ensuperbir *v tr* y *pron* ensoberbecer.

ensurt *m* *V* **esglai**.
entabanar *v tr* engatusar, embaucar, engañar.
entaforall *m* escondrijo, escondite.
entaforar *v tr* esconder, meter.
entallar *v tr* entallar.
entatxonar *v tr* ***1*** embutir. ***2*** mechar.
entaular *v tr* ***1*** entablar. ***2*** librar, trabar. || *v pron* sentarse a la mesa para comer.
entaulat *m* ***1*** patíbulo. ***2*** tablado.
entebeir *v tr* y *pron*, **entebionar** *v tr* y *pron* entibiar, templar.
enteixinar *v tr arq* artesonar.
enteixinat, ada *a* artesonado. || *m arq* artesonado, artesón.
entelar *v tr* y *pron* empañar.
entenalls *m pl* tenazas (*f*).
entendre *v tr*, *intr* y *pron* entender.
entendriment *m* enternecimiento.
entendrir *v tr* y *pron* enternecer. || *v pron fig* emblandecer.
entenedor, a *a* y *s* entendedor.
enteniment *m* ***1*** entendimiento. ***2*** *fam* entendederas (*f pl*).
entenimentat, ada *a* sensato.
enter, a *a* entero. || *m mat* entero.
enterboliment *m* ***1*** enturbiamiento. ***2*** *fig* entorpecimiento.
enterbolir *v tr* y *pron* ***1*** enturbiar. ***2*** *fig* entorpecer.
enterc, a *a* ***1*** *V* **encarcarat**. ***2*** terco, testarudo, tozudo.
entercar-se *v pron V* **entossudir-se**.
enteresa *f* entereza.
enterrador, a *s V* **enterramorts**.
enterrament *m* ***1*** entierro, enterramiento (acción y efecto). ***2*** entierro, enterramiento, sepelio.
enterramorts *s* enterrador.
enterrar *v tr* y *pron* enterrar, soterrar.
enterratge *m V* **enterrament** 2.
entès, esa *a* y *s* entendido.
entestar-se *v pron V* **entossudir-se**.
entitat *f* entidad.
entollar *v tr* encharcar.
entomar *v tr* tomar. || **engegar a e. vent** mandar al cuerno.
entomologia *f entom* entomología.
entonació *f* entonación.
entonar *v tr* e *intr* ***1*** entonar. ***2*** tonificar.
entorn *m* ***1*** contorno, derredor. ***2*** entorno. || **a l'e.**, **tot a l'e.** *loc adv* alrededor, derredor, en torno.
entortolligar *v tr* y *pron* enroscar.
entossudir-se *v pron* emperrarse, empeñarse, entercarse.
entrada *f* entrada.
entra-i-surt *m* entrada y salida; visita (*f*) breve.
entramat *m* entramado.
entrampar *v tr* y *pron* entrampar.
entrant *a* y *s* entrante. || *m* principio (plato).
entranya *f anat* entraña. || *f pl* entrañas (*sing*).
entranyable *a* entrañable.
entrar *v tr* e *intr* entrar.
entravessar *v tr* poner de través. || *v pron* cruzarse (interponerse).
entre *prep* entre.
entreacte *m* entreacto (en el teatro).
entrebanc *m* ***1*** tropiezo, tropezón. ***2*** entorpecimiento. ***3*** *V* **empantanec**.
entrebancar *v tr* ***1*** entorpecer. ***2*** hacer tropezar.
entrecella *f anat* entrecejo (*m*).
entrecot *m* entrecot, lomo de cerdo.
entrecuix *m* entrepierna (*f*).
entredit *m* entredicho.
entreferir-se *v pron* herirse (mutuamente).
entreforc *m* ***1*** cruz (*f*) (de un tronco). ***2*** bifurcación (*f*).
entregar *v tr* entregar. || *v pron* ***1*** entregarse. ***2*** *fig* abandonarse.
entrellaçar *v tr y pron* entrelazar.
entrellat *m* ***1*** intríngulis. ***2*** busilis.
entremaliadura *f* travesura.
entremaliat, ada *a* travieso, revoltoso.
entremaliejar *v intr* retozar.
entremès *m* ***1*** entremés (plato). ***2*** entremés (obra dramática).
entremetedor, a *a* y *s* entremetido, entrometido.
entremetre's *v pron* entremeterse, entrometerse.
entremig *adv* entremedias. || *m* intervalo.
entrenador, a *a* y *s* entrenador.
entrenament *m* entrenamiento.
entrenar *v tr* y *pron* entrenar.
entreobrir *v tr* y *pron* entreabrir.
entrepà *m* bocadillo, sandwich.
entresòl *m* entresuelo.
entresolat *m* altillo.
entresuor *f* trasudor (*m*).
entretant *adv V* **en l'endemig**.
entretemps *m* entretiempo.
entreteniment *m* ***1*** entretenimiento (acción y efecto). ***2*** *V* **entremès** 1.
entretenir *v tr* y *pron* entretener.
entretoc *m* toque.
entreveure *v tr* ***1*** entrever. ***2*** divisar.
entrevista *f* entrevista.
entrevistar *v tr* y *pron* entrevistar.
entristir *v tr* y *pron* entristecer.
entroncament *m* ***1*** entronque. ***2*** entroncamiento. ***3*** *V* **enforcall** 2.
entroncar *v tr* e *intr* entroncar.
entuixegar *v tr V* **emmetzinar**.
entumir *v tr* y *pron* entumecer.
entusiasmar *v tr* y *pron* entusiasmar.
entusiasme *m* entusiasmo.
enuig *m* ***1*** enojo, enfado. ***2*** aburrimiento. ***3*** mohína (*f*).
enumeració *f* enumeración.
enumerar *v tr* enumerar.
enunciar *v tr* enunciar.
enunciat *m* enunciado.
enutjar *v tr* y *pron* enojar, enfadar, hastiar.
enutjós, osa *a* enojoso, enfadoso.
envà *m* tabique.
envaïment *m* invasión (*f*) (acción).
envair *v tr* invadir.
envaixellar *v tr náut V* **embarcar** 1.
envalentir *v tr* y *pron* envalentonar.
envanir *v tr* y *pron* envanecer, engreir.
envàs *m* ***1*** envase (recipiente). ***2*** *V* **envasament**.

envasament *m* envase (acción y efecto).
envasar *v tr* envasar.
envasatge *m V* **envasament**
enveja *f* envidia.
envejar *v tr* envidiar.
envejós, osa *a* y *s* envidioso.
envelliment *m* envejecimiento.
envellir *v tr, intr* y *pron* envejecer.
envergadura *f náut* envergadura.
enverinar *v tr* y *pron* ***1*** *V* **emmetzinar**. ***2*** enconar.
enverinosar *v tr* envenenar, emponzoñar, ponzoñar.
envermellir *v tr* ***1*** enrojecer. ***2*** arrebolar. || *v pron* enrojecerse.
envernissar *v tr* barnizar.
envers *prep* hacia, para con.
envesprir *v intr* anochecer.
envestida *f* embestida.
envestir *v tr* embestir.
enviament *m* envío, enviada (*f*).
enviar *v tr* enviar, mandar.
enviat, ada *a* y *s* enviado.
envidar *v tr* envidar.
envides *adv* apenas.
envilanir *v tr* y *pron V* **envilir**.
envilidor, a *a* envilecedor.
envilir *v tr* envilecer.
envit *m* envite.
envol *m aviac* despegue.
envolar-se *v pron aviac* despegar (*tr*).
envolt, a *a* envuelto.
envoltant *a V* **encerclador**.
envoltar *v tr V* **encerclar**.
envolupar *v tr* envolver (*esp* de una manera total).
enxampar *v tr* ***1*** sorprender (con ingenio o astucia). ***2*** *fig* apiolar (detener).
enxaneta *s* niño o niña que corona las torres humanas de los **castellers**.
enxarxar *v tr* enredar, prender o coger con red.
enxiquir *v tr* y *pron V* **empetitir**.
enxubat, ada *a* dícese de un lugar cerrado donde el aire circula con dificultad.
enyor *m*, **enyorament** *m*, **enyorança** *f* añoranza (*f*), nostalgia (*f*).
enyorar *v tr* añorar.
enyorós, osa *a* nostálgico.
enze *s* pasmón, babieca. || *m* señuelo.
ep! *interj V* **ei!**
èpic, a *a* y *s* épico. || *f* épica.
epicentre *m geol* epicentro.
epidèmia *f med* epidemia.
epidèrmic, a *a anat* epidérmico.
epidermis *f anat bot* epidermis.
epígraf *m* epígrafe.
epíleg *m* epílogo.
epilèpsia *f med* epilepsia.
episodi *m* episodio.
epístola *f* epístola.
epitafi *m* epitafio.
epítet *m* epíteto.
època *f* época.
epopeia *f* epopeya.
equació *f* ecuación.
equador *m geog* ecuador.
equànime *a* ecuánime.
equatorià, ana *a* y *s* ecuatoriano.
eqüestre *a* ecuestre.
equí, ina *a* equino. || *m zool* equino.
equidistància *f* equidistancia.
equilàter, a *a geom* equilátero.
equilibrar *v tr* y *pron* equilibrar.
equilibri *m* equilibrio.
equimosi *f med* equimosis (*m*).
equinocci *m astron* equinoccio.
equip *m* ***1*** *V* **equipament**. ***2*** equipo.
equipament *m* equipo (acción y efecto).
equipar *v tr* equipar.
equiparació *f* equiparación.
equiparar *v tr* equiparar.
equipatge *m* equipaje.
equitable *a* equitativo.
equitació *f* equitación.
equitat *f* equidad.
equitatiu, iva *a V* **equitable**.
equivalència *f* equivalencia.
equivalent *a* y *m* equivalente.
equivaler *v intr* equivaler.
equívoc, a *a* equívoco. || *m V* **equivocació**.
equivocació *f* equivocación, equívoco (*m*).
equivocar *v tr* equivocar, errar. || *v pron* equivocarse.
era *f* ***1*** era (época). ***2*** *agr* era (para trillar).
erable *m bot* arce (*gén Acer*).
eradicar *v tr agr med* erradicar.
erari *m* erario.
erecció *f* erección.
eremita *s* eremita, ermitaño.
eriçar *v tr* ***1*** erizar. ***2*** encrespar (*esp* los pelos). || *v pron* erizarse, despeluzarse.
eriçó *m zool*: erizo (*Erinaceus europaeus*). || **e. de mar** erizo de mar (*Panacentrotus lividus*).
erigir *v tr* y *pron* erigir.
erisipela *f med* erisipela.
eritreu, ea *a* y *s* eritreo.
erm, a *a* ***1*** yermo. ***2*** yermo, baldío, erial. || *m* ***1*** *agr V* **ermàs**. ***2*** yermo.
ermàs *m agr* erial, páramo (lugar inculto).
ermini *m zool* armiño (*Mustela erminea*).
ermita *f* ermita.
ermità, ana *s* ermitaño.
erosió *f* erosión.
erosionar *v tr* erosionar.
eròtic, a *a* erótico. || *f* erótica.
erotisme *m* erotismo.
erra *f V* **errada**.
errabund, a *a V* **errant**.
errada *f* yerro (*m*), equivocación.
errant *a* errante, errabundo.
errar *v tr* ***1*** errar (faltar, no cumplir). ***2*** *V* **equivocar**. || *v intr* errar.
errat, ada *a* errado.
errata *f* errata.
erroni, ònia *a* erróneo.
error *m* error.

ert, a *a*, **èrtic, ica** *a* yerto.
eructació *f V* **eructe**.
eructar *v intr* eructar
eructe *m* eructo, eructación (*f*).
erudició *f* erudición.
erudit, a *a* y *s* erudito.
eruga *f* ***1*** *entom* oruga. ***2*** oruga (de tracción).
erupció *f* erupción.
es *pron* se (puede revestir las formas **es, 's, s'** y **se**).
esbadellar-se *v pron* romper (*esp* una flor, etc.).
esbajocar *v tr* desvainar.
esbalaïdor, a *a* asombroso.
esbalaïment *m* pasmo.
esbalair *v tr* pasmar, dejar atónito.
esbalandrar *v tr V* **esgavellar**.
esbalçader *m* precipicio.
esbaldida *f* enjuagadura, enjuague (*m*).
esbaldir *v tr* enjuagar, aclarar (la ropa, las manos, etc).
esbandida *f V* **esbaldida**.
esbandir *v tr V* **esbaldir**.
esbardellar *v tr* romper, destrozar, hacer astillas.
esbargiment *m* esparcimiento, recreo.
esbargir *v tr* esparcir. || *v pron* deportarse.
esbarjo *m* esparcimiento.
esbart *m* ***1*** bandada (*f*). ***2*** asociación dedicada al cultivo y divulgación de danzas típicas.
esbarzer *m bot* zarza (*f*) (*Rubus tomentosus*).
esbatar *v tr* abrir de par en par.
esbatussada *f* pelea.
esbatussar-se *v pron* pelearse a golpes.
esbellegar *v tr V* **esquinçar** 1.
esberla *f* ***1*** *V* **estella**. ***2*** raja.
esberlar *v tr* ***1*** rajar. ***2*** cascar (avellanas, etc.). ***3*** quebrar. || *v pron* rajarse.
esbiaixar *v tr* sesgar.
esbiaixat, ada *a* sesgo.
esbiec *m* balido (de la cabra).
esbiegar *v intr* balar (la cabra).
esbirro *m fam* esbirro, sayón.
esblanqueïment *m* palidez (*f*).
esblanqueir-se *v pron V* **empal·lidir**.
esbocinar *v tr* y *pron* ***1*** *V* **esmicolar**. ***2*** cascar (un utensilio). ***3*** despedazar. ***4*** escacharrar.
esbojarrat, ada *a* alocado.
esbombament *m* divulgación (*f*).
esbombar *v tr* pregonar.
esborrador *m* borrador.
esborrall *m* borrón.
esborrany *m* borrador.
esborrar *v tr* y *pron* borrar.
esborrifar *v tr V* **eriçar** 1.
esborronador, a *a* espeluznante.
esborronar *v tr* espeluznar.
esbós *m* esbozo, bosquejo, boceto, borrón.
esboscassament *m* bosquejo.
esbossar *v tr* esbozar, bosquejar.
esbotzada *f* hundimiento (*m*).
esbotzar *v tr* y *pron* despachurrar, hundir, romper.
esbravament *m fig* desahogo (alivio de una pena, aflicción, etc.).
esbravar-se *v pron* ***1*** desbrevarse (un líquido). ***2*** *fig* desahogarse.
esbrinament *m* averiguación (*f*).
esbrinar *v tr fig* averiguar, desentrañar.
esbrollar *v tr* desbrozar, rozar (quitar la broza).
esbronc *m* bronca (*f*).
esbroncar *v tr* abroncar.
esbrossar *v tr V* **esbrollar**.
esbudellar *v tr* destripar.
esbufec *m* ***1*** resuello, bufido. ***2*** resoplido, resoplo.
esbufegar *v intr* ***1*** jadear. ***2*** resoplar.
esca *f* yesca.
escabetx *m* escabeche.
escabotar *v tr* y *pron* descabezar (cortar un cabo, una parte de alguna cosa).
escabrós, osa *a* escabroso.
escac *m* jaque. || *m pl* ajedrez (*sing*). || **e. i mat** jaque mate.
escadús *m* ***1*** sobras (*f pl*). ***2*** *V* **escaig** 2.
escadusser, a *a* suelto.
escafandre *m náut* escafandra (*f*).
escagarrinar-se *v pron fig* tener mucho miedo.
escaiença *f* adecuación.
escaient *a* adecuado.
escaig *m* ***1*** *V* **escapoló**. ***2*** pico (fracción pequeña de una cantidad).
escaiola *f* ***1*** *bot* alpiste (*m*) (*Phalaris canariensis*). ***2*** escayola.
escairador *m* escuadra (*f*) (instrumento).
escairar *v tr* escuadrar.
escaire *m* escuadra.
escala *f* ***1*** escalera. ***2*** escala.
escalabrar *v tr* escalabrar.
escalada *f* escalada, escalamiento (*m*).
escalador, a *a* y *s* escalador.
escalafó *m* escalafón.
escalament *m V* **escalada**.
escalar *v tr* escalar.
escalaró *m V* **esglaó**.
escalat *m* escalado.
escaldar *v tr* y *pron* escaldar.
escaldat, ada *a fig* escaldado.
escalè, ena *a* y *s geom* escaleno.
escalfada *f* calefacción, calentamiento (*m*).
escalfador, a *a* calentador. || *m* calentador, escalfador.
escalfament *m V* **escalfada**.
escalfar *v tr* y *pron* calentar.
escalfor *f* calor (*m*).
escalinata *f arq* escalinata.
escalivada *f* cocción al rescoldo.
escalivar *v tr* cocer al rescoldo.
escaló *m V* **esglaó**.
escalonada *f arq* gradería, grada.
escalonament *m* escalonamiento.
escalonar *v tr* escalonar.
escalopa *f* escalope (*m*).
escama *f* escama.
escamar *v tr* escamar.
escamarlà *m zool* cigala (*f*) (*Nephrops norvegicus*).
escambell *m* escabel.

escamnar *v tr V* **escarmentar**.
escamós, osa *a* escamoso.
escamot *m* pelotón, partida (*f*).
escamotejar *v tr* escamotear.
escampada *f*, **escampament** *m* esparcimiento (*m*).
escampar *v tr 1* esparcir. *2* desparramar. *3* tender. *4 fig* esparcir, espaciar (una noticia). *5* desperdigar. *6* extender.
escandalitzar *v tr* y *pron* escandalizar.
escandinau, ava *a* y *s* escandinavo.
escàndol *m* escándalo.
escàner *m* escáner.
escantellar *v tr* y *pron* mellar.
escanviar *v tr* descambiar, destrocar.
escanyament *m* estrangulación (*f*).
escanyapobres *s* usurero.
escanyar *v tr* estrangular, ahogar.
escanyolit, ida *a* enclenque, canijo, escuálido.
escapada *f V* **escapament** 1.
escapament *m 1* escapada (*f*), escapamiento, escape, escapatoria (*f*) (acción). *2* escape (de un motor).
escapar *v intr* y *pron* escapar.
escaparata *f* escaparate (*m*) (estante o armario).
escapatòria *f* escapatoria.
escapçar *v tr 1* decapitar, descabezar. *2* cortar (dividir la baraja). *3 V* **esmotxar**.
escàpol, a *a* huído. || **fer-se e.** *V* **escapolir-se**.
escapoliment *m* escabullimiento.
escapolir-se *v pron* escabullirse.
escapoló *m* retal, retazo.
escaquer *m* tablero (de ajedrez o damas).
escar *v tr náut V* **esquerar**.
escarabat *m 1 entom* escarabajo. *2* corchete (de carpintero). || **e. de cuina** *entom* cucaracha (*f*) (*Blatta germanica* y especies afines). || *m pl* garabatos.
escarafalls *m pl* aspavientos, tiquismiquis, alharacas (*f*).
escaramussa *f* escaramuza.
escarbotar *v tr* escarbar.
escarceller, a *s* carcelero.
escarit, ida *a* mondo.
escarlata *f* escarlata (color).
escarlatina *f med* escarlatina.
escarment *m* escarmiento.
escarmentar *v tr* e *intr* escarmentar.
escarn, *m* **escarni** *m* escarnio.
escarnir *v tr 1* escarnecer. *2* remedar.
escarnot *m V* **escarn**.
escarnufar *v tr V* **escarnir**.
escarola *f bot* escarola (*Cichorium endivia*).
escarpa *f* escarpa.
escarpat, ada *a 1* escarpado, abrupto, muy inclinado. *2 V* **espadat**.
escarransit, ida *a* escuchimizado.
escarràs *m* gajo.
escarrassar-se *v pron 1* aperrearse, ajetrearse, afanarse. *2* desvivirse.
escarritx *m* crujido (de dientes).
escarritxar *v intr* crujir, rechinar (de dientes).
escartejar *v tr 1* hojear (un libro, álbum, etc.). *2* barajar (los naipes).
escarufs *m pl V* **escarafalls**.
escarxofa *f* alcachofa (fruto).
escarxofar-se *v pron* repantigarse, repanchigarse.
escarxofera *f bot* alcachofa, alcachofera (*Cynara scolymus*).
escàs, assa *a* escaso.
escassejar *v tr* e *intr* escasear.
escassetat *f*, **escassesa** *f* escasez.
escassigall *m* andrajo, harapo.
escata *f* escama.
escatainar *v intr* cacarear.
escatar *v tr 1* escamar. *2* lijar.
escatimar *v tr* escatimar.
escatir *v tr* dilucidar.
escatós, osa *a V* **escamós**.
escaure *v intr* caer bien; sentar bien; pegar. || *v pron 1* corresponder un suceso o fecha a determinada época. *2* sobrevenir (*intr*).
escena *f* escena.
escenari *m* escenario.
escènic, a *a* escénico.
escenificació *f* escenificación.
escenificar *v tr* escenificar.
escenografía *f* escenografía.
escèptic, a *a* y *s* escéptico.
escepticisme *m* escepticismo.
escindir *v tr* escindir.
esclafar *v tr* romper. || *v tr* y *pron* aplastar.
esclafidor *m* látigo, zurriago, flagelo, fusta. || *m pl mús* castañuela (*f sing*).
esclafiment *m V* **espetec** 1.
esclafir *v tr* hacer chascar. || *v intr 1* restallar. *2* chasquear. *3 V* **espetegar** 2, 3 y 4.
esclafit *m V* **espetec** 1.
esclariment *m* esclarecimiento.
esclarir *v tr* esclarecer. || *v tr* y *pron* despejarse (el cielo).
esclarissar-se *v pron 1* triarse (*esp* los tejidos). *2* aclararse (el cielo).
esclat *m*, **esclatada** *f* estallido (*m*).
esclatar *v intr* estallar, explotar.
esclatarada *f* porrazo (*m*), batacazo (*m*).
esclató *m 1* berrinche. *2 V* **esclat**.
esclau, ava *a* y *s* esclavo.
esclavatge *m*, **esclavitud** *f* esclavitud (*f*).
esclavitzar *v tr* esclavizar.
esclerosi *f med* esclerosis.
escletxa *f* grieta, rendija.
esclofa *f*, **esclòfia** *f*, **esclofolla** *f 1* corteza (de frutos). *2* cáscara (de huevo).
esclop *m* zueco, galocha (*f*).
esclova *f V* **esclofa**.
escó *m* escaño.
escocès, esa *a* y *s* escocés.
escodrinyar *v tr* escudriñar.
escola *f* escuela.
escolà *m* monaguillo.
escolar *a* y *s* escolar.
escolar-se *v pron 1* correr (*intr*) (fluídos o líquidos). *2* escolarse. *3* desangrarse.
escolaritat *f* escolaridad.
escolaritzar *v tr* escolarizar.

escollida *f*, **escolliment** *m* escogimiento (*m*).
escollir *v tr* escoger, entresacar, triar.
escolta *s* escultista (persona). || *f* escucha.
escoltar *v tr* y *pron* escuchar.
escoltisme *m* escultismo.
escombra *f* escoba.
escombrar *v tr* escobar, barrer.
escombrariaire *s V* **escombriaire**.
escombraries *f pl* basura (*sing*).
escombreta *f* escobilla.
escombriaire *s* basurero.
escomesa *f*, **escometiment** *m* acometida (*f*), acometimiento (*m*).
escometre *v tr 1* acometer (atacar). *2* salir al encuentro. *3 fig* emprender.
escon *m V* **escó**.
escopeta *f* escopeta.
escopinada *f* salivazo (*m*), salivajo (*m*), escupitajo (*m*), escupidura, gargajo (*m*).
escopinya *f zool* berberecho (*m*) (*géns Cerastoderma* y *Cardium*).
escopir *v tr* e *intr* escupir.
escorar *v tr* e *intr náut* escorar.
escorça *f bot* corteza, cáscara (de los árboles).
escorçar *v tr agr* descortezar.
escorcoll *m*, **escorcollament** *m 1* registro (examen, etc.). *2* cacheo.
escorcollar *v tr 1* registrar (examinar, escrutar). *2* cachear. *3* escudriñar.
escòria *f* escoria.
escorniflar *v tr* fisgonear, fisgar.
escorpí *m 1 zool* escorpión, alacrán (*Buthus occitanus*). *2 astron V* **Escorpió**.
Escorpió *m astron* Escorpión.
escorranc *m* arroyada (*f*), badén.
escorrancar *v tr* arroyar.
escòrrec *m V* **escorranc**.
escorredís, issa *a V* **esmunyedís**.
escorredor, a *a* corredizo. || *m* escurridero. || *f* escurridor (*m*) (utensilio).
escorreplats *m* escurreplatos.
escórrer *v tr 1* escurrir, descorrer. *2* correr (un lazo). || *v pron fig* correrse (tener un orgasmo).
escorrialles *f pl* escurriduras.
escorriment *m V* **esmunyiment** 1.
escorta *f* escolta.
escortar *v tr* escoltar.
escorxa *f V* **escorça**.
escorxador *m* matadero.
escorxar *v tr agr V* **escorçar**.
escot *m 1 V* **escotat**. *2* escote (parte del busto, adorno).
escotadura *f V* **escotat**.
escotar *v tr* descotar.
escotat *m* escote, escotadura (*f*), escotado, descote.
escotilla *f* escotilla
escreix *m 1 jur* arras (*f pl*) (de la dote). *2* creces (*f pl*) (aumento, exceso). || **amb e.** con creces.
escridassada *f* gritería, griterío (*m*).
escridassar *v tr 1* abroncar. *2* abuchear.
escriptor, a *s* escritor.
escriptori *m* escritorio.
escriptura *f* escritura.
escripturar *v tr* escriturar.
escrit *m* escrito.
escriure *v tr* y *pron* escribir.
escrivent, a *s* escribiente.
escrostonament *m* desconchado.
escrostonar *v tr* desconchar. || *v tr* y *pron V* **escantellar**.
escrot *m anat* escroto.
escruiximent *m 1* sentimiento (por una presión, un peso, etc.). *2* estremecimiento.
escruixir *v tr* estremecer.
escrúpol *m* escrúpulo.
escrupolós, osa *a* y *s* escrupuloso.
escrutador, a *a* y *s* escrutador.
escrutar *v tr 1* escrutar. *2* hacer el escrutinio (votos).
escrutini *m* escrutinio.
escuar *v tr* rabotear.
escucar *v tr agr* descocar.
escudar *v tr* y *pron* escudar.
escudella *f* sopa.
escudeller *m 1* vasar, vasera (*f*). *2* repisa (*f*).
escuixar *v tr* desgajar (una cosa).
escull *m* escollo.
escullera *f* escollera, rompeolas (*m*).
esculpir *v tr* esculpir.
escultor, a *s* escultor.
escultura *f* escultura.
escuma *f* espuma.
escumar *v tr* espumar. || *v intr V* **escumejar**.
escumejant *a* espumante.
escumejar *v intr* espumear.
escumera *f V* **escuma**.
escumós, osa *a* espumoso.
escurabutxaques *f* **màquina e.** máquina tragaperras.
escuradents *m* mondadientes, palillo.
escuralles *f pl* limpiaduras.
escurar *v tr 1* limpiar, mondar. *2* arrebañar, rebañar. *3* roer (un hueso).
escurçar *v tr 1* acortar. *2* cercenar.
escurçó *m zool* víbora (*f*) (*Vipera berus*, *V. aspis* y *V. latastii*).
escures *f pl V* **escuralles**.
escut *m* escudo.
esdevenidor, a *a* y *m* venidero, advenidero. || *m* porvenir, futuro.
esdeveniment *m* acontecimiento, suceso.
esdevenir *v intr 1* tornarse (*pron*), volverse (*pron*). *2* llegar a ser. *3* ocurrir (una cosa, a alguien). || *v pron* acaecer (*intr*), acontecer (*intr*), pasar (*intr*), suceder (*intr*).
esdrúixol, a *a* y *m gram* esdrújulo.
esfera *f* esfera.
esfèric, a *a* esférico.
esfínter *m anat* esfínter.
esfinx *s* esfinge.
esfondrar-se *v pron V* **ensulsiar-se** (*esp* un edificio).
esforç *m* esfuerzo (acción).
esforçar-se *v pron* esforzarse.
esforçat, ada *a* esforzado.

esfreixurar-se *v pron 1* echar los bofes. *2 V* **escarrassar-se**.
esfullar *v tr* y *pron* deshojar.
esfumar *v tr* y *pron* esfumar.
esgardissar *v tr V* **esgarrinxar**.
esgargamellar-se *v pron* desgañitarse.
esgarip *m* chillido.
esgaripar *v intr* chillar.
esgarrap *m V* **esgarrapada** 2.
esgarrapada *f 1* rascadura. *2* arañazo (*m*), rasguño (*m*).
esgarrapar *v tr 1* arañar, rascar, raguñar. *2* escarbar (la tierra). *3* gatear (el gato).
esgarrar *v tr V* **esgarrinxar**.
esgarriacries *s* aguafiestas (persona que pone dificultades).
esgarriar *v tr 1* descaminar, descarriar. *2* descarriar (un animal).
esgarrifament *m V* **estremiment**.
esgarrifança *f med* escalofrío (*m*), tiritón (*fam m*).
esgarrifar *v tr 1 V* **esborronar**. *2 V* **escruixir**.
esgarrifós, osa *a V* **esborronador**.
esgarrinxada *f* arañazo (*m*), rasguño (*m*).
esgarrinxar *v tr*, **esgarrinyar** *v tr* arañar, rasguñar, rascar.
esgavellar *v tr* y *pron* desvencijar. || *v tr* destartalar.
esglai *m* susto.
esglaiador, a *a* pavoroso.
esglaiament *m V* **esglai**.
esglaiar *v tr* y *pron 1* asustar. *2* despavorir.
esglaiós, osa *a* pavoroso.
esglaó *m* escalón, peldaño, grada (*f*), grado.
esglaonament *m V* **escalonament**.
esglaonar *v tr* y *pron V* **escalonar**.
església *f* iglesia.
esgotador, a *a* agotador.
esgotament *m* agotamiento.
esgotar *v tr* y *pron 1* agotar. *2* estragar.
esgrafiar *v tr* esgrafiar.
esgrafiat *m* esgrafiado.
esgrima *f* esgrima.
esgrimir *v tr* e *intr* esgrimir.
esgruixar *v tr* adelgazar.
esguard *m 1* mirada (*f*). *2* cuidado.
esguardar *v tr* y *pron* mirar.
esguerrar *v tr* y *pron 1* estropear. *2* lisiar.
esguerrat, ada *a* y *s 1* lisiado. *2* deforme.
esguerro *m* engendro.
eslau, ava *a* y *s* eslavo.
eslip *m* calzoncillos (*pl*).
esllavissada *f* corrimiento (*m*), deslizamiento (*m*).
esllavissar-se *v pron 1* correrse (tierras, rocas, etc.). *2 V* **ensulsiar-se**.
eslògan *m* eslogan.
eslora *f náut* eslora.
eslovac, a *a* y *s* eslovaco.
eslovè, ena *a* y *s* esloveno.
esma *f 1* ánimo (*m*), arrestos (*m pl*), agallas (*pl*). *2* tino (*m*).
esmalt *m* esmalte.
esmaltar *v tr* esmaltar.
esmaperdut, uda *a* desatinado.
esmaragda *f* esmeralda.
esmena *f 1* enmienda. *2* corrección.
esmenar *v tr 1* enmendar, subsanar. *2* corregir.
esment *m 1* conocimiento. *2* mención (*f*). *3* atención (*f*). || **parar e.** poner atención. || **fer e.** mencionar.
esmentar *v tr* mentar, mencionar, citar.
esmerç *m* inversión (*f*), empleo.
esmerçar *v tr* invertir, emplear.
esmerlit, ida *a* esmirriado.
esmicolar *v tr* y *pron 1* desmenuzar, trizar, hacer trizas. *2* cachar.
esmocar *v tr* espabilar, despabilar (una luz).
esmolar *v tr* afilar.
esmolat, ada *a* afilado.
esmorteïdor, a *a* y *m* amortiguador.
esmorteir *v tr*, **esmortir** *v tr* amortiguar.
esmorzada *f* almuerzo (*m*) (acción).
esmorzar *m* almuerzo, desayuno (comida).
esmorzar *v intr* almorzar, desayunar.
esmotxar *v tr* desmochar, atusar.
esmunyedís, issa *a* deleznable.
esmunyiment *m 1* desliz, deslizamiento. *2 V* **escapoliment**.
esmunyir *v tr* deslizar. || *v pron 1* colar (*intr*) (una cosa). *2* escurrirse, deslizarse. *3 V* **escapolir-se**.
esmús, ussa *a* romo, chato, mocho.
esmussar *v tr* embotar.
esnifada *f 1* esnifada (aspiración). *2* esnifada (dosis).
esnifar *v tr* esnifar.
esòfag *m anat* esófago.
esoterisme *m filos* esoterismo.
espacial *a* espacial.
espadat, ada *a* tajado, escarpado, abrupto.
espagueti *m* espagueti.
espai *m* espacio.
espaiar *v tr* y *pron* espaciar.
espaiós, osa *a* espacioso, despejado.
espant *m* espanto.
espantada *f* espantada.
espantadís, issa *a* asustadizo, ñoño.
espantador *m V* **espantall** 1.
espantall *m 1* espantapájaros, espantajo. *2 fig* espantajo, cosa que espanta.
espantaocells *m V* **espantall** 1.
espantar *v tr* y *pron 1* espantar. *2* asustar.
espantívol, a *a V* **espantadís**.
espantós, osa *a* espantoso.
espanyar *v tr* descerrajar.
espanyol, a *a* y *s* español. || *m* español, castellano (lengua).
espanyolada *f* españolada.
esparadrap *m med* esparadrapo.
espardenya *f* alpargata.
espargiment *m V* **escampada**.
espargir *v tr* y *pron 1 V* **escampar** 4. *2* salpicar.
esparpallament *m V* **escampada**.
esparpallar *v tr* y *pron V* **escampar** 1.
esparracar *v tr* y *pron* ajironar, rasgar (una tela).
esparracat, ada *a* andrajoso, haraposo, harapiento, zarrapastroso.

espàrrec *m 1 agr* espárrago (yema comestible). *2* espárrago (pieza).
espart *m bot* esparto (*Stipa tenacisima*).
esparver *m ornit* gavilán (*Accipiter nisus*).
esparverar *v tr* azorar.
espasa *f* espada.
espasme *m med* espasmo.
espassar *v intr* y *pron* pasar.
espatarrant *a* despatarrante.
espatarrar *v tr fig* despatarrar
espatarrat, ada *a* turulato.
espaterrant *a V* **espatarrant**.
espaterrat, ada *a V* **espatarrat**.
espatlla *f anat* hombro (*m*). ‖ **a l'e.** en hombros. ‖ **a les espatlles** a cuestas.
espatllladura *f* desperfecto (*m*).
espatllar *v tr* y *pron 1* estropear, romper. *2 fig* escacharrar. *3* estragar.
espatllera *f* hombrera (de armadura).
espatotxí *s* lince, persona muy avispada.
espàtula *f* espátula.
espavilar *v tr* y *pron 1 V* **esmocar**. *2* espabilar, despabilar, avispar.
espavilat, ada *a V* **eixerit**.
espècia *f* especia.
especial *a* especial.
especialitat *f* especialidad.
especialitzar *v tr* y *pron* especialitzar.
espècie *f* especie.
específic, a *a* i *m* específico.
especificación *f* especificación.
especificar *v tr* especificar.
espectacle *m* espectáculo.
espectacular *a* espectacular.
espectador, a *a* y *s* espectador.
espectre *m* espectro.
especulació *f* especulación.
especulador, a *a* y *s* especulador.
especular *v tr* e *intr* especular.
espellar *v tr* desollar.
espellifar *v tr V* **esparracar**.
espellifat, ada *a V* **esparracat**.
espellucar *v tr* pellizcar, picar (algo de comer).
espelma *f* vela, bujía, candela.
espenta *f V* **empenta**.
esper *m V* **esperança**.
espera *f* espera.
esperança *f* esperanza.
esperançar *v tr* esperanzar.
esperanto *m* esperanto.
esperar *v tr 1* esperar. *2* aguardar.
esperit *m* espíritu.
esperitat, ada *a* poseso, espiritado.
esperma *f* esperma (*m* o *f*), semen (*m*).
espermatozoide *m*, **espermatozou** *m biol* espermatozoide, espermatozoo.
espernegar *v intr* patalear *esp* un animal.
esperó *m 1* espuela (*f*), espolín, acicate. *2 anat* espolón (de gallináceas). *3* espolón, esperón (de nave). *4* espolón (muralla de mar). *5 fig* acicate, aguijón.
esperonar *v tr*, **esperonejar** *v tr 1* espolear, picar. *2 fig* incitar, estimular.
espès, essa *a* espeso, tupido.
espesseir *v tr*, **espessir** *v tr 1* espesar. *2* trabar (un líquido).
espessor *f* espesura, espesor (*m*) (cualidad de espeso).
espetarregar *v intr* chisporrotear.
espetec *m 1* estallido. *2* chasquido. *3* traque, estampida (*f*), estampido (de un cohete, de un cañón). *4* chasquido (de lengua). *5* traqueteo (ruido). *6* especie de longaniza estrecha.
espetegar *v intr 1* estallar. *2* chascar. *3* traquetear (hacer estruendo). *4* chasquear (producir un chasquido).
espeternegar *v intr* pernear, patalear.
espia *s* espía.
espiadimonis *m entom* libélula (*f*) (*gén Libellula*).
espiament *m* espionaje (acción).
espiar *v tr* espiar.
espiell *m*, **espiera** *f* mirilla (*f*) (abertura).
espieta *s fam* soplón, delator, acusica, acusón, chivato.
espifiada *f* errada, pifia.
espifiar *v tr* pifiar.
espiga *f* espiga.
espigall *m agr* panoja (*f*), panocha (*f*), espigón.
espigar *v intr* y *pron* espigar.
espigó *m arq* espigón (de obra).
espígol *m bot* espliego, lavándula (*f*) (*Lavandula spica*).
espigolar *v tr agr* espigar.
espiguejar *v intr V* **espigar**.
espill *m* espejo.
espina *f* espina.
espinac *m bot* espinaca (*f*) (*Spinacia oleracea*).
espinada *f anat* espinazo (*m*).
espingarda *f 1 mil* espingarda. *2 fig* espingarda, estantigua.
espinós, osa *a* espinoso.
espinyar *v tr* cascar (pegar).
espionatge *m 1 V* **espiament**. *2* espionaje (servicio).
espira *f 1* espira. *2 V* **espiral**. *3 V* **espurna**.
espiral *a* y *f* espiral.
espirall *m* tronera (*f*) (abertura).
espiritisme *m* espiritismo.
espiritual *a* espiritual.
espitllera *f* aspillera.
espitregar-se *v pron* despechugarse.
esplai *m 1* desahogo. *2* esparcimiento.
esplaiar *v tr* y *pron* explayar.
esplanada *f* explanada.
esplanar *v tr* explanar, allanar, aplanar.
esplèndid, a *a* espléndido.
esplendidesa *f* esplendidez.
esplendor *f* esplendor (*m*).
esplet *m 1 agr* esquilmo. *2* abundancia (*f*), gran cantidad.
espletar *v tr agr* esquilmar, explotar.
esplomatgegat, ada *a* desaliñado.
espoderaments *m pl med* pujo (*sing*) (sensación dolorosa).
espoleta *f* espoleta, espiga.

espoli *m* espolio.
espoliar *v tr* expoliar.
espolsada *f* sacudida.
espolsar *v tr* desempolvar, espolvorear, sacudir. || *v pron fig* sacudirse (una cosa o persona molesta).
esponera *f* lozanía.
esponerós, osa *a* lozano.
esponja *f* esponja.
esponjar *v tr* y *pron* esponjar, ahuecar, mullir.
esponjós, osa *a* esponjoso.
espontaneïtat *f* espontaneidad.
espontani, ània *a* espontáneo.
espora *f bot* espora.
esporàdic, a *a* esporádico.
esporgada *f agr* monda, mondadura.
esporgar *v tr agr* podar, mondar.
esport *m* deporte.
esportiu, iva *a* deportivo.
esporuguir *v tr* y *pron* atemorizar, aspaventar.
espòs, osa *s* esposo. || *f* mujer.
esposar *v tr* y *pron* desposar.
espot *m* espot.
esprai *m* spray, espray.
esprémer *v tr* y *pron* exprimir, estrujar.
esprimatxament *m* delgadez (*f*).
esprint *m* sprint.
espuma *f V* **escuma**.
espumós, osa *a V* **escumós**.
espuntar *v tr* despuntar (quitar o gastar la punta).
espuri, úria *a* espúreo, espurio.
espurna *f* chispa, centella (partícula encendida).
espurneig *m* chispazo.
espurnejar *v intr 1* chispear (partículas encendidas). *2* centellear.
esput *m med* esputo, escupido.
esquadra *f mil* escuadra.
esquadreta *f*, **esquadrilla** *f* escuadrilla.
esquadró *m mil* escuadrón.
esquals *m pl ictiol* escualos.
esquarterar *v tr* descuartizar.
esqueix *m agr* esqueje.
esqueixar *v tr 1* desgajar. *2 agr* esquejar (formar esquejes).
esqueixat, ada *a 1* soez. *2 fig* desgarrado. *3* dícese del bacalao en remojo y deshilachado.
esquela *f* esquela.
esquelet *m anat* esqueleto.
esquella *f* esquila (cencerro).
esquellot *m* cencerro.
esquema *m* esquema.
esquena *f 1* espalda. *2* lomo (*m*). *3* dorso (*m*). *4 fam* envés (de una persona). || **e. d'ase** albardilla (de un muro). || **a l'e.** *V* **a les espatlles**.
esquer *m* cebo.
esquer, erra *a V* **esquerre**.
esquerar *v tr náut* cebar (el anzuelo).
esquerda *f* grieta, resquebradura, resquebrajadura.
esquerdar *v tr* y *pron* resquebrajar, agrietar.
esquerp, a *a* huraño, despegado, adusto, cerril.
esquerperia *f* hurañía, adustez.
esquerra *f 1* izquierda. *2* siniestra.
esquerrà, ana *a 1* zurdo, izquierdo. *2* izquierdista.
esquerre, erra *a* izquierdo.
esquerrer, a *a V* **esquerrà** 1.
esquí *m* esquí.
esquiador, a *s* esquiador.
esquiar *v intr* esquiar.
esquilada *f* corte (*m*) de cabellos.
esquilar *v tr* esquilar.
esquimal *a* y *s* esquimal.
esquinç *m med* esguince.
esquinçall *m 1* jirón (de ropa). *2* guiñapo.
esquinçar *v tr* y *pron 1* rasgar, desgarrar. *2 V* **esparracar**.
esquirol *s* esquirol (persona). || *m zool* ardilla (*f*) (*gén Esciurus*).
esquírria *f* ojeriza, tirria, hincha.
esquitllada *f V* **escapoliment**.
esquitllar-se *v pron 1* colarse. *2 V* **escapolir-se**.
esquitx *m 1* salpicadura (*f*). *2 fig* persona muy pequeña.
esquitxada *f* salpicadura (acción).
esquitxar *v tr* salpicar.
esquivar *v tr 1* esquivar. *2* ahuyentar. *3* burlar, sortear.
esquizofrènia *f med* esquizofrenia.
essència *f* esencia.
essencial *a* esencial.
ésser *m 1* ser. *2* ente.
ésser *v intr 1* ser. *2* estar.
est *m* este.
estabilitat *f* estabilidad.
estabilitzar *v tr* y *pron* estabilizar.
establa *f* establo (*m*), corte.
estable *a* estable. || *m V* **establa**.
establia *f V* **establa**.
establiment *m* establecimiento.
establir *v tr* y *pron* establecer.
estabornir *v tr* aturdir, atontar, tumbar.
estaca *f* estaca. || **cop d'e.** garrotazo.
estacada *f* estacada, empalizada.
estacar *v tr* estacar.
estació *f* estación.
estacionament *m* estacionamiento.
estacionar *v tr* y *pron* estacionar.
estacionari, ària *a* estacionario.
estada *f 1* estancia, morada. *2* estada.
estadi *m* estadio.
estadista *s* estadista.
estadístic, a *a* y *s* estadístico. || *f* estadística.
estafa *s V* **estafador**. || *f jur V* **estafada**.
estafada *f jur* estafa.
estafador, a *s jur* estafador.
estafar *v tr jur* estafar.
estaferm *m 1* estafermo. *2 fig* pasmarote.
estafeta *f* estafeta.
estalactita *f geol* estalactita.
estalagmita *f geol* estalagmita.
estalonar *v tr* pisar los talones.
estalvi, àlvia *a* salvo. || *m* ahorro. || *m pl* salvamanteles (*sing*).
estalviar *v tr* y *pron* ahorrar.
estam *m* estambre.

estament *m* estamento.
estampa *f* estampa.
estampar *v tr* estampar.
estanc, a *a* estanco. || *m* estanco.
estança *f 1* cuarto (*m*), estancia, aposento (*m*). *2* *V* **estrofa**.
estancar *v tr* y *pron* estancar.
estant *a* y *m* estante.
estantís, issa *a* estadizo.
estany *m 1* estanque. *2* estaño (metal).
estaquirot *m V* **estaferm**.
estar *v intr* y *pron* estar. || *v pron 1* abstenerse, privarse. *2* habitar (*tr*), pasarse.
estaria *f V* **estada**.
estarrufar *v tr* mullir.
estassar *v tr 1* derribar, abatir (a alguien). *2* cortar (la hierba, etc.).
estat *m* estado.
estatal *a* estatal.
estatge *m* morada (*f*).
estàtic, a *a* estático. || *f* estática.
estàtua *f* estatua.
estatura *f* estatura, talla.
estatut *m* estatuto.
estavellar *v tr* y *pron 1 V* **esbajocar**. *2* estrellar.
estel *m 1 astron* estrella (*f*) (cuerpo celeste). *2* cometa (*f*).
estela *f* estela (monumento monolítico).
estelat, ada *a* estrellado.
estella *f* astilla, raja.
estel·lar *a astron* estelar.
estellicó *m* espina (*f*).
estenalles *f pl* tenazas.
estendard *m* estandarte.
estendre *v tr 1* extender, explayar. *2* tender. || *v pron* extenderse.
estenedor *m* tendedero.
estentori, òria *a* estentóreo.
estepa *f* estepa.
estèreo *m*, **estereofonia** *f* estereofonía (*f*), estéreo (*m*).
estèril *a* estéril.
esterilitat *f* esterilidad.
esterilització *f* esterilización.
esterilitzar *v tr* esterilizar.
esternudar *v intr* estornudar.
estèrnum *m anat* esternón.
esternut *m* estornudo.
estesa *f* tendido (*m*).
estètic, a *a* y *m* estético || *f filos* estética.
estiba *f* estiba.
estibar *v tr* estibar.
estigma *m* estigma.
estigmatitzar *v tr* estigmatizar.
estil *m* estilo.
estilet *m* estilete.
estilitzar *v tr* estilizar.
estim *m* valor, valía (*f*) (precio, cotización).
estima *f* estima.
estimació *f 1* estimación. *2* querer (*m*), aprecio (*m*).
estimada *f* amada.
estimador, a *a* cariñoso.
estimar *v tr* y *pron 1* evaluar. *2* estimar, amar, querer. || **estimar-se més** preferir.
estimat, ada *a* y *s* amado. || *a* querido.
estimball *m V* **esbalçader**.
estimbar *v tr* y *pron* despeñar.
estímul *m* estímulo.
estimulant *a* y *s* estimulante.
estimular *v tr* estimular.
estintol *m* puntal.
estintolar *v tr* y *pron* apuntalar.
estipendi *m* estipendio.
estipular *v tr* estipular.
estirabot *m* pata de gallo (impertinencia).
estirada *f 1* estiramiento (*m*). *2* estirón (*m*), tirón (*m*).
estirar *v tr* estirar. || *v pron 1* echarse. *2* estirarse.
estirat, ada *a 1* estirado. *2* tieso.
estireganyós, osa *a* correoso.
estiregassada *f* tirón (*m*).
estirp *f* estirpe.
estisores *f pl* tijeras, tijera (*sing*).
estiu *m* verano, estío.
estiuada *f*, **estiueig** *m* veraneo.
estiuejador, a *s*, **estiuejant** *s* veraneante.
estiuejar *v intr* veranear (las personas).
estiuenc, a *a*, **estival** *a* estival, veraniego.
estoc *m 1* cantidad de mercancía. *2* estoque.
estocada *f* estocada.
estofa *f* estofa.
estofat *m* estofado (guisado).
estoic, a *a* y *s* estoico.
estoïcisme *m filos* estoicismo.
estoig *m* estuche.
estol *m 1 mil náut V* **esquadra**. *2 V* **esbart** 1.
estomac *m V* **estomacada**.
estómac *m anat* estómago.
estomacada *f* paliza, zurra.
estomacal *a* y *m* estomacal.
estomacar *v tr* zurrar.
estona *f* rato (*m*). || **a estones** a ratos.
estonià, ana *a* y *s* estoniano, estonio.
estontol *m V* **estintol**.
estontolar *v tr V* **estintolar**.
estopa *f* estopa.
estora *f* estera.
estornell *m ornit* estornino (vulgar) (*Sturnus vulgaris*).
estossec *m* tos (*f*).
estossegar *v intr* toser.
estovalles *f pl* mantel (*m sing*).
estovar *v tr* y *pron 1* ablandar, emblandecer, enmollecer, mullir. *2 V* **estomacar**.
estràbic, a *a* y *s med* estrábico, bisojo, bizco.
estrabisme *m med* estrabismo, bizquera (*f*).
estrada *f 1* estrado (*m*). *2* estrada.
estrafer *v tr* contrahacer, remedar.
estrafolla *s* trápala.
estrafolleria *f* trápala.
estragó *m bot* estragón (*Artemisia dracunculus*).
estrall *m* estrago.
estrambòtic, a *a* estrambótico.
estranger, a *a* y *s* extranjero.
estrangeria *f* extranjería.

estrangulació *f* estrangulación, estrangulamiento (*m*).
estrangular *v tr* y *pron* estrangular.
estrany, a *a* y *s* extraño, raro.
estranyament *m jur* extrañamiento, extrañación (*f*).
estranyar *v tr* extrañar (causar extrañeza). || *v pron* extrañarse.
estranyesa *f 1* extrañeza. *2* extrañamiento (*m*).
estrat *m 1* estrato (masa, capa). *2 V* **estratus**.
estratagema *m* estratagema (*f*), ardid, treta (*f*).
estrateg, a *s* estratega, estratégico.
estratègia *f* estrategia.
estratègic, a *a* estratégico. || *s V* **estrateg**.
estratosfera *f* estratosfera.
estratus *m* estrato.
estrebada *f 1* tirón (*m*). *2 náut* estrepada.
estrebar *v tr* estirar con fuerza. || *v intr* estribar.
estrella *f 1 astron V* **estel** 1. *2 fig* estrella (*m*) (destino). *3* estrella (artista). || **e. de mar** *zool* estrellamar, estrella de mar (*géns Astropecten*, *Asterina* y afines).
estrellat, ada *a V* **estelat**.
estremiment *m* estremecimiento.
estremir-se *v pron* estremecerse.
estrena *f* estreno (*m*) (acción y efecto). || *f pl* aguinaldo (*m sing*).
estrenar *v tr* y *pron* estrenar.
estrenuïtat *f* ánimo (*m*), agallas (*pl*).
estrènyer *v tr 1* estrechar (hacer más estrecho). *2* estrechar, apretar. *3* estrechar, astringir.
estrenyiment *m* estrechamiento.
estrenyor *f V* **estretor** 1.
estrep *m 1* estribo (de montar, de un carruaje). *2 arq* estribo. *3 geog* estribo, estribación (*f*).
estrèpit *m* estrépito, estruendo, fragor.
estrepitós, osa *a* estrepitoso, estruendoso.
estrès *m med* estrés.
estressar *v tr* y *pron* estresar.
estret, a *a 1* estrecho. *2* prieto. || *m geog* estrecho, paso. || *f* apretón (*m*).
estretall *m* estrechura (*f*), apretura (*f*) (de un terreno o paso).
estretesa *f V* **estretor** 1.
estretor *f 1* estrechez, estrechura (escasez). *2* angostura (de un terreno). *3* estrechez, aprieto (*m*), apretura.
estri *m 1* trebejo. *2* trasto. *3* bártulos (*pl*). *4* cachivache. *5* chirimbolo. || *m pl* enseres.
estria *f* estría.
estriar *v tr* estriar.
estribord *m náut* estribor.
estricte, ta *a* estricto.
estridència *f* estridencia.
estrident *a* estridente.
estripar *v tr 1 V* **esbudellar**. *2 V* **esquinçar** 1. *3 V* **esparracar**.
estrofa *f* estrofa, estancia.
estrogen *m biol* estrógeno.
estroncar *v tr* y *pron* restañar (estancar).
estronci *m quím* estroncio.
estruç *m ornit* avestruz (*Struthio camelus*).
estructura *f* estructura.
estructurar *v tr* estructurar.
estuari *m geog* estuario.
estuc *m* estuco, escayola (*f*).
estudi *m* estudio. || **fugir d'e.** salir por la tangente.
estudiant, a *s* estudiante.
estudiar *v tr* estudiar.
estudiós, osa *a* estudioso.
estufa *f* estufa.
estufament *m* ahuecamiento.
estufar *v tr* y *pron V* **esponjar**.
estult, a *a* estulto.
estultícia *f* estulticia.
estupefacció *f* estupefacción.
estupefacte, ta *a* estupefacte.
estupefaent *a* estupefaciente. || *m med* estupefaciente.
estupend, a *a* estupendo.
estúpid, a *a* y *s* estúpido.
estupidesa *f* estupidez.
estupor *m* (o *f*) estupor (*m*).
esturió *m ictiol* esturión (*Acipenser sturio*).
esvaïment *m* desvanecimiento.
esvair *v tr* desvanecer. || *v pron* desvanecerse.
esvalotar *v tr* alborotar.
esvalotat, ada *a* alocado.
esvaniment *m* desvanecimiento (del sentido).
esvanir-se *v pron 1* desvanecerse, perderse poco a poco. *2 fig* perder el sentido.
esvàstica *f* esvástica.
esvelt, a *a* esbelto.
esventar *v tr 1* aventar (esparcir el viento alguna cosa). *2 V* **esbombar**. || *v pron* ventilarse (sufrir la acción del viento).
esventegar-se *v pron* desinflarse.
esventrar *v tr 1* despanzurrar. *2 V* **esbudellar**. *3 V* **esberlar** 1.
esverador, a *a* alarmante.
esverament *m* alarma (*f*).
esverar *v tr* y *pron* alarmar.
esvoranc *m 1* agujero (*esp* por desprendimiento de una parte). *2* desconchado.
esvorancar *v tr* desconchar.
et *pron* te.
et *conj latina* **ets i uts** arrequives.
etapa *f* etapa.
etcètera *loc adv* etcétera.
èter *m* éter.
eteri, èria *a* etéreo.
etern, a *a* eterno.
eternitat *f* eternidad.
eternitzar *v tr* y *pron* eternizar.
ètic, a *a* ético. || *f* ética.
etilè *m quím* etileno.
etimologia *f* etimología.
etíop *a* y *s* etíope.
etiqueta *f* etiqueta.
etiquetar *v tr* etiquetar.
ètnia *f* etnia.
ètnic, a *a* étnico.
etzibar *v tr 1* pegar, arrear (un golpe). *2* decir alguna cosa causando sorpresa o molestia.
eucaliptus *m bot* eucalipto (*Eucalyptus globulus*).

eufemisme *m* eufemismo.
eufòria *f* euforia.
euga *f zool V* **egua**.
eunuc *m* eunuco, capón.
euro *m* euro (moneda de la Unión Europea).
europeu, ea *a* y *s* europeo.
èuscar, a *a* y *s* éuscaro, éusquero. || *m* éuscaro, éusquero, vascuence, vasco (lengua).
eutanàsia *f* eutanasia.
evacuació *f* evacuación.
evacuar *v tr* evacuar.
evadir *v tr* y *pron* evadir.
evaporació *f* evaporación.
evaporar *v tr* y *pron* evaporar.
evasió *f* evasión.
evasiva *f* evasiva.
eventual *a* eventual.
eventualitat *f* eventualidad.
evidència *f* evidencia.
evidenciar *v tr* evidenciar.
evident *a* evidente.
evitar *v tr* ***1*** evitar. ***2*** *fig fam* capear.
evocació *f* evocación.
evocar *v tr* evocar.
evolució *f* evolución.
evolucionar *v intr* evolucionar.
exabrupte *m* exabrupto.
exacció *f jur* exacción.
exacerbar *v tr* y *pron* exacerbar.
exacte, a *a* exacto.
exactitud *f* exactitud.
exageració *f* exageración.
exagerar *v tr* exagerar.
exalçar *v tr* ensalzar.
exaltació *f* exaltación, exaltamiento (*m*).
exaltar *v tr* y *pron* exaltar.
examen *m* examen.
examinar *v tr* y *pron* examinar.
exasperació *f* exasperación.
exasperar *v tr* y *pron* exasperar.
excavació *f* excavación.
excavar *v tr* excavar.
excedència *f* excedencia.
excedent *a* y *m* excedente.
excedir *v tr* y *pron* exceder.
excel·lència *f* ***1*** excelencia. ***2*** prestancia. || **per e.** por excelencia.
excel·lent *a* excelente. || *m* sobresaliente.
excel·lir *v intr* sobresalir.
excels, a *a* excelso.
excèntric, a *a* excéntrico.
excentricitat *f* excentricidad.
excepció *f* ***1*** excepción, exceptuación. ***2*** salvedad.
excepcional *a* excepcional.
excepte *prep* excepto.
exceptuar *v tr* exceptuar.
excés *m* exceso.
excessiu, iva *a* excesivo.
excessivament *adv* demasiado, en demasía.
excitació *f*, **excitament** *m* excitación (*f*).
excitant *a* y *m* excitante.
excitar *v tr* y *pron* excitar.
exclamació *f* exclamación.
exclamar *v tr* y *pron* exclamar.
excloure *v tr* y *pron* ***1*** excluir. ***2*** desechar.
exclusió *f* exclusión.
exclusiu, iva *a* exclusivo. || *f* exclusiva.
exclusivament *adv* exclusive.
excrement *m* excremento, heces (*f pl*).
excrementar *v intr* ***1*** excrementar. ***2*** estercolar (un animal).
excrescència *f med* excrecencia, excrescencia.
excursió *f* excursión.
excursionisme *m* excursionismo.
excursionista *a* y *s* excursionista.
excusa *f* ***1*** *V* **excusació**. ***2*** excusa (motivo, pretexto). ***3*** salvedad.
excusació *f* excusa, excusación.
excusar *v tr* y *pron* excusar.
excusat, ada *a* excusado. || *m* excusado (retrete).
execrar *v tr* execrar.
execució *f* ejecución.
executar *v tr* ejecutar.
executiu, iva *a* y *s* ejecutivo.
executor, a *a* y *s* ejecutor.
exegesi *f* exégesis.
exempció *f* exención.
exemplar *a* y *m* ejemplar.
exemple *m* ejemplo.
exempt, a *a* exento.
exèquies *f pl* exequias.
exercici *m* ***1*** ejercicio. ***2*** desempeño (de cargo u oficio).
exercir *v tr* e *intr* ejercer.
exèrcit *m* ejército.
exercitar *v tr* y *pron* ejercitar.
exhalació *f* exhalación.
exhalar *v tr* exhalar.
exhauridor, a *a V* **esgotador**.
exhauriment *m V* **esgotament**.
exhaurir *v tr* ***1*** *V* **esgotar** 1. ***2*** *nàut* achicar (el agua). || *v pron* agotarse.
exhaust, a *a* exhausto.
exhaustiu, iva *a* exhaustivo.
exhibició *f* ***1*** exhibición. ***2*** muestra.
exhibir *v tr* y *pron* exhibir.
exhortar *v tr* exhortar.
exhumar *v tr* exhumar (desenterrar).
exigència *f* exigencia.
exigent *a* y *s* exigente.
exigible *a* exigible.
exigir *v tr* exigir.
exigu, a *a* exiguo.
exili *m* exilio, destierro.
exiliar *v tr* y *pron* desterrar, exiliar.
exiliat, ada *a* y *s* exiliado, exilado.
eximi, ímia *a* eximio.
eximir *v tr* y *pron* eximir, exentar.
existència *f* existencia.
existent *a* existente.
existir *v intr* existir.
èxit *m* éxito, suceso.
ex-libris *m* ex libris.
èxode *m* éxodo.
exorbitant *a* exorbitante.

exorcisme *m* exorcismo.
exorcitzar *v tr* exorcizar.
exordi *m* exordio.
exòtic, a *a* exótico.
expandir *v tr* y *pron* expandir.
expansió *f* expansión.
expectació *f* expectación.
expectar *v tr* expectar.
expectativa *f* expectativa.
expedició *f* expedición.
expedient *a* y *m* expediente.
expedir *v tr* expedir.
expedit, a *a* expedito.
expeditiu, iva *a* expeditivo.
expel·lir *v tr* expeler.
expendre *v tr* expender (vender).
expenses *f pl* expensas.
experiència *f* ***1*** experiencia. ***2*** *V* **experiment**.
experiment *m* experimento.
experimentar *v tr* e *intr* experimentar.
experimentat, ada *a V* **expert**.
expert, a *a* experto, experimentado, ducho. || *s* experto.
expertesa *f* expertez.
expiar *v tr* expiar.
expirar *v intr* ***1*** expirar (morir). ***2*** *fig* expirar.
explanar *v tr* explanar.
explicable *a* explicable.
explicació *f* explicación.
explicar *v tr* y *pron* explicar.
explícit, a *a* explícito.
exploració *f* exploración.
explorador, a *a* y *s* explorador.
explorar *v tr* explorar.
explosió *f* explosión.
explosiu, iva *a* y *m* explosivo.
explotació *f* explotación.
explotador, a *a* y *s* explotador.
explotar *v tr agr V* **espletar**. || *v intr* explotar.
exponent *m* exponente.
exportació *f* exportación.
exportar *v tr* exportar.
exposar *v tr* y *pron* exponer.
exposat, ada *a* expuesto.
exposició *f* exposición.
expòsit, a *a* y *s jur* expósito.
expositor, a *a* y *s* expositor.
exprés, essa *adv* ex profeso, expresamente. || *a* y *m* exprés, expreso.
expressament *adv V* **exprés**.
expressar *v tr* y *pron* expresar.
expressió *f* expresión. || *f pl* memorias.
expressionisme *m* expresionismo.
expressiu, iva *a* expresivo.
expropiació *f jur* expropiación.
expropiar *v tr jur* expropiar.
expulsar *v tr* ***1*** expulsar. ***2*** echar.
expulsió *f* expulsión.
exquisidesa *f V* **exquisitat**.
exquisit, ida *a* exquisito.
exquisitat *f* exquisitez.
exsangüe *a* exangüe.
èxtasi *m* éxtasis.
extasiar *v tr* y *pron* extasiar.
extemporani, ània *a* extemporáneo, extemporal.
extens, a *a* extenso.
extensió *f* extensión.
extensiu, iva *a* extensivo.
extenuament *m* agotamiento.
extenuar *v tr* y *pron* ***1*** extenuar. ***2*** estragar.
exterior *a* y *m* exterior.
exterminació *f* exterminación.
exterminar *v tr* exterminar.
extermini *m* exterminio.
extern, a *a* y *s* externo.
extinció *f* extinción.
extingir *v tr* y *pron* extinguir.
extint, a *a* extinto.
extintor, a *a* y *m* extintor.
extirpació *f* extirpación.
extirpar *v tr* extirpar.
extorquir *v tr* extorsionar.
extorsió *f* extorsión.
extorsionar *v tr V* **extorquir**.
extra *a* y *m* extra. || *s* extra (figurante).
extracció *f* extracción.
extractar *v tr* extractar.
extracte *m* extracto.
extradició *f jur* extradición.
extralimitació *f* extralimitación.
extralimitar-se *v pron* extralimitarse.
extramurs *adv* extramuros.
extraordinari, ària *a* extraordinario. || *m* extraordinario.
extraterrestre *a* y *s* extraterrestre.
extraure *v tr V* **extreure**.
extravagància *f* extravagancia.
extravagant *a* y *s* extravagante.
extraviar *v tr* y *pron* extraviar.
extrem, a *a* y *m* extremo.
extremar *v tr* extremar.
extremat, ada *a* extremado.
extremisme *m* extremismo.
extremitat *f* extremidad.
extremitud *f* punto extremo.
extremunciar *v tr* olear, dar la extremunción.
extret *m V* **extracte**.
extreure *v tr* extraer.
extrínsec, a *a* extrínseco.
exuberància *f* exuberancia.
exuberant *a* exuberante.
exultant *a* exultante.
exultar *v intr* exultar.

F

fàbrica *f* fábrica.
fabricació *f* fabricación.
fabricador, a *a* fabricante.
fabricar *v tr* fabricar.
fabulós, osa *a* fabuloso.
faç *f* faz, semblante (*m*), rostro (*m*).
façana *f arq* fachada.
facció *f* facción. || *f pl* facciones.
facciós, osa *a* i *s* faccioso.
facècia *f 1* chiste (*m*), broma. *2* peripecia.
faceciós, osa *a* chistoso.
faceta *f* faceta.
facial *a anat* facial.
fàcil *a* fácil.
facilitar *v tr* facilitar.
facilitat *f* facilidad.
factible *a* factible.
factor, a *s* factor.
factoria *f* factoría.
factura *f* factura.
facturació *f* facturación.
facturar *v tr* facturar.
facultar *v tr* facultar.
facultat *f* facultad.
facultatiu, iva *a* y *s* facultativo.
facúndia *f* facundia.
fada *f* hada.
fadiga *f V* **fatiga**.
fadrí, ina *s* mozo. || *m* mancebo (de ciertos oficios).
fadrinalla *f* mocerío (*m*), juventud (conjunto de mozos).
fadrinatge *m* mocedad (*f*).
fadrinesa *f* juventud.
faedor, a *s* hacedor.
faent *a* hacedor.
fagot *m mús* fagot.
faiçó *f* hechura. || *m pl V* **faccions**.
faig *m bot* haya (*f*) (*Fagus silvatica*).
faïment *m* hechura (*f*) (acción).
faisà *m ornit* faisán (*Phasianus colchicus*).
faisó *f* manera.
faixa *f* faja.
faixar *v tr* y *pron* fajar.
falagueria *f* halago (*m*).
falangeta *f anat* falangeta.
falangina *f anat* falangina.
falç *f agr* hoz, segadera.
falca *f* cuña.
falcar *v tr 1* acuñar, calzar. *2* atarugar.
falcillot *m ornit*, **falciot** *m ornit* vencejo (*gén Apus*).
falcó *m ornit*: halcón (*gén Falco* y especies afines). || **f. pelegrí** neblí (*F. peregrinus*).
falconeria *f* cetrería.
falda *f 1* regazo (*m*), falda. *2 geog* falda (de una montaña).
faldar *m 1* repisa (*f*) (de la chimenea). *2 geog V* **falda** 2.
faldilla *f* falda, faldas (*pl*), saya.
falguera *f bot* helecho (*m*) (*Pteridium aquilinum*).
falla *f 1 geol* falta. *2* hacho (*m*) (de paja o esparto).
fal·laç *a* falaz.
fal·làcia *f* falacia.
fal·laciós, osa *a V* **fal·laç**.
fallada *f* fallo (*m*).
fallar *v tr 1* fallar, marrar. *2* fallar (malograrse). *3* fallar (no funcionar). *4* fallar (en los naipes).
falleba *f* falleba.
fal·lera *f* debilidad, gusanera.
fallida *f jur* quiebra, bancarrota. || **fer f.** quebrar.
falliment *m* fallo.
fallió *f* decaimiento (*m*).
fallir *v intr 1* faltar, caer en falta. *2 V* **fallar** 3.
fal·lus *m* falo.
falòrnia *f* hablilla, habladuría.
fals, a *a* falso (no auténtico). || **en f.** en falso.
falsedat *f 1* falsedad. *2* infundio (*m*).
falsejar *v tr* falsear.
falsia *f* doblez.
falsificació *f* falsificación.
falsificar *v tr* falsificar.
falsiós, osa *a* falso (lleno de falsía).
falta *f 1* falta. *2 fig* falta, necesidad.
faltar *v intr* faltar.
faltat, ada *a* falto.
fam *f* hambre.
fama *f* fama.
famèlic, a *a V* **famolenc**.
família *f* familia.
familiar *a* y *m* familiar.
famolenc, a *a* famélico, hambriento.
famós, osa *a* famoso.
fan *s* fan.
fanal *m 1* farol. *2* fanal.
fanàtic, a *a* y *s* fanático.
fanatisme *m* fanatismo.
fanfara *f mús* charanga, fanfarria.
fanfàrria *s* fanfarria, fanfarrón. || *f V* **fanfarronada**.
fanfarró, ona *a* fanfarrón. || *s V* **fanfàrria**.
fanfarronada *f* fanfarronada, fanfarria.
fanfarronejar *v intr 1* fanfarronear. *2* bravear, baladronar, baladronear.

fanfarroneria *f 1* fanfarronería, baladronería, bravuconería. *2 V* **fanfarronada**.
fang *m* fango, barro, limo (de tierra y agua). || **engegar a pastar f.** mandar al cuerno.
fangar *m* barrizal, lodazal.
fangós, osa *a* fangoso, cenagoso.
fangueig *m*, **fanguer** *m* barro, lodo (de las calles).
fanguissar *m V* **fangar**.
fantasia *f* fantasía.
fantasiar *v intr*, **fantasiejar** *v intr* fantasear.
fantasma *s* fantasma.
fantàstic, a *a* fantástico.
fantotxe *m* fantoche, títere.
faquir *s* faquir.
far *m 1 náut* faro. *2* farol.
faramalla *f V* **faroneria**.
faràndula *f* farándula.
faraó *m* faraón.
farcell *m 1* lío, hato, hatillo. *2* envoltorio.
farciment *m* relleno.
farcir *v tr 1* embutir, atiborrar. *2* plagar. *3* rellenar.
fardam *m 1* maleza (*f*), maraña (*f*). *2 fig* hojarasca (*f*), fárrago.
fardell *m 1* fardo. *2 V* **farcell**.
fardot *m V* **fardell** 1.
farell *m náut V* **far** 1.
farfallós, osa *a* trapajoso, estropajoso.
farga *f 1* fragua. *2* poso (*m*).
fargar *v tr* fraguar.
farigola *f bot* tomillo (*m*) (*Thymus vulgaris*).
farina *f* harina.
faringe *f anat* faringe.
faristol *m* atril.
farmacèutic, a *a* farmacéutico. || *s* farmacéutico, boticario.
farmàcia *f* farmacia, botica.
farmaciola *f* botiquín (*m*).
faró *m V* **fanal** 1.
farola *f 1 náut V* **far** 1. *2* farol (*m*).
faronejar *v intr V* **fatxendejar**.
faroneria *f* fachenda (condición).
farratge *m agr* forraje.
farsa *f* farsa.
fart, a *a* y *s 1* harto, repleto. *2 fig* harto. || *m 1* atracón. *2* hartazgo, hartazón.
fartada *f V* **fart** (*m*).
fartaneria *f* glotonería.
fascicle *m* fascículo, entrega (*f*).
fascinació *f* fascinación.
fascinar *v tr* fascinar.
fase *f* fase.
fast *m* fasto, fausto.
fàstic *m 1* asco, fastidio. *2* hastío (repugnancia). || **fer f.** dar asco.
fastig *m* fastidio, hastío, aburrimiento.
fastigós, osa *a* asqueroso.
fastiguejar *v tr 1* fastidiar, hastiar, aburrir. *2* asquear. *3 fig fam* jeringar, jorobar. || *v pron* fastidiarse.
fastijós, osa *a* fastidioso.
fastuós, osa *a* fastuoso.
fat *m* hado (destino).
fat, fada *a* insulso, soso, insípido.
fatal *a* fatal.
fatalisme *m filos* fatalismo.
fatalitat *f* fatalidad.
fatic *m* gran fatiga. || *m pl* fatigas (*f*).
fatídic, a *a* fatídico.
fatiga *f*, **fatigació** *f* fatiga, fatigación, cansancio (*m*).
fatigar *v tr* y *pron* fatigar, cansar.
fatu, fàtua *a* fatuo.
fatxa *f* facha.
fatxada *f arq V* **façana**.
fatxenda *a* y *s* fachendoso, chulo. || *f V* **faroneria**.
fatxendejar *v intr*, **fatxendar** *v intr* fachendear, farolear.
fatxenderia *f* chulería (acción).
faula *f* fábula.
fauna *f zool* fauna.
faust, a *a* fausto.
fava *f bot* haba (fruto).
favassa *f med* roncha.
favor *s* favor.
favorable *a* favorable.
favorejar *v tr* favorecer.
favorit, a *a* y *s* favorito.
fax *m* fax.
fe *f* fe. || *m bot V* **fenc**.
feble *a* débil.
feblesa *f 1* debilidad. *2 V* **frevolesa**.
febre *f med* fiebre, calentura (*fam*).
febrer *m* febrero.
febrós, osa *a* febroso.
fècula *f* fécula.
fecund, a *a* fecundo.
fecundar *v tr* fecundar.
fecunditat *f* fecundidad.
fecunditzar *v tr* fecundizar.
federació *f* federación.
federal *a* y *s* federal.
federar *v tr* y *pron* federar.
fefaent *a jur* fehaciente.
feina *f 1* faena, empleo (*m*). *2* trabajo (*m*), tarea, labor. *3 agr* labor (del campo). *4* quehacer (*m*). || **amb prou feines** apenas.
feinada *f* mucho trabajo.
feinejar *v intr* trabajar.
feiner, a *a 1* trabajador. *2* laborable (día).
feix *m 1* haz. *2* fajo.
feixa *f agr* haza, bancal (*m*).
feixisme *m* fascismo.
feixuc, uga *a* pesado, torpe, lerdo.
feixugor *f*, **feixuguesa** *f* pesadez, torpeza.
fel *m anat* hiel (*f*).
felí, ina *a* y *m zool* felino.
feliç *a* feliz, fausto, dichoso.
felicitació *f* felicitación, parabién (*m*).
felicitar *v tr* y *pron* felicitar.
felicitat *f* felicidad, dicha.
felló, ona *a* airado.
feltre *m* fieltro (tejido).
fem *m agr* estiércol, majada (*f*).
femar *v tr agr* estercolar.

fembra *f* hembra, mujer.
femejar *v tr agr V* **femar**.
femella *f 1 V* **fembra**. *2* hembra (de un animal). *3* hembra (de cierre, etc.). *4* tuerca.
femení, ina *a* femenino.
femer *m* estercolero.
feminisme *m* feminismo.
feminitat *f* feminidad.
femta *f 1* excremento (*m*). *2 V* **fem**.
femtar *v intr* excrementar.
fèmur *m anat* fémur.
fenc *m bot* heno (*Trifolium incarnatum*).
fendre *v tr*, **fendir** *v tr* hender, hendir, cortar (el viento, el agua).
fenedura *f* hendidura, hendedura.
fenella *f* rendija.
fenomen *m* fenómeno.
fer *v tr 1* hacer. *2* dar (organizar y ofrecer). *3* desempeñar. *4* meter. || **fer a mans** entregar, librar. || **fer malbé** estropear.
fer, a *a 1 zool* fiero, bravo, bravío. *2* torvo.
fera *f* fiera.
feraç *a* feraz.
feredat *f* grima.
feresa *f 1* fiereza. *2 V* **feredat**.
ferest, a *a 1 V* **feréstec**. *2* torvo.
feréstec, ega *a 1* fiero. *2* cerril (un terreno). *3 fig* cerril (de carácter).
fèretre *m 1* féretro, ataúd, caja (*f*). *2* féretro (andas).
ferida *f* herida.
feridura *f med* apoplejía.
ferir *v tr* herir. || *v pron med* herirse, sufrir un ataque de apoplejía.
ferit, ida *a* y *s* herido.
ferm *m* firme. || *adv* firme. || **de f.** de firme. || **en f.** en firme.
ferm, a *a* firme.
ferma *f* ruedo (*m*).
fermador *m* atadero.
fermall *m 1* broche. *2* cierre.
fermament *adv* firme.
fermança *f* fianza.
fermar *v tr* atar, sujetar.
ferment *m* fermento.
fermentació *f quím* fermentación.
fermentar *v tr* e *intr* fermentar.
fermesa *f*, **fermetat** *f* firmeza.
feroç *a* feroz.
ferocitat *f* ferocidad.
feror *f V* **feresa** 1.
ferotge *a* feroz.
ferotgia *f V* **ferocitat**.
ferradura *f* herradura.
ferralla *f* chatarra.
ferrar *v tr* herrar.
ferre *m V* **ferro**.
ferrer, a *s* herrero.
ferreria *f* herrería.
ferreteria *f* ferretería.
ferri, fèrria *a* férreo.
ferro *m* hierro.
ferrocarril *m* ferrocarril.
ferrós, osa *a quím* ferroso.
ferroviari,ària *a* y *s* ferroviario.
fèrtil *a* fértil.
fertilitat *f* fertilidad.
fertilitzant *a* y *m* fertilizante.
fertilitzar *v tr* fertilizar.
ferum *f* husmo (*m*).
ferumejar *v intr* husmear, olisquear.
fesa *f* hendimiento (acción).
fesol *m bot* habichuela (*f*), judía (*f*), alubia (*f*).
fesolera *f*, **fesoler** *m bot* judía (*f*), alubia (*f*), habichuela (*f*) (*Phaseolus vulgaris*).
fesolet *m*, **fesolí** *m bot* judía (*f*) de careta, fríjol (*Dolichos melanophthalmos*).
fesomia *f* fisonomía.
festa *f 1* fiesta. *2* halago (*m*).
festeig *m* festejo, galanteo, noviazgo.
festejar *v tr 1* galantear. *2* cortejar.
festí *m* festín.
festival *m* festival.
festivitat *f* festividad.
festós, osa *a* afectuoso, afable, cariñoso.
festuc *m bot* pistacho (fruto).
fet, a *a* hecho. || *m 1* hecho. *2* escondite (juego). || *f 1* hecho (*m*). *2* hazaña.
fetge *m 1 anat* hígado. *2 fig* cachaza (*f*). || **treure el f. per la boca** echar los bofes.
fètid, a *a* fétido, hediondo.
fetillar *v tr* hechizar.
fetiller, a *a* hechicero. || *s* hechicero, hechizador.
fetilleria *f 1* hechicería (arte). *2* hechizo (*m*).
fetjut, uda *a* cachazudo.
fetor *f* hedor (*m*), hediondez.
fetorós, osa *a V* **fètid**.
fetus *m* feto, engendro.
feu *m* feudo.
feudal *a* feudal.
feudalisme *m* feudalismo.
fi *f* fin (*m*), final (*m*). || *m* fin, finalidad (*f*). || **a la fi** al fin; a la postre. || **en fi** en fin. || **per fi** por fin. || **a fi de** a fin de. || **a fi que** a fin de que.
fi, fina *a* fino.
fiable *a* fiable.
fiança *f 1* confianza. *2* fianza (obligación). *3* fianza (prenda).
fiançar *v tr jur* fiar.
fiar *v tr 1* fiar, confiar (dar en confianza). *2* fiar, confiar (un secreto). *3* confiar, fiar (tener esperanza). || *v pron* fiarse, confiar (*tr*).
fiball *m* hebilla (*f*).
fiblada *f* ramalazo (*m*).
fiblar *v tr 1* picar. *2 V* **fiblonejar**. *3* cimbrear, cimbrar.
fible *m*, **fibló** *m* aguijón.
fiblonejar *v tr* aguijonear.
fibra *f 1* fibra. *2* hebra.
ficar *v tr* y *pron* meter.
ficció *f* ficción.
fictici, ícia *a* ficticio.
ficus *m bot* ficus (*gén Ficus*).
fidedigne, na *a* fidedigno.
fidel *a* y *s* fiel.
fidelitat *f* fidelidad.

fideu *m* fideo.
fiduciari, ària *a jur* fiduciario.
figa *f bot* higo (*m*). || **f. de moro** *bot* higo (*m*) chumbo, higo (*m*) de pala, higo (*m*) de tuna.
figaflor *f* breva.
figuera *f*, **figuer** *m bot* higuera (*f*) (*Ficus carica*). || **f. de moro** *bot* chumbera (*f*), higuera (*f*) chumba (*Opuntia ficus-indica*).
figura *f* figura.
figurar *v tr* e *intr* figurar.
figurí *m* figurín.
fil *m 1* hilo. *2* hebra (*f*). *3* filo, corte, tajo. || **a dret f.** al hilo.
fila *f 1* fila, hilera, hila. *2 V* **fatxa**.
filaberquí *m* berbiquí.
filagarsa *f* mota (en un vestido).
filament *m* filamento.
filar *v tr 1* hilar. *2 fig* calar (un secreto, una intención). || **f. prim** hilar delgado.
filat, ada *a* hilado. || *m 1* hilado (porción reducida a hilo). *2* red (*f*).
filatèlia *f* filatelia.
filatura *f 1* hilatura, filatura. *2* hilandería.
filera *f 1* hilera. *2 agr* liño (de arboles o plantas).
filet *m* filete.
filferrada *f* alambrada.
filferro *m* alambre (de hierro).
filharmònic, a *a* y *s mús* filarmónico.
filiació *f* filiación.
filial *a* filial.
filigrana *f* filigrana.
filipí, ina *a* y *s* filipino.
de filis *loc adv* de buen humor, de buen talante.
fill, a *s* hijo.
fillastre, ra *s* hijastro.
fillol, a *s* ahijado.
film *m* film, película (*f*).
filmar *v tr* filmar, rodar.
filmoteca *f* filmoteca.
filó *m* filón.
filologia *f* filología.
filosa *f* rueca.
filòsof, a *s* filósofo.
filosofia *f* filosofía.
filtració *f* filtración.
filtrar *v tr* y *pron* filtrar.
filtre *m 1* filtro. *2* boquilla (*f*) (cigarrillo).
filustrar *v tr fam* ver.
fimbrar *v intr* cimbrearse (*pron*) (una viga, un techo).
fimosi *f med* fimosis.
final *a* y *m* final.
finalitat *f* finalidad.
finalitzar *v tr* e *intr* finalizar.
finança *f 1* hacienda (pública). *2* finanzas (*pl*). || *f pl V* **finança** 2.
finançar *v tr 1* negociar empréstitos. *2* financiar.
financer, a *a* y *s* financiero.
finances *f pl* finanzas.
finar *v intr* finar, morir, fenecer, fallecer, expirar.
finat, da *a* y *s* finado, difunto, extinto.
finca *f 1* finca (inmueble). *2* finca (rústica), hacienda, heredad, fundo (*m*).
finesa *f* fineza.
finestra *f* ventana.
finestral *m* ventanal.
finestró *m* postigo, ventanillo.
fingir *v tr* y *pron* fingir.
finiment *m* fenecimiento, terminación (*f*).
finir *v tr* e *intr* terminar, acabar, fenecer, expirar.
finit, ida *a* finito.
finlandès, esa *a* y *s* finlandés.
finor *f* finura.
fins *prep 1* hasta. *2* incluso. || **f. a** *V* **fins** 1. || **f. i tot** *V* **fins**. || **f. després** hasta luego.
fiord *m geog* fiord, fiordo.
fira *f* feria.
firma *f* firma.
firmament *m astron* firmamento.
firmar *v tr* firmar, signar.
fisc *m jur* fisco.
fiscal *a* y *s* fiscal.
fiscalia *f jur* fiscalía.
físic, a *a* y *s* físico. || *f fís* física.
fisiologia *f med* fisiología.
fisioteràpia *f med* fisioterapia.
fisonomia *f* fisonomía.
fissió *f fís* fisión.
fissura *f* fisura.
fistó *m arq* colgante.
fit, a *a* fijo, hito. || *m V* **fitó**. || **mirar de f. a f.** mirar de hito en hito.
fita *f* hito (*m*), mojón (*m*), linde (*m*).
fitar *v tr 1* hitar, amojonar, mojonar. *2* mirar fijamente.
fitó *m* blanco, hito.
fitora *f* tridente (*m*).
fitxa *f* ficha.
fitxar *v tr* e *intr* fichar.
fitxer *m* fichero.
fix, a *a* fijo, hito.
fixació *f* fijación.
fixar *v tr 1* fijar. *2 fig* clavar.
fixedat *f*, **fixesa** *f* fijeza.
flabiol *m mús* flautillo.
flac, a *a* y *m* flaco.
flàccid, a *a* lacio.
flacor *f* flacura.
flagel *m biol* flagelo (de las bacterias, etc.).
flagell *m 1 V* **fuet** 1. *2 fig* flagelo, azote.
flagrant *a* flagrante.
flairança *f V* **flaire**.
flairant *a V* **flairós**.
flairar *v tr* oler (percibir olor). || *v intr V* **flairosejar**.
flaire *f* olor (*m*).
flairejar *v intr V* **flairosejar**.
flairós, osa *a* oloroso.
flairosejar *v intr* oler.
flam *m* flan.
flama *f* llama.
flamant *a* flamante.
flamar *v intr* flamear (una vela, una bandera).
flamarada *f* llamarada, fogarada.
flamejar *v intr 1* flamear, llamear. *2 V* **flamar**.
flamenc *m ornit* flamenco (*Phoenicopterus ruber*).

flanc *m 1* flanco, costado. *2 anat* cadera (*f*).
flaquedat *f* flaqueza.
flaquejar *v intr* flaquear.
flaquesa *f* flaquesa (moral).
flascó *m* frasco.
flassada *f* manta, frazada.
flastomar *v intr* blasfemar.
flastomia *f* blasfemia.
flat *m 1* embate. *2 med V* **flatositat**.
flatositat *f med* flato (*m*).
flauta *f mús* flauta.
flautí *m mús* flautín.
flebitis *f med* flebitis.
fleca *f* panadería.
flectar *v tr* hincar (las rodillas).
flectir *v tr* doblar (poco a poco).
flegma *f 1 med* flema. *2 fig* cachaza.
flegmàtic, a *a* y *s* flemático, cachazudo.
flegmó *m med* flemón.
flequer, a *s V* **forner**.
fletxa *f* flecha.
flexibilitat *f* flexibilidad.
flexible *a* flexible.
flexió *f* flexión.
flingar *v intr V* **fimbrar**.
floc *m 1* mechón, guedeja (*f*). *2* copo (*m*) (de nieve). || *m pl* lazos.
floca *f* copo (*m*) (de materia textil).
flocall *m 1* cabellos (*f*) de panoja. *2 V* **floc** 1. *3* penacho, plumero.
flongesa *f* blandura, molicie.
flonjo, ja *a* blando, esponjoso.
flonjor *f V* **flongesa**.
flor *f 1 bot* flor. *2 V* **floreta** 2. || **f. de lis** *bot* lis (*Amaryllis formosissima*). || **a f. d'aigua** *loc adv* a flote.
flora *f* flora.
floració *f bot* floración.
florejar *v intr V* **florir**.
florera *f* florero (*m*), maceta.
floreta *f 1 bot* florecilla. *2* piropo (*m*), requiebro (*m*). || **tirar floretes** piropear.
florida *f* florecimiento (*m*).
floridura *f* moho.
floriment *m V* **florida**.
florir *v intr* florecer. || *v pron* enmohecerse, florecerse, mohecerse.
florista *s* florista.
florit, ida *a* enmohecido, mohoso. || *m V* **floridura**.
flota *f* flota.
flotador *m* flotador.
flotar *v intr* flotar.
flotó *m* tropel.
fluctuar *v intr* fluctuar.
fluid, a *a* y *m* fluido.
fluïdesa *f* fluidez.
fluir *v intr* fluir.
fluix, a *a 1* flojo. *2* blandengue. || *m* flujo.
fluixejar *v intr* flojear.
fluor *m quím* flúor.
fluorescent *a* fluorescente. || *m* tubo fluorescente.
fluorur *m quím* fluoruro.
fluvial *a* fluvial.
flux *m* flujo.
fòbia *f* fobia.
foc *m 1* fuego. *2* lumbre (*f*), candela (*f*). || **donar f.** dar candela, dar lumbre. || **calar f.** prender fuego. || **fer f.** *1* encender lumbre. *2* disparar.
foca *f zool* foca (*gén Phoca*).
focus *m 1* foco. *2 fig V* **fogall**.
fofo, a *a* fofo.
fogaina *f 1* fogata. *2* fogón (*m*). *3 V* **fogall**.
fogall *m*, **fogar** *m* hogar, lar.
fogar *v tr* quemar, prender fuego.
fogata *f 1* fogata. *2* hoguera.
fogatera *f V* **foguera**.
fogó *m 1* fogón. *2* hornilla (*f*).
fogona *f* hornillo (*m*), fogón (*m*).
fogonada *f 1* hornada. *2* fogonazo (*m*).
fogonejar *v tr* y *pron* chamuscar.
fogós, a *a* fogoso.
foguejar *v tr* foguear.
foguer, a *a* que sirve para encender fuego. || *m* eslabón.
foguera *f* hoguera.
foguerada *f* llamarada, fogarada.
foie gras *m* foie-gras.
folc *m*, **folcat** *m 1* rebaño, hato, grey (*f*). *2* manada (*f*).
folga *f 1* chanza, broma. *2 V* **folgança** 1 y 2.
folgança *f 1* holganza. *2* huelga, holgura, juerga. *3* holgura, huelgo (*m*).
folgar *v intr 1* holgar, vacar, vagar. *2* venir ancho.
folgat, ada *a 1* holgado. *2* desahogado.
folgós, osa *a* holgón.
foli *m* folio.
folklore *m* folclore.
foll, a *a 1* rabioso, hidrófobo. *2* loco, demente.
follar *v tr* pisar, hollar.
follejar *v intr* loquear.
follet *m* duende, trasgo.
follia *f 1 V* **follor**. *2* guilladura.
follor *f* locura, demencia.
folradura *f V* **folre**.
folrar *v tr* forrar.
folre *m*, **folro** *m* forro.
foment *m* fomento.
fomentar *v tr* fomentar.
fona *f* honda.
fonament *m 1* fundamento. *2* cimiento.
fonamentar *v tr* fundamentar.
fonda *f* fonda, mesón (*m*), posada, albergue (*m*).
fondal *m*, **fondalada** *f* hondonada (*f*).
fondària *f* hondura, profundidad.
fondejar *v tr* e *intr náut* fondear, anclar, ancorar.
fondista *s* mesonero.
fondo, da *a 1* hondo. *2* profundo.
fondre *v tr* y *pron 1* fundir. *2* derretir.
fonell *m* témpano (de una colmena).
fonema *m* fonema.
foneria *f* fundición.
fonètica *f* fonética.
fong *m bot med* hongo.
fonoll *m bot* hinojo (*Foeniculum vulgare*).
fons *m* fondo.

font *f 1* fuente, manantial (*m*). *2* fuente (construcción).
fontada *f* jira (campestre).
fontaneria *f* fontanería.
for *m* foro.
fora *adv 1* fuera. *2* afuera.
forà, ana *a 1* foráneo, advenedizo. *2* ajeno.
foradada *f 1* túnel (*m*). *2* horadada.
foradar *v tr* y *pron* agujerear.
foragitament *m* expulsión (*f*).
foragitar *v tr 1* expulsar, echar, arrojar. *2* ahuyentar, despedir.
forallançar *v tr* expulsar.
foranies *f pl* afueras, alrededores (*m*).
forassenyat, ada *a* desaforado.
foraster, a *a* y *s* forastero, advenedizo.
forat *m 1* agujero. *2* bocallave (*f*). *3 geol* quebrada (*f*), colada (*f*), coladero. *4* socavón.
foraviament *m* extravío.
forbir *v tr* acicalar.
forc *m* ristra (*f*), horco, ramo.
forca *f 1* horca (para ahorcar). *2* horcón (*m*), horca.
força *f 1* fuerza. *2* enjundia. || **fer f.** apretar.
força *adv* mucho.
forcall *m 1* confluencia (*f*), horcajo. *2* encrucijada (*f*).
forçar *v tr* forzar.
forcasset *m agr* horcajo (arreo).
forcat, ada *a* y *s* horcado. || *m V* **forc**.
forçat, ada *a* y *s* forzado. || *m* forzado.
forcejament *m* forcejeo, forcejo.
forcejar *v intr* forcejear, forcejar.
forcó *m* cuerno (de horca).
forçós, osa *a* forzoso.
forçut, uda *a* forzudo.
forestal *a* forestal.
forfet *m 1* fechoría (*f*). *2* billete de precio fijo.
forfollar *v tr* hurgar, revolver.
forja *f* forja.
forjar *v tr* forjar.
forma *f 1* forma. *2* horma (molde).
formació *f* formación.
formal *a* formal.
formalitat *f* formalidad.
formalitzar *v tr* y *pron* formalizar.
formar *vtr, intr* y *pron* formar.
format *m 1* formato. *2* tamaño.
formatge *m* queso.
formatiu, iva *a* formativo.
fòrmica *f* fórmica.
formidable *a* formidable.
formiga *f entom* hormiga (*gén Formica*).
formigó *m* hormigón.
formigueig *m* hormigueo (de gente, etc.).
formiguer, a *a* hormiguero. || *m* hormiguero (de hormigas).
formol *m quím* formol.
formós, osa *a 1* hermoso. *2* guapo.
formosor *f*, **formositat** *f* hermosura.
fórmula *f* fórmula.
formular *v tr* formular.
formulari, ària *a* y *m* formulario.
formulisme *m* formulismo.
forn *m 1* horno. *2 V* **fleca**.
fornada *f* hornada.
fornal *f* fragua.
forner, a *s* panadero, hornero.
fornicació *f* fornicación.
fornicar *v intr* fornicar.
fornici *m V* **fornicació**.
fornícula *f arq* hornacina.
forniment *m 1* abastecimiento, fornitura (*f*), proveimiento. *2* pertrecho.
fornir *v tr* proveer, abastecer, abastar, suministrar.
fornit, ida *a* fornido.
fornitura *f V* **forniment** 1.
forqueta *f 1* horquilla (a modo de vara). *2 V* **forquilla**.
forquilla *f* tenedor (*m*) (cubierto).
forra *f* espesura, *esp* de cabellos.
forrellat *m* cerrojo.
forro, rra *a* horro.
fort *m* fuerte.
fort, a *a 1* fuerte. *2* recio.
fortalesa *f* fortaleza.
fortificació *f*, **fortificament** *m* fortificación (*f*).
fortificar *v tr 1* fortificar, fortalecer. *2 mil* fortificar. || *v pron* fortificarse, hacerse fuerte.
fortitud *f V* **fortalesa** *esp* de ánimo.
fortor *f* pestilencia.
fortuït, a *a* fortuito.
fortuna *f* fortuna.
fòrum *m* foro.
fosa *f 1* fundición (acción y efecto). *2* derretimiento (*m*).
fosc, a *a 1* obscuro, oscuro, lóbrego. *2* prieto.
fosca *f V* **foscor**. || **a les fosques** *loc adv* a oscuras; a obscuras.
foscam *m V* **foscor** 1.
foscor *f 1* oscuridad, obscuridad. *2* calígine.
foscúria *f V* **foscor** 1.
fosfat *m quím* fosfato.
fòsfor *m quím* fósforo.
fosquedat *f V* **foscor**.
fosquejar *v intr* obscurecer, oscurecer, anochecer.
fossa *f* fosa, hoyo (*m*), hoya, huesa.
fossana *f 1 V* **fossa**. *2 V* **fossar**.
fossar *m* cementerio, camposanto.
fossat *m* foso.
fòssil *a* y *m* fósil.
fotesa *f* futesa, bagatela, bicoca, fruslería, friolera.
fòtil *m fam* útil, trasto. || *m pl* bártulos, enseres.
fotjar *v intr* hozar, hocicar (el jabalí).
foto *f V* **fotografia**.
fotocòpia *f* fotocopia.
fotocopiadora *f* fotocopiadora (máquina).
fotocopiar *v tr* fotocopiar.
fotògraf, a *s* fotógrafo.
fotografia *f* fotografía.
fotografiar *v tr* fotografiar.
fotograma *m* fotograma.
fotre *v tr V* **fúmer** (más *vulg*).
fracàs *m* fracaso.
fracassar *v intr* fracasar.
fracció *f* fracción.

fraccionar *v tr* y *pron* fraccionar.
fractura *f* fractura.
fracturar *v tr* y *pron* fracturar.
fragància *f* fragancia.
fragant *a* fragante.
fragata *a náut* fragata.
fràgil *a* frágil, deleznable.
fragilitat *f* fragilidad.
fragment *m* fragmento.
fragmentar *v tr* y *pron* fragmentar.
fragor *s* fragor (*m*), estrépito (*m*), estruendo (*m*).
fragorós, osa *a* fragoroso, fragoso.
fragós, osa *a* fragoso.
franc, a *a* ***1*** franco. ***2*** franco (sincero). || *a* y *s* franco (de la antigua Francia). || **de f.** gratis, de balde. || **port f.** puerto franco.
francès, esa *a* y *s* francés.
francesilla *f* cosa extraordinaria.
franel·la *f* franela (tejido).
franja *f* franja.
franqueig *m* franqueo.
franquejar *v tr* y *pron* franquear.
franquesa *f* franqueza.
frare *m* fraile.
frase *f* frase.
fratern, a *a* fraterno.
fraternitat *f* fraternidad.
frau *m* fraude.
frau *f geog* desfiladero (*m*).
fraudulent, a *a*, **fraudulós, osa** *a* fraudulento.
fraula *f bot* fresa (fruto).
fre *m* freno.
frec *m med* roce. || **a f.** al borde. || **f. a f.** casi tocando.
fred, a *a* frío. || *m* frío.
fredeluc, uga *a*, **fredolec, ega** *a*, **fredolic, a** *a* friolero, friolento.
fredor *f* frialdad.
fredorós, osa *a* frío, que hace sentir frío.
frega *f med* friega.
fregada *f* ***1*** frotadura, frotación. ***2*** rozadura.
fregadís *m* roce (*m*) continuo, reiterado.
fregador *m* fregadero.
fregadora *f fam* mocho (*m*).
fregall *m* estropajo.
fregament *m* ***1*** frotamiento, frote, fregamiento. ***2*** fregado. ***3*** roce.
fregar *v tr* ***1*** rozar. ***2*** rasar. ***3*** frotar, fregar. ***4*** fregar (platos, etc.).
fregatel·la *f* ***1*** *V* **fregada**. ***2*** *V* **fregadís**.
fregidora *f* freidora.
fregir *v tr* y *pron* freir.
fregit *m* frito.
fregitel·la *f* fritada, fritanga, fritura, frito (*m*).
freixe *m bot* fresno (*Fraxinus excelsior*).
freixura *f anat* bofe (*m*), liviano (*m*).
frenada *f* frenazo (*m*).
frenar *v tr* frenar.
frèndol *m* ímpetu.
frenesí *m*, **frenesia** *f* frenesí (*m*).
frenètic, a *a* frenético.
freqüència *f* frecuencia.
freqüent *a* frecuente.
freqüentar *v tr* frecuentar.
fresc, a *a* fresco. || *m* fresco (pintura). || *f* fresco (*m*), fresca.
frescor *f* ***1*** frescor (*m*), frescura. ***2*** *fig* frescura (desenvoltura).
fressa *f* fragor (*m*), ruido (*m*) continuo.
fressat, ada *a* trillado (dícese de un camino, etc.).
fressejar *v intr* meter ruido.
fresser, a *a* ruidoso.
fretura *f fig* necesidad.
freturar *v intr*, **freturejar** *v intr* necesitar.
freu *m geog* pasaje.
frevolesa *f* endeblez.
fricció *f* fricción.
frígid, a *a* frígido.
frigidesa *f*, **frigiditat** *f* frigidez.
frigorífic, a *a* y *m* frigorífico.
fris *m arq* friso.
frisança *f* ***1*** reconcomio (*m*). ***2*** comezón, pujo (*m*).
frisar *v intr* ***1*** frisar (tejidos). ***2*** *fam* tener prisa. || *v intr* y *pron* concomerse, reconcomerse.
frisor *f V* **frisança**.
frívol, a *a* frívolo.
frivolitat *f* frivolidad.
fronda *f bot V* **fullatge**.
frondós, osa *a* frondoso.
front *m* ***1*** *anat* frente (*f*). ***2*** frente.
frontaler, a *a* delantero.
frontera *f* frontera.
frontissa *f* bisagra, charnela, gozne (*m*).
frontó *m* cancha (*f*).
fructificar *v intr V* **fruitar**.
fructuós, osa *a* fructuoso.
frugal *a* frugal.
fruïció *f* disfrute (*m*), fruición, goce (*m*).
fruir *v intr* disfrutar, fruir, gozar.
fruit *m* fruto.
fruita *f* fruta.
fruitar *v intr* fructificar, frutar.
fruiteria *f* frutería.
fruitós, osa *a V* **fructuós**.
frunzir *v tr* fruncir.
frustració *f* ***1*** frustración. ***2*** malogramiento (*m*), malogro (*m*).
frustrar *v tr* ***1*** frustrar. ***2*** malograr, estropear. || *v pron* frustrarse.
fuel *m*, **fueloil** *m* fuel, fuel-oil.
fuet *m* ***1*** látigo, zurriago, azote, flagelo, fusta (*f*). ***2*** longaniza larga y delgada.
fuetada *f* latigazo (*m*), zurriagazo (*m*), zurriagada, azote.
fuetejar *v tr* fustigar, azotar, hostigar.
fuga *f* ***1*** *V* **fugida**. ***2*** *mús* fuga.
fugaç *a* fugaz.
fugida *f* huida, escapada, fuga.
fugir *v intr* ***1*** huir. ***2*** escaparse (*pron*).
fugisser, a *a* huidizo.
fugitiu, iva *a* fugitivo, huído.
fuita *f* ***1*** *V* **fugida**. ***2*** escape.
ful, a *a* falso.
fulgor *s* fulgor (*m*).
fulgurar *v intr* fulgurar.

full *m* hoja (*f*) (de papel, de libro, etc.). || **pasta de f.** (o **de fulls**) hojaldre.
fulla *f 1 bot* hoja (de planta). *2* hoja, cuchilla (de arma o herramienta). *3* hoja.
fullaca *f V* **fullaraca** 1.
fullam *m 1 V* **fullaraca** 1. *2 V* **fullatge**.
fullaraca *f 1* hojarasca. *2 fig* hojarasca, paja, broza, fárrago (*m*).
fullareda *f V* **fullaraca** 1.
fullat, ada *a* **pasta fullada** *V* **pasta de full**.
fullatge *m* follaje, fronda (*f*).
fullejar *v tr* hojear (un libro).
fullet *m* folleto.
fulletó *m* folletín.
fullola *f* chapa.
fulminant *a* y *m* fulminante.
fulminar *v tr* e *intr* fulminar.
fum *m* humo. || *m pl fig* humos, humillos.
fumada *f 1 V* **fumarada**. *2* fumada, acción de fumar.
fumall *m* tizón (leña a medio quemar).
fumant *a* humeante.
fumar *v tr 1* fumar. *2* humear, ahumar. || *v intr* echar humo. || *v pron* ahumarse.
fumarada *f* humareda, humarada.
fumejant *a V* **fumant**.
fumejar *v intr V* **fumar**.
fúmer *v tr* e *intr 1 vulg* hacer. *2* fastidiar, joder (*fam*). *3 fig* arrear. || **f. el camp** ahuecar el ala; salir pitando. || *v pron* burlarse.
fumera *f* humareda, humarada.
fumigació *f* fumigación.
fumigar *v tr* fumigar.
funció *f* función.
funcionament *m* funcionamiento.
funcionar *v intr* funcionar.
funcionari, ària *s* funcionario.
funda *f* funda.
fundació *f* fundación.
fundar *v tr* y *pron* fundar.
fúnebre *a* fúnebre.
funeral *a* y *m* funeral. || *m pl* exequias (*f*).
a la funerala *loc adv* a la funerala.
funest, a *a* funesto.
funicular *a* y *m* funicular.
fur *m* fuero. || **f. intern** adentros (*pl*).
fura *f 1 zool* hurón (*m*) (*Putorius furo*). *2 fig* lince (*m*) (persona).
furetejar *v intr fig* curiosear (escudriñar).
furgadents *m* palillo
furgar *v tr 1* hurgar. *2 V* **fotjar**. *3* hurgonear (el fuego). *4 fig* escarbar.
furgó *m* furgón.
furguinyar *v tr V* **furgar**.
furgoneta *f* furgoneta.
fúria *f* furia.
furibund, a *a* furibundo.
furient *a*, **furiós, osa** *a* furioso.
furóncol *m med* furúnculo.
furonejar *v intr V* **furetejar**.
furor *s 1* furor (*m*). *2* saña (*f*).
furt *m* hurto.
furtar *v tr* hurtar, quitar.
furtiu, iva *a* furtivo.
fus *m* huso.
fusell *m 1* fusil (arma). *2* eje.
fusible *a* fusible, fundible. || *m* fusible.
fusió *f* fusión.
fust *m arq* fuste.
fusta *f 1* madera, fuste (*m*), leño (*m*). *2* madero (*m*). *3* leño (*m*) (barco). || **de bona f.** de buen fuste.
fuster, a *s* carpintero.
fusteria *f* carpintería.
fustigació *f* fustigación, hostigamiento (*m*).
fustigar *v tr V* **fuetejar**.
futbol *m* fútbol, balompié.
futbolí *m* futbolín.
futbolista *s* futbolista.
fútil *a* fútil.
futilitat *f V* **fotesa**.
futral *m*, **futralada** *f* cúmulo (*m*), montón.
de futris *loc adv* de muy mal humor.
futur, a *a* futuro. || *m* futuro, porvenir.
futurisme *m* futurismo.

G

gabar *v tr* loar, elogiar.
gàbia *f* jaula.
gabinet *m* gabinete.
gafa *f 1* gafa (pieza para juntar, sujetar, etc.). *2* gafa (de la ballesta).
gafet *m* corchete.
gai, a *s* homosexual, gay.
gaiata *f*, **gaiato** *m* cayado (*m*).
gaire *adv* y *a* mucho (con la negación **no**, detrás de **sense**, y en oraciones interrogativas y condicionales).
gairebé *adv* casi, cuasi.
de gairell *loc adv*, **al gairó** *loc adv 1* de lado. *2* al soslayo, de soslayo.
gaita *f mús* gaita, cornamusa.
gal *m V* **galet**.
gala *f* gala.
galà, ana *a* galano, garrido.
galàctic, a *a* galáctico.
galant *a* galante. || *m* galán.
galanteig *m* galanteo.
galantejar *v tr 1* galantear. *2* piropear.

galanteria *f 1* galantería. *2* piropo (*m*), requiebro (*m*).
galanxó, ona *a* lindo, cuco.
galàpet *m zool V* **gripau** (*Bufo vulgaris*).
galàxia *f astron* galaxia.
galeig *m* alarde.
galera *f náut* galera (embarcación).
galerada *f* galerada.
galeria *f* galería.
galet *m* pitón, pitorro.
galeta *f 1* galleta. *2 fig V* **galtada**.
galifardeu *m 1* esbirro. *2 fam* chicarrón, mocetón, mozancón.
galimaties *m* galimatías, monserga (*f*).
galindaina *f 1* garambaina. *2* chuchería.
galindó *m med* juanete.
galivar *v tr fam* darse cuenta.
gall *m 1 ornit* gallo (*Gallus gallus*). *2 fam* chulo, valentón, valiente. || **g. dindi** *ornit* pavo (*Meleagris gallopavo*). || **g. fer** *ornit* urogallo (*Tetrao urogallus*).
gallard, a *a* gallardo, bizarro.
gallardia *f* gallardía, ánimo (*m*), bizarría, agallas (*pl*).
gallec, ega *a* y *s* gallego.
galleda *f* cubo (*m*) (recipiente).
gallejar *v intr 1* gallear, bravear, baladronar, baladronear, chulear. *2* fachendear, farolear.
gallera *f* cancha (local).
gallet *m 1* can. *2* gatillo.
gallina *f 1 ornit* gallina (*Gallus domesticus*, la hembra). *2 fig* gallina (cobarde).
galliner *m* gallinero.
galló *m bot V* **grill** 3.
galó *m* galón.
galop *m* galope.
galopar *v intr* galopar.
galta *f 1 anat* mejilla. *2 anat fig* nalga. || *s pl* caradura.
galtada *f* bofetada, bofetón (*m*), galleta.
galtera *f 1* barboquejo (*m*), carrillera. *2 med* papera.
galtona *f fam* moflete (*m*).
galvana *f fam* galbana.
galvanitzar *v tr* galvanizar.
galze *m* rebajo.
gamba *f 1 anat* pierna. *2 zool* gamba (*Parapenaeus longirostris*).
gambada *f* zancada, tranco (*m*), pasada.
gamberrada *f* gamberrada.
gambeta *f zool* camarón (*m*) (*Leander serratus*).
gambià, ana *a* y *s* gambiano.
gana *f 1* gana, apetito (*m*), apetencia, hambre. *2* gana (deseo).
ganàpia *s* grandullón.
gandul, a *a* y *s* gandul, holgazán, haragán, vago.
gandulejar *v intr* gandulear.
ganduleria *f* gandulería, haraganería.
ganga *f 1* ganga. *2 fig fam* bicoca, breva, momio (*m*).
gangli *m anat med* ganglio.
gangrena *f med* gangrena.
gànguil *m 1 náut* gánguil. *2* galgo.
ganivet *m* cuchillo.
ganiveta *f* cuchilla.
ganivetada *f* cuchillada.
ganseria *f* mandanga.
ganso, sa *a*, **gansoner, a** *a 1* ganso. *2* pánfilo, parado.
gansoneria *f V* **ganseria**.
ganxo *m* gancho.
ganya *f anat* agalla (de las aves, de los peces).
ganyada *f* chirlo (*m*).
ganyol *m* aullido, aúllo.
ganyolar *v intr* aullar.
ganyot *m 1 anat V* **gargamella**. *2 V* **ganyota**.
ganyota *f* mueca, visaje (*m*), gesto (*m*), esguince (*m*).
garant *a* y *s* garante.
garantia *f* garantía.
garantir *v tr* garantizar, garantir.
garatge *m* garaje.
garba *f agr* gavilla (de espigas, de mieses).
garbell *m* criba (*f*), zaranda (*f*), harnero.
garbellar *v tr* cribar.
garberar *v intr agr* hacinar (haces).
garbí *m* garbino, lebeche (viento).
garbó *m 1 agr* capón (haz). *2* gavilla (*f*).
garbonar *v tr* gavillar.
garbuix *m*, **garbull** *m 1* taco, enredo, embrollo, embrolla (*f*). *2* garbullo.
gardènia *f bot* gardenia (*gén Gardenia*).
gardeny *m V* **grunyit**.
gardenya *f zool* marrana.
gardenyar *v intr* gruñir (*esp* las marranas).
garfi *m* garfio.
gargall *m* gargajo.
gargamella *f anat* garguero (*m*), gaznate (*m*).
gargamelló *m anat* úvula (*f*), campanilla (*f*).
gàrgara *f* gárgara.
gàrgola *f arq* gárgola.
gargot *m* garabato.
garita *f* garita.
garjola *f 1 fam* prisión, chirona. *2 anat fam* panza.
garlaire *a* y *s* charlatán, charlador.
garlanda *f* guirnalda.
garlar *v intr* charlar, charlotear, parlar.
garota *f zool* erizo (*m*) de mar (*Panacentrotus lividus*).
garra *f anat V* **gamba** 1.
garrafa *f* garrafa.
garranyigar *v intr* rechinar, chirriar.
garrell, a *a* estevado.
garrepa *a* y *s V* **gasiu**.
garreperia *f V* **gasiveria**.
garrí, ina *s zool* cochinillo, lechón, gorrino.
garrit, ida *a V* **galà**.
garró *m anat* tobillo.
garrofa *f bot* algarroba, garroba, garrofa.
garrot *m 1* garrote. *2* tranca (*f*).
garrotada *f* garrotazo (*m*), trancazo (*m*).
garrotar *v tr* y *pron* agarrotar.
garrotera *f* liga, jarretera.
garrotxa *f* breña, breñal (*m*).
garrova *f bot V* **garrofa**.

garsa *f ornit* urraca (*Pica pica*).
gas *m fís quím* gas.
gasa *f* gasa.
gasela *f zool* gacela (*gén Gazella*).
gasiu, iva *a* y *s* tacaño, cicatero.
gasiveria *f* tacañería.
gasòfia *f* bazofia, gazofia, bodrio (*m*).
gasoil *m*, **gasoli** *m* gasóleo.
gasolina *f quím* gasolina.
gasolinera *f* gasolinera.
gasós, osa *a* gaseoso. || *f* gaseosa.
gaspatxo *m* gazpacho.
gastar *v tr* ***1*** gastar. ***2*** gastar (deteriorar). ***3*** expender. || *v pron* gastarse.
gàstric, a *a* gástrico.
gastritis *f med* gastritis.
gastrònom, a *s* gastrónomo.
gastronomia *f* gastronomía.
gat *m* ***1*** *zool* gato (*Felis catus*). ***2*** gato (herramienta).
gata *f* gata.
gatejar *v intr* gatear (andar a gatas).
gatzara *f* algazara.
a la gatzoneta *loc adv* en cuclillas.
gaubament *m*, **gaubança** *f* júbilo (*m*), regocijo (*m*).
gaubar-se *v pron* regocijarse.
gaudi *m*, **gaudiment** *m* gozo, disfrute, fruición (*f*), goce.
gaudir *v intr* gozar, disfrutar, fruir.
gavadal *m* cúmulo, porrada (*f*), montón, raudal.
gavardina *f* gabardina.
gavella *f* gavilla.
gavina *f ornit* gaviota (*vulg*) (*Larus ridibundus*).
gebre *m* escarcha (*f*), rosada (*f*), helada (*f*) blanca.
gegant *a* y *m* gigante.
geganta *f* giganta.
gegantesc, a *a*, **gegantí, ina** *a* gigantesco.
gel *m V* **glaç**.
gelabror *f V* **gelor**.
gelada *f V* **glaçada**.
gelar *v tr*, *intr* y *pron V* **glaçar**.
gelat, ada *a* y *m* helado.
gelatina *f* gelatina.
gelea *f* jalea.
gelera *f geol* ventisquero (*m*).
gèlid, a *a*, **geliu, a** *a* gélido.
gelor *f* frío (*m*) intenso.
gelós, osa *a* celoso.
gelosia *f* ***1*** celos (*m pl*). ***2*** celosía.
gema *f* ***1*** yema (de huevo). ***2*** yema (dulce).
gemec *m* gemido.
gemegar *v intr* gemir.
Gèminis *m astron* Géminis.
gemir *v intr V* **gemegar**.
gemma *f* ***1*** *bot* gema, yema, botón (*m*) (floral). ***2*** gema. ***3*** *biol* yema, gema.
gen *m biol* gen, gene.
gendarme *s* gendarme.
gendre *m* yerno.
genealogia *f* genealogía.
gener *m* enero.
generació *f* generación.
generador, a *a* y *m* generador.
general *a* y *s* general.
generala *f* generala.
generalitat *f* generalidad.
generalitzar *v tr* generalizar.
generar *v tr* generar.
gènere *m* género.
genèric, a *a* genérico.
generós, osa *a* generoso.
generositat *f* generosidad.
genet, a *s* jinete, caballero.
geneta *f zool* jineta (*Genetta genetta*).
genètic, a *a* genético. || *f* genética.
geni *m* genio.
genial *a* genial.
genital *m anat* genital, testículos, turma (*f*).
genitiu *m gram* genitivo.
geniva *f anat* encía.
genocidi *m* genocidio.
genoll *m anat* rodilla (*f*).
gens *adv* algo. || **no g.** nada, ni pizca.
gent *f* gente.
gentada *f* gentío (*m*).
gentil *a* y *s* gentil.
gentilesa *f* gentileza.
gentilici, ícia *a* y *m* gentilicio.
genuflexió *f* genuflexión.
genuí, ïna *a* genuino.
geògraf, a *s* geógrafo.
geografia *f geog* geografía.
geologia *f geol* geología.
geometria *f geom* geometría.
georgià, ana *a* y *s* georgiano.
gep *m*, **gepa** *f* joroba (*f*), giba (*f*), chepa (*f*).
geperut, uda *a* y *s* jorobado, giboso, gibado.
gerani *m bot* geranio (*géns Geranium* y *Pelargonium*).
gerd *m*, **gerdó** *m bot* frambuesa (*f*).
gerència *f* gerencia.
gerent *s* gerent.
gerga *f* jerga (tejido).
germà, ana *s* hermano.
germanastre, a *s* hermanastro.
germandat *f* ***1*** hermandad. ***2*** montepío (*m*) (asociación).
germanor *f* hermandad.
germen *m* germen.
germinació *f bot* germinación.
germinar *v intr bot* germinar.
gernació *f V* **gentada**.
gerra *f* cántaro (*m*), jarra.
gerro *m* jarro.
gerundense *a* y *s V* **gironí**.
gerundi *m gram* gerundio.
ges *m V* **guix**.
gespa *f* césped (*m*).
gessamí *m bot* jazmín (*Jasminum officinale*).
gest *m* ***1*** gesto, ademán. ***2*** *fig* gesto, rasgo (del ánimo).
gesta *f* hazaña, gesta.
gestació *f* gestación.
gesticular *v intr* gesticular, gestear.
gestió *f* gestión.

gestionar *v tr* gestionar.
gestor, a *a* y *s* gestor.
gestoria *f* gestoría.
get *m V* **git**.
ghanès, esa *a* y *s* ghanés.
gibós, osa *a* giboso.
gibrell *m* lebrillo.
gibrella *f* aljofaina.
gibrelleta *f* orinal (*m*), bacín (*m*).
gicar *v tr* dejar.
gimcana *f* gincana.
gimnàs *m* gimnasio.
gimnàstica *f* gimnasia, gimnástica.
ginebra *f* ginebra.
ginebre *m bot* enebro (*Juniperus communis*).
ginecologia *f med* ginecología.
ginesta *f bot* retama (*Retama sphaerocarpa*).
gingebre *m bot* jengibre (*Zingiber officinale*).
giny *m* artefacto, ingenio, máquina (*f*).
ginyar *v tr* ***1*** urdir. ***2*** idear.
gir *m* ***1*** giro (movimiento). ***2*** giro (postal; de una letra, etc.).
gira *f* ***1*** rebozo (*m*), tapujo (*m*). ***2*** gira (de una sábana).
girada *f* ***1*** *med* torcedura, torcimiento (*m*). ***2*** vuelta (movimiento).
girafa *f zool* jirafa (*Giraffa giraffa*).
giragonsa *f* revuelta.
giragonsar *v intr*, **giragonsejar** *v intr* serpentear.
girament *f V* **girada**.
girant *m* cambio (de dirección).
girapeix *m* espátula (*f*) o espumadera (*f*).
girar *v tr* volver. || *v intr* y *pron* ***1*** girar. ***2*** torcer. ***3*** librar.
gira-sol *m bot* girasol (*Helianthus annuus*).
giratori, òria *a* giratorio.
giravolt *m* torno (vuelta).
giravolta *f* ***1*** volteo (*m*). ***2*** *V* **giragonsa**.
giravoltar *v intr* voltear.
gírgola *f bot* hongo (*m*) del género *Pleurotus*.
girientorn *adv* alrededor, en torno.
gironí, ina *a* y *s*, **gironès, esa** *a* y *s* gerundense.
git *m* lanzamiento. || **de g.** arrojadizo, bracero.
gita *f V* **gitarada**.
gitano, na *a* y *s* gitano.
gitar *v tr* ***1*** arrojar, lanzar, echar, tirar, botar. ***2*** vomitar, arrojar, trocar.
gitarada *f* vomitona.
gla *f bot* bellota.
glaç *m* hielo.
glaça *f*, **glaçada** *f* helada.
glaçar *v tr*, *intr* y *pron* helar.
glacera *f geol* glaciar (*m*).
glacial *a geol* glacial.
glaçó *m* cubito.
gladiador, a *s* gladiador.
gladiol *m bot* gladiolo (*Gladiolus communis*).
gland *m anat* glande.
glàndula *f anat* glándula.
glassa *f V* **gasa** (tejido).
glatir *v intr* ***1*** hipar (los perros). ***2*** hipar, rabiar (desear, codiciar).
gleva *f* ***1*** gleba. ***2*** cuajarón (*m*), coágulo (*m*), grumo (*m*) (de sangre).
glicerina *f quím* glicerina.
global *a* global.
glòbul *m anat* glóbulo.
globus *m* globo.
gloc-gloc *m* gorgoteo.
glop *m* ***1*** trago. ***2*** sorbo.
glopada *f* bocanada.
glopejar *v tr* enjuagar.
glòria *f* gloria.
gloriar-se *v pron*, **gloriejar-se** *v pron* gloriarse, ufanarse, alardear (*intr*).
glorieta *f* glorieta.
glorificar *v tr* glorificar, gloriar. || *v pron V* **gloriar-se**.
gloriós, osa *a* glorioso.
glossa *f* glosa.
glossar *v tr* glosar.
glossari *m* glosario.
glucosa *f quím* glucosa.
gluten *m quím* gluten.
gluti, útia *a anat* glúteo.
gnom *m* gnomo.
godall *m zool V* **garrí**.
goig *m* ***1*** gozo (emoción). ***2*** placer. || **fer g.** lucir, quedar bien. || *m pl* gozos.
goja *f* hada.
gojós, osa *a* gozoso.
gol *m* gol.
gola *f* ***1*** *anat* garganta, gola. ***2*** gola, caño (*m*) (de un puerto o bahía). ***3*** gola, embocadura (de un río). ***4*** gula. ***5*** *mil* gola. ***6*** fauces (*pl*).
golafre *a* y *s* tragón, comilón.
golafrejar *v intr fig* tragar.
golejar *v tr* golear.
goleró *m geol* quebrada (*f*), colada (*f*), coladero.
golf *m* ***1*** *geog* golfo. ***2*** golf (deporte).
golfa *f arq* (generalmente en *pl*) desván (*m*), buhardilla, altillo (*m*), zaquizamí (*m*).
golfo *m* gozne, charnela (*f*).
goll *m med* bocio.
golosia *f V* **gola** 4.
golut, uda *a* y *s* glotón.
goma *f quím* goma || **g. d'enganxar** pegamento (*m*).
góndola *f náut* góndola.
gorg *m*, **gorga** *f* hoya (*f*), olla (*f*) (de un río).
goril·la *m zool* gorila (*Gorilla gorilla*).
gorja *f* ***1*** *anat V* **gola** 1. ***2*** *geog* garganta, desfiladero (*m*).
gorra *f* gorra, gorro, bonete. || **g. de cop** chichonera. || **de g.** de gorra.
gos *m* ***1*** *zool* perro, can (*Canis familiaris*). ***2*** *fam* chucho.
gosadia *f* osadía, audacia, atrevimiento (*m*).
gosar *v intr* osar, atreverse (*pron*).
gosat, ada *a* osado, audaz, atrevido.
gossa *f zool* perra.
gossada *f* jauría.
gossera *f* perrera (lugar).
got *m* vaso.
gota *f* ***1*** gota. ***2*** *adv V* **gens**. ***3*** *fig* tris (*m*), brizna, pizca.

gotejar *v intr* gotear.
gotellera *f*, **gotera** *f* gotera.
gòtic, a *a* y *m* gótico.
gotim *m* gajo.
gotirló *m med V* **goll**.
govern *m* gobierno.
governador, a *a* y *s* gobernador.
governall *m náut* timón.
governamental *a* gubernamental.
governant *a* y *s* gobernante.
governar *v tr* gobernar.
gra *m 1* grano. *2* cuenta (*f*).
gràcia *f 1* gracia. *2* gracia (perdón). *3 fam* gracia, chispa. || *m pl* gracias.
gràcil *a* grácil.
graciós, osa *a 1* gracioso, chistoso, chusco, resalado. *2* gracioso (que concede gracias).
grada *f 1* grada (asiento). *2 arq V* **graderia**. *3 náut* grada.
gradació *f* gradación.
graderia *f arq* gradería, grada.
gradual *a* paulatino.
graduar *v tr* graduar.
graella *f* parrilla.
grafia *f* grafía.
gràfic, a *a* y *s* gráfico.
grafisme *m* grafismo.
grafologia *f* grafología.
grallar *v intr* graznar, grajear.
gram *m 1* gramo. *2 bot* grama (*f*) (*Cynodon dactylon*).
gramàtica *f* gramática.
gramatical *a* gramatical.
gran *a 1* grande. *2* gran. *3* mayor (hablando de edad). || *m* grande.
grana *f bot* semilla.
granada *f mil* granada.
granar *v intr agr* granar.
grandària *f 1* grandor (*m*). *2* tamaño (*m*), magnitud.
grandesa *f* grandeza.
grandiloqüència *f* grandilocuencia.
grandiós, osa *a* grandioso.
grandor *f 1* grandeza (tamaño, magnitud). *2 V* **grandària** 1.
granellada *f med* sarpullido (*m*), salpullido (*m*).
graner *m agr* granero, hórreo, silo.
granera *f* escoba.
granger, a *s agr* granjero.
granís *m*, **granissa** *f* granizo (*m*).
granissada *f 1 med V* **granellada**. *2* granizada.
granissar *v intr* granizar (caer granizo).
granissat *m* granizado.
granit *m* granito.
granja *f* granja.
granota *f 1 zool* rana (*gén Rana*). *2* mono (*m*) (prenda).
graó *m* peldaño, escalón, grada (*f*), grado.
graonada *f arq* gradería, grada, escalinata.
grapa *f 1* zarpa. *2* grapa. || **de (quatre) grapes** *loc adv* a gatas, a gachas, a cuatro patas.
grapada *f*, **grapat** *m* puñado.
grapeig *m*, **grapejament** *m* manoseo.
grapejar *v tr*, **graponejar** *v tr* manosear.
gras, assa *a 1* graso, gordo (en carnes y grasa). *2* pingüe. || *m* gordo.
grassesa *f*, **grassor** *f* gordura (cualidad).
grat *m* agrado.
grat, a *a* grato (agradable).
gratacel *m arq* rascacielos.
gratar *v tr* y *pron* rascar.
a gratcient *loc adv* a sabiendas.
gratella *f med* sarna, roña.
gratificació *f* gratificación.
gratificar *v tr* gratificar.
gratinar *v tr* gratinar.
gratis *adv* gratis, de balde, de momio.
gratitud *f* gratitud.
gratuït, a *a* gratuito.
grau *m* grado.
grava *f* grava, firme (*m*).
gravador, a *s* grabador.
gravamen *m* gravamen.
gravar *v tr 1* grabar. *2* gravar (cargar). || *v tr* y *pron fig* grabar.
gravat *m* grabado.
gravetat *f* gravedad.
gràvid, a *a* grávido.
gravitar *v intr* gravitar.
grec, ega *a* y *s* griego.
gredar *m* calvero.
gregari, ària *a* gregario.
greix *m 1* grasa (*f*), gordura (*f*), enjundia (*f*). *2* grasa (*f*) (lubricante). *3 V* **greixum**.
greixar *v tr* engrasar.
greixinós, osa *a 1* grasiento, grasoso (untuoso). *2* pringoso.
greixó *m* chicharrón.
greixós, osa *a 1* mugriento. *2 V* **greixinós** 2.
greixum *m* mugre (*f*), grasa (*f*), pringue (*m* o *f*).
gremi *m* gremio.
gremial *a* gremial.
gremolejar *v intr* hipar (lloriquear).
grenya *f* greña.
gres *m* gres.
gresca *f 1* gresca. *2* holgorio (*f*), hollín (*f*), parranda.
gresol *m 1* crisol. *2* lamparilla (*f*) (lámpara de mariposa).
gresola *f* candileja.
greu *a* grave. || *m* pesar. || **saber g.** saber mal, sentir.
greuge *m* agravio, entuerto.
greujar *v tr* agravar.
grífol *m bot* pimpollo, renuevo, tallo, cogollo.
grifolda *f* holgorio (*m*), hollín (*m*).
grill *m 1 entom* grillo (*Gryllus domesticus*). *2 bot* grillo (de semilla). *3 bot* gajo.
grilló *m 1* grillete. *2 bot V* **grill** 2 y 3.
grimpar *v intr* gatear, trepar.
grinyol *m 1* gañido. *2* chirrido.
grinyolar *v intr 1* gañir. *2 V* **garranyigar**.
grip *f med* gripe, trancazo (*m*).
gripal *a med* gripal.
gripau *m zool* sapo, escuerzo (*Bufo vulgaris*).
grípia *f agr* pesebre (*m*).

gris, a *a* gris. || *m* ***1*** gris (color). ***2*** gris (viento o frío).
griso *m V* **gris** 2.
grisor *f* calidad de gris.
groc, oga *a* amarillo, gualdo. || *m* amarillo.
groenlandès, esa *a* y *s* groenlandés.
groller, a *a* soez. || *a* y *s* grosero, zafio.
grolleria *f* grosería, ordinariez.
gronxador *m* columpio, mecedor.
gronxar *v tr* y *pron*, **gronxejar** *v tr* y *pron* columpiar, mecer.
gronxolar-se *v pron* mecerse.
grop *m* ***1*** nudo (de la madera). ***2*** nubarrón.
gropa *f* grupa.
gropada *f* turbión (*m*), tromba de agua.
gros, ossa *a* grueso, gordo. || *m* grueso (parte principal).
grossa *f fam* gordo (*m*) (lotería).
grossària *f* tamaño (*m*).
grosser, era *a* y *s V* **groller**.
grosseria *f V* **grolleria**.
grossor *f V* **grossària**.
grotesc, a *a* grotesco.
grua *f* ***1*** cometa. ***2*** grúa. ***3*** *ornit* grulla (común) (*Grus grus*).
gruar *v tr* izar con una grúa. || *v intr fig* derretirse por una cosa.
grufar *v tr* hozar, hocicar (el jabalí).
gruix *m*, **gruixa** *f*, **gruixària** *f* grueso (*m*), grosor (*m*), espesor (*m*).
gruixut, uda *a* ***1*** grueso. ***2*** recio.
grum *s* botones (persona).
grumar *v intr V* **grumejar**.
grumeig *m* cebo (para los peces).
grumejar *v intr* cebar (echar cebo a los peces).
grumet *s náut* grumete.
grumoll *m* grumo.
gruny *m* gruñido (del cerdo).
grunyir *v intr* ***1*** gruñir (el cerdo). ***2*** gruñir (los animales, las personas).
grunyit *m* gruñido, respingo (en general).
grup *m* grupo.
gruta *f* gruta.
guaita *s* ***1*** vigía. ***2*** *mil* guaita (*f*).
guaitar *v tr* mirar.
guaixar *v intr* ***1*** *agr* ahijar. ***2*** *bot* matear.
gual *m* ***1*** vado. ***2*** badén (en una carretera).
guant *m* guante.
guany *m* ganancia (*f*).
guanyador, a *a* y *s* ***1*** ganador. ***2*** ganancioso.
guanyar *v tr* y *pron* ganar.
guarda *s* guarda.
guardabosc *s* guardabosque.
guardaespatlles *s* guardaespaldas.
guardar *v tr* guardar. || *v pron* guardarse.
guarda-roba *m* guardarropa, guardarropía, vestuario.
guarderia *f* guardería.
guàrdia *s* guardia (persona).
guardià, ana *s* guardián.
guardiola *f* hucha, alcancía.
guardó *m* galardón.
guardonar *v tr* galardonar.
guaret *m agr* barbecho.
guarició *f*, **guariment** *m* curación (*f*).
guarir *v tr* e *intr* sanar, curar.
guarnició *f* ***1*** *mil* guarnición. ***2*** guarnición (adorno).
guarniment *m* ***1*** *V* **guarnició** 2. ***2*** atuendo. || *m pl* guarniciones (*f*), jaezes.
guarnir *v tr* guarnecer, guarnir.
guaspa *f* regatón (*m*).
guatemalenc, a *a* y *s* guatemalteco.
guatlla *f ornit* codorniz (*Coturnix coturnix*).
guèiser *m geol* géiser.
güell *m* chillido (del cerdo, la rata, el conejo).
güellar *v intr* chillar (el cerdo, la rata, el conejo).
guenyo, nya *a* y *s med* bisojo, bizco, estrábico, atravesado.
guepard *m zool* guepardo (*Acinomyx jubatus* y *A. venaticus*).
guerra *f* guerra.
guerrejar *v tr* e *intr* guerrear.
guerrer, a *a* y *s* guerrero.
guerrilla *f* guerrilla.
guerriller, a *a* y *s* guerrillero.
guerx, a *a* y *s med V* **guenyo**.
guerxar *v tr* y *pron* alabear, combar.
guerxat, ada *a V* **guerxo** 1.
guerxesa *f* ***1*** *med* bizquera. ***2*** comba.
guerxo, xa *a* ***1*** alabeado. ***2*** torcido. ***3*** tuerto. || *a* y *s med V* **guenyo**.
guia *s* guía (persona). || *f* ***1*** guía (libro). ***2*** guía (para colgar, etc.).
guiar *v tr* guiar.
guilla *f* ***1*** *zool V* **guineu**. ***2*** *fam* persona sucia.
guillada *f fam* huida.
guilladura *f med* guilladura, chifladura, locura.
guillar *v intr* huir. || *v pron* ***1*** guillarse, chiflarse, chalarse. ***2*** pirarse, ahuecar el ala.
guillat, ada *a* y *s* guillado, chiflado, chalado, loco, orate.
guimbar *v intr* retozar, triscar.
guimbarro *m* ***1*** tarugo. ***2*** zoquete (de pan).
guinarda *f zool V* **guineu**.
guinda *f bot náut* guinda.
guineà, ana *a* y *s* guineano.
guineu *f zool* zorra, vulpeja, raposa (*Vulpes vulpes*).
guinyol *m V* **grinyol** 1.
guió *m* ***1*** guion (cruz; estandarte). ***2*** *gram* guión. ***3*** *náut* guión. ***4*** guion (teatro, cine, etc.).
guionet *m gram* guión.
guionista *s* guionista.
guirigall *m* guirigay, algarabía (*f*).
guisa *f* guisa (modo, manera).
guisar *v tr* guisar.
guisat *m* guisado, guiso.
guitarra *f mús* guitarra.
guitza *f* coz. || **fer la g.** fastidiar.
guix *m* ***1*** yeso. ***2*** tiza (*f*).
guixar *v tr* e *intr* tiznar.
gusarapa *f fig* musaraña.
guspira *f* ***1*** centella, chispa. ***2*** pavesa.
guspireig *m* chispazo.

guspirejar *v intr 1* centellear. *2* chispear.
gust *m 1* gusto, agrado. *2* sabor, gusto.
gustació *f 1* cata, catadura, gustación. *2 V* **gustament**.
gustament *m* gustación (*f*), gustadura (*f*).
gustar *v tr* gustar.
gustós, osa *a* gustoso, sabroso.
gutural *a* gutural.

H

ha! *interj* ¡ah!, ¡vaya!
hàbil *a 1* hábil. *2* mañoso.
habilior *f* capacidad, fuerza.
habilitar *v tr* habilitar.
habilitat *f* habilidad.
hàbit *m 1* hábito (vestidura). *2 V* **habitud**.
habitació *f 1* habitación. *2* cuarto (*m*), estancia, morada (*m*).
habitacle *m* casa (*f*).
habitant *a* y *s* habitante, morador.
habitar *v tr* e *intr* habitar, morar, vivir, estar.
habitatge *m* vivienda (*f*).
habitual *a* habitual, sólito.
habituar *v tr* y *pron* habituar, acostumbrar.
habitud *f* hábito (*m*), costumbre.
haitià, ana *a* y *s* haitiano.
haixix *m* hachís, mariguana (*f*), marihuana (*f*).
hala! *interj* ¡hala!, ¡ea!
hàlit *m poét* hálito, aliento, huelgo.
halogen, ògena *a* y *m quím* halógeno.
ham *m* anzuelo.
hamaca *f* hamaca.
hamburguesa *f* hamburguesa.
hàmster *m zool* hámster (*gén Cricetus*).
handbol *m* balonmano (deporte).
hangar *m aviac* hangar.
harem *m* harén, harem.
harmonia *f* armonía.
harmònic, a *a* armónico. || *m* armónico.
harmònica *f mús* armónica.
harmoniós, osa *a* armonioso.
harmonitzar *v tr* armonizar.
harpia *f* harpía, arpía.
haver *v auxiliar* haber. || *v impersonal* haber (apoderarse, obtener). || **haver-hi** haber (acaecer). || **haver de** haber de, tener que. || **haver-se-les amb** habérselas con.
haver *m* haber. || *m pl* haberes.
hawaià, ana *a* y *s* hawaiano.
hebreu, ea *a* y *s* hebreo.
hecatombe *f* hecatombe.
hectàrea *f* hectárea.
hectogram *m* hectogramo.
hectolitre *m* hectolitro.
hectòmetre *m* hectómetro.
hegemonia *f* hegemonía.
heli *m quím* helio.
hèlice *f* hélice.
helicòpter *m aviac* helicóptero.
hèlix *f V* **hèlice**.
helvètic, a *a* y *s* helvético.
hem! *interj V* **hum!**
hematoma *m med* hematoma.
hemicicle *m arq* hemiciclo.
hemisferi *m* hemisferio.
hemorràgia *f med* hemorragia.
hemorroide *f med* hemorroide, almorrana.
hepàtic, a *a anat* hepático.
hepatitis *f med* hepatitis.
herald *m* heraldo.
heràldica *f her* heráldica, blasón (*m*), armería.
herba *f bot* hierba, yerba.
herbaci, àcia *a bot* herbáceo.
herbari *m bot* herbario.
herbei *m* césped.
herbívor, a *a* y *m* herbívoro.
herbolari, ària *s* herbolario. || *m* herbolario (tienda).
herculi, úlia *a* hercúleo.
hereditari, ària *a* hereditario.
hereditat *f biol* herencia (transmisión de caracteres físicos).
herència *f 1 jur* herencia (bienes; derecho). *2 biol V* **hereditat**.
heretament *m* herencia (*f*) (acción).
heretar *v tr* heredar.
heretat *f* heredad, hacienda, finca rústica, fundo (*m*).
heretatge *m jur V* **herència** 1.
hereter, a *s V* **hereu**.
heretge *s* hereje.
heretgia *f* herejía.
hereu, eva *s jur* heredero.
hermafrodita *a* y *s* hermafrodita.
hermètic, a *a* hermético.
hèrnia *f med* hernia.
herniat, ada *a med* herniado. || *a* y *s med V* **herniós**.
herniós, osa *a* y *s med* herniado, hernioso.
heroi *m* héroe.
heroic, a *a* heroico.
heroïcitat *f* heroicidad.
heroïna *f 1* heroína. *2 quím* heroína.
heroisme *m* heroísmo.
hertz *m fís* hertz.
heterodox, a *a* y *s* heterodoxo.
heterogeni, ènia *a* heterogéneo.
heterosexual *a* y *s* heterosexual.

heura *f bot* hiedra, yedra (*Hedera helix*).
heure *v tr V* **haver**. || **heure-se-les amb** *V* **haver-se-les amb**.
heus *adv* he. || **h. aquí** (o **ací**) *loc adv* he aquí.
hexàgon *m geom* hexágono.
hi *pron* y *adv* en él, en ello. || **hi ha** hay.
hibernació *f* hibernación.
híbrid, a *a* híbrido.
hidrat *m quím* hidrato.
hidratació *f* hidratación.
hidràulic, a *a* hidráulico.
hidroavió *m aviac* hidroavión.
hidròfob, a *a* y *s med* hidrófobo.
hidrofòbia *f med* hidrofobia.
hidrogen *m quím* hidrógeno.
hidrur *m quím* hidruro.
hiena *f zool* hiena (*gén Hyaena*).
higiene *f* higiene.
higiènic, a *a* higiénico.
hilaritat *f* hilaridad.
himen *m anat* himen, virgo.
himne *m* himno.
hindú *a* y *s* hindú.
hinduisme *m* hinduísmo.
hipermercat *m* hipermercado.
hípica *f* hípica.
hipnosi *f med* hipnosis.
hipnotitzar *v tr* hipnotizar.
hipocresia *f* hipocresía, mojigatería.
hipòcrita *a* y *s* hipócrita, mojigato.
hipòdrom *m* hipódromo.
hipopòtam *m zool* hipopótamo (*Hippopotamus amphibius*).
hipoteca *f jur* hipoteca.
hipotecar *v tr jur* hipotecar.
hipotenusa *f geom* hipotenusa.
hipòtesi *f* hipótesis.
hipotètic, a *a* hipotético.
hirsut, a *a* hirsuto.
hisenda *f 1* heretat, fundo (*m*). *2* hacienda (conjunto de bienes). *3* hacienda (rama de la economía).
hispà, ana *a* y *s* hispano.
hispànic, a *a* hispánico.
hispanoamericà, ana *a* hipanoamericano.
hissar *v tr* izar.
histèria *f*, **histerisme** *m med* histeria (*f*), histerismo (*m*).
història *f 1* historia. *2 fam* historia.
historial *m* historial.
històric, a *a* histórico.
histrió *m* histrión.
hivern *m* invierno.
hivernacle *m agr* invernadero, invernáculo.
hivernar *v intr* invernar.
ho *pron* lo.
hobby *m* (*pl* **hobbies**) hobby.
hola! *interj* ¡hola!
holandès, esa *a* y *s* holandés, neerlandés.
holocaust *m* holocausto.
holograma *m* holograma.
hom *pron* se (impersonal). || **un h.** uno, una (impersonal). || **tant per h.** tanto para cada uno.
home *m 1* hombre. *2 vulg* hombre (marido).
homenatge *m 1* homenaje. *2* pleitesía (*f*).
homenatjar *v tr* homenajear.
homeopatia *f med* homeopatía.
homicida *a* y *s* homicida.
homicidi *m jur* homicidio.
homilia *f* homilía, plática.
homogeni, ènia *a* homogéneo.
homologació *f* homologación.
homologar *v tr* homologar.
homosexual *a* y *s* homosexual, gay.
hondureny, a *a* y *s* hondureño.
honest, a *a* honesto.
honestedat *f* honestidad.
hongarès, esa *a* y *s* húngaro.
honor *s* honor (*m*).
honorable *a* honorable.
honorar *v tr V* **honrar**.
honorari, ària *a* honorario. || *m pl* honorarios.
honorífic, a *a* honorífico.
honorificar *v tr V* **honrar**.
honra *f* honra.
honradesa *f* honradez.
honrar *v tr* honrar, honorar, honorificar.
honrat, ada *a* honrado.
honrós, osa *a* honroso.
hoquei *m* hockey (deporte).
hora *f* hora. || **h. baixa** *V* **horabaixa**. || **bona h.** expresión que, precedida de la conjunción **i**, se añade a veces a las fórmulas de saludo **bon dia** y **bona nit**. || **d'h.** temprano. || **gran h.** (**del dia, de la nit**) bien entrado (el día, la noche).
horabaixa *m* atardecer.
horari, ària *a* y *m* horario.
horda *f* horda.
horitzó *m* horizonte.
horitzontal *a* y *f* horizontal.
hormona *f biol* hormona.
horòscop *m astron* horóscopo.
horrible *a*, **hòrrid, a** *a*, **horrífic, a** *a* horrible, horrendo, hórrido, horrífico, horroroso.
horripilant *a* horripilante, espeluznante, despeluznante.
horripilar *v tr* horripilar, espeluznar, despeluznar.
horror *s* horror (*m*).
horroritzar *v tr* y *pron* horrorizar.
horrorós, osa *a V* **horrible**.
hort *m agr* huerto.
horta *f agr 1* huerta. *2* vega.
hortalissa *f* hortaliza.
hortènsia *f bot* hortensia (*Hydrangea hortensia*).
horticultura *f agr* horticultura.
hospici *m* hospicio.
hospital *m* hospital.
hospitalitat *f* hospitalidad.
hospitalització *f* hospitalización.
hospitalitzar *v tr* hospitalizar.
host *f* hueste.
hostal *m* hostería (*f*), hostal, venta (*f*), parador.
hostalatge *m* posada (*f*).
hostaler, a *s* hostelero, huésped, mesonero.
hostatge *m* hospedaje.

hostatjar *v tr* y *pron* hospedar.
hoste, essa *s* huésped. || *f* azafata.
hòstia *f* ***1*** hostia. ***2*** oblea.
hostil *a* hostil.
hostilitat *f* hostilidad.
hostilitzar *v tr* hostilizar.
hotel *m* hotel (para huéspedes).
hui *adv* hoy.
hule *m* hule.
hulla *f* hulla.
hum! *interj* ¡hum!
humà, ana *a* humano. || *m pl* humanos.
humanal *a* humano.
humanisme *m* humanismo.
humanista *a* y *s* humanista.
humanitat *f* humanidad.
humanitzar *v tr* y *pron* humanizar.
húmer *m anat* húmero.
humiditat *f V* **humitat**.
humil *a* humilde.
humiliació *f* humillación.
humiliar *v tr* y *pron* humillar.
humilitat *f* humildad.
humit, ida *a* húmedo.
humitat *f* humedad.
humitejar *v tr* y *pron* humedecer.
humor *s* humor.
humorada *f* cuchufleta.
humorisme *m* humorismo.
humorista *a* y *s* humorista.
humorístic, a *a* humorístico.
huracà *m* huracán.
hurra! *interj* ¡hurra!

I

i *conj* ***1*** y. ***2*** e.
iac *m zool* yac (*Poephagus grunniens*).
iaio, a *s* abuelo.
iarda *f* yarda (0, 91 metres).
iber, a *a* y *s* íbero.
ibèric, a *a* ibérico.
iceberg *m* iceberg.
ictiologia *f ictiol* ictiología.
idea *f* idea.
ideal *a* y *m* ideal.
idealista *a* y *s* idealista.
idear *v tr* idear.
ideari *m* ideario.
ídem *adv* ídem.
idèntic, a *a* idéntico.
identificar *v tr* y *pron* identificar.
identitat *f* identidad.
ideologia *f* ideología.
idil·li *m* idilio.
idioma *m* idioma.
idiosincràsia *f* idiosincrasia.
idiota *a* y *s* idiota.
idiotesa *f* ***1*** idiotez. ***2*** sandez, bobada.
ídol *m*, **ídola** *f* ídolo (*m*).
idolatrar *v tr* idolatrar.
idoni, ònia *a* idóneo.
iemenita *a* y *s* yemení, yemenita.
iglú *m* iglú.
ignició *f* ignición.
ignomínia *f* ignominia.
ignorància *f* ignorancia.
ignorant *a* y *s* ignorante.
ignorar *v tr* ignorar.
ignot, a *a* ignoto.
igual *a* igual.
igualar *v tr* ***1*** igualar (poner al igual). ***2*** emparejar.
igualitari, ària *a* igualitario.
igualment *adv* igualmente.
igualtat *f* igualdad.
iguana *f zool* iguana (*gén Iguana*).
illa *f* ***1*** *geog* isla. ***2*** manzana, isla (de casas).
il·legal *a* ilegal.
illegible *a*, **il·legible** *a* ilegible.
il·legítim, a *a* ilegítimo.
illenc, a *a* y *s* isleño, insular.
il·lès, esa *a* ileso.
il·limitat, ada *a* ilimitado.
il·lògic, a *a* ilógico.
illot *m geog* islote.
il·luminació *f* iluminación.
il·luminar *v tr* iluminar, alumbrar.
il·luminat, ada *a* alumbrado.
il·lús, usa *a* iluso.
il·lusió *f* ilusión.
il·lusionar *v tr* y *pron* ilusionar.
il·lustració *f* ilustración.
il·lustrar *v tr* ilustrar.
il·lustre *a* ilustre.
imaginació *f* imaginación.
imaginar *v tr* y *pron* imaginar.
imaginari, ària *a* imaginario.
imam *m* imán (sacerdote).
imant *m* imán.
imatge *f* imagen.
imbecil *a* y *s*, **imbècil** *a* y *s* imbécil.
imbuir *v tr* imbuir.
imitació *f* imitación.
imitador, a *a* y *s* imitador.
imitar *v tr* ***1*** imitar. ***2*** asemejar.
immaduresa *f* inmadurez.
immediat, a *a* inmediato.
immediatament *adv* inmediatamente.

immens, a *a* inmenso.
immensitat *f* inmensidad.
immers, a *a* inmerso.
immersió *f* inmersión.
immigració *f* inmigración.
immigrant *a* y *s* inmigrante.
immigrar *v intr* inmigrar.
immillorable *a* inmejorable.
imminència *f* inminencia.
imminent *a* inminente.
immiscir-se *v pron* inmiscuirse.
immòbil *a* inmóvil.
immobiliari, ària *a* y *f* inmobiliario.
immobilitzar *v tr* inmovilizar.
immoble *a* y *m* inmueble.
immoderat, ada *a* inmoderado.
immoral *a* inmoral.
immoralitat *f* inmoralidad.
immortal *a* inmortal.
immund, a *a* inmundo.
immundícia *f* inmundicia.
immune *a* inmune.
immutable *a* inmutable.
immutar *v tr* y *pron* inmutar.
impaciència *f* impaciencia.
impacient *a* impaciente.
impacientar *v tr* y *pron* impacientar.
impacte *m* impacto.
impagat, ada *a* y *m* impagado.
imparcial *a* imparcial.
imparell, a *a* impar, non.
impartir *v tr* impartir.
impassible *a* impasible.
impàvid, a *a* impávido.
impecable *a* impecable.
impediment *m* impedimento.
impedir *v tr* impedir.
impel·lir *v tr* impeler.
impenetrable *a* impenetrable.
imperar *v intr* imperar.
imperatiu, iva *a* y *m* imperativo.
imperdible *a* y *m* imperdible.
imperdonable *a* imperdonable.
imperfecció *f* imperfección.
imperfecte, ta *a* imperfecto.
imperfet *a* y *m* imperfecto.
imperi *m* imperio.
imperial *a* y *m* imperial.
imperiós, osa *a* imperioso.
impermeable *a* impermeable. || *m* impermeable, chubasquero.
impersonal *a* impersonal.
impertèrrit, a *a* impertérrito.
impertinència *f* impertinencia.
impertinent *a* y *s* impertinente.
impertorbable *a* imperturbable.
ímpetu *m* ímpetu.
impetuós, osa *a* impetuoso.
implacable *a* implacable.
implantar *v tr* implantar.
implicar *v tr* implicar.
implorar *v tr* implorar.
imponderable *a* y *m* imponderable.
imponent *a* imponente.
impopular *a* impopular.
import *m* ***1*** importe. ***2*** monta (*f*).
importació *f* importación.
importància *f* importancia.
important *a* importante.
importar *v tr* e *intr* importar.
importunar *v tr* importunar.
imposant *a* *V* **imponent**. || *a* y *s* imponente.
imposar *v tr* y *pron* imponer.
imposició *f* imposición.
impossibilitar *v tr* imposibilitar.
impossibilitat *f* imposibilidad.
impossible *a* y *m* imposible.
impost *m jur* impuesto.
impostor, a *s* impostor.
impotència *f* impotencia.
impotent *a* y *s* impotente.
imprecís, isa *a* impreciso.
impregnar *v tr* y *pron* impregnar.
impremta *f* imprenta.
impremtar *v tr* *V* **imprimir** 2.
imprès, esa *a* y *m* impreso.
imprescindible *a* imprescindible.
impressió *f* ***1*** impresión. ***2*** *impr* impresión, tirada.
impressionant *a* impresionante.
impressionar *v tr* y *pron* impresionar.
impressora *f* impresora (máquina).
imprevisió *f* imprevisión.
imprevist, a *a* y *m* imprevisto.
imprimir *v tr* ***1*** imprimir. ***2*** *impr* imprimir, tirar.
improbable *a* improbable.
ímprobe, ba *a* ímprobo.
impropi, òpia *a* impropio.
improvís, isa *a* improviso. || **d'i.** *loc adv* de improviso, de estampía.
improvisar *v tr* improvisar.
imprudència *f* imprudencia.
impuls *m* ***1*** impulso. ***2*** *fig* empuje.
impulsar *v tr* impulsar.
impuresa *f* impureza.
imputació *f* imputación.
imputar *v tr* ***1*** imputar, achacar. ***2*** *fig* colgar.
inacabable *a* inacabable.
inacabat, ada *a* inacabado.
inaccessible *a* inaccesible.
inacció *f* inacción.
inactiu, iva *a* inactivo.
inadequat, da *a* inadecuado.
inadmissible *a* inadmisible.
inadvertència *f* inadvertencia.
inadvertit, ida *a* inadvertido.
inajornable *a* inaplazable.
inanició *f med* inanición.
inanimat, ada *a* inanimado.
inapetent *a* inapetente.
inapreciable *a* inapreciable.
inassequible *a* inasequible.
inaudit, a *a* inaudito.
inauguració *f* inauguración.
inaugurar *v tr* inaugurar.
incalculable *a* incalculable.
incandescent *a* incandescente.

incansable *a* incansable.
incapaç *a* incapaz.
incapacitar *v tr* incapacitar.
incapacitat *f* incapacidad.
incaut, a *a* y *s* incauto.
incendi *m* incendio.
incendiar *v tr* y *pron* incendiar.
incentiu *m* incentivo.
incert, a *a* incierto.
incertesa *f*, **incertitud** *f* incertidumbre.
incessant *a* incesante.
incident *a* y *m* incidente.
incineració *f* incineración.
incís, isa *a* y *m* inciso.
incisió *f* incisión.
incisiu, iva *a* incisivo. || *f* incisivo (diente).
incitar *v tr* incitar.
incivil *a* incivil.
inclemència *f* inclemencia.
inclement *a* inclemente.
inclinació *f* ***1*** inclinación (de posición). ***2*** inclinación (tendencia).
inclinar *v tr* y *pron* inclinar.
incloure *v tr* incluir.
inclús, a *a* incluso.
inclusió *f* inclusión.
inclusivament *adv* inclusivamente, inclusive, incluso.
incògnita *f* incógnita.
incoherència *f* incoherencia.
incolor, a *a* incoloro.
incòmode, da *a* incómodo.
incomoditat *f* incomodidad.
incomparable *a* incomparable.
incompatible *a* incompatible.
incomplet, a *a* incompleto.
incomplir *v tr* incumplir.
incomprensible *a* incomprensible.
incomprès, esa *a* incomprendido.
incomptable *a* incontable.
incomunicar *v tr* incomunicar.
inconcebible *a* inconcebible.
incondicional *a* y *s* incondicional.
inconfusible *a* inconfundible.
incongruència *f* incongruencia.
inconsciència *f* inconsciencia.
inconscient *a* y *m* inconsciente.
inconstant *a* inconstante.
inconveniència *f* inconveniencia.
inconvenient *a* y *m* inconveniente.
incorporar *v tr* y *pron* incorporar.
incorrecció *f* incorrección.
incorrecte, ta *a* incorrecto.
incorregible *a* incorregible.
incórrer *v intr* incurrir.
incrèdul, a *a* y *s* incrédulo.
incredulitat *f* incredulidad.
increïble *a* increíble.
increment *m* incremento.
increpar *v tr* increpar.
incrustar *v tr* y *pron* incrustar.
incubar *v tr* incubar, empollar.
inculcar *v tr* inculcar.
inculpar *v tr* inculpar.
inculte, ta *a* ***1*** inculto. ***2*** erial.
incultura *f* incultura.
incumbència *f* incumbencia.
incumbir *v intr* incumbir.
incurable *a* incurable.
incursió *f* incursión.
indagació *f* indagación.
indagar *v tr* indagar.
indecència *f* indecencia.
indecent *a* indecente.
indecís, a *a* indeciso.
indecisió *f* indecisión.
indefens, a *a* indefenso.
indefinible *a* indefinible.
indefinit, ida *a* indefinido.
indeleble *a* indeleble.
indemne *a* indemne.
indemnització *f* indemnización.
indemnitzar *v tr* indemnizar.
independència *f* independencia.
independent *a* independiente.
indescriptible *a* indescriptible.
indesitjable *a* y *s* indeseable.
indesxifrable *a* indescifrable.
indeterminat, ada *a* indeterminado.
índex *m* índice.
indi, índia *a* y *s* indio.
indicació *f* indicación.
indicador, a *a* y *s* indicador.
indicar *v tr* indicar.
indicatiu, iva *a* indicativo.
indici *m* ***1*** indicio. ***2*** amago. ***3*** barrunte, barrunto.
indicible *a* indecible.
indiferència *f* indiferencia.
indiferent *a* indiferente.
indígena *a* y *s* indígena.
indigest, a *a* indigesto.
indigestar-se *v pron* indigestarse.
indigestió *f* ***1*** indigestión. ***2*** empacho (*m*).
indignació *f* indignación.
indignar *v tr* y *pron* indignar.
indigne, na *a* indigno.
indiot *m ornit* pavo (*Meleagris gallopavo*).
indirecte, ta *a* indirecto. || *f* indirecta.
indisciplina *f* indisciplina.
indiscreció *f* indiscreción.
indiscret, a *a* y *s* indiscreto.
indiscutible *a* indiscutible.
indispensable *a* indispensable.
indisposar *v tr* y *pron* indisponer.
indisposició *f* indisposición.
indispost, a *a* indispuesto.
indistint, a *a* indistinto.
individu, ídua *a* y *s* individuo.
individual *a* individual.
indivisible *a* indivisible.
indocumentat, ada *a* indocumentado.
índole *f* índole.
indolència *f* indolencia.
indonesi, èsia *a* y *s* indonesio.
indret *m* ***1*** lugar, sitio. ***2*** paraje.
indubtable *a* indudable, indubitable.

induir *v tr* inducir.
indulgència *f* indulgencia.
indulgent *a* indulgente.
indult *m jur* indulto.
indultar *v tr* indultar.
indumentària *f 1* indumentaria. *2* atavío (*m*).
indústria *f* industria.
industrial *a* y *s* industrial.
industrialitzar *v tr* industrializar.
inèdit, a *a* inédito.
inefable *a* inefable.
ineficaç *a* ineficaz.
ineficàcia *f* ineficacia.
inepte, ta *a 1* inepto. *2 fig* zoquete.
inequívoc, a *a* inequívoco.
inèrcia *f* inercia.
inerme *a bot zool* inerme.
inert, a *a* inerte.
inesborrable *a* imborrable.
inescaient *a* inadecuado.
inesgotable *a V* **inexhaurible**.
inesperat, ada *a* inesperado.
inestabilitat *f* inestabilidad.
inestable *a* inestable.
inestimable *a* inestimable.
inevitable *a* inevitable.
inexacte, ta *a* inexacto.
inexactitud *f* inexactitud.
inexhaurible *a* inagotable.
inexorable *a* inexorable.
inexperiència *f* inexperiencia.
inexpert, a *a* inexperto.
inexplicable *a* inexplicable.
inexplorat, ada *a* inexplorado.
inexpressiu, iva *a* inexpresivo.
infal·lible *a* infalible.
infame *a* infame.
infàmia *f* infamia.
infància *f 1* infancia. *2* niñez.
infant *m* nene, criatura (*f*).
infanta *f* nena.
infantament *m med* parto, alumbramiento.
infantar *v tr med* parir, alumbrar, dar a luz.
infanteria *f mil* infantería.
infantesa *f V* **infància**.
infantil *a* infantil.
infart *m med* infarto.
infatigable *a* infatigable.
infaust, a *a* infausto, astroso.
infecció *f med* infección.
infecciós, osa *a* y *s med* infeccioso.
infectar *v tr* y *pron* infectar.
infeliç *a* infeliz.
infelicitat *f* infelicidad.
inferior *a* y *s* inferior.
inferioritat *f* inferioridad.
inferir *v tr* inferir.
infermer, a *s med* enfermero.
infermeria *f* enfermería.
infern *m 1* infierno. *2* bolsillo grande e interior.
infernal *a* infernal.
infertilitat *f* infertilidad.
infestar *v tr* infestar.
infidel *a* y *s* infiel.
infidelitat *f* infidelidad.
infiltrar *v tr* infiltrar.
ínfim, a *a* ínfimo.
infinit, a *a*, *m* y *adv* infinito.
infinitat *f* infinidad.
infinitiu *m gram* infinitivo.
inflació *f* inflación.
infladura *f med V* **inflor**.
inflamació *f* inflamación.
inflamar *v tr* y *pron* inflamar.
inflar *v tr 1* hinchar. *2* inflar. *3 fig* henchir. || *v pron 1* hincharse. *2* inflarse.
inflexible *a* inflexible.
inflexió *f* inflexión.
infligir *v tr* infligir.
inflor *f med* hinchazón, hinchamiento (*m*).
influència *f* influencia.
influent *a* influyente.
influir *v tr* influir.
influx *m* influjo.
infondre *v tr* infundir.
informació *f* información.
informal *a* informal.
informar *v tr* y *pron* informar.
informàtica *f* informática.
informatitzar *v tr* informatizar.
informatiu, iva *a* informativo.
informe *a* y *m* informe.
infortuni *m* infortunio.
infracció *f* infracción.
infractor, a *a* y *s* infractor.
infraestructura *f* infraestructura.
infraroig, oja *a* y *m* infrarrojo.
infreqüent *a* infrecuente.
infringir *v tr* infringir.
ínfula *f* ínfula.
infusió *f* infusión.
ingent *a* ingente.
ingenu, ènua *a* y *s* ingenuo.
ingenuïtat *f* ingenuidad.
ingerència *f* injerencia, ingerencia.
ingerir *v tr 1* injerir, inserir. *2* ingerir.
ingrat, a *a* ingrato.
ingratitud *f* ingratitud.
ingràvid, a *a* ingrávido.
ingredient *m* ingrediente.
ingrés *m* ingreso.
ingressar *v tr* ingresar.
inguarible *a V* **incurable**.
inhàbil *a* inhábil.
inhabitable *a* inhabitable.
inhalar *v tr med* inhalar.
inherent *a* inherente.
inhibició *f* inhibición.
inhibir *v tr* y *pron* inhibir.
inhòspit, a *a* inhóspito.
inhumà, ana *a* inhumano.
inici *m* comienzo, inicio.
inicial *a* y *s* inicial.
iniciar *v tr* y *pron 1* iniciar. *2* empezar.
iniciativa *f* iniciativa.
iniquitat *f* iniquidad.

injecció *f* inyección.
injectable *a* inyectable.
injectar *v tr* y *pron* inyectar.
injector *m* inyector.
injúria *f 1* injuria. *2* denuesto (*m*).
injuriar *v tr 1* injuriar. *2* denostar.
injust, a *a* injusto.
injustícia *f* injusticia.
innat, a *a* innato.
innecesari, ària *a* innecesario.
innegable *a* innegable.
innocència *f* inocencia.
innocent *a* y *s* inocente.
innocu, òcua *a* inocuo.
innombrable *a* innumerable, sin número.
innovació *f* innovación.
innovador, a *a* y *s* innovador.
innovar *v tr* innovar.
innumerable *a V* **innombrable**.
inoblidable *a* inolvidable.
inodor, a *a* inodoro.
inofensiu, iva *a* inofensivo.
inòpia *f* inopia.
inopinat, ada *a* inopinado.
inoportú, una *a* inoportuno.
inoxidable *a* inoxidable.
inquiet, a *a* inquieto.
inquietar *v tr* y *pron* inquietar.
inquietud *f* inquietud.
inquilí, ina *s* inquilino.
inquirir *v tr* inquirir.
inquisició *f* inquisición.
inrevés *m* revés. || **a l'inrevés** *loc adv* al revés.
insà, ana *a* insano (no sano).
insaciable *a* insaciable.
insalubre *a* insalubre.
insalubritat *f* insalubridad.
insatisfacció *f* insatisfacción.
insatisfet, a *a* y *s* insatisfecho.
inscripció *f* inscripción.
inscrit, a *a* inscrito.
inscriure *v tr* inscribir.
insecte *m entom* insecto.
insecticida *a* y *m* insecticida.
insegur, a *a* inseguro.
inseguretat *f* inseguridad.
insensat, a *a* y *s* insensato.
insensatesa *f* insensatez.
insensibilitat *f* insensibilidad.
insensible *a* insensible.
inseparable *a* inseparable.
inserció *f* inserción.
inserir *v tr 1* inserir, injerir, ingerir. *2* insertar (textos).
inservible *a* inservible.
insídia *f* insidia, trampa.
insidiós, osa *a* insidioso.
insigne *a* insigne.
insígnia *f* insignia.
insignificant *a* insignificante.
insinuar *v tr* y *pron* insinuar.
insípid, a *a* insípido, soso, insulso, desaborido, desabrido.
insistència *f 1* insistencia. *2* hincapié (*m*).
insistent *a* insistente.
insistir *v intr* insistir.
insolació *f* insolación.
insolència *f* insolencia
insolent *a* y *s* insolente.
insòlit, a *a* insólito.
insoluble *a* insoluble.
insolvència *f* insolvencia.
insolvent *a* insolvente.
insomne *a* insomne.
insomni *m med* insomnio.
insonoritzar *v tr* insonorizar.
insospitat, ada *a* insospechado.
insostenible *a* insostenible.
inspecció *f* inspección.
inspector, a *a* y *s* inspector.
inspiració *f* inspiración.
inspirar *v tr* y *pron* inspirar.
instal·lació *f* instalación.
instal·lador, a *a* y *s* instalador.
instal·lar *v tr* y *pron* instalar.
instància *f* instancia.
instant *m* instante. || **a l'i.** *loc adv* al instante.
instantani, ània *a* instantáneo.
instar *v tr* instar.
instaurar *v tr* instaurar.
instigar *v tr* instigar.
instint *m* instinto.
instintiu, iva *a* instintivo.
institució *f* institución.
instituir *v tr* instituir.
institut *m* instituto.
institutor *m* ayo.
instrucció *f* instrucción.
instruir *v tr* instruir.
instrument *m* instrumento.
insubordinar *v tr* y *pron* insubordinar.
insubstituïble *a* insustituible.
insuficiència *f* insuficiencia.
insuficient *a* insuficiente.
insular *a V* **illenc**.
insulina *f quím* insulina.
insuls, a *a V* **insípid**.
insult *m* insulto.
insultar *v tr* y *pron* insultar.
insuperable *a* insuperable.
insuportable *a* insoportable.
insurgent *a* y *s* insurgente.
insurgir-se *v pron V* **insurreccionar-se**.
insurrecció *f* insurrección, sublevación, alzamiento (*m*).
insurreccionar *v tr* y *pron* insurreccionar, sublevar.
insurrecte, ta *a* y *s* insurrecto, sublevado.
intacte, ta *a* intacto.
integrar *v tr* y *pron* integrar.
íntegre, ra *a* íntegro.
intel·lecte *m* intelecto.
intel·lectual *a* y *s* intelectual.
intel·ligència *f* inteligencia.
intel·ligent *a* inteligente.
intempèrie *f* intemperie.

intempestiu, iva *a* intempestivo.
intenció *f* intención.
intencionat, ada *a* intencionado.
intendència *f* intendencia.
intens, a *a* intenso.
intensificar *v tr* y *pron* intensificar.
intensitat *f* intensidad.
intensiu, iva *a* intensivo.
intent *m* intento.
intentar *v tr* intentar.
intercalar *v tr* intercalar.
intercanvi *m* intercambio.
intercanviar *v tr* intercambiar.
intercedir *v intr* interceder.
interceptar *v tr* interceptar.
interès *m* interés.
interessant *a* interesante.
interessar *v tr*, *intr* y *pron* interesar.
interferència *f 1* interferencia. *2* cruce (*m*) (de teléfono).
interferir *v intr* interferir.
interí, ina *a* y *s* interino.
interior *a* y *m* interior.
interjecció *f gram* interjección.
interlínia *f* interlínea.
interlocutor, a *s* interlocutor.
intermedi, èdia *a* y *m* intermedio.
intermediari, ària *a* y *s* intermediario.
interminable *a* interminable.
intermitent *a* y *m* intermitente.
intern, a *a* y *s* interno.
internacional *a* internacional.
internacionalitzar *v tr* internacionalizar.
internar *v tr* y *pron* internar.
internat *m* internado.
interpel·lar *v tr* interpelar.
interposar *v tr* y *pron* interponer.
intèrpret *s* intérprete.
interpretació *f* interpretación.
interpretar *v tr* interpretar
interrogació *f* interrogación.
interrogant *a* y *m* interrogante.
interrogar *v tr* interrogar.
interrogatori *m* interrogatorio.
interrompre *v tr* y *pron* interrumpir.
interrupció *f* interrupción.
interruptor, a *a* y *s* interruptor. || *m* interruptor.
intersecció *f* intersección.
interstici *m* intersticio.
interurbà, ana *a* interurbano.
interval *m* intervalo.
intervenció *f* intervención.
intervenir *v tr* intervenir.
intestí, ina *a* intestino. || *m anat* intestino, tripa (*f*).
intestinal *a anat* intestinal.
íntim, a *a* íntimo. || *f* íntima.
intimar *v tr* intimar.
intimidar *v tr* intimidar.
intimitat *f* intimidad.
intolerable *a* intolerable.
intolerància *f* intolerancia.
intolerant *a* intolerante.
intoxicació *f* intoxicación.
intoxicar *v tr* intoxicar.
intractable *a* intratable.
intranquil, il·la *a* intranquilo.
intransigència *f* intransigencia.
intransigent *a 1* intransigente. *2 V* **intolerant**.
intransitable *a* intransitable.
intransitiu, iva *a* y *m gram* intransitivo.
intrèpid, a *a* intrépido.
intrepidesa *f*, **intrepiditat** *f* intrepidez.
intriga *f* intriga.
intrigar *v intr* intrigar.
intrínsec, a *a* intrínseco.
introducció *f* introducción.
introduir *v tr* y *pron* introducir.
intromissió *f* intromisión.
introspecció *f* introspección.
intrús, usa *a* y *s* intruso.
intrusió *f* intrusión.
intrusisme *m* intrusismo.
intuïció *f* intuición.
intuir *v tr* intuir.
inundació *f* inundación, anegación, anegamiento (*m*), aluvión (*m*).
inundar *v tr* y *pron* inundar.
inusitat, ada *a* inusitado.
inútil *a* inútil. || *s* inútil.
inutilitat *f* inutilidad.
inutilitzar *v tr* inutilizar.
invàlid, a *a* y *s* inválido.
invalidar *v tr* invalidar.
invariable *a* invariable.
invariat, ada *a* invariado.
invasió *f* invasión.
invasor, a *a* y *s* invasor.
invectiva *f* invectiva.
invencible *a* invencible.
invenció *f* invención.
invent *m* invento.
inventar *v tr* y *pron* inventar.
inventari *m* inventario.
inventiva *f* inventiva.
inventor, a *a* y *s* inventor.
inversemblant *a* inverosímil.
inversió *f* inversión.
invertebrat, ada *a zool* invertebrado.
invertir *v tr 1* invertir. *2* emplear.
invertit, ida *a* invertido.
investigació *f* investigación.
investigador, a *a* y *s* investigador.
investigar *v tr* investigar.
investir *v tr* investir.
invicte, ta *a* invicto.
inviolable *a* inviolable.
invisible *a* invisible.
invitació *f* invitación.
invitar *v tr* invitar.
in vitro *loc adv biol* in vitro.
invocació *f* invocación.
invocar *v tr* invocar.
involucrar *v tr* involucrar.
involuntari, ària *a* involuntario.
inxa *f mús* lengüeta.
ió *m fís quím* ion.

iode *m quím* yodo, iodo.
iodur *m quím* yoduro.
ioga *m* yoga.
iogurt *m* yogur.
iot *m náut* yate.
ira *f 1* ira. *2* coraje (*m*).
iranià, ana *a* y *s* iraní, iranio.
iraquià, ana *a* y *s* iraquí.
irascible *a* irascible.
irat, ada *a* airado.
iris *m anat* iris. || **arc i.** arco iris.
irlandès, esa *a* y *s* irlandés.
ironia *f* ironía.
irònic, a *a* irónico.
irracional *a* irracional.
irradiar *v tr* irradiar.
irreal *a* irreal.
irrealitzable *a* irrealizable.
irreflexiu, iva *a* y *s* irreflexivo.
irrefutable *a* irrefutable.
irregular *a* irregular.
irremissible *a* irremisible.
irreprotxable *a* irreprochable.
irresistible *a* irresistible.
irresolt, ta *a* irresuelto.
irresponsable *a* irresponsable.
irreverència *f* irreverencia.
irreversible *a* irreversible.
irrevocable *a* irrevocable.
irrigació *f agr med* irrigación.
irrigar *v tr* irrigar.
irritable *a* irritable.
irritació *f* irritación.
irritant *a* irritante.
irritar *v tr 1* irritar. *2* ensañar. || *v pron* emperrarse.
irrompible *a* irrompible.
irrompre *v intr* irrumpir.
irrupció *f* irrupción.
isard *m zool* gamuza (*f*), rebeco, sarrio (*gén Rupicapra*).
islam *m* islam.
islàmic, a *a* islámico, musulmán.
islandès, esa *a* y *s* islandés.
isolar *v tr* aislar.
israelià, ana *a* y *s* israelí.
istme *m* istmo.
italià, ana *a* y *s* italiano.
itinerari, ària *a* y *m* itinerario.
iuca *f bot* yuca (*gén Yuca*).
iugoslau, ava *a* y *s* yugoslavo.
ivori *m* marfil.
ixent *a 1* que sale. *2* naciente (el sol).

J

ja *adv* ya. || **j. que** *conj* ja que.
jaç *m 1* yaciga (*f*). *2* cama (*f*), lecho. *3 geog* lecho, álveo, cauce, cubil.
jacent *a* yacente.
jaciment *m* yacimiento.
jacint *m bot* jacinto (*Hyacinthus orientalis*).
jactància *f* jactancia.
jactar-se *v pron* jactarse.
jade *m* jade.
jaguar *m zool* jaguar, yaguar (*Felis onca*).
jai, a *s 1* anciano. *2* abuelo.
jaient *m* caída (*f*).
jaló *m* jalón.
jalonar *v tr* jalonar.
jamai *adv* jamás, nunca.
japonès, esa *a* y *s* japonés, nipón.
jaqueta *f* chaqueta.
jardí *m* jardín.
jardinera *f* jardinera.
jardineria *f* jardinería.
jaumet *m entom* gorgojo (*gén Bruchus*).
jaupar *v intr* ladrar, latir.
jaure *v intr V* **jeure**.
jazz *m mús* jazz.
jeep *m* jeep.
jeia *f* manera de estar echada una persona.
jerarquia *f* jerarquía.
jeroglífic, a *a* y *m* jeroglífico.
jersei *m* jersey.
jeure *v intr 1* yacer, estar echado. *2* tenderse (*pron*).
jo *pron* y *m* yo.
joc *m* juego.
jocós, osa *a* jocoso.
jocund, a *a* jocundo.
jogasser, a *a V* **juganer**.
joguet *m V* **joguina**.
joglar *m* juglar.
joglaressa *f* juglaresa.
joguina *f* juguete (*m*).
joia *f 1 V* **joiell**. *2* gozo (*m*), alborozo (*m*). *3* júbilo (*m*), regocijo (*m*).
joiell *m 1* joya (*f*), alhaja (*f*). *2* prenda (*f*).
joieria *f* joyería.
joiós, osa *a* gozoso.
joliu, a *a poét* bonito, lindo.
jonc *m 1 bot* junco (tallo). *2 bot* junco (*Holoschoenus vulgaris*). *3 náut* junco (nave).
jòquer *m* comodín (naipe).
jordà, ana *a* y *s* jordano.
jorn *m* día.
jornada *f* jornada.
jornal *m 1* jornal (ganancia). *2 V* **jornalada**. *3 agr* jornal.

jornalada *f* jornal (*m*) (trabajo diario).
jornaler, a *s* jornalero.
jota *f mús* jota (danza).
jou *m agr* yugo.
joule *m fís* julio (unidad eléctrica).
jove *a* y *s 1* joven. *2* mozo. || *f* nuera.
jovenalla *f* mocerío (*m*), juventud, gente joven.
jovençà, ana *a* y *s V* **jove** 1.
jovenesa *f* juventud, mocedad.
jovenívol, a *a* juvenil.
jovent *m V* **jovenalla**.
joventut *f 1 V* **jovenesa**. *2 V* **jovenalla**.
jovial *a* jovial.
jubilació *f* jubilación.
jubilar *v tr* y *pron* jubilar.
jubilat, ada *a* y *s* jubilado.
judaisme *m* judaísmo.
judici *m* juicio.
judicial *a* judicial.
judiciós, osa *a* juicioso.
judo *m* judo.
jueria *f* judería, aljama.
jueu, eva *a* y *s* judío.
jugada *f 1* jugada (acción). *2 fam* jugarreta, jugada.
jugador, a *a* y *s* jugador.
juganer, a *a* juguetón.
jugar *v tr* e *intr* jugar. || *v pron* apostar (*tr*).
juguesca *f* apuesta.
jugular *v tr fig* yugular.
juí *m V* **judici**.
juliol *m* julio (mes).
julivert *m bot* perejil (*Petroselinum hortense*).
jull *m bot* cizaña (*f*) (*Lolium temulentum*).
junc *m náut* junco (embarcación).
jungla *f* jungla.
júnior *a* júnior.
junt, a *a* junto. || *adv* junto.
junta *f* junta.
juny *m* junio.
junyir *v tr* uncir, acoyundar. || *v pron* confluir (*intr*).
jup, a *a* gacho.
jura *f* jura.
jurament *m jur* juramento.
jurar *v tr* jurar (hacer juramento).
jurat *m* jurado.
jurídic, a *a jur* jurídico.
jurisdicció *f jur* jurisdicción.
jurisprudència *f jur* jurisprudencia.
jurista *s jur* jurista.
just, a *a 1* justo. *2* cabal. || **tot j.** apenas.
justejar *v intr 1* escasear. *2* venir justo.
justesa *f* justeza.
justícia *f* justicia.
justificació *f* justificación.
justificar *v tr* y *pron* justificar.
jute *m bot* yute (*Carchorus olitorius*, *C. capsolaris* y algunas congéneres).
jutge *m* juez.
jutgessa *f* juez.
jutjament *m 1 V* **judici**. *2* juzgamiento.
jutjar *v tr* juzgar.
jutjat *m jur* juzgado.
juvenil *a* juvenil, perteneciente a la juventud.

K

kàiser *m* káiser.
kamikaze *m* kamikaze (aviador suicida).
karate *m* karate.
kenyà, ana *a* y *s* keniano.
kilowatt *m* quilovatio.
kiwi *m 1 bot* kiwi. *2 ornit* kiwi (*gén Apterix*).
kurd, a *a* y *s* curdo, kurdo.
kuwaitià, ana *a* y *s* kuwaití.

L

l' *art 1* el. *2* la.
'l *pron* el.
la *m mús* la.
la *art* y *pron* la.
laberint *m* laberinto.
labor *f 1* labor, trabajo (*m*). *2* labor (de coser o bordar).
laborable *a* laborable.
laborar *v intr* laborar (trabajar).
laboratori *m* laboratorio.
laboriós, osa *a* laborioso.
laca *f* laca.
lacerar *v tr* lacerar.
lacònic, a *a* lacónico.

lacre *m* lacre.
lacrimal *a anat* lacrimal.
lactar *v tr* lactar, amamantar.
lacti, làctia *a* lácteo.
laic, a *a* laico (no religioso).
lama *m* lama.
lament *m* lamento, plañido.
lamentació *f* lamentación.
lamentar *v tr* y *pron* lamentar.
làmina *f* lámina.
làmpada *f* lámpara.
lampista *s* lampista.
lampisteria *f* lampistería.
lànguid, a *a* lánguido.
làpida *f* lápida.
lapidar *v tr* lapidar, apedrear (matar a pedradas).
lapse, sa *a* y *m* lapso.
lapsus *m* lapsus.
laringe *f*, **larinx** *f anat* laringe.
larva *f zool* larva.
las, lassa *a* laso, cansado.
lasciu, iva *a* lascivo.
lascívia *f* lascivia.
làser *m* láser.
lassitud *f* lasitud, cansancio (*m*), fatiga, fatigación.
lata *f fig fam* lata, tabarra, tostón (*m*), murga.
latent *a* latente.
lateral *a* lateral.
latifundi *m* latifundio.
latitud *f* latitud.
latrina *f* letrina, retrete (*m*).
lava *f* lava (de un volcán).
lavabo *m* lavabo, servicios (*pl*).
lavar *v tr* lavar *esp* dibujos.
lavativa *f med* lavativa, enema (*m*), ayuda.
lax, a *a* laxo.
laxant *a* y *m med* laxante.
laxar *v tr med* laxar.
lector, a *a* y *s* lector.
lectura *f* lectura.
legal *a* legal.
legalitat *f* legalidad.
legalitzar *v tr* ***1*** *jur* legalizar. ***2*** refrendar.
legat *m* legado (enviado).
legió *f* legión.
legislació *f jur* legislación.
legislar *v intr jur* legislar.
legislatura *f jur* legislatura.
legítim, a *a* legítimo.
legitimar *v tr* legitimar.
lema *m* lema.
lent *f* lente (o *m*). || **l. de contacte** *V* **lentícula**.
lent, a *a* lento.
lentícula *f* lentilla, lente de contacto.
lentitud *f* lentitud.
lepra *f med* lepra.
leri-leri *adv* al caer.
les *pron* las. || *art* las.
lesbianisme *m* lesbianismo.
lesió *f* lesión.
lesionar *v tr* lesionar.
letal *a* letal.
letargia *f* letargo (*m*).
letó, ona *a* y *s* letón.
leucèmia *f med* leucemia.
lèxic *m* léxico.
lexicografia *f* lexicografía.
li *pron* le (dativo).
liana *f bot* liana, bejuco (*m*).
libanès, esa *a* y *s* libanés.
libar *v tr* libar.
libèl·lula *f entom* libélula.
liberal *a* y *s* liberal.
liberià, ana *a* y *s* liberiano.
líbi, líbia *a* y *s* libio.
libido *f* libido.
liceu *m* liceo.
lícit, a *a* lícito.
licitar *v tr jur* licitar.
licitud *f* licitud.
licor *m* licor.
líder *s* líder.
liderar *v tr* liderar.
lila *a* y *m* lila (color). || *m bot V* **lilà**.
lilà *m bot* lila (*f*) (*Syringa vulgaris*).
limfa *f biol* linfa.
limfàtic *a med* linfático.
límit *m* límite.
limitació *f* limitación.
limitar *v tr* e *intr* limitar.
limítrof, a *a* limítrofe.
límpid, a *a* límpido.
lineal *a* lineal.
lingot *m* lingote.
lingüístic, a *a* lingüístico.
lingüística *f* lingüística.
línia *f* línea.
linx *m zool* lince (*Lynx lynx*).
linxament *m* linchamiento.
liofilització *f quím* liofilización.
liquadora *f* licuadora (máquina).
liquen *m bot* liquen.
líquid, a *a* y *m* líquido.
liquidació *f* liquidación.
liquidar *v tr* liquidar.
lira *f mús* lira.
líric, a *a* y *f* lírico.
liró *a* y *s* mentecato. || *m zool* lirón (*Myoxus glis*).
lis *m bot* lis (*Amaryllis formosissima*).
literal *a* literal.
literari, ària *a* literario.
literat, a *s* literato.
literatura *f* literatura.
litigar *v tr jur* litigar.
litigi *m jur* litigio.
litoral *a* litoral. || *m* litoral, costa (*f*).
litre *m* litro.
lituà, ana *a* y *s* lituano.
litúrgia *f* liturgia.
lívid, a *a* lívido.
lla *adv* allá
llac *m* ***1*** lago. ***2*** lama (*m*) (lodo).
llaç *m* ***1*** lazo (nudo). ***2*** lazo (adorno).
llaca *f* lodo (*m*) (en los campos).
llacor *f* légamo (*m*).

llacuna *f* laguna.
lladella *f entom* ladilla (*Phthirius inguinalis*).
lladrar *v intr* ladrar, latir.
lladre *s* ladrón.
lladregada *f V* **lladregueig**.
lladregot, a *s fam* ladronzuelo, caco, ratero.
lladregueig *m*, **lladronici** *m* latrocinio, ladronicio.
lladruc *m* ladrido.
llagast *m*, **llagasta** *f entom* garrapata (*f*) (*Melophagus ovinus*).
llagost *m entom* saltamontes, langosta (*f*) (*Pachytylus cinerascens* y muchos otros acrídidos).
llagosta *f 1 entom V* **llagost**. *2 zool* langosta (de mar) (*Palinurus elephas*).
llagostí *m zool* langostino, langostín (*Penaeus kerathurus*).
llagot *m* lisonja (*f*), marrullería (*f*).
llagotejar *v tr* lisonjear, lagotear.
llagoteria *f 1* lagotería (acción). *2 V* **llagot**.
llàgrima *f* lágrima.
llagrimejar *v intr 1* lagrimear. *2* chispear (llover).
llagut *m náut* laúd.
llama *f zool* llama (*Lama huanacos*).
llamàntol *m zool* bogavante (*Homarus gammarus*).
llamborda *f* adoquín (*m*).
llambregada *f* ojeada, vistazo (*m*).
llambregar *v tr* ojear, echar un vistazo.
llambresc, a *a* ágil.
llambric *m zool* lombriz (*f*) de tierra.
llambrot *m anat fam V* **llavi** 2.
llamenc, a *a* esquilimoso.
llaminadura *f* golosina (*f*).
llaminer, a *a* y *s* goloso.
llamp *m* rayo (fenómeno atmosférico). || **llamps!** ¡rayos!
llampada *f* destello (*m*) (de luz). || **de ll.** de revuelo.
llampant *a 1* flamante. *2* chillón.
llampar *v tr* fulminar (con el rayo). || *v intr V* **llampegar**.
llampec *m 1* relámpago. *2 fig V* **llampada**.
llampegar *v intr* relampaguear.
llampeguejar *v intr 1 V* **llampegar**. *2* destellar.
llampurnar *v intr*, **llampurnejar** *v intr* centellear (brillar).
llana *f* lana.
llança *f 1* lanza, asta (arma). *2* lanza, timón (*m*) (de un vehículo). *3* eslabón (*m*) (para encender el fuego).
llançagranades *m mil* bazuca.
llançament *m 1* lanzamiento, lance, echamiento. *2 jur* lanzamiento.
llançamíssils *a* y *m mil* lanzamisiles.
llançar *v tr 1* lanzar, tirar, echar, arrojar, abalanzar, botar. *2* echar, despedir (algo de sí). *3* echar (miradas, etc.). || *v pron* lanzarse.
llancívol, a *a* arrojadizo, bracero.
llanda *f* llanta.
llangardaix *m zool* lagarto (*Lacerta ocellata* y especies afines).
llangor *f* languidez.
llangorós, osa *a* lánguido.
llanguiment *m V* **llangor**.
llanguir *v intr* languidecer.
llanta *f V* **llanda**.
llanterna *f 1* linterna (farol). *2 arq V* **llanternó**.
llanternó *m arq* linterna (*f*).
llàntia *f 1* lámpara (de líquido combustible). *2* lamparón (*m*), lámpara (mancha).
llantió *m* lamparilla (*f*) (lámpara de mariposa).
llantiol *m* candil (de barro).
llantó *m V* **llàntia** 1.
llantoner *m* lucerna (lámpara).
llanxa *f náut* lancha.
llaor *f V* **lloança** 1.
llapidera *f 1* lapicero (*m*). *2 V* **llapis**.
llapis *m* lápiz, lapicero (para escribir).
llaquim *m* cieno, fango, lama (*f*), tarquín.
llar *f 1* hogar (*m*), lar (*m*), chimenea. *2* hogar (*m*) (casa propia).
llard *m* lardo, manteca (*f*), cochevira (*f*).
llardó *m* chicharrón.
llardós, osa *a 1* pringoso. *2* mugriento. *3* cochambroso.
llarg, a *a* largo. || *m mús* largo.
llargmetratge *m* largometraje (cine).
llast *m* lastre.
llàstima *f* lástima.
llastimós, osa *a* lastimoso.
llatí, ina *a* y *s* latino. || *m* latín.
llatinoamericà, ana *a* y *s* latinoamericano.
llauna *f 1* lata (envase). *2* hojalata, hoja de lata (lámina).
llaura *f agr* arado (*m*).
llaurada *f* aradura, arada.
llaurador, a *a* y *s agr* labrador. || *s* labrador, labriego, payés.
llaurar *v tr agr* arar, labrar, laborar.
llaüt *m mús* laúd.
llautó *m* latón.
llavi *m 1 med* labio. *2 anat* labio.
llavor *f 1 agr bot* semilla, simiente. *2 fig* germen (*m*). *3 bot* pepita (de fruto).
llavora *f zool* marrana.
llavorar *v tr* labrar, laborear, pulimentar (un objeto). || *v intr* trabajar.
llavors *adv 1* entonces. *2* así pues.
lleba *f* falleba.
llebeig *m* lebeche, garbino (viento).
llebre *f zool* liebre (*Lepus timidus*).
llebrer, a *a* y *s* galgo (*m*).
llebrosia *f med V* **lepra**.
llécol *m V* **llicorella**.
llefardós, osa *a* pringoso.
llefiscós, osa *a* viscoso.
llefre, ra *a 1 V* **llefardós**. *2* glotón
lleganya *f* legaña, pitaña (*fam*).
llegar *v tr* legar, mandar.
llegat *m* legado, manda.
llegenda *f* leyenda.
llegendari, ària *a* legendario.
llegible *a* legible, leíble.
llegidor, a *a 1* lector. *2 V* **llegible**. || *a* y *s* lector.
llegir *v tr* leer.

llegítima *f jur* legítima.
lleguda *f V* **lleure**.
llegum *m bot* legumbre (*f*).
llei *f 1* ley. *2* ley (cariño).
lleial *a* leal.
lleialtat *f* lealtad.
lleidatà, ana *a* y *s* leridano,.
lleig, lletja *a* feo.
lleixa *f 1* balda. *2* vasar (*m*), vasera. *3* repisa.
lleixiu *m* lejía (*f*).
llenç *m 1* lienzo (tela). *2 arq* lienzo.
llenca *f 1* lonja, loncha (de carne). *2* tira.
llençar *v tr 1* tirar, arrojar. *2* desechar, echar. *3 V* **llançar**.
llenceria *f* lencería.
llençol *m* sábana (*f*).
llenegar *v intr V* **lliscar**.
llengua *f* lengua.
llenguado *m ictiol* lenguado (*Solea vulgaris*).
llenguallarg, a *a* y *s* charlatán, charlador.
llenguatge *m* lenguaje.
llenguerut, uda *a* y *s V* **llengut**.
llengüeta *f 1 mús* lengüeta. *2* lengüeta (de la balanza).
llengut, uda *a 1* lenguaraz, deslenguado. *2 V* **llenguallarg**.
llentilla *f*, **llentia** *f bot* lenteja (*Lens culinaris*).
lleny *m náut* leño, madero.
llenya *f 1* leña. *2 fam* leña (paliza).
llenyataire *s* leñador.
llenyós, osa *a* leñoso.
lleó *m 1 zool* león (*Felis leo*). *2 astron* Leo, León.
lleona *f zool* leona.
lleopard *m zool* leopardo (*Felis pardus*).
llepa *s*, **llepaculs** *s vulg* pelotillero, lameculos, adulón.
llepafils *a* y *s V* **llamenc**.
llepaire *s vulg* pelotillero, adulón.
llepar *v tr 1* lamer. *2 fig* hacer la pelotilla, adular bajamente. || *v pron* lamerse.
llepet *m* palomino (*m*) (de excremento).
llepissós, osa *a V* **llefiscós**.
llépol, a *a V* **llaminer**.
llepolia *f V* **llaminadura**.
llera *f geog* lecho (*m*), madre, álveo (*m*), cauce (*m*), cubil (*m*).
llesca *f 1* rebanada. *2* tajada.
llescar *v tr* rebanar.
llessamí *m bot* jazmín (*Jasminum officinale*).
llest, a *a 1* listo (diligente). *2* listo (acabado). *3* listo (libre, ya sin trabajo).
llestesa *f* listeza.
llet *f* leche. || **ll. presa** cuajada.
lleteria *f* lechería.
lletgesa *f*, **lletjor** *f* fealdad.
lletó *a* y *s* lechal.
lletra *f 1* letra. *2* carta (de correspondencia).
lletrat, ada *a* letrado. || *s jur* letrado.
lletrejar *v tr* deletrear. || *v pron* cartearse.
lletrut, uda *a* letrado.
lletuga *f bot* lechuga (*Lactuca sativa*).
lleu *a 1* leve. *2* liviano. || *m anat* bofe, liviano (pulmón).
lleuger, a *a* ligero.
lleugeresa *f*, **lleugeria** *f* ligereza.
lleure *m* tiempo libre, ocio.
lleure *v intr* ser lícito, ser permitido.
lleva *f 1* leva. *2 mil* quinta. *3 V* **llevada** 1.
llevada *f 1* saca (acción y efecto). *2* levantamiento (*m*). *3* acción y efecto de levantarse (de la cama).
llevadís, issa *a* levadizo.
llevador *m med* comadrón.
llevadora *f med* comadrona, comadre.
llevaneu *f* quitanieves.
llevant *m 1* levante. *2* postre.
llevataques *a* y *m* quitamanchas.
llevar *v tr 1* sacar, quitar. *2* descorchar (un alcornoque). *3 náut* levar. *4* levantar. *5* atribuir, achacar. || *v pron* levantarse de la cama.
llevat *m* levadura (*f*).
llevat *prep* excepto, salvo. || **ll. de** excepto.
llevataps *m* sacacorchos, descorchador, tirabuzón.
lli *bot* lino (*Linum usitatissimum*).
lliberal *a* liberal.
llibertar *v tr* libertar, liberar.
llibertat *f* libertad.
llibertí, ina *a* y *s* libertino.
llibre *m* libro.
llibrer, a *s V* **llibreter**.
llibreria *f* librería.
llibret *m 1 mús* libreto. *2 anat* libro (estómago de los rumiantes).
llibreta *f* libreta.
llibreter, a *s* librero.
llibreteria *f V* **llibreria**.
lliça *f 1* liza, palenque (*m*), coso (*m*), estacada, estacado (*m*). *2 fig* liza, lid.
llicència *f* licencia.
llicenciar *v tr* y *pron* licenciar.
llicenciatura *f* licenciatura.
lliçó *f* lección.
llicorella *f* pizarra (roca pizarrosa).
lliga *f 1 V* **lligança**. *2* liga, aleación. *3* liga (campeonato).
lligacama *f* liga (para las medias).
lligada *f 1* ligadura. *2* atado (*m*).
lligadura *f 1* tocado (*m*). *2 V* **lligada** 1 y 2.
lligall *m 1* legajo, fajo. *2 V* **lligada** 2. *3* lío.
lligam *m 1* ligadura (*f*), atadura (*f*), atadero. *2* lazo.
lligament *m 1 anat* ligamento. *2* atadura (*f*) (acción). *3* trabazón (*f*). *4* ligamiento, ligamento.
lligança *f* liga, alianza.
lligar *v tr 1* atar, ligar. *2* liar. *3* tocar. || *v pron* ligarse.
llim *m* barro, limo (de tierra y agua).
llima *f 1* lima. *2 bot V* **llimona**.
llimac *m*, **llimaga** *f zool* babosa (*f*) (*gén Limax*).
llimar *v tr* limar.
llimera *f bot V* **llimoner**.
llimona *f*, **llimó** *m bot* limón (*m*).
llimonada *f* limonada.
llimoner *m*, **llimonera** *f bot* limonero (*m*), limón (*m*) (*Citrus limonum*).

llinatge *m* linaje, abolengo, casta (*f*).
llinda *f arq* dintel (*m*), lintel (*m*).
llindar *m arq* umbral, tranco.
llinet *m bot V* **lli**.
llinosa *f bot* linaza.
lliri *m bot* lirio (*Iris pseudoacorus*).
llis, a *a 1* liso. *2* lacio (aplicado al cabello). *3* terso.
llisar *m* loncha (*f*) (piedra).
lliscada *f 1* deslizamiento (*m*), desliz (*m*). *2* resbalón (*m*).
lliscar *v intr* deslizarse (*pron*), resbalar, escurrirse (*pron*), escurrir.
llisquet *m* tarabilla (*f*), pestillo.
llista *f* lista.
llistar *v tr* listar.
llistó *m* listón.
llit *m 1* cama (*f*), lecho, catre (*fam*). *2 geog V* **llera**. *3 fig* lecho. *4 arq* lecho. || **fer ll.** guardar cama.
llitera *f 1* litera. *2* camilla.
lliura *f* libra.
lliurador, a *a* y *s 1* librador. *2* entregador.
lliurament *m 1* entrega (*f*). *2* giro.
lliurar *v tr 1* librar, entregar. *2* librar, girar. || *v pron* entregarse.
lliure *a 1* libre. *2* libre (el tiempo). *3* franco.
lliurea *f* librea.
lloa *f 1 V* **lloança** 1. *2* loa (escrito).
lloança *f 1* alabanza, loa, loor (*m*). *2* elogio (*m*).
lloar *v tr 1* loar, alabar. *2* elogiar.
lloba *f zool* loba.
llobarro *m*, **llobina** *f ictiol* lubina (*f*) (*Dicentrarchus labrax*).
llòbrec, ega *a* lóbrego.
lloc *m 1* lugar, sitio, paraje. *2* lugar, puesto.
lloca *f* clueca, llueca.
lloctinent, a *s* lugarteniente.
llogar *v tr* alquilar.
llogarret *m* lugar, villorrio, villaje, aldea (*f*).
llogater, a *s* inquilino.
lloguer *m* alquiler (precio).
llom *m 1 anat* lomo. *2* lomo (carne de cerdo). *3* lomo (de un libro). *4 agr* lomo, caballón, caballete.
llombrígol *m anat* ombligo.
llong, a *a V* **llarg**.
llonganissa *f* salchichón (*m*), longaniza.
llonguet *m* panecillo con un surco longitudinal.
llonza *f* chuleta.
llop *m zool* lobo (*Canis lupus*).
llor *m bot V* **llorer** 2.
llorejar *v tr* laurear.
llorer *m 1 fig* laurel (premio). *2 bot* laurel (*Laurus nobilis*).
lloro *m ornit* loro.
llos *m* corte, filo, tajo (de una herramienta).
llosa *f* losa.
llosc, a *a 1* cegato. *2* lerdo.
llosca *f* colilla, punta.
llossa *f* cucharón (*m*).
llossar *v tr* calzar (a las herramientas).
llostrejar *v intr 1* amanecer. *2* anochecer.
llot *m 1 V* **llaquim**. *2* lama (*f*) (de los ríos).
llotim *m* barro, lodo (de las calles).
llotja *f 1* palco (*m*). *2* lonja (de contratación).
lluc *m 1 bot* vástago, retoño, renuevo, brote. *2 fig* tino, cacumen.
lluç *m 1 ictiol* merluza (*f*) (*Merluccius merluccius*). *2 fig* pánfilo.
llucar *v tr* ver, guipar (*vulg*).
llúdria *f*, **llúdriga** *f zool* nutria (*Lutra vulgaris*).
lluent *a* brillante, lucido, luciente.
lluentejar *v intr V* **lluir** 1.
lluentó *m* lentejuela (*f*).
lluentor *f V* **lluïssor**.
lluerna *f 1* tragaluz (*m*), lumbrera, lucerna, claro. *2 entom* luciérnaga, lucerna (*Lampyris noctiluca*). *3 ictiol* lucerna (*Chelidonychtys lucerna*).
lluert *m zool V* **llangardaix**.
lluïdesa *f*, **lluïment** *m* lucimiento (*m*).
lluir *v tr 1* lucir, brillar. *2 fig* lucir (sobresalir). *3* lucir, quedar bien (una cosa).
lluïssor *f* brillo (*m*).
lluït, ïda *a 1* lucido. *2 fig* brillante.
lluita *f 1* lucha. *2* pugna. *3 fig* lidia.
lluitar *v intr 1* luchar, pelear. *2* pugnar. *3* lidiar.
llum *f 1* luz. *2 arq* luz. *3* lumbre. || **fer ll.** alumbrar.
llum *m* lámpara (*f*) (en general). || **ll. de ganxo** candil.
llumener *m 1 V* **llum** (*m*). *2* lucero. *3 fig* lumbrera (*f*) (persona).
llumenera *f* velón (*m*), candelero (*m*), candela.
llumí *m* cerilla (*f*), fósforo, mixto.
lluminós, osa *a* luminoso.
lluna *f* luna.
lluny *adv* lejos.
lluny, a *a*, **llunyà, ana** *a* lejano.
llunyania *f* lejanía (condición).
llunyària *f* lejanía (distancia).
llunyedà, ana *a V* **lluny**.
llunyedar *m* lontananza (*f*).
llunyedat *f V* **llunyania**.
llúpol *m bot* lúpulo, hombrecillo (*Humulus lupulus*).
llur *a* su, suyo (de ellos o ellas).
llustrar *v tr* lustrar.
llustre *m* lustre.
llustrejar *v intr V* **llostrejar**.
llustrí *m V* **lluentó**.
lo *pron* lo, le.
lòbul *m anat* lóbulo.
local *a* y *m* local.
localitat *f* localidad.
localitzar *v tr* localizar.
loció *f* loción.
locomoció *f* locomoción.
locomotora *f* locomotora.
locució *f* locución.
locutor, a *s* locutor.
locutori *m* locutorio.
logaritme *m mat* logaritmo.
lògic, a *a* y *s* lógico.
lògica *f* lógica.
logístic, a *a* logístico. || *f* logística.
lona *f* lona.

longevitat *f* longevidad.
longitud *f* longitud.
loquaç *a* locuaz.
loquacitat *f* locuacidad.
los *pron* los, les (detrás del *v* acabado en consonante o en "u" subjuntiva). || *art* los (dialectal y ocasional).
lot *m* lote.
loteria *f* lotería.
lotus *m bot* loto (*Nymphaea lotus*).
lúbric, a *a* lúbrico.
lubricar *v tr*, **lubrificar** *v tr* lubrificar, lubricar.
lúcid, a *a* lúcido.
lucidesa *f*, **luciditat** *f* lucidez.
lucrar *v intr* y *pron* lucrar.
lucratiu, iva *a* lucrativo.
lucre *m* lucro.
luctuós, osa *a* luctuoso.
lúgubre *a* lúgubre.
lumbago *m med* lumbago.
lumbar *a anat* lumbar.
lumínic, a *a* lumínico.
lupa *f* lupa.
lustre *m* lustro.
luxació *f med* luxación.
luxe *m* *1* lujo. *2* fausto, fasto.
luxemburguès, esa *a* y *s* luxemburgués.
luxós, osa *a* lujoso.
luxúria *f* lujuria.
luxuriós, osa *a* lujurioso.

M

m' *pron* me.
'm *pron* me.
ma *a* forma femenina de **mon**.
mà *f* *1* *anat* mano. *2* mano (en ciertos juegos). || **m. de morter** majadero (*m*). || **donar un cop de m.** *fig* arrimar el hombro. || **fer a mans** entregar. || *m pl* hechura (*f sing*).
mac *m* piedra (*f*), canto, cantal.
maça *f* *1* maza. *2* porra. *3* mazo (*m*), mallo (*m*).
macabre, ra *a* macabro.
macadís *m*, **macadura** *f med* cardenal (*m*) (señal).
macar *v tr* magullar.
macedònia *f* macedonia.
macerar *v tr* y *pron* macerar.
macilent, a *a* macilento.
macip, a *s* aprendiz.
maco, a *a fam* bonito, majo.
maçolar *v tr* machacar.
macolí *m* peladilla (*f*), guijarro pequeño.
maçonar *v tr* *1* apisonar. *2* machacar.
macrobiòtic, a *a* macrobiótico. || *f* macrobiótica.
màcula *f* mancha.
madeixa *f* *1* madeja. *2* cadejo (madeja).
madona *f* *1* madona. *2* *V* **mestressa**.
madrina *f* madrina (arreo).
maduixa *f bot* fresa.
maduixot *m bot* fresón.
madur, a *a* maduro.
madurar *v tr* e *intr* madurar.
maduresa *f* madurez.
màfia *f* mafia (organización).
mag, a *s* mago, mágico.
maganyar *v tr* estropear.
magarrufa *f* marrullería, carantoñas (*pl*).
magatzem *m* almacén.
magdalena *f* magdalena (bizcocho).
màgia *f* magia
màgic, a *a* mágico. || *s V* **mag**.
magisteri *m* magisterio.
magistrat, ada *s jur* magistrado.
magma *m* magma.
magnànim, a *a* magnánimo.
magne, na *a* magno.
magnesi *m quím* magnesio.
magnètic, a *a* magnético.
magnetòfon *m* magnetófono, magnetofón.
magnífic, a *a* magnífico.
magnitud *f* magnitud.
magnòlia *f bot* *1* magnolia (*gén Magnolia*). *2* magnolia (flor).
magolar *v tr* magullar.
magrana *f bot* granada.
magre, gra *a* *1* magro. *2* enjuto.
magrebí, ina *a* y *s V* **magribí**.
magrejar *v intr* escasear.
magribí, ina *a* y *s* magrebí.
mahometà, ana *a* y *s* mahometano.
mai *adv* *1* alguna vez (en frases condicionales o interrogativas). *2* nunca, jamás (en frases negativas). || **m. per m.** nunca jamás.
maig *m* mayo.
mainada *f* chiquillería, muchachería.
mainatge *m* nene (muy pequeño).
maionesa *a* y *f* mayonesa (salsa).
majestat *f* majestad.
majòlica *f* mayólica.
major *a* mayor. || *s mil* mayor.
majordom, a *s* mayordomo.
majordona *f* ama de llaves, dueña.
majoria *f* mayoría.
majorista *s* mayorista.
majoritari, ària *a* mayoritario.
majúscul, a *a* mayúsculo. || *a* y *f* mayúscula, capital.
mal, a *a* mal (siempre antepuesto al sustantivo que califica).

mal *m* ***1*** mal. ***2*** daño. ***3*** *med V* **malaltia**. ***4*** dolor.
mal *adv* ***1*** mal (siempre antepuesto al *v*). ***2*** contrariamente a lo que es debido.
malagradós, osa *a* áspero.
malagraït, da *a* y *s* desagradecido.
malaguanyat, ada *a* malogrado.
malai, a *a* y *s* malayo.
malairós, osa *a* desgarbado, desairado.
malalt, a *a med* malo. || *a* y *s med* enfermo.
malaltia *f med* enfermedad, dolencia.
malaltís, issa *a* enfermizo.
malament *adv* mal.
malànima *a* y *s V* **malvat**.
malaptesa *f* torpeza.
malària *f med* malaria.
malastruc, uga *a V* **malaventurós**.
malaurança *f V* **malaventura**.
malaurat, ada *a V* **malaventurat**.
malaventura *f* desventura, desdicha.
malaventurat, ada *a* desventurado, desdichado, malaventurado.
malaventurós, osa *a* y *s* agorero, gafe.
malbaratament *m* ***1*** derroche, despilfarro. ***2*** desperdicio.
malbaratar *v tr* ***1*** malbaratar, despilfarrar. ***2*** desperdiciar.
malbé *adv* **fer m.** *loc adv* echar a perder, estropear.
malcontentament *m* descontento, descontentamiento.
malcreient *a* desobediente.
malcriar *v tr* malcriar.
malcurós, osa *a* descuidado.
maldar *v intr* esforzarse (*pron*), procurar.
maldat *f* ***1*** maldad, condición de malo. ***2*** *V* **malvestat**.
maldecap *m* quebradero de cabeza.
maldiença *f V* **maledicència**.
maldir *v intr* maldecir, hablar mal de.
maledicció *f* maldición.
maledicència *f* maledicencia.
malèfic, a *a* maléfico.
malefici *m* maleficio.
maleir *v tr* maldecir.
maleït, ïda *a* ***1*** maldito. ***2*** maldecido.
malencert *m* desacierto, desatino.
malenconia *f* melancolía.
malentès *m* equívoco, malentendido.
malesa *f V* **maldat**.
malestar *m* malestar.
maleta *m* maleta.
maleter, a *s* maletero. || *m* maletero, portaequipaje.
maletí *m* maletín.
malèvol, a *a* malévolo.
malevolència *f* malevolencia.
malfactor, a *a* y *s* malhechor.
malfaent *a* dañino, dañoso, nocivo.
malfamar *v tr* difamar.
malfardat, ada *a* astroso.
malferir *v tr* malherir.
malfiança *f* desconfianza.
malfiar-se *v pron* desconfiar (*intr*).
malforjat, ada *a V* **malfardat**.
malformació *f med* malformación.
malgastar *v tr* ***1*** malgastar, derrochar. ***2*** desperdiciar.
malgirbat, ada *a V* **malfardat**.
malgrat *prep* a pesar de, pese a. || **m. tot** con todo.
malguany *m* malogramiento, malogro, frustración (*f*).
malgustós, osa *a* desagradable.
malhumorat, ada *a* malhumorado.
malícia *f* malicia.
maliciada *f* ***1*** barrunto (*m*). ***2*** berrinche (*m*).
malifeta *f* fechoría, entuerto (*m*.
maligne, na *a* maligno.
malintencionat, ada *a* malintencionado.
mall *m* mazo, macho.
malla *f* malla.
mallada *f* majada.
mallorquí, ina *a* y *s* mallorquín.
malmenar *v tr* maltratar.
malmetre *v tr* lastimar, desmedrar, estropear.
malmirrós, osa *a* taciturno.
malnom *m* apodo, nombre.
malobedient *a* desobediente.
malordenat, ada *a* desordenado.
malparir *v intr* abortar.
malparlar *v intr* hablar mal, despotricar.
malparlat, ada *a* malhablado.
malpensat, ada *a* malpensado.
malsà, ana *a* malsano.
malson *m* pesadilla (*f*).
malsonant *a* malsonante.
malsurat, ada *a* canijo.
maltempsada *f* adversidad, temporada adversa.
maltès, esa *a* y *s* maltés.
maltractar *v tr* maltratar, malparar.
maluc *m anat* cadera (*f*).
malura *f* cualquier enfermedad epidémica de las plantas.
malva *f bot* malva (*Malva silvestris*).
malvat, ada malvado, desalmado.
malversació *f* malversación, despilfarro (*m*).
malversar *v tr* malversar, despilfarrar.
malvestat *f* maldad, mala acción.
malvolença *f* malevolencia, malquerencia, inquina.
mama *f* ***1*** *V* **mamà**. ***2*** *anat V* **mamella**.
mamà *f* mamá, mama.
mamar *v intr* mamar, lactar.
mamarratxo *m* ***1*** mamarracho. ***2*** birria (*f*).
mamella *f anat* ***1*** mama, teta (de un animal). ***2*** pecho (*m*), teta, ubre (de mujer). ***3*** tetilla, teta (de los machos).
mamífer, a *a* y *s zool* mamífero.
mamil·la *f anat* pezón (*m*).
mamografia *f* mamografía.
mampara *f* ***1*** mampara. ***2*** biombo (*m*).
mamut *m zool* mamut (*Elephas primigenius*).
manaire *a* mandón.
manament *m* mandamiento, mandado.
manar *v tr* mandar.
manat *m* manojo, mazo.
manca *f* falta, carencia.

mancament *m* falta (*f*).
mancança *f V* **manca**.
mançanilla *f* manzanilla.
mancar *v intr* ***1*** carecer. ***2*** faltar.
mancat, ada *a* ***1*** falto. ***2*** menesteroso.
mancomunitat *f* mancomunidad.
mandarina *f bot* mandarina.
mandat *m* mandato.
mandatari, ària *s* mandatario.
mandíbula *f anat* mandíbula.
mandolina *f mús* mandolina.
mandonguilla *f* albóndiga.
mandra *f fam* pereza, galbana.
mandrós, osa *a* y *s* perezoso.
manduca *f V* **menjar**.
manducar *v tr fam V* **menjar**.
mànec *m* ***1*** mango. ***2*** astil.
manefla *a* y *s* ***1*** entremetido, entrometido, mequetrefe. ***2*** mangoneador.
maneflejar *v intr* mangonear.
mànega *f* ***1*** *V* **mànìga**. ***2*** manguera, manga. ***3*** manga (de pesca). ***4*** manga (nube).
manegar *v tr* y *pron* arreglar, apañar, amañar (un asunto).
maneig *m*, **manejament** *m* manejo (acción).
manejar *v tr* manejar. || *v pron* menearse.
manera *f* manera, modo. || **de cap m.** ni por asomo; ni por esas. || **de m. que** así que, conque.
manescal, a *s* veterinario.
manescalia *f* veterinaria.
maneta *f* ***1*** saeta (del reloj). ***2*** manivela. ***3*** *mús* palillo (*m*), palote (*m*) (de tambor).
manganès *m quím* manganeso.
mango *m bot* mango (*Mangifera indica*).
mangosta *f zool* mangosta (*Herpestes ichneumon*).
mania *f* manía.
maníac, a *a* y *s* maníaco.
maniàtic, a *a* y *s* maniático.
manicomi *m* manicomio.
manifassejar *v intr* mangonear, manipular.
manifasser, a *a* y *s* mangoneador.
manifasseria *f* chanchullo (*m*).
manifest, a *a* manifiesto. || *m* manifesto.
manifestació *f* manifestación.
manifestant *s* manifestante.
manifestar *v tr* manifestar. || *v pron* manifestarse.
màniga *f* manga (de vestido).
manilla *f* ***1*** manilla. ***2*** *V* **manyotera**.
manillar *m* manillar.
maniobra *f* maniobra.
maniobrar *v tr* e *intr* maniobrar.
manipular *v tr* manipular.
maniquí *s* maniquí. || *m* maniquí.
manlleu *m* préstamo.
manoi! *interj fam* ¡caramba!, ¡anda!, ¡córcholis!, ¡atiza!
manoll *m V* **manat**.
manòmetre *m fís* manómetro.
manquejar *v intr* escasear o faltar en gran manera.
mans, a *a V* **mansoi**.
a mansalva *loc adv* a mansalva.
mansarda *f* buhardilla, buharda.
mansió *f* mansión.
mansoi, a *a* manso.
mansuetud *f* mansedumbre.
manta *f* ***1*** manta. ***2*** *ictiol* manta (*Mobula mobular*). || **a m.** en abundancia, a tutiplén.
mantega *f* mantequilla.
mantell *m* manto.
manteniment *m* mantenimiento.
mantenir *v tr* y *pron* mantener.
mantó *m* mantón.
manual *a* manual. || *m* manual.
manufactura *f* manufactura.
manufacturar *v tr* manufacturar.
manuscrit, a *a* y *m* manuscrito.
manutenció *f* manutención.
manxa *f* ***1*** fuelle (*m*). ***2*** bomba (para hinchar).
manxar *v tr* atizar (el fuego). || *v intr* soplar con la bomba.
manya *f* maña.
manyà, ana *s* cerrajero.
manyaga *f* caricia.
manyagueria *f* zalamería.
manyoc *m* mechón.
manyopla *f* manopla.
manyós, osa *a* mañoso.
manyotera *f* esposas (*pl*), grillete (*m*).
maó *m* ladrillo sin pulir.
maori *a* y *s* maorí.
mapa *m* mapa.
mapamundi *m* mapamundi.
maqueta *f* maqueta.
maquillar *v tr* y *pron* maquillar.
maquillatge *m* maquillaje.
màquina *f* máquina.
maquinar *v tr* maquinar.
maquinària *f* maquinaria.
mar *s* mar.
maragda *f* esmeralda.
marasme *m* marasmo.
marbre *m* mármol.
marc *m* ***1*** marco (peso). ***2*** marco (moneda). ***3*** marco (medida). ***4*** marco (armazón). ***5*** cerco.
març *m* marzo.
marca *f* marca.
marcar *v tr* ***1*** marcar. ***2*** tantear (en un juego).
marcià, ana *a* y *s* marciano (de Marte).
marcir *v tr* y *pron* marchitar.
marcit, ida *a* marchito.
mare *f* ***1*** madre. ***2*** *geog* madre, lecho (*m*), álveo (*m*), cauce (*m*).
marea *f geog* marea (flujo y reflujo).
mareig *m* mareo.
marejar *v tr* y *pron* marear.
mareny *m V* **maresma**.
marès, esa *a* marino, de mar.
maresma *f* marisma (*f*).
màrfega *f* jergón (*m*).
marfil *m* marfil.
marfuga *f vet* epidemia, peste.
margalló *m bot* palmito (*Chamaerops humilis*).
margarida *f bot* margarita (*Bellis annua, B. perennis* y *B. silvestris*).

margarina *f* margarina.
marge *m 1* margen (o *f*). *2* ribera (*f*), orilla (*f*), margen (o *f*). *3* ribazo, borde.
margenal *m* ribera (*f*) (parte próxima a la orilla).
marginar *v tr* marginar.
marí, ina *a V* **marinenc**. || *s náut* marino.
marieta *m* marica, mariquita, maricón.
marieta *f entom* mariquita (*Coccinella punctata*).
mariguana *f*, **marihuana** *f* hachís, mariguana, marihuana.
marina *f* marina (litoral).
marinada *f* marea (viento).
marinenc, a *a* marino, de mar.
mariner, a *a* y *s* marinero.
marisc *m* marisco.
mariscal *m mil* mariscal.
marit *m* marido, hombre.
marítim, a *a* marítimo.
marjal *f* (o *m*) marjal (*m*).
marmessor, a *s* albacea.
marmita *f* marmita, puchero (*m*).
marmota *f zool* marmota (*Marmota marmota*).
maroma *f* maroma, soga.
màrqueting *m* marketing.
marrà, ana *a* y *s fig* marrano.
marrada *f* rodeo (*m*), vuelta. || **fer m.** dar un rodeo.
marradejar *v intr V* **marrar**.
marrana *f zool* marrana.
marranada *f* marranada, marranería, cochinada.
marranejar *v intr* berrear (llorar un niño).
marranxó *m zool* gorrino, cochinillo.
marrar *v intr* rodear, marrar.
marrec *m 1 zool* cordero. *2* chiquillo, niño, chico, chavea.
marró *a* y *m* marrón.
marroquí, ina *a* y *s* marroquí.
marruc *m* arrullo.
marrucar *v intr* arrullar (*tr*).
martell *m* martillo.
martellejar *v tr* martillear, martillar.
martinet *m* martinete.
màrtir *s* mártir.
martiri *m* martirio.
martiritzar *v tr* martirizar.
marxa *f 1* marcha. *2* marcha (partida).
marxapeu *m* umbral, tranco (escalón).
marxar *v intr* marchar.
marxisme *m* marxismo.
marxista *a* y *s* marxista.
mas *m V* **masia**.
mascara *f* tiznón (*m*), tiznajo (*m*).
màscara *f 1* máscara, careta. *2* mascarilla.
mascle *m 1* macho (del sexo masculino). *2* macho (pieza).
masclisme *m* machismo.
masclista *a* y *s* machista.
mascota *f* mascota.
masculí, ina *a* masculino.
masegar *v tr 1* magullar, machucar. *2* ajar. *3* estrujar.
masia *f* alquería, cortijo (*m*).
masmorra *f* mazmorra.
masoquisme *m* masoquismo.
masoveria *f* casería, caserío (*m*).
massa *f* masa.
massa *a* y *adv* demasiado, en demasía.
massacrar *v tr* masacrar.
massacre *f* masacre.
massapà *m* mazapán.
massatge *m* masaje.
massillar *v tr* enmasillar.
massís, issa *a* y *m* macizo.
mastegar *v tr 1* mascar, masticar. *2* mascullar.
mastegot *m* cachete, soplamocos.
masticar *v tr V* **mastegar** 1.
masturbació *f* masturbación.
masturbar *v tr* y *pron* masturbar.
mat *a* mate.
mata *f 1 bot* mata (planta). *2* mata (metal). *3* mata (de pelo).
matacabra *f* granizo (*m*).
a mata-degolla *loc adv* a cuchillo.
matadissa *f* matanza.
matalàs *m* colchón.
matament *m fig fam* matadero (trabajo, afán).
matança *f* matanza.
matar *v tr 1* matar. *2 fig* comer (en el juego). || *v pron* matarse.
mateix, a *a* y *pron* mismo. || **així m.** asimismo.
matemàtic, a *a* y *s* matemático. || *f* matemática.
matèria *f* materia.
material *a* y *m* material.
matern, a *a* materno.
maternal *a* maternal.
maternitat *f* maternidad.
matí *m* mañana (*f*). || **de m.** temprano (por la mañana). || **de bon m.** a primera hora de la mañana.
matinada *f* madrugada.
matinador, a *a V* **matiner**.
matinal *a* matutino, matinal.
matinar *v intr*, **matinejar** *v intr* madrugar.
matiner, a *a* madrugador.
matís *m* matiz.
matisar *v tr* matizar.
mató *m* requesón.
matoll *m bot* matorral, matojo.
matràs *m quím* matraz.
matriarcat *m* matriarcado.
matrícula *f* matrícula.
matriculació *f* matriculación.
matricular *v tr* y *pron* matricular.
matrimoni *m* matrimonio.
matriu *f 1 anat* matriz , madre (útero). *2* matriz (de un documento, molde).
matrona *f* matrona.
maturitat *f V* **maduresa**.
matusser, a *a fam* grosero.
matusseria *f* chapucería.
matutí, ina *a V* **matinal**.
matx *m* match (deportivo).
matxet *m* machete.
matxuc *m* guiñapo.
matxucar *v tr 1* ajar, machucar. *2* machacar.

maurar *v tr* ***1*** estrujar, sobar (para ablandar). ***2*** amasar.
maurità, ana *a* y *s* mauritano.
mausoleu *m arq* mausoleo.
maxil·lar *a* y *m anat* maxilar.
màxim, a *a* máximo. || *m* máximo.
màxima *f* máxima.
me *pron* me (forma del *pron* personal de primera persona cuando no le siguen **hi** u **ho** y se encuentra inmediatamente detrás de un verbo acabado en consonante o "u" o bien ante un *pron* débil).
meandre *m* meandro, recodo.
mec, a *a* y *s* lampiño.
mecànic, a *a* y *s* mecánico. || *f* mecánica.
mecanisme *m* mecanismo.
mecanitzar *v tr* mecanizar.
mecanografia *f* mecanografía.
mecenes *s* mecenas.
medalla *f* medalla.
medalló *m* medallón.
medecina *f V* **medicament**.
medi *m* medio (substancia circundante, conjunto de personas o circunstancias).
mediació *f* mediación.
mediana *f* mediana.
mediatitzar *v tr* mediatizar.
mèdic, a *a med* médico.
medicació *f med* medicación.
medicament *m med* medicamento, medicina (*f*).
medicar *v tr med* medicar, medicinar.
medicina *f* ***1*** *med* medicina (ciencia). ***2*** *med V* **medicament**.
medicinal *a* medicinal.
medieval *a* medieval.
mediocre *a* mediocre.
mediocritat *f* mediocridad.
meditabund, a *a* meditabundo.
meditació *f* meditación.
meditar *v tr* e *intr* meditar.
mediterrani, ània *a* mediterráneo.
medul·la *f anat* médula, meollo (*m*).
medusa *f zool* medusa.
megafonia *f* megafonía.
megalític, a *a* megalítico.
meitat *f* mitad.
mel *f* miel.
melangia *f V* **malenconia**.
melanina *f biol* melanina.
melena *f med* melena.
melga *f bot* alfalfa (*Medicago sativa*).
melic *m anat* ombligo.
melicotó *m bot* melocotón.
melicotoner *m bot* melocotonero, melocotón (*Prunus persica*).
melindro *m* bizcocho. || *pl fig* remilgos.
melindrós, osa *a* y *s* ***1*** melindroso. ***2*** minoso.
melmelada *f* mermelada.
meló *m bot* melón.
melodia *f* melodía.
melodrama *m* melodrama.
melonera *f bot* melón (*Cucumis melo*).
melopea *f mús* melopea.
melós, osa *a* meloso.
melsa *f anat* bazo (*m*).
membrana *f* membrana.
membre *m* miembro.
memorable *a* memorable.
memòria *f* memoria. || *f pl* recuerdos (*m*), memorias. || **de m.** de carretilla.
memorial *m* memorial.
memoritzar *v tr* memorizar.
mena *f* ***1*** mena (mineral). ***2*** clase, especie, calaña.
menar *v tr* ***1*** conducir, llevar. ***2*** trabajar en aparcería.
menció *f* mención.
mencionar *v tr* mencionar.
mendicant *s* mendigo.
mendicar *v tr* mendigar.
mener *m* filón, yacimiento, mina (*f*).
menester *m* menester (necesidad).
menestral, a *a* y *s* menestral.
mengera *f* gana, apetito (*m*), apetencia.
mengívol, ívola *a* apetitoso.
menhir *m* menhir.
meninge *f anat* meninge.
menisc *m anat* menisco.
menjada *f* comida (acción).
menjador *m* comedor.
menjadora *f* pesebre (*m*).
menjament *m V* **menjada**.
menjar *v tr* comer, manducar, jamar.
menjar *m* comida (*f*), comer, vianda (*f*), manduca.
menjussa *f* bazofia.
menopausa *f med* menopausia.
menor *a* y *s* menor.
menorquí, ina *a* y *s* menorquín.
menovell *m anat* meñique.
menstruació *f* menstruación.
mensual *a* mensual.
mensualitat *f* ***1*** mensualidad. ***2*** *V* **mesada**.
ment *m* mente.
menta *f* ***1*** menta (licor). ***2*** *bot* menta (*gén Menta*). ***3*** *bot* hierbabuena (*M. spicata*).
mental *a* mental.
mentalitat *f* mentalidad.
mentida *f* mentira, bola, trola, embuste (*m*).
mentider, a *a* y *s* ***1*** mentiroso. ***2*** embustero. ***3*** *V* **mentidor**.
mentidor, a *a* y *s* mentidor.
mentir *v intr* mentir.
mentó *m anat* mentón, barba (*f*), barbilla (*f*).
mentor, a *s* ayo.
mentre *adv* mientras. || **m. que** mientras que.
mentrestant *adv* mientras tanto, entretanto, en el ínterin.
menú *m* minuta (*f*), menú.
menudesa *f* menudencia, pequeñez.
menuell *m anat V* **menovell**.
menut, uda *a* menudo, pequeño. || *m pl* menudillos, menudos. || **sovint i m.** muy a menudo. || **a la menuda** al por menor; a la menuda; por menudo; a granel.
menys *a* y *adv* menos.
menyscabament *m* menoscabo.

menyscabar *v tr* amenguar.
menyscapte *m V* **menyscabament**.
menyscreient *a* descreído.
menyspreable *a* despreciable.
menyspreament *m*, **menyspreança** *f V* **menyspreu**.
menysprear *v tr* ***1*** menospreciar, tener en poco. ***2*** despreciar, menospreciar.
menyspreu *m* desprecio, menosprecio.
menystenir *v tr V* **menysprear** 1.
meravella *f* maravilla.
meravellar *v tr* y *pron* maravillar.
meravellós, osa *a* maravilloso.
mercadal *m* lugar donde está o suele estar el mercado.
mercader, a *s* mercader.
mercaderia *f* mercancía, mercadería.
mercant *a* y *m* mercante.
mercantil *a* mercantil.
mercat *m* mercado.
mercè *f* merced. || *f pl* gracias (expresión de gratitud).
mercenari, ària *a* y *s* mercenario.
merceria *f* mercería.
mercuri *m quím* mercurio, azogue.
merda *f* mierda.
merder *m* estercolero.
mereixement *m* merecimiento.
merèixer *v tr* merecer.
merescudament *adv* merecidamente.
meretriu *f* meretriz (prostituta).
meridià, ana *a* y *m* meridiano.
meridional *a* y *s* meridional.
mèrit *m* mérito.
meritar *v tr* ***1*** *V* **merèixer**. ***2*** devengar.
meritori, òria *a* y *s* meritorio.
merla *f ornit* mirlo (*m*) (*Turdus merula*).
merlet *m* almena (*f*).
mero *m ictiol* mero (*Epinephelus guaza*).
mes *m* mes.
mes *conj* mas, pero, empero.
més *adv* y *a* más. || **a m., a m. a m., de m. a m.** además.
mesa *f* mesa (personas que dirigen una asamblea, etc.).
mesada *f* mensualidad, mesada.
mesc *m bot* almizcle.
mescla *f* ***1*** mezcla, mezcladura, mezclamiento (*m*). ***2*** mezcla (tejido).
mescladissa *f* mezcolanza.
mesclador, a *a* y *s* mezclador.
mesclament *m V* **mescla** 1.
mesclar *v tr* y *pron* mezclar.
mesquí, ina *a* ***1*** mezquino. ***2*** menguado.
mesquita *f* mezquita.
messes *f pl* mies (*sing*), mieses.
messió *f* gasto (*m*).
mestís, issa *a* y *s* mestizo.
mestissatge *m* mestizaje.
mestrança *f* maestranza.
mestratge *m* magisterio (enseñanza).
mestre, ra *a V* **mestrívol**. || *s* maestro. || **m. d'aixa** calafate (carpintero de buques).
mestressa *f* ama, dueña.
mestrívol, a *a* maestro.
mesura *f* ***1*** *V* **mesurament**. ***2*** medida, comedimiento (*m*). ***3*** mesura. || **a m. que** a medida que.
mesurable *a* medible.
mesurament *m* ***1*** medición (*f*). ***2*** tanteo.
mesurar *v tr* ***1*** medir. ***2*** tantear.
mesurat, ada *a* mesurado, comedido.
mesuratge *m V* **mesurament**.
meta *f* meta.
metabolisme *m biol* metabolismo.
metacarp *m anat* metacarpo.
metacrilat *m* metacrilato.
metafísic, a *a* metafísico. || *f* metafísica.
metàfora *f* metáfora.
metall *m* metal.
metàl·lic, a *a* y *m* metálico.
metal·loide *m quím* metaloide.
metal·lúrgia *f* metalurgia.
metal·lúrgic, a *a* y *s* metalúrgico.
metamorfosi *f* metamorfosis, metamórfosis.
metatars *m anat* metatarso.
meteòric, a *a* meteórico.
meteorit *m astron* meteorito.
meteorologia *f* meteorología.
metge *m* médico.
metgessa *f med* médica.
metjar *v tr V* **medicar**.
mètode *m* método.
metòdic, a *a* metódico.
metodista *a* y *s* metodista.
metralla *f* metralla.
metralladora *f* ametralladora.
metrallar *v tr mil* ametrallar.
metralleta *f mil* metralleta, subfusil (*m*).
metre *m* metro (medida).
mètric, a *a* métrico. || *f* métrica.
metro *m* metro.
metròpoli *f* metrópoli.
metropolità, ana *a* y *m* metropolitano.
metxa *f* mecha.
metzina *f* veneno (*m*), ponzoña.
metziner, a *a*, **metzinós, osa** *a* venenoso, ponzoñoso.
mèu *m V* **miol**.
meu, meva *a*, **meua** *a* mi (posesivo). || *pron* mío.
meuca *f* meretriz.
mexicà, ana *a* y *s* mejicano, mexicano.
mi *m mús* mi.
mi *pron* mí.
miasma *m med* miasma.
mica *f* ***1*** mica (mineral). ***2*** *fig* ápice, migaja, cacho (*m*), poco (*m*), pizca, brizna, chispa. ***3*** triza. || *f pl* añicos (*m*). || *adv* algo. || **fer miques** hacer trizas, trizar.
mico *m zool* mico, mono.
microbi *m biol* microbio.
microclima *m* microclima.
microfilm *m* microfilm, microfilme.
micròfon *m* micrófono.
microones *m* microondas.
microorganisme *m* microorganismo.
microscopi *m* microscopio.

mida *f V* **mesura** 2.
midó *m* almidón.
mig *m 1 V* **meitat**. *2* medio, mitad (*f*) (centro, etc.). || **al m.** en medio.
mig, mitja *a 1* medio. *2 mat* medio. || **m., m.** así, así; no del todo bien. || **a mitges** *V* **m., m.**
migdia *m 1* mediodía (hora). *2* mediodía.
migdiada *f* siesta.
migjorn *m V* **migdia** 2.
migració *f* migración.
migrada *f V* **migrament**.
migrament *m*, **migrança** *f 1* consunción (*f*). *2* añoranza (*f*).
migranya *f med* jaqueca, migraña.
migrar-se *v pron fig* consumirse.
migrat, ada *a* desmedrado.
migtemps *m* entretiempo.
mil *a* mil. || *m 1* mil (el número). *2 V* **milenar**.
milenar *m*, **miler** *m* millar, mil.
milícia *f mil* milicia.
milicià, ana *a* y *s* miliciano.
milió *m* millón.
milionari, ària *a* y *s* millonario.
militant *a* y *s* militante.
militar *a* y *s mil* militar.
militar *v intr* militar.
mill *m bot* mijo, borona (*f*) (*Panicum miliaceum*).
milla *f* milla.
mil·lenni *m* milenio.
mil·lèsim, a *a* milésimo. || *m* milésima (*f*).
mil·libar *m fís* milibar.
mil·ligram *m* miligramo.
mil·lilitre *m* mililitro.
mil·límetre *m* milímetro.
millor *a* y *adv* mejor.
millora *f 1* mejora. *2* mejoría (de una persona enferma). *3* medra, medro (*m*).
millorança *f V* **millora** 2.
millorar *v tr* e *intr* mejorar.
milloria *f* mejoría (ventaja o superioridad).
mim *s* y *m* mimo.
mimetisme *m* mimetismo.
mímica *f* mímica.
mimosa *f bot* mimosa (*gén Mimosa*).
mina *f 1 V* **mener**. *2* mina (de agua). *3 mil* mina.
minaire *s* minero.
minar *v tr* minar.
minaret *m arq* minarete.
miner, a *a* minero. || *s V* **minaire**.
mineral *a* y *m* mineral.
miniar *v tr* miniar.
miniatura *f* miniatura.
minifaldilla *f* minifalda.
mínim, a *a* mínimo. || *f mús* mínima.
ministeri *m* ministerio.
ministra *f* ministra.
ministre *m* ministro.
ministressa *f* ministra (cargo).
minoria *f* minoría.
minoritat *f* minoría, minoridad.
minova *f med* lamparón (*m*).
minso, sa *a* endeble.
minúcia *f* minucia.
minuciós, osa *a* minucioso.
minuend *m mat* minuendo.
minúscul, a *a* minúsculo.
minusvàlid, a *a* y *s* minusválido.
minut *m* minuto.
minuta *f* minuta.
minva *f 1* mengua, merma, menguamiento (*m*) (efecto). *2* menguante (*m*). *3 V* **minvant** 2.
minvada *f 1 V* **minva** 2. *2* menguado (*m*) (en las medias).
minvadet *m V* **minvada** 2.
minvament *m* mengua (*f*), merma (*f*), menguamiento (acción).
minvant *a* menguante. || *m 1 V* **minva** 2. *2* menguante (de luna).
minvar *v intr 1* menguar (en las medias). *2* menguar (la luna). *3* mermar, menguar, amenguar (restar, quitar).
mínvol, a *a V* **migrat**.
minvós, osa *a V* **minvant**.
minyó, ona *s* muchacho, chaval, chico.
minyona *f* criada.
minyonesa *f*, **minyonia** *f* mocedad, muchachez.
miol *m* maullido, maúllo, miau.
miolar *v intr* maullar, miar.
miop *a* y *s med* miope.
miopia *f med* miopía.
miquel *m 1* chasco. *2* pega.
mira *f 1* mira. *2* mira, mirilla (en instrumentos topográficos).
miracle *m* milagro.
miraculós, osa *a* milagroso.
mirada *f* mirada.
mirador *m* mirador.
mirall *m 1* espejo. *2 fig* dechado.
mirament *m 1* miramiento. *2* primor.
mirar *v tr 1* mirar. *2* catar, mirar. || *v intr* dar a. || *v pron* mirarse. || **mirar-s'hi** poner atención y cautela.
mirat, ada *a* mirado.
miratge *m* espejismo.
mirra *f quím* mirra.
misantropia *f* misantropía.
miscel·lània *f* miscelánea.
míser, a *a* mísero.
miserable *a* miserable.
misèria *f* miseria.
misericòrdia *f* misericordia.
miseriós, osa *a V* **miserable**.
missa *f* misa.
missatge *m* mensaje.
missatger, a *a* y *s* mensajero.
missatgeria *f* mensajería.
míssil *m mil* misil.
missió *f* misión.
missiva *f* misiva.
misteri *m* misterio.
misteriós, osa *a* misterioso.
mística *f* mística.
misto *m* fósforo, mixto.
mite *m* mito.
mitgenc, a *a* mediano (de calidad intermedia).
mític, a *a* mítico.

mitigar *v tr* mitigar.
míting *m* mitin.
mitja *f* media, calceta, calza (prenda).
mitjà, ana *a* mediano. || *m* medio (para conseguir una cosa). || *m pl* medios.
mitjalluna *f* media luna.
a mitjan *loc adv* a mediados de.
mitjana *f* ***1*** *mat* media. ***2*** promedio (*m*). ***3*** *geom* mediana.
mitjançant *prep* mediante.
mitjançar *v intr* mediar.
mitjanceria *f* *V* **mediació**.
mitjania *f* medianía, promedio (*m*).
mitjanit *f* medianoche.
mitjó *m* calcetín.
mitologia *f* mitología.
mix, a *s* *V* **moix**. || **mix mix** miz (para llamar al gato).
mixt, a *a* mixto.
mixtura *f* mixtura.
mòbil *a* y *m* móvil.
mobiliari *m* mobiliario.
mobilitat *f* movilidad.
mobilització *f* movilización.
mobilitzar *v tr* y *pron* movilizar.
moblar *v tr* amueblar.
moblatge *m* *V* **mobiliari**.
moble *a* y *m* mueble.
moc *m* ***1*** moco (de la nariz). ***2*** *fig* *V* **miquel**. ***3*** moco, costra (*f*) (parte quemada). ***4*** *náut* moco.
mocador *m* ***1*** pañuelo (en general). ***2*** moquero, lienzo.
mocallós, osa *a* *V* **mocós**.
mocar *v tr* ***1*** sonar, mocar (las narices). ***2*** chasquear. ***3*** despabilar. || *v pron* sonarse, mocarse.
moció *f* moción.
mocós, osa *a* mocoso.
moda *f* moda.
modalitat *f* modalidad.
mode *m* ***1*** modo. ***2*** *mús* modo.
model *m* modelo. || *s* modelo.
modelar *v tr* modelar.
modèlic, a *a* modélico.
moderació *f* moderación.
moderar *v tr* y *pron* moderar.
modern, a *a* moderno.
modernitzar *v tr* y *pron* modernizar.
modest, a *a* ***1*** modesto. ***2*** recatado.
modèstia *f* ***1*** modestia. ***2*** recato (*m*).
mòdic, a *a* módico.
modificar *v tr* y *pron* modificar.
modisme *m* *gram* modismo.
modista *s* modista. || *m* modisto, modista.
mòdul *m* módulo.
modular *v tr* modular.
mofa *f* mofa.
mofar-se *v pron* mofarse, burlarse, chunguearse.
mofeta *a* y *s* burlón. || *f* *zool* mofeta (*Mephitis mephitis*).
mogol *a* y *s* *V* **mongol**.
moguda *f* partida.
moix, a *a* mustio. || *s* gato.
moixaina *f* caricia, mimo (*m*).
moixí *a* **pèl m.** bozo, vello.
moixó *m* *ornit* pájaro (ave pequeña). || *m pl zool* pájaros (orden).
moixoni! *interj* ¡chitón!, ¡chito!
mola *f* ***1*** muela (de molino). ***2*** muela (de afilar). ***3*** muela (de agua). ***4*** mola. ***5*** mole (bulto grande). ***6*** cardumen (*m*), banco (*m*) (de peces).
molar *a* molar. || *f anat* molar (*m*) (diente molar, muela).
molar *v tr* afilar.
moldau, ava *a* y *s* moldavo.
moldre *v tr* moler, molturar.
molècula *f* molécula.
molest, a *a* ***1*** molesto. ***2*** engorroso.
molestar *v tr* molestar.
molèstia *f* molestia.
molí *m* molino.
moll *m* ***1*** *anat* meollo, médula (*f*), tuétano. ***2*** *fig* punto clave, punto esencial. ***3*** *náut* muelle, embarcadero (de un puerto). ***4*** andén, muelle (de estación, etc.).
moll *m* *ictiol* salmonete (*Mullus barbatus*).
moll, a *a* ***1*** blando, muelle. ***2*** empapado.
molla *f* ***1*** miga. ***2*** *fig* *V* **mica** 2. ***3*** muelle (*m*) (pieza elástica).
mollesa *f* blandura.
mol·lície *f* molicie.
molló *m* mojón, hito, término, linde.
molls *m pl* tenazas (*f*) (para los leños).
mol·luscs *m pl zool* moluscos.
molsa *f* *bot* musgo (*m*).
molt, a *a* mucho. || *adv* ***1*** mucho. ***2*** muy.
moltó *m* ***1*** *zool* carnero. ***2*** *mil* ariete.
moma *f* *fig* momio (*m*), breva.
moment *m* momento.
momentani, ània *a* momentáneo.
mòmia *f* momia.
mon *a* mi.
món *m* mundo.
mona *f* ***1*** mona. ***2*** *zool* mona (*Macaca sylvanus*). ***3*** mona (juego de cartas).
monada *f* monería.
monarca *s* monarca.
monarquia *f* monarquía.
monàrquic, a *a* y *s* monárquico.
moneda *f* moneda.
moneder *m* monedero.
monestir *m* monasterio.
mongeta *f* ***1*** *bot* judía, habichuela, alubia. ***2*** *bot* *V* **mongetera**.
mongetera *f* *bot* judía, habichuela, alubia (*Phaseolus vulgaris*).
mongol, a *a* y *s* mongol, mogol.
moniato *m* *bot* boniato, batata (*f*), moniato (*Ipomoea batatas*).
monitor, a *s* monitor. || *m* monitor.
monja *f* monja.
monjo *m* monje.
monjoia *f* *V* **molló**.
monografia *f* monografía.
monòleg *m* monólogo.
monòlit *m* monolito.

monomania *f* monomanía.
monopoli *m* monopolio.
monosíl·lab, a *a* y *m gram* monosílabo.
monòton, a *a* monótono.
monotonia *f* monotonía.
monsenyor *m* monseñor.
monsó *m* monzón.
monstre *m 1* monstruo. *2 fig* engendro.
monstruós, osa *a* monstruoso.
mont *m V* **muntanya** 1 (úsase *esp* en la formación de topónimos).
montenegrí, ina *a* y *s* montenegrino.
monticle *m geog* montículo, cerro.
montuós, osa *a V* **muntanyós**.
monument *m* monumento.
monumental *a* monumental.
monyeca *f* muñeca (envoltorio).
monyo *m* moño (de pelo).
monyó *m 1 anat* muñón (de un miembro). *2 agr* tetón. *3 anat* muñeca (*f*) (de mano y antebrazo).
moqueta *f* moqueta.
moquim *m*, **moquís** *m V* **moc** 3.
móra *f bot* mora.
moradura *f med* cardenal (*m*), moretón (*m*).
moral *a* y *f* moral. || *f* moraleja, moralidad.
moralitat *f 1* moralidad. *2 V* **moral**.
morat, ada *a* morado. || *m 1* morado. *2 med V* **moradura**.
moratòria *f* moratoria.
morb *m med* morbo.
mòrbid, a *a* mórbido.
morbós, osa *a* morboso.
mordaç *a* mordaz.
mordassa *f* mordaza.
morè, ena *a* moreno.
morena *f 1 ictiol* morena (*Muraena helena*). *2 med* almorrana, hemorroide. *3 geol* morrena, morena.
moreno, na *a V* **morè**.
morenor *f* morenez.
morent *a* y *s V* **moribund**.
morer *m*, **morera** *f bot* moral (*m*) (*Morus nigra*).
moresc, a *a V* **moro**. || *m bot* maíz (*Zea mays*).
morfema *m gram* morfema.
morfina *f* morfina.
moribund, a *a* y *s* moribundo.
moridor, a *a* perecedero, mortal.
morigerar *v tr* morigerar (moderar).
morir *v intr* y *pron* morir, finar, fallecer, diñar, diñarla (*fam*), palmar.
morma *f* guantazo (*m*), galleta.
mormó, ona *s* mormón.
mormol *m V* **murmuri**.
moro, a *a* moro, moruno. || *s* moro.
morós, osa *a* moroso.
morral *m 1* morral. *2 fig* morral, persona grosera.
morralles *f pl* cabezada (*sing*) (de una caballería).
morrena *f geol* morrena, morena.
morrió *m 1* bozal. *2 mil* morrión.
morro *m anat V* **musell**. || *m pl* morro (*sing*) (labios prominentes). || **fer morros** poner el morro prominente en señal de enfado.
morrot *m agr* morro (contrafuerte).
morsa *f zool* morsa (*Odobenus rosmarus*).
mort *f* muerte, fallecimiento (*m*).
mort, a *a* y *s* muerto, extinto. || *m 1 fig* mochuelo, asunto enojoso. *2 fig* persona que no sirve para nada.
mortal *a 1 V* **moridor**. *2* mortal (que causa la muerte). *3 fig* mortal. || *s* mortal.
mortaldat *f* mortandad.
mortalitat *f* mortalidad.
morter *m 1* mortero, almirez (recipiente). *2 mil* mortero. *3* mortero, argamasa (*f*).
mortificar *v tr* mortificar.
morú, una *a V* **moro**.
mos *m 1* bocado, taco (de comida). *2* bocado (del freno).
mosaic, a *a* mosaico. || *m* mosaico.
mosca *f 1 entom* mosca (*Musca domestica*). *2* mosca (pelo).
moscalló *m entom* tábano (*gén Tabanus*)
moscatell *a* y *m* moscatel.
mosquit *m entom* mosquito (*Culex pipiens*, *gén Anopheles* y otros).
mossa *f* muchacha, moza.
mòssa *f 1* mella (en el filo de un arma). *2* muesca (para encajar).
mossada *f* piscolabis (*m*), taco (*m*).
mossegada *f* mordisco (*m*), mordedura, bocado (*m*).
mossegar *v tr* morder, mordiscar, mordisquear. || *v pron* morderse.
mossèn *m* mosén.
mosso *m 1* mozo. *2* gañán.
most *m* mosto.
mostassa *f bot* mostaza (*Brassica nigra*).
mostatxo *m* mostacho, bigote.
mostela *f zool* comadreja, mustela (*Mustela nivalis*).
mostra *f 1* muestra. *2* desfile (*m*). *3* muestra (cantidad de mercancía). *4* muestra (enseña de una tienda). *5* muestra (ejemplar, modelo). *6* dibujo (*m*) (*m*) (en un tejido).
mostrar *v tr* y *pron* mostrar.
mostrari *m* muestrario.
mot *m 1 gram* vocablo, voz (*f*). *2 agr* mota (*f*). || **mots encreuats** crucigrama.
mota *f 1* mota (eminencia). *2 agr* pella (de tierra). *3* caudal (*m*). *4 V* **mola** 6.
motada *f* insulto (*m*), injuria (de palabra).
motejar *v tr* apodar.
motel *m* motel.
motí *m* motín.
motiu, iva *a* motivo. || *m* motivo.
motivació *f* motivación.
motivar *v tr* motivar.
motlle *m*, **motllo** *m* molde.
motllura *f 1* moldura. *2* artesón (*m*).
motllurar *v tr* moldurar.
moto *f*, **motocicleta** *f* motocicleta, moto.
motociclisme *m* motociclismo.
motor, a *a* y *m* motor.
motorista *s* motorista.
motoritzar *v tr* y *pron* motorizar.
motriu *a* motriz.

motxilla *f* mochila.
motxo, a *a V* **moix**.
moure *v tr* y *pron* mover.
moviment *m* movimiento.
mucós, osa *a* mucoso. || *f* mucosa (membrana).
muda *f 1* mudanza (*f*), muda (*f*). *2* muda (de ciertos animales). *3 V* **mudada**.
mudada *f* muda (de ropa).
mudança *f* mudanza (*f*), muda (*f*).
mudar *v tr, intr* y *pron* mudar.
mudesa *f med* mudez.
mufló *m zool* muflón (*Oris musimon*).
mugiment *m V* **mugit**.
mugir *v intr 1* mugir. *2* berrear (los becerros).
mugit *m 1* mugido. *2* berrido (del becerro).
mugró *m anat* pezón.
mul *m zool* mulo.
mula *f 1 zool* mula. *2* callo (*m*) (en las manos).
mulat, a *a* y *s* mulato.
muleta *f náut* muleta.
mulla *f* hoya, olla (en un río).
mullar *v tr* y *pron* mojar.
mullena *f* remojón (*m*).
muller *f* mujer.
mullim *m V* **mullena**.
multa *f* multa.
multar *v tr jur* multar.
multicel·lular *a biol* multicelular.
multicolor *a* multicolor.
multimèdia *a* multimedia.
múltiple *a* múltiple.
múltiple, la *a* y *m mat* múltiplo.
multiplicació *f* multiplicación.
multiplicar *v tr* y *pron* multiplicar.
multitud *f* multitud, muchedumbre, pelotón.
mundà, ana *a*, **mundanal** *a* mundano, mundanal.
mundial *a* mundial.
munició *f mil* munición.
municipal *a* y *s* municipal.
municipi *m* municipio.
munió *f 1 V* **multitud**. *2* montón (*m*) (cosas).
munir *v tr mil* abastecer.
munt *m 1 V* **muntanya** 1. *2* montón, pila (*f*) (de cosas). || **un m.** *fig* muchas cosas. || **a munts** a montones.
munta *f* reclamo (*m*).
muntà, ana *a V* **muntanyenc**.
muntacàrregues *m* montacargas.
muntador, a *s* montador (operario).
muntant *m 1* montante (de una construcción). *2 arq* jamba (*f*). *3* montante (espada).
muntanya *f 1* montaña, monte (*m*). *2 fig* monte (*m*) (dificultad).
muntanyà, ana *a V* **muntanyenc**.
muntanyenc, a *a* montañoso, montuoso. || *s* montañés.
muntanyès, esa *a V* **muntanyenc**. || *a* y *s* montañés.
muntanyós, osa *a* montañoso, montuoso.
muntar *v tr 1* montar. *2* montar (cabalgar). *3* amartillar (un arma). *4* montar (una piedra preciosa). || *v intr 1* subir, montar. *2* montar.
muntatge *m* montaje, montura (*f*).
muntitjol *m geog V* **monticle**.
muntura *f 1* montura. *2 V* **muntatge**. *3* montura (de una piedra preciosa, etc.).
munyir *v tr* ordeñar.
mur *m 1* muro. *2 V* **muralla**.
mural *a* mural. || *m* mural, pintura mural.
muralla *f* muralla, muro (*m*). || **m. de mar** espolón.
murallar *v tr* murar.
muralleta *f arq* pretil (*m*).
murga *f 1* murga (de músicos). *2 fig fam* murga, gaita, lata, tabarra.
murmuració *f* murmuración.
murmurar *v intr 1 V* **murmurejar**. *2* murmurar, murmullar, hablar mal.
murmurejar *v intr* murmurar, murmullar (las aguas, el viento, etc.).
murmuri *m* murmullo, murmurio.
murri, múrria *a* y *s* pillo, pillete. || *a fam* taimado.
murrieria *f* taimería.
mus, ssa *a* chato, mocho. || *m* mus (juego).
musaranya *f zool* musaraña (*m*) (*Sorex vulgaris*).
muscle *m anat* hombro.
musclera *f* hombrera.
musclo *m zool* mejillón (*gén Mytilus*).
múscul *m anat* músculo.
muscular *a anat* muscular.
musculat, ada *a* musculado, musculoso.
musculatura *f anat* musculatura.
musculós, osa *a 1 anat* musculoso (formado por músculos). *2 V* **musculat**.
musell *m anat* hocico, morro.
museu *m* museo.
músic, a *a* y *s mús* músico. || *f* música.
musical *a mús* musical.
musicar *v tr mús* musicar.
musiqueries *f pl* perifollos (*m*).
mussitar *v tr* musitar. || *v intr* bisbisear, bisbisar.
mussol *m 1 ornit* mochuelo (*Athene noctua*). *2 fig* persona que apenas habla. *3 med* orzuelo.
musteir *v tr* y *pron V* **marcir**.
musti, mústia *a 1* mustio. *2 V* **marcit**.
mústic, iga *a 1 V* **musti** 1. *2 V* **marcit**.
mustigar *v tr* y *pron V* **marcir**.
musulmà, ana *a* y *s* musulmán.
mut, muda *a* y *s* mudo.
mutació *f* mutación.
mutilar *v tr* mutilar.
mutis *m 1* mutis. *2 V* **moixoni!**
mutisme *m* mutismo.
mutu, mútua *a* mutuo.
mutualitat *f* montepío (*m*).

N

na *f* forma femenina del tratamiento **en**.
nació *f* nación.
nacional *a* nacional.
nacionalisme *m* nacionalismo.
nacionalitat *f* nacionalidad.
nacionalització *f* nacionalización.
nacionalitzar *v tr* y *pron* nacionalizar.
nacre *m* nácar.
Nadal *m* Navidad (*f*), Natividad (*f*).
nadala *f mús* villancico (*m*).
nadalenc, a *a* navideño.
nadiu, a *a 1* nativo, natal (del lugar en que uno ha nacido). *2 V* **natal**. || *a* y *s* nativo, natural (originario de un lugar o país).
nadó *m* recién nacido.
nafra *f med* herida, llaga.
nafrar *v tr 1 med* llagar. *2* herir.
naftalina *f* naftalina.
naip *m* naipe, carta (*f*).
naixedura *f med* panadizo (*m*), panarizo (*m*) (epidérmico).
naixement *m 1 V* **naixença**. *2* belén, pesebre.
naixença *f* nacimiento (*m*) (acción).
naixent *a* naciente.
nàixer *v intr V* **néixer**.
naixó *f V* **naixença**.
nan, a *a* y *s* enano. || *s* cabezudo (figura festiva).
nansa *f 1* asa. *2 náut* nasa.
nap *m bot* nabo (*Brassica napus*).
narcís *m bot* narciso (*gén Narcissus*).
narcòtic, a *a* y *s* narcótico.
narcotràfic *m* narcotráfico.
nard *m bot* nardo (*Polianthes tuberosa*).
nariu *m anat* nariz (*f*), ventana de la nariz.
narració *f* narración.
narrar *v tr* narrar.
narratiu, iva *a* narrativo. || *f* narrativa.
nas *m* nariz (*f*).
nasal *a* nasal.
nascut, uda *a* nacido.
nat, ada *a 1 V* **nascut**. *2* nato. || **nou n.** *V* **nadó**.
nata *f 1* nata, crema. *2 fig* bofetada, bofetón (*m*).
natació *f* natación.
natal *a* natal.
natalici, ícia *a* natalicio. || *m* natalicio, cumpleaños.
natalitat *f* natalidad.
natilla *f* natas (nata batida).
natiu, iva *a 1* nativo. *2 V* **natal**. *3 V* **nadiu** 1.
Nativitat *f* Natividad.
natja *f anat* nalga.
natura *f 1 V* **naturaleza**. *2* natura (órganos genitales). || **n. morta** bodegón.
natural *a* natural. || *a* y *s V* **nadiu**. || *m* natural, índole (*f*).
naturalesa *f* naturaleza, natura.
naturalitat *f* naturalidad.
naturalitzar *v tr* y *pron* naturalizar.
naturalment *adv* naturalmente.
naturisme *m* naturismo.
nau *f 1 náut* nave, nao, barco (*m*), buque (*m*), navío (*m*). *2* nave (de edificio).
nàufrag, a *a* y *s* náufrago.
naufragar *v intr* naufragar.
naufragi *m*, **naufraig** *m* naufragio.
nàusea *f med* náusea, basca, ansia, asco (*m*).
nauseabund, a *a* nauseabundo.
nauta *m poét* nauta.
nàutic, a *a* náutico. || *f* náutica.
naval *a náut* naval.
navalla *f 1* navaja. *2 zool* navaja (*Solen marginatus*).
navegable *a* navegable.
navegació *f* navegación.
navegar *v intr náut* navegar.
navili *m náut V* **nau** 1, *esp* de guerra.
navilier, a *a* y *s náut* naviero.
nazisme *m* nazismo.
nebot, oda *s* sobrino.
nebulitzador, a *a* y *m med* nebulizador.
nebulós, osa *a* nebuloso. || *f astron* nebulosa.
necessari, ària *a* necesario.
necessitar *v tr* y *pron* necesitar.
necessitat *f* necesidad.
necessitat, ada *a* y *s* menesteroso.
neci, nècia *a* y *s* necio.
neciesa *f* necedad.
nècora *f zool* nécora (*Necora puber*).
nèctar *m* néctar.
nedador, a *a* y *s* nadador.
nedant *loc adv* a nado.
nedar *v intr* nadar.
neerlandès, esa *a* y *s* holandés, neerlandés.
nefast, a *a* nefasto.
negació *f* negación.
negament *m* anegación (*f*), anegamiento, aluvión, arriada (*f*).
negar *v tr* y *pron 1* negar. *2* anegar, ahogar. *3* anegar.
negatiu, iva *a* y *m* negativo. || *m* negativo (fotografía). || *f* negativa, denegación.
negativament *adv* negativamente.
negligència *f* negligencia.
negoci *m* negocio.
negociació *f* negociación.
negociador, a *a* y *s* negociador.

negociar *v tr* e *intr* negociar.
negre, a *a* y *s* negro. || *a* tinto (aplicado al vino o a la uva).
negreta *f* negrilla.
neguit *m* desasosiego.
neguitejar *v tr* y *pron* desasosegar.
néixer *v intr* nacer.
nen, a *s* niño, chiquillo, chico, chavea.
nenúfar *m bot* nenúfar (*gén Nymphaea*).
neó *m quím* neón.
neòfit, a *s* neófito.
neolític, a *a* neolítico.
neozelandès, esa *a* y *s* neozelandés.
nepalès, esa *a* y *s* nepalés.
nervi *m anat* nervio.
nerviós, osa *a* nervioso.
nerviüt, üda *a* nervudo.
nespla *f*, **nespra** *f bot* níspero (*m*), níspola.
net, a *a* ***1*** limpio. ***2*** terso. ***3*** neto. || **n. i pelat** mondo y lirondo.
nét, a *s* nieto.
netedat *f* limpieza (calidad).
netejavidres *m* limpiacristales (líquido).
netegies *f pl* limpiaduras, mondadura (*sing*).
neteja *f*, **netejada** *f*, **netejament** *m* limpia (*f*), limpieza (*f*), limpiadura (*f*) (acción).
netejar *v tr* y *pron* limpiar. || *v tr* mondar.
neu *f* nieve.
neula *f* ***1*** niebla. ***2*** barquillo (*m*).
neuliment *m* desmedro.
neulir-se *v pron fig* desmedrarse.
neulit, ida *a* y *s* escuchimizado, canijo, desmedrado.
neuràlgia *f med* neuralgia.
neurastènia *f med* neurastenia.
neurocirurgia *f med* neurocirugía.
neurona *f anat* neurona.
neurosi *f med* neurosis.
neuròtic, a *a* y *s* neurótico.
neutral *a* neutral.
neutralitat *f* neutralidad.
neutralitzar *v tr* neutralizar.
neutre, a *a* neutro.
nevada *f* nevada.
nevar *v intr* nevar.
nevera *f* nevera.
nexe *m* nexo.
ni *conj* ni.
nicaragüenc, a *a* y *s* nicaragüeño, nicaragüense.
nici, nícia *a* y *s V* **neci**.
niciesa *f V* **neciesa**.
nicotina *f quím* nicotina.
niell *m geog* cayo, islote (rocoso).
niera *f ornit V* **niu**.
nigerià, ana *a* y *s* nigeriano.
niló *m* nilón, nylon, nailon (tejido).
nimfa *f* ninfa.
nimi, nímia *a* nimio.
nin, a *s* niño, chiquillo, chico, chavea. || *f* ***1*** muñeca (juguete). ***2*** *anat V* **nineta**.
ninada *f* niñada, niñería, chiquillada.
ninesa *f* infancia, niñez.
nineta *f anat* pupila, niña (del ojo).
ningú *pron* nadie, ninguno. || *m* nadie.
ninó, ona *s* nene.
ninot *m* ***1*** muñeco, monigote, pelele. ***2*** mono (escultura o dibujo caricaturesco).
ninotaire *s* dibujante de monigotes.
nínxol *m* nicho.
nipó, ona *a* y *s* japonés, nipón.
níquel *m quím* níquel.
nirvi *m anat V* **nervi**.
nissaga *f* ***1*** alcurnia. ***2*** calaña.
nit *f* noche.
nítid, a *a* nítido.
nitrat *m quím* nitrato.
nitrogen *m* nitrógeno.
niu *m* nido.
nivell *m* nivel.
no *adv* no. || *m* no.
noble *a* y *s* noble.
noblesa *f* nobleza.
noces *f pl V* **núpcies**.
noció *f* noción.
nociu, iva *a* nocivo, dañino, dañoso.
noctàmbul, a *a* y *s* noctámbulo.
nocturn, a *a* nocturno. || *m mús* nocturno.
nodridor, a *a* nutritivo.
nodrir *v tr* nutrir.
nodrissa *f* nodriza.
nodrisser, a *a V* **nutritiu**.
nodrissó *m* lactante, niño de teta.
noguera *f*, **noguer** *m bot* nogal (*m*), noguera (*f*) (*Juglans regia*).
noi, a *s* ***1*** chico, chaval, muchacho. ***2*** niño.
noiada *f* muchachada, muchachería.
noli *m náut* flete.
noliejar *v tr náut* fletar.
nòlit *m náut V* **noli**.
nom *m* nombre. || **n. de pila** nombre de pila.
nòmada *a* y *s*, **nòmade** *a* y *s* nómada.
nombre *m* ***1*** número (expresión de cantidad). ***2*** número (armonía, medida). ***3*** *gram* número. ***4*** *mat V* **número** 1. || **sens n.** sinnúmero, sin número.
nombrós, osa *a* numeroso.
nomenament *m* nombramiento, nominación (*f*).
nomenar *v tr* nombrar, nominar.
nomenclàtor *m* nomenclátor.
nomenclatura *f* nomenclatura.
només *adv* sólo.
nòmina *f* nómina.
nominació *f V* **nomenament**.
nominar *v tr* nominar.
nominatiu, iva *a* nominativo. || *m gram* nominativo.
nopal *m bot* higuera (*f*) chumba, nopal, chumbera (*f*) (*Opuntia ficus-indica*).
nora *f* nuera.
noranta *a* y *m* noventa.
nord *m* norte.
nord-africà, ana *a* y *s* norteafricano.
nord-americà, ana *a* y *s* norteamericano.
nord-est *m* nordeste.
nòrdic, a *a* y *s* nórdico.
nord-oest *m* noroeste.

no-res *m* nada (*f*).
norma *f* norma.
normal *a* normal.
normalitat *f* normalidad.
normalitzar *v tr* normalizar.
normatiu, iva *a* y *f* normativo.
noruec, ega *a* y *s* noruego.
nos *pron* nos (forma que reviste el acusativo-dativo del *pron* **nosaltres** cuando va inmediatamente detrás de un *v* terminado en consonate o en **u**).
nós *pron*, **nòs** *pron fam* nos (yo, en sentido mayestático).
nosa *f* estorbo (*m*). || **fer n.** estorbar.
nosaltres *pron* nosotros.
nostàlgia *f* nostalgia.
nostàlgic, a *a* y *s* nostálgico.
nostrat, ada *a* de nuestra tierra, de nuestra patria.
nostre, a *s*, *a* y *pron* nuestro. || **el n.** *a* y *s* nuestro.
nota *f* nota.
notable *a* y *m* notable.
notar *v tr* notar.
notari, ària *s jur* notario.
notaria *f jur* notaría.
notícia *f* noticia.
noticiar *v tr* noticiar.
noticiari *m* noticiario.
notificar *v tr* notificar.
notori, òria *a* notorio.
nou *f bot* nuez (fruto). || **n. del coll** *anat* nuez de cuello.
nou *a* y *m* nueve.
nou, nova *a* ***1*** nuevo. ***2*** recién. || **de bell n.** de nuevo. || **de n. en n.** siendo completamente nuevo. || **de n.** *V* **de bell n.** || **n. de trinca** flamante.
nou-cents *a* novecientos.
noure *v tr* dañar.
novè, ena *a* y *m* noveno.
novell, a *a* ***1*** novel. ***2*** *V* **novençà**.
novel·la *f* novela.
novel·lista *s* novelista.
novembre *m* noviembre.
novençà, ana *a* bisoño, primerizo. || *a* y *s* novato.
novetat *f* novedad.
novici, ícia *a* y *s* **novençà**.
nu, nua *a* desnudo, nudo. || *m* desnudo.
nuar *v tr* y *pron* anudar.
nuca *f anat* nuca, (*fam*) cogote (*m*).
nucli *m* núcleo.
nudisme *m* nudismo.
nuesa *f*, **nuditat** *f* desnudez.
nul, nul·la *a* nulo.
nul·litat *f* nulidad.
numeració *f* numeración.
numerador *m* numerador.
numerar *v tr* numerar.
numèric, a *a* numérico.
número *m* ***1*** *mat* número (signo). ***2*** número (de un espectáculo).
numismàtica *f* numismática.
nunci *m* nuncio.
nupcial *a* nupcial.
núpcies *f pl* nupcias.
nus *m* ***1*** nudo (lazo). ***2*** *anat* nudillo. ***3*** nudo (de un árbol, de la madera).
nutrició *f* nutrición.
nutritiu, iva *a* nutritivo.
nuvi, núvia *s* ***1*** novio (prometido). ***2*** novio (recién casado).
nuvial *a V* **nupcial**.
núvol *m* nube (*f*), nublado. || *a V* **nebulós**.
nuvolat *m V* **núvol**.
nyanyo *m* chichón, burujón.
nyap *m fig* buñuelo.
nyèbit *m* arrapiezo.
nyicris *s* poca cosa.
de nyigui-nyogui *loc adv* baladí.
nyonya *f* modorra.
nyora *f bot* variedad de guindilla.
nyu *m zool* ñu (*Connochaetes gnu*).

O

o *conj* o.
oasi *m* oasis.
obcecar *v tr* y *pron* obcecar.
obediència *f* obediencia.
obedient *a* obediente.
obeir *v tr* e *intr* obedecer.
obertura *f* ***1*** abertura, apertura, abrimiento (*m*). ***2*** *mús* obertura. ***3*** abertura (grieta). ***4*** abertura (angular). ***5*** apertura (de sesiones; de un testamento).
obès, esa *a* y *s med* obeso.
obesitat *f med* obesidad.
òbit *m* óbito.
objecció *f* objeción, reparo (*m*).
objectar *v tr* objetar.
objecte *m* objeto.
objectiu, iva *a* y *m* objetivo.
oblic, iqua *a* oblicuo, soslayo.
oblidar *v tr* y *pron* olvidar.
obligació *f*, **obligança** *f* obligación.
obligar *v tr* y *pron* obligar.
obligatori, òria *a* obligatorio.
oblit *m* olvido.
oboè *m mús* oboe.

òbol *m* óbolo.
obra *f* obra.
obrador *m* obrador, taller.
obrar *v tr* ***1*** obrar. ***2*** labrar (un objeto). || *v intr* obrar.
obratge *m* labor (*f*) (adorno).
obreampolles *m* abrebotellas.
obrellaunes *m* abrelatas.
obrer, a *a* y *s* obrero, trabajador.
obridor, a *a* y *s* abridor. || *m* ***1*** *V* **obreampolles**. ***2*** *V* **obrellaunes**.
obriment *m V* **obertura** 1.
obrir *v tr* y *pron* abrir.
obscè, ena *a* obsceno.
obscenitat *f* obscenidad.
obscur, a *a* obscuro, oscuro.
obscurir *v tr* y *pron* obscurecer, oscurecer.
obscuritat *f* obscuridad, oscuridad.
obsequi *m* obsequio, regalo.
obsequiar *v tr* obsequiar, regalar.
observació *f* observación.
observar *v tr* observar.
obsessió *f* obsesión.
obstacle *m* ***1*** obstáculo. ***2*** óbice.
obstaculitzar *v tr* obstaculizar.
obstant *a* obstante. || **no obstant això** no obstante.
obstar *v intr* obstar.
obstinació *f* obstinación.
obstinar-se *v pron* obstinarse.
obstrucció *f* obstrucción.
obstruir *v tr* obstruir.
obtenció *f*, **obteniment** *m* obtención (*f*).
obtenir *v tr* obtenir.
obturació *f med* empaste (*m*).
obturar *v tr* obturar.
obtús, usa *a* obtuso.
obús *m* obús.
obvi, òbvia *a* obvio.
obviar *v intr* obviar (*tr*).
oca *f ornit* ganso (*m*), oca, ánsar (*m*) (*Anser anser*).
ocàs *m* ocaso, puesta (*f*).
ocasió *f* ocasión.
ocasional *a* ocasional.
ocasionar *v tr* ocasionar.
occident *m* occidente.
occípit *m anat* occipucio.
occir *v tr* matar.
oceà *m geog* oceáno.
ocell *m ornit* ave (*f*), pájaro.
oci *m* ocio.
ociós, osa *a* ocioso.
ociositat *f* ociosidad.
oclusió *f gram med* oclusión.
ocórrer *v intr* ***1*** ocurrir, acaecer, acontecer, suceder, pasar. ***2*** ocurrir (venir al pensamiento).
ocre *a* ocre (color). || *m* ocre.
octàgon *m*, **octògon** *m geom* octágono.
octubre *m* octubre.
ocular *a* y *m* ocular.
oculista *s med* oculista.
ocult, a *a* oculto.
ocultar *v tr* y *pron* ocultar.
ocupació *f* ***1*** ocupación. ***2*** empleo (*m*).
ocupar *v tr* emplear, dar trabajo. || *v tr* y *pron* ocupar.
ocurrència *f* ocurrencia (suceso casual, ocasión).
oda *f* oda.
odi *m* odio.
odiar *v tr* odiar.
odiós, osa *a* odioso.
odissea *f* odisea.
odontologia *f med* odontología.
odorar *v tr poét V* **olorar**.
odorós, osa *a poét V* **olorós**.
odre *m* odre, pellejo.
oest *m* oeste.
ofec *m med* ahogo, ahoguío.
ofegar *v tr* y *pron* ***1*** ahogar. ***2*** anegar.
ofegor *f* ahogo (*m*) (de un ambiente).
ofendre *v tr* y *pron* ofender.
ofensa *f* ofensa.
oferiment *m* ofrecimiento (acción y efecto).
oferir *v tr* y *pron* ofrecer.
oferta *f* oferta.
ofici *m* oficio.
oficial *a* y *s* oficial.
oficina *f* oficina.
oficinista *s* oficinista.
oficiós, osa *a* oficioso.
ofrena *f* ofrenda.
oftalmologia *f med* oftalmología.
ofuscar *v tr* y *pron* ofuscar.
ogiva *f* ojiva.
ogre *m* ogro.
oh! *interj* ¡oh! (de admiración, sorpresa, etc.).
oi *m med* náusea (*f*), ansia (*f*), asco.
oi *interj* sin duda. || **oi tal** en verdad.
oi? *interj* ¿verdad?, ¿no es cierto?, ¿no es así?, ¿eh? || **oi!** ¡ay! (indicando dolor).
oïble *f* oíble, audible.
oïda *f* oído (*m*).
oidà *interj* ¡estupendo!, ¡bravo! (denota alegría ante un hecho agradable).
oir *v tr* oir, sentir.
oleoducte *m* oleoducto.
olfacte *m* olfato.
oli *m* aceite, óleo.
òliba *f ornit* lechuza, oliva (*Tyto alba*).
oligarquia *f* oligarquía.
olimpíada *f* olimpíada, olimpiada.
olímpic, a *a* olímpico.
oliva *f bot* aceituna, oliva.
oliver *m*, **olivera** *f bot* olivo (*m*) (*Olea europaea*).
olla *f* ***1*** olla (vasija). ***2*** cocido (*m*), olla, puchero (*m*). ***3*** olla, hoya (de una corriente de agua). || **carn d'o.** *V* **olla** 2.
olor *f* olor (*m*).
olorar *v tr* oler.
olorós, osa *a* oloroso.
om *m bot* olmo (*Ulmus carpinifolia*).
ombra *f* sombra.
ombrar *v tr* sombrear, sombrar, asombrar. || *v pron* ponerse a la sombra.

ombrejar *v tr V* **ombrar**.
ombrel·la *f* sombrilla, parasol (*m*), quitasol (*m*).
ombria *f V* **ombra**.
ometre *v tr* omitir.
ominós, osa *a* ominoso.
omís, isa *a* omiso.
omissió *f* omisión.
òmnibus *m* ómnibus.
omnipotència *f* omnipotencia.
omòplat *m anat* omoplato, omóplato.
omplir *v tr 1* llenar. *2* henchir. *3 fig* colmar. || *v pron* llenarse.
on *adv* donde, adonde. || **a on** adonde. || **on que** *V* **onsevulga**.
ona *f 1* onda (en el agua). *2 V* **onada** 1. *3 fís* onda.
onada *f 1* ola (del mar). *2* oleada. *3* ola (de frío; de calor).
onatge *m* oleaje.
oncle *m* tío.
oncologia *f med* oncología.
onda *f* onda (en el cabello, en el vestido, etc.).
ondar *v tr* ondular.
ondejar *v tr V* **ondar**. || *v intr* ondear (formar ondas).
ondulació *f* ondulación.
ondular *v tr V* **ondar**. || *v intr* ondular, ondear, moverse en ondas.
onejar *v intr* olear, ondear (el mar).
onerós, osa *a* oneroso.
onomàstic, a *a* onomástico. || *f* onomástica.
onomatopeia *f* onomatopeya.
onsevulga *adv*, **onsevulla** *adv 1* dondequiera, doquiera, doquier. *2* adondequiera.
onze *a* y *m* once.
opac, a *a* opaco.
opacitat *f* opacidad.
òpal *m* ópalo.
opció *f* opción.
opcional *a* opcional.
òpera *f mús* ópera.
operació *f* operación.
operar *v tr* operar.
operari, ària *s* operario.
opi *m* opio.
opinable *a* opinable.
opinar *v tr* e *intr* opinar.
opinió *f 1* opinión, parecer (*m*). *2* opinión (concepto).
opípar, a *a* opíparo.
oportú, una *a* oportuno.
oportunisme *m* oportunismo.
oportunitat *f* oportunidad.
oposant *a* y *s* oponente.
oposar *v tr* y *pron* oponer.
oposat, ada *a* opuesto.
oposició *f* oposición.
opositor, a *s* opositor.
opressió *f* opresión.
oprimir *v tr* oprimir.
oprobi *m* oprobio.
optar *v intr* optar.
optatiu, iva *a* optativo.
òptic, a *a* y *s* óptico. || *f* óptica.
òptim, a *a* óptimo.
optimisme *m* optimismo.
opulència *f* opulencia.
opuscle *m* opúsculo.
or *m* oro.
oració *f* oración.
oracle *m* oráculo.
orada *f ictiol* dorada (*Sparus aurata*).
orador, a *s* orador.
oral *a* oral.
orangutan *m zool* orangután (*Pongo pygmaeus*).
orar *v intr* orar (rezar).
orat, ada *a* y *s* orate.
oratori *m* oratorio.
oratòria *f* oratoria.
orb, a *a* ciego.
orbar *v tr* cegar.
orbe *m* orbe.
orbetat *f* ceguera, ceguedad.
òrbita *f astron anat* órbita.
orca *f ictiol* orca (*Orca gladiator*).
orde *m* orden (*f*) (instituto, grado).
ordenar *v tr* y *pron* ordenar.
ordi *m bot* cebada (*f*) (*Hordeum vulgare*).
ordinador *m* ordenador.
ordinal *a* ordinal.
ordinari, ària *a* ordinario.
ordir *v tr* urdir.
ordre *s* orden (disposición; grupo; estilo; mandato).
orejar *v tr* y *pron* airear.
orella *f* oreja.
oreneta *f ornit* golondrina (*Hirundo rustica*).
orenga *f bot* orégano (*m*) (*Origanum vulgare*).
orfandat *f V* **orfenesa**.
orfe, òrfena *a* y *s* huérfano.
orfebreria *f* orfebrería.
orfenat *m* orfanato, orfelinato.
orfenesa *f* orfandad.
orfeó *m mús* orfeón.
òrgan *m anat* órgano.
orgànic, a *a* orgánico.
organigrama *m* organigrama.
organisme *m* organismo.
organització *f* organización.
organitzar *v tr* y *pron* organizar.
orgasme *m* orgasmo.
orgia *f* orgía.
orgue *m mús* órgano. || **o. de maneta** *mús* organillo, órgano de manubrio.
orgull *m* orgullo.
orgullós, osa *a* orgulloso.
orient *m* oriente.
orientació *f* orientación.
oriental *a* y *s* oriental.
orientar *v tr* y *pron* orientar.
orifici *m* orificio.
origen *m 1* origen. *2* extracción.
original *a* y *m* original.
originalitat *f* originalidad.
originar *v tr* y *pron* originar.
orina *f* orina, orines (*m pl*).
orinal *m* orinal, bacín.
orinar *v tr* y *pron* orinar, mear.

orins *m pl V* **orina**.
oriünd, a *a* oriundo.
orla *f* orla.
orlar *v tr* orlar.
ormeig *m* ***1*** aparejo. ***2*** apero.
ormejar *v tr* aparejar.
ornament *m* ornamento.
ornar *v tr* ornar, adornar.
ornitologia *f ornit* ornitología.
ornitorinc *m zool* ornitorrinco (*Ornithorhynchus anatinus*).
orografia *f geol* orografía.
oronell *m anat* nariz (*f*), ventana (*f*) (de la nariz).
orquestra *f mús* orquesta.
orquestrina *f* orquestina.
orquídia *f bot* orquídea.
ortiga *f bot* ortiga (*gén Urtica*).
ortodox, a *a* y *s* ortodoxo.
ortodòxia *f* ortodoxia.
ortografia *f gram* ortografía.
ortopèdia *f med* ortopedia.
orxata *f* horchata.
os *m anat* hueso.
ós *m zool* oso.
osca *f* ***1*** mella (en un filo). ***2*** muesca (señal). ***3*** *geog* desfiladero (*m*), garganta.
oscar *v tr* y *pron* mellar (un filo).
oscil·lació *f* oscilación.
oscil·lar *v intr* oscilar.
òscul *m* ósculo (beso).
óssa *f zool* osa. || **Ó. Major** *astron* Osa Mayor, Carro. || **Ó. Menor** *astron* Osa Menor.
ossi, òssia *a anat* óseo.
ostatge *s* rehén.
ostentació *f* ostentación.
ostentar *v tr* ostentar.
ostentós, osa *a* ostentoso.
ostra *f zool* ostra (común) (*Ostrea edulis*).
otitis *f med* otitis.
ou *m* ***1*** huevo. ***2*** *vulg* cojón, testículo.
ovació *f* ovación.
ovacionar *v tr* ovacionar.
ovari *m* ovario.
ovella *f zool* ***1*** oveja (*Ovis aries*). ***2*** cordera.
oví, ina *a* ovino.
ovípar, a *a zool* ovíparo.
òvul *m* óvulo.
ovulació *f* ovulación.
òxid *m* óxido.
oxidar *v tr* y *pron* oxidar.
oxigen *m quím* oxígeno.
oxigenar *v tr* y *quím* oxigenar.
ozó *m quím* ozono.
ozonosfera *f* ozonosfera.

P

pa *m* pan.
pàbul *m* pábulo.
paciència *f* paciencia.
pacient *a* paciente. || *s med* paciente.
pacífic, a *a* pacífico.
pacificar *v tr* y *pron* pacificar.
pacotilla *f náut* pacotilla.
pactar *v tr* e *intr* pactar.
pacte *m* pacto.
pactejar *v tr* e *intr V* **pactar**.
padellàs *m* ***1*** tiesto (pedazo de vasija). ***2*** cacharro.
padrastre *m* ***1*** padrastro, marido de la madre. ***2*** *med* padrastro, respigón.
padrí *m* padrino.
padrina *f* madrina, padrina.
padrinejar *v tr* apadrinar.
padró *m* padrón, censo.
paella *f* ***1*** sartén. ***2*** paella.
paer, a *s* concejal.
paga *f* ***1*** *V* **pagament** 1. ***2*** paga (cantidad). ***3*** plazo (*m*) (de una compra). || **p. i senyal** arras (*pl*), pago (*m*) adelantado en garantía. || **fer p.**; **fer-se pagues** pagarse.
pagà, ana *a* y *s* pagano.
pagament *m* ***1*** paga (*f*), abono (acción). ***2*** pago.
paganisme *m* paganismo.
pagar *v tr* ***1*** pagar. ***2*** abonar. || *v pron* pagarse.
pagaré *m* pagaré.
pagell *m ictiol* pagel (*Pagellus erythrinus*).
pagès, esa *s* campesino, labrador, labriego, payés.
pagesia *f* ***1*** condición de payés. ***2*** clase social que forman los payeses.
pàgina *f* página.
paginar *v tr* paginar.
pagoda *f* pagoda.
païda *f* digestión.
païdor *m anat* estómago.
païment *m V* **païda**.
pair *v tr* digerir.
país *m* país.
paisà, ana *a* y *s* paisano. || *m* paisano, no militar.
paisatge *m* paisaje.
pakistanès, esa *a* y *s* pakistaní, paquistaní.
pal *m* ***1*** palo, trozo de madera alargado. ***2*** palo, asta (*f*). ***3*** *náut* palo, mástil. ***4*** palo (trazo rectilíneo de ciertas letras). ***5*** *her* palo. ***6*** poste. ***7*** palote (trazo torpe). || **p. de fregar** *fam* mocho.
pala *f* pala.
paladar *m anat* paladar.
paladejar *v tr* paladear.

palanca *f* palanca.
palangana *f* palangana, jofaina, aljofaina.
palau *m* palacio.
paleolític, a *a* y *m* paleolítico.
palès, esa *a* patente.
palesar *v tr* manifestar.
palestí, ina *a* y *s*, **palestinenc** *a* y *s* palestino.
palestra *f* palestra.
palet *m* guijarro, canto rodado.
paleta *s* albañil. || *f* paleta.
palla *f 1* paja. *2 fig* paja, hojarasca, fárrago (*m*).
pallanga *s fig fam* estantigua (*f*), espingarda (*f*).
pallard, a *s* chicarrón.
pallasso, a *s* payaso, clown (*m*).
paller *m agr 1* almiar. *2 agr V* **pallissa** 1.
palleta *f* pepita (de oro).
pal·li *m* palio.
pal·liar *v tr* paliar.
pàl·lid, a *a 1* pálido. *2* desvaído (aplicado a un color).
pal·lidesa *f* palidez.
pallissa *f 1 agr* pajar (*m*). *2* paliza, tunda, zurra, leña, manta.
pallol *m agr* granero, silo, hórreo.
palma *f 1 bot* palma. *2 anat V* **palmell**.
palmell *m anat* palma (de la mano).
palmera *f bot* palmera, palma (*Phoenix dactylifera*).
palmípede *a* y *m ornit* palmípedo.
palpar *v tr 1* palpar, tentar. *2 fig* palpar (conocer claramente).
palpebra *f anat V* **parpella**.
palpeig *m* tiento (ejercicio).
palpejar *v tr* tentar.
a les palpentes *loc adv*, **a palpes** *loc adv* a tientas, a tiento.
palpís *m 1* pulpa (*f*) (de las carnes). *2 anat* molledo.
palpitació *f* palpitación.
palpitar *v intr* palpitar.
palplantat, ada *a fig* clavado, plantado (aplícase a personas).
palpotejar *v intr* palpar (andar a tientas).
paludisme *m med* paludismo.
pam *m* palmo.
pàmfil, a *a* pánfilo, parado.
pamflet *m* panfleto.
pampalluguejar *v intr* hacer sombrajos.
pampallugues *f pl* sombrajos (*m*).
pàmpol *m* pantalla (*f*) (de lámpara).
pana *f 1* pana. *2* pana, avería (de un motor).
panacea *f med* panacea.
panadís *m med* panadizo, panarizo (epidérmico).
panameny, a *a* y *s* panameño.
pancarta *f* pancarta.
pàncrees *m anat* páncreas.
panda *m zool* panda (*Ailuropoda melanoleuca*).
pandereta *f mús* pandereta.
panegíric *m* panegírico.
panell *m* panel.
panellet *m* bollo de mazapán.
paner *m 1* cesta (*f*), cesto, canasta. *2 fig fam* posaderas (*f pl*).
panera *f* cesta.
panerola *f entom* cucaracha.
panet *m* panecillo.
pànic, a *a* pánico. || *m* pánico
panna *f* témpano (*m*) (pedazo).
panolla *f agr V* **panotxa**.
panorama *m* panorama.
panotxa *f agr* panoja, panocha, mazorca, espigón.
pansa *f 1* variedad de uva. *2* pasa. *3 med* pupa.
pansir *v tr* y *pron* marchitar.
pansit, ida *a* marchito, mustio.
pantà *m 1 geog* pantano, ciénaga (*f*). *2* pantano, embalse (obra).
pantalla *f 1* pantalla (de luz). *2* pantalla (de proyección). *3* pantalla (protección).
pantaló *m* pantalón.
pantanós, osa *a* pantanoso.
panteixar *v intr med* jadear.
panteó *m* panteón.
pantera *f zool* pantera (*Felis panthera*).
pantomima *f* pantomima.
panxa *f 1 anat* panza, barriga, baúl (*m*), tripa. *2 fig* panza (seno, convexidad).
panxada *f V* **panxó**.
panxarrut, uda *a* panzudo, barrigudo, barrigón.
panxell *m anat* pantorrilla (*f*).
panxó *m 1 fam* hartazgo, hartazón. *2 fig* atracón.
panxut, uda *a V* **panxarrut**.
pany *m 1* cerradura (*f*). *2* cerrojo (de arma de fuego).
paó *m ornit* pavo real (*Pavo cristatus*).
paorós, osa *a* pavoroso.
pap *m 1* buche (de las aves). *2* papo (de cualquier animal).
papa *m 1* papa, sumo pontífice. *2 V* **papà**.
papà *m* papá, papa,.
papagai *m ornit* papagayo (*géns Psittacus* y *Amazona*).
papaia *f bot* papaya (fruto).
papalló *m entom 1 V* **papallona**. *2* palomilla (*Calandria granaria*).
papallona *f entom* mariposa.
papar *v tr* cargar. || **papar-hi** *fam* ver (gozar del sentido de la vista).
paparra *f entom* garrapata (*Ixodes ricinus*).
paper *m* papel.
paperam *m*, **paperassa** *f* papeleo (*m*), conjunto de papelotes.
paperera *f* papelera.
papereria *f* papelería.
papereta *f* papeleta.
paperets *m pl* confeti (*sing*).
paperina *f* cucurucho (*m*), cartucho (*m*) (envoltorio cónico).
papir *m 1* papiro. *2 bot* papiro (*Cyperus papyrus*).
papissot, a *a* ceceoso, ceceante. || *s* ceceoso, zopas.
papissotejar *v intr* cecear.
papu *m fam* coco.
paquet *m 1* paquete (envoltorio). *2* cajetilla (*f*).
paquiderm *m zool* paquidermo.

par *m* par (dignidad).
paràbola *f* parábola.
parabrisa *m* parabrisas.
paracaigudes *m* paracaídas.
paracaigudista *s* paracaidista.
parada *f* ***1*** parada. ***2*** paro (*m*) (en el trabajo). ***3*** puesto (*m*), tenderete (*m*) (de venta). ***4*** *mil* alarde (*m*). ***5*** *agr* bancal (*m*), tabla.
paradís *m* paraíso.
parador *m* ***1*** paradero. ***2*** parador, venta (*f*), hostal.
paradoxa *f* paradoja.
parafang *m* guardabarros.
parafrasejar *v tr* parafrasear.
paràgraf *m* párrafo, parágrafo.
paraguaià, ana *a* y *s* paraguayo.
paraigua *m* paraguas.
paràlisi *f med* parálisis.
paralític, a *a* y *s* paralítico.
paralitzar *v tr* paralizar.
parallamps *m* pararrayos.
paral·lel, a *a* y *m* paralelo. || *f* paralela.
parament *m* ***1*** paramento. ***2*** menaje. ***3*** *arq* paramento. || **p. de casa** ajuar.
paràmetre *m* parámetro.
paranoia *f med* paranoia.
parany *m* ***1*** trampa (*f*). ***2*** *fig* trampa (*f*), celada (*f*), encerrona (*f*).
parapet *m* parapeto.
parar *v tr* ***1*** parar (disposar). ***2*** aparar, acudir a tomar. ***3*** armar. ***4*** parar, evitar. || *v intr* ***1*** parar, detener. ***2*** parar (ir). ***3*** parar, hospedarse (*pron*), posar. ***4*** parar (cesar). || *v pron* pararse. || **p. atenció**, **p. esment** prestar atención. || **p. orelles** prestar oídos.
paràsit, a *a* y *m biol* parásito.
para-sol *m* quitasol, parasol, sombrilla (*f*).
parat, ada *a* parado. || *a* y *s* parado (sin trabajo).
paratge *m* ***1*** paraje. ***2*** abolengo.
paraula *f* palabra.
paraulota *f* taco (*m*).
paravent *m* biombo.
para-xocs *m* parachoques.
parc *m* parque.
parc, a *a* parco.
parcel·la *f* parcela.
parcial *a* parcial.
parcialitat *f* parcialidad.
parçoner, a *a V* **partícip**.
pardal *m ornit* gorrión (*Passer domesticus*).
pare *m* padre. || *m pl* padres (el padre y la madre).
paredar *v tr* ***1*** tapiar. ***2*** tabicar.
paredó *m* tabique.
parèixer *v intr* parecer.
parell, a *a* ***1*** parejo, par. ***2*** par, múltiplo de dos. || *m* par.
parella *f* pareja.
parença *f* aspecto (*m*), apariencia.
parencer, a *a* y *s* fachendoso, fachenda.
parent, a *s* pariente, deudo, allegado.
parentela *f* parentela.
parentesc *m* parentesco.
parèntesi *m* paréntesis.
parentiu *m* parentesco, deudo.
parer *m* parecer, opinión (*f*).
paret *f* ***1*** pared. ***2*** muro (*m*).
parió, ona *a* y *s* parejo, lo que forma pareja con otro.
parir *v tr* parir, alumbrar, dar a luz.
parla *f* habla.
parlada *f* plática.
parlament *m* parlamento.
parlamentar *v intr* parlamentar.
parlant *a* hablante.
parlar *v tr* hablar. || *v intr* platicar.
parlar *m* ***1*** *V* **parla**. ***2*** hablar (acción y manera).
parloteig *m* parloteo, parola (*f*).
parlotejar *v intr* parlotear, parlar.
paròdia *f* parodia.
parodiar *v tr* parodiar.
parola *f* parla.
parolejar *v intr* ***1*** rajar, hablar mucho. ***2*** parlar, hablar con soltura.
paroxisme *m* paroxismo.
parpella *f anat* párpado (*m*), pálpebra.
parpellejar *v intr* parpadear, pestañear.
parquedat *f* parquedad.
parquet *m* parquet, parquè.
parquímetre *m* parquímetro.
pàrquing *m* aparcamiento (lugar).
parra *f bot* parra.
parrac *m* harapo, andrajo, pingajo.
parricidi *m jur* parricidio.
parròquia *f* parroquia.
parrup *m* arrullo.
parrupar *v intr*, **parrupejar** *v intr* arrullar.
parsimònia *f* parsimonia.
part *m* parto, alumbramiento.
part *f* parte. || **a p.** *loc adv* aparte.
partença *f* partida, marcha.
partera *f med* parida, parturienta.
parterot *m med* partero.
parterre *m* parterre.
partició *f* partición, partimiento (*m*).
partícip *a* y *s* partícipe.
participació *f* participación.
participar *v tr* y *pron* participar.
participi *m gram* participio.
partícula *f fís gram* partícula.
particular *a* y *m* particular.
partida *f* ***1*** partida (registro). ***2*** partida (de una cuenta). ***3*** partida (grupo). ***4*** partida (de un juego). ***5*** *fig V* **partença**.
partidari, ària *a* y *s* ***1*** partidario. ***2*** adicto.
partiment *m* ***1*** *V* **partició**. ***2*** *V* **partença**.
partió *f* linde (*m*).
partionar *v tr* deslindar, alindar.
partir *v tr* ***1*** partir. ***2*** rajar.
partit, ida *a* partido. || *m* partido.
partitura *f mús* partitura.
pàrvul, a *s* párvulo.
parvulari *m* parvulario.
parxís *m* parchís (juego).
pas *m* ***1*** paso. ***2*** tránsito. ***3*** *geog* paso, estrecho. || **de p.** *V* **de passada**. || **p. de la porta** umbral, tranco.

pas *adv* usado como partícula para reforzar la negociación **no** en determinados casos.
Pasqua *f* Pascua.
passa *f 1* paso. *2* pasa (de las aves). *3 med* epidemia.
passable *a* pasadero.
passada *f 1* pasada, paso (*m*) largo. *2* pasada, jugarreta. *3* trino (*m*), trinado (*m*). *4* pasada (del juego). || **de p.** de paso. || **de** (o **a**) **totes passades** a todo trance.
passadís *m 1* pasadizo. *2* corredor, pasillo.
passador, a *a V* **passable**. || *a* y *s* pasador. || *m* pasador (de cierre o unión).
passament *m* pasadía (*f*), pasada (*f*).
passant *a* y *s* pasante, transeúnte. || *s* pasante.
passaport *m* pasaporte.
passar *v tr 1* pasar (omitir, abstenerse). *2* pasar. *3 fig* colar (con engaño). || *v intr 1* pasar (recorrer). *2* pasar (transcurrir). *3* pasar (ser tenido). *4* pasar (exceder). *5* pasar, cruzar. *6* pasar, ocurrir, acaecer, acontecer, suceder. || *v pron* pasarse.
passarel·la *f* pasarela.
passat *m* pasado.
passatemps *m* pasatiempo.
passatge *m* pasaje.
passatger, a *a* y *s* pasajero.
passeig *m 1* paseo (acción). *2* paseo (lugar).
passejada *f 1* paseo (*m*) (distancia). *2* pitorreo (*m*), chunga.
passejar *v tr* e *intr* pasear. || *v pron* pitorrearse, chunguearse.
passerell *m ornit* pardillo (*Acanthis cannabia*).
passi *m* pase (permiso de paso).
passió *f* pasión.
passiu, iva *a* y *m* pasivo.
passivitat *f* pasividad.
pasta *f 1* pasta. *2 fam* cuartos (*m pl*) (dinero).
pastanaga *f bot* zanahoria (*Daucus carota*).
pastar *v tr* amasar.
pastat, ada *a* parigual, clavado.
pastel *m 1* pastel (lápiz). *2* pastel (pintura).
pastell *m 1 fig* enredo, embrollo, embrolla (*f*). *2 náut* madrina (*f*) (refuerzo).
pastera *f* artesa.
pasterada *f fig* pastel (*m*).
pastetes *f pl 1* engrudo (*m sing*). *2* pegote (*m sing*) (guisado).
pasteuritzar *v tr* pasteurizar.
pastifejar *v intr* chapucear.
pastilla *f 1* pastilla. *2* tableta.
pastís *m 1* pastel (manjar). *2* tarta (*f*). *3* bollo.
pastisser, a *s* pastelero.
pastisseria *f* pastelería.
pastor, a *s* pastor.
pastós, osa *a* pastoso.
pasturar *v tr* pacer, apacentarse (*pron*), pastar. || *v intr 1* pacer (*tr*) la hierba. *2* pastar, pastorear.
patac *m* trompazo, trompada (*f*).
patacada *f 1* torta (golpe). *2 V* **patac**. *3* batacazo (*m*), porrazo (*m*), golpazo (*m*).
patafi *m fig* buñuelo.
patata *f* patata.
patatera *f bot* patata, patatera (*Solanum tuberosum*).
patent *f* patente.
patenta *f* patente.
patentar *v tr* patentar.
patern, a *a* paterno.
paternitat *f* paternidad.
patètic, a *a* patético.
patge *m* paje.
pati *m* patio.
patí *m* patín.
patíbul *m* patíbulo, cadalso.
patilla *f* patilla.
patiment *m* padecimiento, sufrimiento.
pàtina *f* pátina.
patinar *v intr* patinar.
patinatge *m* patinaje.
patinet *m* patinete.
patir *v tr* padecer, sufrir. || *v intr* dolecer (de un defecto).
patoll *m* tropel. || **a patolls** *loc adv* en tropel.
patolla *f 1 V* **patoll**. *2 fig V* **pastell** 1.
patologia *f med* patología.
patota *f* trampa (en el juego).
patracol *m* mamotreto.
pàtria *f* patria.
patriarca *m* patriarca.
patrimoni *m* patrimonio.
patrimonial *a* patrimonial.
patriota *s* patriota.
patró, ona *s 1* patrón, patrono. *2* patrono, patrón (santo titular). *3* patrono, patrón (amo). *4* patrono (de taller, fábrica, etc.). *5 náut* patrón (de embarcación). || *m 1* patrón (modelo). *2* patrón (metal tipo). *3* patrón (árbol).
patrocinador, a *a* y *s* patrocinador.
patrocinar *v tr* patrocinar.
patrocini *m* patrocinio.
patronal *a* y *f* patronal.
patrulla *f* patrulla.
patrullar *v intr* patrullar.
patum *f 1* tarasca. *2 fig* figurón (*m*).
patxoca *f* trapío (*m*), buena planta.
pau *f* paz.
paüra *f* pavor (*m*), pavura.
pausa *f* pausa.
pauta *f* pauta.
pavelló *m* pabellón.
paviment *m* pavimento, piso.
pavimentar *v tr* pavimentar.
pavó *m ornit V* **paó**.
peany *m*, **peanya** *f* peana (*f*), pie (*m*).
peatge *m* peaje.
pebre *m bot* pimienta (*f*). || **p. vermell** pimentón.
pebrina *f bot* guindilla.
pebrot *m bot* pimiento (fruto).
pebroter *f*, **pebrotera** *m bot* pimiento (*m*) (*Capsicum annum*).
peça *f 1* pieza. *2* estancia. *3* prenda (de vestir). || *s fig* persona astuta.
pecar *v intr* pecar.
pecat *m* pecado.
pecuari, ària *a* pecuario.

peculiar *a* peculiar.
pecúnia *f V* **pistrincs**.
pedaç *m* remiendo.
pedagogia *f* pedagogía.
pedal *m* pedal.
pedant *a* y *s* pedante.
pederasta *m* pederasta.
pedestal *m* pedestal.
pedestre *a* pedestre.
pediatria *f med* pediatría.
pedicur, a *s med* pedicuro, callista.
pedra *f 1* piedra (materia). *2* piedra, canto (*m*), cantal (*m*). *3* piedra (sillar, etc.). *4 med* piedra, cálculo (*m*). *5* pedrisco (*m*), piedra. || **p. foguera** *V* **pedrenyera**.
pedrada *f* pedrada. || *m pl V* **pedrega**.
pedrega *f* pedrea (acción).
pedregada *f 1* pedrea (de las nubes). *2* pedrisco (*m*).
pedregar *m* pedregal.
pedregar *v intr* granizar.
pedregós, osa *a* pedregoso, petroso.
pedreguer *m V* **pedregar**.
pedrejar-se *v pron* desmejorarse.
pedrenc, a *a V* **petri**.
pedrenyal *m* pedreñal.
pedrenyera *f* pedernal (*m*).
pedrer *m* molleja (*f*).
pedrera *f* cantera.
pedrís *m* poyo.
pedrissa *f V* **pedrera**.
pedró *m arq* padrón, rollo, columna (*f*) conmemorativa.
pedrós, osa *a V* **pedregós**.
peduncle *m anat bot* pedúnculo.
pega *f 1* pez (para pegar). *2 fig* mala suerte. || **p. dolça** extracto de regaliz.
pegada *f* pegada.
pegallós, osa *a* pegajoso.
pegar *v tr 1* pegar, dar (golpes). *2* pegar, dar (un salto, una sacudida.). || *v intr 1* chocar. *2* dar (en el ánimo). *3* dar (un golpe).
pegat *m 1* parche. *2* parche, pegote, pegado.
pegot *m* cosa que desentona.
peix *m 1* pez, peje. *2* pescado. || *m pl astron* Peces.
peixateria *f* pescadería.
péixer *v tr* apacentar, pacer, pastar. || *v intr V* **pasturar** (*tr*).
peixera *f* pecera.
pel *contracción* equivale a **per+el**.
pèl *m 1* pelo. *2* vello. *3 fig* pizca (*f*), tris. || **p. moixí** bozo, vello.
pela *f 1* peladura, pela, mondadura, monda. *2* corteza, cáscara (de un árbol). *3 V* **pelalles**.
pelacanyes *s fam* pelagatos, pelanas.
pelada *f 1* peladura, pela. *2* rasguño (*m*). *3* rozadura.
peladures *f pl V* **pelalles**.
pelalles *f* mondaduras, monda, peladura.
pelar *v tr 1* pelar. *2* pelar, mondar. *3 agr* descortezar. *4 fig* pelar, dejar (a otra persona) sin bienes. *5 fig fam* apiolar (matar). || *v pron* pelarse.
pelat, ada *a 1* pelado. *2* pelón. *3* raído. || *m* calva (*f*) (en un tejido). || *f* pelado (*m*) (de cabello).
pelatge *m zool* pelaje.
pelegrí, ina *a* y *s* peregrino (que peregrina).
pelfa *f* felpa, velludo (*m*).
pelicà *m ornit* pelícano (*Pelecanus onocrotalus*).
pell *f 1* piel, pellejo (*m*). *2* parche (*m*) (de tambor, etc.). || **p. adobada** curtido.
pellanc *m V* **penca** 1.
pelleringa *f 1* piltrafa. *2 fam* pingajo (*m*), colgajo (*m*). *3 anat* perigallo (*m*).
pellerofa *f agr V* **pellofa**.
pelleteria *f* peletería.
pellicar *v tr V* **pellucar**.
pel·lícula *f 1* película. *2* film (*m*).
pellofa *f agr 1* hollejo (*m*), pellejo (*m*). *2* cascarilla (de legumbres, de un fruto).
pellucar *v tr* pizcar, pellizcar, picar (algo de comer).
pèl-ras, a *a* raído (dícese de una ropa).
peluix *m* peluche.
pelussa *f 1* pelusa. *2* pelo.
pelussera *f* pelambrera (de pelo o vello).
pelut, uda *a 1* peludo. *2* velludo.
pelvis *f anat* pelvis.
pena *f* pena. || **a penes** *adv* apenas.
penal *a* penal. || *m* penal.
penalitat *f* penalidad.
penar *v tr* penar.
penat, ada *a V* **penós**.
penca *f 1* tajada, lonja, loncha, rebanada. *2 bot* penca. *3* raja. || *s pl vulg* caradura.
pencar *v intr 1 fam* trabajar mucho. *2 fam* pitar, arrear, correr mucho.
pendent *a* pendiente, por resolver. || *m V* **pendís**.
pendís *m 1* declive, pendiente (*f*). *2* cuesta (*f*).
pendó *m 1 V* **penó**. *2 fig* pendón (persona).
pèndol *m* péndulo.
pendular *a* pendular.
penediment *m* arrepentimiento.
penedir-se *v pron* arrepentirse.
penell *m* veleta (*f*).
penelló *m med* sabañón.
penetració *f* penetración (*f*).
penetrant *a* penetrante.
penetrar *v tr* e *intr* penetrar.
pengim-penjam *loc adv* colgando sin gracia.
penible *a V* **penós**.
penicil·lina *f med* penicilina.
península *f geom* península.
penis *m anat* pene, miembro viril.
penitència *f* penitencia.
penjador *m* colgador.
penjall *m* colgajo (de piel).
penjament *m fig* imputación (*f*), sambenito.
penjant *a* colgante.
penjar *v tr 1* colgar, ahorcar. *2* pender, colgar. *3 fig* colgar, imputar. || *v intr* colgar.
penjarella *f* colgajo (*m*), cosa que cuelga.
penjaroll *m V* **penjoll**.
penjarolla *f V* **penjarella**.
penjolar-se *v pron* apoyarse.

penjoll *m* ***1*** colgajo (racimo). ***2*** *V* **penjarella**. ***3*** colgante (joya que cuelga).
penó *m* pendón (insignia).
penombra *f* penumbra.
penós, osa *a* penoso, penado.
pensa *f* pensamiento (*m*) (facultad).
pensada *f* ocurrencia, idea (de algo).
pensador, a *a* y *s* pensador.
pensament *m* ***1*** pensamiento (acción). ***2*** *V* **pensa**. ***3*** *bot* pensamiento (la flor).
pensar *v tr* e *intr* pensar.
pensatiu, iva *a* pensativo.
pensió *f* pensión.
pensionar *v tr* pensionar.
pensionista *s* pensionista.
pentàgon *m geom* pentágono.
pentagrama *m mús* pentagrama.
pentinar *v tr* peinar, tocar. || *v pron* peinarse.
pentinat *m* ***1*** peinado. ***2*** tocado.
penúltim, a *a* penúltimo.
penúria *f* penuria.
peny *m geog V* **penyal**.
penya *f* ***1*** *geog* peña (bloque natural de piedra). ***2*** peña (grupo de personas).
penyal *m geog* peñasco, peñón, roquedo, roca (*f*).
penya-segat *m geog* acantilado.
penyora *f* prenda (garantía). || **joc de penyores** juego de prendas.
penyorament *m* multa (*f*).
penyorar *v tr* multar.
peó *m* peón. || **p. caminer** peón caminero.
peonar *v intr* apeonar.
per *prep* ***1*** por. ***2*** para. || **p. a** para. || **p. a què?** ¿para qué? || **p. què?** ***1*** ¿por qué? ***2*** ¿para qué? || **p. sempre**, **p. a sempre** por siempre. || **p. tal com** porque, pues, puesto que, por cuanto. || **p. tal que** para que.
pera *f* ***1*** *bot* pera (fruto). ***2*** pera (de goma, etc.). ***3*** pera, perilla (barba). ***4*** perilla, pera (interruptor).
perboc *m* ***1*** chasco (sorpresa desagradable). ***2*** *fig* boca (*f*) (de herramienta).
perbocar *v tr* ***1*** vomitar, arrojar. ***2*** calzar (una herramienta).
percaç *m* ***1*** *fig* presa (*f*) (cosa perseguida). ***2*** percance.
percaçament *m* persecución (*f*), perseguimiento, ahínco.
percaçar *v tr* perseguir, buscar, ahincar.
percebe *m zool* percebe (*Pollicipes cornucopia* y afines).
percebre *v tr* ***1*** percibir. ***2*** *fig* captar (comprender).
percentatge *m* porcentaje.
percepció *f* ***1*** percepción. ***2*** percibo (*m*).
percudida *f* percusión (acción).
percudir *v tr* percutir.
percussió *f* percusión (acción y efecto).
perdició *f* perdición.
perdigó *m* perdigón.
perdis *s* ***1*** *fig* perdis, calavera, tronera. ***2*** *V* **perdulari**.
perdiu *f* ***1*** *anat* bofe (*m*). ***2*** *ornit* perdiz (común) (*Alectoris rufa*).
perdó *m* ***1*** perdón. ***2*** gracia (*f*).
perdonança *f* ***1*** *V* **perdó** 1. ***2*** *jur* indulto (*m*).
perdonar *v tr* perdonar.
perdonavides *s fig* perdonavidas.
perdre *v tr* y *pron* ***1*** perder. ***2*** extraviar.
pèrdua *f* ***1*** pérdida. ***2*** extravío (*m*).
perdulari, ària *s* perdulario.
perdurar *v intr* perdurar.
perdut, uda *a* perdido.
peregrí, ina *a* peregrino.
peremptori, òria *a* perentorio.
perenne *a* perenne.
perepunyetes *a* y *s* ***1*** exageradamente minucioso y exigente. ***2*** hurguillas.
peresa *f* pereza.
peresós, osa *a* perezoso.
perfecció *f* perfección.
perfeccionar *v tr* y *pron* perfeccionar.
perfecte, ta *a* perfecto.
perfer *v tr* concluir, acabar (una cosa).
perfet, a *a* perfecto. || *a* y *m gram* perfecto.
pèrfid, a *a* y *s* pérfido, aleve.
perfídia *f* perfidia.
perfil *m* perfil.
perfilar *v tr* y *pron* perfilar.
perforació *f* perforación.
perforar *v tr* perforar, horadar.
perfum *m* perfume.
pergamí *m* pergamino.
pergirar *v tr* revolver.
pèrgola *f* pérgola.
perible *a* perecedero.
pericarpi *m bot* pericarpio, pericarpo.
perícia *f* pericia.
periclitar *v intr* periclitar.
perifèria *f* periferia.
perífrasi *m gram* perífrasis.
perifràstic, a *a* perifrástico.
perill *m* peligro.
perillar *v intr* peligrar.
perillós, osa *a* peligroso.
perímetre *m geom* perímetro.
període *m* período.
periòdic, a *a* y *m* periódico.
periodicitat *f* periodicidad.
periodisme *m* periodismo.
periodista *s* periodista.
peripècia *f* peripecia.
periquito *m ornit* periquito (*Melopsittacus undulatus*).
perir *v intr* perecer, fenecer.
periscopi *m* periscopio.
perit, a *a* y *s* perito. || *s jur* perito.
peritar *v tr* peritar.
peritatge *m* peritaje.
perjudicar *v tr* perjudicar.
perjudici *m*, **perjuí** *m* perjuicio.
perjur, a *a* y *s* perjuro
perla *f* perla.
perllongar *v tr V* **prolongar**.
permanència *f* permanencia.
permanent *a* y *f* permanent.
permeable *a* permeable.

permetre *v tr* y *pron* permitir.
permís *m* permiso, permisión (*f*).
permissió *f 1* permisión (acción). *2 V* **permís**.
permuta *f* permuta, trueque (*m*).
permutar *v tr* permutar, trocar.
pern *m 1* perno. *2* eje.
pernabatre *v intr*, **pernejar** *v intr* patalear, pernear.
perniciós, osa *a* pernicioso.
pernil *m 1* pernil. *2* jamón.
pernoctar *v intr* pernoctar.
però *conj* pero, empero, mas. || *m* pero.
perol *m* perol.
peroné *m anat* peroné.
perorar *v intr* perorar.
perpal *m V* **palanca**.
perpendicular *a* y *s* perpendicular.
perpetrar *v tr* perpetrar.
perpetu, ètua *a* perpetuo.
perpetuar *v tr* perpetuar.
perplex, a *a* perplejo.
perquè *conj 1* porque. *2* para que. || *m* porqué.
perruca *f* peluca.
perruquer, a *s* peluquero.
perruqueria *f* peluquería.
perruquí *m 1* peluquín. *2* bisoñé.
persecució *f* persecución.
perseguir *v tr* perseguir.
perseverar *v intr* perseverar.
persiana *f* persiana.
persistència *f* persistencia.
persistir *v intr* persistir.
persona *f* persona.
personal *a* y *m* personal. || *f* personal (falta).
personalitat *f* personalidad.
personatge *m* personaje.
personificar *v tr* personificar.
perspectiva *f* perspectiva.
perspicaç *a* perspicaz.
perspicàcia *f*, **perspicacitat** *f* perspicacia, perspicacidad.
persuadir *v tr* y *pron* persuadir.
persuasió *f* persuasión.
pertànyer *v intr* pertenecer.
pertinaç *a* pertinaz.
pertinença *f* pertenencia.
pertinència *f* pertinencia.
pertinent *a* pertinente.
pertocar *v intr* tocar, pertenecer, atañer.
pertorbació *f* perturbación.
pertorbar *v tr 1* perturbar. *2* alterar.
pertot *adv* dondequiera, doquier, doquiera.
pertret *m* pertrecho.
peruà, ana *a* y *s* peruano.
pervenir *v intr 1* llegar, *esp* con dificultad y esfuerzo. *2 fig* alcanzar (un fin). *3* venir.
pervers, a *a* perverso.
perversitat *f* perversidad.
pervertir *v tr* pervertir.
perxa *f 1* pértiga, pertigal (*m*). *2* percha.
pes *m 1* peso. *2* pesa (*f*).
pesadesa *f* pesadez, pesadumbre.
pesadura *f* pesadez, acción pesada.
pesant *a* pesante.
pesantor *f 1* pesantez, pesadumbre. *2* pesadez.
pesar *m* pesar, pesadumbre (*m*). || **a p. de** a pesar de, pese a.
pesar *v tr* e *intr* pesar.
pesat, ada *a 1* pesado. *2 fig* pesado (duro, penoso). *3 fig* pesado (molesto).
pesca *f 1* pesca (acción). *2* pesca (pescado que se coge).
pescada *f V* **pesca** 2.
pescador, a *a* y *s* pescador.
pescaire *s* pescador.
pescant *m* pescante.
pescar *v tr* pescar.
pescateria *f V* **peixateria**.
pèsol *m bot* guisante (*Pisum sativum hortense*).
pessebre *m* pesebre, belén.
pessic *m* pellizco.
pessigada *f* pellizco (*m*).
pessigar *v tr* pellizcar.
pessigolleig *m* cosquilleo.
pessigolles *f pl* cosquillas.
pèssim, a *a* pésimo.
pessimisme *m* pesimismo.
pessimista *a* y *s* pesimista.
pesta *f 1 med* peste, pestilencia (enfermedad). *2* pestilencia. *3 fig* peste (cosa o persona malas).
pestanya *f* pestaña.
pestanyejar *v intr V* **parpellejar**.
pestell *m* pestillo.
pestilència *f V* **pesta** 1 y 2.
pet *m 1* estallido. *2* chasquido. *3* pedo, traque (ventosidad).
pètal *m bot* pétalo.
petament *m* acción repetida de estallar, reventar, crujir o romperse.
petar *v tr* romper, quebrar. || *v intr 1* estallar. *2* reventar. *3* chasquear. *4* restallar. *5* estrellarse (*pron*), chocar, topar. *6 fam* diñarla, palmar. || **fer p.** chasquear (un látigo, una honda).
petard *m* petardo.
petge *m* pie, pata (*f*).
petició *f* petición.
petit, a *a 1* chico, menudo. *2* niño. || *a* y *s 1* pequeño. *2* menor (refiriéndose a la edad).
petitesa *f* pequeñez, menudencia.
petja *f 1* pisa, pisada. *2 V* **petjada**.
petjada *f* pisada, pisadura, huella.
petjar *v tr* pisar.
petó *m* beso, ósculo.
petri, pètria *a* pétreo.
petrificar *v tr* petrificar.
petroli *m* petróleo. || **p. brut**, **p. cru** crudo.
petulància *f* petulancia.
petúnia *f bot* petunia (*Petunia nictiginiflora*).
petxina *f 1 zool* pechina, concha. *2 arq* pechina. || **p. de pelegrí** *zool* vieira (*Pecten jacobaeus*).
peu *m* peu. || **a p.** a pie. || **a p. dret** de pie, en pie. || **ficada de peus** coladura, plancha. || **ficar els peus a la galleda** meter la pata.
peuada *f V* **petjada**.
peülla *f*, **peüngla** *f anat* pezuña.
pi *m bot* pino (*gén Pinus*).

piafar *v intr* piafar.
pianista *s mús* pianista.
piano *m mús* piano.
pic *m 1* pico (herramienta). *2 geog* pico, cúspide (*f*). *3* llamada (*f*). *4* vez (*f*). *5* fuerte. || **(anar-se'n) a p.** (irse) a pique.
pica *f 1* pica. *2* garrocha. *3* pila (para recibir un líquido). *4* pilón (*m*) (de fuente). *5* pila (de cocina).
picabaralla *f* pique (*m*) (disgusto, resentimiento).
picada *f 1* picadura (acción y efecto). *2* picada (de insecto, serpiente, etc). *3* picadillo (*m*).
picant *a* picante.
picapica *f bot* picapica (*Mucuna pruriens*).
picaporta *m* picaporte, aldaba (*f*).
picapunt *m* puntillo, pique, amor propio.
picar *v tr 1* picar. *2* picar (un insecto, una serpiente, etc.). *3* picar (las aves). *4* picar (el cebo, un pez). *5* picar (en billar). *6 aviac* picar. *7* picar (un caballo). *8* picar, machacar (con pico, martillo, etc.). *9 V* **picolar**. || *v intr 1* picar (uvas, etc.). *2* llamar (a una puerta). || *v pron* picarse (ofenderse). || **p. de peus** patear, patalear.
picardiós, osa *a* pícaro.
picarol *m* cascabel.
picat *m* picado.
pícnic *m* picnic, comida (*f*) campestre.
picolar *v tr* picar (trinchar).
piconadora *f* apisonadora.
piconar *v tr* apisonar.
picor *f* picor, comezón.
picossada *f* pico (*m*).
picot *m* piqueta (*f*).
picota *f* picota.
pictograma *m* pictograma.
pictòric, a *a* pictórico.
pidolaire *a* y *s* pedigüeño.
pidolar *v tr* mendigar.
pietat *f* piedad.
pífia *f 1* pifia. *2* errada.
piga *f 1* peca. *2* lunar (*m*).
pigallós, osa *a*, **pigat, ada** *a* pecoso.
pigment *m* pigmento.
pigmentació *f* pigmentación.
pigmeu, ea *a* y *s* pigmeo.
pignorar *v tr* pignorar, empeñar.
pigós, osa *a V* **pigallós**.
pigota *f med* viruela.
pijama *m* pijama.
pila *f 1* pila, montón (*m*). *2 fís* pila. *3* pila (bautismal). || **nom de p.** nombre de pila.
pilar *m arq* pilar, macho.
pilastra *f*, **pilastró** *m arq* pilastra (*f*).
pillar *v tr* pillar.
pillatge *m 1* pillaje. *2* merodeo.
pillet, a *s* pillo, pillete.
piló *m 1* tajo (para cortar). *2* pilón (de molino). *3* pilón (de alfarería o albañilería). *4* pilón (de azúcar). *5* pie (de uvas pisadas).
pilona *f* pilón (*m*) grande.
pílor *m anat* píloro.
pilós, osa *a 1 V* **pelut** 1. *2 anat* piloso.
pilot *m 1* montón desordenado. *2* pella (*f*).
pilota *f 1* pelota. *2 V* **pilot** 2.
pilotada *f* pelotazo (*m*).
pilotar *v tr* pilotar.
pilotatge *m* pilotaje.
piloteta *f* pelotilla.
piment *m bot V* **pebre**.
pinacle *m* pináculo.
pinacoteca *f* pinacoteca.
pinar *m V* **pineda**.
pinça *f* pinza (en catalán, como en español, usado generalmente en *pl*).
pinçada *f* pellizco (*m*).
pinçar *v tr 1* coger (algo) con pinzas. *2* pellizcar (con los dedos).
píndola *f med* píldora.
pineda *f* pinar (*m*).
ping-pong *m* ping-pong.
pingüí *m ornit* pingüino (*gèns Pinguinus, Aptenodytes, Eudyptula, Eudyptes, Megadyptes* y *Pygoscelis*).
pinsà *m ornit* pinzón (*Fringilla coelebs*).
pinso *m* pienso.
pinta *f 1* peine (*m*). *2* peineta. *3* pinta (mancha). *4* pinta (de los naipes). *5* pinta (aspecto).
pintada *f* pintado (*m*) (acción).
pintallavis *m* pintalabios.
pintar *v tr* y *pron* pintar.
pintat, ada *a* pintado.
pintor, a *s* pintor.
pintura *f* pintura.
pinxejar *v intr* chulear.
pinxo *m 1* chulo (*s*), pincho (*s*). *2 fig* perdonavidas (*s*).
pinya *f 1 bot* piña. *2 V* **pinyac**.
pinyac *m* puñetazo.
pinyó *m 1 bot* piñón (de pino). *2* piñón (pieza).
pinyol *m 1 bot* hueso (de fruto). *2 bot* pepita (*f*) (de fruto). *3 mús* nota (*f*) aguda y sostenida.
pinzell *m* pincel.
pioc *m ornit* pavo (*Meleagris gallopavo*).
pioner, a *a* y *s 1* pionero. *2* pionero (escultismo).
pipa *f* pipa, cachimba.
pipada *f 1* fumada, aspiración de humo. *2* chupada (fumando).
pipar *v tr 1* chupar (para fumar). *2* pipar.
pipí *m fam* pipí, pis.
pipioli *m* pipiolo (*s*).
piquet *m* piquete.
piqueta *f* piqueta.
pira *f* pira.
piragua *f* piragua.
piragüisme *m* piragüismo.
piràmide *f* pirámide.
piranya *f ictiol* piraña (*gèns Serrasalmo, Pygocentrus* y *Roosveltiella*).
pirar *v intr* pirarse; salir de estampía.
pirata *a* y *s* pirata.
pirita *f* pirita.
piròman, a *s med* pirómano.
pirotècnia *f* pirotecnia.
pis *m* piso (de una casa).
pisa *f* loza.

pisada *f* pisada, pisadura (acción).
piscar *v tr V* **pellucar**.
piscina *f* piscina.
piscolabis *m* piscolabis.
pispa *s fam* ladronzuelo, birlador, caco, ratero.
pispar *v tr* birlar, hurtar.
pissarra *f 1* pizarra (roca). *2* pizarra (para escribir).
pista *f* pista.
pistatxo *m bot* pistacho (fruto).
pistil *m bot* pistilo.
pistó *m* pistón.
pistola *f* pistola.
pistrincs *m pl fam* pecunia (*f sing*) (dinero).
pit *m 1 anat* pecho. *2 anat* pecho, teta (*f*), seno (de mujer). *3 anat* pechuga (*f*).
pita *f bot* pita, agave (*m* o *f*) (*m*) (*Agave americana*).
pitafi *m fig V* **patafi**.
pitet *m 1* babero (para las criaturas). *2* pechero.
pitja *f 1* cuña. *2 V* **puntal** 1.
pitjada *f* apretón (*m*).
pitjar *v tr 1* pulsar. *2* apretar.
pitjor *a* y *adv* peor.
pitjorar *v intr* empeorar.
pitó *m zool* pitón (*gén Python*).
pitrera *f anat* pecho (*m*), seno (*m*).
pitxer *m* jarrón.
pitxolí *m 1* ladrillo delgado. *2* canilla (*f*).
piu *m 1* pío. *2* espiga (*f*). *3* lengüeta (*f*). *4* pasador. || **sense dir ni piu** sin chistar; sin rechistar.
piuar *v intr V* **piular** 1.
piuladissa *f* multitud de piídos, pío (*m*).
piular *v intr*, **piulejar** *v intr 1* piar. *2 fam* chistar, rechistar. || **sense piular** sin chistar; sin rechistar.
pixa *f fam vulg* picha.
pixar *v intr* y *pron fam* mear, orinar.
pixarada *f fam* meada.
pixats *m pl* orines, orina (*f sing*).
pixera *f* ganas de mear.
pizza *f* pizza.
pla *m 1 geog V* **plana** 1. *2 geom* plano. *3* plan. *4 V* **plànol**.
pla, ana *a 1* plano. *2 geom* llano. *3 V* **planer** 1 y 2.
placa *f* placa.
plaça *f* plaza. || **anar a p.** ir a la compra.
plaçar *v tr* emplazar.
placenta *f anat bot* placenta.
plàcid, a *a* plácido.
plaent *a* grato, agradable.
plaer *m* placer, agrado.
plafó *m 1* panel. *2* artesón. *3 arq* plafón.
plaga *s* guasón. || *f 1 med* llaga, plaga. *2* plaga, azote (*m*).
plagi *m* plagio.
plagiar *v tr* plagiar.
plaguejar *v intr* guasearse (*pron*).
plaïble *a V* **plaent**.
plana *f 1 geog* llano (*m*), llanura, plana, planicie. *2* plana, página. || **p. major** plana mayor.
planador *m aviac* planeador.
planar *v intr 1* planear (un pájaro). *2 aviac* planear. *3 fig* cernerse (*pron*).
plançó *m 1 agr* pimpollo, plantón (árbol nuevo). *2 agr* plantón (rama plantada). *3 fig* pimpollo, retoño (muchacho).
plancton *m biol* plancton.
planejar *v tr* planear (proyectar).
planer, a *a 1* llano, sin pendiente. *2 fig* llano (fácil, sencillo).
planeta *m astron* planeta.
planícia *f geog V* **plana** 1.
planificar *v tr* planificar.
plànol *m* plano (topográfico).
planor *f* llanura, calidad de llano.
planta *f 1 bot* planta (vegetal). *2 arq* planta. *3 fig* planta (presencia, aspecto). *4 anat* planta (del pie). *5 agr V* **plantació**.
plantació *f*, **plantada** *f*, **plantament** *m agr 1* plantación (*f*), plantío (*m*) (acción). *2* plantación (*f*), plantío (*m*) (conjunto de lo plantado).
plantar *v tr* y *pron* plantar.
plantat, ada *a* plantado. || **ben p.** *V* **plantós**.
plantejar *v tr* plantear.
plantilla *f* plantilla.
plantofada *f* guantazo (*m*), cachete (*m*), galleta, morrada (golpe).
plantós, osa *a* apuesto.
planura *f*, **planúria** *f geog V* **plana** 1.
planxa *f 1* plancha (lámina). *2* plancha (para planchar). *3* plancha, coladura. || **fer p.** colarse.
planxar *v tr* planchar.
plany *m 1* plañido, queja (*f*), llanto, lamento, lloro. *2* plañimiento (acción).
plànyer *v tr 1* compadecer. *2* ahorrar (esfuerzos, etc.). || *v pron* quejarse, plañir (*intr*).
planyívol, a *a* plañidero, lastimero.
plasent *a* chistoso.
plasenteria *f* chiste (*m*).
plasma *m biol* plasma (de la sangre).
plasmar *v tr* plasmar.
plàstic, a *a* y *m* plástico. || *f* plástica.
plastilina *f* plastilina.
plat *m* plato.
plata *f 1 V* **plàtera**. *2* plata.
plataforma *f* plataforma.
plàtan *m bot 1* plátano (*Platanus orientalis*). *2* plátano, banano, bananero, banana (*f*) (*Musa sapientium*). *3* plátano, banana (*f*) (fruto).
platea *f* platea.
plàtera *f* fuente (de servir).
platí *m* platino.
platina *f* platina.
platja *f* playa.
plaure *v intr* placer, agradar.
plausible *a* plausible.
ple, ena *a 1* lleno. *2* pleno. *3* colmado. || **p. a vessar** lleno a rebosar. || **p. de gom a gom** lleno de bote en bote. || *m 1* lleno (concurrencia). *2* pleno. *3 astron V* **pleniluni**.
pleballa *f V* **plebs**.
plebeu, ea *a* y *s* plebeyo.
plebiscit *m* plebiscito.
plebs *f* plebe, populacho (*m*).

plec *m 1* pliegue. *2* pliego.
pledejar *v tr* e *intr jur* pleitear.
plega *f* haz (*m*), fajo (*m*).
plegar *v tr 1* plegar. *2* doblar. *3* cesar en el trabajo. *4* cerrar (un centro de trabajo).
plena *f 1 V* **ple** 1 (*m*). *2* pleno (*m*) (en un juego). *3* creciente (*m*) del mar.
plenari *m jur* plenario.
pleniluni *m astron* plenilunio, lleno (luna llena).
plenitud *f* plenitud.
pleonasme *m gram* pleonasmo.
pler *m V* **plaer**.
plet *m jur* pleito.
pleta *f* aprisco (*m*), redil (*m*), majada.
pletòric, a *a* pletórico.
pleura *f anat* pleura.
plexe *m anat* plexo.
plexiglàs *m* plexiglás.
plica *f* plica.
ploguda *f V* **pluja**.
plom *m 1* plomo. *2* fusible.
ploma *f* pluma.
plomall *m* penacho, plumero.
plomar *v tr 1* desplumar. *2 fig* desplumar (de dinero).
plomatge *m* plumaje, plumazón.
plomejar *v tr fig* esbozar.
plomell *m V* **plomall**.
plomer *m 1 V* **plomall**. *2* plumero (para el polvo).
plomí *m* plumilla (*f*).
plomissall *m V* **plomall**.
plor *m* lloro, llanto.
plorallós, osa *a V* **plorós**.
plorar *v tr* e *intr* llorar.
ploricó *m* lloriqueo, gimoteo.
plorinyar *v intr V* **ploriquejar**.
ploriqueig *m* lloriqueo, gimoteo.
ploriquejar *v intr* lloriquear, gimotear.
plorós, osa *a* lloroso.
ploure *v intr* llover.
plovisc *m V* **ploviscó**.
ploviscar *v intr 1* lloviznar. *2* cerner.
ploviscó *m*, **ploviscol** *m* llovizna (*f*).
plovisquejar *v intr V* **ploviscar**.
plugeta *f*, **plugim** *m V* **ploviscó**.
pluja *f* lluvia.
plujà, ana *a*, **plujós, osa** *a* lluvioso.
plural *a* y *m* plural.
plus *m* plus.
plusquamperfet *a* y *m gram* pluscuamperfecto.
plusvàlua *f* plusvalía.
pluvial *a* pluvial.
pneumàtic, a *a* y *m* neumático.
pneumònia *f med* neumonía.
població *f* población.
poblament *m* población (*f*) (acción).
poblar *v tr* poblar.
poblat *m* poblado.
poble *m* pueblo.
pobletà, ana *a* y *s* pueblerino.
pobre, ra *a* y *s* pobre.
pobresa *f*, **pobretat** *f* pobreza.
poc, a *a* poco. || *m* poco. || *adv* poco. || **p. després, al cap de p.** poco después; a poco. || **p. més p. menys**; **p. ençà, p. enllà** poco más o menos. || **per p.** por poco. || **a p. a p.** poco a poco, despacio. || **entre p. i massa** ni tanto ni tan poco; ni tanto ni tan calvo. || **ni p. ni gens** ni pizca. || **ni p. ni molt** ni poco ni mucho.
pocapena *s V* **pocavergonya**.
poca-soltada *f* disparate (*m*).
pocavergonya *s* sinvergüenza.
poció *f 1* poción. *2* bebedizo.
poda *f agr* monda, mondadura (operación).
podar *v tr agr* podar, mondar.
poder *m 1* poder. *2* poderío.
poder *v tr* poder.
poderós, osa *a* poderoso.
podi *m*, **pòdium** *m* podio.
podologia *f med* podología.
podridura *f* podredumbre.
podrir *v tr* y *pron* pudrir, podrir, podrecer.
poema *m* poema.
poesia *f* poesía.
poeta *s* poeta.
poetessa *f* poetisa.
poètic, a *a* poético. || *f* poética.
pol *m geog* polo.
polaina *f* polaina.
polar *a* polar.
polèmic, a *a* polémico. || *f* polémica.
policia *s* policía. || *f* policía.
policíac, a *a* policíaco, policiaco.
policromia *f* policromía.
políedre *m geom* poliedro.
poliesportiu *m* polideportivo.
polièster *m quím* poliéster.
poligàmia *f* poligamia.
polígon *m* polígono.
polinesi, èsia *a* y *s* polinesio.
poliol *m bot* poleo (*Teucrium polium*).
pòlip *m med zool* pólipo.
polir *v tr 1* pulir, pulimentar. *2* lijar. *3 fig* pulir (a alguien, un asunto, etc.). *4* atildar. *5* asear.
pòlissa *f* póliza.
polissó *s* polizón.
polític, a *a* y *s* político.
política *f* política.
politja *f* polea, garrucha.
poll *m 1 ornit V* **pollet**. *2 entom* piojo (*Pediculus capitis*). *3 bot V* **pollancre**.
pollancre *m bot* chopo (*Populus nigra*).
pollastre *m 1 ornit* pollo. *2 fig* pollo (joven).
polleguera *f* quicio (*m*). || **treure de p.** *1* desquiciar. *2* sacar de quicio; sacar de casillas.
pol·len *m bot* polen.
pollet *m ornit* polluelo, pollo.
pol·linització *f bot* polinización.
pol·lució *f* polución.
polo *m* polo (juego).
polonès, esa *a* y *s* polaco, polonés.
polpa *f* pulpa.
polpís *m V* **palpís** 1.
pols *m 1 anat* pulso. *2 fig* pulso, tiento. *3 anat* sien (*f*). || **a p.** a pulso.

pols *f* polvo (*m*). || **en p.** en polvo. || *m pl V* **pólvores**.
polsar *v tr 1* pulsar (tomar el pulso). *2 mús* pulsar (un instrumento). *3 fig* pulsar (tantear). || *v intr* latir.
polsegada *f V* **polseguera**.
polsegós, osa *a* polvoriento.
polseguera *f* polvareda.
polsera *f 1* pulsera. *2* pulsera, brazalete (*m*).
polsim *m*, **polsina** *f* polvillo (*m*).
polsós, osa *a V* **polsegós**.
poltre, a *s zool* potro (*m*). || *m 1* potro, caballete (de tortura). *2* potro (de gimnasia).
poltró, ona *a* y *s* poltrón. || *f* poltrona (butaca).
pólvora *f* pólvora. || *f pl* polvos (*m*).
polvorera *f* polvera.
polvorí *m* polvorín.
polvoritzar *v tr* pulverizar.
polzada *f* pulgada.
polze *m anat* pulgar, dedo gordo.
pom *m 1* pomo, manzanilla (*f*) (remate). *2* pomo (frasco). *3* ramillete, manojo. *4* pomo (pieza).
poma *f* manzana.
pomada *f* pomada.
pomer *m*, **pomera** *f bot* manzano (*m*) (*Pirus malus*).
pompa *f* pompa, fausto (*m*), fasto (*m*).
pompós, osa *a* pomposo.
pòmul *m anat* pómulo.
poncella *f 1* doncella, virgen. *2 bot* capullo (*m*), botón (*m*). *3 bot* pimpollo (*m*).
ponderació *f* ponderación.
ponderar *v tr* ponderar, decantar.
pondre *v tr* aovar, poner (huevos). || *v pron* ponerse (el sol, la luna).
ponència *f* ponencia.
ponent *a* y *s* ponente (persona). || *m* poniente.
poni *m zool* póney, poni.
pont *m* puente. || **p. llevadís** puente levadizo. || **p. penjant**, **p. suspès** puente colgante.
pontet *m mús* puente (de un instrumento).
pontífex *m* pontífice.
pontó *m* pontón.
ponx *m* ponche.
pop *m zool* pulpo (*géns Octopus* y *Eledone*).
popa *f náut* popa.
popular *a* popular.
popularitat *f* popularidad.
populatxo *m V* **plebs**.
populisme *m* populismo.
poquejar *v intr* escasear.
pòquer *m* póquer, póker (juego).
por *f* miedo (*m*).
porc *m zool* cerdo, puerco, marrano, gorrino, cochino, guarro (*gén Sus*). || **p. espí** *zool* puerco espín (*Hystrix cristata*). || **p. senglar** *zool* jabalí (*Sus scrofa*).
porc, a *a* y *s fig* guarro, gorrino, marrano, cerdo. || *f zool* puerca, marrana, cochina, cerda.
porcada *f fig* marranada, marranería.
porcell *m zool* lechón, gorrino, marranillo.
porcellana *f* porcelana.
porció *f* porción.
porfídia *f* porfía, tema.
pornografia *f* pornografía.
porqueria *f* porquería.
porra *f 1* porra, clava. *2* porra.
porro *m 1 bot* puerro, porro (*Allium porrum*). *2* porro (cigarrillo).
porró *m* porrón.
port *m 1 geog náut* puerto. *2* porte. *3* porteo.
porta *f 1* puerta. *2 anat* porta, vena porta. *3 náut* porta.
portaavions *m náut* portaaviones.
portaclaus *m* llavero (objeto).
portaequipatge *m* portaequipaje, portaequipajes.
portal *m arq* portal.
portalera *f náut V* **porta** 3.
portament *m 1* llevada (*f*). *2* traída (*f*).
portamonedes *m 1* portamonedas. *2* bolso, monedero.
portar *v tr 1* llevar. *2* traer. *3* portear. || *v pron* portarse.
portàtil *a* portátil.
portaveu *s* portavoz.
portell *m 1* portillo, brecha (*f*). *2 geog* portillo.
portella *f 1* portillo (*m*), postigo (*m*). *2* portezuela.
portent *m* portento.
porter, a *s* portero.
porteria *f* portería.
pòrtic *m arq 1* pórtico (ante un edificio). *2* pórtico (galería).
porticó *m* postigo, ventanillo.
porto-riqueny, a *a* y *s* portorriqueño, puertorriqueño.
portuguès, esa *a* y *s* portugués.
poruc, uga *a* miedoso.
porus *m* poro.
porxada *f arq* pórtico.
porxo *m arq 1* porche. *2* cobertizo.
posa *f* pose.
posada *f 1* posada, mesón (*m*), fonda, albergue (*m*). *2* aposento (*m*), posada. *3* estrofa.
posar *v tr 1* poner, colocar. *2* poner (suponer). || *v intr 1 V* **parar** 3. *2* posar (en pintura, etc.). || *v pron* posarse.
posat *m 1* postura (*f*). *2* ademán.
posició *f* posición.
pòsit *m* poso, hez (*f*).
positiu, iva *a* positivo. || *m* positivo (o *f*) (fotografía).
positura *f* postura, positura.
posposar *v tr* posponer.
posseir *v tr* y *pron* poseer.
possessió *f* posesión.
possessiu, iva *a* posesivo.
possibilitat *f* posibilidad.
possible *a 1* posible. *2* hacedero. || *m pl* medios.
post *m mil* puesto. || *f* tabla (de madera).
posta *f 1* posta (de caballerías). *2* posta (en el juego). *3* puesta, postura (de huevos). *4* puesta, ocaso (*m*) (del sol). *5* puesta (acción). || **a p.** adrede, a posta, exprofeso.
postal *a* y *f* postal.
postdata *f* posdata.

pòster *m* póster (cartel).
postergar *v tr* postergar.
posterior *a* posterior, trasero.
posteritat *f* posteridad.
postís, issa *a* y *m* postizo.
postor, a *s jur* postor.
postració *f V* **prostració**.
postrar *v tr* y *pron V* **prostrar**.
postres *f pl* postre (*m sing*), postres (*m*).
postular *v tr* postular.
postulat *m* postulado.
pòstum, a *a* póstumo.
postura *f* ***1*** *V* **positura**. ***2*** postura (en subasta).
pot *m* bote, pote, tarro.
pota *f* ***1*** pata (de los animales). ***2*** *V* **petge**. || **p. de gall** pata de gallo (arruga). || **ficar la p.** meter la pata. || **potes enlaire** patas arriba.
potable *a* potable.
potassa *f quím* potasa.
potassi *m quím* potasio.
potència *f* potencia.
potenciar *v tr* potenciar.
potent *a* potente.
potestat *f* potestad.
potinejar *v tr* chapucear.
potineria *f* ***1*** calidad de sucio. ***2*** chapucería.
potinga *f* potingue (*m*), mejunje (*m*).
poti-poti *m fig* baturrillo, batiburrillo, batiborrillo, mezcolanza (*f*), fárrago.
potser *adv* quizás, quizá, acaso, tal vez.
pou *m* pozo.
pràctic, a *a* y *m* práctico. || *f* práctica.
practicar *v tr* practicar.
prada *f* ***1*** *V* **prat**. ***2*** *V* **praderia**.
praderia *f* pradería, pradera.
prat *m* prado.
preàmbul *m* preámbulo.
prear *v tr* preciar, tener en gran estima.
prebenda *f* prebenda.
prec *m* ruego.
precari, ària *a* precario.
precaució *f* precaución.
precaucionar *v tr* precaver.
precedència *f* precedencia.
precedent *a* y *m* precedente.
precedir *v tr* preceder.
precepte *m* precepto.
precintar *v tr* precintar.
precinte *m* precinto.
preciós, osa *a* precioso.
precipici *m* precipicio, despeñadero.
precipitar *v tr* y *pron* precipitar.
precís, isa *a* ***1*** preciso. ***2*** certero.
precisar *v tr* precisar.
precisió *f* precisión.
precoç *a* precoz.
preconitzar *v tr* preconizar.
precursor, a *a* y *s* precursor.
predecessor, a *a* y *s* predecesor.
predestinar *v tr* predestinar.
predic *m*, **prèdica** *f* prédica (*f*), plática (*f*).
predicament *m* predicamento.
predicar *v tr* predicar.
predicat *m gram* predicado.
predicció *f* predicción.
predilecte, ta *a* predilecto.
predir *v tr* predecir.
predisposar *v tr* predisponer.
predisposició *f* predisposición.
predominant *a* predominante.
predominar *v intr* predominar.
prefaci *m* prefacio.
prefecte, ta *s* prefecto.
preferència *f* preferencia.
preferent *a* preferente.
preferir *v tr* preferir.
prefix *m* prefijo.
pregar *v tr* ***1*** rogar. ***2*** rezar.
pregària *f* plegaria.
pregnant *a* apremiante.
pregó *m* pregón.
pregon, ona *a* profundo, hondo.
pregonar *v tr* pregonar.
pregonesa *f* profundidad, hondura.
preguera *f V* **pregària**.
pregunta *f* pregunta.
preguntar *v tr* y *pron* preguntar.
prehistòria *f* prehistoria.
prejudici *m* prejuicio.
prelació *f jur* prelación.
preliminar *a* y *m* preliminar.
preludi *m* preludio.
prematur, a *a* prematuro.
premeditació *f* premeditación.
prémer *v tr* apretar, apretujar, estrujar.
premi *m* premio.
premiar *v tr* premiar.
premissa *f* premisa.
premsa *f* prensa.
premsar *v tr* prensar.
premuda *f* apretón (*m*).
prendre *v tr* ***1*** tomar, coger. ***2*** tomar. ***3*** tomar, comer ***4*** tomar (adoptar). ***5*** tomar, quitar. ***6*** tomar (en el juego). || *v intr* ***1*** arraigar. ***2*** prender. || *v pron* ***1*** cuajarse. ***2*** tomarse. || **p. comiat** despedirse.
prenom *m* prenombre.
prenyada *a* y *f* embarazada, encinta.
prenyar *v tr* preñar, empreñar.
prenys *a* preñada.
preocupació *f* preocupación.
preocupar *v tr* y *pron* preocupar.
preparació *f* preparación.
preparar *v tr* y *pron* preparar.
preponderància *f* preponderancia.
preposició *f gram* preposición.
prepuci *m anat* prepucio, capullo.
prerrogativa *f* prerrogativa.
pres, a *a* y *s* preso. || *f* ***1*** presa, prisión (acción). ***2*** presa (cosa apresada). ***3*** presa (hidráulica). ***4*** toma (acción). ***5*** toma, tomada (de una ciudad, plaza, etc.). ***6*** toma (porción). ***7*** toma (de una conducción). ***8*** acometida (de una conducción).
presagi *m* presagio.
prescindir *v intr* prescindir.
prescriure *v tr* e *intr* prescribir.

presència *f* presencia.
presenciar *v tr* presenciar.
present *a* presente. || *m* presente, regalo.
presentació *f* presentación.
presentar *v tr* *1* presentar. *2* deparar. || *v pron* presentarse.
preservar *v tr* preservar.
preservatiu *m med* preservativo, condón, profiláctico.
presidència *f* presidencia.
president, a *s* presidente.
presidi *m* presidio.
presidir *v tr* presidir.
presó *f* *1 jur* prisión (privación de libertad). *2* cárcel, prisión, chirona (*vulg*) (edificio).
presoner, a *a* y *s* prisionero.
pressa *f* *1* prisa. *2* apremio (*m*). *3* premura. || **de p.** *adv* aprisa.
préssec *m* melocotón (fruto).
presseguer *m*, **presseguera** *f bot* melocotonero, melocotón (*Prunus persica*).
pressentiment *m* presentimiento.
pressentir *v tr* presentir.
pressió *f* presión.
pressuposar *v tr* presuponer.
pressupost *m* presupuesto.
pressut, uda *a* presuroso.
prest, a *a* presto, pronto. || *adv* presto.
prestar *v tr* y *pron* prestar.
prestatge *m* balda (*f*), estante.
prestatgeria *f* estantería.
préstec *m* préstamo.
prestesa *f* presteza.
prestigi *m* prestigio.
prestimoni *m V* **préstec**.
presto *m mús* presto.
presumir *v tr* y *pron* presumir.
presumpció *f* *1* presunción. *2* postín (*m*).
pretendre *v tr* e *intr* pretender.
pretensió *f* pretensión.
pretèrit, a *a* y *m* pretérito.
pretext *m* pretexto, socapa (*f*).
preu *m* precio. || **a p. fet** a destajo.
preuar *v tr V* **prear**.
prevaler *v intr* prevalecer, prevaler. || *v pron* prevalerse.
prevenció *f* *1* prevención. *2* retén (*m*).
prevenir *v tr* prevenir.
preveure *v tr* *1* prever. *2* percatar (*intr*).
previ, èvia *a* previo.
previsió *f* previsión.
prim, a *a* *1* delgado. *2* primo, primero. || *f* *1* prima (hora). *2* prima (cantidad).
primacia *f* primacía.
primari, ària *a* primario. || *f* delgadez (grosor).
primavera *f* primavera.
primer, a *a* *1* primero, primo. *2 arit* primo (número). *3* primero (excelente). *4* primero, más antiguo. || **de p.** de primera.
primerament *adv* primeramente, en primer lugar.
primerenc, a *a* temprano.
primesa *f* delgadez (cualidad de delgado).
primitiu, iva *a* primitivo.
primmirat, ada *a* *1* remirado. *2* quisquilloso.
primogènit, a *a* y *s* primogénito.
primor *f V* **primesa**.
primoter, a *a* primoroso.
príncep *m* príncipe.
princesa *f* princesa.
principal *a* y *s* principal.
principat *m* principado.
principi *m* principio.
principiar *v tr* principiar.
prioritat *f* prioridad.
prisma *m* prisma.
privació *f* privación.
privadejar *v intr* privar, tener privanza.
privar *v tr* privar (impedir; desposeer; prohibir). || *v intr V* **privadejar**.
privat, ada *a* privado.
privatització *f* privatización.
privatiu, iva *a* privativo.
privilegi *m* privilegio.
pro *prep* pro. || **en p.** en pro. || *m* pro.
proa *f náut* proa.
probabilitat *f* probabilidad.
probable *a* probable.
problema *m* problema.
procaç *a* procaz.
procediment *m* procedimiento.
procedir *v intr* proceder.
procés *m* proceso.
processament *m* procesamiento.
processió *f* procesión.
processó *f* procesión.
proclama *f* proclama.
proclamar *v tr* y *pron* proclamar.
procrear *v tr biol* procrear.
procurador, a *a* y *s* procurador.
procurar *v tr* procurar.
prodigar *v tr* y *pron* prodigar.
prodigi *m* prodigio.
producció *f* producción.
producte *m* producto.
produir *v tr* y *pron* producir.
proesa *f* proeza.
profà, ana *a* y *s* profano.
profanar *v tr* profanar.
profecia *f* profecía.
proferir *v tr* *1* proferir, pronunciar. *2* ofrecer.
professar *v tr* profesar.
professió *f* profesión.
professor, a *s* profesor.
profeta *s* profeta.
proficu, ícua *a V* **profitós**.
profit *m* provecho. || **bon p.** que aproveche.
profitós, osa *a* provechoso.
pròfug, a *a* y *s* prófugo.
profund, a *a V* **pregon**.
profunditat *f V* **pregonesa**.
profunditzar *v tr* profundizar.
profusió *f* profusión.
progenitor, a *s* progenitor.
programa *m* programa.
programar *v tr* programar.
progrés *m* *1* progreso. *2* medro, medra (*f*).

progressar *v intr* progresar.
prohibició *f* prohibición.
prohibir *v tr* prohibir, vedar.
proïsme *m* prójimo.
projecció *f* proyección.
projectar *v tr* proyectar.
projecte *m* proyecto.
projectil *m* proyectil.
pròleg *m* prólogo.
proletari, ària *a* y *s* proletari.
proliferar *v intr* proliferar.
prolongar *v tr* y *pron* prolongar.
promès, esa *s* ***1*** prometido. ***2*** novio.
promesa *f* promesa.
prometatge *m* noviazgo.
prometença *f V* **promesa**, *esp* piadosa.
prometiment *m* promesa (*f*) (acción).
prometre *v tr* y *pron* prometer.
prominència *f* prominencia.
promissió *f* promisión.
promoció *f* promoción.
promontori *m* promontorio.
promoure *v tr* promover.
prompte, ta *a* pronto. || *adv* pronto.
promulgar *v tr* promulgar.
pronom *m gram* pronombre.
pronòstic *m* pronóstico. || **de p.** (**reservat**) *fam* de cuidado.
pronosticar *v tr* pronosticar.
pronòstiga *f* pronóstico (*m*).
pronúncia *f* pronunciación (manera).
pronunciació *f* pronunciación (acción y efecto).
pronunciar *v tr* ***1*** pronunciar (producir un fonema). ***2*** *V* **proferir**. ***3*** pronunciar (hacer oir). || *v pron* pronunciarse (declarar una decisión o un parecer).
prop *adv* cerca. || **p. de** cabe.
propà *m quím* propano.
propaganda *f* propaganda.
propagar *v tr* y *pron* propagar.
propalar *v tr* propalar.
propel·lir *v tr V* **propulsar**.
propendir *v intr* propender.
propens, a *a* propenso.
proper, a *a V* **pròxim**.
propi, òpia *a* propio. || *m* propio.
propiciar *v tr* propiciar.
propietari, ària *s* ***1*** propietario. ***2*** casero.
propietat *f* propiedad.
propina *f* propina.
propinar *v tr* propinar.
propinqüitat *f V* **proximitat** 1.
proporció *f* proporción.
proporcionar *v tr* deparar.
proposar *v tr* y *pron* proponer.
proposició *f* proposición.
propòsit *m* propósito.
proposta *f* propuesta, proposición.
propugnar *v tr* propugnar.
propulsar *v tr* propulsar.
prorrata *f* prorrata.
pròrroga *f* ***1*** *V* **prorrogació**. ***2*** prórroga (tiempo).
prorrogació *f* prorrogación, prórroga.
prorrogar *v tr* prorrogar.
prorrompre *v intr* prorrumpir.
prosa *f* prosa.
prosaic, a *a* prosaico.
proscriure *v tr* proscribir.
proselitisme *m* proselitismo.
prosòdia *f gram* prosodia.
prosopopeia *f* prosopopeya.
prospecció *f* prospección.
prospecte *m* prospecto.
pròsper, a *a* próspero.
prosperar *v tr* e *intr* prosperar.
prossecució *f* prosecución.
prosseguir *v tr* e *intr* proseguir.
pròstata *f med* próstata.
prostíbul *m* prostíbulo.
prostitució *f* prostitución.
prostituir *v tr* y *pron* prostituir.
prostituta *f* prostituta, ramera, puta.
prostració *f* postración.
prostrar *v tr* y *pron* postrar.
protagonista *s* protagonista.
protecció *f* protección.
protector, a *a* y *s* protector.
protegir *v tr* proteger.
proteïna *f* proteína.
protesta *f* protesta.
protestant *a* y *s* protestante.
protestantisme *m* protestantismo.
protestar *v tr* e *intr* protestar.
protó *m fís* protón.
protocol *m* protocolo.
protuberància *f* protuberancia.
prou *adv* y *a* bastante, asaz. || *interj* ¡basta! || **amb p. feines** apenas, a duras penas.
prova *f* prueba, probación. || **a p.** a prueba. || **a p. de** a prueba de.
provable *a* probable.
provar *v tr* probar (examinar; justificar). || *v intr* probar, probar bien.
proveïment *m* proveimiento, abastecimiento.
proveir *v tr* y *pron* proveer, abastecer, abastar.
provenir *v intr* provenir.
proverbi *m* proverbio, refrán.
proveta *f quím* probeta.
providència *f* providencia.
província *f* provincia.
provinent *a* proveniente.
provisió *f* provisión.
provisional *a* provisional.
provocació *f* provocación.
provocar *v tr* provocar.
pròxim, a *a* ***1*** próximo. ***2*** cercano.
proximitat *f* ***1*** proximidad. ***2*** cercanía.
prudència *f* prudencia.
prudent *a* prudente.
pruïja *f* ***1*** prurito (*m*), picazón, comezón. ***2*** *fig* prurito (*m*), comezón (deseo excesivo).
pruir *v intr* picar (dar picazón o comezón).
pruna *f bot agr* ciruela.
pseudònim, a *a* y *m* seudónimo.
psicoanàlisi *f* psicoanálisis (*m*), sicoanálisis (*m*).
psicologia *f* psicología, sicología.

psicosi *f med* psicosis, sicosis.
psiquiatre, ra *s med* psiquiatra, siquiatra.
psiquiatria *f med* siquiatría.
psíquic, a *a* psíquico, síquico.
pua *f* ***1*** púa (pincho). ***2*** púa (de peine). ***3*** huso (*m*). ***4*** *mús* púa. ***5*** *fig* púa (persona astuta).
pubertat *f* pubertad.
pubis *m anat* pubis.
públic, a *a* y *m* público.
publicació *f* publicación.
publicar *v tr* publicar.
publicitat *f* publicidad.
puça *f entom* pulga (*Pulex irritans*).
pudent *a* apestoso, maloliente.
púdic, a *a* púdico.
púding *m* budín.
pudir *v intr* heder, apestar.
pudor *m* pudor. || *f* ***1*** peste. ***2*** hediondez, hedor (*m*).
puella *f* doncella.
puericultura *f* puericultura.
pueril *a* pueril.
pugna *f* pugna.
pugnar *v intr* pugnar.
pugó *m entom* pulgón (*gèns Aphis* y *Macrosiphum*).
puig *m* monte, montaña (*f*).
puix *conj* pues. || **p. que** *conj* pues, puesto que, ya que.
puixança *f* pujanza, brío.
puja *f* ***1*** subida, alza. ***2*** *V* **pujament**.
pujada *f* ***1*** *V* **pujament**. ***2*** subida (lugar, terreno).
pujament *m* subida (*f*).
pujant *m* ***1*** *V* **pujada** 2. ***2*** montante (de una puerta o ventana).
pujar *v tr* y *pron* subir, montar (de nivel, de altura, etc.). || *v intr* ***1*** montar, subir. ***2*** arreciar.
pujol *m geog* colina (*f*).
pulcre, ra *a* pulcro.
pul·lular *v intr* pulular.
pulmó *m anat* pulmón.
pulmonia *f med* pulmonía.
pulsació *f* pulsación.
puma *m zool* puma (*Felis concolor*).
punir *v tr* castigar, punir.
punt *m* ***1*** punto. ***2*** tanto. || (**tan**) **bon p.** tan pronto como.
punta *f* ***1*** punta (extremo agudo). ***2*** punta (extremo). ***3*** colilla, punta. ***4*** *geog* punta (de tierra en el mar). ***5*** puntas (*pl*), puntilla, encaje (*m*).
puntal *m* ***1*** puntal. ***2*** *fig* puntal.
puntegut, uda *a V* **punxegut**.
punteria *f* puntería.
de puntetes *loc adv* de puntillas.
puntimirat, ada *a fig fam* quisquilloso.
puntual *a* puntual.
puntut, uda *a V* **punxegut**.
punxa *f* pincho (*m*) (punta aguda).
punxada *f* pinchazo (*m*), punzada.
punxar *v tr* y *pron* pinchar, punzar.
punxegut, uda *a*, **punxerut, uda** *a* puntiagudo.
punxó *m* punzón.
punxut, uda *a V* **punxegut**.
puny *m* ***1*** *anat* muñeca (*f*) (de la mano). ***2*** puño (de la manga). ***3*** puño (mano cerrada). ***4*** puñado, puño. ***5*** puño (de un mango). ***6*** *náut* puño (de vela).
punya *f* pugna, pelea (esfuerzo afanoso).
punyal *m* puñal.
punyar *v intr* pugnar.
punyida *f*, **punyiment** *m V* **punxada**.
punyir *v tr V* **punxar**.
puó *m* púa (*f*).
pupil, il·la *s* pupilo. || *f anat* pupila, niña.
pupitre *m* pupitre.
pur, a *a* puro.
puré *m* puré.
puresa *f* pureza.
purga *f* purga.
purgant *a* purgante. || *m med* purgante.
purgar *v tr* purgar.
purificar *v tr* y *pron* purificar.
purità, ana *a* y *s* puritano.
púrria *f fam* canalla, chusma.
purulent, a *a med* purulento.
pus *m med* pus.
pus *adv* más.
pusil·lànime *a* pusilánime.
puta *f V* **prostituta**.
putrefacte, ta *a* putrefacto.
putxinel·li *m* polichinela, títere.
puzle *m* puzzle.

Q

quadern *m* cuaderno.
quaderna *f náut* cuaderna (de un buque).
quadra *f* cuadra.
quadrant *m* cuadrante.
quadrar *v tr* y *pron* cuadrar.
quadrat, ada *a* cuadrado. || *m* cuadrado.
quadre *m* cuadro.
quadrícula *f* cuadrícula.
quadrilla *f* cuadrilla (en general).
quadrúpede, da *a* y *m zool* cuadrúpedo.
qual *a* y *pron* cual. || **del q.** cuyo.
qualcú *pron* alguien, alguno.
qualcun, a *a* algún, alguno.
qualificar *v tr* y *pron* calificar.

qualitat *f 1* calidad. *2* cualidad.
quallar *v tr* y *pron 1* cuajar, coagular. *2 fig* cuajar.
qualque *a* algún, alguno.
qualsevol *a* y *pron*, **qualsevulla** *a* y *pron 1* cualquier. *2* cualquiera.
qualssevol *a* y *pron*, **qualssevulla** *a* y *pron* cualesquiera.
quan *adv* y *conj* cuando.
quant *adv* cuanto. || **q. a** en cuanto a, cuanto a.
quant, a *a* y *pron* cuanto.
quantia *f jur* cuantía.
quantitat *f* cantidad.
quaranta *a* y *m* cuarenta.
quarantena *f* cuarentena.
quaresma *f* cuaresma.
quars *m* cuarzo.
quart, a *a* y *m* cuarto.
quarter *m 1* cuarto (cuarta parte). *2 her* cuartel. *3 mil* cuartel (puesto; alojamiento). *4 mil* cuartel, buen trato al vencido. *5 náut* cuartel (de una escotilla).
quartilla *f* cuartilla.
quasi *adv* casi, cuasi.
quatre *a* y *m* cuatro.
quatre-cents, tes *a* y *m* cuatrocientos.
que *pron* que. || *conj* que. || **a fi q.** a fin de que. || **encara q.** aunque. || **ja q.** ya que. || **només q.** sólo que. || **per bé q.** *V* **encara q.** || **per tal q.** para que. || **posat q.**, **puix q.** ya que, puesto que.
que *adv* y *a* qué (en frases ponderativas).
què *pron 1* qué (en frases interrogativas). *2* que (cuando va precedido de *prep*).
quec, a *a* y *s* tartamudo.
queda *f* queda.
quedar *v tr* y *pron* quedar.
quefer *m* quehacer.
queix *m* carrillo.
queixa *f* queja.
queixal *m anat* muela (*f*). || **q. del seny** *anat* muela (*f*) del juicio.
queixalar *v tr*, **queixalejar** *v tr* morder, mordisquear.
queixar-se *v pron* quejarse.
queixera *f 1* barboquejo (*m*). *2* carrillera.
queixós, osa *a* quejoso.
quelcom *pron* algo, alguna cosa. || *adv* algo.
quequeig *m* tartamudeo.
quequejar *v intr* tartamudear.
querella *f* querella.
querellar-se *v pron* querellarse.
qüestió *f* cuestión.
qüestionar *v intr* cuestionar.
quetxup *m* ketchup.
queviures *m pl* víveres.
qui *pron* quien. || **el q.** *pron* quien.
quiet, a *a* quieto.
quietut *f* quietud.
quilla *f náut* quilla.
quillar-se *v pron* ataviarse.
quilo *m* kilo, quilo.
quilocaloria *f fís* kilocaloría.
quilogram *m* kilogramo, quilogramo.
quilolitre *m* kilolitro, quilolitro.
quilometratge *m* quilometraje.
quilòmetre *m* kilómetro, quilométro.
quilovat *m* kilovatio, quilovatio.
quimera *f 1* quimera, dragón (*m*). *2* quimera (creación imaginaria). *3* cuidado (*m*). *4* tirria, ojeriza, hincha.
químic, a *a* y *s* químico. || *f* química.
quimono *m* quimono.
quin, a *a 1* qué. *2* cuál (en oraciones interrogativas o exclamativas).
quincalla *f* quincalla.
quint, a *a* y *m* quinto.
quinta *f 1* quinta (acción y efecto). *2 mús* quinta.
quintar *m* quintal (peso).
quintet *m* quinteto.
quinze *a* y *m* quince.
quiosc *m* quiosco, kiosco.
quirat *m* quilate.
quiròfan *m* quirófano.
quirúrgic, a *a* quirúrgico.
qui-sap-lo, la *a* y *adv* quién sabe cuánto; mucho.
quist *m biol med* quiste.
quisvulla *pron* quienquiera.
quitrà *m quím* alquitrán.
quitxalla *f* chiquillería, muchachería.
quocient *m mat* cociente.
quòrum *m* quorum.
quota *f 1* cuota, cota. *2* cupo (*m*).
quotidià, ana *a* cotidiano, cuotidiano.

R

rabada *f anat* rabadilla.
rabassa *f* cepa.
rabassut, uda *a 1* rechoncho. *2* achaparrado, chaparro.
rabejar *v tr* remojar. || *v pron 1* remojarse. *2* cebarse. *3* ensañarse.
rabera *f V* **ramat**.
rabí *m* rabino.
ràbia *f 1* rabia (irritación). *2* saña. *3 med* rabia. || **fer r.** dar rabia.
rabiola *f* berrinche (*m*), rabieta, perra, perrera.
rabior *f* picazón.

rabiós, osa *a* ***1*** rabioso. ***2*** *med* rabioso, hidrófobo.
rabiüt, uda *a med* rabioso.
rabosa *f zool* zorra, raposa, vulpeja (*Vulpes vulpes*).
raça *f* raza.
ració *f* ración.
raciocini *m* raciocinio.
racionar *v tr* racionar.
racisme *m* racismo.
racista *a* y *s* racista.
racó *m* rincón.
rada *f* rada.
radar *m* radar.
radi *m geom* radio.
radiació *f fís* radiación.
radiador *m* radiador.
radiar *v tr* e *intr* radiar.
radical *a* y *s* radical.
ràdio *f* radio (receptor o emisor).
radiografia *f* radiografía.
rafal *m arq* cobertizo, tinglado.
ràfec *m* alero, ala (*f*).
rafega *f* ***1*** *fig V* **ratxa** 2. ***2*** pasada. ***3*** ramalazo (*m*).
ràfega *f* ráfaga, racha.
rai *m náut* balsa (*f*) (para navegar).
rai *interj* voz que, unida a un nombre, *pron*, infinitivo, oración subordinada, etc., expresa que algo que se teme, se recela, se lamenta, etc., no es tan de temer, de recelar, de lamentar, etc. Es voz de muy difícil traducción, siendo las más aproximadas las expresiones "es lo de menos", "menos mal", "importa poco" y algunas análogas. || **això r.** éso es lo de menos.
raig *m* ***1*** rayo (lumínico, óptico, etc.). ***2*** chorro, caño. ***3*** radio, rayo (de una rueda). ***4*** *náut V* **rai**. || **a r. fet** a chorro, a porrillo.
rail *m* carril, raíl.
raïm *m bot* ***1*** uva (*f*). ***2*** racimo.
raïmera *f bot* parra.
rajada *f* ***1*** chorreo (*m*). ***2*** *ictiol* raya (*gén Raja*).
rajar *v intr* manar, chorrear.
rajola *f*, **rajol** *m* ***1*** ladrillo (*m*). ***2*** baldosa (*f*). || **r. de València** azulejo. || **r. de xocolata** ladrillo de chocolate.
rajoleta *f* azulejo (*m*).
rajolí *m* hilo, hebra (*f*).
ral *a* real (dícese sólo de un camino). || *m* real (moneda).
rall *m* charla (*f*), charlatanería (*f*), charloteo, cháchara (*f*).
rallador, a *a* y *s* charlatán, chacharero, chacharón, charlador.
ral·li *m* prueba deportiva para vehículos o para personas.
ram *m* ***1*** ramo, rama (*f*) cortada. ***2*** ramo (manojo). ***3*** ramo (de la industria, del comercio). ***4*** *med* ramo (de una enfermedad). ***5*** tramo, ramal (de una escalera).
rama *f* ***1*** rama, ramo (*m*). ***2*** *impr* rama.
ramada *f* ***1*** ramada, ramaje (*m*). ***2*** *V* **ramat**. || **r. d'ocells** bandada.
ramadà *m* ramadán.
ramaderia *f* ganadería.
ramal *m* ***1*** ramal (derivación). ***2*** ramal (ronzal).
ramalada *f* ramalazo (*m*).
ramanxola *f* rodeo (*m*) (desvío).
ramassar *v tr* recoger.
ramat *m* ***1*** rebaño, hato. ***2*** manada (*f*).
ramatge *m* ramaje, ramada (*f*) (de ramas o ramos).
rambla *f* ***1*** rambla (lecho de un torrente). ***2*** rambla (paseo).
ramblada *f V* **rierada**.
ramell *m* ramo (de flores).
ramificar-se *v pron* ramificarse.
rampa *f* ***1*** rampa. ***2*** *med* calambre (*m*), rampa.
rampell *m* arranque, ventolera (*f*), antojo, arrebato, pronto.
rampoina *f* ***1*** zurrapa. ***2*** cachivache (*m*).
ran *adv* ***1*** a ras. ***2*** a raíz.
ranc, a *a* ***1*** cojo. ***2*** *V* **rancallós**.
rancallós, osa *a* cojo, paticojo.
ranci, rància *a* rancio.
rancor *m* (o *f*) rencor, resentimiento.
rancúnia *f* encono (*m*).
randa *f* randa, encaje (*m*), puntilla.
ranejar *v intr* frisar.
ranera *f med* estertor (*m*). || **r. de la mort** sarrillo (*m*).
rang *m* rango.
ranquejar *v intr* renquear.
ranura *f* ranura.
ranxo *m* rancho.
raó *f* razón.
raonament *m* razonamiento.
raonar *v tr* e *intr* razonar.
rap *m ictiol* rape (*Lophius piscatorius*).
rapaç *a* y *s* rapaz.
rapar *v tr* rapar.
rapè *m* rapé (tabaco).
ràpid, da *a* rápido. || *m* ***1*** rápido (rio). ***2*** tren rápido.
rapidesa *f*, **rapiditat** *f* rapidez.
rapinya *f* rapiña.
raptar *v tr* raptar.
rapte *m* rapto.
raptor, a *s* raptor.
raqueta *f* raqueta.
raquític, a *a* y *s* raquítico.
rar, a *a* ***1*** raro. ***2*** extraño.
rarejar *v intr* escasear.
raresa *f* rareza.
rarificar *v tr* rarificar, enrarecer.
ras, a *a* raso. || **al r.** al raso. || *m* ***1*** ras. ***2*** raso (tejido).
rasa *f* zanja.
rasadora *f* rasero (*m*), rasera.
rasant *a* y *f* rasante.
rasar *v tr* rasar, arrasar, raer.
rascada *f* ***1*** rascadura). ***2*** *med* rozadura. ***3*** arañazo (*m*), rasguño (*m*).
rascar *v tr* rascar.
rasclet *m* rastrillo.
rasclumejar *v tr* rebañar, raer.

raspall *m* cepillo (de cerdas).
raspallar *v tr* cepillar (con cepillo de cerdas).
raspallet *m 1* cepillo pequeño. *2* escobilla (*f*).
raspar *v tr* raspar.
raspera *f med* carraspera.
raspor *f* aspereza (al tacto).
raspós, osa *a* áspero (al tacto).
rasqueta *f* rasqueta.
rast *m* ristra (*f*).
rastell *m V* **rastellera** 2.
rastellera *f 1* ringlera. *2* fila.
rastre *m* rastro.
rastrejar *v tr* rastrear.
rasurar *v tr* rasurar.
rat *m zool* ratón (*m*).
rata *f 1 zool* rata, ratón (*m*) (*géns Rattus* y *Mus*).
ratapenada *f*, **ratapinyada** *f zool* murciélago (*m*), murceguillo (*m*) (*Vespertilis pipistrellus* y otras especies).
ratar *v tr* roer.
ratificar *v tr* ratificar.
ratlla *f 1* raya. *2* renglón (*m*). *3* raya (límite). *4* crencha, raya. || **passar r.** tachar, rayar.
ratllador *m*, **ratlladora** *f* rallador (*m*).
ratllar *v tr 1* rayar. *2 V* **passar ratlla**.
ratpenat *m zool V* **ratapenada**.
ratxa *f 1 V* **ràfega**. *2 fig* racha, ráfaga (decisión brusca).
rauc, a *a V* **ronc**.
raucar *v intr* croar.
raure *v tr 1* raer. *2* rozar (un campo). *3 V* **rasurar**.
rauxa *f* arranque (*m*), arrebato (*m*).
raval *m* arrabal.
ravata *f* arrebato (*m*), arrebatamiento (*m*) (exaltación).
ravatat, ada *a* arrebatado.
rave *m*, **ravenera** *f bot* rábano (*Raphanus sativus*).
ravenxinar-se *v pron* emberrenchinarse, emberrincharse.
re *pron V* **res**. || *m mús* re.
reacció *f* reacción.
reaccionar *v intr* reaccionar.
reactiu, iva *a* y *m* reactivo.
reactor *m* reactor.
reafirmar *v tr* reafirmar.
reajustament *m* reajuste.
real *a* real (existente, efectivo).
realç *m*, **realçament** *m* realce.
realisme *m* realismo.
realista *a* y *s* realista.
realitat *f* realidad.
realitzar *v tr* y *pron* realizar.
reanimar *v tr* reanimar.
rebaix *m 1* rebajo. *2* alféizar.
rebaixa *f* rebaja. || *f pl* rebajas.
rebaixar *v tr 1* rebajar. *2* desmontar (un terreno). || *v pron* rebajarse.
rebava *f* rebaba.
rebé *adv* requetebién. || **molt r.** muy requetebién.
rebec, a *a* reacio.
rebel *a* y *s* rebelde.
rebel·lar-se *v pron* rebelarse.
rebel·lia *f* rebeldía.
rebel·lió *f* rebelión.
rebentar *v tr 1* reventar. *2 fig* revolcar, patear (criticar). *3 fig* patear (liquidar a bajo precio). || *v intr 1* estallar, explotar. *2 fig* pinchar. || *v pron 1* reventarse. *2* pincharse
rebequeria *f* rabieta, perra, perrera, pataleta.
rebeure *v tr* absorber.
reblanir *v tr* reblandecer.
reblar *v tr* redoblar.
reblir *v tr fig* atiborrar.
rebló *m* roblón.
reblum *m* grava (*f*), firme (*m*).
rebolcada *f*, **rebolcament** *m* revuelco (*m*), revolcón (*m*).
rebolcar *v tr* y *pron* revolcar.
rebombori *m* bulla (*f*).
rebordoniment *m* desmedro (en una planta).
rebordonir-se *v pron* desmedrarse (una planta).
rebost *m* despensa (*f*), bodega (*f*).
rebosteria *f* repostería.
rebot *m 1* rebote. *2* rechazo. *3* resalto.
rebotar *v intr 1* rebotar, darle a la pelota. *2 V* **rebotre**.
rebotiga *f* trastienda.
rebotre *v tr* arrojar. || *v intr* rebotar.
rebre *v tr* recibir.
rebrec *m* guiñapo, cosa ajada o estrujada.
rebregar *v tr* ajar, estrujar, machucar.
rebroll *m bot* renuevo, pimpollo.
rebrot *m 1 bot* retoño, cogollo. *2* rebrote.
rebuda *f* recibimiento (*m*), recepción.
rebuig *m 1* acción de desechar. *2 V* **rebutjall**. *3* rechazo.
rebut *m* recibo.
rebutjall *m* desecho.
rebutjar *v tr 1* desechar. *2* rechazar.
rec *m* acequia (*f*).
recalcar *v tr* recalcar.
recanvi *m 1* recambio. *2* retén. || **de r.** de repuesto.
recaptar *v tr 1* recaudar, colectar. *2* recabar.
recapte *m 1* recaudo. *2* avío, apresto. *3* recado.
recar *v intr* saber mal.
recargolament *m* retortijón.
recargolar *v tr* y *pron* retorcer.
recel *m* recelo.
recelar *v intr* recelar.
recensió *f* recensión.
recent *a* reciente.
recepció *f 1* recepción. *2* recepción, recibimiento (*m*).
recepta *f* receta.
receptacle *m* receptáculo.
recer *m* cobijo, abrigo, refugio, guarida (*f*).
recerca *f* busca, búsqueda, rebusca.
recercar *v tr* rebuscar.
recés *m* retiro.
recessió *f* receso (*m*).
reciclar *v tr* y *pron* reciclar.
reciclatge *m* reciclaje.
recinte *m* recinto.

recipient *a* y *s* recipiente.
recíproc, a *a* recíproco.
recital *m mús* recital.
recitar *v tr* recitar.
reclam *m 1* reclamo. *2* señuelo.
reclamació *f* reclamación.
reclamar *v tr* reclamar.
reclinar *v tr 1* reclinar. *2* recostar.
recloure *v tr* y *pron* recluir.
reclús, usa *a* y *s* recluso.
recluta *s mil* recluta.
reclutar *v tr* reclutar.
recoble *m mús V* **responement**.
recobrar *v tr* recobrar, recuperar.
recobre *m* amparo, guarida (*f*).
recobrir *v tr* recubrir.
recognició *f jur* reconocimiento (*m*).
recol·lectar *v tr agr* recolectar.
recol·lectora *f agr* cosechadora (máquina).
recollida *f* recogida.
recollir *v tr* y *pron* recoger.
recolzada *f* recodo (*m*), torno (*m*), codo (*m*).
recolzar *v tr* apoyar. || *v intr* apoyarse (*pron*). || *v pron 1* apoyarse. *2* recostarse.
recolze *m V* **recolzada**.
recomanació *f* recomendación.
recomanar *v tr* recomendar.
recomençar *v tr 1* recomenzar. *2* reanudar.
recompensa *f* recompensa.
recompte *m* recuento.
reconciliar *v tr* y *pron* reconciliar.
recòndit, a *a* recóndito.
reconeixement *m 1 jur V* **recognició**. *2 V* **reconeixença**.
reconeixença *f* reconocimiento (*m*).
reconèixer *v tr* reconocer.
reconstruir *v tr* reconstruir.
recontar *v tr* relatar.
reconvenir *v tr jur* reconvenir.
recopilar *v tr* recopilar.
record *m* recuerdo. || *m pl* recuerdos, memorias (*f*).
rècord *m* récord.
recordar *v tr* recordar, acordarse (*pron*), memorar. || *v pron* acordarse.
recorregut *m* recorrido.
recórrer *v tr* recorrer. || *v intr* recurrir.
recrear *v tr* y *pron* recrear.
recruar *v intr* recrudecer.
recta *f geom* recta.
rectangle *a* y *m geom* rectángulo.
recte, ta *a* recto. || *m anat* recto.
rectificar *v tr* y *pron* rectificar.
rectitud *f* rectitud.
recto *m* recto (de una hoja de libro).
rector, a *a* rector. || *s* rector. || *m* párroco.
rectoria *f* rectoría.
recuit *m* requesón.
rècula *f* recua.
recular *v tr* hacer retroceder. || *v intr* recular, retroceder, cejar.
a recules *loc adv V* **a reculons**.
recull *m 1 V* **recollida**. *2* colección (*f*).
a reculons *loc adv* a reculones.
recuperar *v tr 1 V* **recobrar**. *2* recuperar.
recurs *m* recurso.
redacció *f* redacción.
redactar *v tr* redactar.
redactor, a *a* y *s* redactor.
redempció *f* redención.
redimir *v tr* y *pron* redimir.
rèdit *m* rédito.
redoblar *v tr* e *intr* redoblar.
redol *m* ruedo.
redós *m V* **recer**.
redossar *v tr* resguardar, abrigar.
redreçament *m* enderezamiento, erguimiento.
redreçar *v tr* enderezar, erguir.
reducte *m* reducto.
reduir *v tr* reducir.
redundància *f* redundancia.
redundar *v intr* redundar.
reeixida *f*, **reeiximent** *m* éxito (*m*).
reeixir *v intr 1* tener éxito. *2* salir bien, cuajar, lograrse (*pron*).
reembossament *m* reembolso.
reembossar *v tr* reembolsar.
reemplaçament *m* reemplazo (acción y efecto).
reemplaçar *v tr* reemplazar.
refer *v tr* rehacer. || *v pron 1* recobrarse, rehacerse, restablecerse. *2* convalecer (*intr*).
referència *f* referencia.
referèndum *m* referéndum.
referent *a* referente.
referir *v tr 1* referir. *2* revocar (una pared). || *v pron* referirse.
refermança *f* confirmación.
refermar *v tr* confirmar, consolidar. || *v intr* arreciar. || *v pron* reafirmarse, refirmarse, ratificarse.
refet, a *a* repuesto.
refiança *f* confianza.
refiar-se *v pron* confiar (*tr*), fiar (*intr*) (tener confianza o esperanza).
refiladissa *f* gorjeo (*m*) de pájaros.
refilar *v tr* aguzar, afilar. || *v intr* gorjear, gorgoritear, trinar.
refilet *m 1 mús* gorgorito. *2* trino (de pájaros).
refinar *v tr* refinar.
reflectir *v tr* y *pron* reflejar, reflectar.
reflector, a *a* y *m* reflector.
reflex, a *a* y *m* reflejo.
reflexió *f* reflexión.
reflexionar *v tr* reflexionar (*intr*).
reflux *m* reflujo.
refondre *v tr* refundir.
reforç *m 1* refuerzo. *2* retén.
reforçament *m* acción de reforzar.
reforçar *v tr* y *pron* reforzar.
reforestació *f* reforestación.
reforma *f* reforma.
reformar *v tr* reformar.
refosa *f* refundición.
refractari, ària *a* refractario.
refrany *m* refrán.
refrec *m* restregón.
refredament *m* enfriamiento.
refredar *v tr* y *pron* enfriar, resfriar.

refredat *m med* resfriado.
refregada *f* rozadura.
refregar *v tr* ***1*** refregar. ***2*** fregar, frotar. ***3*** rozar.
refresc *m* refresco.
refrescar *v tr* e *intr* refrescar.
refrigeració *f* refrigeración.
refrigerador, a *a* refrigerador. || *m* refrigerador (aparato).
refrigerar *v tr* refrigerar.
refrigeri *m* refrigerio, tenteempié, tentempié (comida).
refugi *m* refugio.
refugiar *v tr* y *pron* refugiar.
refús *m* negativa (*f*), denegación (*f*).
refusar *v tr* rehusar, negar, rehuir, denegar, desestimar.
refutar *v tr* refutar.
reg *m agr* riego.
regadiu *m agr* regadío.
regadora *f* regadera.
regal *m* regalo, presente, dádiva (*f*), don.
regalar *v tr* regalar, obsequiar. || *v intr V* **regalimar**.
regalat, ada *a* regalado.
regalèssia *f bot* regaliz (*m*) (*Glycyrrhyza glabra*).
regalim *m* ***1*** chorrillo. ***2*** chorreadura (*f*) (señal).
regalimar *v intr* chorrear.
regany *m* regañina (*f*).
regar *v tr* regar.
regata *f* ***1*** *náut* regata. ***2*** canal (*m* o *f*) (en una pared, una roca.).
regatar *v tr V* **regatejar**.
regateig *m* regateo.
regatejar *v tr* regatear.
regatera *f* surco pequeño (en una pared, roca, etc.).
regatge *m agr V* **reg**.
regeneració *f* regeneración.
regenerar *v tr* regenerar.
regent *a* y *s* regente.
regidor, a *a* y *s* regidor. || *s* concejal.
règim *m* régimen.
regiment *m* regimiento.
regina *f V* **reina**.
regió *f* región.
regional *a* regional.
regionalisme *m* regionalismo.
regir *v tr* e *intr* regir.
regirada *f* revuelta (movimiento).
regirar *v tr* ***1*** revolver. ***2*** trastornar.
registrament *m* registro (acción y efecto).
registrar *v tr* registrar.
registre *m* registro.
regla *f* ***1*** regla (razón, norma). ***2*** regla, menstruación, período (*m*).
reglament *m* reglamento.
reglar *v tr* reglar.
regle *m* regla (*f*), pauta (*f*) (instrumento).
regna *f* rienda.
regnar *v intr* reinar.
regnat *m* reinado.
regne *m* reino.
regraciament *m* agradecimiento.
regraciar *v tr* regraciar, agradecer.
regrés *m* regreso.
regressar *v intr* regresar, retornar.
regresssiu, iva *a* regresivo.
reguard *m* temor, cuidado.
regueró *m* regata (*f*).
reguitzell *m*, **reguitzer** *m* retahíla (*f*).
reguiu *m agr V* **regadiu**.
regulador, a *a* y *s* regulador.
regular *v tr* regular.
regust *m* resabio (gusto).
rei *m* rey.
reialisme *m* realismo (monarquismo).
reialista *a* y *s* realista (monárquico).
reialme *m V* **regne**.
reina *f* reina.
reïna *f V* **resina**.
reiterar *v tr* reiterar.
reivindicar *v tr* reivindicar.
reixa *f* reja.
reixat *m* ***1*** verja (*f*). ***2*** cancela (*f*). ***3*** calado (en una tela, etc.).
rejovenir *v tr* ***1*** rejuvenecer. ***2*** *fig* remozar. || *v pron* rejuvenecerse.
rel *f* raíz.
relació *f* relación.
relat *m* relato.
relatar *v tr* relatar.
relaxar *v tr* y *pron* relajar.
relegar *v tr* relegar.
religió *f* religión.
religiós, osa *a* y *s* religioso.
relinquir *v tr* dejar, abandonar, renunciar.
relíquia *f* reliquia.
rella *f agr* reja (del arado).
rellegir *v tr* releer.
relleix *m* ***1*** rellano (de un acantilado, etc.). ***2*** resalto, resalte.
relleu *m* ***1*** relieve. ***2*** *V* **rellevada**. ***3*** relevo (personas).
rellevada *f* relevo (*m*) (acción).
rellevament *m* relevo.
rellevar *v tr* relevar.
relligador, a *a* y *s* encuadernador.
relligadura *f* encuadernación.
relligar *v tr* ***1*** reatar. ***2*** encuadernar.
relligat *m V* **relligadura**.
relliscada *f* ***1*** resbalón (*m*). ***2*** traspié (*m*), deslizamiento (*m*), desliz (*m*). ***3*** *fig* desliz (moral).
relliscar *v intr* resbalar, deslizarse (*pron*).
rellotge *m* reloj.
relluc *m bot* retoño.
relluent *a* reluciente.
rem *m* ***1*** *náut* remo. ***2*** *fig* tajo (faena).
remar *v intr náut* remar.
remarca *f* reparo (*m*).
remarcable *a* notable.
rematada *f* remate.
rematar *v tr* rematar.
remei *m* remedio.
remeiable *a* remediable.
remeiar *v tr* remediar.

rememorar *v tr* rememorar, memorar, recordar.
remenada *f 1* meneo (*m*). *2 fig* contoneo (*m*).
remenar *v tr 1* menear. *2* remover, revolver. *3* barajar (los naipes). *4 fig* contonearse (*pron*).
remesa *f* remesa, entrega, partida.
remetre *v tr* remitir, entregar.
remintolar *v intr* rezumar.
remirat, ada *a* remirado.
remitent *a* y *s* remitente.
remitjar *v intr* mediar.
remolatxa *f bot* remolacha (*Beta vulgaris ver rapa*).
remolc *m* remolque.
remolcador, a *a* y *m* remolcador.
remolcar *v tr* remolcar.
remolejar *v intr* remolonear.
remolí *m 1* remolino, vorágine (*f*). *2* remolino, vórtice, rebalaje.
remollir *v tr* y *pron V* **reblanir**.
remor *f* rumor (*m*), susurro (*m*).
rèmora *f 1 ictiol* rémora (*Echeneis remora* y *E. naucrates*). *2 fig* rémora.
remordir *v intr* remorder.
remorejar *v intr* producir rumor.
remot, a *a* remoto.
remoure *v tr* remover.
remugant *a zool V* **ruminant**. || *m pl zool V* **ruminants**.
remugar *v tr 1* rumiar. *2 fig V* **remuguejar**.
remuguejar *v tr* refunfuñar.
remull *m* remojo.
remullada *f 1* remojón (*m*). *2 V* **remull**.
remullar *v tr* remojar.
remuneració *f* estipendio (*m*).
remunerar *v tr* remunerar.
remunta *f* remiendo (*m*).
remuntar *v tr 1* remontar. *2* remendar.
ren *m zool* reno (*Rangifer tarandus*).
renaixement *m*, **renaixença** *f* renacimiento.
renàixer *v intr V* **renéixer**.
renda *f* renta.
rendibilitat *f* rentabilidad.
rendir *v tr* rendir. || *v pron* rendirse.
rendista *s* rentista.
renec *m* reniego, taco, juramento.
renegar *v tr* jurar. || *v intr* renegar, pesiar.
renéixer *v intr* renacer.
renét, a *s* bisnieto, biznieto.
reng *m 1* palenque, liza (*f*), coso, estacada (*f*), estacado. *2 V* **renglar**.
rengla *f V* **rengle** 2.
renglar *m* ringlera (*f*), fila (*f*).
rengle *m 1 V* **renglar**. *2* hilera (*f*), hila (*f*).
renguera *f V* **renglar**.
renill *m* relincho.
renillar *v intr* relinchar.
renoc *m pl* trastos.
renoi! *interj fam* ¡caramba!
renom *m 1* apodo, nombre, mote. *2* renombre.
renou *m 1* bullicio. *2* ruido. *3* revuelo. *4 agr* retoño.
renovar *v tr* y *pron* renovar.
renovellar *v tr* renovar.
rent *m* levadura (*f*).
rentador, a *a* y *s* lavador. || *m 1* lavadero (lugar). *2 V* **rentadora** 1.
rentadora *f 1* lavadero (*m*) (tabla o piedra). *2* lavadora (máquina).
rentamans *m* aguamanil, jofaina (*f*).
rentaplats *m* (o *f*) lavavajillas, lavaplatos.
rentar *v tr* y *pron* lavar.
rentavaixella *s* lavavajillas.
renúncia *f* renuncia.
renunciació *f jur* renunciación.
renunciament *m* renuncia (*f*), renunciamiento.
renunciar *v tr* e *intr* renunciar.
reny *m* reprensión (*f*), rapapolvo, regañina (*f*).
renyada *f V* **reprensió**.
renyar *v tr* reñir.
renyina *f* riña, reyerta.
renyinar *v intr* reñir (disputar).
renyir *v intr* reñir (enemistarse).
reobertura *f* reapertura.
repapar-se *v pron* repantigarse, repanchigarse, arrellanarse.
repapiejar *v intr* chochear, achocharse (*pron*).
reparació *f* reparación.
reparar *v tr* e *intr* reparar.
repartir *v tr* y *pron* repartir.
repàs *m* repaso.
repassar *v tr* repasar.
repatani, ània *a* difícil de convencer, dícese de quien se muestra cerrado a lo que puede contrariar sus costumbres.
repèl *m* repelo. || **a r.** *loc adv* a contrapelo.
repel·lir *v tr* repeler.
repeló *m med* padrastro, respigón.
repenjar-se *v pron 1* apoyarse. *2* recostarse.
repensar *v tr* repensar. || *v pron* cambiar de idea o parecer.
repercutir *v tr* e *intr* repercutir.
repertori *m* repertorio.
repetir *v tr* y *pron* repetir.
repetjó *m* repecho.
repeu *m 1 arq* base (*f*). *2* repisa (*f*).
repicar *v tr* repicar, repiquetear.
repintar *v tr* y *pron* repintar.
replà *m 1* rellano. *2* descansillo, meseta (*f*), descanso.
replantació *f* replantación.
replantar *v tr* replantar.
replè, ena *a* repleto.
replec *m* repliegue.
replegament *m* repliegue (acción o efecto).
replegar *v tr 1* replegar. *2* acopiar, recoger, allegar.
replet, a *a* repleto.
rèplica *f*, **replicació** *f* réplica.
replicar *v tr 1* replicar (contestar). *2* replicar (contradecir).
reportatge *m* reportaje.
repòs *m* reposo.
reposar *v tr* reponer. || *v intr* reposar.
reprendre *v tr 1* reprender. *2* reanudar.
reprensió *f* reprensión.
represàlia *f* represalia.
representació *f* representación.

representant *a* y *s* representante.
representar *v tr* y *pron* representar.
repressió *f* represión.
repressiu, iva *a* represivo.
reprimenda *f* reprimenda.
reprimir *v tr* y *pron* ***1*** reprimir. ***2*** represar.
reproduir *v tr* y *pron* reproducir.
repropi, òpia *a V* **rebec**.
reprotxar *v tr* reprochar.
reprotxe *m* reproche.
reprovar *v tr* reprobar.
reptar *v tr* ***1*** retar. ***2*** reprender.
repte *m* reto.
rèptil *a* y *m zool* reptil.
república *f* república.
republicà, ana *a* y *s* republicano.
repudi *m* repudio.
repudiar *v tr* repudiar.
repugnància *f* repugnancia.
repugnant *a* repugnante.
repugnar *v intr* repugnar.
repulsa *f* repulsa.
repulsiu, iva *a*, **repulsori, òria** *a* repulsivo.
repunt *m* pespunte.
repussall *m V* **rebutjall**.
reputació *f* reputación.
reputar *v tr* reputar.
requeriment *m* requerimiento.
requerir *v tr* requerir.
requincalla *f* baratijas (*pl*).
requisa *f* requisa.
requisar *v tr* requisar.
requisit *m* requisito.
rera *adv* y *prep V* **rere**.
rere *adv* detrás.
rereguarda *f mil* retaguardia.
reressaga *m V* **ressaga**.
res *pron* ***1*** nada (en oraciones negativas). ***2*** algo (en oraciones condicionales o interrogativas). || **de res** no hay de qué.
rés *m* rezo.
resar *v tr* rezar.
rescabalar *v tr* resarcir, desquitar. || *v pron* desquitarse.
rescalfar *v tr* recalentar.
rescalfat *m*, **rescalfó** *m* bazofia (*f*).
rescat *m* rescate.
rescatar *v tr* rescatar.
rescindir *v tr jur* rescindir.
rescissió *f jur* rescisión.
resclosa *f* ***1*** presa, azud (*m* o *f*). ***2*** esclusa.
de resclosit *loc adj* de estadizo (olor, tufo).
reserva *f* ***1*** reserva. ***2*** retén.
reservar *v tr* y *pron* reservar.
resguard *m* resguardo.
resguardar *v tr* resguardar.
residència *f* residencia.
resident *a* y *s* residente.
residir *v intr* ***1*** residir. ***2*** vivir.
residu *m* residuo.
resignació *f* resignación.
resignar *v tr* y *pron* resignar.
resina *f* resina.
resistència *f* resistencia.
resistent *a* y *s* resistente.
resistir *v tr*, *intr* y *pron* resistir.
resoldre *v tr* y *pron* resolver.
resolut, uda *a* resuelto, resoluto.
respatller *m* respaldo.
respectable *a* respetable.
respectar *v tr* respetar. || *v intr* respectar.
respecte *m* ***1*** respeto. ***2*** respecto.
respectiu, iva *a* respectivo.
respectuós, osa *a* respectuoso.
respir *m* ***1*** respiro. ***2*** resuello.
respiració *f* respiración.
respirador *m*, **respirall** *m* respiradero.
respirar *v tr* respirar.
resplendir *v intr* resplandecer.
resplendor *f* resplandor (*m*).
respondre *v tr* contestar. || *v intr* responder.
responement *m mús* estribillo (de canción).
responsable *a* y *s* responsable.
respòs *m mús V* **responement**.
resposta *f* respuesta.
resquill *m* esquirla (*f*), astilla (*f*).
resquitar *v tr V* **rescatar**. || *v pron* ***1*** desquitarse. ***2*** resarcirse.
resquitllar *v intr V* **relliscar**.
ressaca *f* resaca.
ressaga *f* rezaga.
ressagar-se *v pron* rezagarse.
ressalt *m arq* resalto, resalte.
ressaltar *v intr* resaltar.
ressec, a *a* reseco.
ressecar *v tr* y *pron* resecar.
resseguir *v tr* rebuscar.
ressentiment *m* resentimiento, pique.
ressentir-se *v pron* resentirse.
ressenya *f* reseña.
ressò *m* sonido debido a una resonancia.
ressol *m* resol.
ressòl *m* poso.
ressonància *f* resonancia.
ressonant *a* ***1*** resonante. ***2*** *fig* rimbombante.
ressonar *v intr* resonar.
ressorgiment *m* resurgimiento.
ressorgir *v intr* resurgir.
ressort *m* resorte.
ressortir *v intr* sobresalir, resaltar.
ressuscitar *v tr* e *intr* resucitar.
rest *m* ***1*** ristre. ***2*** maroma (*f*), soga (*f*). ***3*** ristra (*f*). ***4*** *V* **renglar**.
resta *f* ***1*** resta, substracción, sustracción. ***2*** resto (*m*), restante (*m*). || **la r.** ***1*** los demás. ***2*** lo demás.
restabliment *m* restablecimiento.
restablir *v tr* y *pron* restablecer.
restant *a* restante. || *m V* **resta** 2. || **el r.** *V* **la resta**.
restar *v tr* e *intr* restar. || *v intr* quedar.
restaurant *m* restaurante.
restaurar *v tr* restaurar.
restitució *f* restitución.
restituir *v tr* restituir, volver, devolver.
restrènyer *v tr* ***1*** *med* restriñir, estreñir. ***2*** restringir.

restrenyiment *m med* restriñimiento, estreñimiento.
restricció *f* restricción.
restringir *v tr* restringir.
resultar *v intr* resultar.
resultat *m 1* resultado. *2* tanteo (de un juego).
resum *m* resumen.
resumir *v tr* y *pron* resumir.
resurrecció *f* resurrección.
retall *m 1* recorte. *2* retal, retazo. || *m pl V* **retalladures**.
retallada *f* recorte (*m*).
retalladures *f pl* recortes (*m*).
retallament *m V* **retallada**.
retallar *v tr 1* recortar. *2* retazar.
retaló *m anat* talón.
retard *m* retraso.
retardament *m* retraso.
retardar *v tr 1* retardar, retrasar. *2* atrasar (un reloj). *3* demorar.
retaule *m* retablo.
retenció *f 1* retención. *2 V* **retinència**.
retenir *v tr* y *pron* retener.
retentir *v intr V* **retrunyir**.
reticència *f* reticencia.
retícula *f* retícula.
retina *f anat* retina.
retinència *f* retención (cosa retenida).
retinguda *f V* **retenció** 1.
retir *m 1 V* **retirament**. *2* retiro.
retirada *f 1 V* **retirament**. *2* retirada. *3 V* **retirança**.
retirament *m* retiración (*f*), retiro.
retirança *f* parecido (*m*).
retirar *v tr* y *pron* retirar. || *v pron* recogerse.
retirat, ada *a* retirado.
retoc *m* retoque.
rètol *m 1* rótulo, letrero, muestra (*f*). *2* albarán, albalá (de local que se desea alquilar).
retolador *m* rotulador (lápiz).
retomb *m* recodo.
retop *m*, **retopada** *f* rebote, rechazo.
retopar *v intr* rebotar.
retorçar *v tr*, **retòrcer** *v tr 1* retorcer. *2 V* **retorquir**.
retorciment *m* retorcimiento, retorcijo.
retorçó *m 1 V* **retorciment**. *2 med* retortijón.
retòrica *f* retórica.
retorn *m 1* retorno. *2* callo (en una herradura).
retornament *m V* **retorn** 1.
retornar *v tr 1* retornar. *2* reanimar, confortar. || *v intr* retornar, regresar.
retorquir *v tr fig* retorcer (un argumento).
retractar *v tr* y *pron* retractar.
retràctil *a* retráctil.
retraïment *m* retraimiento.
retransmetre *v tr* retransmitir.
retransmissió *f* retransmisión.
retrat *m* retrato.
retratar *v tr* retratar.
retraure *v tr* y *pron V* **retreure** 1.
retre *v tr 1 V* **restituir**. *2* rendir (dar lo que es debido). *3* rendir. || *v pron* rendirse, darse.
retret, a *a* retraído. || *m 1* reproche. *2* retrete.
retreure *v tr* y *pron 1* retraer. *2* reprochar.
retribuir *v tr* retribuir.
retrinxar *v tr* cercenar.
retrò *m V* **retruny**.
retroactiu, iva *a* retroactivo.
retrobament *m* reencuentro.
retrobar *v tr* reencontrar.
retrocedir *v intr* retroceder, cejar.
retrocés *m* retroceso.
retrògrad, a *a* retrógrado.
retronxa *f* estribillo (*m*) (de composición poética).
retrospectiu, iva *a* retrospectivo.
retrossar *v tr* arremangar.
retrovisor *a* y *m* retrovisor.
retruny *m*, **retrunyiment** *m* retumbo.
retrunyir *v intr* retumbar.
retxa *f V* **ratlla** 1.
reu, rea *a* y *s* reo.
de reüll *loc adv* de reojo.
reuma *m med* reuma.
reumatisme *m med* reumatismo.
reunió *f* reunión.
reunir *v tr* y *pron* reunir.
revàlida *f* reválida.
revalidar *v tr* revalidar.
revelació *f* revelación.
revelar *v tr* y *pron* revelar.
revenda *f* reventa.
reveniment *m* crecida (*f*).
revenir *v intr 1* revenir, volver. *2* crecer (un río). *3* rehacerse (*pron*), recobrarse (*pron*). *4* volver en sí.
revenja *f* desquite (*m*), revancha.
revenjar-se *v pron* desquitarse.
reverència *f* reverencia.
reverenciar *v tr*, **reverir** *v tr* reverenciar.
revers *m* reverso, dorso, envés.
revés *m 1* revés. *2* envés. || **al r.** al revés.
revestir *v tr* y *pron* revestir.
revetlla *f* verbena (fiesta).
reveure *v tr* rever, ver de nuevo. || **a r.!** *interj* ¡hasta la vista!
revifar *v tr* reanimar, revivificar.
revinclada *f 1* retorcimiento (*m*). *2 med* torcedura, torcimiento (*m*). *3* esguince (*m*).
revinclar-se *v pron 1* retorcerse. *2 med* torcerse.
revinguda *f V* **reveniment**.
revingut, uda *a 1* recio. *2* robusto.
revisar *v tr* revisar.
reviscolar *v intr* y *pron V* **revifar**.
revisió *f* revisión.
revista *f* revista.
reviure *v intr* revivir.
revivificar *v tr* revivificar.
revocar *v tr* revocar.
revolada *f 1* revuelo (*m*). *2* movimiento rápido y violento.
revolt *m* revuelta (*f*), curva (*f*).
revolt, a *a* revuelto.
revolta *f* revuelta.
revoltar *v tr* sublevar, revolver. || *v intr* dar vueltas.

revoltillar *v tr* retorcer.
revoltim *m* revoltillo, revoltijo.
revoltós, osa *a* y *s* revoltoso.
revolució *f* revolución.
revolucionari, ària *a* y *s* revolucionario.
revòlver *m* revólver.
revulsiu, iva *a* y *m* revulsivo.
ria *f geog* ría.
riada *f V* **riuada**.
rialla *f* ***1*** *V* **riure**. ***2*** *V* **riota**.
riallada *f* carcajada, risotada.
rialler, a *a*, **riallós, osa** *a* risueño.
riba *f* ***1*** ribera, orilla, margen (o *m*). ***2*** *V* **ribàs**.
ribàs *m* ribazo, riba (*f*).
ribatge *m V* **riba** 1.
ribera *f*, **riberal** *m* ribera (tierra cercana al río o al mar).
riberenc, a *a* ribereño.
ribot *m* cepillo (de carpintero).
ricí *m bot* ricino (*Ricinus communis*).
ricor *f V* **riquesa**.
ridícul, a *a* y *m* ridículo.
ridiculesa *f* ridiculez.
ridiculitzar *v tr* ridiculizar.
rient *a* ***1*** riente. ***2*** *V* **rialler**.
riera *f* arroyo (*m*) (de curso discontinuo).
rierada *f V* **riuada** (de una torrentera).
rieró *m*, **rierol** *m* arroyo, riachuelo, rivera (*f*).
rifa *f* rifa.
rifada *f* ***1*** primada. ***2*** pitorreo (*m*), chunga.
rifar *v tr* y *pron* rifar. || *v pron* pitorrearse.
rifle *m* rifle.
rígid, a *a* rígido.
rigidesa *f*, **rigiditat** *f* rigidez.
rigor *s* rigor (*m*).
rigorós, osa *a* riguroso.
rima *f* ***1*** rima. ***2*** *V* **rimer**.
rimar *v tr* rimar.
rimer *m* rimero, rima (*f*).
rinoceront *m zool* rinoceronte (*Rhinoceros unicornis*, *Opsiceros bicornis*, etc.).
rínxol *m* rizo.
rinxol *m V* **ronc**.
rinxolar *v intr V* **roncar**.
riota *f* ***1*** befa. ***2*** hazmerreír (*m*).
riquesa *f* riqueza.
ris *m* ***1*** *V* **rínxol**. ***2*** rizo (de ciertos tejidos).
risc *m* riesgo.
rissar *v tr náut* rizar.
ritmar *v tr* ritmar.
ritme *m* ritmo.
ritu *m* rito.
ritual *a* y *m* ritual.
riu *m* río.
riuada *f* riada, avenida, venida, arriada, aluvión (*m*), crecida.
riure *v intr* y *pron* reír.
riure *m* risa (*f*).
rival *a* y *s* rival.
rivet *m* ribete.
rivetejar *v tr* ribetear.
roba *f* ropa.
robada *f* ropaje (*m*), conjunto de ropa.
robament *m* robo (acción).
robar *v tr* ***1*** robar. ***2*** birlar.
robatori *m* robo (acción y efecto).
roberia *f* ***1*** *V* **robament**. ***2*** robo, cosa robada.
robí *m* rubí.
robot *m* robot.
robust, a *a* ***1*** robusto. ***2*** rollizo.
robustesa *f* robustez.
roc *m* ***1*** canto, piedra (*f*), cantal. ***2*** roque, torre (*f*) (de ajedrez).
roca *f* roca.
rocam *m V* **roquerar**.
roda *f* ***1*** rueda. ***2*** *náut* roda.
rodada *f* ruedo (*m*) (acción).
rodadits *m med* panadizo, panarizo.
rodal *m* rodal.
rodalia *f* contornos (*m pl*), cercanías (*pl*), redonda.
rodament *m* **r. de cap** *med* vahído.
rodamón *s* trotamundos.
rodanxa *f* ***1*** rodaja. ***2*** roncha.
rodanxó, ona *a* rechoncho, regordete.
rodar *v tr* ***1*** rodar (girar). ***2*** rodar (una película). || *v intr* ***1*** rodear (hacer dar vueltas). ***2*** rodar (ir de un lado para otro). ***3*** callejear.
rodeig *m* rodeo.
rodejar *v tr* rodear.
rodera *f* carril (de un vehículo).
rodet *m* ***1*** carrete. ***2*** rodete.
rodó, ona *a* redondo. || **en r.** en redondo.
rododendre *m bot* rododendro (*Rhododendron ferrugineum*).
ròdol *m V* **redol**.
rodolar *v intr* rodar (caen rodando).
rodolí *m* ***1*** pie rimado de cada aleluya. ***2*** pareado.
rodona *f* ***1*** redondel (*m*). ***2*** corro (*m*). ***3*** *mús* redonda.
rodonesa *f* redondez.
rogall *m med* enronquecimiento.
rogenc, a *a* rojizo.
roger *m ictiol* salmonete (*Mullus barbatus*).
roí, ïna *a* ruín.
roig, roja *a* ***1*** rojo, encarnado. ***2*** bermejo, bermejón. || *m* encarnado (color).
roina *f V* **ruixim** 1.
roïndat *f* ruindad.
roinejar *v intr* lloviznar.
roïnesa *f V* **roïndat**.
rojor *f* rojez.
roleu *m impr* rodillo.
roll *m* rollo (madero).
rom, a *a* romo, chato, mocho. || *m* ron.
romà, ana *a* y *s* romano.
romanalla *f* residuos (*m pl*), restos (*m pl*).
romanç *m* romance.
romanço *m* lío (con una persona). || *m pl fam* romances, historia (*f sing*).
romandre *v intr* permanecer.
romanent *a V* **restant**. || *m* remanente.
romanès, esa *a* y *s* rumano.
romaní *m bot* romero (*Rosmarinus officinalis*).
romànic, a *a* y *m* románico.

romàntic, a *a* y *s* romántico.
rombe *m geom* rombo.
rombollar *v tr* y *pron* arremolinar.
romesco *m* salsa típica catalana para sazonar.
rompent *m* rompiente.
rompiment *m* rompimiento, rompedura (*f*), rotura (*f*).
rompre *v tr* ***1*** romper, quebrar. ***2*** *fig* romper. || *v intr* romper, empezar venciendo un obstáculo. || *v pron* romperse.
romput, uda *a* roto.
ronc, a *a* ronco, rauco. || *m* ronquido.
roncar *v intr* roncar.
ronda *f* ronda.
rondalla *f* rondalla, cuento (*m*).
rondar *v tr* e *intr*, **rondejar** *v tr* e *intr* rondar.
rondinar *v intr* refunfuñar, gruñir.
rònec, ega *a* ***1*** pelado, a secas. ***2*** yermo.
ronquera *f med* ronquera, enronquecimiento (*m*).
ronsa *s V* **ronsejaire**.
ronsal *m* ronzal, cabestro.
ronsejaire *a* y *s* remolón.
ronsejar *v intr* remolonear.
ronser, a *a* y *s V* **ronsejaire**.
ronxar *v intr* roncar.
ronxet *m*, **ronxo** *m* ronquido.
ronya *f* ***1*** *med* sarna. ***2*** *fig* roña.
ronyó *m anat* riñón.
roquerar *m*, **roquetar** *m*, **roquissar** *m*, **roquisser** *m* roqueda (*f*), roquedal.
ros, rossa *a* rubio, blondo. || *m V* **rosada**.
rosa *f* ***1*** *bot* rosa. ***2*** *arq V* **rosassa**. ***3*** *med* roseola. ***4*** palomita, palomilla, rosa (de maíz).
rosada *f* rocío (*m*).
rosar *v intr* rociar, caer el rocío.
rosassa *f arq* rosetón (*m*), rosa.
rosca *f* rosca.
roscar *v tr* roscar.
rosec *m* roedura (*f*) (acción).
rosegada *f* ***1*** roedura (acción). ***2*** roedura (porción roída).
rosegador, a *a* y *s* roedor. || *m pl zool* roedores.
rosegaire *a* y *s V* **rosegador**.
rosegar *v tr* roer.
rosegó *m* ***1*** mendrugo. ***2*** regojo.
rosella *f bot* amapola (*Papaver rhoeas*).
roser *m bot* rosal (*gén Rosa*).
rosetó *m arq V* **rosassa**.
ròssec *m* ***1*** secuela (*f*). ***2*** *med* lacra (*f*). ***3*** rezago, atraso.
rossegar *v intr* arrastrar.
rossí *m* rocín.
rossinyol *m* ***1*** ganzúa (*f*). ***2*** *ornit* ruiseñor (*Luscinia megarhynchos*).
rossolar *v intr* resbalar.
rost, a *a* ***1*** abrupto, escarpado. ***2*** pino. ***3*** costanero. || *m* cuesta (*f*).
rosta *f* tostón (*m*), sopetón (*m*).
rostidor *m* asador.
rostir *v tr* y *pron* ***1*** asar. ***2*** curtir. ***3*** *fig* achicharrar.
rostit *m* asado.
rostre *m* rostro, faz (*f*), semblante.
rot *m* eructo, eructación (*f*).
rotació *f* rotación.
rotar *v intr* regoldar, eructar.
rotatiu, iva *a* y *m* rotativo.
rotllada *f V* **rotllat**, *esp* alrededor de alguien o algo.
rotllana *f* ***1*** aro (*m*), rosca. ***2*** *V* **rodona** 2.
rotllar *v tr* rodear, formar corro.
rotllat *m* ***1*** corro, rolde, rueda. ***2*** corrillo.
rotlle *m*, **rotllo** *m* ***1*** rollo (de papel, etc.). ***2*** ruedo (esterilla redonda). ***3*** *V* **rotllat**.
rotonda *f arq* rotonda.
ròtula *f anat* rótula.
rotund, a *a* rotundo.
rou *m V* **rosada**.
roure *m bot* roble (*Quercus lusitanica*, *Q. pubescens*, *Q. pyrenaica*).
rova *f* arroba.
rovell *m* ***1*** *quím* herrumbre (*f*), orín, herrín, moho, robín. ***2*** *bot* roya (*f*), herrumbre (*f*), sarro. ***3*** yema (*f*) (de huevo).
rovellar *v tr* enmohecer, mohecer. || *v pron* enmohecerse, mohecerse, herrumbrarse, oxidarse.
rovellat, ada *a V* **rovellós**.
rovelló *m bot* mízcalo, robellón (*Lactarius deliciosus*).
rovellós, osa *a* herrumbroso, mohoso, enmohecido.
rua *f* rúa.
ruandès, esa *a* y *s V* **rwandès**.
rubèola *f med* rubéola.
rubicund, a *a* rubicundo.
rúbrica *f* rúbrica.
rubricar *v tr* rubricar.
ruc, a *a* y *s fig* asno, burro. || *m zool* asno, burro, borrico, jumento (*Equus asinus*).
ruca *f* ***1*** *zool* asna, burra, borrica. ***2*** *fig fam* burra, borrica.
rucada *f fig* burrada.
ruda *f bot* ruda (*Ruta graveolens*).
rude *a* rudo.
rudiment *m* rudimento.
ruera *f* recua (de personas o cosas).
rufa *f* arruga.
rufià, ana *s* rufián.
ruflet *m* resoplido, resoplo.
rúfol, a *a* borrascoso (el tiempo).
ruga *f* arruga.
rugbi *m* rugby (deporte).
rugir *v intr* rugir.
rugit *m* rugido.
rugós, osa *a* rugoso.
ruïna *f* ruina.
ruïnós, osa *a* ruinoso.
ruixada *f* **ruixat**.
ruixar *v tr* rociar (esparcir).
ruixat *m* chaparrón.
ruixim *m* ***1*** llovizna (*f*). ***2*** rocío (gotitas, salpicaduras).
ruleta *f* ruleta.
rull *m* rizo.
rullar *v tr* rizar, ensortijar.
rulot *f* rulot, caravana.

rumb *m* rumbo, derrota, derrotero.
rumbell *m* cantero, canto (de pan).
rumiar *v tr* y *pron fig* rumiar, pensar.
ruminant *a* rumiante. || *m pl zool* rumiantes.
ruminar *v tr 1 V* **remugar**. *2 fig V* **rumiar**.
rumor *m* rumor, runrún.
rum-rum *m fam* runrún (noticia).
runa *f* escombros (*m pl*), cascote (*m*).
rupestre *a* rupestre.
ruptura *f* ruptura.
rural *a* rural.
rus, russa *a* y *s* ruso.
rusc *m* colmena (*f*) (de abejas).
rústec, ega *a 1* áspero al tacto. *2* rústico.
rústic, a *a* y *s* rústico.
ruta *f* ruta.
rutilant *a* rutilante.
rutina *f* rutina.
rutinari, ària *a* rutinario.
rutlla *f* aro (*m*).
rutllar *v intr 1* rodar. *2 fig* funcionar, marchar.
rwandès, esa *a* y *s* ruandés.

S

sa *a* su (forma femenina de **son**).
sa, na *a 1* sano. *2* bueno. || **s. i estalvi** sano y salvo.
saba *f* savia.
sabata *s fig* tarugo. || *f 1* zapato (*m*). *2 náut* zapata, falsa quilla. *3* zapata (del freno).
sabater, a *a* y *s* zapatero. || *m* zapatero (mueble).
sabateria *f* zapatería.
sabatilla *f* zapatilla.
sabentment *adv* a sabiendas.
saber *v tr*, *intr* y *pron* saber.
saber *m* saber.
saberut, uda *a* sabiondo, sabidillo.
sabó *m* jabón.
sabor *s* sabor, gusto.
saborós, osa *a* sabroso, gustoso.
sabotatge *m* sabotaje.
sabotejar *v tr* sabotear.
sabre *m* sable (arma).
sabuda *f* conocimiento (*m*).
sac *m* saco. || **s. de gemecs** *mús* gaita (*f*), cornamusa (*f*).
saca *f* saca.
sacada *f* saque (*m*).
sacar *v intr* sacar.
sacarina *f quím* sacarina.
sacerdot *m* sacerdote.
sacerdotessa *f* sacerdotisa.
saciar *v tr V* **sadollar**.
sacietat *f* saciedad.
sacre, ra *a V* **sagrat**. || *a* y *m anat* sacro.
sacrificar *v tr* y *pron* sacrificar.
sacrifici *m* sacrificio.
sacsada *f V* **sacsejada**.
sacsar *v tr V* **sacsejar**.
sacseig *m* zarandeo.
sacsejada *f* sacudida.
sacsejar *v tr* zarandear, sacudir.
sacsó *m* rosca (*f*) (de carnes).
sàdic, a *a* y *s* sádico.
sadollar *v tr 1* saciar. *2* satisfacer.
safanòria *f bot* zanahoria (*Daucus carota*).
safareig *m 1* lavadero. *2* balsa (*f*).
safari *m* safari.
safarós, osa *a* mugriento.
safata *f* bandeja, batea.
safir *m* zafiro.
safrà *m*, **safranera** *f bot* azafrán (*m*) (*Crocus sativus*).
saga *f* zaga.
sagaç *a* sagaz.
sagal *m* zagal.
sageta *f* saeta, flecha.
sagí *m* lardo, pella (*f*).
Sagitari *m astron* Sagitario.
sagnant *a 1* sangriento, sangrante, sanguinolento (que sangra). *2 V* **sangonós** 1.
sagnar *v tr* sangrar.
sagnia *f 1 med* sangría (acción y efecto). *2* sangradura (de un canal, etc.). *3 anat* sangría (parte del codo). *4 fig* sangría (pérdida continuada).
sagrament *m* sacramento.
sagrat, ada *a* sagrado, sacro.
sagrera *f* sagrado (*m*).
saig *m* sayón, esbirro.
saïm *m V* **sagí**.
sainet *m* sainete.
sal *f 1* sal. *2 fig* sal, salero (*m*).
sala *f* sala, cámara.
salabrós, osa *a* salobre.
salaç *a* salaz.
salamandra *f zool* salamandra (*Salamandra maculosa*).
salar *v tr* salar. || *v intr* usar el artículo determinado **es** (*f* **sa**), vivo en el habla de las Baleares y con vestigios en la Costa Brava.
salari *m* salario, sueldo.
salat, ada *a 1* salado. *2 fig* salado, saleroso.
salconduit *m* salvoconducto.
saldar *v tr* saldar.
saldo *m* saldo.
saler *m* salero (recipiente).
salfumant *m quím* ácido muriático, salfumán.
salic *m*, **salicall** *m* chorreo (de agua).
salicar *v intr* chorrear.

salina *f* salina.
saliquejar *v intr V* **salicar**.
saliva *f* saliva.
salivada *f*, **salivall** *m* salivazo (*m*), salivajo (*m*).
salivera *f 1* espumarajo (*m*). *2* abundancia de saliva.
sallar *v intr* correr, arrear, ir aprisa.
salm *m* salmo.
salmó *m ictiol* salmón (*Salmo salar*).
salnitre *m* salitre.
saló *m* salón.
salpar *v tr náut* zarpar.
salpicar *v tr* espolvorizar.
salpicó *m* salpicadura (*f*).
salsa *f* salsa.
salsir *v tr* y *pron* achicharrar.
salsitxa *f* salchicha.
salt *m 1* salto, bote. *2 V* **saltiró**. *3* tajo (despeñadero).
saltamartí *m 1* tentempié, tentetieso (juego). *2 entom* saltamontes (*m*), langosta (*Pachytylus cinerascens* y muchos otros acrídidos).
saltant *m* cascada (*f*).
saltaparets *s* caco (ladrón).
saltar *v tr* e *intr 1* saltar. *2* botar. *3* brincar.
saltejar *v tr* saltear (para robar).
saltiró *m* brinco.
saltironar *v intr 1* brincar. *2* retozar, triscar.
saltironejar *v intr* dar saltitos.
salubre *a*, **saludable** *a* saludable, salubre.
saludar *v tr* saludar.
salut *m* saludo, salutación (*f*). || *f* salud.
salutació *f V* **salut** (*m*).
salva *f* salva.
salvació *f* salvación.
salvadorenc, a *a* y *s*, **salvadoreny, a** *a* y *s* salvadoreño.
salvaguarda *f* salvaguarda.
salvament *m* salvamento.
salvant *prep V* **salvat**.
salvar *v tr* y *pron* salvar.
salvat *prep* salvo.
salvatge *a* y *s* salvaje.
salvavides *m* salvavidas.
salve *f* e *interj* salve.
sàlvia *f bot* salvia (*Salvia officinalis*).
salze *m bot* sauce (*Salix alba*).
samarra *f* zamarra, pellico (*m*).
samarreta *f* camiseta.
samarró *m V* **samarra**.
sambra *f mús* zambra (danza).
samfaina *f 1* chanfaina (guisado). *2 fig* batiburrillo (*m*), batiborrillo (*m*), baturrillo (*m*).
sanar *v tr* castrar, capar. || *v intr med* sanar, curar.
sanatori *m med* sanatorio.
sancallós, osa *a med* zambo, patizambo.
sanció *f* sanción.
sancionar *v tr* sancionar.
sandàlia *f* sandalia.
sandvitx *m* bocadillo, sandwich.
sanefa *f* cenefa.
sanejar *v tr* sanear.
sang *f* sangre.
sanglot *m* sollozo, zollipo.
sanglotar *v intr*, **sanglotejar** *v intr* sollozar, zollipar.
sangonejar *v intr V* **sagnar**.
sangonent *a V* **sangonós** 1.
sangonera *f zool* sanguijuela (*Hirudo medicinalis*).
sangonós, osa *a*, **sangós, osa** *a 1* sangriento, sanguinolento (manchado de sangre). *2 V* **sagnant** 1.
sangprès *m med* herida (*f*) con la sangre coagulada.
sangtraït *m med* moretón, equimosis (*f*).
sanguejar *v intr V* **sagnar**.
sanguinari, ària *a* sanguinario, sangriento.
sanguini, ínia *a* sanguíneo.
sanguinolent, a *a V* **sangonós** 1.
sanitari, ària *a* y *s* sanitario.
sanitat *f* sanidad.
sanitós, osa *a V* **salubre**.
sant, a *a* y *s* santo, san. || **s. i senya** santo y seña.
santedat *f* santidad.
saó *f* sazón.
sapa *f* zapa.
sapastre, a *s 1* manta. *2* maula.
sapiència *f V* **saviesa**.
sapient *a* y *s V* **savi**.
saqueig *m 1* saqueo, saqueamiento. *2 jur* saco.
saquejar *v tr* saquear.
sarau *m* sarao.
sarcasme *m* sarcasmo.
sarcòfag *m* sarcófago.
sardana *f mús* sardana (danza).
sardina *f ictiol* sardina (*Sardina pilchardus*).
sardònic, a *a* sardónico.
sargantana *f zool* lagartija (*gén Lacerta*).
sargir *v tr* zurcir.
sargit *m* zurcido (en una ropa).
sarment *m* (o *f*) sarmiento.
sarna *f med* sarna.
sarró *m 1* zurrón. *2* macuto.
sarsuela *f* zarzuela.
sastreria *f* sastrería.
satèl·lit *m astron* satélite.
sàtira *f* sátira.
satiritzar *v tr* satirizar.
satisfacció *f* satisfacción.
satisfer *v tr 1* satisfacer. *2 V* **sadollar** 2.
saturació *f* saturación.
saturar *v tr* saturar.
saudita *a* y *s* saudí.
sauló *m geol* arenisca (*f*).
sauna *f* sauna.
savi, sàvia *a* y *s* sabio, sapiente.
saviesa *f* sabiduría.
saxo *m*, **saxòfon** *m mús* saxofón.
se *pron* se.
sebollir *v tr V* **sepultar**.
sec, a *a* seco. || *f* sequía, seca.
séc *m* arruga (*f*), doblez (*f*).
secà *m agr* secano (tierra, campo).
secada *f V* **sequera**.
secalló, ona *a* seco.

secció *f* sección.
secessió *f* secesión.
secor *f V* **sequedat**.
secreció *f anat* secreción.
secret, a *a* secreto. || *m* secreto.
secretari, ària *s* secretario.
secretària *f* secretaria.
secta *f* secta.
sector *m* sector.
secundar *v tr* secundar.
secundari, ària *a* secundario.
seda *f* seda.
sedant *a* y *m* sedante.
sedàs *m* cedazo.
sedega *f* codicia (deseo ardiente).
sedegar *v tr* codiciar.
sedegós, osa *a*, **sedejant** *a* sediento.
sedejar *v intr* estar sediento.
sedentari, ària *a* y *s* sedentario.
sedició *f* sedición.
sediment *m* sedimento.
seducció *f* seducción.
seductor, a *a* i *s* seductor.
seduir *v tr* seducir.
seent *a jur* raíz (bienes inmuebles).
sega *f*, **segada** *f agr* siega, segada, segazón.
sègal *m bot V* **sègol**.
segall, a *s zool* chivo, chivato.
segar *v tr* y *pron* segar.
segell *m* sello.
segellar *v tr* sellar.
segle *m* siglo, centuria (*f*).
sègle *m bot V* **sègol**.
segment *m* segmento.
segmentar *v tr* segmentar.
segó *m agr* salvado.
sègol *m bot* centeno (*Secale cereale*).
segon, a *a* y *m* segundo. || *m* segundo.
segons *prep* según.
segregació *f* segregación.
segregar *v tr* segregar.
segrest *m* secuestro.
segrestar *v tr* secuestrar.
següent *a* siguiente.
seguici *m* ***1*** séquito. ***2*** cortejo.
seguida *f* seguida. || **de s.** en seguida, presto.
seguidor, a *a* y *s* seguidor.
seguiment *m* seguimiento.
seguir *v tr* y *pron* seguir.
seguit *m* seguida (*f*) (orden; continuación). || **per un s.** de seguida. || **tot s.** *V* **de seguida**.
segur, a *a* seguro.
seguranca *f*, **seguretat** *f* seguridad.
seient *m* asiento.
seitó *m ictiol* boquerón, anchoa (*f*) (*Engraulis encrasicholus*).
seixanta *a* y *m* sesenta.
selecció *f* selección.
sella *f* silla (de montar).
selva *f* selva.
sema *f* gema (de una viga).
semàfor *m* semáforo.
semblança *f* ***1*** semejanza, parecido (*m*), semblanza, similitud, semeja. ***2*** semblanza (bosquejo biográfico).
semblant *a* semejante, parecido. || *m* faz (*f*), rostro.
semblar *v intr* y *pron* parecer, semejar.
sembra *f agr* ***1*** *V* **sembrada** 1. ***2*** siembra (*m*) (tiempo).
sembrada *f agr* ***1*** siembra (acción). ***2*** *agr V* **sembrat**.
sembrament *m agr V* **sembrada** 1.
sembrar *v tr* sembrar.
sembrat *m agr* sembrado, siembra (*f*) (tierra sembrada).
semen *m biol* semen, esperma (o *f*).
semença *f*, **sement** *f bot* semilla, simiente.
semestre *m* semestre.
sempre *adv* siempre. || **s. més** siempre jamás. || **s. que** siempre que. || **per s.** por siempre, para siempre.
sempreviva *f bot* siempreviva (*gén Helichrysum*).
senador, a *s* senador.
senar *a mat* non, impar.
senat *m* senado.
sencer, a *a* entero.
senda *f* ***1*** *V* **sender**. ***2*** camino (*m*).
sendemà *m* el día siguiente.
sender *m*, **sendera** *f* senda (*f*), sendero (*m*), derecho (*m*).
senderi *m fam* seso, mollera (*f*), pesquis.
senectut *f* senectud.
senegalès, esa *a* senegalés.
senglar *m zool* jabalí (*Sus scrofa*).
sengles *a pl* sendos.
senil *a* senil.
senilitat *f* senilidad.
sènior *a* y *s* sénior.
sens *prep V* **sense** (úsase *esp* en la *loc adv* como **s. dubte:** "sin duda").
sensació *f* sensación.
sensat, a *a* sensato.
sensatesa *f* sensatez, sesudez.
sense *prep* sin.
sensibilitat *f* sensibilidad.
sensible *a* sensible.
sensitiu, iva *a* sensitivo.
sensual *a* sensual.
sentència *f* sentencia.
sentenciar *v tr jur* sentenciar.
sentida *f* ***1*** dolor (*m*). ***2*** resabio (*m*).
sentiment *m* sentimiento, sentir.
sentimental *a* i *s* sentimental.
sentinella *s* ***1*** vela (*f*). ***2*** *mil* centinela.
sentir *v tr* y *pron* ***1*** oír, sentir. ***2*** sentir, percibir. ***3*** sentir (lamentar).
sentit *m* sentido.
sentit, ida *a* sentido.
sentor *f* ***1*** olor (*m*). ***2*** resabio (*m*) (en un manjar).
seny *m* ***1*** ponderación (*f*). ***2*** *fam* juicio. ***3*** cordura (*f*). ***4*** *V* **senderi**.
senya *f* seña.
senyal *m* señal (*f*). || **paga i s.** arras (*f pl*), pago (*m*) adelantado.

senyala *f* tiza.
senyalar *v tr* señalar.
senyalització *f* señalización.
senyar *v tr* y *pron* santiguar.
senyera *f 1* pendón (*m*). *2* bandera (de una nación).
senyor, a *a* y *s* señor. || *s 1* amo, dueño. *2* don, doña (tratamiento).
senzill, a *a 1* sencillo. *2 fig* llano.
senzillesa *f 1* sencillez. *2* llaneza.
sèpal *m bot* sépalo.
separar *v tr* y *pron* separar.
separatisme *m* separatismo.
sepeli *m* sepelio, entierro.
sèpia *a* y *m* sepia (color). || *f zool V* **sípia**.
sepulcre *m V* **sepultura** 3.
sepultar *v tr* sepultar.
sepultura *f 1* sepultura (acción). *2* sepultura, fosa. *3* sepultura, sepulcro (*m*).
sequaç *a* y *s* secuaz.
sequedat *f* sequedad.
seqüela *f* secuela.
seqüència *f* secuencia.
sequera *f* sequía, seca.
sèquia *f* acequia.
ser *m* ser.
ser *v intr 1* ser. *2* estar.
serbi, sèrbia *a* y *s* serbio.
serbocroat, a *a* y *m* serbocroata.
serè, ena *a* sereno.
serena *f 1* sereno (*m*). *2* claro (*m*) (en el cielo). || **a la s.** al sereno.
serenata *f mús* serenata.
serení *m V* **serena** 1.
serenitat *f V* **serenor**, *esp* en sentido *fig*.
serenor *f* serenidad (cualidad).
serf, va *s* siervo.
sergent, a *s mil* sargento.
serial *a* y *m* serial.
seriar *v tr* seriar.
sèrie *f* serie.
serietat *f V* **seriositat**.
seriós, osa *a* serio.
seriositat *f* seriedad.
sermó *m* sermón.
sermonar *v intr* predicar.
serp *f zool* serpiente, sierpe.
serpejar *v intr V* **serpentejar**.
serpent *s zool V* **serp**.
serpentejar *v intr* serpentear.
serpeta *f fig* persona malévola.
serra *f 1* sierra (herramienta). *2 geog* sierra (cadena montañosa).
serradell *m geog V* **serral**.
serradís *m V* **serradures**.
serradora *f* aserradero (*m*).
serradures *f pl* serrín (*m sing*).
serral *m geog* cerro.
serralada *f geog* cordillera.
serraller, a *s* cerrajero.
serrar *v tr 1* aserrar, serrar. *2* apretar, estrechar. *3* cerrar.
serrat *m geog V* **serra** 2.
serrell *m 1* fleco. *2* flequillo. *3* copete (de un caballo).
serrellera *f* crin.
serrill *m V* **serradures**.
sèrum *m* suero.
serval *m zool* serval (*Felis serval*).
servar *v tr* guardar.
servatge *m V* **servitud** 1.
servei *m 1* servicio (acción). *2* servicio, estado de servidumbre. *3* servicio, cubierto. *4* servidumbre (*f*), conjunto de sirvientes.
servent, a *s*, **servidor, a** *s* servidor.
servil *a* servil.
serviment *m V* **servei** 1.
servir *v tr* e *intr 1* servir. *2* escanciar.
servitud *f* servidumbre.
ses *a pl* sus (forma femenina).
sèsam *m bot* sésamo (*Sesamum indicum*).
sessió *f* sesión.
sesta *f 1* siesta (hora de la tarde). *2* siesta (sueño).
set *f* sed.
set *a* siete (numeral). || *m 1* siete (número). *2* set (tenis).
setanta *a* y *m* setenta.
set-cents, tes *a* y *m* setecientos.
setciències *s* sabelotodo, sabidillo, sabiondo.
setè, ena *a* y *s* séptimo.
setembre *m* septiembre, setiembre.
setge *m* sitio, cerco, asedio.
seti *m* sitio.
setial *m* sitial.
setmana *f* semana (período).
setmanada *f* semana (salario).
setmanari *m* semanario (publicación).
setmesó, ona *a* y *s* sietemesino.
setrill *m 1* aceitera (*f*), alcuza (*f*). *2* vinajera (*f*).
setrilleres *f pl* vinagreras, aceiteras, angarillas.
setze *a* y *m* dieciséis.
seu *f 1* sede. *2* catedral.
sèu *m* sebo.
seu, seva *a* su. || *pron* suyo.
seure *v intr 1* sentarse (*pron*). *2* sentar.
sever, a *a* severo.
severitat *f* severidad.
sevícia *f* sevicia.
sexe *m* sexo.
sexologia *f* sexología.
sexual *a* sexual.
sexualitat *f* sexualidad.
si *m 1* seno (cavidad). *2 geog* seno, bahía (*f*). *3 V* **sina** 1. *4* seno (interior). *5* seno (matriz).
si *m mús* si.
si *pron* sí. || *conj* si.
sí *adv* sí.
sibarita *a* y *s* sibarita.
sibilant *a* sibilante.
sicari, ària *s* sicario (asesino).
sicosi *f med* sicosis.
sideral *a astron* sideral, estelar.
siderúrgia *f* siderurgia.
sifó *m* sifón.
sigil *m* sigilo (precaución).
sigla *f* sigla.

signador, a *a* y *s V* **signant**.
signament *m* firma (*f*) (acción).
signant *a* y *s* firmante.
signar *v tr* firmar, signar.
signatari, ària *a* y *s V* **signant**.
signatura *f* ***1*** firma. ***2*** signatura.
signe *m* signo.
significació *f* ***1*** significación (acción y efecto). ***2*** *gram* significación, significado (*m*).
significament *m*, **significança** *f V* **significació** 1.
significar *v tr* y *pron* significar.
significat, ada *a* significado. || *m gram V* **significació** 2.
silenci *m* silencio.
silenciador *m* silenciador.
silenciar *v tr* silenciar.
silenciós, osa *a* silencioso.
sílex *m* sílex.
sílfide *f* sílfide.
sílice *f quím* sílice.
silici, ícia *a geol* silíceo.
silicona *f quím* silicona.
síl·laba *f gram* sílaba.
sil·logisme *m* silogismo.
silueta *f* silueta.
silvestre *a* silvestre.
símbol *m* símbol.
simbomba *f mús* zambomba.
simetria *f* simetría.
simfonia *f mús* sinfonía.
simi *m zool* simio.
símil *m* símil.
similar *a* similar.
similitud *f V* **semblança** 1.
simpatia *f* simpatía.
simpàtic, a *a* simpático. || *m anat* simpático.
simpatitzar *v intr* simpatizar.
simple *a* simple.
simplicitat *f* simplicidad.
simplificar *v tr* simplificar.
símptoma *m* síntoma.
simulació *f* simulación.
simulacre *m* simulacro.
simular *v tr* simular.
simultani, ània *a* simultáneo.
sina *f* ***1*** seno (*m*) (espacio). ***2*** *anat p ext* seno (*m*).
sinagoga *f* sinagoga, aljama, alhama.
sincer, a *a* franco.
sinceritat *f* sinceridad.
síncope *f med* síncope (*m*).
sincronització *f* sincronización.
sincronitzar *v tr* sincronizar.
sindical *a* sindical.
sindicat *m* sindicato.
síndria *f bot* sandía (*Cucumis citrullus*; su fruto).
síndrome *f med* síndrome (*m*).
sinecura *f* sinecura.
singlot *m* hipo.
singlotar *v intr* hipar.
singular *a* y *m gram* singular.
sínia *f* noria.
sinistre, ra *a* y *m* siniestro.
sinó *conj* sino. || **s. que** sino que.
sinònim, a *a* y *m* sinónimo.
sinopsi *f* sinopsis.
sintaxi *f gram* sintaxis.
síntesi *f* síntesis.
sintonia *f* sintonía.
sintonitzar *v tr* sintonizar.
sinuós, osa *a* sinuoso.
sinus *m mat* seno.
sinusitis *f med* sinusitis.
sionisme *m* sionismo.
sípia *f zool* sepia, jibia (*Sepia officinalis*).
síquia *f V* **sèquia**.
sirena *f* ***1*** sirena. ***2*** sirena (señal acústica).
sirgar *v intr* trabajar bien.
siri, síria *a* y *s*, **sirià, ana** *a* y *s* sirio.
sis *a* y *m* seis.
sis-cents, tes *a* y *m* seiscientos.
sisè, ena *a* y *s* seisavo. || *a* y *m* sexto.
sisme *m geol* seísmo.
sísmic, a *a* sísmico.
sistema *m* sistema.
siti, sítia *a* sito. || *m V* **seti**.
sitja *f agr* silo (*m*), hórreo (*m*).
sitra *f* zafra (recipiente).
situació *f* situación.
situar *v tr* y *pron* situar.
sivella *f* hebilla.
so *m* ***1*** sonido. ***2*** son.
soberg, a *a* ***1*** soberbio. ***2*** altivo.
soberguejar *v tr* sobrepujar.
sobergueria *f* ***1*** soberbia, altivez, altanería. ***2*** sobrepujanza. ***3*** acto de soberbia.
sobirà, ana *a* y *s* soberano.
sobirania *f* soberanía.
sobra *f* sobra. || *f pl V* **sobralles**. || **de sobres** de sobra (con exceso).
sobralles *f pl* sobras (desperdicios).
sobrant *a* sobrante, sobrero.
sobrar *v intr* sobrar.
sobrassada *f* sobrasada.
sobre *m* ***1*** la parte de encima. ***2*** sobre, cubierta (*f*) (de carta).
sobre *prep* ***1*** sobre (encima). ***2*** acerca de. ***3*** sobre.
sobrecor *m med V* **síncope**.
sobredosi *f* sobredosis.
sobreeixidor *m* rebosadero.
sobreeixir *v intr* rebosar, salirse (*pron*).
sobreentès *m* sobrentendido.
sobrellinda *f arq* umbral (*m*) (viga).
sobremuntar *v tr V* **sobrepujar**.
sobrenat, ada *a* póstumo (un hijo).
sobrenom *m* mote.
sobrenomenar *v tr* apodar.
sobrepassar *v tr* sobrepasar.
sobreplomar *v intr* desplomar (desviarse de la vertical).
sobreposar *v tr* y *pron* sobreponer.
sobreprendre *v tr* sobrevenir, sobrecoger *esp* una afección.
sobrepuig *m* exceso.
sobrepujar *v tr* sobrepujar.
sobrer, a *a V* **sobrant**.

sobresalt *m* sobresalto.
sobreseure *v tr* sobreseer.
sobresortint *a* sobresaliente.
sobresortir *v intr* sobresalir.
sobretaula *f* ***1*** sobremesa, tapete (*m*). ***2*** sobremesa (espacio de tiempo).
sobrevenir *v intr* sobrevenir.
sobri, sòbria *a* sobrio.
sobrietat *f* sobriedad.
sobtada *f* repente (*m*).
sobtadament *adv* de súbito, de pronto, de sopetón.
sobtar *v tr* sobrecoger. || *v pron* arrebatarse (un manjar).
sobtat, ada *a* ***1*** súbito, repentino. ***2*** arrebatado (un manjar).
de sobte *loc adv V* **sobtadament**.
sobtós, osa *a* súbito.
soc *m* ***1*** zueco. ***2*** cepo (del yunque).
soca *f* ***1*** tronco (*m*). ***2*** cepa (del tronco). ***3*** *fig* cepa (origen). ***4*** tocón (*m*). ***5*** *fig* tronco (*m*) (persona insensible e inútil).
socarrada *f*, **socarrament** *m* chamusquina (*f*), chamuscadura (*f*).
socarrar *v tr* y *pron* ***1*** chamuscar. ***2*** achicharrar.
socarrim *m* parte chamuscada. || **olor de s.** olor de chamusquina.
socarrimar *v tr* y *pron* socarrar, chamuscar.
soci, sòcia *s* socio.
sociable *a* sociable.
social *a* social.
socialisme *m* socialismo.
socialista *a* y *s* socialista.
societat *f* sociedad.
sociologia *f* sociología.
sòcol *m* zócalo.
socórrer *v tr* socorrer.
socorriment *m* socorro.
socorrisme *m* socorrismo.
socors *m* ***1*** *V* **socorriment**. ***2*** socorro (ayuda, auxilio, etc.).
soda *f* ***1*** soda (bebida). ***2*** *quím* soda.
sodi *m quím* sodio.
sòdic, a *a quím* sódico.
sofà *m* sofá.
sofert, a *a* sufrido.
sofisma *m* sofisma.
sofisticació *f* sofisticación.
sofre *m quím* azufre.
sofregir *v tr* sofreir.
sofregit *m* sofrito.
sofrença *f*, **sofriment** *m* sufrimiento (*m*).
sofrir *v tr* sufrir. || *v intr* sufrir, padecer.
soga *f* soga, maroma.
sogre, ra *s* suegro.
soja *f bot* soja (*Soja hispida*).
sojorn *m* ***1*** morada (*f*), moranza (*f*). ***2*** estancia (*f*), estada (*f*).
sojornar *v intr* morar.
sol *m* sol.
sol, a *a* solo.
sòl *m* ***1*** suelo, tierra (*f*). ***2*** piso. ***3*** fondo (de recipiente, etc.).
sola *f* ***1*** suela (de calzado). ***2*** suela (de cuero). ***3*** suela (de un taco de billar). ***4*** suela (de un tabique). ***5*** barandal (*m*) (de los balaustres).
solaç *m* solaz.
solaçar *v tr* y *pron* solazar.
solada *f V* **solatge**.
solament *adv* solamente, sólo.
solapa *f* solapa (de vestido; de cubierta).
solar *a* solar. || *m* ***1*** solar (casa). ***2*** solar (terreno).
solari *m*, **solàrium** *m* solario, solárium.
solatge *m* poso, hez (*f*).
solc *m* ***1*** surco. ***2*** *agr* carril.
solcar *v tr* surcar.
soldà *m V* **sultà**.
soldadura *f* soldadura.
soldana *f* sultana.
soldar *v tr* y *pron* soldar.
soldat, ada *s* soldado.
soledat *f V* **solitud**.
solejar *v tr* solear.
solell *m* solana (*f*).
solemne *a* solemne.
soler *m* ***1*** *V* **sòl** 1. ***2*** planta baja de una casa.
soler *v intr* soler, acostumbrar.
solfa *f mús* solfa.
solfeig *m mús* solfeo.
sòlid, a *a* y *m* sólido.
solidaritat *f* solidaridad.
solidesa *f* solidez.
solidificar *v tr* y *pron* solidificar.
soliditat *f V* **solidesa**.
soliloqui *m* soliloquio.
sòlit, a *a* sólito.
solitària *f zool* tenia (*gén Taenia*).
solitud *f* soledad.
sollevar *v tr* solevantar.
sol·lícit, a *a* solícito.
sol·licitar *v tr* solicitar.
sol·licitud *f* solicitud.
solo *m mús* solo.
solpostada *f* puesta (de sol).
sols *adv V* **solament**.
solstici *m astron* solsticio.
solt, a *a* suelto.
solta *f* buen sentido (*m*).
soltar *v tr* soltar.
solter, a *a* y *s* soltero (no casado).
solteria *f* soltería.
soltesa *f* soltura.
soluble *a* soluble.
solució *f* solución.
solucionar *v tr* ***1*** solucionar. ***2*** solventar.
solvència *f* solvencia.
som, a *a* somero.
somer *m zool* burro, borrico (*Equus asinus*).
somera *f zool* burra, borrica (*Equus asinus*).
som-hi! *interj* ¡venga!, ¡vamos!
somiar *v tr* e *intr* soñar.
somicar *v intr* lloriquear.
somicó *m*, **somicoi** *m* lloriqueo.
somieig *m* ensueño.
somier *m* somier.
somiquejar *v intr V* **somicar**.

somnàmbul, a *s* sonámbulo,.
somni *m 1* sueño (acto de soñar). *2* ensueño.
somniar *v tr* e *intr V* **somiar**.
somnífer, a *a* y *m* somnífero.
somnolència *f* somnolencia. soñolencia.
somnolent, a *a* soñoliento.
somorgollar *v tr V* **submergir**.
somort, a *a* mortecino.
somrient *a* sonriente.
somrís *m* sonrisa (*f*).
somriure *v intr* sonreír.
somriure *m V* **somrís**.
son *m* sueño (acto de dormir). || *f* sueño (*m*) (ganas de dormir).
son, sa *a* su (de él; de ella).
sonall *m*, **sonalla** *f 1 mús* sonaja. *2* sonajero. || *m pl mús* sonajas (*f*).
sonant *a* sonante.
sonar *m náut* sonar (aparato).
sonar *v tr mús* tocar. || *v intr* sonar.
sonat, ada *a* y *s* chiflado, chalado.
sonda *f* sonda.
sondar *v tr* sondar, sondear.
sondeig *m* sondeo.
sondejar *v tr V* **sondar**, *esp fig*.
sondroll *m* traqueteo.
sondrollar *v tr* tabalear. || *v intr* traquetear.
sonet *m* soneto.
sonor, a *a* sonoro.
sonós, osa *a V* **somnolent**.
sopa *f* sopa.
sopar *m* cena (*f*). || **s. de duro** *fam* historia exagerada y fantasiosa.
sopar *v intr* cenar.
sopluig *m* guarida, cobijo.
soplujar *v tr* y *pron* guarecer, cobijar.
en sopols *loc adv 1* a pulso. *2* en vilo.
sopor *m* sopor.
soprano *s mús* soprano.
sor *f* sor.
sorbet *m* sorbete (helado).
sord, a *a* y *s* sordo.
sordària *f med V* **sordesa**.
sordejar *v intr* ser más o menos sordo.
sordesa *f med* sordera.
sòrdid, a *a* sórdido.
sordina *f* sordina.
sordmut, uda *a* y *s med* sordomudo.
sorge *s mil* recluta.
sorgir *v tr 1* surgir. *2 fig* brotar. || *v intr náut* surgir, anclar, ancorar.
sorn, a *a* remolón.
sorna *f* sorna (ironía malévola).
sorneguer, a *a* socarrón, zumbón.
sornegueria *f* socarronería.
sornejar *v intr* remolonear.
sorneria *f* sorna (condición de remolón).
soroll *m* ruido.
sorollós, osa *a* ruidoso.
sorprendre *v tr 1* sorprender. *2* asombrar.
sorprenent *a* sorprendente, asombroso.
sorpresa *f* sorpresa.
sorra *f* arena.
sorral *m* arenal.
sorruderia *f* adustez.
sorrut, uda *a* adusto.
sort *f* suerte.
sortat, ada *a V* **sortós**.
sorteig *m* sorteo.
sortejar *v tr* sortear (echar a suertes).
sortida *f 1* salida (acción y efecto). *2 fig* salida, donaire (*m*). *3* escapatoria.
sortidor *m* surtidor.
sortint *a* y *m* saliente.
sortir *v intr* salir.
sortós, osa *a* afortunado, boyante.
sosa *f quím* sosa, soda.
soscavar *v tr* socavar.
sospesar *v tr 1* sopesar, sospesar. *2* tantear.
sospir *m* suspiro.
sospirar *v intr* suspirar.
sospita *f 1* sospecha, asomo (*m*). *2* barrunto (*m*).
sospitar *v tr 1* sospechar. *2* barruntar.
sospitós, osa *a* sospechoso.
sostenidor, a *a* y *s* sostenedor. || *m pl* sostén (*sing*) (para el pecho).
sosteniment *m* sostenimiento, sostén.
sostenir *v tr* y *pron* sostener.
sostracció *f* sustracción, substracción.
sostrar *v tr* techar.
sostraure *v tr* y *pron V* **sostreure**.
sostre *m 1* techo, techumbre (*f*), techado. *2* lecho (de una pila ordenada).
sostreta *f V* **sostracció**.
sostreure *v tr* y *pron* substraer, sustraer.
sot *m 1* hoyo. *2* bache.
sota *f* sota (carta).
sota *prep* debajo, bajo, so. || *adv* debajo.
sotabosc *m* broza (*f*), maleza (*f*), maraña (*f*).
sotaposar *v tr* posponer.
sotascrit, a *a* y *s V* **sotasignat**.
sotascriure *v tr* subscribir, suscribir.
sotasignat, ada *a* y *s* abajo firmante.
sotbatre *v tr V* **sotragar**.
soterrani *m 1* sótano. *2* subterráneo.
soterrar *v tr* enterrar, soterrar.
sotjar *v tr* acechar, atisbar.
sotmetre *v tr* y *pron* someter.
sotrac *m V* **sotragada**.
sotragada *f* sacudida.
sotragar *v tr 1* sacudir. *2 V* **sotraguejar**.
sotragueig *m* traqueteo.
sotraguejar *v intr* traquetear.
sots *prep V* **sota** (úsase hoy como prefijo).
sotsarrendar *v tr jur* subarrendar.
sotscap *s* subjefe.
sotsobrar *v intr náut* zozobrar.
sotsobre *m* zozobra (*f*).
sotsoficial, a *s mil* suboficial.
sou *m* sueldo. || **a s.** a sueldo.
soviètic, a *a* y *s* soviético.
sovint *adv* a menudo.
sovintejar *v tr* e *intr* menudear.
stop *m* stop.
suada *f* sudor que se expele de una vez.
suar *v tr* e *intr* sudar.

suahili *a* y *s* swahili.
suau *a* suave.
suavitat *f* suavidad.
suavitzant *m* suavizante (de ropa, de pelo).
suavitzar *v tr* suavizar.
subaltern, a *s* subalterno.
súbdit, a *a* y *s* súbdito.
subhasta *f* ***1*** subasta, almoneda, encante (*m*). ***2*** *jur* subasta (de una concesión, servicio, obra, etc.). ***3*** remate (*m*) (en subasta).
subhastar *v tr* subastar.
subjecció *f* sujeción.
subjectar *v tr* sujetar.
subjecte, ta *a* y *m* sujeto.
subjectiu, iva *a* subjetivo.
subjugar *v tr* subyugar, sojuzgar.
sublim *a* sublime.
submarí, ina *a* y *m* submarino.
submarinisme *m náut* submarinismo.
submergible *a* y *m* sumergible.
submergir *v tr* y *pron* sumergir.
subministració *f V* **subministrament** 1.
subministrament *m* ***1*** suministro, suministración (*f*) (acción). ***2*** suministro, suministración (*f*) (cosa).
subministrar *v tr* suministrar.
submís, isa *a* ***1*** sumiso. ***2*** rendido.
submissió *f* sumisión, sometimiento (*m*).
subordinació *f* subordinación (*f*).
subordinar *v tr* subordinar.
suborn *m*, **subornació** *f*, **subornament** *m* soborno (*m*), cohecho (*m*).
subornar *v tr* sobornar, cohechar.
subratllar *v tr* subrayar.
subscripció *f* subscripción, suscripción.
subscriptor, a *a* y *s* subscriptor.
subscriure *v tr* y *pron* subscribir, suscribir.
subsidi *m* subsidio.
subsistir *v intr* subsistir.
subsòl *m* subsuelo.
substància *f* substancia, sustancia.
substantiu, iva *a* y *m gram* substantivo, sustantivo.
substitució *f* substitución, sustitución.
substituir *v tr* substituir, sustituir.
substitut, a *s* substituto, sustituto.
subterfugi *m* subterfugio.
subterrani, ània *a* subterráneo.
subtil *a* sutil.
subtilesa *f*, **subtilitat** *f* sutileza, sutilidad.
subtracció *f arit* substracción, sustracción, resta.
subtrahend *m arit* substraendo, sustraendo.
suburbi *m* suburbio.
subvenció *f* subvención.
subvenir *v intr* subvenir.
subversió *f* subversión.
subversiu, iva *a* subversivo.
suc *m* jugo, zumo. || *m pl* caldos (vinos, etc.).
sucar *v tr* ***1*** mojar. ***2*** *fig* pringar.
succedani, ània *a* y *m* sucedáneo.
succedent *a V* **successor**.
succeïdor, a *a* y *s V* **successor**.
succeïment *m V* **successió**.
succeir *v tr* e *intr* suceder (entrar en lugar de otro). || *v intr* suceder, ocurrir, pasar, acaecer, acontecer.
succeït *m* suceso, sucedido.
succés *m* ***1*** *V* **succeït**. ***2*** éxito, suceso.
successió *f* sucesión.
successiu, iva *a* sucesivo.
successor, a *a* y *s* sucesor.
succint, a *a* sucinto.
succió *f* succión.
sucós, osa *a* ***1*** jugoso, zumoso. ***2*** caldoso.
sucre *m* azúcar.
sucrera *f* ***1*** azucarera, azucarero (*m*) (recipiente). ***2*** *V* **sucreria**.
sucreria *f* azucarera (fábrica).
suculent, a *a* suculento.
sucumbir *v intr* sucumbir.
sucursal *a* y *f* sucursal.
sud *m* sur, sud.
sud-africà, ana *a* y *s* sudafricano.
sud-americà, ana *a* y *s* sudamericano.
sudanès, esa *a* y *s* sudanés.
sud-est *m* sudeste.
sud-oest *m* sudoeste.
suec, a *a* y *s* sueco.
suèter *m* suéter (jersey).
suficiència *f* suficiencia.
suficient *a* suficiente.
suficientment *adv* suficientemente.
sufix, a *a* y *m gram* sufijo.
sufocació *f* ***1*** sofocación. ***2*** sofoco (*m*) (efecto).
sufocador, a *a*, **sufocant** *a* sofocante, sofocador.
sufocar *v tr* sofocar.
suggeriment *m* sugerencia (*f*).
suggerir *v tr* sugerir.
suggestió *f* sugestión.
suïcida *s* suicida.
suïcidar-se *v pron* suicidarse.
suïcidi *m* suicidio.
suís, issa *a* y *s* suizo.
sulfat *m quím* sulfato.
sulfhídric, a *a quím* sulfhídrico.
sulfur *m quím* sulfuro.
sulfurar *v tr* sulfurar.
sultà, ana *s* sultán.
suma *f arit* suma, adición. || **en s.** en suma.
sumand *m mat* sumando.
sumar *v tr* sumar.
sumir *v tr* y *pron* sumir.
summa *f* suma (recopilación).
súmmum *m* súmmum, colmo.
sumptuós, osa *a* suntuoso.
sunnita *a* y *s* sunnita.
suor *f* sudor (*m*).
supeditar *v tr* supeditar.
superació *f* superación.
superar *v tr* y *pron* superar.
superàvit *m* superávit.
superb, a *a V* **superbiós**.
supèrbia *f* soberbia (engreimiento).
superbiós, osa *a* soberbio (que tienen soberbia).
superfície *f* superficie.
superflu, èrflua *a* superfluo.

superior *a* y *m* superior.
superiora *f* superiora.
superioritat *f* superioridad.
superlatiu, iva *a* superlativo.
supermercat *m* supermercado.
superstició *f* superstición.
supervisar *v tr* supervisar.
supervivència *f* supervivencia.
supervivent *a* y *s* superviviente, sobreviviente.
supí, ina *a* y *m* supino.
suplantar *v tr* suplantar.
suplement *m* suplemento.
suplent *a* y *s* suplente.
súplica *f* súplica.
suplicar *v tr* suplicar.
suplici *m* suplicio.
suplir *v tr* suplir.
suport *m* soporte, apoyo.
suportar *v tr* soportar.
suposar *v tr* suponer.
suposat, ada *a* supuesto.
suposició *f* suposición.
supòsit *m* supuesto.
suprem, a *a* supremo, sumo.
supremacia *f* supremacía.
supressió *f* supresión.
suprimir *v tr* suprimir.
supurar *v intr med* supurar.
surar *v intr* flotar.
surer *m*, **surera** *f bot* alcornoque (*m*) (*Quercus suber*).
suro *m* corcho.
surra *f* azotaina, zurra.
surt *m* ***1*** *V* **sobresalt**. ***2*** susto.
susceptible *a* susceptible.
suscitar *v tr* suscitar.
susdit, a *a* susodicho, sobredicho, antedicho.
suspecte, ta *a V* **sospitós**.
suspendre *v tr* ***1*** suspender, colgar. ***2*** suspender (detener, diferir). ***3*** suspender (privar de un cargo). ***4*** suspender (un examen, en curso, etc.).
suspens, a *a* y *m* suspenso. || **en s.** *loc adv* en suspenso.
suspensió *f* suspensión.
suspicaç *a* suspicaz.
suspicàcia *f* suspicacia.
suspició *f V* **sospita** 1.
sustentar *v tr* sustentar.
sutge *m* hollín.
sutura *f* sutura.
sutze, za *a* sucio.
sutzesa *f*, **sutzor** *f* suciedad (calidad).
sutzura *f* ***1*** *V* **sutzesa**. ***2*** suciedad (porquería).

T

ta *a* tu (forma femenina de **ton**).
tabac *m* ***1*** *bot* tabaco (*Nicotiana tabacum*). ***2*** tabaco (en hojas, elaborado, etc.).
tabal *m mús* tambor.
tabalejar *v intr* traquetear (causar ruido).
tabarra *f fam* lata, tabarra.
tabola *f* jolgorio (*m*), jarana, jaleo (*m*), holgorio (*m*), hollín (*m*), farra.
tabolaire *s fam* holgón.
tabolejar *v intr* jaranear, armar jolgorio.
tabú *m* tabú.
tabust *m V* **terrabastall** 1 y 2.
tac *m* ***1*** taco (pedazo; de arma; de billar). ***2*** taco (para encajar).
taca *f* ***1*** mancha. ***2*** *fig* mancha.
tacar *v tr* manchar.
tacat, ada *a* manchado.
tàcit, a *a* tácito.
taciturn, a *a* taciturno.
tacó *m* tacón.
tacte *m* tacto (sentido).
tàctic, a *a* táctico. || *f* táctica.
tàctil *a anat* táctil.
tafanejar *v tr* curiosear.
tafaner, a *a* curioso.
tafaneria *f* curiosidad.
tafur *m* tahúr.
tahitià, ana *a* y *s* tahitiano.
taifa *f* taifa (reino).
tailandès, esa *a* y *s* tailandés.
tal *a* y *adv* tal. || *s* fulano, zutano. || **t. i t.** tal y cual. || **t. qual** tal cual. || **per t. com** *loc conj* porque, ya que. || **per t. que** *loc conj* para que.
tala *f* tala.
talaia *f* atalaya.
talar *v tr* talar.
talc *m* talco.
taleca *f* talega (bolsa).
talent *m* ***1*** talento (moneda). ***2*** talento (aptitud intelectual). ***3*** talante (disposición). || *f* gana, apetito (*m*), apetencia.
talismà *m* talismán.
tall *m* ***1*** corte, tajo, filo (de arma o herramienta). ***2*** corte (acción de cortar un vestido o calzado). ***3*** corte (arte de cortar un vestido o calzado). ***4*** corte (cantidad de ropa para un vestido). ***5*** cortadura (*f*), corte, tajo (incisión). ***6*** raja (*f vulg*). ***7*** tajada (*f*) (de carne, pescado). ***8*** carne o pescado de un guiso (por oposición a lo que acompaña). ***9*** tamaño. ***10*** *geol* corte (geológico). || **venir a t.** *V* **venir a tomb**.

talla *f 1* talla (de una piedra preciosa). *2* talla (escultura). *3* talla (tributo). *4* taja (repartimiento). *5* talla (de moneda). *6* talla (en juegos). *7* talla, estatura.
tallada *f 1* corta, corte (*m*). *2* corte (*m*) (de pelo). *3* tajada. *4* rebanada. *5* raja.
tallador *m* tajo.
tallagespa *m* cortacésped.
tallament *m* corte.
tallant *a* cortante.
tallantar *v tr* labrar (figuras o adornos).
tallar *v tr 1* cortar, tajar (dividir, separar). *2* rebanar. *3* tallar (piedras preciosas). *4* tallar (obras de talla). *5* cortar (con tijeras, etc.). *6* mondar (el pelo). *7* tijeretear. *8* sajar. *9 fig* cortar (el aire, el frío). *10* cortar, hender (un fluido o líquido). *11* cortar (intersectar). *12* cortar (interrumpir). *13* tallar (someter a tallas o impuestos). *14* tallar (en ciertos juegos de naipes). *15* tallar (medir la estatura). || *v pron 1* cortarse (la epidermis). *2* cortarse (una tela). *3* cortarse (turbarse el que habla). *4* cortarse (la leche, etc.).
tallat *m 1* corte (operación). *2* corte (manera de estar cortada una cosa).
taller *m* taller, obrador.
talment *adv* talmente.
taló *m 1 anat* talón. *2 V* **talonera**. *3 V* **tacó**. *4 arq* talón. *5* talón, cheque (documento).
talonari *m* talonario.
talonera *f* talón (*m*) (parte del calzado).
talòs, ossa *a* y *s fig* tarugo.
talp *m zool* topo (*Talpa europaea*).
talús *m* talud.
també *adv 1* también, asimismo. *2 V* **tanmateix** 2.
tambor *m 1 mús V* **timbal**. *2 mús V* **timbaler**. *3* tambor (cilindro). *4* tambor (para bordar). *5 arq* tambor. *6 anat V* **timpà** 2.
tamboret *m* taburete.
tamborinada *f* turbión (*m*), tromba de agua.
tamborinar *v intr* tabalear.
tamís *m* tamiz.
tamisar *v tr* tamizar.
tampó *m* tampón.
tampoc *adv* tampoco.
tan *adv* tan.
tanc *m 1* aljibe, tanque. *2* tanque (vehículo blindado).
tanca *f 1* cerca, cercado (*m*), vallado (*m*), valla. *2* seto (*m*). *3* cierre (*m*) (para puerta, postigo, etc.).
tancadura *f 1* cerradura. *2* broche.
tancament *m 1* cierre, cerramiento. *2* cierre (clausura temporal). *3* encierro.
tancar *v tr* y *pron 1* cerrar. *2* encerrar.
tancat *m 1 V* **tanca** 1 y 2. *2* cercado.
tanda *f 1* tanda, turno (*m*) (de personas, etc.). *2* tanda (tiempo).
tangent *a* y *f geom* tangente.
tangible *a* tangible.
tanmateix *adv 1* sin duda. *2* sin embargo, así y todo.
tanoca *a* y *s* bobo.
tant, a *a, pron* y *adv* tanto. || *m 1* tanto (cantidad). *2* cuota (*f*), tanto. || **de t. en t.** de vez en cuando. || **per t.** por lo tanto. || **t. de bo!** ¡ojalá!
tany *m bot* pimpollo, renuevo, tallo.
tanzà, ana *a* y *s* tanzano.
taoisme *m* taoísmo.
tap *m 1* tapón (de botella, etc.). *2* tapón. *3 fig* tapón (dificultad). *4 fig fam* tapón (persona pequeña).
tapa *f 1* tapa (para cerrar). *2* témpano (*m*) (de colmena). *3 anat* tapa (del casco de una caballería). *4* tapa (del zapato). *5* tapa (de la ternera). || *f pl* tapa (de comer).
tapabruts *m fig* tapujo (que oculta algún manejo).
tapadora *f* tapadera.
tapadura *f* cobertura (conjunto de cosas para tapar).
tapall *m* cobertura (*f*) (cualquier cosa que tapa).
tapar *v tr* encubrir. || *v tr* y *pron* tapar.
tàpera *f bot* alcaparra.
tapet *m* tapete, sobremesa (cubremesa).
tapeta *f V* **tapa** 4.
tàpia *f 1* tapia (pared). *2 p ext* tapia (cerca).
tapiada *f* tapia.
tapiar *v tr 1* tapiar. *2* tapiar, tabicar.
tapioca *f* tapioca.
tapir *m zool* tapir (*gén Tapir*).
tapís *m* tapiz.
tapisseria *f* tapicería.
taponar *v tr* taponar.
taquí, ina *a* y *s* tacaño.
taquicàrdia *f med* taquicardia.
taquigrafia *f* taquigrafía.
taquilla *f* taquilla.
taquineria *f* tacañería.
tara *f 1* tara (parte del peso). *2* tara, lacra.
taral·la *f* charla, charloteo (*m*), cháchara (para pasar el rato).
taral·larejar *v tr*, **taral·lejar** *v tr* tararear.
taral·lirot *s fam* badulaque, zascandil.
tarannà *m* talante (modo de proceder).
taràntula *f entom* tarántula (*Lycosa tarantula*).
tarasca *f* tarasca.
tard *adv* tarde. || **de t. en t.** de tarde en tarde. || **fer t.** llegar tarde. || **arribar t.** llegar tarde.
tarda *f 1* tarde. *2 V* **tardança**. || **bona t.** buenas tardes.
tardà, ana *a V* **tardívol**.
tardança *f* tardanza.
tardaner, a *a* tardo, tardón.
tardar *v intr 1* tardar. *2 V* **trigar**.
tarditat *f* tardanza.
tardívol, a *a* tardío (en madurar; posterior al tiempo oportuno).
tardor *f* otoño (*m*).
targeta *f 1* tarjeta. *2* carné (*m*).
tarifa *f* tarifa.
tarima *f* tarima.
tarit-tarot *m fam V* **taral·lirot**.
tarja *f 1* tarja (escudo). *2* tarja (chapa de contraseña, etc.). *3 V* **targeta**.

taro *m* gris, viento frío.
taronger *m bot* naranjo (*Citrus aurantium*).
tarongina *f bot* ***1*** limonero (*m*), limón (*m*) (*Citrus limonum*). ***2*** azahar (*m*), flor de azahar.
taronja *a* y *m* naranja (color). || *f bot* naranja.
taronjada *f* naranjada.
tarquim *m* tarquín, cieno, fango (en las aguas estancadas).
tarragoní, ina *a* y *s* tarraconense.
tars *m anat* tarso.
tartamudejar *v intr* tartamudear.
tartana *f* tartana (carruaje).
tartera *f* ladera de una montaña, cubierta de grandes piedras caídas de la cumbre.
tasca *f* ***1*** trabajo (*m*) (por tiempo limitado). ***2*** *V* **treball** 1.
tascar *v intr V* **treballar** 1.
tascó *m* ***1*** cuña (*f*). ***2*** calza (*f*).
tasconar *v tr* acuñar, calzar (con una cuña).
tassa *f* taza (recipiente).
tassada *f* taza (llena).
tast *m* ***1*** cata (*f*), catadura (*f*), probadura (*f*), prueba (*f*), gustación (*f*). ***2*** gusto, sabor. ***3*** cata (*f*) (porción).
tastament *m V* **tast** 1.
tastar *v tr* catar, probar.
tastet *m V* **tast** 3.
tatuar *v tr* tatuar.
tatuatge *m* tatuaje.
tatxa *f* tachuela.
tatxar *v tr* ***1*** calar (un melón, etc.). ***2*** tachar (culpar).
taula *f* ***1*** mesa (mueble). ***2*** tabla (de banca). ***3*** taula (monumento). ***4*** tablero (*m*) (pieza). ***5*** tabla (índice). ***6*** tabla (de valores). || **desparar la t.** alzar la mesa. || **parar la t.** poner la mesa. || *f pl* ***1*** tablas (en el juego). ***2*** tablas (de la ley).
taulat *m* ***1*** tablado. ***2*** *agr* tabla (*f*) (cuadro de tierra).
taulell *m* mostrador, tablero.
tauler *m* ***1*** tablero. ***2*** tablón, tablero (de anuncios).
tauleta *f* tableta, tablilla, pastilla.
tauló *m* tablón.
Taure *m astron* Tauro.
taurí, ina *a* taurino.
tauró *m ictiol* tiburón (en general).
taüt *m* ataúd, caja (*f*), féretro.
tàvec *m entom* tábano (*gén Tabanus*).
tàvega *f* mazmorra.
tavella *f* ***1*** vaina (de legumbres). ***2*** tabla (en un vestido).
taverna *f* taberna, bodega, bodegón (*m*), tasca.
taxa *f* tasa.
taxació *f* tasación.
taxar *v tr* ***1*** tasar, tallar. ***2*** *V* **tatxar** 2.
taxatiu, iva *a* taxativo.
taxi *m* taxi.
te *m* ***1*** *bot* té (*Camella sinensis*). ***2*** té (sus hojas; la infusión; reunión en que se toma).
te *pron* te (forma del acusativo-dativo del *pron* personal de segunda persona cuando, no siguiéndolo **hi** u **ho**, se halla inmediatamente detrás de verbo acabado en consonante o "u", o ante un *pron* débil).
teatral *a* teatral.
teatre *m* teatro.
tebi, tèbia *a* tibio, templado.
tebiesa *f*, **tebior** *f* tibieza.
tec *m* comilona (*f*).
teca *f fam* manduca.
tecla *f* tecla.
teclat *m* teclado.
teclejar *v intr* teclear.
tècnic, a *a* y *s* técnico. || *f* técnica.
tecnologia *f* tecnología.
tedi *m* tedio, hastío.
teia *f* ***1*** tea, hacho (*m*). ***2*** antorcha.
teixir *v tr* tejer.
teixit *m* tejido.
teixó *m zool* tejón (*gén Meles*).
tel *m* ***1*** *anat* tela (*f*), membrana (*f*). ***2*** capa finísima, película (*f*). ***3*** tela (*f*) (de un líquido). || **t. de la llengua** *anat* frenillo (de la lengua). || **t. del prepuci** *anat* frenillo.
tela *f* ***1*** tela (tejido). ***2*** lienzo (*m*) (pintura). ***3*** tela (de pesca). ***4*** *V* **teranyina**.
telecabina *m* telecabina (*f*).
telecadira *m* telesilla.
telecomandament *m* telemando.
telecomunicació *f* telecomunicación.
teleespectador, a *a* y *s* telespectador, televidente.
teleesquí *m* telesquí.
telefax *m* telefax, fax.
telefèric, a *a* y *m* teleférico.
telefilm *m* telefilme.
telèfon *m* teléfono. || **cop de t.** telefonazo.
telefonada *f* telefonazo (*m*), llamada.
telefonar *v tr* telefonear.
telefonia *f* telefonía.
telègraf *m* telégrafo.
telegrafiar *v tr* telegrafiar.
telegrama *m* telegrama.
teler *m* telar.
telescopi *m* telescopio.
telesella *f V* **telecadira**.
telesèrie *f* culebrón (*m*).
televident *a* y *s* televidente.
televisió *f* televisión.
televisor *m* televisor.
tell *m bot V* **til·ler**.
teló *m* telón.
tema *m* tema.
temari *m* temario.
temença *f V* **temor**.
témer *v tr* temer, tener miedo de. || *v intr* temer.
temerari, ària *a* y *s* temerario.
temeritat *f* temeridad.
temible *a* temible, temeroso.
temor *s* temor (*m*).
temorenc, a *a* miedoso.
tempanell *m* tabique.
temperament *m* temperamento.
temperància *f* templanza, temperancia (moderación).
temperar *v tr* ***1*** temperar. ***2*** templar.

temperat, ada *a* templado.
temperatura *f* temperatura.
temperi *m* ***1*** temporal, mal tiempo. ***2*** *V* **tempesta**.
tempesta *f*, **tempestat** *f* tempestad, temporal (*m*), tormenta.
templa *f anat* sien.
temple *m* templo.
templet *m arq* templete.
temporada *f* temporada.
temporal *a* temporal. || *m* ***1*** *V* **tempesta**. ***2*** *anat* temporal (hueso).
temporer, a *a* y *s* temporero.
temprança *f* templanza, temperancia (virtud cardinal).
temprar *v tr mús V* **trempar** 2.
tempre *m V* **tremp** 1.
temps *m* tiempo. || **ser-hi a t.** llegar a tiempo.
temptació *f* tentación.
temptador, a *a* y *s* tentador.
temptar *v tr* ***1*** tentar (poner a prueba). ***2*** tentar (intentar). ***3*** tentar (inducir).
temptativa *f* tentativa.
tempteig *m* tanteo (acción y efecto).
temptejar *v tr* tantear (medir, explorar, examinar).
tenaç *a* tenaz.
tenacitat *f* ***1*** tenacidad. ***2*** *fig* tesón (*m*).
tenalla *f* ***1*** tinaja. ***2*** tenaza (de una fortificación) || *f pl* tenazas, tenaza (*sing*) (herramienta).
tenda *f* ***1*** tienda (de campaña). ***2*** tienda, colmado (*m*).
tendal *m* toldo.
tendència *f* tendencia.
tendenciós, osa *a* tendencioso.
tender, a *s* tendero.
tendir *v intr* tender, propender.
tendó *m anat* tendón.
tendral *a* tierno (*esp* algo comestible).
tendre, ra *a* tierno.
tendresa *f* ternura, terneza.
tendror *f* ternura (calidad).
tendrum *m anat* ternilla (*f*), cartílago.
tenebra *f* tiniebla (obscuridad).
tenebrós, osa *a* tenebroso.
tènia *f* ***1*** *zool* tenia, solitària (*gén Taenia*). ***2*** *anat* tenia.
tenidor, a *s* tenedor (que tiene).
tenidoria *f* teneduría.
tenir *v tr* ***1*** tener. ***2*** tener (sujetar). || **t. lloc** tener lugar. || *v pron* tenerse.
tens, a *a* tenso, tirante.
tensió *f* tensión.
tensor, a *a* y *m* tensor.
tentacle *m anat* tentáculo.
tentinejar *v intr* ***1*** hacer pinitos. ***2*** tambalear.
tentines *f pl* ***1*** pinitos (*m*), primeros pasos (*m*). ***2*** tambaleo (*m sing*).
tènue *a* tenue.
tenyir *v tr* y *pron* teñir, tintar
teologia *f filos* teología.
teorema *m* teorema.
teoria *f* teoría.
teòric, a *a* y *s* teórico. || *f* teórica.
teoritzar *v intr* teorizar.
tequila *m* tequila (*f*) (bebida).
teranyina *f* telaraña, tela de araña.
terapèutic, a *a med* terapéutico. || *f med* terapéutica.
teràpia *f med* terapia.
tèrbol, a *a* turbio, turbulento.
terbolí *m* torbellino, remolino.
terç, a *a V* **tercer**. || *m* tercio.
terçament *adv V* **tercerament**.
tercejar *v tr* terciar (dividir en tres partes). || *v intr V* **tercerejar**.
tercer, a *a* y *m* tercero.
tercerament *adv* terceramente, en tercer lugar.
tercerejar *v intr* terciar (mediar).
tercet *m* terceto, trío.
tergal *m* tergal (tejido).
tergiversació *f* tergiversación.
tergiversar *v tr* tergiversar.
termal *a* termal.
terme *m* ***1*** término, linde. ***2*** *V* **termini**. ***3*** término (tiempo indeterminado). ***4*** término (en lógica). ***5*** *mat* término. || *m pl* términos (condiciones, circunstancias, etc.). || **t. mitjà** término medio.
termenal *m* término, linde.
termenar *v tr* ***1*** alindar, deslindar (poner lindes). ***2*** *fig* delimitar.
termenejar *v intr* lindar, alindar.
tèrmic, a *a* térmico.
terminació *f* terminación.
terminar *v tr* e *intr* terminar.
termini *m* plazo, término.
tèrmits *m pl entom* termites, termitas.
termòmetre *m* termómetro.
termòstat *m* termostato.
tern *m* ***1*** terno. ***2*** terna (*f*) (en el juego).
terna *f* terna.
terra *f* ***1*** Tierra. ***2*** tierra, suelo (*m*).
terrabastada *f* ***1*** chubasco (*m*). ***2*** *fig* turbión (multitud de cosas que sobrevienen juntas).
terrabastall *m* ***1*** estrépito, estruendo, fragor. ***2*** fracaso (caída estrepitosa). ***3*** altillo.
terramper *m agr* erial.
terraplè *m* terraplén.
terraqüi, àqüia *a* terráqueo.
terrassa *f* terraza.
terrat *m* azotea (*f*), terrado, terraza (*f*).
terratinent *s* terrateniente.
terratrèmol *m geog* terremoto, temblor de tierra.
terregada *f* ***1*** *fig* lo menos bueno de un conjunto de cosas. ***2*** *fig* escoria (gente).
terrella *f agr V* **terramper**.
terrenal *a* terrenal, terreno.
terrenc, a *a* terroso (de la naturaleza de la tierra).
terreny *m* terreno.
terrer *m* terruño (tierra).
terrestre *a* y *s* terrestre, terreno.
terrible *a* terrible.
terrífic, a *a V* **terrorífic**.
terrina *f* tarro (*m*).
terrissa *f* barro (*m*) cocido.
terrisseria *f* alfarería.
territori *m* territorio.

terror *s* terror (*m*).
terrorífic, a *a* terrorífico, terrífico, aterrador.
terrorisme *m* terrorismo.
terroritzar *v tr* aterrorizar, aterrar.
terròs *m* ***1*** terrón (de tierra, azúcar, etc.). ***2*** *V* **terrer**.
terrós, osa *a* ***1*** *V* **terrenc**. ***2*** terroso (con mezcla de tierra). ***3*** pardo (de color). || **de boca terrosa** de bruces.
tertúlia *f* tertulia.
tes, a *a* tieso.
tesar *v tr* atiesar.
tesi *f* tesis. || **t. doctoral** tesis doctoral.
tessitura *f* tesitura.
test *m* ***1*** tiesto. ***2*** casco (pedazo). ***3*** maceta (*f*), tiesto (para plantas).
test *m* test.
test, a *a* tieso.
testa *f* cabeza, testa.
testaferro *s* testaferro.
testament *m* testamento.
testar *v intr jur* testar, hacer testamento.
testarrada *f fam* testarada, testarazo (*m*), morrada.
testavirar *v tr fam* trastornar, hacer perder el juicio.
testicle *m anat* testículo, turma (*f*), cojón (*vulg*).
testificar *v tr* ***1*** testificar. ***2*** *jur* atestar.
testimoni *s* testigo (persona). || *m* testigo (en una carrera).
testimoniança *f* testimonio (*m*) (prueba, expresión).
testimoniar *v tr* testimoniar, atestiguar.
testimoniatge *m* ***1*** testimonio (declaración). ***2*** *V* **testimoniança**.
testimoniejar *v tr V* **testimoniar**.
teta *f* ***1*** *fam* tata (niñera, hermana). ***2*** *anat* teta.
tètan *m*, **tètanus** *m med* tétanos, tétano.
tetera *f* tetera.
tetina *f* tetilla, tetina (de biberón).
tètric, a *a* tétrico.
teu, teva *a*, **teua** *a* tuyo.
teula *f* teja.
teulada *f*, **teulat** *m* tejado (*m*).
teuleria *f* tejar (*m*).
text *m* texto.
tèxtil *a* y *m* textil.
textual *a* textual.
textura *f* textura.
tia *f* tía.
tibant *a V* **tens**.
tibantor *f* tirantez.
tibar *v tr* ***1*** atirantar, atiesar. ***2*** estirar. || *v intr* estar tirante.
tibat, ada *a* ***1*** estirado. ***2*** tenso, tirante.
tiberi *m fam* festín, comilona (*f*).
tibetà, ana *a* y *s* tibetano.
tíbia *f anat* tibia.
tic *m med* tic, tic nervioso.
tic-tac *m onomat* tic-tac.
tifarada *f V* **tova** 2.
tifó *m* tifón.
tifoide *a med* tifoideo.
tifus *m med* tifus.
tigre *m zool* tigre (*Felis tigris*).
tija *f* ***1*** *bot* tallo (*m*). ***2*** varilla. ***3*** astil (*m*). ***4*** asta. ***5*** tija.
til·la *f* tila (flor; infusión).
til·ler *m bot* tilo (*gén Tilia*).
timba *f* ***1*** precipicio (*m*), despeñadero (*m*). ***2*** timba (partida).
timbal *m mús* tambor, caja (*f*).
timbaler, a *s mús* tambor (persona).
timbarro *m* zoquete, tarugo (de pan).
timbera *f* ***1*** *V* **timba** 1. ***2*** riscal (*m*).
timbrar *v tr* timbrar.
timbre *m* ***1*** timbre. ***2*** timbre, sello.
tímid, a *a* tímido.
timidesa *f*, **timiditat** *f* timidez.
timó *m* ***1*** *náut* timón. ***2*** *agr* timón (de arado). ***3*** timón, lanza (*f*) (de carro).
timoner *s* timonel.
timpà *m* ***1*** *arq* tímpano. ***2*** *anat* tímpano, tambor (de la oreja).
tina *f* ***1*** cubo (*m*). ***2*** tina.
tinença *f* ***1*** tenencia (posesión). ***2*** cabida (de un receptáculo).
tinència *f* tenencia (cargo y oficina).
tinent *a* teniente (que tiene o posee). || *s* ***1*** *V* **tenidor**. ***2*** *mil* teniente.
tinguda *f* ***1*** *V* **tinença** 2. ***2*** sesión. ***3*** *V* **tenidoria**.
tint *m* tinte.
tinta *f* tinta.
tintada *f* tintada.
tintar *v tr* ***1*** entintar. ***2*** *V* **tenyir**.
tinter *m* tintero.
tintinabulació *f* tilín (*m*).
tintorera *f ictiol* tintorera (*Prionace glauca*).
tintoreria *f* tintorería.
tintura *f* tintura.
tinya *f* ***1*** *med* tiña. ***2*** *entom* polilla (*Tinea pellionella*).
tinyar *v tr* apolillar.
tinyós, osa *a med* tiñoso.
tió *m* tizón.
tip, a *a* harto, repleto. || *m* hartazgo, hartazón, tripada (*f*).
típic, a *a* típico.
tiple *f mús* tiple.
tipografia *f* tipografía.
tipologia *f* tipología.
tipus *m* tipo.
tiquet *m* ticket.
tir *m* ***1*** tiro, disparo. ***2*** tiro (alcance). ***3*** tiro (cantidad de munición). ***4*** tiro (lugar para ejercitarse). ***5*** tiro (conjunto de caballerías). ***6*** tiro (longitud de una pieza de ropa, etc.). ***7*** tiro (dirección, trayectoria).
tira *f* ***1*** tira. ***2*** hilera. ***3*** *agr* liño (*m*). ***4*** *náut* tira.
tirà, ana *s* tirano.
tirabuixó *m* ***1*** tirabuzón. ***2*** sacacorchos, descorchador.
tirada *f* ***1*** tirada, tiro (*m*) (acción). ***2*** trago (*m*). ***3*** tirón (*m*). ***4*** tirada (extensión, longitud). ***5*** querencia. ***6*** apego (*m*). ***7*** trecho (*m*). ***8*** tirada (serie). ***9*** tanda (tiempo). || **d'una t.** de un tirón.
tirador *m* ***1*** tirador (instrumento). ***2*** tirador (arma).

tirallonga *f 1* retahíla. *2 fig* sarta.
tirania *f* tiranía.
tirant *m* tirante.
tirany *m* sendero, senda (*f*).
tirar *v tr 1* tirar (hacer fuerza de tracción). *2* tirar (atraer). *3* tirar (una línea, una raya, etc.). *4* tener (una tela, un papel) una longitud determinada. *5 impr* tirar, imprimir. *6* tirar (transportar, desplazar). *7* tirar, echar, arrojar, lanzar. *8* derribar. *9* tirar, disparar. *10* tirar (en el juego). || *v intr* tirar (una conducción; una pipa, etc.). || *v pron 1* tirarse, arrojarse. *2* echarse. || **t. de veta** tirar de (o por) largo.
tirat *m 1* trazado (de una línea, de un camino). *2* aire, pinta (*f*) (aspecto). *3 V* **tirada** 5. *4* rasgo.
tiratge *m 1* tiro (corriente de aire). *2 impr* tirada (*f*), impresión (*f*).
tirella *f* tirilla (*esp* de ropa).
tireta *f 1* tirilla (tira estrecha). *2 med* tirita.
tiroteig *m* tiroteo.
tirotejar *v tr* tirotear.
tírria *f* tirria, ojeriza, hincha.
tisana *f med* tisana.
tisi *f med* tisis.
tísic, a *a* y *s med* tísico.
tisora *f* cada una de las hojas de unas tijeras. || *f pl* tijeras, tijera (*sing*).
tisoreta *f entom* tijereta (*gén Fornicula*).
tissatge *m* textura (*f*) (operación de tejer).
tita *f 1* en lenguaje infantil, gallina. *2 anat vulg V* **titola**.
tità *m* titán.
titani *m quím* titanio.
titella *m 1* títere, polichinela. *2 fig* títere.
titellaire *s* titiritero.
titil·lar *v intr* titilar.
titlla *f gram* tilde.
titllar *v tr gram* tildar, atildar (poner tilde).
titllet *m gram V* **titlla**.
títol *m* título.
titola *f anat fam* picha, polla.
titot *m ornit* pavo (*Meleagris gallopavo*).
titubar *v intr* titubear (dudar).
titubeig *m* titubeo (duda).
titulació *f* titulación.
titular *v tr* titular.
titular *a* y *s* titular.
to *m* tono.
tobogan *m* tobogán.
toc *m* toque.
toca *f* toca.
tocadiscs *m*, **tocadiscos** *m* tocadiscos.
tocador *m 1* tocador (mueble, aposento). *2 mús* palillo, palote.
tocament *m* tocamiento, toque.
tocant *a* tocante. || **t. a** *loc prep 1* tocante a, acerca de. *2* junto a.
tocar *v tr 1* tocar (ejercer el sentido del tacto). *2 fig* tocar (conocer por experiencia). *3 fig* tocar (tratar ligeramente). *4* tocar (llegar el momento). *5* tañer. *6* tocar (corresponder, pertenecer). *7* tocar, sonar. || *v intr* dar (un reloj, una campana). || *v pron* chalarse, chiflarse, alelarse.
tocat, ada *a 1 fam* tocado. *2 fig* mirado, remirado. || **t. del cap** (o **de l'ala**, o **del bolet**) *V* **tocat** 1. || **t. i posat** *V* **tocat** 2.
tocatardà, ana *a* y *s* tardón.
tocoginecologia *f med* tocoginecología.
tocologia *f med* tocología.
tofa *f 1* espesura, mata (de pelo). *2* copo (*m*) (de filamentos, de nieve).
tofenc, a *a* fofo.
tòfona *f bot* trufa (*gén Tuber*).
tofut, uda *a* tupido, espeso (de follaje o maleza).
toga *f* toga.
toia *f* ramo (*m*).
toix, a *a 1* chato. *2 fig* tocho, torpe, zopenco.
toixarrut, uda *a* tosco.
toixó *m zool V* **teixó**.
toldre *v tr V* **treure** 2.
tolerància *f* tolerancia.
tolerar *v tr* tolerar.
tolidura *f med* tullimiento (*m*).
tolir-se *v pron* tullirse, baldarse, entullecer (*intr*).
toll *m* charco.
tolla *f* charca.
tom *m* tomo.
tomaca *f bot V* **tomàquet**.
tomaquera *f bot* tomatera (*Solanum lycopersicum*).
tomàquet *m bot* tomate (fruto).
tomar *v tr 1* tomar, coger (al vuelo). *2* en algunas comarcas, *V* **tombar** 2.
tomata *f*, **tomàtec** *m*, **tomàtic** *m bot V* **tomàquet**.
tomb *m 1* vuelta (*f*), giro. *2* tumbo. *3* paseo corto. || **venir a tomb** venir a cuento. || **fer un t. el cor** dar un vuelco el corazón.
tomba *f* tumba, sepulcro (*m*), sepultura.
tombada *f 1* vuelta, giro (*m*). *2* cambio (*m*). *3* vuelco (*m*), volcadura.
tomballar *v intr*, **tomballejar** *v intr* trompicar.
tombant *m* recodo, vuelta (*f*).
tombar *v tr 1* tumbar. *2* volcar. *3* volver. || *v intr 1* doblar. *2* cambiar (una opinión; el tiempo). || *v pron* tumbarse.
tombarella *f* voltereta.
tómbola *f* tómbola.
ton *a* tu (forma masculina; sólo se emplea atributivamente y antepuesto al nombre).
tona *f* tonelada (1.000 kg).
tonada *f mús* tonada.
tonalitat *f* tonalidad.
tonatge *m* tonelaje.
tondosar *v tr* tundir.
tondre *v tr 1* tundir. *2* tonsurar, trasquilar, esquilar.
tonell *m* tonel (recipiente).
tongada *f* tanda, racha (serie de hechos análogos).
tònic, a *a* y *m* tónico. || *f mús* tónica.
tonificant *a* y *m* tonificante.
tonificar *v tr* tonificar.
tonsurar *v tr* tonsurar (al que recibe órdenes).
tonyina *f ictiol* atún (*Thunnus thynnus*).
topada *f 1* topetón (*m*), tope (*m*). *2 V* **topament**. *3* choque (*m*)

topadís, issa *a V* **trobadís**.
topall *m* tope (pieza).
topament *m* choque.
topants *m pl* ***1*** andurriales. ***2*** rincones.
topar *v tr* topar (tropezar). || *v intr* ***1*** topar, chocar. ***2*** topar, encontrar.
topazi *m* topacio.
tòpic, a *a* y *m med* tópico. || *m* tópico.
topografia *f* topografía.
topònim *m* topónimo.
toponímia *f* toponimia.
toquejar *v tr* sobar.
tòrax *m anat* tórax.
torb *m* ***1*** ventisca (*f*), ventisquero. ***2*** barullo, belén.
torba *f* turba (combustible).
torba *f*, **torbació** *m*, **torbament** *m* turbación (*f*), turbamiento (*m*).
torbar *v tr* ***1*** turbar. ***2*** azorar. || *v pron* ***1*** tardar (*intr*). ***2*** turbarse.
torcaboques *m V* **tovalló**.
torçada *f* torcedura, torcimiento (*m*), torsión.
torçar *v tr*, *intr* y *pron* torcer.
torcedura *f V* **torçada**.
torcejar *v intr* alabearse (*pron*), bornearse (*pron*), combarse (*pron*), estar torcido.
torcement *m V* **torçada**.
tòrcer *v tr*, *intr* y *pron V* **torçar**.
torçó *m med* torcijón, retortijón.
tord *m ornit* tordo (*Turdus philomelos*).
torn *m* ***1*** torno (máquina). ***2*** torno (de pared). ***3*** turno, tanda (*f*). || **al seu t.** a su vez.
torna *f* contrapeso (*m*). || *f pl* tornas. || **fer t.** cundir.
tornada *f* ***1*** regreso (*m*), tornada, torna, vuelta, retorno (*m*). ***2*** tornada, estribillo (*m*).
tornado *m* tornado (viento violento).
tornall *m agr* vuelta (*f*) (de un surco).
tornar *v tr* devolver, tornar. || *v intr* ***1*** tornar, volver. ***2*** *fig* repetir (el gusto de una comida). ***3*** tornar, volver (a hacer). || *v pron* tornar (*tr*), volverse. || **tornar-s'hi** contestar a un golpe, un ataque, etc.
tornassol *m* tornasol (reflejos).
tornavís *m* destornillador.
torneig *m*, **tornejament** *m* torneo.
torniol *m* torno (espiral de humo o de otro fluido).
torniquet *m* torniquete.
toro *m zool* toro (*Bos taurus*).
torpede *m mil* torpedo.
torpedinament *m* torpedeamiento.
torpedinar *v tr mil* torpedear.
torpor *f med* torpor (*m*).
torrada *f* tostada.
torrador *f* tostador (*m*), tostadero (*m*).
torrapà *m* tostador (para pan).
torrar *v tr* ***1*** tostar (en el fuego). ***2*** tostar (curtir). || *v pron* tostarse.
torratxa *f V* **torreta** 1.
torre *f* ***1*** *arq* torre. ***2*** torre, roque (*m*) (de ajedrez). ***3*** torre (de navío). ***4*** quinta, quintana, villa, chalet (*m*), chalé (*m*).
torrefacció *f* torrefacción.
torrencial *a* torrencial.
torrent *m* ***1*** torrente. ***2*** torrentera (*f*).
torrentada *f* torrentada, crecida (*m*) de un torrente.
torrental *m*, **torrentera** *f V* **torrent** 2.
torreta *f* ***1*** torrejón (*m*). ***2*** *V* **test** 3.
tòrrid, a *a* tórrido.
torró *m* turrón.
tors *m* torso.
torsió *f* ***1*** *V* **torçada**. ***2*** torsión (deformación).
tort *m* ***1*** tuerto (daño, agravio). ***2*** entuerto. ***3*** trastada (*f*).
tort, a *a* torcido.
torta *f* ***1*** *V* **torçada**. ***2*** recodo (*m*), torno (*m*). ***3*** rodeo (*m*).
tortejar *v intr* ***1*** formar revueltas. ***2*** alabearse (*pron*), combarse (*pron*), bornearse (*pron*).
torterol *m* espiral (*f*) (de viento, de humo, etc.).
torticoli *m med* tortícolis (o *m*).
tórtora *f ornit* tórtola (*Streptopelia turtur*).
tortuga *f zool* tortuga.
tortuós, osa *a* tortuoso.
tortuositat *f* tortuosidad.
tortura *f* tortura.
torturar *v tr* y *pron* torturar.
torxa *f* antorcha, hacha.
tos *m anat* occipucio.
tos *f med* tos.
tosc, a *a* tosco.
tosca *f med* sarro (*m*) (de los dientes).
tosquedat *f* tosquedad, torpeza.
tosquirar *v tr V* **tondre** 2.
tossa *f* bulto (*m*).
tossada *f* topetada, topetazo (*m*), topada, topetón (*m*).
tossal *m geog* loma (*f*).
tossir *v intr* toser.
tossut, uda *a* tozudo, terco, testarudo.
tost *adv* pronto.
tostemps *adv* siempre.
tòt *m* boca (*f*) (de botijo).
tot, a *a* ***1*** todo (sin excluir nada). ***2*** todo (colectivo partitivo). ***3*** del todo. || *m* todo. || *pron* todo. || *adv* todo. || **així i t.** así y todo; aun así. || **amb t.** con todo. || **amb t. això** a todo esto. || **del t.** del todo. || **fins i t.** aun. || **i t.** y todo. || **no ser-hi tot** no estar en sus cabales. || **t. i que** aunque. || **t. just** apenas. || **tots els altres** demás, los demás.
total *a* y *m* total.
totalitari, ària *a* totalitario.
totalitat *f* totalidad.
totalitzar *v tr* totalizar.
tòtem *m* tótem.
tothom *pron* todo el mundo.
tothora *adv V* **tostemps**.
tòtil, a *s* pasmón, babieca. || *m zool* sapo, escuerzo (*Bufo vulgaris*).
totpoderós, osa *a* y *s* todopoderoso.
totxo, txa *a* y *s V* **toix** 2. || *m* ***1*** ladrillo grueso. ***2*** tranca (*f*).
tou, tova *a* ***1*** blando. ***2*** mullido, muelle. ***3*** blandengue. || *m* ***1*** mullido. ***2*** *anat* molledo. ***3*** *anat* pantorrilla (*f*).

tova *f 1* adobe (*m*). *2* cagada.
tovalla *f pl* mantel (*m sing*).
tovalló *m* servilleta (*f*).
tovallola *f* toalla.
tovor *f 1* blandura. *2* molicie.
tòxic, a *a* y *m* tóxico.
toxicitat *f* toxicidad.
toxina *f biol* toxina.
trabuc *m 1* trabuco (arma). *2 V* **carro de t.** || **carro de t.** volquete.
trabucar *v tr* trabucar. || *v pron* trabucarse (palabras o letras).
traç *m* trazo.
traca *f* traca.
traça *f 1* traza (plan). *2* traza (recurso, habilidad). *3* maña. *4* huella, rastro (*m*).
traçar *v tr* trazar.
traçat *m* trazado.
tracció *f* tracción.
tractament *m 1* tratamiento, trato (de cortesía). *2 med* tratamiento.
tractar *v tr*, *intr* y *pron* tratar.
tractat *m* tratado.
tracte *m* trato.
tractejar *v intr* tratar (tener tratos).
tractor *m* tractor.
traçut, uda *a* mañoso.
tradició *f* tradición.
tradicional *a* tradicional.
traducció *f* traducción.
traductor, a *s* traductor.
traduir *v tr* traducir.
tràfec *m 1 V* **trafegament**. *2* tráfago.
trafegament *m* trasiego.
trafegar *v tr* trasegar.
tràfic *m 1* tráfico. *2* trata (*f*) (de esclavos, etc).
trafica *f* manejo (*m*) (turbio).
traficant *s* traficante.
traficar *v intr*, **trafiquejar** *v intr* traficar, trafagar.
tragèdia *f* tragedia.
tragí *m* trajín.
tràgic, a *a* y *s* trágico.
traginada *f* porteo (*m*), porte (*m*).
traginar *v tr* acarrear, trajinar, portear.
traginer, a *s* arriero, trajinante, trajinero.
tragirar *v tr V* **trastornar**.
tragit *m* arcada (*f*) (de náuseas).
trago *m* trago.
traïció *f* traición (delito).
traïda *f 1 V* **traïció**. *2 V* **traïment**.
traïdor, a *a* y *s* traidor, aleve.
traïdoria *f jur* alevosia.
tràiler *m 1* tráiler, trailer (cine). *2* tráiler, trailer (camión).
traïment *m* traición (*f*) (acción).
trair *v tr* traicionar.
trajecte *m* trayecto.
trajectòria *f* trayectoria.
tram *m 1* tramo (de escalera). *2* tramo (parte, sección).
trama *f* trama.
tramada *f V* **trespol**.
tramar *v tr* tramar.
tramesa *f 1* envío (*m*), enviada. *2* remesa.
trametre *v tr* enviar, mandar.
tràmit *m 1* trámite. *2 fig* papeleo.
tramitació *f* tramitación.
tramitar *v tr* tramitar.
tramoia *f* tramoya.
trampa *f 1* trampa (para cazar, en el juego). *2 fig* trampa, asechanza.
trampejar *v tr* trampear. || *v intr* hacer trampas.
trampista *a* y *s V* **trampós** 1.
tràmpol *m 1* ventolera (*f*). *2 fig V* **tràngol**.
trampolí *m* trampolín.
trampós, osa *a* y *s 1* tramposo. *2* tramposo, fullero.
tramuntana *f* tramontana (viento).
tramvia *m* tranvía.
tranc *m V* **tarannà**.
tràngol *m fig* trance.
tranquil, il·la *a* tranquilo.
tranquil·litat *f* tranquilidad.
tranquil·litzar *v tr* y *pron* tranquilizar.
transacció *f* transacción.
transatlàntic, a *a* y *m* transatlántico, trasatlántico.
transbord *m* transbordo, trasbordo.
transbordador, a *a* y *m* transbordador.
transcendència *f* trascendencia, transcendencia.
transcendir *v intr* trascender.
transcontinental *a* y *m* transcontinental.
transcórrer *v intr* transcurrir.
transcripció *f* transcripción.
transcriure *v tr* transcribir.
transcurs *m* transcurso.
transeünt *a* transeúnte. || *s 1* pasante. *2* peatón, transeúnte.
transferència *f* transferencia.
transferir *v tr* transferir.
transformació *f* transformación.
transformar *v tr* y *pron* transformar.
trànsfuga *s* tránsfuga, tránsfugo.
transfusió *f* transfusión.
transgredir *v tr* transgredir.
transgressió *f* transgresión.
transició *f* transición.
transigència *f* transigencia.
transigir *v intr* transigir.
transir *v intr* morir.
transistor *m* transistor (aparato de radio).
trànsit *m 1* tránsito, tráfico. *2* tránsito (muerte). *3* trance.
transitar *v intr* transitar.
transitiu, iva *a* y *m gram* transitivo.
transitori, òria *a* transitorio.
translació *f* traslación.
translúcid, a *a* translúcido.
transmetre *v tr* y *pron* transmitir.
transmissió *f* transmisión.
transmissor, a *a* y *s* transmisor. || *m* transmisor (aparato).
transoceànic, a *a* transoceánico.
transparència *f* transparencia.
transparent *a* y *m* transparente.
transparentar *v tr* y *pron* transparentar.

transpiració *f* transpiración.
transpirar *v intr* transpirar.
transport *m 1* transporte, transportamiento, transportación (*f*) (acción). *2* transporte (embarcación). *3* transporte, transportamiento (del ánimo).
transportació *f V* **transport** 1.
transportament *m V* **transport** 1 y 3.
transportar *v tr* y *pron* transportar.
transposar *v tr* transponer, trasponer.
transsexual *a* y *s* transexual.
transsumpte *m* trasunto.
transvers, a *a V* **travesser**.
transversal *a* transversal, trasversal.
tranuitar *v intr 1* trasnochar (velar). *2* trasnochar.
trapa *f* trampa.
trapella *s* trapacista, trapacero.
trapelleria *f* trapaza, trapacería.
trapezi *m* trapecio.
trapezoide *m anat geom* trapezoide.
tràquea *f anat* tráquea.
trasbals *m 1 V* **trafegament**. *2 fig* trastorno.
trasbalsar *v tr 1 V* **trafegar**. *2 fig* trasegar.
de trascantó *loc adv* de sopetón, de improviso.
trascolar *v tr fig fam* empinar (beure molt).
traslladar *v tr* trasladar.
trasllat *m* traslado.
traslluir-se *v pron* traslucirse.
traspaperar *v tr* y *pron* traspapelar.
traspàs *m* traspaso. || **any de t.** año bisiesto.
traspassar *v tr* traspasar.
trasplantació *f*, **trasplantament** *m agr med* trasplante (*m*).
trasplantar *v tr 1 agr* trasplantar, transponer. *2 med* trasplantar.
traspuar *v tr 1* rezumar (un cuerpo, una vasija, un líquido). *2* trazumarse (*pron*) (un líquido).
traspuntar *v intr* despuntar, asomar.
traspunxar *v tr* traspasar (con punzón, espada, etc.).
trast *m 1 mús* traste (de guitarra, etc.). *2* trasto, cacharro. *3 fig* trasto (persona inútil). || **de t. en t.** de trecho en trecho.
trastejar *v intr* trastear.
traster *m* trastero (habitación).
trastets *m pl* trastos, enseres, enredos.
trasto *m fam V* **trast** 2 y 3.
trastocament *m med* trastorno (mental).
trastocar *v tr* trastornar (la razón). || *v pron* trastocarse.
trastorn *m 1* trastorno (alteración, confusión). *2 med V* **trastocament**.
trastornar *v tr* y *pron* trastornar (alterar, confundir).
trasviar *v tr* desviar.
trau *m* ojal.
traüll *m V* **tràfec** 2.
trauma *m* trauma.
traumatisme *m med* traumatismo.
traumatitzar *v tr* traumatizar.
traure *v tr V* **treure**.
trava *f 1* traba (de una caballería). *2* traba (de un carro). *3 V* **traveta** 1. *4 fig* traba (obstáculo).
travada *f 1* trabadura, trabamiento (*m*), traba. *2* trabazón.
travar *v tr 1* trabar (poner trabas). *2* trabar (unir). *3* apear (un caballo). || *v pron* travarse.
través *m 1* grueso o ancho de una cosa en sentido perpendicular a su longitud. *2* través (inclinación). *3 fig* través (dificultad). || **a t.** (**de**) a través (de). || **de t.** de través.
travessa *f 1* traviesa (de techo, de ferrocarril). *2* traviesa, quiniela (apuesta).
travessada *f* travesía, traviesa, cruce (*m*), cruzamiento (*m*).
travessar *v tr 1* atravesar, cruzar, pasar. *2* atravesar (apostar).
travesser, a *a* transverso, travesero. || *m 1* travesaño (pieza). *2* travesaño, travesero (almohada larga).
travessera *f 1* travesía (de una carretera por una población). *2* travesía (camino transversal). *3* carrera (calle que fue camino).
travessia *f 1* travesía (calle transversal). *2 V* **travessada**.
travessós, osa *a* dificultoso (lleno de obstáculos).
traveta *f 1* trabilla. *2* zancadilla, traspié (*m*). *3 fig* zancadilla (obstáculo).
treball *m 1* trabajo, labor (*f*) (acción y efecto). *2* trabajo, tarea (*f*) (cosa hecha). *3* trabajo (de una máquina). *4 fís* trabajo. *5 fig* patatús. || *m pl* trabajos (penalidades, miserias).
treballador, a *a* y *s* trabajador.
treballar *v tr 1* trabajar (una viga, una cuerda, una pared). *2* trabajar (un asunto). || *v intr 1* trabajar (ocuparse en cualquier obra o ejercicio). *2* trabajar (producir).
treballat, ada *a* trabajado.
treballós, osa *a* trabajoso.
trebinella *f* barrena.
tremebund, a *a* tremebundo.
tremend, a *a* tremendo.
trémer *v intr*, **tremir** *v intr V* **tremolar** 1.
tremolar *v intr 1* temblar, tremer. *2 fig* temblar, con gran temor. *3* tiritar, titiritar. *4* titiritar (de miedo).
tremolenc, a *a V* **tremolós**.
tremolor *s 1* temblor (*m*), tremor (*m*). *2* tembleque (*m*).
tremolós, osa *a* tembloroso, tembloso, trémulo.
tremor *s V* **tremolor** 1.
tremp *m 1* templadura (*f*). *2* temple (de un metal, del vidrio, etc.). *3* plumilla (*f*).
trempar *v tr 1* templar (el metal, el vidrio, etc.). *2 mús* templar. *3 fam* ponérsele tieso (el pene).
trempat, ada *a* campechano (simpático).
trempera *f fam* erección.
trèmul, a *a V* **tremolós**.
tren *m* tren.
trena *f* trenza.
trenar *v tr* trenzar.
trenat *m* trenzado.
trenc *m 1* descalabradura (*f*). *2* costurón, chirlo. *3* torna (*f*) (de una reguera). *4* rotura (*f*), rompimiento. *5* brecha (*f*) (en la cabeza).
trenca *f* revuelta.

trencacaps *m* quebradero de cabeza, rompecabezas.
trencaclosques *m* rompecabezas, puzzle (juego).
trencada *f* rotura.
trencadissa *f* estropicio (*m*).
trencadura *f* ***1*** *V* **trencament**. ***2*** *med* hernia.
trencaglaç *m* *náut* rompehielos.
trencament *m* rompedura (*f*), rompimiento, rotura (*f*).
trencant *m* rompiente.
trencar *v tr* ***1*** romper, quebrar. ***2*** cascar (una vasija). ***3*** cascar (una nuez, un huevo). ***4*** *fig* romper, quebrantar. || *v pron med* quebrarse, relajarse, contraer una hernia. || **trencar-se (de riure)** desternillarse, troncharse de risa.
trencat, ada *a* roto.
trenta *a* y *m* treinta.
trenyella *f* trencilla.
trepa *f fig* pandilla.
trepar *v tr* ***1*** taladrar, trepar. ***2*** trepar (la ropa).
trepat *m* calado.
trepidar *v intr* trepidar.
trepig *m* ***1*** holladura (*f*), huella (*f*) (acción de pisotear). ***2*** pisa (*f*), holladura (*f*), huella (*f*) (acción de pisar).
trepitjada *f* ***1*** *V* **trepig** 2. ***2*** pisadura, huella (acción y efecto de pisar; señal). ***3*** pisotón (*m*).
trepitjar *v tr* ***1*** pisar (poner el pie sobre alguna cosa; estrujar con los pies). ***2*** *fig* pisar (a alguien).
tres *a* y *m* tres.
trescar *v tr* andar con prisa.
tres-cents *a* y *m* trescientos.
tresor *m* tesoro.
tresorejar *v tr* atesorar.
tresoreria *f* tesorería.
trespeus *m* ***1*** trébedes (*pl*), trespiés. ***2*** *V* **trípode**.
trespol *m* techo, techado, techumbre.
tresquera *f* camino (*m*) (ruta).
tret *m* ***1*** tiro, disparo. ***2*** trecho.
tret, tret de *prep* excepto.
treta *f* ***1*** saca. ***2*** *náut* varada.
tretze *a* y *m* trece.
treure *v tr* ***1*** arrojar, echar (hacer salir, apartar). ***2*** sacar, quitar. ***3*** *náut* varar.
treva *f* tregua.
trèvol *m* *bot* trébol (*Trifolium pratense*).
tria *f* ***1*** escogimiento (*m*). ***2*** elección.
triada *f* *V* **tria** 1.
triangle *m* ***1*** *geom* triángulo. ***2*** *mús* triángulo.
triar *v tr* triar, escoger, entresacar.
tribu *f* tribu.
tribulació *f* tribulación.
tribular *v tr* atribular.
tribuna *f* tribuna.
tribunal *m* *jur* tribunal.
tribut *m* tributo.
tributació *f* tributación.
tributar *v tr* tributar.
tríceps *m* *anat* tríceps.
tricicle *m* triciclo.
tricorni *m* tricornio.
trident *m* tridente.
tridimensional *a* tridimensional.
trienni *m* trienio.
trifulga *f* apuro (*m*), lance (*m*), aprieto (*m*).
triga *f*, **trigança** *f* tardanza.
triganer, a *a* ***1*** tardío, despacioso. ***2*** tardo (lento, perezoso). ***3*** tardón.
trigar *v intr* tardar (obrar con retraso).
trigonometria *f* *mat* trigonometría.
trigós, osa *a* *V* **triganer** 1 y 2.
trilió *m* trillón.
trilita *f* trilita (explosivo).
trillar *v tr agr* trillar.
trilogia *f* trilogía.
trimestre *m* trimestre.
trinar *v intr* trinar.
trinat *m* trino, trinado.
trinc *m* tris (sonido, choque).
trincar *v tr* ***1*** trincar (sujetar). ***2*** trincar (al beber).
trineu *m* trineo.
trinquet *m* ***1*** *náut* trinquete (mástil). ***2*** trinquete, cancha (*f*).
trinqueta *f* *náut* trinquete (*m*) (vela).
trinxa *f* trincha (de un vestido).
trinxa *s* *V* **trinxeraire**.
trinxar *v tr* ***1*** trinchar. ***2*** desmenuzar, triturar.
trinxera *f* ***1*** *mil* trinchera. ***2*** zanja.
trinxeraire *s* gamberro.
trio *m* ***1*** *V* **tercet**. ***2*** trío (de naipes).
triomf *m* triunfo.
triomfador, a *a* y *s* triunfador.
triomfar *v intr* triunfar.
triòxid *m* *quím* trióxido.
tripa *f* ***1*** *anat* tripa, intestino (*m*). ***2*** *fam* tripa, panza, barriga, baúl (*m*). || *m pl* callos (guisado).
tripijoc *m* ***1*** *fam* tejemaneje, chanchullo, trapicheo. ***2*** trapisonda (*f*).
triple, a *a* y *m* triple, triplo.
triplicar *v tr* triplicar.
trípode *m* trípode.
tríptic, a *a* y *m* tríptico.
tripulació *f* tripulación.
tripulant *s* tripulante.
tripular *v tr* tripular.
trist, a *a* triste.
tristesa *f*, **tristor** *f* tristeza.
tritlleig *m* tañida (*f*).
tritllejar *v intr* repicar, repiquetear, tañer.
trituració *f* trituración.
triturar *v tr* triturar.
trivial *a* trivial.
trivialitat *f* trivialidad.
tro *m* ***1*** trueno. ***2*** trueno (petardo).
troba *f* ***1*** *V* **troballa**. ***2*** trova (composición).
trobada *f* encuentro (*m*).
trobadís, issa *a* encontradizo.
trobador, a *a* y *s* hallador. || *s* trovador.
troballa *f* hallazgo (*m*) (cosa hallada).
trobament *m* encuentro, hallazgo (acción).
trobar *v tr* ***1*** hallar. ***2*** encontrar, hallar (lo que no se buscaba). ***3*** encontrar (ver, observar). ***4*** trovar (versificar). || *v pron* encontrarse, hallarse.
troc *m* trueque, permuta (*f*).

troca *f* madeja.
trofeu *m* trofeo.
troglodita *a* y *s* troglodita.
tròlei *m* trole (del tranvía).
tromba *f* tromba.
trombe *m med* trombo (de sangre).
trombó *m mús* trombón.
trombosi *f med* trombosis.
trompa *a* y *s fam* borracho. || *f* ***1*** *mús* trompa. ***2*** trompa (del elefante). ***3*** trompa (de otros animales). ***4*** trompa (de fragua).
trompada *f* ***1*** trompazo (*m*), trompada (golpe de trompa). ***2*** golpazo (*m*), trompazo (*m*), trompada (golpe).
trompassada *f* tropezón (*m*), tropezadura, traspié (*m*).
trompassar *v intr* tropezar.
trompeta *f mús* trompeta (instrumento).
trompitxol *m* trompo, peón (juego).
a trompons *loc adv* en abundancia, a tutiplén.
tron *m* trono.
trona *f* trona, silla alta.
tronada *f* tronada.
tronar *v intr* tronar.
tronat, ada *a* tronado.
tronc *m* ***1*** *bot* tronco. ***2*** leño. ***3*** *fig* tronco (de una familia). ***4*** tronco (conducto principal). ***5*** *anat* tronco (de persona o de animal). ***6*** *arq* tronco (de columna). ***7*** *geom* tronco (de cono o pirámide).
troncar *v tr* ***1*** tronchar. ***2*** *V* **truncar**.
tronera *s fig* tronera, persona de poco juicio. || *f* ***1*** *mil* tronera (de una fortificación, de un buque). ***2*** tronera (del billar).
trontoll *m* tambaleo.
trontollar *v tr* traquetear. || *v intr* tambalear, trastabillar.
trontollejar *v intr V* **trontollar**.
tronxo *m bot* troncho.
tropa *f* tropa.
tropell *m* ***1*** tropel. ***2*** percance. ***3*** calamidad (*f*). ***4*** *fig* patatús, arrechucho.
tròpic *m astron geog* trópico.
tropical *a* tropical.
tros *m* ***1*** trozo, pedazo, cacho. ***2*** tramo (de un terreno, de un trayecto). ***3*** trecho.
trossa *f* ***1*** hato (*m*), hatillo (*m*). ***2*** rodete (*m*).
trossador *m* ceñidor (cordón).
trossar *v tr* ***1*** ajustar, ceñir (una prenda). ***2*** arremangar. ***3*** recoger (las faldas, el cabello, etc.).
trossejar *v tr* trocear, despedazar, apedazar.
trot *m* trote (del caballo).
trotada *f* trotada.
trotar *v intr* trotar.
truà, ana *s* bribón, bellaco, truhán, tunante.
truc *m* ***1*** llamada (*f*) (a la puerta; por teléfono). ***2*** timbrazo. ***3*** truco (engañoso o ingenioso).
truca *f V* **troc**.
trucada *f* llamada, telefonazo (*m*).
trucador *m* ***1*** llamador. ***2*** botón (para llamar). ***3*** picaporte.
trucar *v tr* tupir (un tejido). || *v intr* llamar (a la puerta; por teléfono).
trucatge *m* trucaje.
truculència *f* truculencia.
trufa *f* ***1*** burla. ***2*** *bot V* **tòfona**. ***3*** trufa (dulce).
trufar-se *v pron* burlarse.
truita *f* ***1*** tortilla. ***2*** *ictiol* trucha (*Salmo trutta*).
truja *f zool* marrana, puerca, cerda, cochina.
trull *m* ***1*** *V* **tràfec** 2. ***2*** lagar (de aceite).
trumfa *f* patata.
trumfar *v intr* triunfar (en los juegos de cartas).
trumfera *f bot* patata, patatera (*Solanum tuberosum*).
trumfo *m* triunfo (naipe).
truncar *v tr* truncar.
truncat, ada *a* truncado.
tsar *m* zar.
tsarina *f* zarina.
tse-tse *f entom* tsetsé (mosca).
tu *pron* ***1*** tu. ***2*** ti. || **amb t.** contigo.
tuareg *a* y *s* tuareg.
tub *m* tubo.
tuba *f mús* tuba.
tubercle *m*, **tubèrcul** *m* tubérculo.
tuberculosi *f med* tuberculosis.
tuc *m geog* cúspide (*f*), pico.
tucà *m ornit* tucán (*gén Ramfástidos*).
tudar *v tr* maltratar, quebrantar.
tuejar *v tr V* **tutejar**.
tuf *m* tufo, tufillo.
tuguri *m* tugurio.
túixec *m anat* veneno, ponzoña (*f*).
tuixegós, osa *a* tosigoso, venenoso, ponzoñoso.
tul *m* tul (tejido).
tulipa *f* ***1*** *bot* tulipán (*m*), tulipa (*gén Tulipa*). ***2*** *bot* tulipán (*m*), tulipa (flor). ***3*** tulipa (pantalla).
tulipera *f bot V* **tulipa** 1.
tumefacció *f med* tumefacción.
tumefacte, ta *a med* tumefacto.
tumor *m med* tumor.
túmul *m* túmulo, catafalco.
tumult *m* tumulto.
tundra *f bot* tundra.
túnel *m* túnel.
tungstè *m quím* tungsteno.
túnica *f* túnica.
tunisià, ana *a* y *s* tunecí.
tupè *m* ***1*** hopo, copete, tupé. ***2*** *fig* tupé (desfachatez).
tupí *m* puchero.
turba *f fam* turba (multitud).
turbant *m* turbante.
turbina *f* turbina.
turbot *m ictiol* rodaballo (*Psetta maxima*).
turbulència *f* turbulencia.
turbulent, a *a* turbulento (agitado).
turc, a *a* y *s* turco.
turgència *f* turgencia.
turisme *m* ***1*** turismo. ***2*** turismo (automóvil).
turista *s* turista.
turma *f anat V* **testicle** (d'un aminal).
turmell *m anat* tobillo.
turment *m* tormento.
turmentar *v tr* atormentar.
turó *m geog* colina (*f*), cerro, otero.

turpitud *f* torpeza (moral).
turquesa *f* turquesa.
tururut *interj* sanseacabó.
tust *m* golpe.
tustar *v tr* golpear, pegar.
tutejar *v tr* tutear, tratar de tú.
tutela *f jur* tutela.
tutelar *v tr jur* tutelar.
tutor, a *s* tutor.
tutoria *f* tutoría.
txec, a *a* y *s* checo.

U

u *adj* y *s* uno. || *m* uno.
uapití *m zool* uapití, wapití (*Cervus canadensis*).
ubèrrim, a *a* ubérrimo.
ubicació *f* ubicación.
ucraïnès, esa *a* y *s* ucranio, ucraniano.
udol *m* ***1*** aullido, aúllo. ***2*** alarido.
udolament *m* ***1*** ululación. ***2*** *V* **udol**.
udolar *v intr* aullar, ulular.
ufana *f* ***1*** ufanía. ***2*** alarde (*m*). ***3*** *V* **ufanor**.
ufanejar *v intr* ufanarse (*pron*).
ufanor *f* lozanía (de las plantas).
ufanós, osa *a* ***1*** ufano. ***2*** lozano.
ugandès, esa *a* y *s* ugandés.
ui! *interj* ¡ay! (denotando dolor o sorpresa).
uixer, a *s* ujier.
ujar *v tr* y *pron* fatigar, cansar.
úlcera *f med* úlcera.
ulceració *f med* ulceración.
ull *m* ***1*** *anat* ojo (órgano). ***2*** ojo (de aguja). ***3*** ojo (agujero que atraviesa de parte a parte). ***4*** ojo (de herramienta). ***5*** ojo (de llave). ***6*** ojo (de cerradura). ***7*** ojo (de letra). ***8*** *V* **ullal** 2. ***9*** ojo (mancha). ***10*** *arq V* **ulleral**. ***11*** ojo (del pan, del queso). ***12*** caja (de la escalera). || **a u.**; **a bell u.** a ojo. || **a ulls veients** a ojos vistas. || **cop d'u.** *V* **ullada**. || **u. de poll** *med* ojo de gallo; ojo de pollo, callo (del pie).
ullada *f* ojeada, vistazo (*m*).
ullal *m* ***1*** *anat* colmillo. ***2*** ojo (de un manantial).
ullar *v tr* ojear, mirar con atención.
ullera *f* anteojo (*m*) (instrumento). || **u. de llarga vista** catalejo. || *f pl* ***1*** gafas, lentes (*m*), anteojos (*m*), antiparras. ***2*** *med* ojeras.
ulleral *m arq* ojo (de un puente).
ullerós, osa *a* ojeroso.
ulterior *a* ulterior.
últim, a *a* último, postrero. || **a l'ú.** ***1*** por último, al fin. ***2*** por último.
ultimar *v tr* ultimar.
ultimàtum *m* ultimátum.
ultra *adv* además de, ultra. || *a* y *s* ultra (extremista).
ultramar *m* ultramar.
a ultrança *loc adv* a ultranza.
ultrapassar *v tr*, **ultrar** *v tr* rebasar, ultrapasar, exceder.
ultratge *m* ultraje.
ultratjar *v tr* ultrajar.
ultratomba *f* ultratumba.
ultraviolat, ada *a fís* ultravioleta, ultraviolado.
ululació *f V* **udolament** 1.
ulular *v tr V* **udolar**.
umbracle *m* umbráculo.
un, una *a* ***1*** un. ***2*** uno. ***3*** uno, unitario. || **a l'una** a la una. || **tot d'una** ***1*** de pronto. ***2*** en seguida. || *art* un. || *pron* uno (impersonal). || **un hom** *pron* uno (impersonal; es forma invariable).
unànime *a* unánime.
unça *f* ***1*** onza (peso). ***2*** onza (moneda).
unció *f* unción.
ungiment *m* ungimiento.
ungir *v tr* ungir, untar.
ungla *f* ***1*** *anat* uña (del dedo). ***2*** *anat* pezuña, uña. ***3*** *fig* uña (punta curvada). ***4*** *fig agr* tetón (*m*) (de una rama, etc.).
unglada *f* uñada.
unglejar *v tr* arañar.
unglera *f med* uñero (*m*).
ungüent *m* ungüento.
únic, a *a* único.
unicorn *m* unicornio.
unificació *f* unificación.
unificar *v tr* unificar.
uniformar *v tr* uniformar.
uniforme *a* y *m* uniforme.
unió *f* ***1*** unión. ***2*** empalme (*m*).
unir *v tr* y *pron* unir. || *v tr* ***1*** aunar. ***2*** empalmar.
unisex *a* unisex.
unitari, ària *a* y *s* unitario.
unitat *f* unidad.
univers *m* universo.
universal *a* universal.
universitari, ària *a* y *s* universitario.
universitat *f* universidad.
unt *m V* **untet**.
untar *v tr* ***1*** *V* **ungir**. ***2*** *fig* untar (sobornar). || *v pron* ***1*** untarse (mancharse). ***2*** *fig* untarse (quedarse parte de lo administrado).
untet *m*, **untó** *m* unto.
untós, osa *a*, **untuós, osa** *a* untuoso, untoso.
upa! *interj* ¡aúpa! || *f* ***1*** aúpa. ***2*** postín (*m*).
uperitzar *v tr* uperizar (un alimento).
uralita *f* uralita.

urani *m quím* uranio.
urbà, ana *a* urbano.
urbanisme *m* urbanismo.
urbanització *f* urbanización.
urbanitzar *v tr* urbanizar.
urbs *f* urbe.
urc *m* orgullo.
urea *f quím* urea.
urèter *m anat* uréter.
uretra *f anat* uretra.
urgència *f* urgencia.
urgent *a* urgente.
urgir *v intr* urgir.
urinari, ària *a anat* urinario. || *m* urinario.
urna *f* urna.
urpa *f anat* garra.
urticària *f med* urticaria.
uruguaià, ana *a* y *s* uruguayo.
us *pron* os.
ús *m* ***1*** uso. ***2*** empleo.
usança *f* usanza.
usar *v tr* e *intr* usar. || *v tr* y *pron* emplear.
usat, ada *a* usado.
usatge *m* uso.
usdefruit *m jur* usufructo.
usdefruitar *v tr jur V* **usufructuar**.
userda *f bot* alfalfa (*Medicago sativa*).
usual *a* usual.
usuari, ària *a* y *s* usuario.
usufructuar *v tr jur* usufructuar.
usura *f jur* usura.
usurer, a *s* usurero.
usurpar *v tr* usurpar.
utensili *m* utensilio.
úter *m anat* útero.
útil *a* útil.
utilitat *f* utilidad.
utilitzar *v tr* utilizar.
utillatge *m* utillaje.
utilós, osa *a* útil.
utopia *f* utopía.
úvula *f anat* úvula, campanilla.

V

va, na *a* ***1*** vano. ***2*** inane (inútil). || **en v.** en vano, en balde, baldíamente.
vaca *f zool* vaca.
vacació *f*, **vacança** *f* vacación.
vacant *a* y *f* vacante.
vacar *v intr* vacar (un puesto, un cargo).
vacil·lació *f* vacilación.
vacil·lar *v intr* vacilar.
vacu, vàcua *a* vacuo.
vacuïtat *f* vacuidad.
vacuna *f med* vacuna.
vacunar *v tr med* vacunar.
vaga *f* huelga.
vagabundejar *v intr* vagabundear.
vagància *f* vagancia.
vagant *a* vagante.
vagar *v intr* ***1*** vagar, vaguear, errar. ***2*** *V* **vacar**. ***3*** vagar, tener tiempo.
vagina *f anat* vagina.
vagit *m* vagido.
vagó *m* vagón.
vagoneta *f* vagoneta.
vague, ga *a* vago.
vaguejar *v intr* divagar.
vaguetat *f* vaguedad.
vaguista *s* huelguista.
vailet *m* chiquillo, chico, chavea.
vainilla *f bot* vainilla (*Vanilla planifolia*).
vaivé *m* vaivén.
vaixell *m* ***1*** *náut* barco, bajel, nave (*f*), navío, nao (*f*), buque, bastimento. ***2*** *V* **vas** 1.
vaixella *f* vajilla.
val *m* vale.
valència *f quím* valencia.
valencià, ana *a* y *s* valenciano.
valent, a *a* ***1*** *V* **valerós**. ***2*** *fig* valiente (grande o excesivo). || *a* y *s* valiente, valentón. || *s* valiente (persona valerosa). || **de v.** de firme.
valentia *f* ***1*** *V* **valor** 4. ***2*** valentía (acción ejecutada con valor).
valer *v tr* y *pron* valer. || **valer la pena** valer (o merecer) la pena.
valer *m V* **valor** 1.
valeriana *f bot* valeriana (*Valeriana officinalis*).
valerós, osa *a* valeroso, valiente.
vàlid, a *a* válido.
validar *v tr* validar.
validesa *f*, **validitat** *f* validez.
valisa *f* valija.
vall *f geog* valle (*m*). || *m* foso.
valor *s* ***1*** valor (*m*), valer (*m*), valía (*f*) (cualidad). ***2*** *V* **vàlua** 1. ***3*** valor (*m*). ***4*** valor (*m*), valentía (*f*), valerosidad (*f*), coraje. ***5*** valor (*m*) (eficacia). ***6*** valor (*m*) (fruto, rédito). ***7*** *V* **vàlua** 2. ***8*** *mat* valor (*m*). || *s pl* valores (*m*) (título).
valoració *f* valoración, valuación.
valorar *v tr* valorar, avaluar, evaluar.
vals *m mús* vals (baile).
vàlua *f* ***1*** valía, valor (*m*) (grado de estimación). ***2*** valía, valor (*m*) (precio, cotización). ***3*** *V* **valor** 1.
valuós, osa *a* valioso.
valva *f bot zool* valva.
vàlvula *f* válvula.

vampir *m 1 zool* vampiro (*Desmodus rufus* y otros). *2 fig* vampiro (persona).
vampiressa *f* vampiresa.
vanaglòria *f* vanagloria.
vanagloriar-se *v pron*, **vanagloriejar-se** *v pron* vanagloriarse, alardear (*intr*).
vàndal, a *a* y *s* vándalo.
vandalisme *m* vandalismo.
vanitat *f* vanidad.
vanitós, osa *a* vanidoso.
vano *m V* **ventall**.
vànova *f* colcha, cubrecama (*m*).
vapor *m* vapor.
vaporada *f* vaharada.
vaporar *v tr* vaporizar.
vaporització *f fís* vaporización.
vaporitzador, a *a* y *m fís* vaporizador.
vaporitzar *v tr* vaporizar.
vaquí, ina *a* vacuno, bovino.
vara *f* vara, verdasca.
varada *f náut* botadura (de una embarcación).
varar *v tr náut* botar, lanzar (una embarcación).
vareta *f* varita, varilla, vergueta.
vari, vària *a* vario.
variabilitat *f* variabilidad.
variable *a* variable.
variació *f* variación.
variar *v tr* e *intr* variar.
variça *f med* variz.
varicel·la *f med* varicela.
varietat *f* variedad.
variu *f med V* **variça**.
vas *m 1* vaso, vasija (*f*). *2* vaso. *3 anat bot* vaso.
vasectomia *f med* vasectomía.
vaselina *f quím* vaselina.
vassall, a *a* y *s* vasallo.
vast, a *a* vasto.
vat *m* vatio, watt.
vàter *m* wáter, inodoro.
vaticinar *v tr* vaticinar.
vaticini *m* vaticinio.
vector *a* y *m* vector.
veda *f* veda.
vedar *v tr* vedar (prohibir).
vedat *m* vedado, coto.
vedell, a *s zool* ternero, becerro. || *f* ternera (carne).
vegada *f* vez.
vegetació *f* vegetación.
vegetal *a* y *m bot* vegetal.
vegetar *v intr* vegetar.
vegetarià, ana *a* y *s* vegetariano.
vegetatiu, iva *a* vegetativo.
vehemència *f* vehemencia.
vehement *a* vehemente.
vehicle *m* vehículo.
vehicular *v tr* vehicular.
veí, ïna *a* y *s* vecino.
veïnat *m* vecindario.
veïnatge *m* vecindad (*f*), vecinaje, calidad de vecino.
veixiga *f anat* vejiga.
vel *m* velo.
vela *f 1 náut* vela. *2* toldo (*m*), vela. *3 náut* vela (nave).
velam *m náut* velamen.
velar *a* velar.
velar *v tr 1* cubrir con velo. *2 fig* velar (atenuar, oscurecer). || *v pron* velarse (fotografía).
veler, a *a* velero. || *m náut* velero (barco).
vell, a *a* y *s 1* viejo. *2* añejo.
vellard, a *a* y *s* anciano, viejo.
vel·leïtat *f* veleidad.
vellesa *f* vejez.
vellositat *f* vellosidad.
vellura *f*, **vellúria** *f* antigüedad (tiempo antiguo).
vellut *m* terciopelo, velludo.
veloç *a* veloz.
velocitat *f* velocidad.
velòdrom *m* velódromo.
vena *f* vena.
venal *a* venal.
vencedor, a *a* y *s* vencedor.
vèncer *v tr* e *intr 1* vencer. *2* batir. || *v pron fig* vencerse.
venciment *m* vencimiento (acción).
vençó *m* vencimiento (efecto).
venda *f* venta.
vendaval *m* vendaval.
vendre *v tr* y *pron* vender.
veneçolà, ana *a* y *s* venezolano.
venedor, a *a* y *s* vendedor.
verenós, osa *a* venenoso, ponzoñoso, tosigoso.
veneració *f* veneración.
venerar *v tr* venerar.
vènia *f 1* venia (perdón). *2* venia (permiso).
venial *a* venial.
venidor, a *a* venidero, advenidero. || *m* futuro, porvenir.
venir *v intr 1* venir. *2* ir.
venjador, a *a* y *s* vengador.
venjança *f*, **venjament** *m* venganza (*f*).
venjar *v tr* y *pron* vengar.
vent *m* viento.
ventada *f* ventada.
ventafocs *m* soplillo.
ventall *m* abanico.
ventallar *v tr* abanicar.
ventalló *m* postigo, ventanillo.
ventar *v tr 1* aventar. *2 V* **ventallar**. *3* voltear. *4 fam* arrear, cascar. || *v pron* abanicarse.
venteguera *f* ventolera.
ventilació *f* ventilación.
ventilador *m* ventilador.
ventilar *v tr* ventilar.
ventosa *f* ventosa.
ventre *m 1 anat* vientre. *2* barriga (*f*), panza (*f*), baúl.
ventrell *m anat* estómago.
ventrellut, uda *a V* **ventrut**.
ventricle *m anat* ventrículo.
ventríloc, íloqua *a* y *s* ventrílocuo.
ventrut, uda *a* ventrudo, barrigudo, barrigón.
ventura *f 1* ventura (contingencia, casualidad). *2* felicidad, dicha. || **a la v.** a la ventura. || **per v.** por ventura, acaso, quizás, quizá.

venturer, a *a 1* casual, contingente. *2* de segunda mano.
venturós, osa *a* venturoso.
venuda *f V* **venda**.
ver, a *a V* **veritable**. || *m* **el v.** lo verdadero.
veraç *a* veraz.
veracitat *f* veracidad.
verals *m pl* andurriales.
veranda *f arq* veranda.
verb *m* verbo.
verba *f 1* broma, chanza. *2* palique (*m*), verba.
verbal *a* verbal.
verbalitzar *v tr* verbalizar.
verbejar *v intr 1* chancear. *2* charlar, charlotear.
vèrbola *f* labia, charla, charlatanería, cháchara.
verborrea *f*, **verbositat** *f* verbosidad.
verd, a *a* y *m* verde.
verdader, a *a V* **veritable**.
verdanc *m 1 bot V* **verduc**. *2 V* **verdugada**.
verdesca *f 1 bot* enramada. *2* enramada (cubierto).
verdet *m bot quím* cardenillo, verdín, verdete, moho.
verdor *f* verdor (*m*).
verduc *m bot* verdugo.
verdugada *f* verdugo (*m*), verdugón (*m*) (roncha).
verdura *f* verdura.
vereda *f 1* vereda, camino (*m*). *2* vereda (orden).
veredicte *m jur* veredicto, fallo.
verema *f*, **veremada** *f agr* vendimia.
veremar *v tr agr* vendimiar.
de veres, **de bon de veres** *loc adv* de veras.
verga *f 1 anat* verga. *2 V* **vara**. *3 náut* verga.
verge *a* virgen. || *f 1* virgen, doncella. *2* Virgen, Madre de Dios. *3 astron* Virgo.
verger *m agr* vergel.
vergonya *f* vergüenza, verecundia. || **fer v.** dar vergüenza.
vergonyant *a* vergonzante.
vergonyar-se *v pron* avergonzarse.
vergonyós, osa *a 1* vergonzoso, que causa vergüenza. *2* vergonzoso, verecundo.
vergueta *f V* **vareta**.
verí *m* veneno, ponzoña (*f*).
verídic, a *a* verídico.
verificació *f* verificación.
verificar *v tr* verificar.
verinós, osa *a* venenoso.
veritable *a* verdadero.
veritat *f 1* verdad. *2* veras (*pl*). || **no és v.?** ¿no es cierto?
verm *m med zool* gusano.
vermell, a *a* y *m* rojo, colorado, encarnado.
vermellenc, a *a V* **vermellós**.
vermelló *m quím* bermellón.
vermellor *f* rojez.
vermellós, osa *a* rojizo.
vermut *m* vermut.
vernacle, la *a*, **vernacular** *a* vernáculo.
vernís *m* barniz.
verola *f med* viruela.
verònica *f bot* verónica (*gén Veronica*).
verra *f 1 zool* marrana, cerda, cochina. *2 mús fam* contrabajo (*m*).
verratell *m zool* lechón, cochinillo.
verrim *m* engrudo.
vers *m poét* verso.
vers *prep* hacia, en dirección a.
versar *v intr* versar.
versàtil *a* versátil.
versemblança *f* verosimilitud.
versemblant *a* verosímil.
versificació *f* versificación.
versificar *v tr* e *intr* versificar.
versió *f* versión.
verso *a* y *m* verso (un folio, de una página, etc.).
vertader, a *a V* **veritable**.
vèrtebra *f anat* vértebra.
vertebrar *v tr* vertebrar.
vertebrat, ada *a zool* vertebrado. || *m pl zool* vertebrados.
vèrtex *m 1 geom* vértice. *2 anat* vértex.
vertical *a* y *s* vertical.
vertigen *m* vértigo.
vertiginós, osa *a* vertiginoso.
vés! *interj* ¡anda!
vesània *f med* vesania.
vesc *m 1 bot* almuérdago (*Viscum album*). *2* liga (*f*).
vesícula *f* vesícula.
vespa *f entom* avispa (*Vespa maculata* y otras).
vesper *m* avispero.
vespertí, ina *a* vespertino.
vespra *f V* **vigília** 1. || *f pl* vísperas.
vesprada *f 1* anochecer (*m*), anochecida. *2* tarde.
vespral *a V* **vespertí**.
vespre *m* atardecer.
vesprejar *v intr* anochecer, lobreguecer.
vessada *f*, **vessament** *m* vertimiento (*m*).
vessant *a* vertiente. || *s 1* vertiente. *2 geog* ladera (*f*).
vessar *v tr* derramar, verter. || *v pron* derramarse, verterse, salirse.
vestíbul *m* vestíbulo.
vestidor *m* vestuario (lugar).
vestidura *f 1* vestidura, vestimenta, ropaje (*m*). *2 V* **vestit** 1.
vestigi *m* vestigio.
vestimenta *f V* **vestidura**.
vestir *v tr 1* vestir. *2* trajear. || *v pron* vestirse.
vestit *m 1* vestido, vestimenta (*f*), vestidura (*f*). *2* traje. *3* atuendo. || **v. de bany** traje de baño.
vestuari *m* vestuario (conjunto de trajes).
vet *m V* **veto**.
vet aquí (o **ací**) *loc* he aquí.
veta *f 1* cinta. *2* veta.
veterà, ana *a* y *s* veterano.
veterinari, ària *a* y *s vet* veterinario. || *f vet* veterinaria.
vetlla *f 1* velación, vela, velada. *2* vela (por la noche). *3* velatorio (*m*). *4 V* **vigília** 1.
vetllada *f* velada (reunión).
vetllar *v tr* velar (por la noche). || *v intr* velar (cuidar).
veto *m* veto.

vetust, a *a* vetusto.
veu *f 1* voz (sonido; su timbre). *2 mús* voz (en el canto). *3* voz (opinión, fama). *4 gram* voz (activa y pasiva). *5* voz (derecho a hablar). *6 V* **vocable**. || **de viva v.** de viva voz. || **a plena v.** a voz en grito.
veuarra *f*, **veuassa** *f* vozarrón (*m*).
veure *v tr 1* ver. *2 vulg* guipar. || *v pron* verse. || **veure-hi** ver (percibir con la vista, en general). || **fer-s'hi veure** fachendear, farolear.
vexació *f* vejación.
vexar *v tr* vejar.
vi *m* vino.
via *f 1* vía. *2* veta.
viable *a* viable.
viaducte *m* viaducto.
vial *m* vial.
vianant *s* viandante, peatón.
vianda *f* vianda.
viatge *m* viaje.
viatger, a *a V* **viatjador**. || *s* viajero.
viatjador, a *a* y *s* viajero.
viatjant, a *s* viajante (comercial).
viatjar *v intr* viajar.
vibració *f* vibración.
vibrador, a *a* vibrador. || *m* vibrador.
vibrant *a* vibrante.
vibrar *v intr* vibrar.
víbria *f* dragón (*m*), quimera (animal fabuloso).
vicari, ària *s* vicario.
viceversa *adv* viceversa.
vici *m* vicio.
viciar *v tr* e *intr* viciar.
viciós, osa *a* y *s* vicioso.
vicissitud *f* vicisitud.
víctima *f* víctima.
victòria *f* victoria.
vida *f* vida.
vident *a* y *s* vidente.
vídeo *m* vídeo.
vidre *m* vidrio.
vidriera *f* vidriera.
vidriós, osa *a* vidrioso.
vidu, vídua *a* y *s* viudo.
viduatge *m*, **viduïtat** *f 1* viudez (*f*). *2* viudedad (*f*).
vietnamita *a* y *s* vietnamita.
vigència *f* vigencia.
vigent *a* vigente.
vigilància *f* vigilancia.
vigilant *a* y *s* vigilante.
vigilar *v intr* vigilar.
vigília *f 1* vigilia, víspera (día anterior). *2* vigilia (ayuno). *3* vigilia (acción).
vigir *v intr* regir, estar vigente.
vigor *s 1* vigor (*m*). *2* enjundia (*f*).
vigoritzar *v tr* vigorizar.
vigorós, osa *a* vigoroso.
vil *a 1* vil. *2* rastrero.
vila *f* villa (población).
vilà, ana *a* y *s 1* villano (ruín). *2 V* **vilatà**.
vilania *f* villanía.
vilatà, ana *a* y *s* villano, vecino de una villa.
vilatge *m* lugar, villaje, villorrio.
vilatjà, ana *a* y *s* lugareño.
vilesa *f* vileza.
vilipendi *m* vilipendio.
vilipendiar *v tr* vilipendiar.
vil·la *f* villa, quinta, quintana.
vil·là *f bot* vilano.
viltat *f V* **vilesa**.
vímet *m* mimbre, vimbre.
vinagre *m* vinagre.
vinagrera *f* vinagrera (recipiente).
vinclada *f* el hecho de doblegarse o encorvarse una cosa.
vincladís, issa *a* flexible.
vincle *m* vínculo.
vinculació *f* vinculación.
vincular *v tr* y *pron* vincular.
vindicar *v tr* vindicar.
vinent *a* próximo, que viene.
vinguda *f* venida.
vinícola *a* vinícola.
vinil *m quím* vinilo.
vint *a* y *m* veinte.
vinya *a 1 bot* vid (*Vitis vinifera*). *2 agr V* **vinyar**.
vinyar *m*, **vinyer** *m*, **vinyet** *m agr* viña (*f*), viñedo.
vinyeta *f* viñeta.
viola *f mús* viola.
violaci, àcia *a* violáceo.
violació *f* violación.
violar *v tr* violar.
violència *f* violencia.
violent, a *a* violento.
violentar *v tr* violentar. || *v pron* sentirse violentado.
violeta *f bot* violeta (*gén Viola*).
violí *m mús* violín.
violó *m mús* violón.
violoncel *m mús* violoncelo, violonchelo.
vionar *v tr* rayar (un tejido).
virada *f náut* virada.
virar *v tr* virar.
viratge *m* viraje.
virginal *a* virginal.
virginitat *f* virginidad, doncellez.
Virgo *f astron* Virgo.
viril *a* viril.
virilitat *f* virilidad.
virolar *v intr* chillar (los colores).
virolat, ada *a* chillón (hablando de colores).
virolla *f 1* regatón (*m*). *2* virola (de cuchillo). *3* arandela.
virosta *f fig* hojarasca, paja, fárrago (*m*).
virtual *a* virtual.
virtuós, osa *a* virtuoso.
virtut *f* virtud.
virulència *f* virulencia.
virus *m* virus.
vis *m* tornillo. || *f* vis.
visar *v tr* visar.
visat *m* visado (de pasaporte).
visatge *m* faz (*f*), rostro.
visca *m* viva. || *interj* ¡viva!
víscera *f anat* víscera.

viscós, osa *a* viscoso. || *f quím* viscosa.
visera *f* visera.
visibilitat *f* visibilidad.
visible *a* visible.
visió *f* visión.
visita *f* visita.
visitant *a* y *s* visitante.
visitar *v tr* visitar.
visó *m zool* visón (*gén Mustela*).
vista *f* vista. || **en v. de** en vista de. || **amb v. a** con vistas a.
vistent *a* llamativo.
vistiplau *m* visto bueno.
vistós, osa *a* vistoso.
visual *a* y *f* visual.
visualització *f* visualización.
visura *f* visura.
visurar *v tr* revisar (con la vista).
vit *m anat* verga (*f*) (miembro genital).
vital *a* vital.
vitalici, ícia *a* y *m* vitalicio.
vitalitat *f* vitalidad.
vitalitzar *v tr* vitalizar.
vitamina *f* vitamina.
vitrina *f* vitrina.
vitualla *f* vitualla.
vituperar *v tr* vituperar.
vituperi *m* vituperio.
viu, viva *a* y *m* vivo. || **de v. en v.** a lo vivo.
viudo, da *a* y *s V* **vidu**.
viure *m* vida (*f*).
viure *v intr* ***1*** vivir (existir). ***2*** vivir, habitar, estar.
viu-viu *f*, **fer la v.-v.** *loc verb* ir tirando.
vivaç *a* vivaz.
vivacitat *f* vivacidad.
vivari *m*, **vivàrium** *m* vivar, vivero.
vivència *f* vivencia.
vivent *a* viviente. || *m* vida (*f*) (tiempo que dura la vida).
viver *m* vivero.
vivesa *f V* **vivor**.
vívid, a *a* vívido.
vividor, a *a* y *s* vividor.
vivificar *v tr* vivificar.
vivor *f* viveza.
vocable *m* vocablo, voz (*f*).
vocabulari *m* vocabulario.
vocació *f* vocación.
vocal *a* y *s* vocal.
vocalitzar *v tr* e *intr* vocalizar.
vocatiu *m gram* vocativo.
vociferar *v tr* e *intr* vociferar.
vodevil *m* vodevil.
vodka *s* vodka.
vogar *v intr* bogar, remar.
vol *m* ***1*** *V* **volada** 3. ***2*** vuelo (como medio de locomoción). ***3*** *V* **volada** 2. ***4*** vuelo (de un vestido). ***5*** *V* **volior**. ***6*** cardumen, banco (de peces). || **al v.** al vuelo.
volada *f* ***1*** vuelo (*m*) (acción). ***2*** volada. ***3*** vuelo (*m*) (espacio recorrido). ***4*** *arq* vuelo (*m*). ***5*** alero (*m*), ala (*m*). ***6*** *fig* vuelos (*m pl*) (importancia).
voladissa *f* vuelo (*m*) múltiple.
voladura *f* voladura.
volar *v tr* volar.
volàtil *a* y *s* volátil.
volatilitzar *v tr* y *pron* volatilizar.
volcà *m geol* volcán.
voleibol *m* balonvolea (deporte).
volença *f* querencia.
volenter, a *a*, **volenterós, osa** *a* voluntarioso, con buena voluntad.
voler *v tr* querer.
voletejar *v intr* revolotear.
voliac *m zool* murciélago, murceguillo (*Vespertilis pipistrellus* y especies análogas).
volior *f* bandada.
volt *m* ***1*** vuelta (*f*), giro. ***2*** mano (*f*) de un juego. ***3*** voltio. ***4*** *fís* volt. || *m pl V* **voltants**.
volta *f* ***1*** vuelta. ***2*** giro (*m*). ***3*** *V* **vegada**. ***4*** *arq* bóveda. ***5*** soportal (*m*).
voltadits *m med* panadizo, panarizo (subepidérmico).
al voltant *loc adv* alrededor, en derredor, en torno.
voltants *m pl* alrededores, contornos, aledaños, cercanías.
voltar *v tr* cercar, rodear, circundar, circuir, circunvalar. || *v intr* ***1*** dar vueltas, girar. ***2*** desviarse de lo recto. ***3*** voltear.
voltatge *m* voltaje.
voltor *m ornit* buitre (común) (*Gyps fulvus*).
voluble *a* voluble.
volum *m* ***1*** volumen, tomo. ***2*** bulto (volumen). ***3*** tamaño.
voluminós, osa *a* voluminoso.
voluntari, ària *a* y *s* voluntario.
voluntat *f* voluntad.
volunter, a *a* voluntarioso, que quiere hacer siempre su voluntad.
voluptat *f* ***1*** voluptuosidad, deleite (*m*). ***2*** gran placer (*m*).
voluptuós, osa *a* voluptuoso.
voluptuositat *f V* **voluptat**.
voluta *f arq* voluta.
volva *f* ***1*** copo (*m*) (grumo). ***2*** copo (*m*) (de nieve). ***3*** mota (de polvo, etc.). ***4*** zurrapa.
vòmit *m* vómito.
vomitada *f* vomitona.
vomitar *v tr* vomitar, trocar, arrojar.
vora *f* ***1*** borde (*m*). ***2*** ribera, orilla, margen (*m*), borde (*m*). ***3*** vera. ***4*** dobladillo (*m*). || **a la v.** cerca; a la vera. || **a la v.** (o simplemente **vora**) cerca de.
voraç *a* voraz.
voracitat *f* voracidad.
vorada *f* ***1*** *V* **vora** 2. ***2*** bordillo (*m*).
voral *m* ribera (*f*), vera (*f*) (zona próxima a la orilla de un río).
voravia *f* acera, orilla.
vorejar *v tr* bordear, orillar.
vorer, a *a* cercano. || *f* ***1*** *V* **voravia**. ***2*** bordillo (*m*). ***3*** arcén (de una carretera).
vori *m* marfil.
vòrtex *m* ***1*** vórtice. ***2*** *anat* vórtex.
vos *pron* os.

vós *pron* vos.
vosaltres *pron* vosotros.
vostè *pron* usted.
vostre, ra *a* vuestro.
vot *m* voto.
votació *f* votación.
votant *a* y *s* votante.
votar *v tr* votar. || *v intr* ***1*** votar (en elecciones). ***2*** hacer un voto (a Dios, a un santo).
vuit *a* y *m* ocho.
vuitanta *a* y *m* ochenta.
vuit-cents, tes *a* y *m* ochocientos.
vuitè, ena *a* y *m* octavo.
vulgar *a* vulgar.
vulgaritat *f* vulgaridad.
vulgaritzar *v tr* vulgarizar.
vulnerable *a* vulnerable.
vulneració *f* vulneración.
vulnerar *v tr* vulnerar.
vulva *f anat* vulva.

W

wapití *m zool* wapití (*Cervus canadensis*).
watt *m* watt, vatio.
whisky *m* whisky.
wolframi *m quím* wólfram, wolframio.

X

xacal *m zool* chacal (*Canis aureus*).
xacra *f med* achaque (*m*), lacra, dolencia.
xacrat, ada *a*, **xacrós, osa** *a* achacoso, carcamal.
xafar *v tr* chafar, aplastar.
xafardeig *m* chismorreo.
xafardejar *v intr* chismear, chismorrear.
xafarder, a *a* y *s fam* chismoso.
xafarderia *f* chisme (*m*), cotilleo (*m*).
xafarranxo *m náut* zafarrancho.
xàfec *m* aguacero, aguaducho, chaparrón.
xafegada *f* chubasco (*m*).
xafogor *f* bochorno (*m*).
xafogós, osa *a* bochornoso.
xai, a *s* ***1*** *zool* cordero. ***2*** *fig* borrego.
xal *m* chal.
xala *f* ***1*** juerga. ***2*** jira. ***3*** regodeo (*m*).
xalar-se *v pron* ***1*** holgarse. ***2*** regodearse.
xàldiga *f* chispa, centella.
xalet *m* chalet, chalé.
xamba *f* chamba, chiripa.
xamfrà *m* chaflán.
xamor *f* lindeza, gracia.
xamós, osa *a* lindo, gracioso, mono.
xamosia *f* ***1*** *V* **xamor**. ***2*** monería.
xampany *m* champán, champaña (*f*) (vino espumoso).
xampinyó *m bot* champiñón (*Agaricus bisporus*).
xampú *m* champú.
xampurrejar *v intr* chapurrar, chapurrear.
xanca *f* zanco (*m*).
xancleta *m* chancleta.
xàndal *m*, **xandall** *m* chándal.
xano-xano *adv* paso a paso, pasito a pasito.
xantatge *m* chantaje.
xanxa *f* chanza, broma.
xap *m V* **xapadura**.
xapa *f* chapa. || *f pl* chapas (juego).
xapadura *f* raja.
xapar *v tr* chapear.
xaparro, rra *a*, **xapàs, assa** *a* achaparrado. || *s* chaparro.
xapotejar *v tr* chapucear.
xaragall *m* arroyada (*f*).
xarampió *m med* sarampión.
xaranga *f* ***1*** *mús* charanga, fanfarria. ***2*** *fig* charanga.
xarcuteria *f* charcutería.
xardor *f* ***1*** *V* **xafogor**. ***2*** ardor (*m*).
xardorós, osa *a V* **xafogós**.
xarlatà, ana *s* charlatán.
xarlatanisme *m* charlatanería (*f*).
xarnera *f* ***1*** gozne (*m*), bisagra, charnela. ***2*** *anat* charnela (de los moluscos).
xaró, ona *a* chabacano.
xarol *m* charol.
xarop *m* jarabe.
xarpa *f* zarpa.
xarpada *f* zarpazo (*m*).
xarpellera *f* arpillera, harpillera.
xarrabascat *m V* **xafegada**.
xarretera *f* charretera.
xarrup *m*, **xarrupada** *f* sorbo (*m*).

xarrupar *v tr* ***1*** sorber. ***2*** churrupear.
xarrupeig *m* sorbo (acción).
xarrupejar *v tr V* **xarrupar**.
xàrter *a* y *m aviac* chárter.
xarxa *f* red.
xassís *m* chasis.
xato, ta *a* chato, romo.
xauxa *f fig* jauja.
xauxineig *m* chirrido, chirrío.
xaval, a *s V* **xicot**.
xavalla *f* calderilla, suelto (*m*).
xaveta *f* chaveta.
xec *m* ***1*** cheque, talón (documento). ***2*** jaque.
xef *s* ***1*** chef. ***2*** jefe de cocina.
xefla *f*, **xeflis** *m* francachela (*f*) (comilona).
xeic *m* jeque.
xemeneia *f* chimenea.
xemicar *v tr* triturar.
xenofòbia *f* xenofobia.
xera *f* fogarada.
xerès *m* jerez (vino).
xeringa *f med* jeringa, jeringuilla.
xeringar *v tr* ***1*** *med* jeringar. ***2*** *fig* jeringar, jorobar.
xerinola *f* holgorio (*m*), parranda, farra.
xerra *f* ***1*** palique (*m*), charla. ***2*** *V* **xerrada** 3.
xerrac *m* serrucho.
xerrada *f* ***1*** charla. ***2*** plática (conversación). ***3*** charla, charloteo (*m*), cháchara (para pasar el rato).
xerradissa *f V* **xerrada** 3.
xerraire *a* y *s* charlatán, charlador, parlanchín.
xerrameca *f* charloteo (*m*), cháchara, charlatanería, charla, parloteo (*m*), parola.
xerramenta *f V* **xerrada** 3.
xerrar *v tr* charlar, charlotear.
xerric *m* chirrido, chirrío.
xerricar *v intr* chirriar.
xibeca *f ornit* lechuza.
xic, a *a* chico. || *s* chico, niño, muchacho, chiquillo, chavea, rapaz, mozalbete, mozalbillo. || **un x.** poco, algo.
xicalla *f* chiquillería.
xiclet *m* chicle, goma (*f*) de mascar.
xicoira *f bot* achicoria (*Cichorium intybus*).
xicot, a *s* chico, chaval.
xicotàs, assa *s* mocetón.
xifra *f* cifra, guarismo (*m*).
xifrar *v tr* cifrar (un mensaje).
xifrer *m bot V* **xiprer**.
xilè, ena *a* y *s* chileno.
xilofon *m*, **xilòfon** *m* xilófono, xilofón.
ximpanzé *m zool* chimpancé (*Simia satyrus*).
ximple *a* y *s* majadero, tonto.
ximpleria *f* tontería, tontada, burrada.
ximplesa *f* ***1*** majadería (condición). ***2*** *V* **ximpleria**.
ximplet, a *a* y *s* tonto, mentecato, fatuo.
xíndria *f bot* sandía (*Cucumis citrullus*).
xinès, esa *a* y *s* chino.
xinxa *f entom* chinche (*Cimex lectularius*).
xinxeta *f* chincheta, chinche (*m*).
xip *m* chip. || *a pl* chips (patatas). || *f pl* chips, patatas chips.
xipollar *v tr*, **xipollejar** *v tr* chapotear.
xiprer *m bot* ciprés (*Cupressus sempervirens*).
xipriota *a* y *s* chipriota.
xiquesa *f* ***1*** calidad de pequeño. ***2*** niñez, poca edad.
xiribec *m* descalabradura (*f*), costurón, chirlo.
xirimoia *f bot* chirimoya (fruto).
xisclar *v intr* chillar.
xiscle *m*, **xisclet** *m* chillido.
xitxarel·lo *m fam* pipiolo (*s*).
xiulada *f* silba, pita, rechifla.
xiuladera *f*, **xiuladissa** *f* silba, pita o rechifla múltiples.
xiular *v tr* silbar. || *v intr* ***1*** chiflar. ***2*** rechiflar. ***3*** pitar.
xiulet *m* ***1*** silbido, silbo (sonido). ***2*** pitido, pitada sonido hecho con un silbato). ***3*** silbato, pito.
xiu-xiu *m V* **xiuxiueig**.
xiuxiuar *v intr fig V* **xiuxiuejar** 1, 2, 3 y 5.
xiuxiueig *m* ***1*** cuchicheo. ***2*** susurro. ***3*** siseo.
xiuxiuejar *v intr* ***1*** cuchichear. ***2*** bisbisear, bisbisar. ***3*** musitar. ***4*** susurrar. ***5*** sisear.
xivarri *m* bulla (*f*), jaleo, escandalera, alboroto.
xixina *f* picadillo (*m*).
xoc *m* choque.
xocant *a* chocante.
xocar *v intr* chocar.
xocolata *f* chocolate (*m*).
xofer, a *s*, **xòfer, a** *s* chófer, chofer.
xolla *f* ***1*** cholla, chola. ***2*** *fig* seso (*m*), mollera.
xollar *v tr* ***1*** esquilar, trasquilar, tonsurar. ***2*** rapar al cero.
xop *m* ***1*** *bot* chopo (*Populus nigra*). ***2*** caña (*f*) (de cerveza).
xop, a *a* empapado.
xopada *f* ***1*** remojo (*m*), remojón (*m*). ***2*** chupadura (de los vegetales).
xopar *v tr* ***1*** calar, empapar, remojar. ***2*** chupar, embeber. || *v pron* embeber (*tr*).
xoriç *m* nombre de cierta longaniza (*f*).
xoriço *m* chorizo.
xòrrec *m*, **xorregall** *m V* **xaragall**.
xorrencar *v tr* arroyar.
xuclada *f* chupada, chupadura.
xuclador *m* remolino, vorágine (*f*).
xuclar *v tr* chupar.
xuclet *m* ***1*** chupetón sobre la piel. ***2*** marca que deja.
xufla *f bot* chufa (*Cyperus esculentus*).
xumada *f fam* chupada, chupadura.
xumar *v tr* ***1*** beber a morro. ***2*** *fam* mamar, lactar. ***3*** *fam* chupar.
xumet *m* chupete.
xurma *f fig V* **xusma**.
xurriacada *f* zurriagazo (*m*), latigazo (*m*), zurriagada.
xurriaquejar *v tr* zurriagar, fustigar.
xurriaques *f pl* zurriago (*m sing*), látigo (*m sing*).
xurro *m* churro (pasta).
xusma *f fig* chusma (gente baja y vil).
xut *m* chut (en fútbol).
xutar *v intr* chutar.

Z

zairès, esa *a* y *s* zaireño.
zambià, ana *a* y *s* zambiano.
zebra *f zool* cebra (*Equus zebra* y especies afines).
zel *m* ***1*** celo, cuidado. ***2*** celo (apetito de procrear).
zelar *v tr* celar.
zelós, osa *a* celoso, que tiene celo.
zenc *m quím V* **zinc**, *esp* laminado.
zenit *m astron* cenit, zenit.
zepelí *m aviac* zepelín.
zero *m mat* cero.
ziga-zaga *f*, **zig-zag** *m* zigzag (*m*).
zigzaguejar *v intr* zigzaguear.
zinc *m quím* cinc, zinc.
zing-zing *m* sonajero.
zitzània *f bot* cizaña (*Lolium temulentum*).
zodíac *m astron* zodíaco, zodiaco.
zona *f* zona.
zoologia *f zool* zoología.
zoològic, a *a* zoológico. || *m* zoológico.
zub-zub *m med* entrepunzadura (*f*).
zumzeig *m* ***1*** oscilación (*f*). ***2*** vibración (*f*). ***3*** vaivén.
zumzejar *v intr* ***1*** oscilar. ***2*** vibrar. ***3*** cimbrearse (*pron*).
zum-zum *m* zumbido.

Notes

Notes

Notes